ZINN AND
THE ART OF ROAD BIKE
MAINTENANCE

公路车宝典

ZINN的公路车维修与保养秘籍

THE WAY
YOU LOVE
爱上
单车
BIKE

［美］辛蓝纳（Lennard Zinn） 著

张娜 于觐城 韩璐 译

人民邮电出版社
北京

U0692308

图书在版编目（CIP）数据

公路车宝典：Zinn的公路车维修与保养秘籍 / （美）
辛蓝纳（Lennard Zinn）著；张娜，于觐城，韩璐译
. -- 北京：人民邮电出版社，2021.2
　（爱上单车）
　ISBN 978-7-115-54069-0

　Ⅰ．①公… Ⅱ．①辛… ②张… ③于… ④韩… Ⅲ.
①自行车－维修②自行车－保养 Ⅳ．①U484.07

中国版本图书馆CIP数据核字(2020)第084903号

版 权 声 明

♦　著　　　[美] 辛蓝纳（Lennard Zinn）
　　译　　　张　娜　于觐城　韩　璐
　　责任编辑　魏勇俊
　　责任印制　彭志环
♦ 人民邮电出版社出版发行　　　北京市丰台区成寿寺路 11 号
　　邮编　100164　电子邮件　315@ptpress.com.cn
　　网址　https://www.ptpress.com.cn
　　北京天宇星印刷厂印刷
♦　开本：880×1230　1/20
　　印张：21.8　　　　　　　　　　　2021 年 2 月第 1 版
　　字数：736 千字　　　　　　　　 2024 年 9 月北京第 13 次印刷
　　著作权合同登记号　图字：01-2015-4859 号

定价：120.00 元
读者服务热线：(010)53913866　印装质量热线：(010)81055316
反盗版热线：(010)81055315
广告经营许可证：京东市监广登字 20170147 号

写在前面：感恩的心

图片是本书的精华所在。Mike Reisel，感谢你继Todd Telander绘制的精美插图之后，又为本书绘制了诸多插图。Mike和Todd的插图使本书的内容简单易懂，且版式设计更加精美。

衷心地感谢Bill Woodul教授我公路自行车的诸多知识，也感谢诸多教给我公路自行车维修与保养技巧的人们。感谢为本书提供诸多建议的Scott Adlfinger、Paul Ahart、Sheldon Brown、Peter Chisholm、Saul Danoff、Skip Howat、Paul Kantor、Calvin Jones、Dan Large、Nick Legan、Paul Morningstar、Nate Newton、Chris Rebula、Tom Ritchey、Dag Selander、Daniel Slusser、Wayne Stetina、Stu Thorne，以及提出宝贵建议的读者们！

衷心地感谢Ted Costantino鼓励我完成本书的创作，感谢Kara Mannix在本书出版流程中所做的工作，感谢Charles Pelkey编辑稿件及对内容提出的建议。感谢VeloPress的Felix Magowan和John Wilcockson以及Competitor Group使本书得以顺利出版，感谢VeloPress的Dave Trendler和Renee Jardine。

最后，感谢我的家人们对我给予最大的支持，为我提供最好的创作环境。

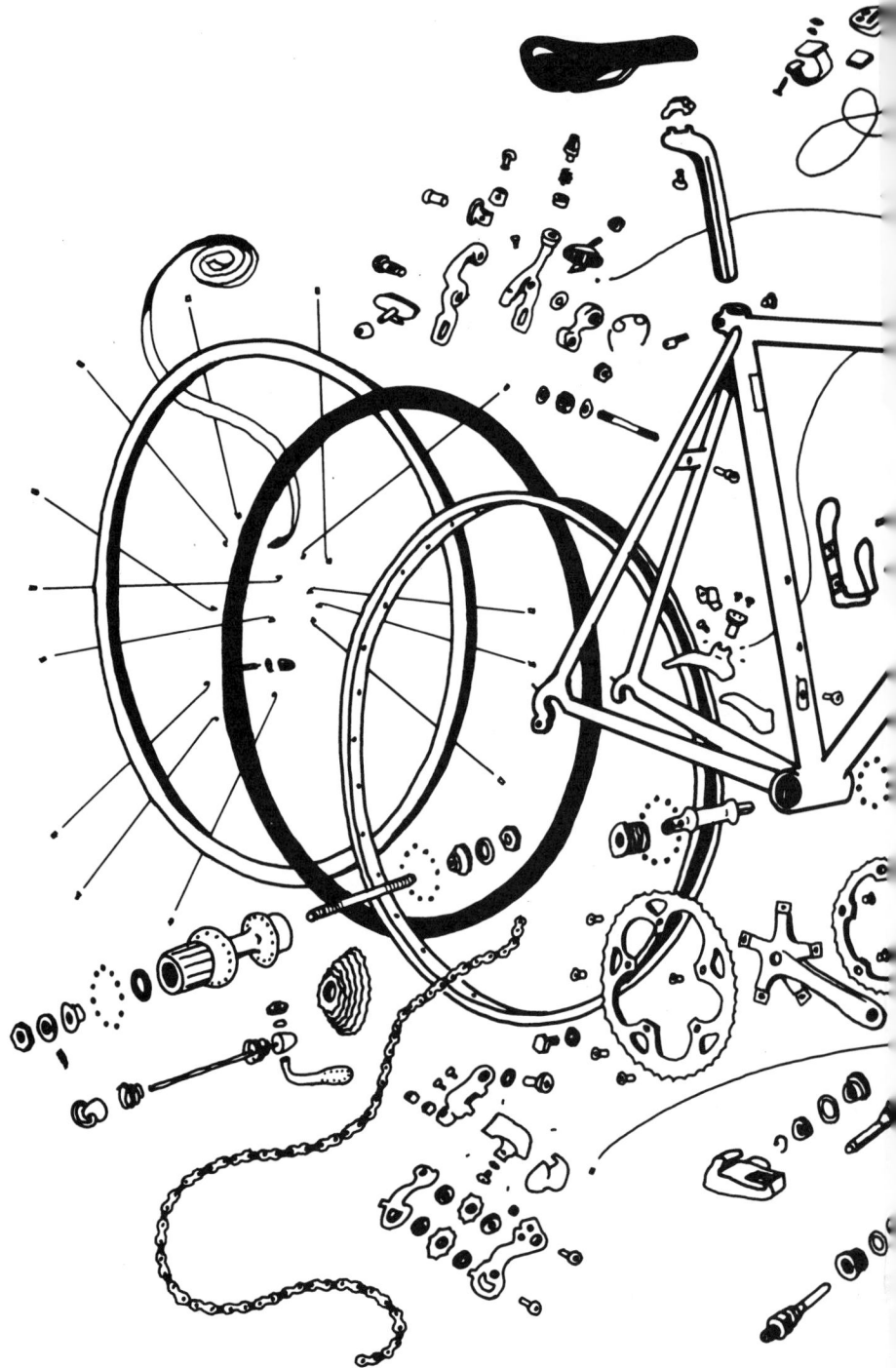

导读

首先要做的事情，当然不一定按这个顺序。

——《神秘博士》

关于本书

想维修与保养自己的公路自行车？恭喜你，翻开本书，你已经迈出了第一步。虽然经验丰富的老车友和自行车店技师们的技术都不错，但你不会想连个日常保养或基本维修都要请他们帮忙吧？骑着自行车，微风掠过发梢，身心愉悦。若还能了解自行车的结构，更能平添一分底气。

即使是纯粹的浪漫主义者，也能按照本书的图解和简洁明了的讲解，一步步地维修与保养自行车，乐在其中，并能持续地享受这种乐趣。反之，若操作过程中遇到挫折并导致疏于保养，会渐渐丧失骑行的乐趣。

读者可以根据自己的技能和需求选择性地应用本书的部分内容。不过，我坚信，并且我的维修与保养自行车教学的经验也证实：任何人，只要有想学习的愿望，并且配备合适的工具，都有能力按照本书维修自行车。

本书既适用于自行车店的专业技师，也适用于入门车手进行最基础的维修，第2章就是针对后者。其他章节的内容，则针对自行车的使用和保养而作。即使只想看第2章的内容，书后附录C的"公路自行车调试"仍值得阅读——了解这部分内容会增加骑行的安全性与舒适性。

为什么要自己修车？

自己修车的原因很多：自己维修比请专业技师便宜。一旦有了修车的技术和经验，自己修车更快。对于专业车手来说，若没有足够的赞助支持，必须自己修车。

随着收入渐增，修车渐渐成了一种乐趣，而不再只为省钱。除非有可靠的技师定期服务，否则很难找到能比自己更了解与在意自己的自行车是否处于最佳状态、是否整洁的人；还有，若遇到紧急情况要用车，自己也能搞定。而且，喜欢骑行的你，若自行车在途中出了故障，也需要自己维修，独自骑行时尤其如此。

工作繁忙的人，请人代劳似乎省时省力。但实际上，把车送到自行车店修理，待修理好后再取回来，往返的时间算下来也不少。这样一来，不如自己修理更省时、更方便，还不会因车放在自行车店修理，而错过适合骑行的好天气。

骑行旺季也是修车旺季，把车放在自行车店静等三周左右只为修理一个微不足道的故障，眼看着夏季骑行的好时光却无车可骑。另外定期预约维修也是一件麻烦事。

可能因为技师太忙或技术经验不足，匆忙送修回来的车达不到最佳状态，还可能引起更多的问题。

自己修车其实很有趣。自行车的结构简洁又优雅，自行车零件，尤其是高端零件，都精致耐用，适当地保养，这些零件的外观和性能都会长久保持良好的状态。自己拆卸自行车零件，一一清理干净、上油，再组装回去，自行车又像新的一样，骑起来更顺畅，真的很有满足感。也会很期待去骑一段陡峭路面或是进行长途骑行来检验自己的劳动成果。而且，因为自己会修车，即使长途骑行也不用再担心车在半路出故障了。

换言之，本书可以让你自信地骑长途，不必担心故障。只要具备相关知识与工具，即可自由地骑行。你还可以帮助没有修车经验的车友，帮他们解决自行车的故障——诸如自行车发出异响、跳链之类的问题，你也会收到车友们暖心的感谢与感恩。

如何使用本书

先概览全书。翻看目录，跳过详细的步骤，直接看分解图，了解全书大概有哪些内容。Mike Reisel、Todd Telander和我使用图文讲解的方式，力图使全书内容简洁易懂。书中的剖面图使你更清楚地看到零件之间是如何组合的。第一次修车时，请一位朋友在旁边帮你读出每一步的操作方法，会更容易操作。

虽然有些维修比较复杂，但我相信只要是拇指可以和其他四指对合的人，都能学会修理自行车。在开始做复杂的维修（如编轮）之前，应该先花些时间熟悉简单的维修，比如补胎。

根据维修的复杂程度或操作的熟练程度，本书将维修和工具分成了3个等级。1级维修只需要1级的工具和学习强度。2级和3级维修需要相对应的工具和难度渐增的维修技术。

第1章介绍工具。第2章最后的小节（"2-18"）"机械维修通用指南"阐述了维修工作的原则和方法，是必读内容。（注意章节标识；例如，"2-18"的意思是第2章第18小节。）

各章开始的页边留白都详细列了每章工作所需的工具清单，若该章节涉及更高级的工作和工具，会用图标注明难度。本书中插图都有编号，方便查询。

若不确定从哪读起，先看看第2章（"2-19"）的自行车维修周期表。某些章节最后还附有"排疑解难"，可参考着排除自行车发出的异响或故障。书后附录A是完整的故障排除索引。

几乎每章都有专栏论述越野公路车的维修技巧。书后附录涵盖了很多实用的信息，阅读附录可以简化工作程序和提高效率。

附录B是驱动比换算表，使用非标准规格车圈，可利用此表换算；附录C详尽说明如何选择公路车尺寸以及调试，其中包括铁人三项自行车和计时赛自行车。

附录D是词汇表，也是一部自行车专用技术辞典。附录E是各螺栓的原厂建议扭力值，使用扭力扳手就会知道此表的方便。请特别标记附录E，方便实时查阅。

公路自行车

公路自行车，如图I.1所示，就是本书要讲解的内容。图中标出了公路自行车的各个部位。现在，花几分钟时间熟悉这些部位，需要时再随时查阅。公路车有多种，图I.1是公路赛车，图I.2是铁人三项自行车或计时赛自行车（译者注：即TT），图I.3是长轴距的旅行自行车，可以负荷沉重的行李或配有前避震、后避震系统。图I.4和图I.5分别是场地自行车和越野公路自行车（译者注：Cyclocross，简称CX）。

你可以！

本书清楚地讲解了正确保养与维修公路自行车的每一步，即使没有任何机械维修经验的人，按步骤一步步操作，实操的能力也会日渐增强。只要下定决心，并加以练习，就会发现自行车维修与保养并不神秘。给自己一个机会，按本书的指导实操，假以时日，定会成功。

即使觉得自己完全没有机械"细胞"，也要试着放下这种想法，卷起袖子，体验一下维修与保养自行车的乐趣，开始行动吧！

图 I.1 公路自行车

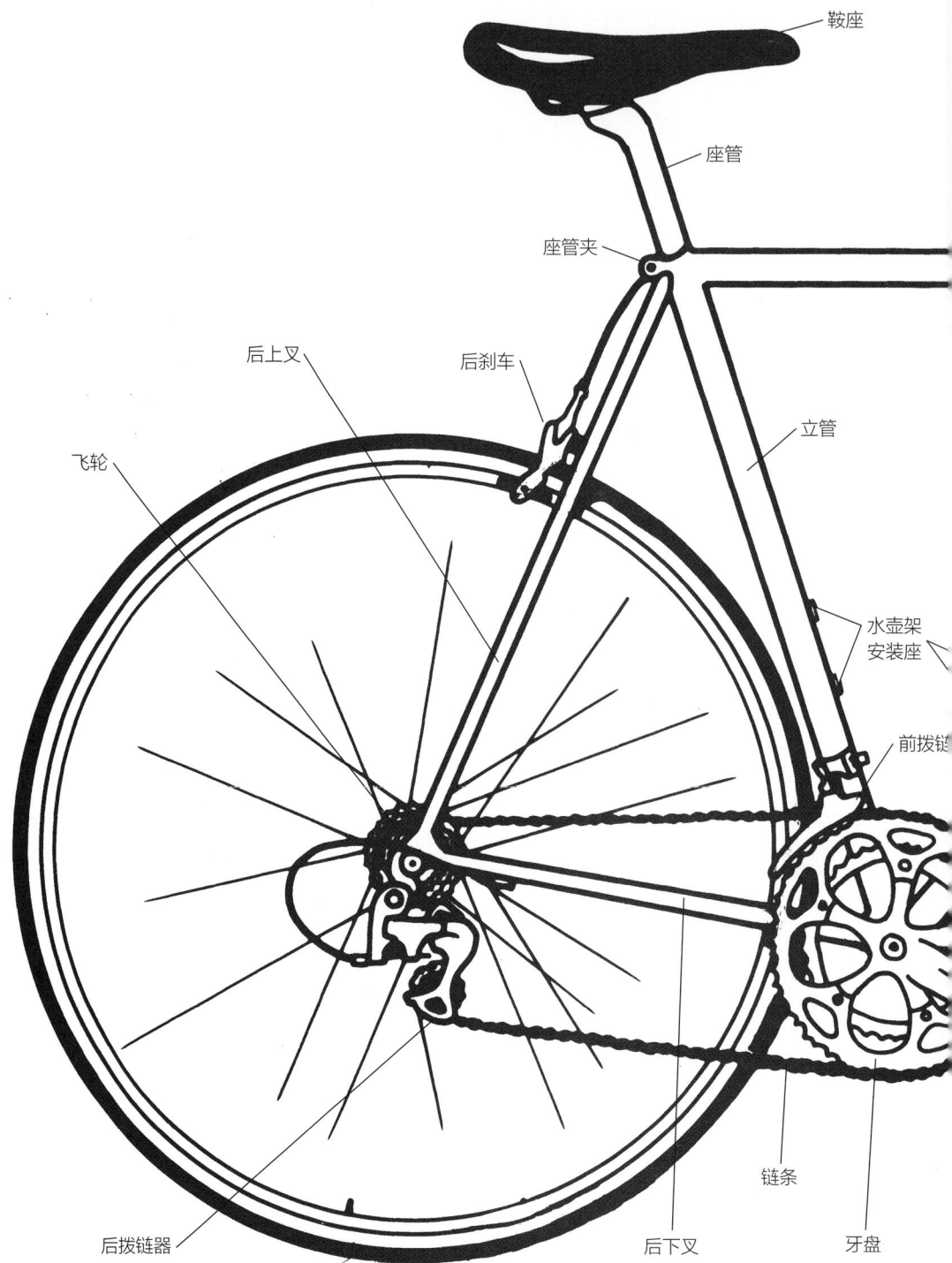

鞍座

座管

座管夹

后上叉

后刹车

立管

飞轮

水壶架
安装座

前拨链器

链条

后拨链器

后下叉

牙盘

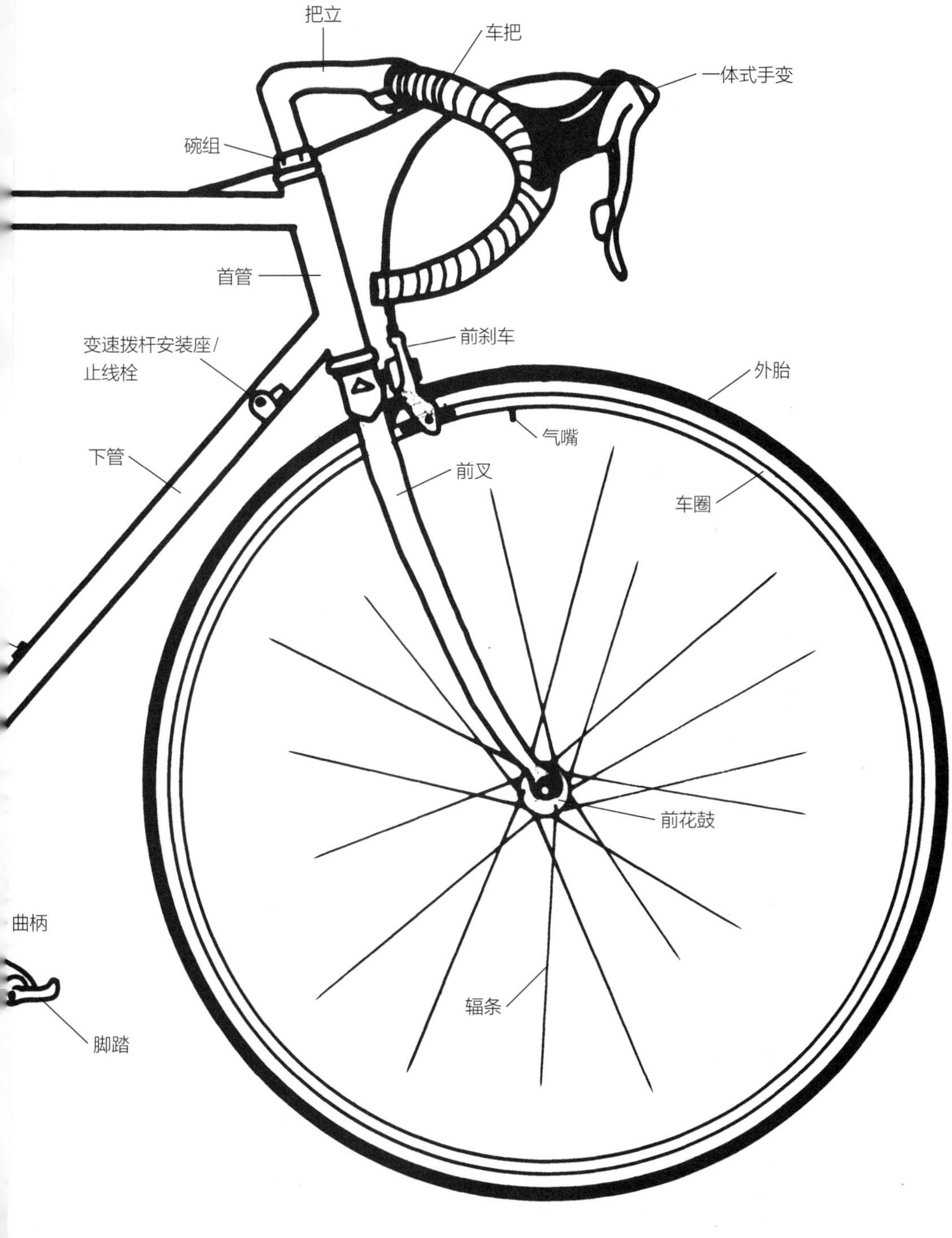

把立

车把

一体式手变

碗组

首管

变速拨杆安装座/
止线栓

前刹车

外胎

下管

气嘴

前叉

车圈

曲柄

前花鼓

脚踏

辐条

图I.2 铁人三项或计时赛自行车

图I.3 旅行自行车

图I.4 场地自行车

图I.5 越野公路自行车

目录

当你手里唯一的工具是锤子时，
所有的问题看起来都像是钉子。

——亚伯拉罕·马斯洛

（译者注：本句出自美国著名社会心理学家，第三代
心理学的开创者马斯洛的"锤子与钉子"理论）

工具

维修与保养自行车必备一系列的基本工具。和汽车、手表等不断改进的产品一样，自行车也有特殊的扣件和螺纹，需要专用工具才能处理。本章告诉读者可以考虑购置哪些工具，读者可根据自己的维修经验和兴趣选择。

如导读所述，本书根据自行车的维修与保养的复杂程度分级。大部分的维修工作属于第一级，因为一旦了解原理，维修自行车其实不难。1级、2级和3级的工具，分别见图1.1A、图1.2和图1.3及下文的说明。另外，每章开头处都会列出特定维修所需的工具清单。

对于新手而言，千万别冲动地买一大箱专业的自行车维修工具。1级工具箱（见图1.1A）包括标准工具，其中大部分或许你家里都有。1级工具推荐选择体积小、重量轻的多功能组合工具，方便骑行时随身携带。

2级工具箱（见图1.2）包括多种自行车专用工具，以便进行复杂的工作。3级工具箱（见图1.3）包括大量的非常专业（往往也很贵）的工具。购置这些工具意味着车友们不仅会把你当作专业人士，向你征询各种建议，还可能找你借工具。借出工具前，应该先给工具做好标记，并记下来哪天把哪个工具借给了谁。我一直坚持这么做，但是仍"丢失"了一些很喜欢的工具。

1-1

1级工具箱

1级　（注：因工具种类太多，并非所有工具都有对应图示，2级、3级情况相同，特此说明。）

1级维修最简单，且不需要专门的工作间。当然，有个光线充足、舒适的工作区还是比较方便的。1级维修需要购置的工具如下（见图1.1A）。

- **挂表式打气筒**：注意气筒的气嘴和内胎气嘴一样（法式气嘴或美式气嘴，见图1.1B）。

- **一字螺丝刀**：小、中、大各一。

- **十字螺丝刀**：小、中各一。

- **3个一套的橡胶撬胎棒。**

- **备胎：** 至少2个和自行车及气嘴相配的备胎（见第7章）。
- **一盒滑石粉：** 滑石粉能在内胎和外胎之间形成一层涂膜，使得内外胎不容易粘连到一起。滑石粉对肺部有害，应避免吸入。
- **补胎套装盒：** 打磨器选择砂纸而不要选择金属锉片。至少一年要检查一下补胎胶是否已风干。
- **6英寸**（1英寸=2.54厘米）**活动扳手**（也称为月牙扳手）。
- **老虎钳：** 普通钳和尖嘴钳。
- **一套内六角扳手**（也称为内六方扳手）：型号包括2.5毫米、3毫米、4毫米、5毫米、6毫米、8毫米和10毫米。折叠内六角扳手套装有各种尺寸的扳手，建议单备4毫米、5毫米、6毫米、8毫米的扳手各一；一个长杆的8毫米内六角扳手用于拆卸和安装脚踏和曲柄。
- **梅花扳手：** 梅花扳手和内六角扳手类似，只是头部是梅花型，用于装卸刹车和牙盘螺栓。公路自行车常用梅花T25和T30扳手。
- **15毫米脚踏扳手：** 这种扳手比标配的15毫米扳手细长，比锥形扳手厚，以便插入脚踏和曲柄之间（见图13.4）。若脚踏用的轴是内六角孔且无扳手槽厚（见图13.5），则不需要配备这个扳手。
- **截链器：** 拆开或重新接上链条（见图4.10和图4.11）。老式的链条工具比较宽，不适合新式自行车装备的窄链条。9速、10速或11速的链条需要配备专用的窄型截链器，避免弄弯截链器顶针。Shimano的TL-CN34（见图4.19）适用于7速、8速、9速、10速和11速链条。其他品牌的截链器质量也不错（见图4.20~图4.23），可请教车店技师哪款截链器和自己的自行车配套。
- **链条尺：** 测量链条的长度（见图4.5和图4.6），判断链条的磨损程度。也可以用12英寸的直尺替代链条尺。
- **辐条扳手：** 注意和辐条帽配套。
- **管状或罐装的润滑脂：** 虽然自行车也能使用标准的汽车

图1.1A　1级工具箱

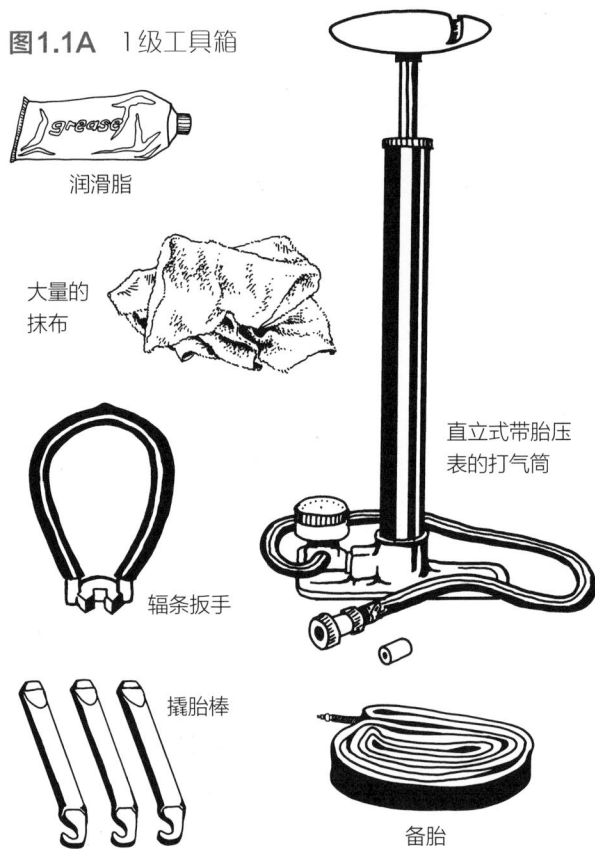

润滑脂
大量的抹布
辐条扳手
撬胎棒
直立式带胎压表的打气筒
备胎

润滑脂，但推荐使用自行车专用润滑脂。切记前叉和指拨不能使用润滑脂。

- **瓶滴或罐装的链条油：** 建议选择非喷雾式链条油，这种链条油容易掌控、少用包装，也可避免超范围喷涂。
- **外用酒精：** 清洁碟刹车皮、轮组、避震器、内部的零件，以及拆卸和安装车把把套等。
- **电工胶带：** 缠车把把带、标记鞍座高度、盖住车架上的孔等。
- **大量的抹布：** 旧T恤即可。
- **护目镜。**
- **橡胶手套**或一盒便宜的**医用手套。**
- **水桶、洗洁精和海绵**（见图1.7）：可快速清洁自行车。

滑石粉 链条油 外用酒精

电工胶带

折叠内六角扳手套装

补胎套装盒

梅花 T25、T30 扳手

链条尺

尖嘴钳

一字和十字螺丝刀

脚踏扳手

6英寸活动扳手

老虎钳

截链器

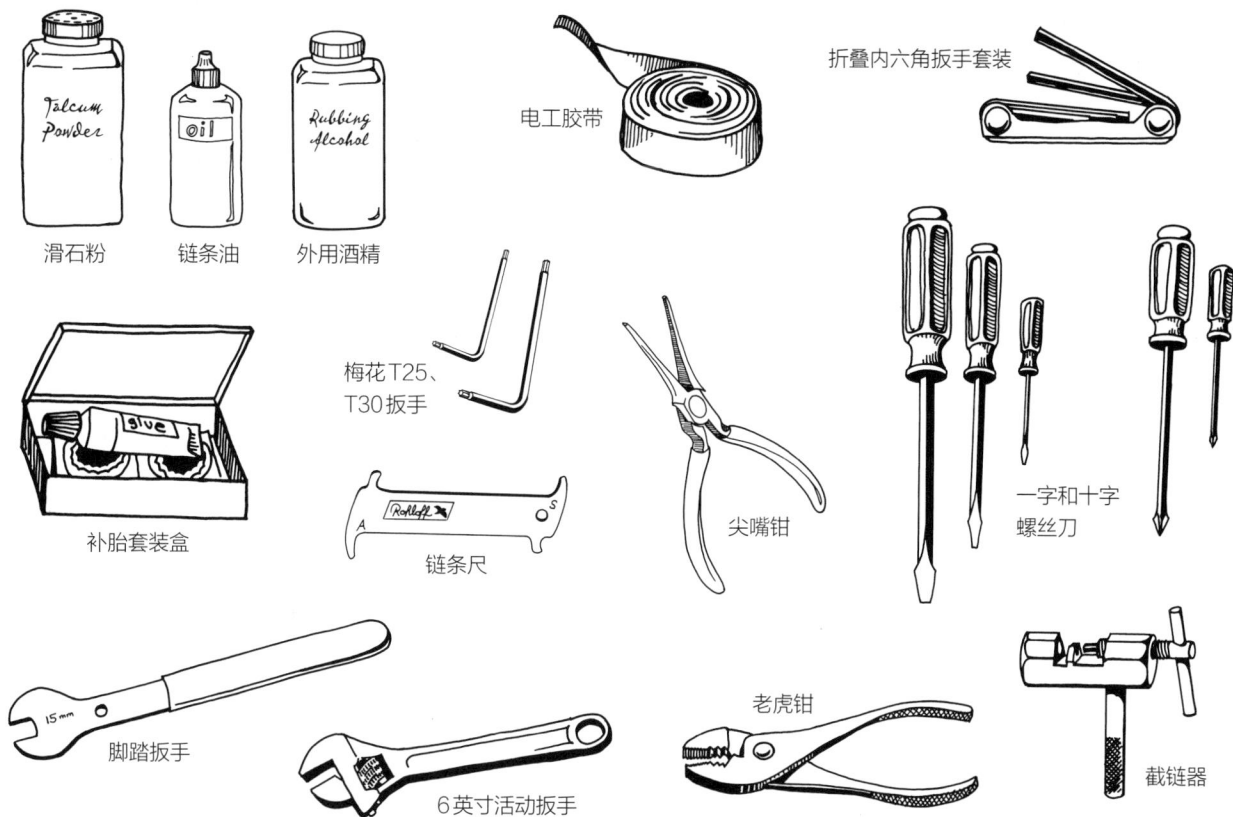

图1.1B 气嘴类型

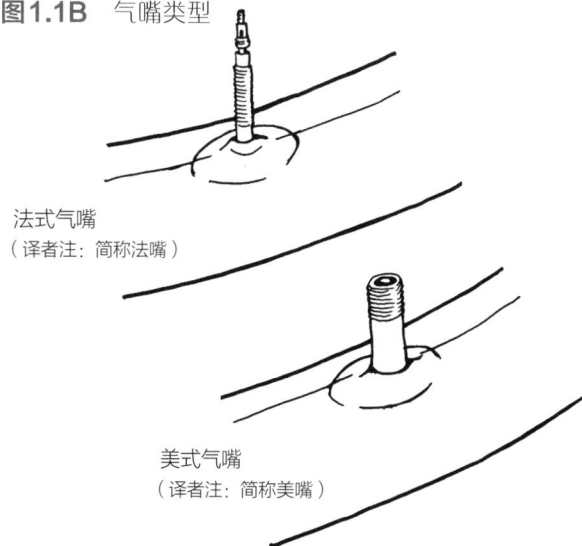

法式气嘴
（译者注：简称法嘴）

美式气嘴
（译者注：简称美嘴）

1-2

2级工具箱

2级维修稍微复杂些，建议只买自己需要的工具。准备一个工作台，保持工作区井井有条是使维修和保养快捷方便的最佳方法，除了购置1级工具（见图1.1A）外，下列工具可以按需要购置（见图1.2）：

- **便携式自行车维修架**：要足够稳固，尤其是拧动扳手时，自行车维修架需要足够平稳。变形座管或一体式座管的公路车，无法使用普通的维修架，因为普通的维修架只能夹住圆管。需要改买固定车架五通和前叉或后尾钩（需取下车轮）的维修架。这类维修架有个摇篮形的固定座固定车架五通，并有一个沿着水平横梁滑动的快拆座，夹住前叉或尾钩（见图1.4的"专业自行车维修架"）。

- **店裙**：以防弄脏衣服。
- **钢锯**：锯齿锋利细密的金刚石烧结锯片，用于处理坚硬的材料和复合材料。
- **一套刀片或锋利的裁纸刀。**
- **锉**：一把圆锉、一把平锉，均为中细锯齿。
- **钢丝剪**：剪断变速线管的同时，不损坏刹车线和变速线。若使用SRAM、Shimano、Park、Pedro's或Jagwire线管钳，则不必再购置钢丝剪，因为线管钳也能剪刹车线和变速线。
- **套筒扳手**：型号包括7毫米、8毫米、9毫米、10毫米、13毫米、14毫米和15毫米。套筒扳手需要配合棘轮扳手使用。若没有棘轮扳手，建议购置一个。
- **牙盘螺母扳手**：锁紧牙盘螺栓时，固定牙盘螺母的工具（见图1.2）。
- **中型台钳**：把螺栓牢固地固定在工作台上。
- **飞轮工具**：拆卸后花鼓（见图8.21和图8.22）。Campagnolo锁紧环需要用配套的工具，与Shimano、SRAM和Mavic不通用。
- **飞轮扳手或Pedro大力钳**：旋松飞轮锁紧环时用飞轮扳手卡在飞轮上，或用Pedro大力钳固定住飞轮（见图8.21），避免旋转时飞轮跟着转。
- **五通工具**：使用外挂式轴承的曲柄，需要超大的花键扳手（外挂轴承拆卸工具），才能套住轴承外壳（见图11.19），Shimano Hollowtech II还要准备一个小的花键扳手来旋松或锁紧左曲柄的预压调整帽。对于Campagnolo的Ultra-Torque曲柄组（见图11.8），还需要配备一个长的10毫米内六角扳手，才能深入隐藏在两个半轴之间的螺栓。密封式卡式中轴（见图11.21和图11.25）需要使用花键中轴工具（见图11.34）。若使用十爪中轴或八爪花键中轴（Octalink），需要配备一个带有圆孔的、足

图1.2　2级工具箱

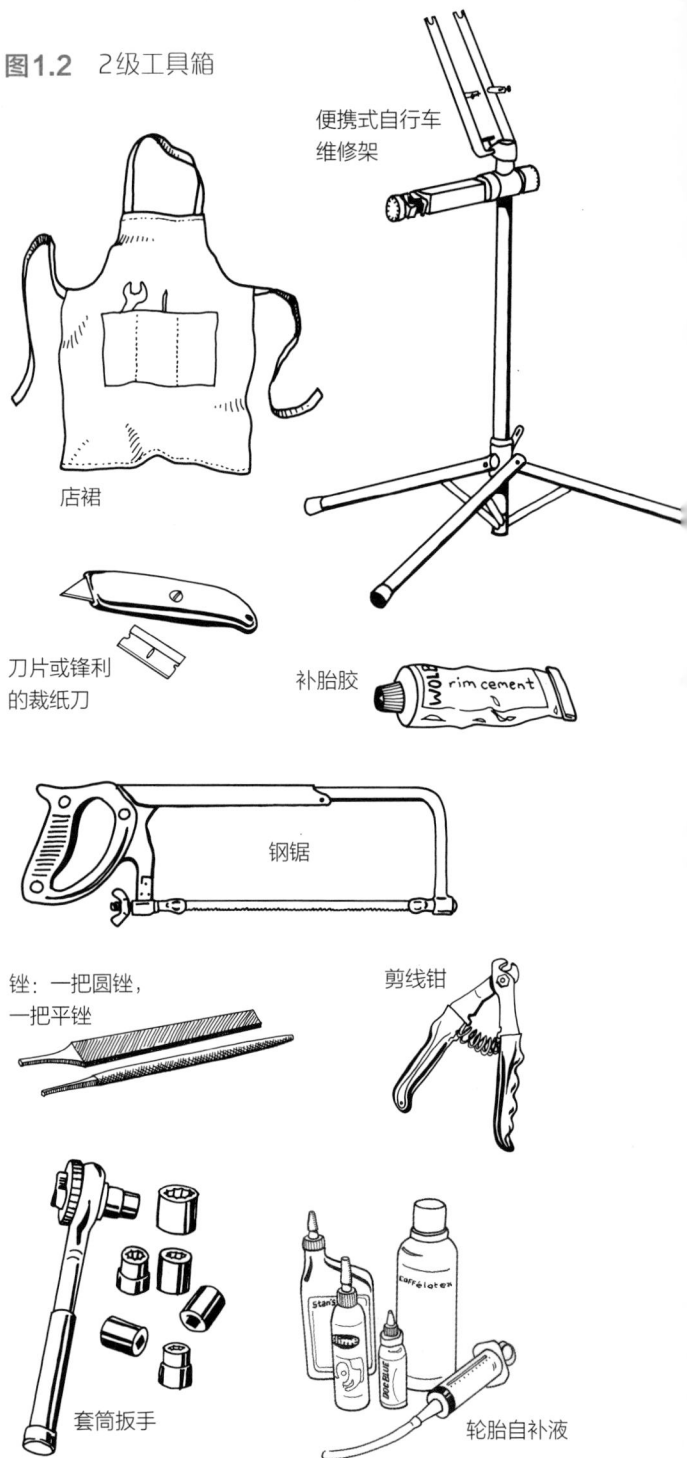

便携式自行车维修架

店裙

刀片或锋利的裁纸刀

补胎胶

钢锯

锉：一把圆锉，一把平锉

剪线钳

套筒扳手

轮胎自补液

牙盘螺母扳手

飞轮扳手

中型台钳

圆头锤

Pedro
大力钳

鲤鱼钳
（水管钳）

五通主轴拆卸工具：五通卡环专用
钩式扳手（上），锁环扳手（下）

飞轮工具

碳纤维
紧固剂

卡环拆装钳

花键中
轴工具

中空式中轴曲
柄盖组合扳手

真空胎气嘴
拆卸器

薄开口扳手

曲柄拆卸器（顶丝）

美式气嘴
拆卸器

法式气嘴
拆卸器

碗组扳手

螺纹
防松胶

抹布

公制开口和套筒
扳手双头扳手

脚踏轴心套
件拆卸工具

木工用的斜
夹（用于管胎）

自行车
清洗液

除油剂

渗透（润滑）
油或除锈剂

音响

以套住粗大中轴的花键工具（见图 11.25）。散珠式中轴（见图 11.22）则用五通卡环专用钩式扳手和锁环扳手（见图 11.37）。

- **卡环拆装钳**：BB30 曲柄（见图 11.17）和其他无螺纹中轴（见图 11.33）、拆卸脚踏卡环、Shimano Di2 PRO 座管电池和其他零件，需要使用卡环拆装钳。

- **曲柄拆卸器**（顶丝）：拆卸曲柄（见图 11.7）。只有老款曲柄需要此工具，一体式曲柄（见图 11.2）或自退螺栓设计的曲柄不需要配备此工具。此工具的推杆的尺寸取决于方孔中轴（见图 11.21~图 11.23）、八爪花键中轴（Octalink）或十爪中轴（见图 11.24 和图 11.25）的尺寸。

- **薄开口扳手**：见图 8.8 和图 8.12。标准的型号有 13 毫米、14 毫米、15 毫米和 16 毫米，购买前检查一下需要哪种型号。

- **鲤鱼钳**（也称为"水管钳"）。

- **脚踏轴心套件拆卸工具**：Shimano 的塑料工具（见图 13.14）和 Look 的不一样。高端的 Shimano 和 Look 使用标准的 20 毫米和 19 毫米扳手，都不需要此工具。

- **老款自行车需要准备一套下列尺寸的开口扳手**：7 毫米、8 毫米、9 毫米、10 毫米、13 毫米、14 毫米、15 毫米和 17 毫米。

- **2 个碗组扳手**：只有老款的螺纹碗组（见图 12.1、图 12.8、图 12.11 和图 12.23）需要此工具。购买前检查一下碗组的尺寸。

- **管胎用补胎胶**：铝合金车圈可使用 Continental 的 Clear glue 或 Vittoria 的 Mastik'One，碳纤维车圈只能使用 Mastik'One。更多内容见第 7 章。

- **气嘴拆卸器**：分法式气嘴和美式气嘴拆卸器。有的拆卸器同时有法嘴和美嘴两个头，Stan 的 NoTubes 这类拆卸器美嘴和法嘴通用。

- **碳纤维紧固剂**：碳纤维座管、车把等的卡环需要使用紧固剂以避免松滑。

- **轮胎自补液**：填充内胎小的破孔或慢撒气的真空胎。

- **木工用的斜夹**：用于管胎。

- **音响**：若经常维修与保养自行车，建议配个音响。

- **螺纹防松胶、自行车专用清洗液、除锈剂、渗透油**（或给锈死的零件使用的除锈剂）、**钛合金螺栓使用的润滑剂**以及一包抹布。

1-3

3级工具箱

3级 若你拥有 3 级的维修能力，无须依靠专业技师的帮助，就可以独立进行自行车维修与保养，还可以自己组装自行车。到了这一级别，你就应该有一间设备完善的、独立的自行车工作室了。3 级工具中，一部分是高级别工具，一部分是 2 级工具的增强版。

- **零件清洗槽**：使用环保除油剂。废液请勿随意倾倒，须与当地环保部门联系。

- **固定式维修架**：请确保夹头可适用于不同管径和材质的车架。

- **大型台钳**：用来松动已经咬死的零件。

- **魔术扣钳**（见图 4.25）。

- **胎压计量表**：胎压计量表比带气压表的气筒更精确。专业骑行必须测量准确的胎压。

- **磁铁套筒或铰接式磁铁**：捡起掉落的零件或小工具。

- **大型圆头锤**。

- **软锤**：皮革、橡胶、塑料或木槌，避免损坏零件。

- **碗组压入工具**：适用于各种碗组（见图 12.44）、压入式中轴（见图 11.29）。操作时注意力度和尺度，不要压到轴承锥表面。

图1.3　3级工具箱

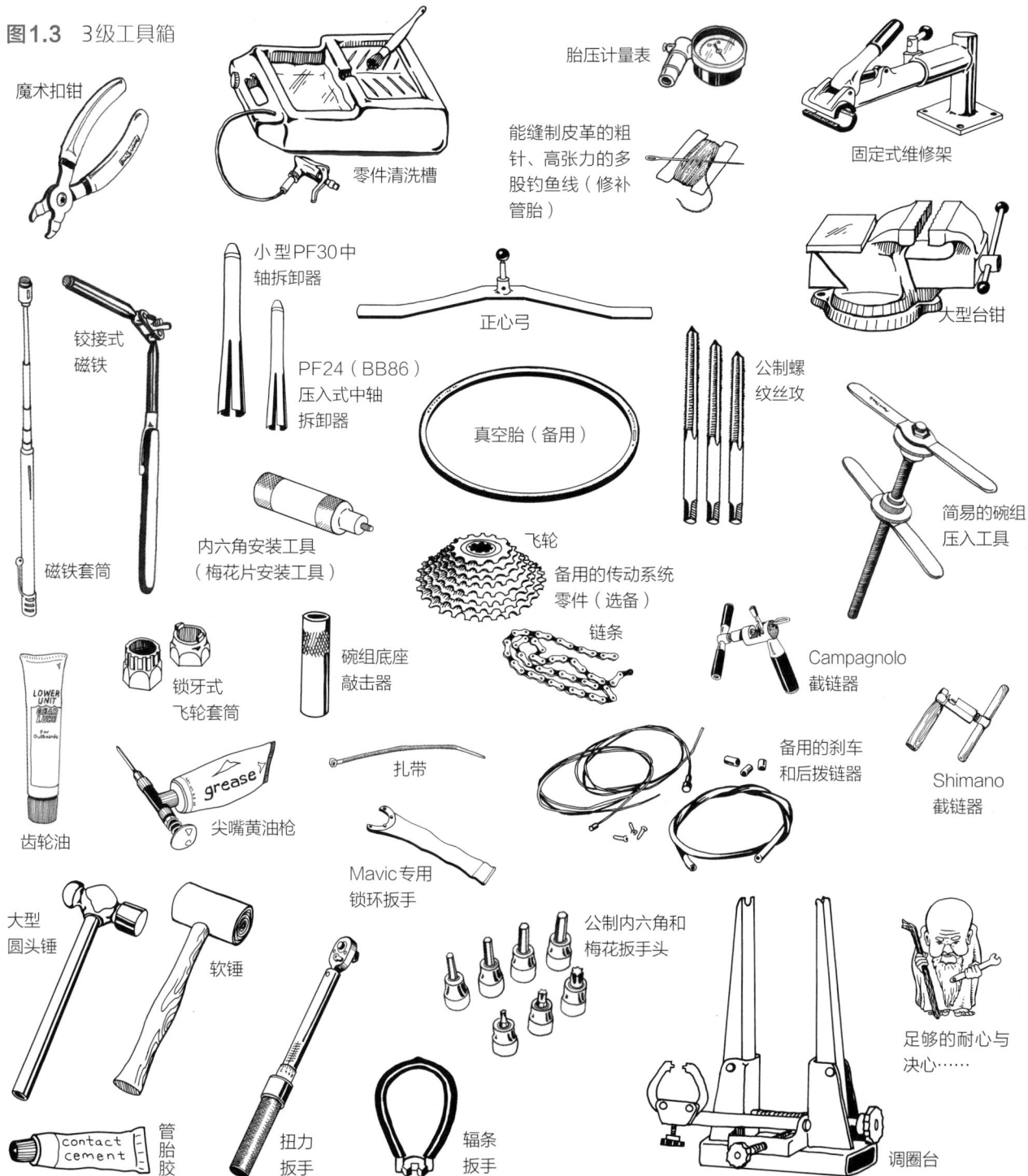

魔术扣钳

零件清洗槽

胎压计量表

固定式维修架

能缝制皮革的粗
针、高张力的多
股钓鱼线（修补
管胎）

大型台钳

小型PF30中
轴拆卸器

铰接式
磁铁

PF24（BB86）
压入式中轴
拆卸器

正心弓

公制螺
纹丝攻

真空胎（备用）

简易的碗组
压入工具

内六角安装工具
（梅花片安装工具）

飞轮

磁铁套筒

备用的传动系统
零件（选备）

链条

Campagnolo
截链器

齿轮油

锁牙式
飞轮套筒

碗组底座
敲击器

扎带

备用的刹车
和后拨链器

Shimano
截链器

尖嘴黄油枪

Mavic专用
锁环扳手

大型
圆头锤

软锤

公制内六角和
梅花扳手头

足够的耐心与
决心……

管胎胶

扭力
扳手

辐条
扳手

调圈台

第1章 | 工具

- **珠碗拆卸器**（译者注：也称为"珠碗压入器"）**和PF30 中轴拆卸器**：根据其外形，常被称为"火箭"。此工具插入头管（见图12.37和图12.38）或五通（译者注：这个工具类似镊子，插入后，工具张开，还原成原形，可顶住中轴单边内侧，再用锤子从一侧敲击，便可将中轴顶出）。

- **小型PF24（BB86）压入式中轴拆卸器**：也是碗组拆卸工具，但比较小，适用于24毫米一体式中轴。

- **碗组底座敲击器**（也称为滑动锤）：安装各种类型头碗组前叉（见图12.43）。安装过程中，较薄的前叉底座需要再用一个工具支撑住。

- **内六角安装工具**（梅花片安装工具）：把无螺纹碗组安装到前叉竖管。

- **锁牙式飞轮套筒**：用于旋松老款螺纹花鼓的锁牙式飞轮。不同的锁牙飞轮，需要用不同的套筒，购买时注意自己的自行车上的飞轮型号。

- **扭力扳手**：用来确认正确的紧固扭力值。多数零件制造商会提供扭力参考值，以避免崩牙、断裂、异响或骑行中的零件脱落。书后附录E是扭力值表，请查阅。维修自行车需要一长一短两个扭力扳手，其中长的扭力扳手提供高扭矩，以锁紧曲柄螺栓、中轴杯；把立上的螺栓、锁鞋底板的螺栓和锁线栓等使用短的扭力扳手——低扭力可精准地紧固。再购置一套公制内六角和梅花扳手头搭配扭力扳手。

- **一套公制螺纹丝攻**：包括5毫米×0.8毫米、6毫米×1毫米和10毫米×1毫米，可以攻牙，例如水壶架安装孔、座管夹、变速器尾钩、悬臂式刹车安装孔（旅行自行车或越野公路车）等。

- **尖嘴黄油枪**：补充需要填满润滑脂的零件，例如Campagnolo有油嘴的碗组。

- **齿轮油**：润滑卡式飞轮。

- **调圈台**：调圈和编轮。

- **正心号**：检查编好的车轮是否居于前叉或车架后叉中间。

- **辐条扳手**：辐条扳手要和辐条、辐条帽相配，如花键辐条帽、内置辐条帽需要专用的辐条扳手。

- **锁环扳手**：调整Mavic花鼓。

- **高质量的截链器**：用于拆卸或重新接上链条。虽然截链器使用的机会不多，但要购置高质量的截链器，尤其是和10速及11速的链条相配的截链器。更多内容见4-12中的Pro Tipon截链器。

- **针线包**：能缝制皮革的粗针、高张力的多股钓鱼线和管胎胶，用来修补管胎。

- **耐心与决心**：一次不成再试一次，直到做好。

其他工具

- **备件**：尽量备齐常用配件，以免急用时还得去自行车店购置。在任何一家装备精良的自行车店，都能购齐下列配件：各种规格的轴承滚珠、螺栓、变速线、刹车线和线管、线管护套（中空圆柱状尾套）、线帽、延长气嘴、扎带等。另外，还备足内外胎、链条和飞轮片。

1-4

专业自行车店工具

接下来介绍的工具（见图1.4）不在3级工具之列，但有它们可以事半功倍。

- **车架五通攻丝器**：用于切削五通两端的螺纹，起校正螺纹的作用。现代的公路自行车车架多是英标螺纹，而意大利生产的车架几乎都是意标螺纹，必须攻丝。除英标螺纹和意标螺纹外，还有法国和瑞士螺纹两种规格，不过市面上不常见。

- **预置式扭力扳手**：可以更快捷地锁紧把立螺栓、鞋底螺栓和其他的小螺栓。标准的内六角扳手头可以安装到预置式扭力扳手上。当紧固件的扭力达到预设的数值时，大部分预置式扭力扳手，会自动发出"咔嗒"的一声，这表示已经紧固不需要再加力了。当紧固件的扭力达到预设的数值时，CDI预置式棘轮扭力扳手，会出现瞬间的脱节效应（类似于汽车的气顶），扳手便无法再锁紧了。

- **车架五通铣面器**：类似于五通攻丝器，用于切削五通的两个外侧面，使其平行。
- **BB30扩铣组合刀**：用于五通攻丝器。
- **压入式中轴工具/取出中轴工具**：用于外置中轴杯。
- **Park BBT-39中轴拆卸工具**：用于BB30和BB90中轴。
- **衬套**：用于压入式中轴和中轴杯。
- **Park CBP-5和CBP-3中轴拆卸工具**：用于拆卸和安装Campagnolo/Fulcrum Ultra-Torque中轴、曲柄。
- **电钻**：电钻做了专业用途改装，无绳电钻有个可调节的扭环，TorxT25头电钻能快速安装6孔盘片螺栓。
- **尾勾校正工具**。
- **后拨链器尾钩校正工具**：因车祸或其他原因导致后拨链器绞进后轮，拽歪了尾钩，用后拨链器尾钩校正工具可将尾钩扳直。若车架的尾钩是可更换式的，可换个新尾钩。
- **导链器**（译者注：也叫链条定位器）：拆卸车轮清洁传动系统时，减少掉链条的概率。
- **飞轮磨损测量器**：测量飞轮是否磨损。
- **内置三头辐条帽扳手**：方头，5毫米和5.5毫米，用于内置辐条帽。非标准的辐条帽需要配备专用的辐条扳手。
- **辐条帽螺丝刀**：螺丝刀的杆芯是弯的（译者注：这种设计自成中心，安装辐条帽时能快速、简单地旋转辐条帽），方便快速编轮。
- **花鼓轴承压入器**：压入器用衬套，适用于各种型号的花鼓轴承，包括卡式花鼓轴承。
- **扁条**（译者注：即扁辐条、破风辐条）**固定工具**：校正车轮时，抓住辐条，避免扭转。Mavic和DT扁条质量不错。
- **辐条张力器**：把辐条张力调整到合适的程度，增强辐条强度、延长辐条的寿命。

- **磁线工具**：借助磁线尾端的磁性头，把电线、刹车线、线管和油管从连接头的钩子拉进车架。Campagnolo的EPS电子变速系统使用此类工具。Park Tool的IR-1 Internal Cable Routing Kit（译者注：内走线安装工具，见图5.30）有三款适用于EPS和Di2内变速线，以及标准指拨、刹车线、线管和油管。
- **头管绞孔和铣面工具**：使头管两头平行、扩孔。
- **碗组底座拔取器**：在不借助锤子和螺丝刀的情况下，拆卸任何型号的前叉底座，且不会损坏前面。
- **专业级碗组压入器**：和简易式的碗组压入器相比，能更快捷、更精准地安装无螺纹压入式碗组的轴承杯（见图12.44）、中轴和轴承帽（见图11.29），压入器不会推进轴承的内座圈，确保只在外轴承座。
- **带数字的链条尺**：精确地测量链条长度，以便及时更换磨损的链条。
- **油管裁切器**：垂直切割碟刹的油管，以防止漏油。
- **盘片校正百分表**：迅速查出盘片变形部位。
- **盘片校正扳手**：和千分表配合使用，精准校正盘片。
- **管夹器**：夹住无螺纹的管子（译者注：如前叉、头管和车把），使之可垂直切断。
- **爪型扳手**（译者注：也称为"块扳手"或"CROW-FOOT扳手"）：用于精确地设定大螺母、中轴杯（包括花键中轴）的扭力值。爪型和扭力扳手手柄呈90度，以便在扭力扳手柄上设定扭力（比如，若爪型向前或向后，会增加或减少扭力扳手柄上的扭力）。
- **薄厚规**：精确地测量来令片和盘片的间隙。
- **游标卡尺**：卡尺上有游标刻度盘或电子量规，可精确测量零件。
- **花鼓轴固定工具**：在台钳上固定花鼓轴。
- **空气压缩机**：给车胎快速充气。
- **法嘴气泵**：连接到空气压缩机上，可以快速地给车胎充气到合适的胎压。

图1.4　专业自行车店工具

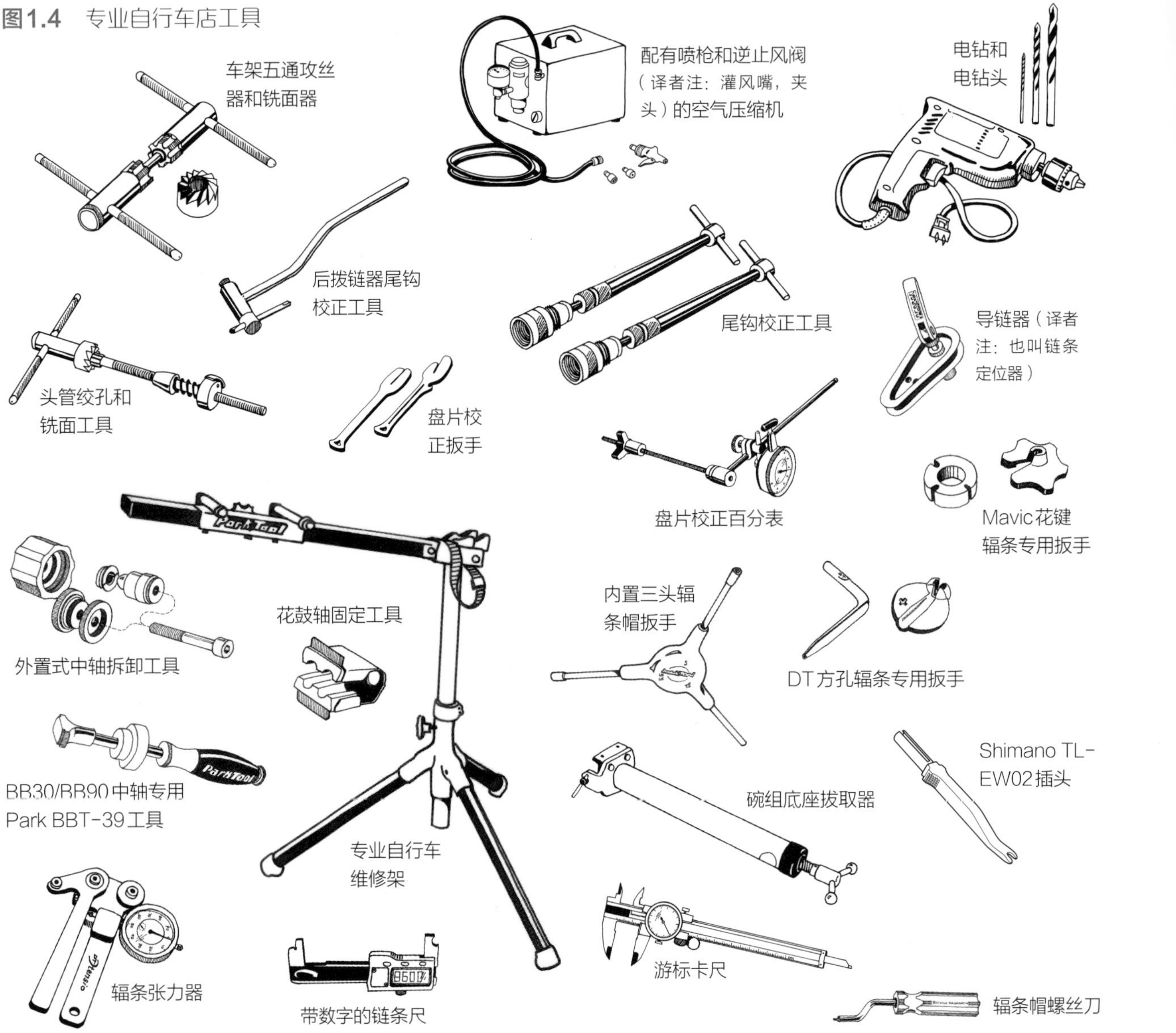

车架五通攻丝器和铣面器

配有喷枪和逆止风阀（译者注：灌风嘴，夹头）的空气压缩机

电钻和电钻头

后拨链器尾钩校正工具

头管绞孔和铣面工具

盘片校正扳手

尾钩校正工具

导链器（译者注：也叫链条定位器）

盘片校正百分表

Mavic花键辐条专用扳手

外置式中轴拆卸工具

花鼓轴固定工具

内置三头辐条帽扳手

DT方孔辐条专用扳手

BB30/BB90中轴专用Park BBT-39工具

碗组底座拔取器

Shimano TL-EW02插头

专业自行车维修架

辐条张力器

带数字的链条尺

游标卡尺

辐条帽螺丝刀

- **法嘴夹头**：无论哪种气嘴，均可使用。
- **专业自行车维修架**：固定车架五通，沿着水平横梁有个可滑动的快拆座，夹住前叉或后尾钩。因为传统维修架只能夹住圆管，一体式座管和变形座管只能用这类

维修架。还有，碳纤维车架只能用Hirobel的Carbon Frame Clamp（碳纤维维修架），这种维修架和传统维修架的夹扣固定方法不同，Hirobel维修架有一根承托杆，用双点承托的方法固定自行车，拆下这根承托杆，

Park CBP-5, CBP-3
中轴/曲柄拆卸器（适用
于Campagnolo）

花鼓轴承
压入器

Campagnolo EPS
内走线工具

爪型扳手（译者注：也
称为"块扳手""CROW-
FOOT扳手"）

专业级
碗组压
入器

BB30扩铣
组合刀

油管裁切器

飞轮磨损
测量器

薄厚规

法嘴带气压表的
轮胎充气枪

用于压入中轴和
中轴杯的衬套

管夹器

花键中轴
套筒扳手

预置式扭
力扳手

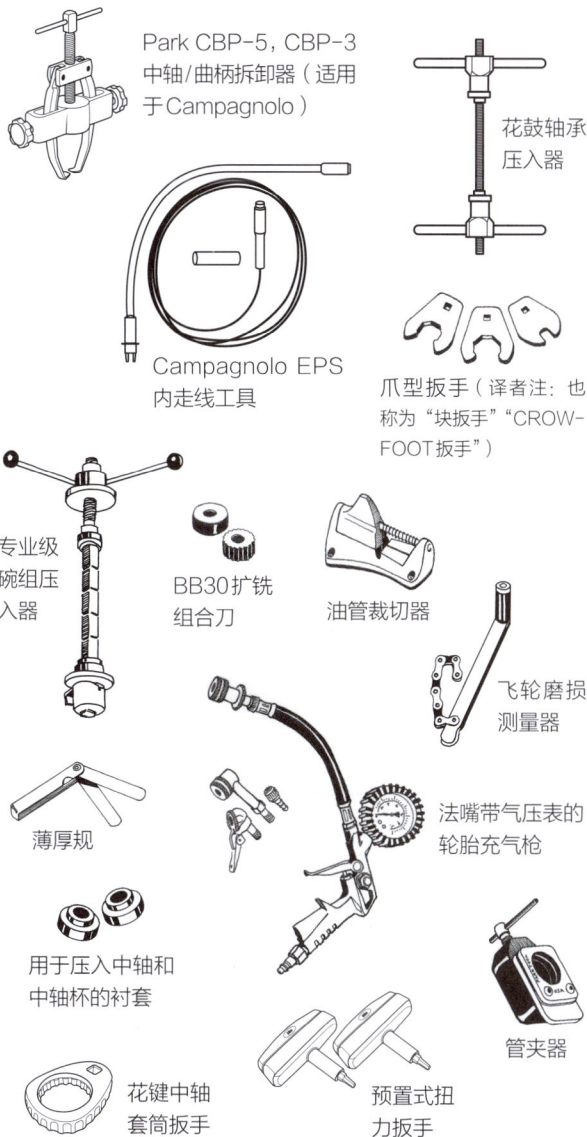

Hirobel维修架就变回了传统的维修架。

建个家庭维修室

保持家庭自行车维修室整洁、舒适，会大大提高工作效率。把工具挂在钉板上和挂钩上或放在抽屉里、工具箱里和小托盘里，都是保持维修室整洁的好办法。这也能让你在第一时间找到想用的工具，享受修车的乐趣。想想，若用到钢丝剪时却找不到，那真是十分闹心的事儿。把小工具放在有几排小抽屉的那种工具箱里，放在一个工作台上，取用后放回原处，小工具也不会混乱。

骑行时带的工具

a. 短途

短途骑行需要的工具（见图1.5）可放在车尾包、背包或骑行服的口袋里。这类工具注重"轻量"和"实用"，建议选择组合工具。开始骑行前，要先试用这些工具。

- **备用内胎或管胎**：至少携带一条备胎。注意气嘴的长度必须和车圈高度相符。若很少使用备胎，把备胎放在塑料袋内，防止老化。

- **打气筒或CO_2充气瓶**：打气筒越长出气量越大，但相对来说也越重。公路自行车需要高胎压，筒身多是细长的设计。也可使用迷你打气筒，但入气速度很慢。需要注意的是：打气筒的气嘴也要和内胎吻合（法嘴或美嘴）。若使用CO_2充气瓶，须注意内胎或管胎的空气容量（一般12克就用了，若搭配宽胎的旅行自行车或许要用到16克）。真空胎若使用CO_2充气瓶充气可能使自补液固化。

第1章 | 工具

图1.5　短途骑行时要带的工具

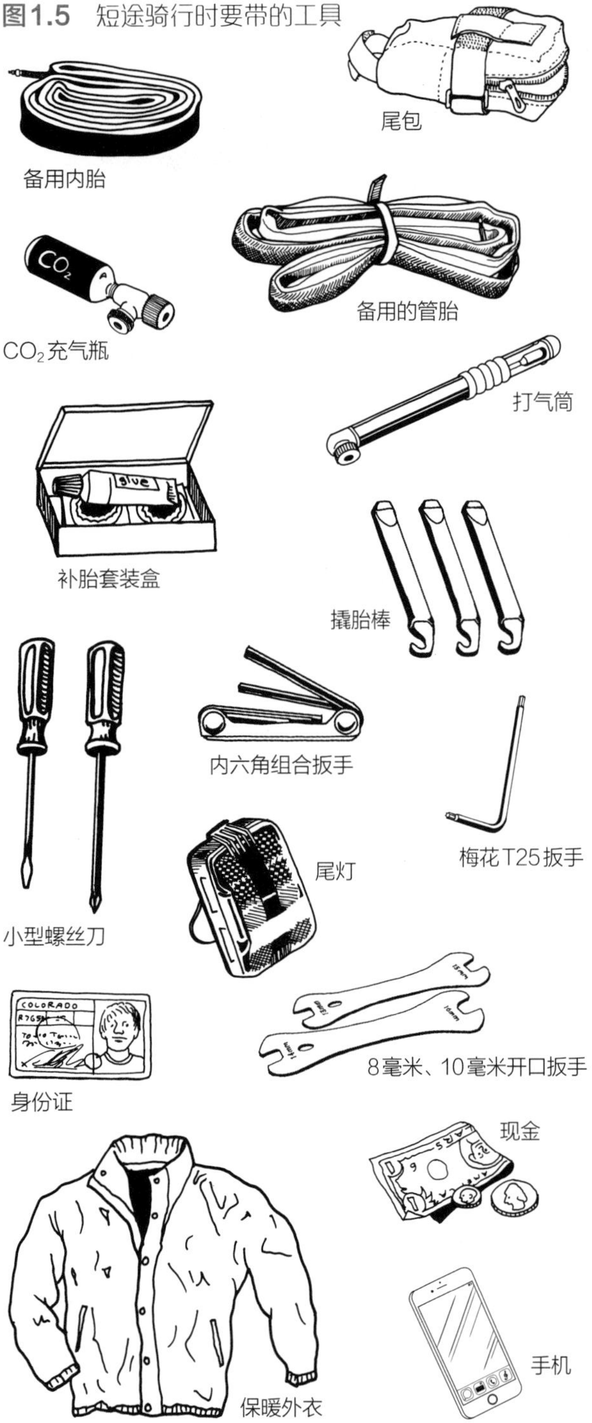

备用内胎

尾包

CO_2 充气瓶

备用的管胎

打气筒

补胎套装盒

撬胎棒

小型螺丝刀

内六角组合扳手

尾灯

梅花 T25 扳手

身份证

8毫米、10毫米开口扳手

现金

保暖外衣

手机

- **撬胎棒**：至少2个撬胎棒，最好3个（用于勾式外胎和 Thbeless 无内胎外胎）。
- **补胎套装盒**：若内胎用完，只能用补胎片补胎。每年检查一次，确保补胎胶没有凝固。也可选用免胶补胎片。
- **小型螺丝刀**：最好选择组合工具，用于调整变速器等零件。
- **内六角组合扳手**：包括2.5毫米、3毫米、4毫米、5毫米、6毫米和8毫米。折叠式或组合式更方便。
- **开口扳手**：1980年以前生产的自行车，需要携带8毫米和10毫米的开口扳手。
- **尾灯**：小型快拆式尾灯。
- **保暖外衣**：在山区骑行或天气较冷时骑行，需要准备保暖护臂、保暖护盖、尼龙防风背心、外套和骑行帽；在山区骑行或天气不好时骑行，需要准备薄手套和鞋套。
- **身份证**。
- **现金**：用于购买食品。
- **手机**：手机方便，不过，骑行途中接电话会打断骑行。
- **GPS**：若手机没有导航功能，GPS可防止迷路。

b. 长途或多日骑行

携带图 1.5 和图 1.6 列出的工具。

- **备用真空胎和两条备用内胎**：若使用管胎，带两条备胎。
- **雨具**。
- **辐条扳手**：注意扳手的尺寸和辐条帽尺寸相符。
- **截链器**：当骑行中断链时，需要用截链器。组合工具中常有截链器（也有螺丝刀、内六角扳手和box-end或开口扳手或辐条扳手）。在家时务必先试用截链器，确定操作无误再上路。尤其是独自骑行远离城区、没有手机信号的线路时，更应如此。

- **备用链目**：若使用Shimano 8速或9速链条，至少携带2根补链销（译者注：连接链板的小轴）或同等宽度的链条。若使用10或11速链条，需要携带链条同宽度的链条魔术扣。
- **备用辐条**：注意辐条长度和车轮一致。若喜欢，可使用Kevlar纤维软式辐条。这种辐条可以折叠，在长途骑行中进行紧急修补时非常方便。Kevlar的具体使用方法见第3章。
- **链条油**：一小瓶。
- **预注补胎剂的充气瓶**：管胎无法在路上修补，这种充气瓶可以帮助你安然回家。
- **润滑脂**：少量。
- **管道胶带**：少量。
- **一小卷铁丝和扎带。**
- **小型15毫米脚踏扳手**：尽量选择一头是脚踏扳手，另一头是碗级扳手的二合一扳手。
- **照明器材**：固定在车把或绑在头盔上的轻量型灯具。
- **火柴。**
- **救生毯**：轻量、一面有铝合金镀膜、可折叠。

　　注意：出行前，请先阅读第3章紧急修复的相关内容。若想规划以骑自行车为主的旅行，汽车里要放置：1级工具、碗组扳手（螺纹式碗组）、管道胶带和砂纸等小修补品，还需要带上备胎、质量好的直立式打气筒和备用的尾钩。

1-7

越野公路自行车需用工具

　　越野公路赛规定设置"维修站"，让选手将脏污的自行车换成清洁的自行车。维修站设计通常是双向式，车手每绕半圆便可迅速换车。若要为圈速很快的朋友担任技师（如两人报名不同组别，可以和朋友交换角色，一位上场比赛，另一位就下场维修），可能最多有5分钟时间清洁自

图1.6 用于长途旅行的工具

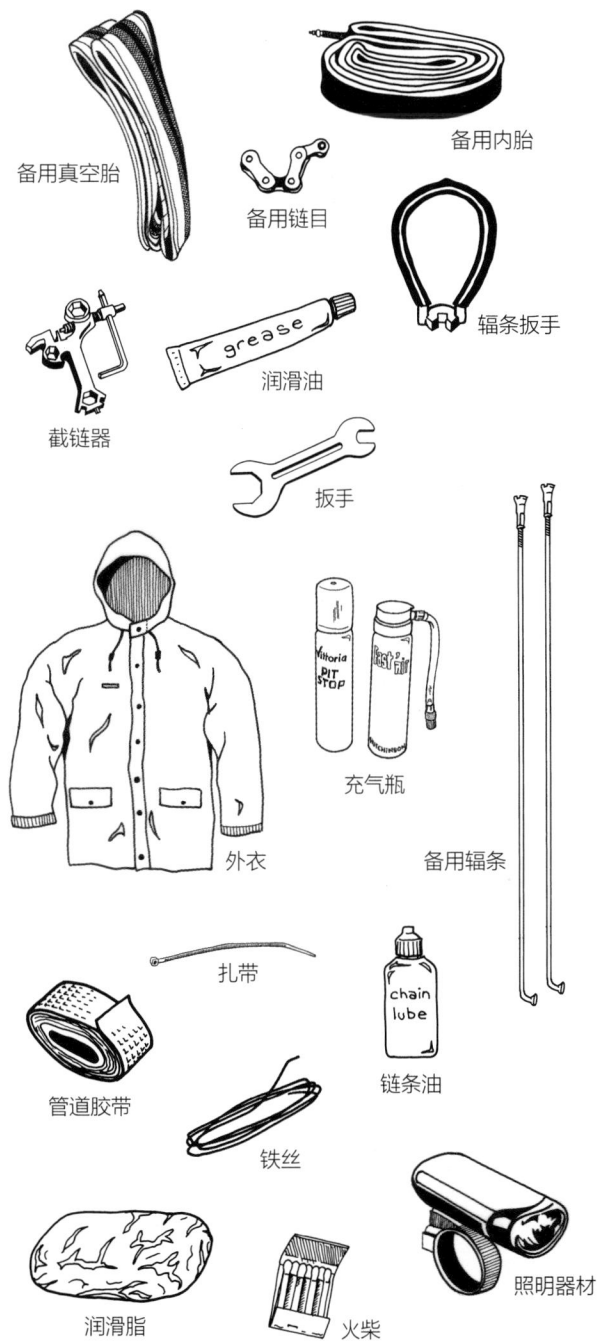

备用真空胎

备用内胎

备用链目

辐条扳手

截链器

润滑油

扳手

外衣

充气瓶

备用辐条

扎带

管道胶带

chain lube

铁丝

链条油

润滑脂

火柴

照明器材

行车（或是修理任何故障）。要在泥泞的道路维持良好工作效率，就需要正确的工具组合（见图1.7）、适当的衣着和冷静的态度。

- 带数字的胎压表。公路越野胎的低胎压需要准确。
- 防水长裤。
- 橡胶手套。
- 橡胶长靴。
- 保暖的防水外套和帽子：根据天气情况决定。
- 备用自行车：应和比赛用车的配置完全相同（如脚踏、鞍座、弯把俯仰角度及传动齿比等）。
- 备用轮组：应为相同飞轮的备用轮组（飞轮的品牌要相同或相容、速别相同、齿比接近）。
- 备用变速线、刹车线、外管、链目和魔术扣。
- 备用鞍座、座管和座管夹。越野骑行时，这些零件容易损坏。
- 2~3个耐用的水桶，最好可以堆叠收纳。
- 大块的洗车海绵。
- 大型洗车刷。
- 小型的圆柱形硬毛刷，或窄身的长毛刷。
- 弧形的硬塑料飞轮刷。
- 环保的自行车清洁剂，或是中性洗洁精。
- 环保除油剂。
- 链条油。
- 3毫米、4毫米、5毫米、6毫米、8毫米和10毫米内六角扳手、梅花T25和T30扳手：每种准备两把，以免掉进泥坑后，需要浪费宝贵的时间找回工具，你可以等比赛结束后再找。
- 细长的螺丝刀：用来调整变速器、清除狭缝间的泥块。
- 大型螺丝刀。
- 剪刀。

- 老虎钳。
- 变速线剪钳，钢丝剪。
- 直立式打气筒。
- 导链器：取下后轮，清洁传动系统时，安装在尾钩，维持链条张力。
- 曲柄拆卸器（顶丝）：无法仅用一把内六角扳手拆卸曲柄时，使用曲柄拆卸器。
- 辐条扳手。
- 管道胶带。
- 截链器。
- 大量清水，尤其是泥泞的赛道。
- 大量抹布。

有个快速武装自己的方法，就是购买 Pedro 的 Super Pit Kit 桶装套件。套件包括：海绵、洗车刷、工具箱、清洁剂、除油剂和润滑剂等。附赠的大水桶可收纳多种工具，旋入式水桶盖可确保工具不会散落在汽车后箱，也方便带到赛场。记得使用环保的润滑剂和清洁剂，因为赛事经常在例如公园、田野或是一些机构的私有草地这类地方举行，用柴油或其他毒性物质破坏地球绝非大家所愿。

其他东西

- 便携式自行车维修架：随身携带。
- 加压式洗车机：若场地泥泞，而且预计选手会很投入，不妨自行携带加压式洗车机——有可充电式的或气动式的。赛场常提供加压水枪（或水管），若水不结冰或等太久才清洗自行车，高压水枪洗车效果非常好。请确保足够的清水。若无池塘或湖泊可供抽水，需要准备超大的储水桶，桶底配有水管（园艺店有售）；还需要准备充足的电力或燃气供应，确保赛事期间能带动洗车机。

图1.7 越野公路赛事所需工具

保暖的防水外套和帽子

橡胶手套

橡胶长靴

备用的变速线、刹车线和外管

备用链目

备用魔术扣

防水长裤

备用的鞍座和座管

备用轮组

截链器

导链器（译者注：也叫链条定位器）

链条油

内六角扳手

自行车清洁剂

环保除油剂

抹布

加压式洗车机

水桶

飞轮刷

大型洗车刷

圆柱形硬毛刷

洗车海绵

辐条扳手

剪刀

大型螺丝刀

管道胶带

直立式打气筒

老虎钳

梅花T25、T30扳手

曲柄拆卸器（顶丝）

细长的螺丝刀

变速线剪钳，钢丝剪

带数字的胎压表

便携式自行车维修架

工具

链条油
抹布

选备工具
溶剂（柑橘配方）
洗链器
旧水壶
大块海绵
大、小洗车刷
洗洁精
越野公路自行车
维修套件（见
1-7）

基础研究就是，科学家不知道
自己的工作有何用时所做的工作。
——韦纳·冯·布劳恩
（译者注：Wernher von Braun，韦纳·冯·布劳恩，
德国著名的火箭专家，"现代航天之父"）

基本调整

骑行前检查、轮组拆除、普通清洗和机械维修指导

每次骑行前，都要做车检。例行车检可避免骑行到野外时，因零件故障耽误返程。应该学会拆装轮组，自己处理爆胎或卡链等小毛病。即使你什么都不想做，至少要清洁链条并上油。本章指导大家如何使自行车在骑行中更顺畅且无异响地运转。

1级 本章的操作需要使用小工具，这些工具为1级。

2-1

骑行前检查

1. 检查花鼓快拆杆或轴心螺母（将车轴固定在尾钩上）是否锁紧。

2. 检查刹车皮是否使用过度或不均匀磨损（译者注：如单边磨损）。

3. 捏紧刹车，用力摇动刹车夹器和刹车皮，确定螺栓锁紧。

4. 挤压手变，正常行程应使刹车皮平贴车圈摩擦面（或盘片）（译者注：或略呈前束角），并且不磨到外胎。确认刹车行程，刹把不会一压就触底而贴住车把，调整刹车的方法请参考第9章（碟刹参考第10章）。

5. 空转车轮，目测车圈是否左右偏拢（不是车胎偏拢），确定车圈是否蹭刹车皮。

6. 再次空转车轮，检查车胎是否左右偏拢，若车圈正而车胎偏拢，可能是因为胎唇没有完全安装进车圈。胎唇外缘通常有条模线或带状边，应平行于车圈。以车圈外缘为检查基准，模线或带状边离车圈太远或太近，或车胎有明显凸起时，请将车胎彻底放气后拆下来，认真地重新安装，再重新充气。

7. 检查胎压。多数公路自行车的胎压在551~828kPa（100kPa≈14.5psi）。检查外胎上是否黏附着异物；若有，检查一下是否需要修补或更换破损的内胎。若不喜欢补胎，见第7章"轮胎自补液"（一种加进内胎后，自动填补内胎上的小洞的黏糊糊的液体）。

8. 检查外胎是否过度磨损、龟裂、凸起或有较深的裂缝。

9. 检查把立和车把是否锁紧，把立和前轮应呈直线。

10. 检查换挡是否顺畅，链条是否跳齿或跳挡。确定每换一挡（变速把手动一次发出"咔嗒"声）链条只移动一片飞轮的距离。从第一声"咔嗒"开始，逐个检查每一个挡位，并确定链条调到最小或降到最大片飞轮、最内侧或最外侧牙盘时，不会蹭链。

11. 检查链条是否有生锈、脏污、卡死的情况或有明显的磨损。链条应保持清洁和润滑（链条油不能上得过多，否则会吸附大量尘土）。公路自行车在铺装路面（译者注：即柏油路或水泥路）骑行约1500~3500英里（译者注：1英里约为1.6千米，余同），链条就会磨损到需要更换链条。精确测量链条的磨损程度，见"4-6"。

12. 按压前刹车后，前后拖拉自行车。碗组（前叉轴承，见图12.1）应该紧锁且无异响，前叉也不前后摇晃。

13. 检查曲柄组是否锁紧。任意抓住一个曲柄，用力左右摇晃，检查五通主轴有无间隙。

14. 检查花鼓轴心是否有间隙。抓住前轮，用力横向摇晃，检查花鼓轴心有无间隙。再抓住后轮，重复检查。

15. 检查鞍座是否锁紧并与车架上梁在一垂直面上（译者注：还要调整好鞍座的角度、前后等），确定鞍座不会扭摆。

16. 全部检查完成并无误后，就可安心骑行了！若仍有问题，请查阅本书目录，针对相关部位进行调校。

2-2
拆卸和安装前轮

如果遇到爆胎的情况，不拆轮是无法修补破洞的；若想把自行车架到汽车顶架或放进汽车后备厢，一般也需要拆卸前轮。接下来的章节将讲述如何打开刹车夹器（多数公路自行车都有此设计）、旋松花鼓快拆杆、拧开螺栓式车轴或拔出桶轴的轴心。

安装前轮时，夹器要处于打开状态（车胎不要打足气，若不打开夹器，车胎充足气的情况下无法从夹器间穿过去），将车胎从闸皮间穿过去，再把前叉放低，利用自行车本身的重量使尾钩滑进花鼓轴两端并卡住。这个操作使前叉完全"坐"在花鼓轴上，且车圈位于两个闸皮中间。碟刹的操作过程相同——只是碟刹不存在打开夹器的问题，但要注意盘片位于来令片中间。

若前叉或车轮未居中，需要重新调整夹器，或抓住花鼓，使车圈位于两个刹车皮中间（校正车轮见"8-2"，若前叉弯曲，需要修理或更换新的）。

2-3
打开刹车夹器

大部分的刹车夹器都有个快拆装置（QR，一般称为"刹车快拆"），待其快速向两边弹开后，便可将车轮从闸皮间取出来。大部分公路自行车的侧拉式夹器上方有个小杠杆，往上掀即打开夹器（见图2.1）。不过，Campagnolo Ergopower 人体工学动力系统的设计不同：刹车拉杆顶端有个拨销，将拨销外推，刹车拉杆便往上翘，夹器就打开了（见图2.2）。一些价钱便宜的侧拉式夹器或19世纪60年代晚期到19世纪70年代早期的古典自行车没有刹车快拆设计。计时赛自行车、铁三自行车以及装在牛角把前端的非Campagnolo低风阻手变，搭配没有快拆的Campagnolo夹器，也无法快速打开刹车。

不打开夹器，车轮就无法从两片刹车皮间通过，只能放掉车胎内的气；若车轮还是无法取下来，则必须拆卸刹车皮，才能把车轮取下来。

打开中央直拉式夹器（这种夹器1975年以前流行，现已不多见，见图9.3），必须把中央的线轭向下拉，同时一只手将左右两个刹车支臂向车圈推挤，连接两支臂的吊线会呈松弛状态，这时另一只手再将吊线从线轭取下来。

图2.1 松开刹车夹器

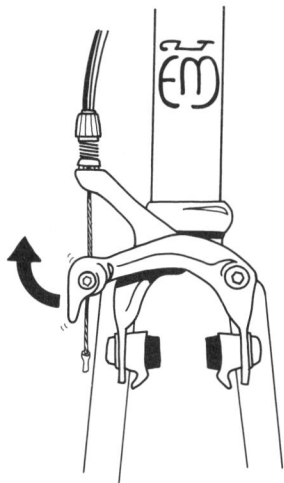

图2.2 松开 Campagnolo 刹车夹器

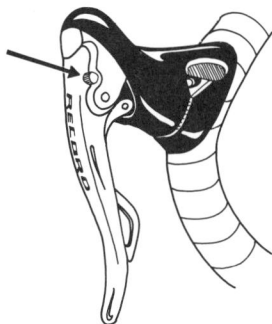

使用中拉式悬臂刹车的越野公路自行车和旅行自行车（见图9.23~图9.43），夹器安装在前叉或后上叉的刹车底座，打开此种夹器比较容易：一只手将左右两个刹车支臂向车圈推挤，另一只手将较大的吊线头从支臂上端的沟槽拉出。更老款的悬臂式夹器，打开方法和前文讲述的中央直拉式夹器相同。

另一类悬臂式刹车夹器是Shimano设计推广的，称为"V刹"（图9.47）。因为V刹的拉线行程不相容于弯把公路车的手变（除非安装行程转换器，加长刹把的拉线行程），所以公路自行车和越野公路自行车使用得比较少。短

腿公路V刹/越野公路V刹比普通的公路V刹耐用，但操作时仍需小心。打开这种刹车，同样是一只手将左右两个刹车支臂向车圈推挤，另一手将弯管（导线管）从刹车支臂顶端的水平导线架取下来。

碟刹（见图10.1~图10.2）不需要打开制动片，盘片可直接取出来。

2-4
拆卸与安装快拆式前轮
（译者注：快拆式前轮即有快拆杆的）

拆卸

拆卸快拆式前轮不需要使用工具。

1. 将快拆杆向外扳，打开它（见图2.3）。
2. 旋松快拆杆对向的螺母，直到螺母和快拆杆都能通过前叉的尾钩。老款的前叉基本没有尾钩，也就无法通过旋松螺母拆卸。

安装

快拆杆是个很实用的装置。

1. 使快拆杆保持在"开"的位置。

图2.3 打开快拆杆

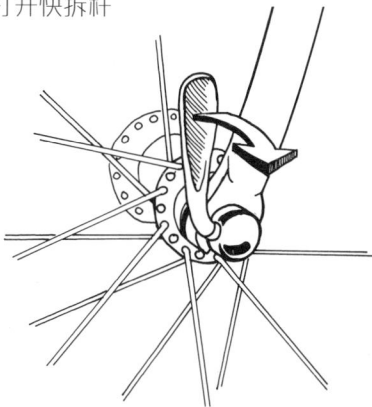

第2章 | 基本调整

2. 旋紧快拆杆对向的螺母，直到其紧顶住尾钩。老款前叉不带快拆杆结构，省略此步。

3. 将快拆杆推到"关"的位置（见图2.4）（即与车轴呈90度角）。将快拆杆推到"关"的位置需要一定的手劲，快拆杆甚至会在手掌心留下几秒的压痕。

4. 若快拆杆没有锁紧，打开，把对向的螺母旋紧1/4圈，然后再锁紧快拆杆。若仍未锁紧，再次重复本操作。

5. 另外，快拆杆无法推紧还有一个原因：对向的螺母锁得太紧了。打开快拆杆，把对向的螺母旋松1/4圈左右，再试着推关快拆杆。可重复此步骤，直到快拆杆锁紧。因为推关快拆杆需要手劲，操作后手上会留下几秒压痕。记住：快拆杆位于"关"的位置时应朝上或朝后，这样的话，骑行中快拆杆不会因钩住障碍物而被偶然打开。

6. 用手掌向下拍击车胎，以确认车轮锁紧不会掉下去。

2-5
拆卸与安装螺母固定式车轮

拆卸

1. 通常用15厘米扳手旋开固定式轴心两端的螺母，直到

车轮可以脱离前叉（见图2.5）。老款的公路自行车常用蝶形螺母，以方便用手拆卸。

2. 前叉可能有形形色色的安全挂钩，有的是前叉钩处有突起物，有的是车轴垫片带倒钩、插入前叉尾钩处的孔位。这些保险装置能防止螺母意外松脱时，前轮和前叉分离。将螺母旋松到能通过安全挂钩的程度即可，不需要把螺母完全旋出来。

3. 拉出前轮。

安装

螺母两端各用一把扳手（一般是15毫米扳手），顺时针（与图2.5中的方向相反）旋紧螺母。蝶形螺母的话，步骤是一样的，只不过把用扳手操作换成了用手操作。

注意：有的自行车——尤其是追求自行车轻量化或使用中空车轴的场地自行车，使用钛合金的螺栓式车轴（见图2.6）以达到轻量化。拆卸车轮时，使用5毫米内六角扳手旋松轴心两端的螺母。安装车轮时，一只手抓住螺母，另一只手用5毫米内六角扳手锁紧轴心杆的螺栓。锁紧钢材质轴心杆螺栓扭力约为7.3N·m，锁紧钛合金材质轴心杆螺栓扭力约为9.6N·m。小型的内六角扳手，用手指（而不是手掌）的力量锁紧螺栓，可以得到相近的扭力

图2.4　关闭车轴快拆

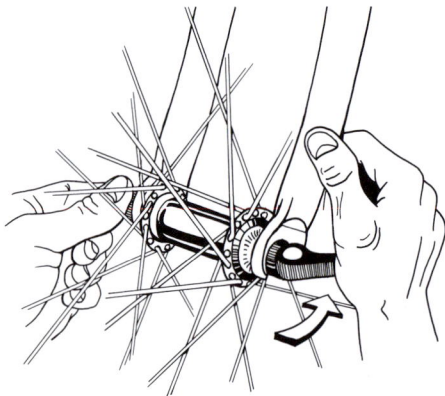

图2.5　旋松车轴螺母

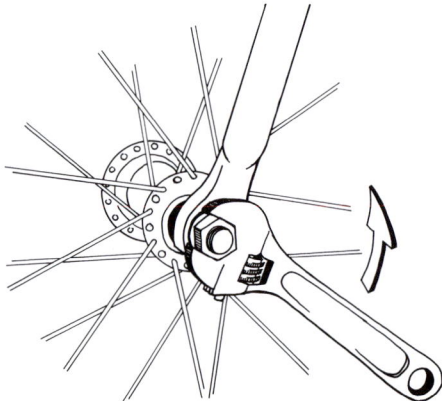

图2.6 螺栓式车轴

值。可以用锁紧快拆轴的手感感受扭力值的大小，不要使用超过锁紧快拆轴的扭力，只要确定骑行中车轮不会松脱即可。

图2.7 旋松桶轴

2-6

拆卸和安装桶轴车轮

碟刹的一个特点是使用"桶轴"——类似摩托车前轮用的轴。前轮用的桶轴杆特别长，内径为12毫米或15毫米，穿过卡式轴承、固定在前叉尾钩两侧，增加了前叉的侧力和扭力的刚性。和使用快拆杆的前轮相比，尤其是在前叉受到猛烈的、向下的撞击力时，使用快拆杆的前轮可能从尾钩脱落，而使用桶轴的前轮则不容易从前叉松落。

公路自行车的桶轴有个控制杆，可以作为手柄握住，然后从手柄相对的一侧旋松车轴。手柄打开和关闭的方法，与普通的快拆杆一样。虽然把使用桶轴的自行车前叉固定在汽车顶架上相对复杂些，但清洁时，拆卸和安装桶轴比普通快拆杆更迅捷。

拆卸

1. 打开手柄，可能需要点手劲。使用DT Swiss桶轴可跳过此步。
2. 逆时针旋转手柄，从手柄对侧旋松桶轴杆（见图2.7）。
3. 取出桶轴杆。
4. 使车轮从前叉脱落。

安装

1. 把车轮穿过碟刹夹器，安装到前叉（先不装车轴）上。

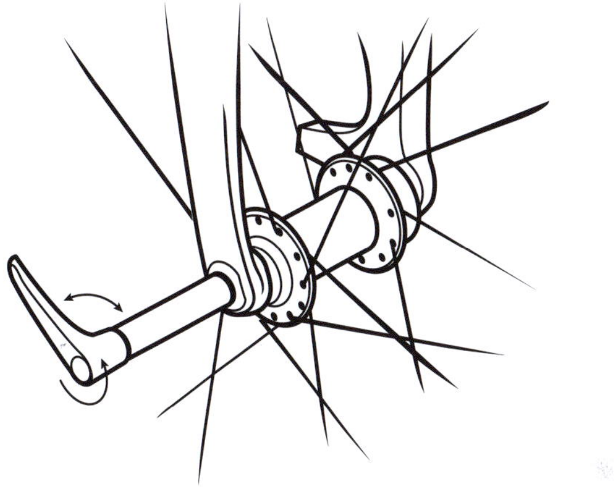

有的前叉尾端有向内凸起，使向内的凸起卡在花鼓盖上，调整好后，插入桶轴。若前叉尾端没有向内的凸起，则要小心地把自行车向上提，使之穿过花鼓和前叉末端，插入桶轴。

2. 从前叉尾端比较大的孔中插入桶轴杆。
3. 握住手柄，从对侧锁紧（顺时针）桶轴杆（见图2.7）。
4. 关闭手柄。手感和调整快拆杆车轴类似（见"2-4"）：来回调整车轴，直到锁紧（注意不要过度锁紧），然后把手柄推到"关闭"的位置。注意DT Swiss桶轴手柄不要翻过来，和轴呈90度角；DT的RWS棘轮安装系统可以重新定位手柄。通过转动手柄锁紧DT轴后，向外拉RWS手柄（拉的是弹簧），调整到自己需要的任一位置（这个位置应是一个不容易刮到灌木之类的障碍物的位置），松手，推下手柄，手柄会卡住棘轮。

桶轴放在汽车顶部的车顶架或车尾的车尾架上有一定的难度。若车顶架或车尾架夹住固定的是前叉的尾端，

第2章 | 基本调整

需要安装 Hurricane Components Fork Up 桶轴适配器（译者注：即转接器），它是一根管子，下面焊接2个条板，这2个条板的上端呈叉子状。使用时，先用这2个叉状条板固定住前叉，再把花鼓轴穿进管子，前叉便放在管子上了（如步骤3和步骤4）。

2-7
关闭夹器

关闭夹器的步骤和打开夹器的步骤正好相反。

1. **侧拉式夹器**：大部分公路自行车关闭夹器的方法都很简单：将侧拉式夹器上方的快拆杆往下拨即可（与图2.1所示相反）。Campagnolo Ergopower需要将刹车杆上方的拨销内推回原位，卡住手变的浅沟槽。

2. **悬臂式刹车夹器**（译者注：简称"吊刹"）和中央直拉式夹器（译者注：简称"中拉式"）：悬臂式刹车夹器（越野公路自行车和旅行自行车，见图9.23~图9.43）的关闭方法是：一只手将左右两个刹车支臂向车圈推挤，另一只手将吊线头套回支臂上端的沟槽。老款的中拉式夹器（见图9.3）和有的悬臂式夹器，则要再将线轭向下拉，钩回连接两个支臂的吊线。

3. **V刹**：一只手将左右两个刹车支臂向车圈推挤，另一只手将弯管（"弯管"，见图9.5）套回刹车支臂顶端的水平导线架。

4. **碟刹**：碟刹没有快拆装置（见图10.1和图10.2），把碟刹片安装在制动片中间即可。制动片间没有垫片时，注意不要捏油盘的刹车手柄，否则会推出活塞，安车轮时还得先把活塞推回原位。

5. 用力捏刹车把手，检查刹车线是否安装妥当。抬起车头空转前轮，试着轻捏刹车数次，检查刹车皮是否蹭车圈；若蹭车圈，需要重新安装前轮（或按第9章或第10章内容调整刹车）。若每个零件都需安装妥当了，就可以骑车上路了。

2-8
拆卸后轮

后轮的拆卸步骤和前轮类似，只多了一组链条和飞轮。

1. 打开刹车（或给车胎放气），方法见"2-3"。
2. 将后轮抬离地面，转动曲柄，把挡位降到最小飞轮。
3. 用拆卸前轮的方法拆卸后轮。除非后入式平行尾钩（"2-9"），一般的后轮推出尾钩时，需要拉开链条，操作方法如下：使自行车后半部离地，用左右大拇指将快拆或轮轴螺母往车头方向推，再握住后变速器向后拉，让导轮（引导链条挂到飞轮上）不会影响后轮脱出（见图2.8）。若车轮下滑时钩住链条下半部，将车轮往上提并且轻微摇晃，车轮即可离开链条。

SRAM CX-1后拨链器是为单牙盘和设计宽大的花鼓设计的。拆卸后轮时，需要打开其安全挂钩装置，按图2.8所示取下飞轮，然后推进位于后拨链器下转轴的飞轮锁止按钮（见图2.8大拇指下方的位置），使之锁上。这样，飞轮就到了后拨链器两片平行连杆之外了。

2-9
拆卸使用后入式平行尾钩车架的后轮

计时赛自行车和铁三自行车的立管角度很大，后轮和立管的空间极小，甚至在立管做出容纳后轮的设计以降低空气阻力（见图I.2）。这类自行车多使用向后开口的水平尾钩，使后轮能非常贴近立管。这类尾钩简单易用，但若从未接触过，可能会不易搞定，亲自动手才能明白。

图2.8 拆卸或安装后轮时，后拨链器要向后拉

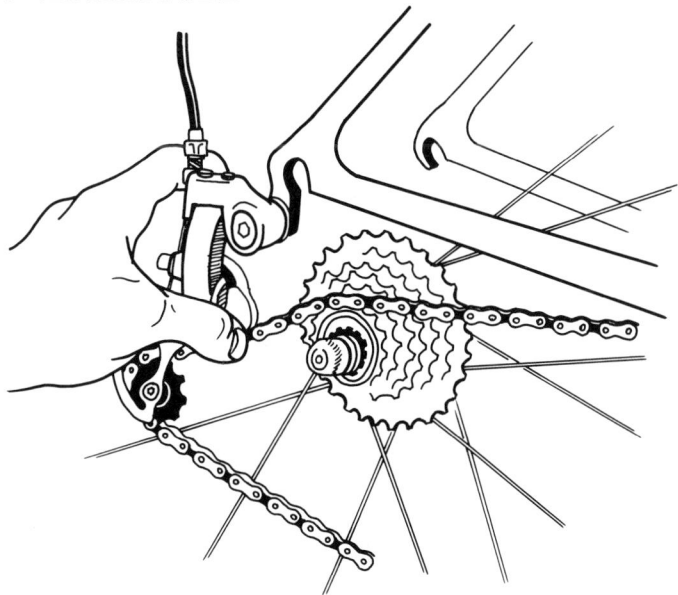

1. 打开夹器（或将后轮放气），方法见"2-3"。若是碟刹，请忽略此步。

2. 抬起后轮，转动曲柄，将挡位降回最小飞轮。将链条退回最小的牙盘，使链条处于更松弛的状态。

3. 打开后轮的快拆杆。

4. 若要从向后开口的水平尾钩取出后轮，需要先移开链条。用手指抓住链条，向后拉离飞轮，移到右侧（见图2.9）。

图2.9 拆卸和安装后入式平行尾钩后轮

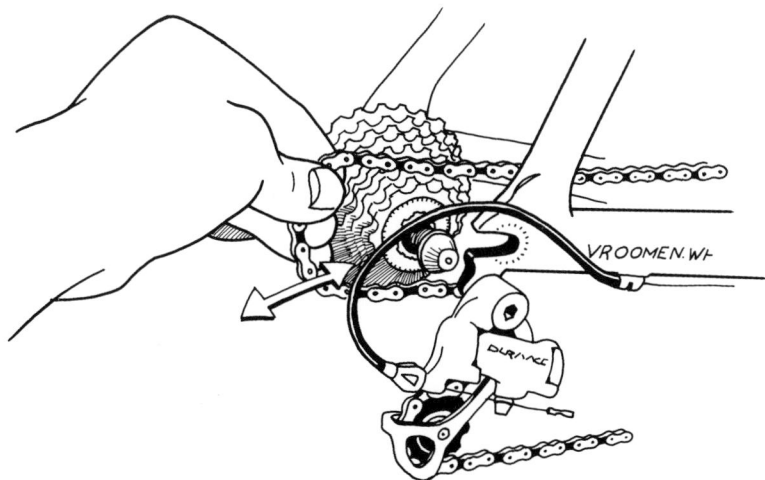

第2章 | 基本调整

5. 链条此时已不再挡住后轮，抓住后轮，向后直接拉出即可（见图2.9）。

图2.10 带有可调节螺丝的平行尾钩

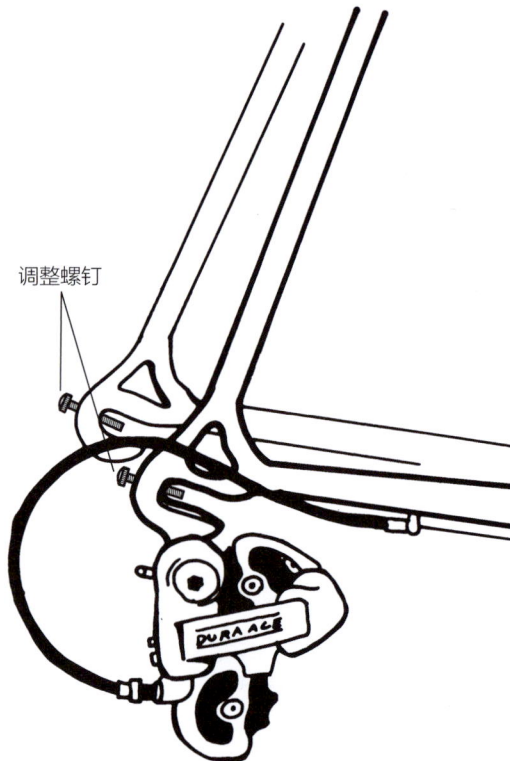

调整螺钉

2-10

安装使用标准尾钩车架的后轮

1. 确认后变拨链器位于最小片飞轮的挡位。
2. 先将链条上半部分钩回最小片飞轮，同时将车轮滑进后上叉和左右两个刹车皮之间（见图2.8）。
3. 将自行车随着后轮放下。
4. 放下自行车时，右手将后变拨链器导链架向下推，使导轮顺势滑入最小飞轮片下方，同时后轮轴落入尾钩。若后轮轴心无法滑入尾钩，在拉回后轮的同时，快拆杆两边同时旋松。若两个尾钩间的距离和车轴长度不相符，可挤压或拉开两边的尾钩，以使车轮卡入尾钩。

   SRAM CX-1后拨链器，车轮安上后，向下推飞轮锁止按钮。
5. 确认后轮轴心完全进入尾钩，此时车轮应位于左右两个刹车皮正中。若车轮不在两个刹车皮正中，重新调整刹车；或锁紧车轴时，用手扶正车轮。若车架和车轮都很精准，夹器也没歪，则不需此步骤。有的尾钩有调节螺丝，用于调节车轮插入尾钩的深度（见图2.10）。调整这类尾钩需要把车轮放到后下叉中间。
6. 根据车轴的类型：快拆式、螺栓式和螺母固定式，用不同的方法锁紧，可参考上文锁紧前轮的相关内容。
7. 关闭夹器，检查各个零件。若各个零件都安装妥当，就骑车去吧。

2-11

安装使用后入式平行尾钩车架的后轮

   安装后轮的步骤和拆卸的步骤相反。

1. 按"2-9"所述，将链条拉向右侧，将后轮直接插入尾钩（见图2.9），再向前推到尾钩爪最前方。
2. 锁紧后轮轴快拆杆。

3. 检查后轮是否在后下叉与夹器的正中间。若后轮正心和车架都准确，车轮应该对齐车身中心线。若没有对齐，松开后轮快拆，重新定位车轮。

　　许多水平尾钩车架配有调节螺丝，控制后轮轴的推入深度，锁紧快拆前先要调整螺丝定位车轮。

4. 将链条稍微向后拉，放到最小片飞轮，重新锁紧快拆杆。
5. 关闭后夹器（"2-7"）。
6. 按压后刹车杆数次，检查后轮是否位于两个刹车皮的中央。将车置于维修架，转动曲柄并变速，确认后变拨链器运转正常。

2-12
安装使用桶轴的后轮

1. 按照"2-10"中步骤1~5操作，将盘片放到两个刹车皮中间位置。后尾钩卡在花鼓帽位置。
2. 插入轴心并锁紧，按"2-6"所述操作。
3. 检查刹车性能。

　　调整完毕，骑车上路吧。

2-13
补胎

　　若爆胎了，需要把车轮卸下来补胎。具体操作方法见第3章"3-3"。

2-14
清洁自行车

　　大部分工作只需洗洁精、水、海绵和刷子。洗洁精和水对人和地球都比石油化学溶剂温和，化学溶剂多半用于清洁传动系统。

　　骑行中自行车可能沾满了泥，尽量避免使用清洁汽车的高压水枪清洁；若确实要使用高压水枪，操作要中多加小心，使水从车架上方喷洒，避免喷车侧，避免高压水枪直接喷进轴承和车架内管，因为这些喷进轴承和内管的水日积月累会造成锈蚀。也要避免高压水枪直接喷洒电子变速系统。

　　清洁自行车的最好方法是把它固定在维修架上。若没有维修架，也可以把自行车靠着栅栏或类似的地方。先做简单的清洁，然后可拆卸前轮，用前叉和车把支撑自行车，也可靠着东西。

1. 若自行车非常脏，先不拆车轮，用水管冲洗。有一种可以旋入水管口的洗汽车用的毛刷，非常好用。
2. 车轮不用拆下也可以清洁得很干净，但取下车轮会更方便，也易于清洁车架、前叉和其他零件。
3. 若车架有挂链钉（右后叉内侧一颗小螺栓，位于尾钩上方几厘米处），将链条挂上。若无挂链钉，如图2.11所示，找个木棍别住链条，或找个报废的花鼓锁住尾钩，或用链条定位器（见图1.4或图1.7；译者注：也叫"导链器"）。
4. 找个水桶，桶内盛装热水和洗洁精，用硬质尼龙短鬃刷和大海绵用力擦洗车架和车轮。链条、飞轮、牙盘和前后拨链器留到最后，用另一个刷子清洁。也可使用Pedro的 Green Fizz、Finish Line Super Bike Wash 和 Pro Gold Bike Wash 等自行车专用清洗剂。
5. 用清水将泡沫冲干净（勿用高压水枪！）也可以用湿布擦净泡沫，避免水流进碗组、五通、脚踏、花鼓轴承。注意：金属车架和前叉可能留有制造厂钻的微小通气孔，以排除焊接时产生的高温气体。这类通气孔通常在后上叉、前叉叉腿、后下叉或是后上叉和后下叉的叉桥（支杆），不要让水流进通气孔里。洗车前用胶带封住这些通气孔，骑车时把孔贴起来也是防止进水的好方法。

图2.11　找个小木棍别住链条，进行清洁

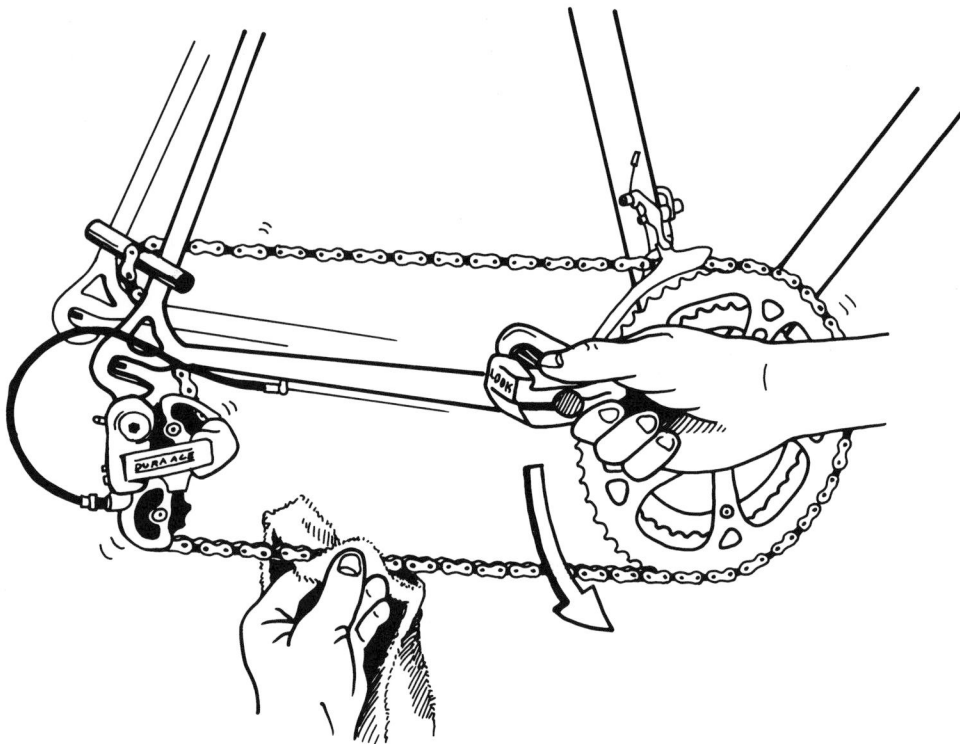

2-15

清洁传动系统

　　传动系统是由吸附润滑脂的链条、链条绕过的齿轮和前后变速器共同组成。这么表述有点乱吧？看下文。由于自行车的传动系统是开放式，很容易沾上尘土。传动系统将踩踏的能量转换为前进的动力，传动系统只有保持清洁才能运转顺畅。定期清洁与润滑可提高传动系统的性能和寿命。

　　幸运的是，传动系统很少需要完全拆卸开来清洁。若时常注意基础保养，只需按时拿干布擦拭链条、后拨链器导轮、齿盘，并重新润滑即可。建议操作时戴橡胶手套，不要用手直接接触零件。

1. 擦净链条：一只手拿着抹布握住链条，另一只手转动曲柄（见图2.11）。

2. 擦净后变速器导轮：一只手用抹布夹着后变速器导轮，另一只手转动曲柄，用食指与大拇指擦拭导轮的每个齿（见图2.12），擦净导轮上堆积的油污和尘土。

3. 将抹布边塞入各片飞轮的间隙，前后来回拉动抹布，彻底清洁飞轮勾缝（见图2.13）。更好的办法是使用Finish Line Gear Floss（译者注：即"终点线清洁棉线"）清洁棉线，这种棉线比抹布更柔软、清洁力更强。

4. 用抹布擦净前后拨链器、牙盘。

　　定期进行基础保养，给链条上润滑脂并擦掉多余的油，可大大延长链条的使用寿命。

　　日常无须使用溶剂清洁。只有在日常很少保养，导致

图2.12 清洁导轮

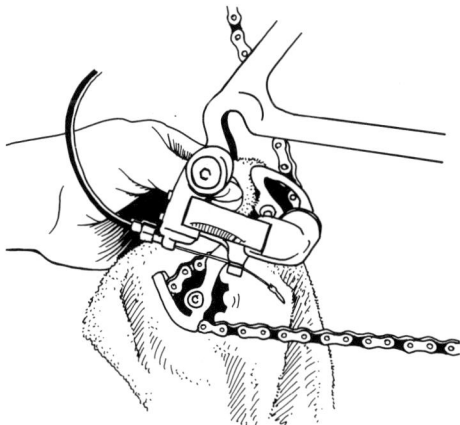

图2.13 清洁飞轮片

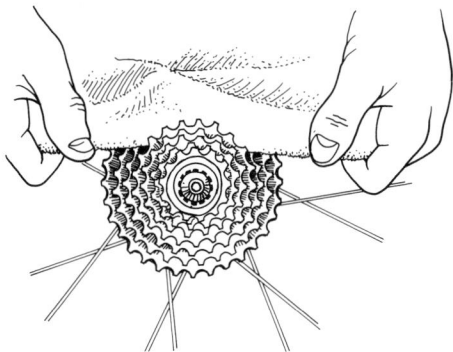

链条和齿轮上油污过多时，才需要使用溶剂来清洁。可用肥皂水和硬毛刷清洁拨链器和飞轮里的砂粒。

不过，要注意的是：肥皂水无法溶解拨链器和链条上的油污，若不小心，链条上的油污会通过毛刷扩散到全车。所以，要另外准备一把传动系统专用的清洁毛刷，车架则用另一把毛刷。传动系统清洁完毕后，用干净的抹布擦干车架，然后按下一节第6~7步的内容，进行润滑。

2-16

用溶剂清洁链条

若链条实在太脏了，唯一的解决办法是用溶剂浸泡。其实，定期进行上述基础保养，可以避免这些麻烦。不要过度加链条油，将链条油精确地滴在链条滚子里，就不会弄到需要用溶剂浸泡链条、还要想办法处理废液的地步。

若不得不使用溶剂浸泡链条，需要在通风处操作，并且减少使用量，或是选择环保溶剂。市面上有许多柑橘配方溶剂可降低对肺部和皮肤的伤害，也没有废液的处理问题。若必须使用大量溶剂，使用有机类溶剂如柴油可以回收，比柑橘类溶剂实用。使用时记得戴口罩，不要吸入柴油挥发物。所有的溶剂都会吸附皮肤上的油脂，即使环保产品也一样，所以需要戴橡胶手套。

半密封式洗链器内有短毛刷与溶剂槽，清洁链条更便捷（见图2.14）。具体的使用方法见"4-3"。

蘸了溶剂的尼龙刷或旧牙刷，是清洁飞轮、后拨链器导轮、牙盘和链条的有效武器。若链条没有安魔术扣，不

图2.14 使用溶剂清洁链条

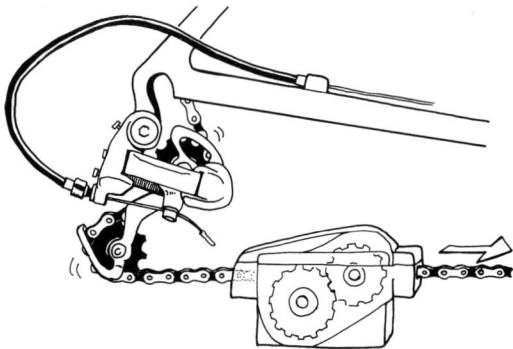

要随意截断链条泡在溶剂里。现在的11速、10速、9速，甚至8速的链销都很短，而拆除或是重装会使外链板扩孔，可能导致骑行中链销脱出。目前，即使超窄的11速链条也有配套的魔术扣，安装魔术扣可以将链条从自行车上取下来清洁而不会损坏。

1. 参阅第4章"4-7"取下链条。

2. 在旧水壶内装1/4溶剂，浸入链条。

3. 用力摇晃水壶，清洁链条。水壶尽量贴近地面，以防溶剂不小心泄漏，减少污染面积。晾干链条，不要让链条长时间浸泡在溶剂里。

4. 把链条挂起来，使其彻底干燥。

5. 参阅第4章的内容，装回链条。

6. 给链条上油。旋转曲柄，带动链条。随着链条经过链条油的瓶嘴，轻轻地将链条油挤入每个滚子，一次一目（见图2.15），多转几圈。

7. 用干净的抹布擦掉链条上多余的油，尤其是外链板上的油。外链板不需要上链条油。

图2.15 链条油滴在正确的位置

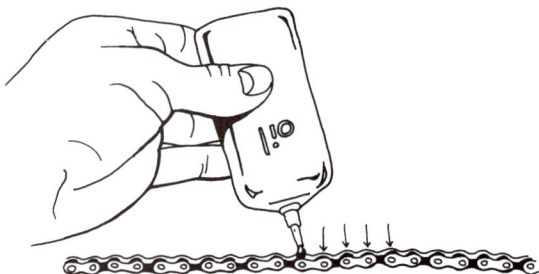

2-17
在维修站清洁比赛中的越野公路自行车

若担任越野公路选手的后勤支持，维修站就是工作间。维修站由大会安排，选手可在这里换车或获得其他服务

（译者注：如获得食物和饮品、装备补给等）。后勤支持的工作就是清洁、润滑比赛用车，内容大致如"2-14"~"2-16"所述，但动作要非常迅速，因为在选手绕圈进站之前，只有几分钟时间清洁、润滑泥泞不堪的自行车，使其能重新回到赛场。

需要准备"1-7"列出的装备和衣着，以及图1.7介绍的工具。比赛组织方会提供水管或高压水枪（和其他技师共用），可能需要自己带清水或需要自己从附近池塘一桶桶地提水。专业玩家会自备高压水枪并搭配底部给水的大桶。

要在有限区域获得足够的活动空间，工具必须摆放得井然有序。让其他技师也有足够的空间工作，在竞争激烈的比赛之中才能获得同样的尊重。互相合作非常重要，尤其是刚开始的几圈，选手会蜂拥而至，情况可能极其混乱。

在将干净的赛车交给选手的同时，也需要助手帮忙回收选手扔下的脏污的赛车。

一拿到脏污的赛车，要立刻离开公众空间，不要妨碍其他选手和技师。

a. 若有水管或高压水枪

1. 把赛车挂在比赛主办方提供的维修架上或靠在某处。注意自己的方向，喷洗赛车时不要溅湿选手、观众或其他技师。永远由上而下喷水，不要喷车侧，以避免把水和泥冲进轴承。

2. 先冲掉车胎表面和脚踏上的泥污。随着车轮和脚踏越转越快，污泥会喷到整个车架和自己的身上。不要忘了穿雨鞋和防水衣裤啊！

3. 洗干净车轮和脚踏之后，从上而下清洁车身。先清洗车把、鞍座、上管，再清洗刹车、传动系统和五通周边（由下而上反着冲水）。若没人等着使用水枪，冲洗后记得关水，避免浪费。

4. 若时间来得及，先给链条、飞轮和拨链器喷环保型的除油剂（不要使用一些不想残留在自家草坪上的化学除油剂），静待除油剂发挥作用的同时，用海绵擦洗车架。

5. 清洁车把。若时间来得及，仔细地用大海绵和洗洁精清洁车把、手变，毕竟骑行时视线所及的是车头，即使没有时间清理全车，也要把车头清理好，让选手感到焕然一新，增加自信。

6. 擦洗车架、前叉、鞍座和其他不尖锐、不油腻的部分。

7. 清洗自行车上的泥。用大洗车刷和加了洗洁精的水，刮洗夹器（若时间紧迫，先清洗前刹；见步骤5）、脚踏、曲柄、拨链器，以及任何有泥土和落叶堆积的区域。处理油污部分的洗车刷和海绵要分开放置。

8. 冲洗。转动曲柄，用抹布擦净链条和导轮，按图2.11和图2.12所示操作。

9. 刮除卡式飞轮上黏的泥沙。转动曲柄，用圆柱形硬毛刷、窄型硬毛刷、弧形硬塑料飞轮刷，或一把小螺丝刀，刮除飞轮和牙盘、曲柄间夹着的草和泥块。堵塞在脚踏上的异物也要刮出来。

10. 上润滑脂。转动曲柄，带动链条，随着链条经过链条油的瓶嘴，将链条油挤入每颗滚子（见图2.15）。除了视觉上能看到车头，选手们也能通过传动系统、刹车和卡进脚踏的速度，体会到车的顺畅性。所以，若时间紧迫，先处理这些部位。

11. 擦干。向维修站前方移动，在等待选手进站的同时，用抹布迅速擦干赛车上的水分，特别是车把和鞍座上的水。

12. 检查车轮、刹车和变速。若有时间，旋转车轮，检查车圈是否偏拢、是否蹭刹车皮；检查所有挡位是否正常，以及把立是否和前轮对齐。根据时间长短和维修重要性，决定是否调整。若天气寒冷，需变换挡位，使变速线换挡灵活。

13. 当自己服务的选手进站时，把要换的赛车递出去。若下个阶段是骑行，当选手跳上车后，用力推鞍座，让车顺着路面流畅地起步。若下个阶段是跑步，把车举起，挂到选手的肩膀上。

14. 退出公众空间，重复步骤1。

b. 若没有水管、高压水枪、维修架，但有水桶且附近有水源

1. 为节省时间，先刮除胎壁上的泥块。一只手转动车轮，用另一只手的大拇指和食指（戴着手套）轻夹胎壁。若还有多余时间，再刷去胎纹里的烂泥。

2. 清洁自行车前部分。用双膝夹紧前轮，用海绵擦拭把立、车把、刹把、鞍座、前叉和车架前三角等。

3. 清洁自行车后部分。用双膝夹紧后轮，用海绵擦拭鞍座、座管、立管和后三角。

4. 刷洗脚踏。

5. 刮除飞轮和牙盘间的泥块。转动曲柄，带动链条，用小螺丝刀或弧形的硬塑料飞轮刷，刮除飞轮和牙盘间夹带的泥块。

6. 清洁导轮。转动曲柄，带动链条，用手指或抹布弄掉后拨链器导轮上的泥块（见图2.12），并擦净链条（见图2.11）。

7. 重复"2-17a"第10~14步。

c. 没有时间或时间非常紧迫

1. 只处理最重要的部分，例如让车轮能顺畅转动，夹器和拨链器能正常动作，脚踏能迅速进入和脱卡。用大螺丝刀或内六角扳手刮掉夹器周边的泥块、草叶。

2. 刮除飞轮和牙盘间的泥污。用小螺丝刀或弧形的硬塑料飞轮刷刮掉脚踏、牙盘和飞轮间夹带的泥块。

3. 继续"2-17b"第6~7步。

2-18
机械维修通用指南

a. 螺纹

螺栓的螺纹在紧固前，必须经过处理。不同螺栓有不同处理方法，需准备润滑剂、螺丝胶和螺栓防松胶。处理后要擦去多余的处理剂，避免沾染尘土。

1. 润滑：大部分的螺纹需要用润滑脂或液态油润滑。若螺栓已锁好，可将之旋出，滴点润滑油，再重新锁紧。需要上润滑油的螺纹包括：快拆杆、五通主轴固定座、座管螺栓、把立螺栓、曲柄螺栓、脚踏螺栓、锁鞋底板螺栓，以及拨链器和刹车夹器的锁线栓、固定刹把或变把的螺栓等。

2. 防松：某些螺栓需加强固定，避免在骑行中因震动而松落。这类螺纹不能完全锁紧，只能固定到某个程度，以防止咬死活动关节、已调好的零件丧失校准值或软性金属崩牙。常见的这类螺栓有：拨链器的高速限位和低速限位螺栓、拨链器导轮螺栓、刹车夹器固定螺栓、车圈的辐条帽，以及少数曲柄螺栓。普通螺栓使用Loctite、Finish Line Threadlock或类似的螺栓防松胶，轮辐帽使用Wheelsmith的Spoke-Prep或类似的防松胶。

3. 防粘：有些材质特别容易黏合或咬死，导致很难完全锁紧或拆除，必须先涂抹螺栓防松胶。如旋入钛合金本体的任何螺栓（包括锁进钛合金车架的五通主轴）、钛合金螺栓，都要涂抹Finish Line Ti-Pre或类似的螺栓防松胶。

警告： 除非制造商特别指示，否则不要将钛合金螺栓旋入钛合金零件。因为即使涂了螺栓防松胶，钛合金螺栓旋入钛合金零件，仍有可能咬死，日后拆卸时会互相撕裂。若坚持使用，务必在螺纹部分涂抹大量的螺栓防松胶，并每隔6个月就旋开螺栓，清洁表面后重新涂抹大量的螺栓防松胶，再锁紧。

扳手（见图2.16各种型号的扳手）必须完全卡在螺栓上后，才能锁紧或旋松。

1. 内六角和梅花扳手必须完全插入螺栓头，否则工具或螺栓就会损坏。例如，锁鞋底板的浅螺栓头特别容易磨损，务必小心，有时甚至要用锤头将内六角扳手敲进去。插入扳手前，先清除螺栓头内的泥沙。施力前，要先确认扳手完全插入。紧固过程的最后一圈，要用直角头，不能用球头端，且最好预设好扭力值。

2. 开口扳手、套头扳手和套筒扳手必须彻底罩住六角螺栓头再施力，否则螺栓头可能会被磨圆。

3. 花键扳手必须完全嵌合螺栓再施力，否则栓槽会崩角，或工具会损毁。例如拆卸卡式飞轮锁环时，一定要非常小心，栓槽崩坏的飞轮锁环非常难处理。

4. 双侧五通轴锁环专用钩式扳手，使用时务必对正。若卡榫没钩好（如用于调整五通主轴），不仅会撕裂锁环，还会刮坏车架烤漆。

5. 锁环扳手要完全插入小洞再施力。若钩钉滑出，小洞会变形。锁环扳手常用于五通主轴预压环（见图11.37）、花鼓外侧的调整圈以及曲柄自退螺栓的外侧环。

紧固扭力

附录E是详细的紧固扭力列表，若要进一步解释扭力值，要从自行车使用的公制螺栓谈起。使用音响报警式扭力扳手，听到"咔嗒"的声音就不要继续锁紧了。

螺栓前面的英文字母M表示公制螺栓的尺寸，而不是指螺栓需要使用的扳手的尺寸。例如M5指的是螺栓直径是5毫米，M6指的是螺栓直径是6毫米，以此类推，和扳手的尺寸没有任何关系。M5螺栓常用4毫米内六角扳手（若是外六角螺栓头，使用8毫米套筒扳手）。不过，自行车上使用的M5螺栓未必符合工业标准。例如水壶架上的M5螺栓，有的使用4毫米内六角扳手，更常见的半圆头螺栓却使用3毫米内六角扳手。将前拨链器固定在立管上的螺栓是M5，前后拨链器的锁线栓也是M5，但是这些M5螺栓使用的内六角扳手又比标准的工规格大一些，是5毫米内六角扳手。再比如老款的把立接合车把的单颗大螺栓，有各种不同尺码（M6、M7，甚至M8），但通常都使用一种尺寸的内六角扳手（6毫米内六角扳手）。

一般而言，紧固扭力值可分为以下四级：

1. 稍微咬合（1~3N·m）：小螺丝（例如码表磁铁的固定螺丝和油碟注油器螺丝）、轴承的预压螺栓（碗组顶盖）或是扣合塑料零件的螺丝。

2. 确实咬合（3~9N·m）：小型M5螺栓，例如锁鞋鞋底板螺栓、拨链器和夹器锁线栓、前拨链器固定螺栓、把立前盖（M5）或钳环螺栓、座管夹螺栓、牙盘螺栓（译者注：盘钉）、碟刹片固定螺栓及刹把固定螺栓。

3. 用力锁紧（9~27N·m）：车轴、老款把立的单颗大型螺栓（M6、M7或M8）、部分M6碟刹卡钳螺栓、座管夹螺栓、座管头接合座弓的螺栓。

4. 非常紧（280~600N·m）：曲柄、脚踏、飞轮锁盖、五通主轴固定座等大型零件。

b. 清洁

1. 不要以为只要上油，零件就能顺利运转。润滑油会沾染尘土，使干净的零件变得油腻腻的。

2. 除非特别要求，滚珠轴承不要加液态润滑油，应使用固态润滑脂。

3. 不要以为只要清洗干净，零件不上油也能安然运作。干涸的零件运作时会发出异响。

c. 试骑

切记：骑着调校完的自行车上路时，起步要慢，因为维修架上调整顺畅的自行车，在骑行中还需要磨合及调整。

专业指导 — **润滑油**

螺纹防粘剂是个好东西，但不必在整车使用。

铝合金和钢材质的螺纹，使用普通的自行车润滑油足矣。需要运转、容易断裂或易冻的零件，需要上润滑脂，如前拨链器束环、座管、把立固定夹以及像轴承和衬套这类传动件。

不过，所有的钛合金螺纹都需要使用螺纹防粘剂。当然，钢材质和铝合金螺纹也可以使用螺纹防粘剂，但润滑脂已经足够了。

螺丝胶虽然不能完全地紧固螺栓，但足以使其保持原位。这类螺栓有：悬臂式刹车固定螺栓（过度锁紧会使吊刹安装座变形，毁坏刹车臂）、车圈式夹器、碟刹夹器和盘片、后拨链器导轮螺栓。辐条上的螺纹需要使用辐条专用胶，也可使用辐条帽，辐条帽内带专用胶。

碳纤维止滑剂可以止滑，并一直用于防止碳纤维座管下滑。止滑剂用于把立和车把的锁紧螺栓上，和用于座管夹上功效一样，在螺栓锁紧到规定扭力后，可以有效地防滑。

图2.16 各种扳手

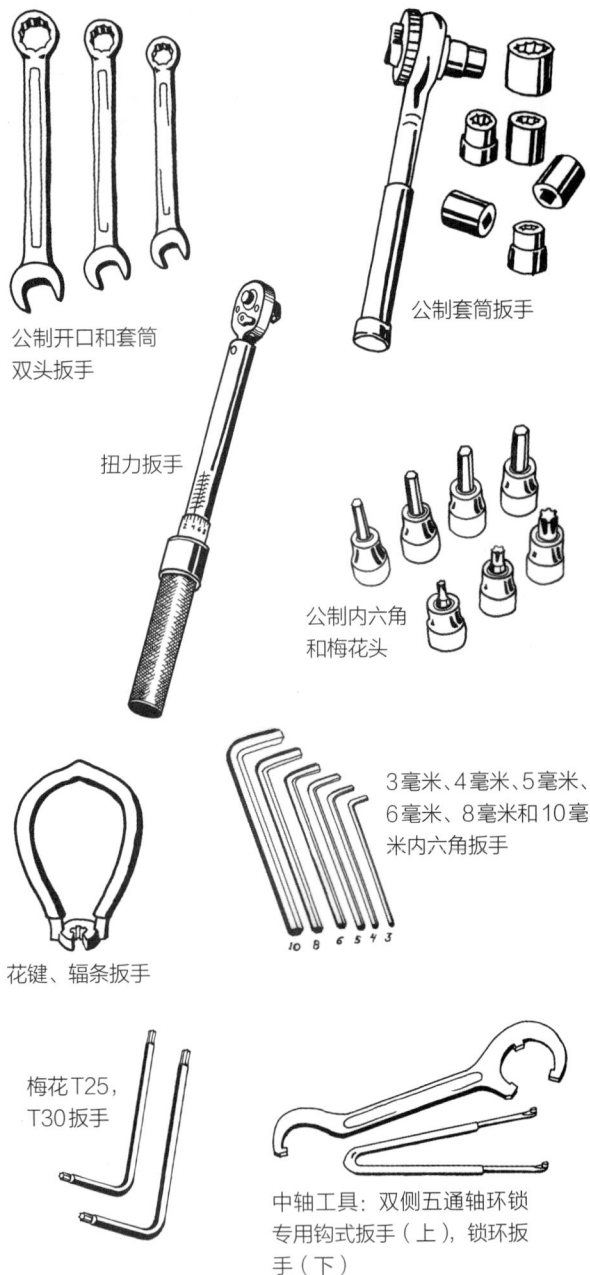

公制开口和套筒
双头扳手

扭力扳手

公制套筒扳手

公制内六角
和梅花头

3毫米、4毫米、5毫米、
6毫米、8毫米和10毫
米内六角扳手

花键、辐条扳手

梅花T25,
T30扳手

中轴工具: 双侧五通轴环锁
专用钩式扳手 (上), 锁环扳
手 (下)

2-19

维修周期表

若按下面的维修周期表操作, 会延长自行车的使用寿命, 也可以避免遇到第3章中讲到的紧急修理的内容。

维修周期不是一成不变的, 而是取决于自行车、骑行的环境以及骑行的频率等。比如说, 常雨天骑行肯定比只在风和日丽的天气骑行, 需要维修与保养自行车的频率要高。

若车况不好, 肯定需要多加维修。比如在达到骑行250英里的维修周期时, 再多骑30英里已经是给自行车增加了负担, 结果第二天一早可能又和车友一起骑了100英里。若真这么做了, 可能会再骑100英里才能维修与保养。下面的维修周期表是本书建议做的内容, 我留出的下划线处, 可以自己增添需要维修与保养的项目。

每次骑行前

1. 捏手变, 确定刹车灵敏, 不蹭车圈, 并回弹迅速。

2. 检查花鼓的快拆杆锁紧。

3. 检查外胎: 是否有裂口、膨胀或破损。

4. 检查胎压: 最好使用胎压测量仪。若没有, 至少要挤压车胎, 确定胎压足。

5. 检查整车。检查整车有无不正常之处: 比如鞍座松动、涂装开裂或凸起、变速线尾端散开了以及生锈等。

6. _____

7. _____

每次骑行后（或每3次骑行后）

1. 用抹布擦净链条、牙盘、拨链器和飞轮，给链条上链条油。

2. 擦净整车，检查车架和前叉有无毛病。

3. 检查并调校拨链器（第5章、第6章）和刹车（第9章、第10章）。

4. 骑行中若自行车发出咯咯声、摩擦声或嘎嘎声等异响，需要下车检查。

5. 若在潮湿环境中骑行，要拆卸座管，把自行车倒过来排水。第二天，自行车干燥后上润滑脂，然后再安回座管。

6. _____

_____

7. _____

_____

骑行250英里

1. 用链条尺检查链条是否磨损"4-6"，若已磨损，更换新链条。

2. 检查刹车皮是否磨损，若已磨损，更换新刹车皮（第9章、第10章）。

3. 清洁自行车和传动系统（"2-14"至"2-16"）。

4. 若外胎胎面花纹磨损或外胎损坏（"7-1"至"7-12"），检查胎垫是否变形，若需要，更换新的。

5. 前后推动车圈，检查花鼓轴承是否有游隙，若有，则要修复（"8-6"至"8-7"）。

6. 用扭力扳手检查曲柄螺栓，若松动则锁紧（第11章）。

7. 左右推曲柄检查中轴是否有游隙，若需要，则更换新中轴（第11章）。

8. _____

_____

9. _____

_____

骑行1000英里

1. 检查打气筒、CO_2充气瓶是否良好。

2. 检查备用内胎是否良好，检查车尾包内的工具是否良好（"1-6"）。

3. 前、后拨链器关切点上链条油。

4. 彻底检查后拨链器导轮的支架和密封情况（"5-27"）：打开轴承外盖，检查导轮运动是否顺畅、是否需要上油（"5-28"至"5-29"）。

5. 检查车轮是否偏拢，若是，校正车轮（"8-2"）。

6. 检查车圈上的刹车轨道线，若车圈已磨损，换新车圈（第15章）。

7. 检查车圈是否有裂缝，尤其辐条孔部位。若有裂缝，换新车圈（第15章）。

8. 检查锁鞋鞋底是否磨损，若磨损，换新的（"13-2"）。

9. 给刹把和刹车线上油（"5-15"和"9-3"）。

10. _____

_____

11. _____

_____

骑行4000英里

1. 拆卸并润滑座管。

2. 翻修所有散珠式轴承。如花鼓（第8章）、脚踏（第13章）、中轴（第11章）和碗组（第12章）轴承。若轴承已经磨损、挤在一起、有摩擦感或有游隙，更换新的或重新上润滑脂。

3. 更换刹把或刹车线、刹车线管（"5-6"至"5-14"及"9-4"）。

4. _____

_____

5. _____

_____

骑行20000~30000英里

1. 换新车把。

2. 换新把立。

3. 换新前叉。

4. 换新座管。

5. 换新鞍座。

紧急修理

骑车在路上，自行车出状况是常态。防患于未然，是最佳的解决办法。适当地准备工具、备胎、食物、饮用水和御寒衣物，当然还有最重要的：必备的知识。

1级 本章的内容是告诉你若骑行在路上遇到了故障，却没有随身带必备的工具该如何解决。一般来说，骑行中遇到的故障不会超过一项，如爆胎、变速线断裂或类似的小故障。多数小故障很容易排除，你可以顺利地骑车回家。当然，你也可以推车走回家。但本章教你如何应对一些悲惨的状况。

骑行独行，手机是一大保障，务必携带。即便车况良好，手机里的电很充足（信号也稳定），你还是有可能迷路、失温、脱水、撞墙（指身体能量耗尽，无法继续骑行），甚至受伤。认真阅读本章最后一节，以避免这些情况发生，或者这些情况一旦发生，如何自救。

3-1
推荐工具

"1-6"介绍了车尾包内放的工具。若骑行的线路远离城镇，按长途骑行工具准备。

3-2
避免爆胎

要想避免爆胎，最重要的是：购买高质量的外胎，并且定期检查胎面有无磨损、裂缝和破口。若不经常骑行，可在胎面涂抹一层303 Protectant或ArmorAll，以避免表面产生小裂纹。骑行时避开坑凹、碎玻璃、铁钉等就能降低扎胎概率。

轮胎自补液可以避免车胎扎洞泄气。自补液有两种：一种内含大量的短纤维（最常见的品牌是Slim），一种是稀薄的乳胶溶液（最常见的品牌是Stan），都能填补内胎破孔。自补液都可以直接灌进美式嘴的内胎，法式气嘴若能取出气门芯，也可灌入乳胶溶液（自补液的用法见"7-15"）。美式嘴的气门芯可以取出来，自补液会附带取出气门芯的工具。大部分法嘴气门芯取不出来，也就无法使用自补液。至于活动式法嘴气门芯（有专用的拆卸气门芯的工具或用可调节扳手），自补液短纤维会堵塞狭长的法嘴颈，只能用注射筒注入Hutchinson Protect或Effetto Mariposa Caffelatex这类较稀、缓凝、液体乳胶型的自补液，才能避免自补液的短纤维堵塞。可购买法嘴高压空气乳胶补胎罐或注射式自补液。也可购买已经预先灌注了自补液的内胎（法嘴、美嘴都有）。

在紧急状况下，可以用炼乳充当法嘴内胎或管胎的自补液。找个要报废的打气筒，将灌装炼乳灌进打气筒内，然后充进内胎。炼乳对小裂缝非常有效（尤其是缓慢泄漏的管胎），但若日后不幸爆胎，会沾上满身臭炼乳。

若已灌自补液，却因刺穿而导致胎压逐渐降低，这样处理：打足气，转动车轮使破洞朝下，或骑上几公里，让自补液在胎内均匀流动。自补液无法填补车圈侧的胎壁刺穿，因为轮胎旋转时，离心力会将自补液甩向外侧。

自补液对大的刺穿和爆胎无效；若先隔着外胎找到自补液的喷出处，稍大的破孔或许能填补。将喷出处旋转到车轮底部并等待，自补液会持续涌出、填补破孔。打气并重复操作。若胎内加的是Caffelatex自补液并从大的破孔喷出，可灌入Effetto Mariposa的ZOT自补液。自补液中的纳米聚合催化剂流到破孔处，迅速堵住Caffelatex自补液。这样处理后，就可以骑车回家了。

夹在内外胎之间的塑料防刺带通常自称能起到防刺作用，但我不推荐。这类防刺带太硬，降低车胎的韧性，影响其抓地力和过弯时的稳定性，也可能引起侧滑，反而刺穿内胎。

3-3

补胎

a. 有备胎或补胎套装盒

单纯的爆胎很容易处理：骑行中爆胎的话，先换上备胎（"7-1"至"7-5"）。若使用的是真空胎，将气嘴从车圈旋出，安装新胎即可，操作方法见"7-5"。

1. 拆卸外胎（"7-1"）。

2. 换新内胎前，先清除可能扎胎的异物，异物可能附在胎面。再沿着外胎内侧摸一圈，用手感觉是否有尖锐物体。这一步操作非常重要，若异物不清除，换完新胎再骑行时可能又会扎胎。

   有时内胎不一定被扎了，但就是没气了，这种情况多发生在车圈侧的气嘴位置，检查的时候却发现气嘴周边没有异物也不锐利。解决的办法就是换个新胎，期待这种情况不再发生（也许换个新胎就问题就解决了）。

3. 若找不出扎胎的原因，检查一下车圈内的胎垫。胎垫是塑料或橡胶材质的，绕在车圈上，盖住辐条孔，保护车圈并防止辐条孔刺穿内胎。检查一下是否有辐条帽扎穿了内胎、车圈上有金属屑、辐条孔周围的胎垫磨损或胎垫太窄等问题。

4. 若是胎垫的原因导致扎胎，可以用能量棒包装纸之类的东西先垫一下，回家后再换新的胎垫。即使胎垫没有导致扎胎，但它已经磨损或是不平整的、窄的软橡胶或布质的，都要换成和车圈配套的、质量好或自带背胶的胎垫，或换成强力封箱胶带（内有纵向纤维）。

5. 若找不到漏气孔，先给内胎充气，就可以看到气从哪漏出来了。若听不出来漏气孔（见图7.9），可以在疑似破孔处涂抹点口水，或把疑似破孔处浸到水里检查一下，冒泡处即是破孔。

   有时会发现内胎一上一下扎了两个离得很近的洞，

称为"对扎"（也称为"蛇之吻"）。对扎的原因是胎压不足时，路面上有坚硬且边缘尖薄的物体——如铁轨、路缘、石块或坑洼，突然骑过去，胎压不足导致内胎和车圈激烈碰撞。避免对扎，要保持足够的胎压或胎宽，避免突然转向或站在脚踏上骑行时受到突然的冲击。

自行车出厂时，车圈上可能粘有金属屑，骑行前要拆掉车胎，摇掉金属屑。

6. 按"7-5"的方法换胎。

7. 若备胎用完，就要使用补胎套件补胎了。补胎方法见"7-2"至"7-4"。

b. 没有备胎和补胎套装盒

若备胎或补胎片用完了，可以试着给旧内胎打个结，然后打气，继续骑行。这种方法一定会让你惊讶万分的！

1. 在破孔处对折。

2. 沿着对折末端打一个反手结（见图3.1）。要尽量缩短单结上方的长度，以便有更长的内胎可充气。

只要内胎破孔不超过一个，单个反手结效果就很不错。若是对扎（译者注：即上文说的"蛇之吻"），或是几个破孔都集中在同一区域，单个反手结效果也不错。若破孔四处分散，就不可能打多个结，因为打多个结会导致内胎无法充气。

若破孔在气嘴处，或是内胎有多个破孔，或车胎太窄，请阅读下一部分内容。

图3.1 在内胎破孔处打反手结后，即可充气

c. 内胎无法充气，或打结的内胎有部分区段无法充气

若没带打气筒，也没带二氧化碳充气瓶，一条内胎打了多个结或破孔在气嘴处又没有补贴片，或气嘴损毁，只能骑着车胎没气或部分区段没气的车回家。然而，长时间无气骑行，会损坏外胎，甚至可能损坏车圈。为把损坏降到最低，可在无法充气的车胎区段填充草、树叶或类似的东西。塞得密实些，然后再把外胎套回车圈上。这种"修理"方法可以降低过弯时车胎脱离车圈的概率。

d. 胎壁撕裂

岩石和玻璃会割伤胎壁。太老旧的车胎纤维会老化，胎壁也容易破裂。若胎壁撕裂或割裂，内胎会沿着破孔挤出来。单纯地修补或更换内胎无法解决问题，需要补强外胎，不然内胎很快就会再次挤出。

首先，需要找补强胎壁的材料（见图3.2）。能量棒的外包装袋都可以当作补强片。名片虽然小了点，也比没有强。还可以试着把塑料汽水瓶、一小块旧胎壁或草坪躺椅的带子切成椭圆形，等等。大家懂我的意思吧！

图3.2 用能量棒外包袋装临时补强破损的外胎

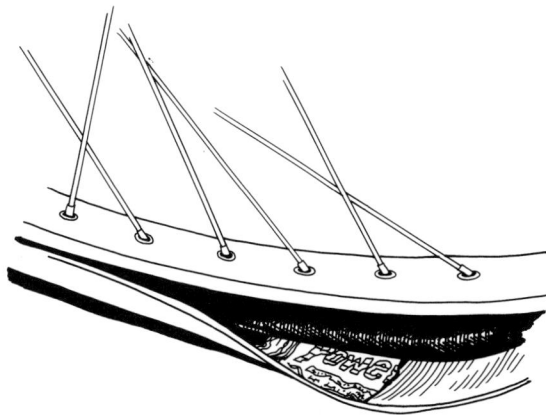

1. 将能量棒外包装袋或其他材料平放于外胎裂缝内侧，或对准外胎裂缝包裹内胎。在内外胎之间多放几层，以增加强度，避免内胎从胎壁裂缝突出来。

2. 稍微充点气，使内胎稍微膨胀，避免补强物移动。

3. 将外胎的胎唇勾回车圈里，放掉一点气可能会比较好操作。

4. 确认外胎已经装好，且补强物没有移位。

5. 充气。气不要打得太足也不能打得太少。低胎压会让补强物移位，高胎压会把补强物顶出去。骑行中时时检查胎壁裂痕，避免内胎再度外露。

3-4

卡链和扭链

链条卡在牙盘和后下叉之间，非常难拉出来。无论怎么拽，链条就是不出来。但牙盘具有韧性，只要利用杠杆原理，链条就能轻易地拉出来。

1. 将螺丝刀或是类似的细杆状工具插入牙盘和后下叉之间。

2. 撬出空隙即可拉出链条（见图3.3）。你一定会非常惊讶，在经历过各种拉、拽都无法弄出链条后，这么一操作就轻易地把链条拉出来了。

若还是拉不出来链条

1. 若还是无法拉出链条，使用截链器（见图3.4，用法见"4-7"）。不过，更方便的是使用链条魔术扣（见图3.5，用法见"4-13"）。

2. 拉出链条。

3. 重新组装链条（"4-9"至"4-13"）。

注意：链销推出后可以再打回去（见图3.4），然后骑车回家。但建议：若是9速、10速或11速链条，链销打回去后不要骑太远，因为重新连上的这个链目非常脆弱，

图3.3　排除卡链

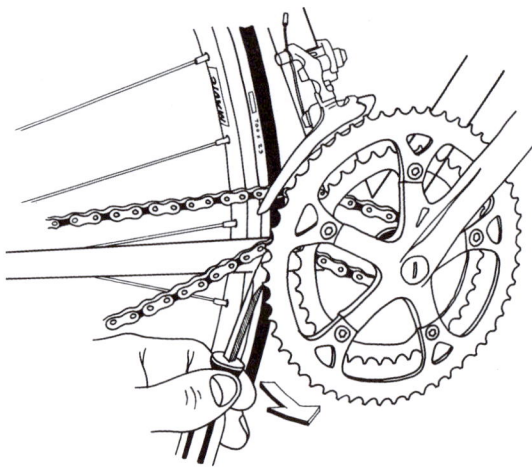

外链板在变速时会随时跳脱链销。

9速、10速或11速链条，最好安个魔术扣（"4-13"），以方便快速拆装链条而不用担心减少其使用寿命。若你已使用魔术扣，不妨再多备用一个。SRAM、KMC和Wippermann（见图3.5和图4.26）要留意链条宽度。

再次骑车上路时，链条可能会跳链，其副作用就是踩踏时可能卡链：链条扭曲了（见图3.6）。扭曲的链目会不断地从飞轮和牙盘跳脱，无法停留在正确的挡位。

图3.4　用截链器拆卸或组装链条

图3.5　SRAM或KMC链条魔术扣

图3.6　扭曲的链目

使用工具校正扭链

校正扭曲的链目需要的工具：2把老虎钳、2把活动扳手，或两种各1把，用工具夹住扭曲链目两端的链销，向正确的方向扭回。

用手校正扭链

1. 将链条调到最小飞轮片。
2. 再将链条拨离小牙盘，挂在车架五通管，解除张力。
3. 将链条折成拱桥的形状，让扭曲的链目以水平状态固定在中央（见图3.7）。

图3.7　用手校正扭曲的链目

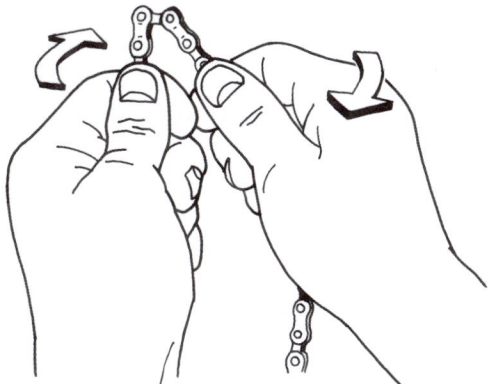

4. 抓住链目两端垂直的部分。
5. 一只手拉向自己，另一只手推离自己（见图3.7）。
6. 重复上述操作，直到排除故障。
7. 回家后换新链条（见"4-7"至"4-13"）。

3-5
断链

在使用超窄的链条之前，公路自行车的链条不常断裂。使用超窄的链条后，磨损的飞轮更让链条问题恶化，造成跳齿、断链。"断链"是指外链板从链销跳开，尤其易发生在前拨链器变速时。断链也会造成相关系统损坏，例如外链板钩住前拨链器的拨链板，扯歪甚至撕裂前拨链器。

链条若断裂，最末一节链目肯定报销，其他相邻的链目也可能损坏。除非安上魔术扣，断掉的链条不适合继续使用。不过，修理之后，谨慎踩踏，仅可勉强骑回家。

1. 用截链器取下损坏的链目（长途骑时，切记队伍中必须有一人携带截链器）。拆卸损坏的链目、安装链条，见第4章"4-7"至"4-12"。若任一链的外链板损坏，推出剩余的相连的链销，装上魔术扣（"4-13"），Wippeimano魔术扣要注意安装方向（见图4.26）。
2. 若带了备用链目，截了几节就装回几节，否则只能缩短链条。缩短的链条可以使用，但要避免前大牙盘后大飞轮的组合。
3. 接链（见图3.4）的方法见第4章"4-9"至"4-12"（魔术扣的方法见"4-13"）。轻量化的截链器和组合工具带的截链器不如自行车店专用的截链器好用，有的截链器一受力就会变形，使链针无法对准链销，有的截链器会夹歪链板，造成死目。骑行前一定要试用下截链器。

3-6
车轮偏摆

若车圈蹭刹车皮，或更严重：车圈蹭车架或前叉，踩踏困难。若没有撞出坑洼或类似原因，可能是辐条松了或断了。另一个原因可能是车圈裂了。铝合金车圈裂了很容易看出来，但碳纤维车圈裂了很难发现。

若车圈偏拢严重到旋松了刹车线（"3-9"）仍无法骑行，就必须进行修理了，方法见下文。

3-7
辐条松了

只要一两根辐条松了，整个车圈就会大幅偏摆，很难继续骑行。

1. 逐一按压检查，找出松了的辐条。完全松了的辐条会让车圈严重偏摆，非常明显。若发现辐条断了，请阅读下一段（"3-8"）。若辐条没松也没断，跳至"3-10"。

2. 取出辐条扳手。若没有辐条扳手，跳至"3-9"。

3. 在松了的辐条上作个记号，例如绑上野草、三明治的扎带或胶带之类的。

4. 锁紧松了的辐条（见图3.8）并校正车轮。方法见"8-2"。

3-8
辐条断了

辐条断了，车圈会严重扭曲，外胎会蹭后下叉。除了很难骑行外，还会磨坏后下叉。

1. 找出断了的辐条。

2. 从花鼓耳抽出断掉的一截辐条，从辐条帽旋出另一截断了的辐条。若断了的辐条位于后轮传动侧，飞轮会阻挡辐条，无法从花鼓耳抽出。若是这样，先按图3.9所示，把断了的辐条缠绕到邻近辐条上，避免造成干扰，再跳至步骤6。

3. 取出辐条扳手。若没有辐条扳手，跳至"3-9"。

4. 若携带了长度正好合适的备用辐条，或是带了"1-6b"提过的FiberFix Kevlar，就可以换上了。若没带，跳至步骤6。将新辐条穿入花鼓耳，按原来的交叉模式

图3.8 锁紧松了的辐条

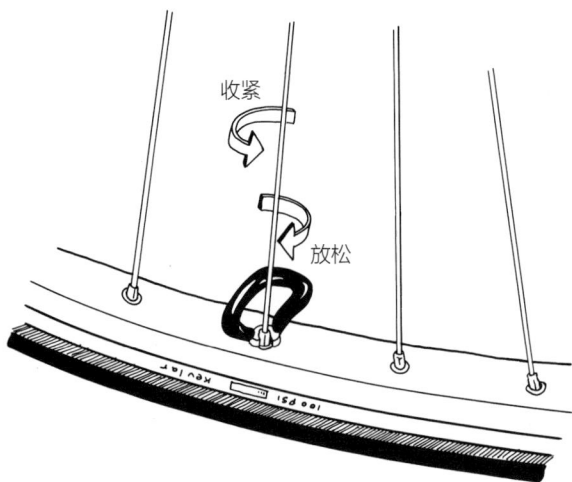

收紧

放松

图3.9 缠绕断了的辐条

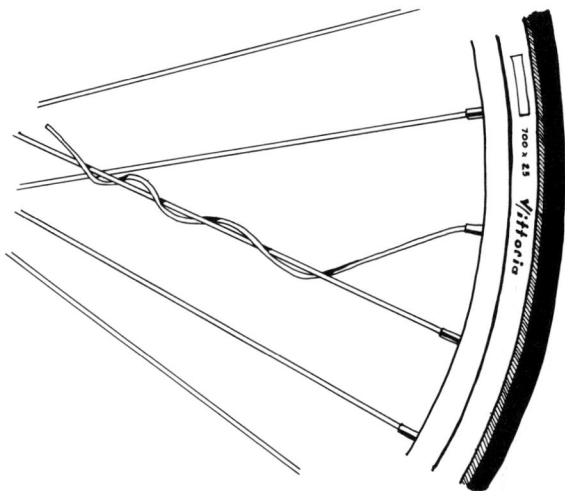

穿过其他辐条，再旋入旧的辐条帽，用钢笔画上记号，或用野草扎上做记号。Kevlar辐条的话，先将U型棒旋入辐条帽，再将Kevlar绳索穿过花鼓耳，绕回U型棒，用8字形方式缠绕U型棒的两根活轴，调整Kevlar绳索长度之后用力拉紧，使活轴卡死，最后旋紧辐条帽。

5. 换上新辐条后，按图3.8所示方法用辐条扳手旋紧轮条帽。然后以刹车皮作调校基准点，调到能骑即可。

6. 若取不出断掉的辐条、又携带着辐条扳手，可反向操作：放松断辐条两旁的辐条张力，可减轻车圈偏摆。因为这两根辐条来自对向花鼓耳，一旦放松，车圈会向断辐条处弹回。从车胎往下俯视辐条帽，逆时针旋松（见图3.8）辐条帽，切记：最多旋松两圈。小心地骑回家，张力不平衡的车轮很容易损坏。

7. 到家后，换新辐条，方法见"8-3"，或将车轮送到自行车店维修。若一个车轮辐条断过不止一次，全部的辐条都要重新换（第15章），车圈可能也需要换新的。

3-9
松开刹车夹器，骑车回家

若车轮偏摆不严重，只是刹车皮蹭车圈，而车胎不蹭后下叉或前叉，只需打开夹器的快拆即可继续骑车了。若车胎已经磨到车架或前叉，就必须采取一些极端手段才能继续骑车上路。

1. 打开夹器快拆，直到刹车皮不蹭车圈的适当距离。若完全打开夹器后，车圈仍蹭刹车皮，顺时针旋转夹器上方的调节器（见图3.10），放松刹车线张力。切记：这样的操作同时也降低了刹车的效果，骑行时要尽量小心地慢慢骑。

2. 若车圈仍蹭刹车皮，用5毫米内六角扳手松开夹器的销线栓，把刹车线拉出来。切记：这样操作后，车轮

图3.10 降低刹车线的张力

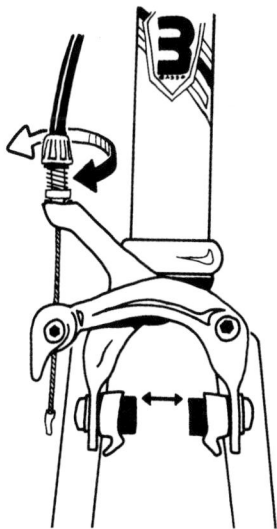

就完全没有刹车了，骑行时一定要万分小心。

3. 若上述步骤都无效，最后方法是将刹车夹器从车架或前叉上拆下来，收进口袋里，慢慢地骑车回家。夹器的固定螺栓通常要用5毫米内六角扳手。

3-10
车圈变形

若车轮严重变形，根本转不动，辐条扳手和拆除夹器也都不起作用，只要车圈没断裂，可使用暴力法。

1. 找出隆起最多的部位，标记出来。

2. 抓住车轮两侧，标记的部分面朝外，弯曲处在上。注意外胎不拆掉，且保持胎压。

3. 在平坦的地面上，将标记面用力砸向平地（见图3.11）。

4. 将车轮装回车架和前叉。检查一下隆起的部分敲回了多少。

5. 重复上述步骤，直到可以骑行。或许你会惊讶，用这种方法也能调整车轮。

第3章 | 紧急修理

图3.11 修变形的车圈

a. 只有螺丝刀

1. 旋开拨链器尾部的螺栓，把链条从外链板上取出来。（见图3.12）。若用这种方法取不出来，用截链器打开链条（"4-7"）或手动打开链条魔术扣（"4-13"）。
2. 把链条位置和前拨链器挡位错开。即把前拨链器调到最小挡位，链条放到最大牙盘，或正相反。

b. 有内六角扳手和螺丝刀（截链器或链条魔术扣）

1. 用5毫米内六角扳手把前拨链器从车架立管取下来。
2. 旋松外链板尾端的螺栓。
3. 撬开前拨链器外链板拽出链条，也可以用截链器拆开链条或打开链条魔术扣，然后重新接上链条（第4章）。
4. 根据回家的路况，手动把链条挂到最合适的牙盘上。若不确定挂在哪个牙盘合适，就挂在里面的盘（有3个盘的话，就挂在中盘）。
5. 把前变速线绑好，以防干扰骑行。
6. 把前拨链器装进包里，骑车回家。

3-11
前拨链器损坏

若前拨链器只是稍微弯曲，可以用手掰直，或骑回去后再处理。若前拨链器的束环松动，绕着车架立管旋转（链条、脚或裤能碰到甚至撞歪前拨链器），需要校正。将外链板的位置冲上和后下叉平行，然后用5毫米的内六角扳手锁紧拨链器固定螺栓。若拨链器坏了或弯曲度太大导致无法骑行，或车架的前拨链器吊耳严重变形导致无法骑行，可将前拨链器拆下来，或是按下文的方法将链条避过前拨链器（强行掰直变形的前拨链器吊耳，只会导致吊耳损毁、脱落、立管凹陷甚至破裂，最后不得不请车架维修师或工厂焊接一个新的吊耳）。

3-12
后拨链器损坏

若后拨链器的导轮丢失，用张力轮取代导轮，然后用扎带串起三颗法式气嘴的固定环（前后内胎加上备用内胎）暂时充当张力轮。若固定导轮的螺母丢失，而导轮还在，试着拆下一颗水壶架固定螺栓用扎线带固定。若后拨链器导链架的弹簧（译者注：俗称P弹簧）断裂，链条会因失去张力而下垂，可先将快拆杆移到传动侧，然后用弹力绳（译者注：如橡皮筋）一端钩住导链架，绕过快拆杆，另一端用力拉到立管的水壶架上。

若后拨链器轻微弯曲，或许可将之拉直，就能继续骑车回家。若后拨链器严重变形或损坏，或导轮丢失，只能

图3.12 打开前拨链器拨链板

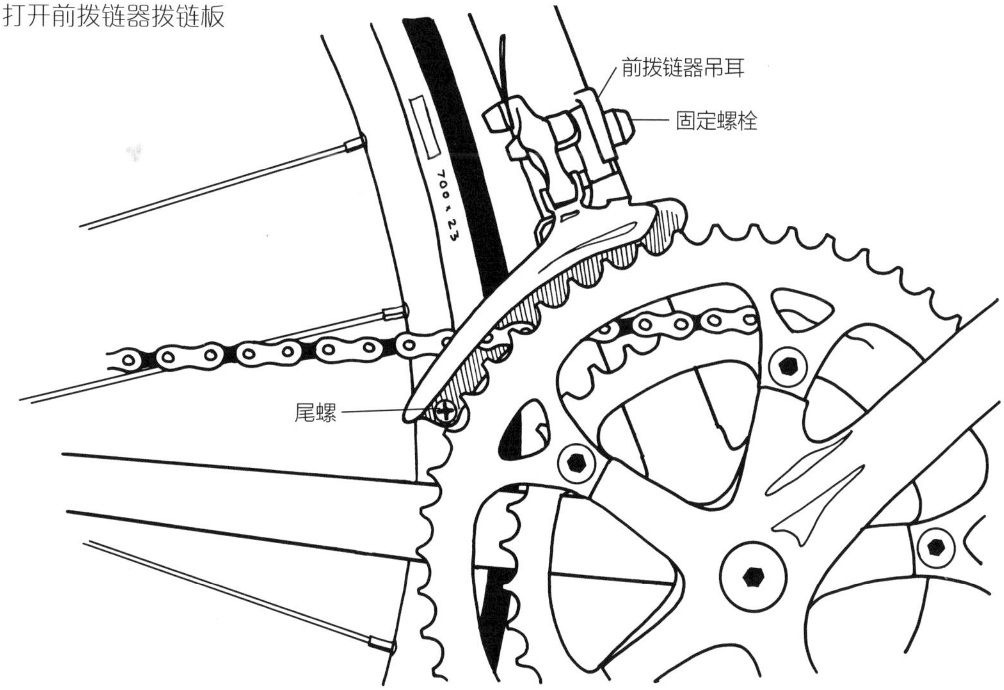

前拨链器吊耳
固定螺栓
尾螺

放弃后拨链器，暂时改成单速车（见图3.13），骑车回家。

1. 用截链器打开链条，或用手打开链条魔术扣（"4-7"或"4-13"），把链条从后拨链器里拽出来。

图3.13 放弃损坏的后拨链器，暂时改成单速车

2. 根据回家的路况和体力情况，选择一个最有效的骑行挡位，然后将前拨链器换到适当的位置。注意：链条可能会从牙盘落下来，或是从大飞轮片往小飞轮片落。除非链条张力十足，或是链条平行车身中心线（不要大盘和大飞，或小盘和小飞的错链组合）。

3. 将链条挂到选定的牙盘和后飞轮上，避开后拨链器。

4. 尽量截短链条，用截链器（"4-7"）刚好能接上即可。

5. 按"4-9"或"4-13"的方法，用截链器或用手接上魔术扣。

6. 小心地骑车回家。

3-13
前变速线断了

前变速线断了，前拨链器会缩回最内侧，链条会挂在最小齿盘，还可以使用后拨链器调整齿轮比。就让链条留

在最小牙盘上，然后骑车回家。

3-14
后变速线断了

后变速线断了，链条含挂在最小飞轮片，可以使用前面两个盘或三个盘。有三个选择：

1. 让链条留在最小飞轮片上，骑车回家。

2. 用手向内推动后拨链器，将高速限位螺丝（通常是后拨链器尾端两颗螺丝中较高的那颗）旋紧，直到对齐较较大的飞轮片（见图3.14），接着将链条挂到这片飞轮上，骑车回家。限位螺丝可以微调，用以消除链条运转时的异音或跳齿。

图3.14　旋紧高速限位螺丝

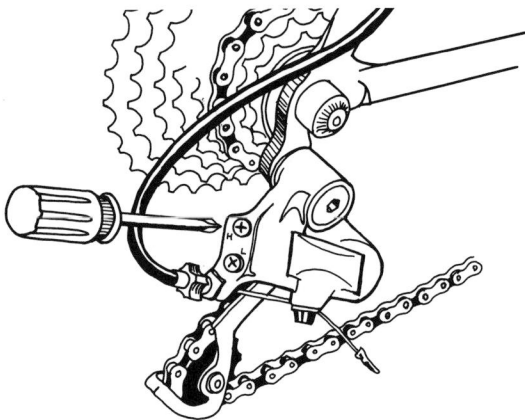

3. 若没有螺丝刀，可将车尾举起，旋转曲柄的同时用手向内推动后拨链器，使链条跳到较大的飞轮片，然后找小棍子（译者注：比如树枝）插入后拨链器本体的内外片之间，防止链条跳回小飞轮片（见图3.15）。

图3.15　后变速线断了，将树枝插入后拨链器，使链条移到较大的飞轮片

3-15
电子变速失灵

电池没电了或连接出了故障，电子变速都可能失灵。

检查电池的电量（"6-1"）和所有的连线，确定电池安装正确，重新启动模式按钮，按标准程序操作，确定变速系统重新启动（"6-3"）。若仍无法变速，可手动变速。根据回家的路况，把链条挂在合适的挡位，转动曲柄，换挡。不要经常这么操作，因为一旦遇到撞击，易磨损拨链器，影响挂挡。

3-16
刹车线断了

慢速骑行，一定要非常小心。切记：非常慢、非常小心。

3-17
鞍座的座弓或座管夹断裂

若无法将鞍座绑回去，试着在座管顶端缠绕上手套或衣物作衬垫。实在不行，只好拆下座管，站着骑回家了。

3-18
座管断了

只能站着骑回家了。

3-19
车把断裂

最好推车走回家（或是打电话求援），也可用树枝或木棍插在两截断掉的车手把之间，骑车回家。但这么做非常危险，因为一旦木棍断裂，车会失控，根本无法控车，会直接导致"脸刹"。若确定要这样做，在木棍两端缠上管道胶带，再插入断掉的车把。若断裂处接近龙头，尽量让把立力量均匀地咬住裂痕，确保两截车把都能受力。

3-20
零件结冰

在雪季或冻雨中骑车，变速线会在五通下端结冰，拨链器、没用到的飞轮片也会结冰。只能用没有结冰的挡位骑行。若后花鼓内的棘轮装置结冰，别说踩踏了，车轮根本无法转动。需要找盆热水浇到飞轮上，再找根树枝敲打飞轮，直到飞轮能逆时针转动为止。

3-21
每次骑行必须准备

1. 永远随身携带足够的水和食物。
2. 把自己的行程安排告诉亲朋好友。若逾期未返，立刻报警。
3. 超过一小时的骑行，要多带食物。
4. 骑行不熟悉的线路要带地图或GPS，并且常开口问路。
5. 带手机。
6. 进入无人居住的区域，要带火柴、备用的衣物、食物、手电筒和救生毯（译者注：铝涂层、银色、折叠起来约一盒香烟大小），以防在野外过夜。
7. 在湿滑路面、满布碎石的弯道和有腐烂植物的路面骑行时要小心；车流量大，尤其是交通汇流处更要小心。
8. 戴头盔。只要戴头盔，基本不会头破血流地骑回家。
9. 长距离骑行前，先衡量自己的体力，不要超出自己的极限。适时休息，不在艳阳下骑行，多喝水、多进食以避免脱水的"撞墙"。

骑行前做车检，确定车况良好。总之，骑行前要做好充足的准备。即使骑着4000多美元的高档车，线路也是公路，还是有可能遇到零件故障、脱水失温、摔车、受伤、迷路，或半夜受困等情况。

把奢侈生活搞定了，日常生活自会搞定自己。

——Dorothy Parker

链条

链条看似寻常，实际上却堪称技术奇迹。没有链条，自行车只是一个笨拙且效率低下的物品。链条由许多链板和链销（也称为"链针"）组成，链销外面是滚子、咬合牙盘和飞轮。简单的几个零件，极有效率地将机械能从脚踏传送到后轮。从重量、成本和效率几方面综合考虑，自行车链条是无敌的，所以人们一直在努力研发改进链条。

也许因为构造太过简单且熟悉，人们常忽略了保养链条。自行车若想骑起来"润"，一定要注意链条的保养。链条必须保持清洁及上油，骑起来才"润"且不会发出异响。

链条使用一段时间后，会因磨损而变长，咬合齿轮的能力变弱。所以，链条需要定期更换，以延长昂贵的传动系统的寿命。关于链条的更多的专业指导，见本章最后的"排疑解难：链条问题"（"4-14"至"4-16"）。

4-1

润滑

1级

为了达到最好的润滑效果，建议选用链条专用润滑油。大部分的链条油都能达到保护链条、使其运动顺畅的效果。不过，我不推荐蜡基润滑脂。使用这种润滑油，会缩短链条寿命（1000~1500英里）。

若想达到最佳的效果，可根据路况和天气情况选择链条油。干性链条油不容易吸附尘土，适合在干燥的天气使用。湿性链条油较为黏稠，适合在天气比较潮湿时使用。还有种"金属链条油"，不仅润滑，还可防锈。

链条油通常有两种包装：喷雾罐和滴瓶。日常保养尽量避免用喷雾罐，因为链条油会喷散到空气中，还可能吸进肺里。链条仅滚子内部需要润滑，外链板上油是为了防锈，薄薄一层足矣。链条油上多了，只会黏附尘土，对增加链条的性能毫无作用。

1. 将链条油少量、均匀地滴到每一个滚子上（见图4.1）。转动链条，使每个链目浸上链条油。定期上润滑油非常重要。若想节约时间，可以慢慢地边转动曲柄，边把链条油滴在滚子上。这种方法比较浪费链条油，且容易吸附尘土。不过，上链条油总比不上强。每次或每隔一次骑行回来后，用抹布擦擦链条，也可以擦掉一些尘土。

图4.1 将链条油均匀地滴在每一个滚子上

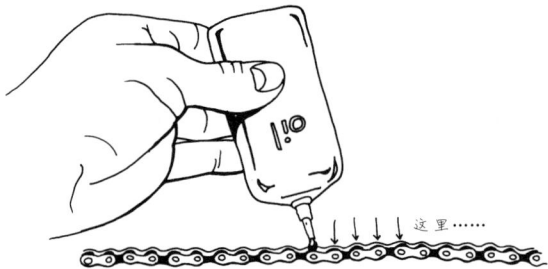

2. 用抹布轻轻擦掉多余的链条油。

3. 若想做得更专业，可在睡前给链条上油，静置一夜，第二天早晨或下次骑行前再擦去外链板上的链条油。这种方法可以擦净外链板上多余的链条油——外链板无须上油。雨天骑行要多滴些润滑油（雨天骑行时，每次骑行回来都要上油；骑行距离较长时，骑行期间还要上油）。

4-2

清洁链条：常擦、常上油

保养链条的最简单的方法是经常擦链条并上油。若每次骑行前都这么做，永远都不需要使用溶剂浸泡链条。新的链条会软化堆积在滚子内的油污，骑行中链条运动会把这些油污挤压出来。

新上的润滑油也会吸附尘土，但若你在它们被深咬进链条之前就擦掉它们，又为链条补充上了新的润滑油，链条就是干净且"润"的。把自行车支在地上或挂在自行车架上，按下面的方法给链条上油。

1. 用布垫着，抓住链条下半部（牙盘到后拨链器导轮之间）。

2. 曲柄向后转动数圈，同时从布中间拉动链条（见图4.2）。若布擦脏了，就换一面。

3. 仔细润滑每节链目（见图4.1）。或用快速法：边转曲柄边滴链条油。

为了便于经常清洁链条，把一副橡胶手套、一块抹布和链条油放在平时停放自行车的地方，以方便骑车回家后，戴上手套，擦链条、上油，再把车停放好。这个过程只需要几分钟，不会弄脏手，自行车已经可以随时骑了。若骑行回来后，安排时间用沐浴头冲洗自行车后，要擦干牙盘、飞轮、前拨链器和导轮（见图4.3），整个传动系统将始终保持理想的运转状态。

4-3

使用洗链器

一些厂家生产的洗链器无须把链条从自行车上拆下来，就可以用溶剂进行清洗。洗链器基本上是透明塑料盒，有2个或3个转动的刷子，链条经过洗链器下方的溶剂槽，同时带动刷子清洁链条（见图4.4）。洗链器的好处是链条无须从车上拆下来，就可以清洗了。经常拆卸链条会缩短链条的使用寿命，尤其是9速、10速或11速的链条，若不使用链条魔术扣经常拆卸的话，链条很容易在高负荷时突然断裂，骑车人可能因此摔车，伤到脚乃至全身。

大部分洗链器用的都是无毒的柑橘成分的溶剂。为了自身的安全起见，同时也为了保护环境，强烈建议购买无毒的柑橘成分的溶剂。有的技师喜欢用柴油清洗链条，若

图4.2 擦净链条

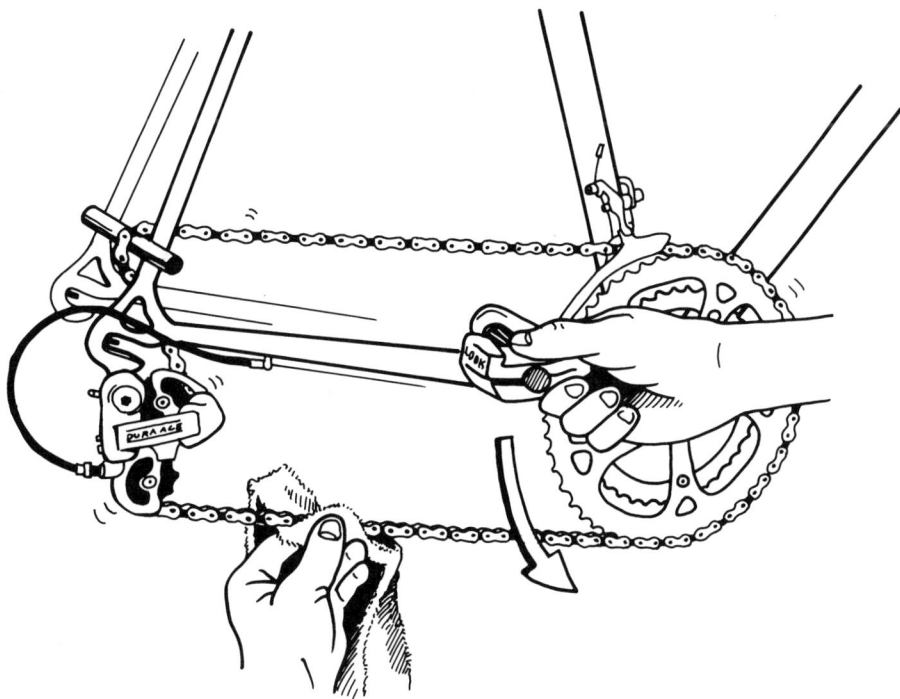

图4.3 擦净上张力轮

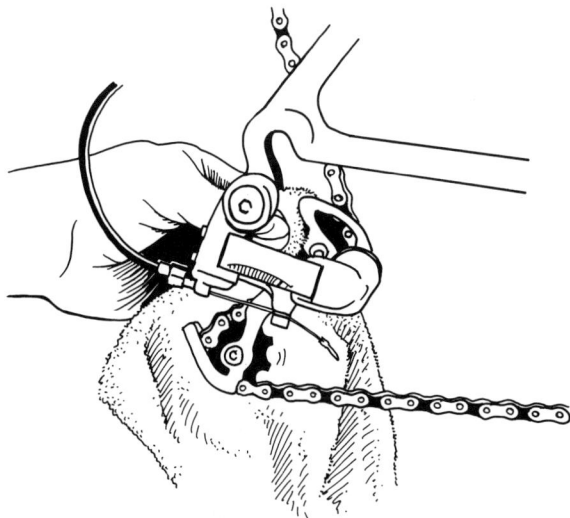

图4.4 用洗链器清洗链条，无须拆卸链条

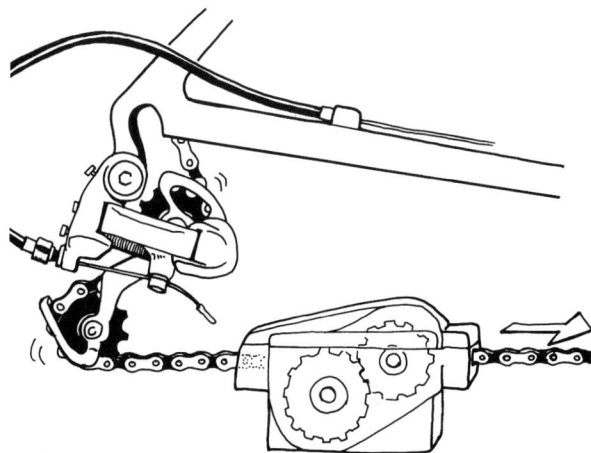

你循环使用柴油清洁链条，继续用（切记：不要把柴油倒在垃圾桶里）。无论使用哪种溶剂清洁链条，都要戴上手套和护目镜。

柑橘成分的溶剂通常具有润滑功能，所以不会使链条干燥。柴油之所以常被用来清洁链条，就是因为它兼有润滑和清洁效果。有的烈性溶剂不具有润滑功能（例如丙酮），还会溶解滚子内部的油脂，待溶剂挥发后，链条不仅变得干涩、骑起来有异响，而且很难恢复到润滑状态。不含有润滑功能的柑橘成分的溶液也是如此，尤其在链条没有彻底干透，又上了润滑油的情况下。

以下是使用洗链器的步骤：

1. 打开洗链器上盖，根据刻度线倒入适量溶剂。
2. 将链条下半部分放进洗链器，盖上盖子，使链条从洗链器中间穿过。
3. 倒转曲柄，直到刷子把链条刷干净。
4. 把洗链器从链条上取下来，用布擦净链条，静待链条晾干。
5. 按照"4-1"的方法给链条上油。

4-4

拆卸和清洁链条

1级 也可以从自行车上把链条拆下来，泡到溶剂里清洗。若没有安装链条魔术扣，我不建议这么做，因为反复地通过推出和塞回链销拆卸和装回链条，会降低链条的强度。即使是5速、6速或7速这类宽链条，重复拆卸链销和重新装回链条都会扩大链板的孔，导致链销无法装紧。拆卸和重新安上9速、10速或11速链条，链条很可能在骑行中突然断开。

可用手打开的链条魔术扣既能避免此类问题，又可以快速拆开和安装链条。魔术扣有SRAM、KMC、Wippermann和Tayachains链条的标配（注意同样的速别）。

拆开链条后（见"4-7"或"4-11"的说明），即使

没有溶剂槽，也可以清洁链条。把链条放进旧的开口瓶或旧水壶里（译者注：可放在塑料饮料瓶里），倒进半瓶溶剂。这样就可以在不接触链条或吸入有毒物质的情况下把链条清洗干净了。即使是柑橘成分的溶剂也要避免吸入体内。

没有或不想使用洗链器时，可按下述方法清洁链条：

1. 将链条从自行车上取下来（"4-7"或"4-11"）。
2. 把链条放水壶或开口瓶。
3. 倒入溶剂，以漫过链条为准。
4. 用力晃动瓶子（瓶子底部放在地上，以防顶盖突然跳开或瓶子打碎时，溶剂四溅）。
5. 把链条挂起来晾干。
6. 把链条装回自行车上（见"4-8"到"4-11"）。
7. 按"4-1"的方法给链条上油。

切记不要把链条长时间地浸泡在柑橘成分的溶剂里，因为这会导致链条氧化（生锈），骑行时会增加摩擦力，容易断链（有些人习惯于配备2条链条，一条泡在溶剂里，另一条放在自行车上。使用柴油作为溶剂时这种方法可行，但水基类的溶剂不行）。总之，长期用溶剂浸泡链条不会延长链条的使用寿命，所以别这么做。

清洁完链条后，瓶里的溶剂静置数日，倒出上层的干净部分循环利用。我在本书中一直强调：应使用柑橘成分的溶剂，它不仅保护环境，也保护你的皮肤，并可减少吸入有害物质。无论使用哪种溶剂，都要戴上橡胶手套。使用非柑橘成分的溶剂时，要戴上口罩以避免吸入有机化合物。自行车的性能不能以牺牲健康来换取。

4-5

更换链条

1级 随着滚子、销钉和链板磨损，链条也会被拉长。链条拉长后，会加速损耗传动系统的其

他零件。拉长的链条会将负荷转移到接触的牙盘、飞轮独立的齿牙上，而不再平均分配到接触的齿牙上，集中受力把齿牙变尖，齿牙间隙变大。

若齿牙已经磨损了，光换链条无济于事，因为新链条无法紧扣已经变形的齿牙，只要一用力踩踏，就会跳齿。解决的办法是将链条、牙盘和飞轮全部换新的，这个费用可不小。所以，在更多的磨损发生之前，养成定期检查、更换链条的习惯"4-6"。

有的人认为：没有必要更换传动系统的任何零件，等它们全部磨损再换新的。反正链条拉长会导致飞轮齿变尖、牙盘齿变尖、导轮齿尖被磨成钩形，变形的零件反而能够啮合，至少能凑合用。我不赞同这种观念，除非你从不换飞轮。而且，这么看来，比赛选手或是备有多个轮组或飞轮的车友的行为难道是愚蠢的吗？若相信此种说法，当为了某段骑行更换飞轮或是在比赛中途换车轮时，链条会疯狂地跳挡或跳齿，同时损坏每一片磨损不一的飞轮片。

链条的寿命取决于链条的种类、保养频率、骑行环境和骑行者的腿力及体重等因素。一个魁梧的人加上在比较脏的路面骑行或不经常上链条油，骑行1000~1500英里须更换一次链条。若是体重轻的骑行者在比较干净的路面骑行，同样不经常维护链条的情况，可以延长到2000~3000英里再更换链条；但若骑行者经常为链条上优质链条油，可延长到5000英里再更换链条。

4-6
检查链条的长度

a. 用链条尺检查链条长度

检查链条是否磨损最可靠的方法是使用链条尺。在链条上确定若干要检查的节点，看看节点有没有变化。Rohloff链条尺（见图4.5）使用起来简单、快捷且精准。Rohloff

图4.5 用Rohloff链条尺检查链条磨损程度

图4.6 用ProGold的ProLink链条尺检查链条磨损程度

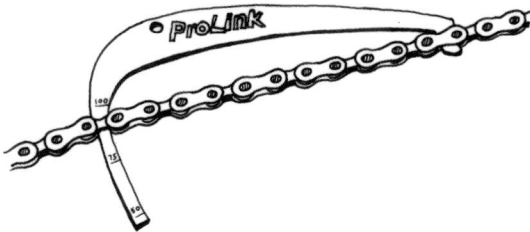

是过端/不过端量规，将链条尺的钩齿钩住一节链条滚子，若钩齿完全插入链条，说明链条已磨损，应该换新的了。Rohloff链条尺使用起来就这么简单，换或不换链条一目了然。链条规上的S代表钢制飞轮，A代表铝合金或钛合金制飞轮。我只用A侧，因为我发现当A侧能插入链条时就立刻更换新链条，牙盘和飞轮的磨耗将大为降低，铝合金和钛合金飞轮都是如此。

方法非常简单，大家试一试。将ProGold的ProLink链条尺（见图4.6）的钩齿钩住一节链条滚子，将长齿牙插进链条，另一头按标尺刻度也插进链条，若链条下垂接近90%，则相当于Rohloff的A侧下降到与链条齐平。Park CC-32链条磨损测量仪和Rohloff类似：0.5%一面表示链条延长不能超过0.5%；0.7%一面表示链条延长不能超过0.7%。

Shimano的链条尺、Pedro的Chain Checke、Topeak的Chain Hook和Wear Indicator检查链条延长0.75%，即两个链销之间应为12英寸，若延长1/16~1/8英寸，需要更换新链条。

这种测量方法和过端/不过端量规插入滚子测量的不同，测量两个插入飞轮和牙盘齿上的链销间的距离是否精确，取决于这两处链销的距离测量得是否精确。

另外，这种方法需要手动，因此也不快捷。

Pedro的Chain Checke、Topeak Chain Hook和Wear Indicator还有一个功能，即可以当作截链器使用：相对的两端有两个钩子，可以钩住链条、释放张力，以便推入链销或安装链条魔术扣。Feedback Sports的链条尺可用于KMC链条，这种链条尺能精确地测量链条的磨损程度。

b. 直尺

精准的直尺也可以测量链条的拉伸幅度。自行车链条的长度以1英寸为单位，两根相邻的链销应该间隔1/2英寸（变速车链的滚子为3/32英寸，单速自行车链条的滚子为1/8英寸宽）。所以，1英尺（1英尺≈0.3米）有12个完整链目，每个完整的链目包含一组外链板加一组内链板（见图4.7）。

1. 任选一个链销，将直尺对准其边缘，并将直尺另一端也对准相应链销的边缘。

2. 两个销之间的长度应为12英寸。若是12⅛英寸或以上，说明比新链条长了1%，必须更换链条。若是12¹/₁₆英寸或以上，最好换新链条（若使用铝合金/钛合金飞轮或11齿飞轮片，则必须换新链条）。12¹/₁₆表示比新链条长了0.5%，或Pro-Gold链条尺的90%数值的磨损程度。

若链条从自行车上取下来了，可以把新、旧链条挂在一起作对比，若新、旧链条链目相同，旧链条比新链条长出1/3链目或更长，需要换新链条。若按照我的建议更换链条，大约换三次链条才需要换飞轮。

图4.7　一节完整的链目

4-7

截链

1级

下述步骤适用于各种变速链条，包括新链条和从车上取下来的旧链条。使用链条魔术扣的链条可以用手打开（见图4.24~图4.27），Wippermann、Taya、SRAM和KMC链条魔术扣能用手打开（见"4-13"），也能按下文所述用链条截链器打开。不过，Campagnolo 10速链条的魔术扣不能用手打开。

1. 将要拆开的链目放在截链器后排齿槽（见图4.8）。

2. 大部分公路自行车的操作方法：顺时针旋转截链器把手，推出链销。5速、6速、7速和8速链条，链销不要完全推出链板，链板内侧要保留约1毫米，方便装回时定位。若链条安装了魔术扣、Shimano或Campagnolo链条配有补销，需将链销全部推出来。10速的Campagnolo链条需要使用专用的补链销和全新的外链板，所以要选购原厂的链条修补套件，包括一组外链板，两端都有全新的孔，用于安装2根补链销。根据需要截掉多余的链目重新接链。11速的Campagnolo链条不需要这么操作，但需要使用专用的补链销及在安装后顶出补链销。

图4.8　推出链销

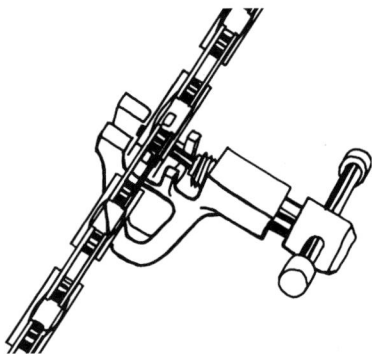

若经常参加公路越野赛，比如在美国中西部、东南部、西北部或东海岸（或北欧）参加比赛，因为赛区烂泥多链条磨损得很快。在这种情况下，勤换链条非常必要，否则链条会跳挡或磨损飞轮。一场公路越野赛下来，应更换数组轮组，否则磨损的链条会损坏所有飞轮。链条不便宜，但飞轮更贵。若常在泥泞的路段骑行，每周都要检查链条是否磨损。

ProGold链条尺显示超过75%（见图4.6）或Rohloff A侧能完全插入链条（见图4.5），就要立刻换新链条。

3. 分离链条。若链销整根推出，链条会直接分离。所以如上文所述，要在内链板内留约1毫米。

4-8
确定链条长度

使用两盘（包括压缩盘）确定链条长度有以下5种方法。方法1和方法4的内容相近，也都适用于两盘和压缩盘（比标准牙盘小）。三盘搭配长腿后拨链器，只能采用方法3。单盘也只能采用方法3。

方法1

若旧链长度正确，根据旧链长度截断新链。

方法2

若是两盘，将链条穿入前、后拨链器，挂到前面的最大牙盘以和后面的最小飞轮片上，此时后变速器的上张力轮中心连线和地面垂直（见图4.9）。若使用超过27齿的大飞轮，链条无法同时挂到最大牙盘和最大飞轮上，就不能采用方法2，需要采用方法3（见图4.10）。

方法3

若是三盘，链条避过前、后拨链器，挂到前面的最大牙盘和后面的最大飞轮片上，两端相连后再加一节完整的链目（见图4.7）就是正确长度。这种方法适用于三盘、标准的两盘和单盘后拨链器，搭配山地车飞轮。1×11系统使用SRAM X-Horizon的"长腿"拨链器（例如Force

图4.9 双盘系统的正确链长：上张力轮中心连线和地面垂直

CX1、Force 1或Rival 1）要多出1.5个链目。换言之，至少要多出两个完整的链目，不过这两个链目都连在内链板，因为使用SRAM链条魔术扣需要占用2.5个链目。

方法4

Campagnolo对两盘系统的规范与众不同。如图4.11所示，将链条穿入前、后拨链器，挂到前面的最小牙盘和后面的最小飞轮片。链条绕完导轮再绕过张力轮往前方延伸，此时导轮边缘与链条下半部应保持10~15毫米的距

图4.10 用大链环和最大齿距确定链长

图4.11 使用Campagnolo方法确定链长

离（见图4.11）。这种方法不容易操作，可将直尺底部向上顶住绕过导轮的链条。截掉多余的链目（"4-7"，见图4.8），并与备用内胎一齐保存，以备不时之需。

方法5

另一种使链条不要张力过度的方法是采用小盘-小飞的搭配。链条挂在最小飞轮和最小牙盘，链条通过后拨链器时不过度拉伸，链条绕完导轮要有8~15毫米的距离。

4-9
正确安装链条

1. 将前、后拨链器都调到最小牙盘和最小飞轮片的挡位。
2. 链条从后拨链器张力轮开始（链条从张力轮开始拉紧），绕过导轮，并确认链条保持在后拨链器的两个导链板内。
3. 将链条拉上最小飞轮，再向前穿过前拨链器。
4. 链条绕过小牙盘向后拉，结合链条两端（见图4.11）。链接链条时，链条放到最小牙盘张力最小，方便操作。

4-10
接链：5速、6速、7速或8速链条，无链条魔术扣或专用链条销钉

注意：Shimano链条，9速、10速、11速链条，或安装了链条魔术扣的链条，请阅读相关章节。除非遇到紧急情况不得不骑车回家，不要把打出的链销推回。

再次强调：本节内容仅适用于较宽的链条，如5速、6速、7速和非Shimano的8速链条。不要将9速、10速、11速链条，或Shimano、Campagnolo链条的旧链销推回去再次使用（紧急情况除外）。即使没有接链条的专用工具、补链销或魔术扣，接链还是相当容易的：不要将链销完全推出，注意在链销推出时应朝外（链销面对自己）。

因为链销朝着自己，截链器（见图4.11）才方便用力（推回时将链销朝车架方向推）。注意导轮边缘和链条下半部的距离控制在10~15毫米。

1. 将链条两端拉在一起。内链板勾回凸出在外链板内侧约1毫米的链销上。操作时可扭转外链板，扩大空间，以便塞回内链板。

2. 用截链器推回链销（见图4.12），直到链销平均凸出在外链板两侧。9速、10速、11速链条，或是Shimano链条，不可推回打出的旧链销。若已推回了打出的旧链销，且截链器的齿槽因受力而扭曲，见"4-11"步骤7。

3. 若发生死目（见图4.13），用手指侧向往复扭动链条（见图4.14），或用截链器的后齿槽（见图4.15）拧开死目。一次扭转一点旋柄，慢慢松开链板。

图4.12　用Park CT-5截链器推回链销

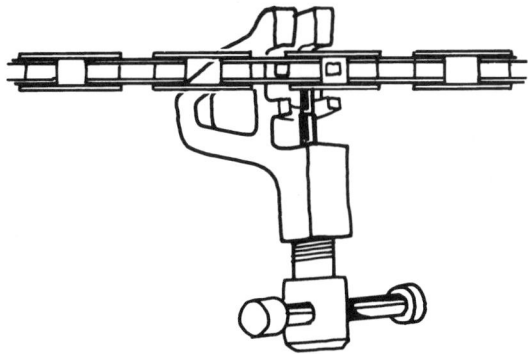

图4.13　死目

图4.14　用手往复扭动链条

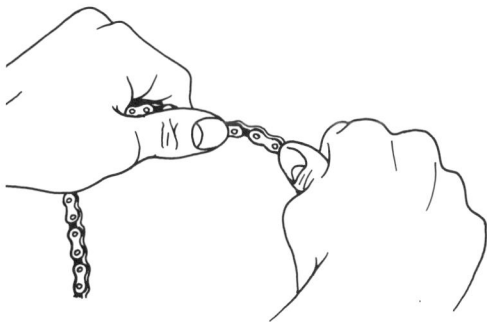

图4.15　用Park CT-5截链器拧开死目

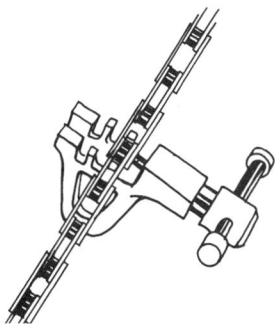

4-11

接链：7速、8速或9速Shimano链条

1. 确认已有配套的Shimano补链销。Shimano补链销比标准的补链销长约两倍，类似两颗相连的子弹，中间是可供折断的沟槽。Shimano原装链条附赠两根补链销。若连接使用过的Shimano旧链条，需要使用新的补链销，并确定补链销的长度合适（10速或11速的补链销比9速的短；9速的补链销比7速或8速的短。见4-12）。若没有补链销，要推回7速或8速的旧链销，见"4-10"，但要切记：旧链销连接处容易断链。推回9速链条的旧链销非常危险，最好不要这么做。10速、

11链条的旧销绝对不能推回再用，必须使用新链销，否则随时会断链。断链会打坏其他零件，也可能让你受伤。安装10速或11速链条，见"4-12"。

2. 拆除多余的链目，将链销完全推出来（"4-7"，见图4.8）。

3. 连接链条两端。

4. 在补链销上滴点润滑油，用手指推入补链销，补链销尖头冲前，约可推入一半。

5. 用截链器（见图4.16）将补链销完全推进去——直到链销凸出在外链板的长度和其他链目相同。补链销的脊线和谷线各不相同，转动截链器的力量应该是由紧到松、再非常紧。推不动时停止，手、眼并用，检查一下补链销是否已经推到位。

6. 用Shimano截链器尾端的圆洞或老虎钳掰断补链销的前半段（见图4.17）。

7. 正确安装的补链销，每节链目都可自由活动。若不能，根据情况用截链器稍微推进补链销（见图4.12），或用截链器的后齿槽从另一侧将补链销推回一根头发的距离（见图4.15）。若实在没有工具可用，用拇指用力来回扭动死目（见图4.14），但9速及以上的更窄的链不能用拇指扭动这个方法。

图4.16 用截链器安装Campagnolo或Shimano补链销

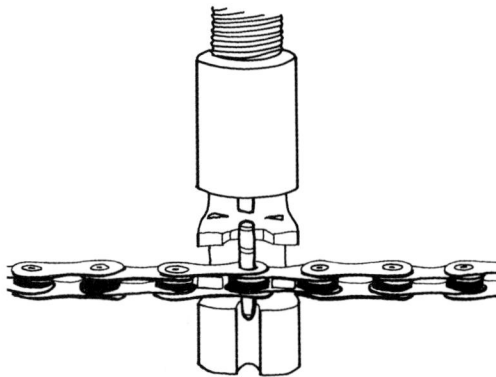

图4.17 折断Shimano或Campagnolo 11速链条的前段

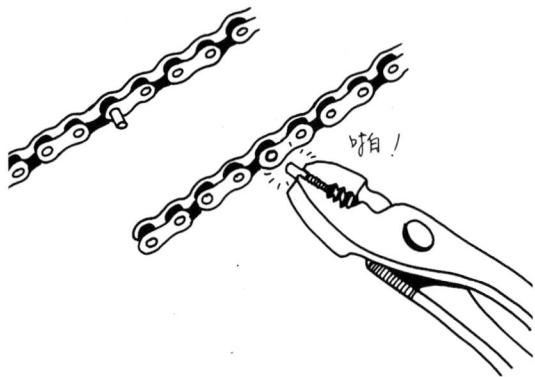

注意： 不要用老款的截链器处理9速链条，因为老款截链器齿槽间距太宽，无法固定链板，容易弄歪链板。Shimano TL-CN23（见图4.18）和TL-CN34（见图4.19）截链器适用于所有规格的Shimano链条——从6速到11速都可以使用。其他品牌也有适用于Shimano链条的截链器。

4-12

接链：10速和11速链条

3级 因为10速和11速链太窄，容易断裂。因为花鼓宽度从8速开始没有变化，现在却要塞入10片、11片飞轮。从5速、6速、7速、8速、9速、10速到11速系统，链条的宽度（两个外链板间的距离）从7.3毫米、7.1毫米、6.6毫米、6.1毫米、6.0毫米、5.9毫米逐渐缩短到5.4毫米。

虽然速别提升，牙盘和飞轮片的厚度却与之前相差无几，链内空间（滚子宽度）也大致不变。既然链内空间不变，链条的窄化过程只能从缩短链销和削薄外延片着手，由此可想象出来11速链板有多薄了！飞轮之间只有2.2毫米的距离，链条才能在大盘一大飞或小盘一小时不蹭飞轮。

相对而言，销固定于外链板的长度较短，其后果就是当侧向应力升高时，链条易断。因此，安装超窄的10速、11速链条，必须严格按照专业步骤操作，并需要使用精准的专用工具（见图4.18~图4.22，以及"专业指导：专业截链器"的内容）。使用用手可拆开的链条魔术扣（见图4.24~图4.27）则无须使用截链器，若链条上已经安装了魔术扣，跳到"4-13"。

链条断裂多半发生在变速瞬间踩踏力量过大时。变速会产生侧向应力，后变速器动作时，链条有极短暂的时间同时咬合两片邻近飞轮，而前变速器动作时，链条要明显的侧向扭曲才能挂上另一片齿盘。因此，不在变速时用力

图4.18 Shimano TL-CN23截链器，适用于6速~10速链条，适用于非专业车手；TL-CN22截链器与TL-CN21截链器外观一样（6速~9速）

图4.19 Shimano TL-CN34截链器，适用于6速~11速链条，TL-CN33截链器和TL-CN32截链器（6速~10速）、TL-CN31截链器（6速~9速）和TL-CN30截链器（6速~8速）与其外观一样

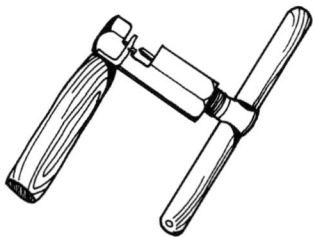

图4.20 Pedro的Pro Chain截链器，适用于10速链条

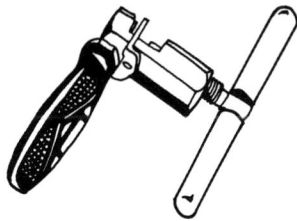

图4.21 Rohloff Revolver截链器

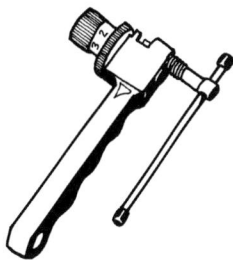

图4.22 Park的CT-3截链器

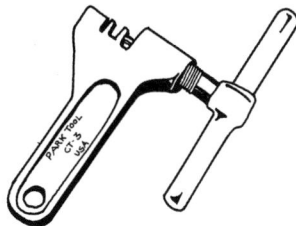

踩踏可以大幅降低断链概率。然而，对外链板仅仅稍微挂住销尾的窄链条而言，几乎无法承受任何侧向应力。断链非常危险，因为链条张力瞬间消失，会让骑车人的重心瞬间下降，加上没有任何物体承托正在用力的双腿，骑车人会摔得非常惨。

安装10速或11速链条时要切记操作规范，才能保证骑行安全。连接使用过的Campagnolo 10速链条，必须使用全新的链目——包含两片外链板和两根链销。Shimano有专门的补链销，10速和11速链条都有专门的补链销。

a. 连接Campagnolo的10速链条

1999年问世第一代Campagnolo的10速链条使用独立的外链板和两根销，称为PermaLink，需要使用专用的截链器，不过，这种截链器比较贵。幸好Campagnolo不久就做了改进，改成类似Shimano链条的安装方式了。

Campagnolo链条和Shimano链条一样，都有专用的截链器，强烈建议使用其专用截链器。Campagnolo截链器的主要特点是可以伸入截链器向下压住链条的固定环（见图4.23，11速链条截链器，但少了下扳式锤头闸）；另外，还有一个可控制链销推入长度的止挡，但只能用于Campagnolo链条。

1. 若需要截链，裁掉多余链目（"4-7"），结尾链目必须是内链板，以避免因推入或退出链销造成外链板扩孔或弯曲，确保链条的最高强度。Campagnolo在新链条末端用扎带给链板做了记号，载链时务必认清链条最尾端的标记，用这个链目连接。

2. 拆掉束带，按"4-11"的方法安装补链销，注意安装方向是从内向外，即从车轮侧塞入（与图4.11所示相反）。若没有Campy专用截链器（见图4.23），尽量将链条压在截链器上，让链针能对正补链销。注意，Campy补链销是两节式，可先用手指塞入导引销，暂时无须套上另一半。补链销两端直径不同，只有一端能套上导引销，所以方向不会装错。因为补链销是两节式的，所以容易横向断裂。若用非Campy截链器推入，要抓住链目，使之稳定在截链器上，以防补链销侧滑、断裂。

确认销两端都突出在外链板（突出的长度均为0.1毫米），也没有死目（见图4.13）。若确定补链销推入得够深，却还是发生死目，用截链器的后齿槽小心地松开。将死目放在旋柄旁的后齿槽（见图4.15），一点点地推进链销。

b. 连接Shimano的10速链条

重要提示： 2009年，Shimano引入了非对称链条。链条的两侧采用了不对称设计。正确的安装方向是印有Shimano字样及型号数字的外链板要背向车轮（译者注：朝外面，对着自己）。

1. 若需要截链，裁掉多余链目（"4-8"），结尾链目必须是内链板，以避免因推入或退出链销造成外链板扩孔或弯曲，确保链条的最高强度。

2. 确保安装补链销时，链条上方先接触牙盘，下方先接触飞轮的传动方向；若按图4.11操作，下半部分连接链条，将内链板位于左侧（靠近后拨链器），外链板位于右侧即靠近牙盘。

3. 安装补链销之前或之后，使用链条油润滑一下。确保使用Shimano 10速专用补链销，并注意链条的方向（见上面的"注意"）。

4. 继续按"4-10"操作，有一点不同：有的补链销安装之后会略微突出于外链板（如7速、8速和9速链条），但10速补链销不仅不突出于外链板，反而内缩。安装时不仅单凭视觉判断，还要靠手感。连接9速链条的补链销时，感觉紧绷时停手；链接10速链条的补链销时则还要继续推入一点，此时会觉得容易推入，但继续推入就会感觉非常紧了，此时就停住，检查一下补链销是否造成死目。完美衔接的链条在补链销处应该不是死目，也无须侧向扭松。退出顶链针，确认一下链条的灵活度，若有任何不顺，继续用截链器处理。根据Shimano的说明，造成死目的原因99%是因为补链销推得不够深入，没有就位。最后如图4.17所示，折断补链销前段，也可用Shimano截链器附设的圆孔掰断。

若你常骑车，链条更换得也会更频繁。那么，你应该买个质量好的截链器。若一直用的是便宜的小截链器，换个质量好的称手得多。

大部分专用截链器都可用于原来的宽链条。Shimano非专业截链器（如TL-CN23），不仅可用于10速链条，也可用于6速~9速链条。Shimano价位比较高的车店专用级截链器（见图4.19）除具有上述特性外，一排还有4个定位齿槽固定链条，而大部分截链器只有2个定位齿槽。多出来的2个齿槽一个延伸到截链器的另一边，比2个齿槽的能更好地固定链条，和Campagnolo截链器（见图4.23）的固定环类似。Pedror的Pro Chain截链器（见图4.20）也多出2个定位齿槽。Pedro的Tutto（意大利语是"所有"的意思）截链器生产于2010年，可用于从单速到11速的链条，上面有个铁钻，可用来安装Campagnolo的11速链条的补链销。Park的CT-4.3、CT-6.3和Topeak的All Speeds截链器是自行车店标配截链器，具有上述所有的特性。

将链条固定妥当不是什么新技术。在使用专用补链销之前，补链销没有导引销，无法用手推着卡进截链器，所以补链销一定要非常精准地对齐、抓紧链条，才能将补链销推回位。大概生产于20世纪90年代的Rohloff Revolver截链器（见图4.21）有个手拧螺丝，可以将链条固定在截链器上。这种截链器还有可改变齿槽形状的旋钮，可固定不同规格的补链销。图4.22中的Park的CT-3截链器是标准的自行车店标配截链器，有前后两套齿槽，前齿槽用于截开或接回链条，后齿槽用于松动死目。

若你是Campagnolo的忠实客户，而且不骑山地自行车，可以考虑购买（比较贵的）Campy C11（UT-CN300）11速链条截链器（见图4.23）。

我的Shimano TL-CN31（9速截链器）截链器使用了很多年，可用于Shimano、Campagnolo、Wippermann和SRAM的7速、8速、9速和10速链条。链条越做越窄，新款的Shimano截链器定位齿槽时为了支撑后链目的外链板，支撑点越来越靠近链条定位齿槽。若新款链条（略窄）使用老款的截链器（宽链条的），截链器侧面定位齿必须承受过多的冲力，会损坏截链器。二代老款截链器和补链销不配套，不要使用。新款链条使用新款截链器是最合适的，同时，新款截链器也兼容老款链条（宽的）。

若你是个心细的人，且使用的不是Campagnolo的11速链条，有个至少兼容老款速别的截链器（如至少兼容10速链条），这个截链器即可对应所有规格的链条。不过，操作时要很小心，要确定补链销和外链板的孔完全对齐（Campy、Rohloff、Shimano、Pedro和Topeak的专业截链器都可以）。自行车店专用级的截链器都是加强版的，一般都有导入链销功能。

此外，顶链销时注意不要顶过了：链销的推入要非常精准，过度与不及都不行。推入Shimano或Campagnolo链条的补链销时，必须掌握"松-紧-松-紧"阻力变化的手感，并且用眼睛就能确定补链销是否平均凸出（或内凹）于外链板两侧。

c. 连接Campagnolo的11速链条

Campagnolo中空式11速链条的补链销是单根折断式的，与11速的两节导引式完全不同。全新的外链板位于尾部，用扎带扎住作为标记。

从车轮侧将补链销向外推（与图4.11所示正相反），因为和其他链销相比，补链销在折断后较为突出，若从内向外安装，容易剐蹭最大飞轮片。

Campy新链条可能就随送一个补链销，不要浪费了。推入时链销时，若侧滑则很容易从中间弯曲或折断。若使用的是Campagnolo专业级（较贵）UT-CN300的11速截链器（见图4.23），推入补链销时，截链器的固定环容易刮住链条，操作时要注意避免。

1. 若要裁掉多余的链目（"4-8"），结尾链目必须是内链板，才能避免误用扩孔或弯曲的外链板连接（因链销的推入或退出造成），确保最高强度。Campagnolo全新的外链板末端有扎带穿过链板孔（或激光蚀刻），操作时一定要确认链条最尾端的标记，用其连接。用Campagnolo的11速链条专用截链器裁链时，要将锤头扳手向上扳，才能完全退出旧链销（见图4.23）。

2. 拆卸扎带，先从车轮侧徒手插入补链销尖的一头，注意尖头是朝外的，再连接对向的内链板，连接链条。

3. 将Campagnolo的11速截链器的锤头扳手向上扳，拉出固定环（见图4.23），退出顶链针（逆时针转动T形旋柄），放入链条最尾端全新的外链板。由于补链销由内向外推，工具的T形旋柄肯定得放在车轮侧，转起来会不太顺手。

4. 将固定环的尾端插回截链器T形旋柄对面的小圆孔（见图4.23），链条此时就固定住了。

5. 插入补链销，用手感觉松紧。一开始有阻力，接着几乎毫无阻力，然后出现第二次阻力，最后推不动了，此时补链销应不多不少突出外链板0.1毫米。

6. 打开截链器，取出链条，检查死目。确认销尾平行于外链板。

7. 倒转工具，面对固定环，三点钟方向有个圆孔，利用这个圆孔或老虎钳折断补链销前段（见图4.17）。

8. 如图4.11所示，将截链器朝向车轮，要连接的链目放回截链器的齿槽，补链销对准顶链针。将锤头扳手扳下，铁钻应该抵住补链销尾部。再插入固定环，向下压住链条。

9. 顺时针转动旋柄，将补链销的头部推回锁定位置。和Campy的10速截链器不同，Campagnolo的11速截链器可以（在链销之外的任何位置）打开和再接上新的补链销。

d. 连接Shimano的11速链条

连接Shimano的11速链条需要使用11速的截链器，如TL-CN34（见图4.19）车店专用级的截链器。Shimano的11速截链器兼容Shimano的6速~11速链条，连接的操作步骤和Shimano的10速截链器相同，见"4-12b"的内容。连接后，链销与推入的那一面平齐，但要稍微突出于需要截断链销头的那一面。

图4.23 Campagnolo UT-CN300的11速截链器

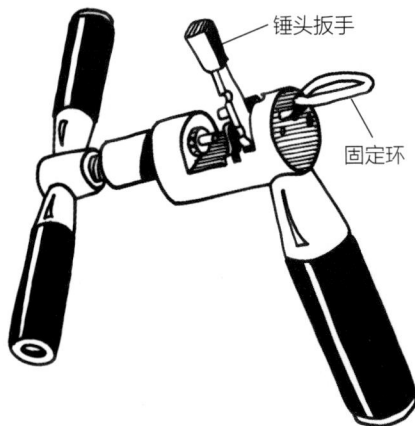

锤头扳手

固定环

4-13

打开与连接链条魔术扣

a. SRAM（Sachs）PowerLink、Lickton的 SuperLink和KMC Missing Link链条魔术扣

这些产品都相同：魔术扣由左右对称的两片组成，每片各有一根链销和一个椭圆孔，椭圆孔从中央向后延伸逐渐变成沟槽，可以和另一片的链销扣合。

注意： SRAM的11速和10-speed PowerLock Link 和已不生产的KMC MissingLink II链条打不开。

另注： SRAM的10速PowerLock Link印有"M"或"N"的魔术扣，于2009年底召回了。

连接

1. 将魔术扣的链销分别穿入链条两端内链板的圆孔，一片上，一片下（见图4.24）。

2. 将魔术扣相互拉近，使链销插入另外一片中央的圆孔里。

3. 将链条向左右用力拉紧，使魔术扣的两个链销都卡入沟槽。若用手无法使链销定位，转动曲柄使魔术扣位于链条的最高点、前拨链器的后面，然后用手猛地向下压脚踏（向骑行方向），使链销猛地撞进插槽。另一种方法是使用MLP-1.2魔术扣专用钳的软腭背面的沟

图4.24 SRAM PowerLink、Lickton的SuperLink和 KMC MissingLink链条魔术扣

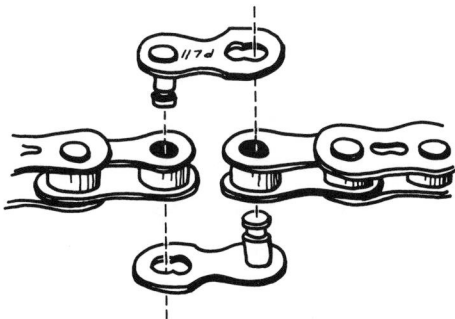

槽，撬开魔术扣链销的两个滚子，使链销卡入沟槽。

打开

1. 同时相互按压内外两片的魔术扣，使沟槽松开魔术扣链销：同时将链条左右端对推，使链销从中间的圆孔脱离。若有魔术扣钳，直接夹住魔术扣的滚子（见图4.25），用手指按压内外两片魔术扣，同时用力握紧魔术扣钳柄，魔术扣即可打开。魔术扣钳是很方便的工具，即便是很难打开的SRAM的10速魔术扣，魔术扣钳也能很容易地打开它。

图4.25 使用Park魔术扣钳

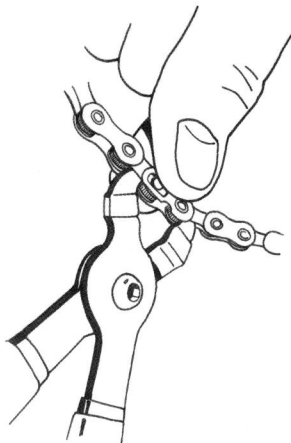

注意： 不用魔术扣钳，很难打开又旧又脏的链条魔术扣。可试着用晾衣夹或大力钳把链板推离沟槽，用大力钳时要将压力设置得非常低。若实在打不开，就随意选一节链目打开，用链条魔术扣接上链条。

2. 将两片魔术扣左右拉开。

b. Wippermann ConneX link链条魔术扣

Wippermann魔术扣和SRAM、KMC和Lickton魔术扣比较类似，但是魔术扣片的边缘不对称。这意味着有方向性，所以安装时一定要装对方向。

第4章 | 链条

ConneX魔术扣的链板是碗形的，所以安装时要凸面朝外（见图4.26）。若装反了，链板凸起的一面朝向牙盘和飞轮，飞轮在11、12或13齿时，凸面容易卡进飞轮间的垫片，可能将滚子拉离飞轮齿槽或在用力踩踏时跳齿。还有一种分辨魔术扣方向的方法是观察链板连接孔（在孔内推动链销）。链条在飞轮或后下叉上方时，中心在右上方（见图4.26）。

图4.26 Wippermann ConneX魔术扣——注意方向，凸缘朝外

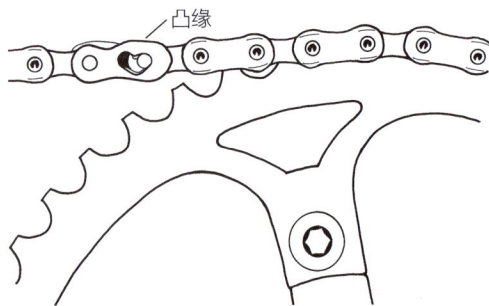

拆开和接上ConneX魔术扣和SRAM PowerLink的方法一样，见"4-13a"。只是ConneX凸面朝外（见图4.26），以免卡入最小的飞轮片或跳齿。

c. Taya Master Link链条魔术扣

Taya的Sigma Connector魔术扣，从1速~11速，都无须截链器即可安装。

连接

1. 将魔术扣的2个链销分别穿过链条两端的内链板的圆孔中（见图4.27）。
2. 将2个链销插入对向的外链板沟槽。可以扭动魔术扣，以便拉近2个链销，把它们插进链板上的圆孔。

拆开

1. 扭动魔术扣，接近2个链销。

图4.27 Taya Sigma Master Link魔术扣

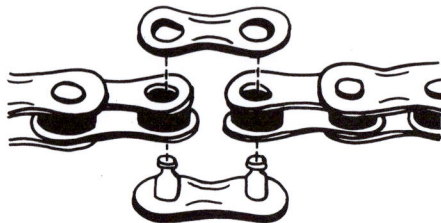

2. 将链销推至椭圆形孔，拉开链板。

排疑解难：链条问题

4-14
卷链

链条通过牙盘下方时，应该转到后拨链器导轮，若链条未从牙盘齿尖脱离（译者注：咬住链条了），随着小盘或中盘上卷，撞击后下叉（见图4.27），严重的话，链条就会被推进后下叉和牙盘之间，发生卷链。

引起卷链的原因很多，为了防止卷链，先试试最简单的方法，然后依序尝试下列方法：

1. 清洁链条，并给链条上油，然后清洁后下叉。检查一下链条转的是否"润"。干涩、生锈的链条比干净、润滑的链条更容易挂到牙盘齿尖上。
2. 检查死目（见图4.13）。慢慢地倒转曲柄，注意看链条通过后拨链器导轮时有没有死目。用手掰一掰死目（见图4.14），使之松动；或用截链器处理（见图4.22），把死目放在截链器靠近转动扳手的后齿槽（见图4.15），稍微推动链销松动链目。
3. 若仍卷链，检查牙盘齿尖有无弯曲或磨损。若有，用老虎钳扳直，或用锉刀锉平。
4. 若仍卷链，更换最内侧（或是中间）的牙盘。全新未磨损的牙盘不会咬住链条，而且有些齿尖比较薄，有

的有坚硬的、低摩擦系数的表面镀膜。

4-15
链条异响

链条异响是链条太干或生锈，金属表面互相摩擦造成的。

1. 擦净链条（见图4.2），给链条上链条油（见图4.1）。较稀且润滑性好的链条油，足以渗透并清洁链条表面，消除异响。切记消除链条异响，不能使用蜡基链条油。
2. 骑半个多小时，然后擦净链条、再上润滑脂，再骑半个多小时。
3. 若链条仍有异响，换链条。因为上述的处理方式无效，说明链条内部太干甚至已经生锈，这种情况很难再恢复了。生命如此短暂，骑行如此快乐，没必要忍受异响的干扰，换新链条吧。

4-16
跳链

有一些因素会造成跳链。

a. 死目

1. 慢慢地倒转曲柄，检查是否有死目（见图4.13）。死目无法顺利通过后拨链器导轮，所以很容易发现，因为死目通过导轮时会跳链并偏斜。
2. 用手来回掰松死目（见图4.14），或使用截链器的后齿的第二组齿槽（见图4.22）。把死目放到截链器靠近转动扳手的后齿槽，稍微推动链销松动链目。

3. 擦净并给链条上链条油（见图4.1~图4.2）。

b. 链条生锈

生锈的链条有异响，会发生跳链。观察后拨链器导轮，生锈的链条发紧，不容易弯曲，导致导轮前后跳。

1. 给链条上链条油（见图4.1）。
2. 骑行几公里后，若情况没有改善，换链条。

c. 链条磨损

链条磨损后会延长，无法紧密咬合飞轮，所以出现跳链问题。若飞轮未受损，新链条可以解决跳链问题。

1. 按"4-6"中的方法检查链条是否延长。
2. 若链条像"4-6"中讲的，已经过度延长，更换链条。
3. 若换链条也没解决问题，甚至情况更严重了，见下一段。

d. 飞轮磨损

换链后仍然跳链（不考虑后拨链器需要调整的情况，见"5-3"），说明至少有一片飞轮可能磨损了。飞轮磨损基本是常用的几片，跳链也是发生在那几片上。若跳链发生在最小的一两片飞轮上，使用的又是Wippermann ConneX链条魔术扣，检查一下是不是把ConneX链条魔术扣装反了（见"4-13b"）。

1. 目测飞轮，若齿牙变尖，就说明已经磨损，应该更换。使用Rohloff的HG-IG-Check飞轮磨损测量器，用它给绕着的飞轮链条施加张力。若飞轮磨损测量器的最后一节链目在施加张力下还能轻易地从飞轮齿尖取下来，表明此片飞轮已经磨损。
2. 更换磨损的飞轮片（或整个飞轮），见"8-10"。
3. 若链条不是新换的，也要更换链条。旧链条会加速磨损新飞轮。

e. 后拨链器调整不当

若后拨链器没调整好或弯曲，会造成链条无法对齐飞轮片，导致跳链。

1. 向后、向前转动曲柄，后拨链器升挡和降挡都顺畅。向后转动曲柄，链条不纠结。
2. 按照"5-3"的步骤调整后拨链器。

f. 变速线发涩

若变速线发涩，会影响后拨链器弹簧导致链条对不齐飞轮，用力踩踏时会跳链。变速线或线管出现分叉粗糙、生锈、磨损的情况，以及出现线管弯折的情况，都应该立即更换。换变速线和线管（第5章，"5-7"至"5-15"）能解决变速线发涩的问题。

g. 后拨链器导轮松脱

松脱的后拨链器导轮会侧向滑动，导致跳链。

1. 用内六角扳手（通常是3毫米的）检查固定导轮的螺栓是否松脱。
2. 若固定导轮的螺栓松脱，旋紧螺栓。尽量握住内六角扳手的转折处，缩短力臂，防止把螺栓旋得太紧。若导轮螺栓经常松脱，可使用Loctite螺纹胶固定。

h. 后拨链器或尾钩弯曲

若后拨链器或尾钩弯曲，调解拨链器高速/低速限位螺丝无效。导致弯曲的原因可能是变速时后拨链器链器绞进辐条，摔车时碰坏了后拨链器，或踩踏时将树枝或草卷进了后拨链器。

1. 若没有后拨链器尾钩校正工具或不会使用（见图17.5），把自行车推到自行车店，请专业的技师用专业的工具校正。现在大部分可变速自行车使用可更换式尾钩，可以自己买尾钩更换。
2. 若后拨链器尾钩校正工具无法校正，说明后拨链器弯了，需要更换整个后拨链器（见"5-2"）。若只是导轮弯了，也可以只换导轮，或非常小心地试着用手把导轮掰直。这样做或许没用，但在不得不更换整个后拨链器前，值得先试试。掰的时候注意不要把尾钩弄弯了。

i. 拨链器转轴磨损

若拨链器的转轴磨损了，拨链器会松并绕着飞轮转，引起跳链。解决的办法是更换拨链器。

j. 后拨链器安装螺栓弯曲

若后拨链器的安装螺栓弯曲了，后拨链器无法锁直。买一个螺栓，按照"5-32"的方法安装。注意拆卸时观察弹簧组件的装配方式，自己重组时会容易些。

k. 链条滚子丢失或磨损

即使链条的长度仍在"4-6"所述的范围之内，跳链的原因可能是某处链条的滚子丢失或磨损。链条尺测量的宽度和内链板之间的宽度一致，而磨损的滚子是被磨成中间细两端宽的线轴型，链条尺插入的是滚子两端、而不是被磨细了的滚子的中间，所以，除非逐节检查链目，否则很难发现损坏的滚子。

l. ConneX link 魔术扣装反了

若使用的是Wippermann的ConneX链条魔术扣，且上下装反了（"4-13"），魔术扣凸起的边缘会挂到最小的飞轮片，拉起滚子，引起跳链。拆开ConneX链条魔术扣，转过来，按照"4-13"的指导重新安装。

变速系统

骑行中，反应迅速的拨链器、顺畅的链条，会让人享受骑行的乐趣。反之，若一发力踩踏就自动换挡或跳链的变速系统可能会毁了你的骑行之旅。

拨链器有点像单纯的野兽，当它不听指令时，只要转动几颗螺丝或调整变速线张力，它就会变得很听话。不过，现在的公路自行车的刹车变速一体式系统比较复杂，而电子变速系统上的操纵杆更简单，具体内容详见第6章。

熟读本章，尽快掌握维修变速系统的知识，以应对骑行中的突发状况。

5-1
一体式手变的操作方法

本章接下来所要讲述的内容，基于你已会操作复杂的一体式手变。不过，不同的变速系统会有些许不同，请先熟读本部分内容。本书用"手变"来简称公路自行车的刹车变速一体式系统。

SRAM的刹把看起来最不直接，所以就从此开始讲述。

a. Rear SRAM DoubleTap（右手）

若让链条移向较大的飞轮片（低速挡），用手指将变速拨杆（见图5.1A，位于手变后方）向左（向内）

图5.1A　操作SRAM DoubleTap变速拨杆

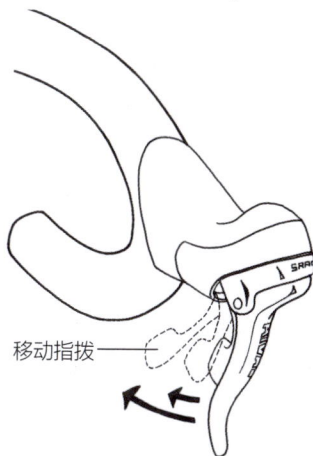

移动指拨

工具

2毫米、2.5毫米、3毫米、4毫米、5毫米和6毫米内六角扳手
T25梅花扳手
一字和十字螺丝刀，小号、中号各一
老虎钳
线管钳
变速线剪钳，钢丝剪
润滑脂
链条油
酒精

选备工具
Park Tool IR-1 Internal Cable Routing Kit工具箱
钩针
游标卡尺

深深地按压，直到听见第二声"咔嗒"（若听到第一声"咔嗒"就释放，是降"高速"挡而不是升挡）。一次最多进3挡。

若让链条移向较小的飞轮片（高速挡），用手指将变速拨杆向左（向内）轻轻地按压，听到第一声"咔嗒"后立刻释放。一次只能退1挡。

b. SRAM DoubleTap 前手变（左手）

若让链条移向大牙盘（高速挡），用手指将指拨（见图5.1A，位于手变后方）向右（向内）用力推，直到出现第二声"咔嗒"（若听到第一声"咔嗒"就释放，变把是降到低速挡而不是升挡）。

若让链条移向小牙盘（低速挡），用手指将变速拨杆向右（向内）轻轻地按压，听到第一声"咔嗒"就立刻释放。

半挡微调

前拨链器有半挡微调（即"减噪挡"），用来消除跨链（译者注：即大盘对大飞、小盘对小飞，以下简称为"极端齿比"）产生的摩擦声。2007年的所有款式，减噪挡都设在小牙盘，当链条挂在小牙盘时，轻轻地向内推拨杆，会听见一声细小的"咔嗒"。2007年的所有款式，大牙盘没有微调设计。2008年及以后的Red和Rival的10速，以及2010年及以后的Force的10速，减噪挡设在大牙盘。当链条挂在大牙盘，轻轻地向内推拨杆，直到听见一声细小的"咔嗒"声。多练习几次，新手很容易混淆减噪挡和进退挡。

SRAM 22（11速）没有半挡微调设计。SRAM的前拨做了"偏仰角"设计，调节好后，链条在极端齿比不会蹭，也就不需要微调设计了。

c. Campagnolo Ergopower 后手变（右手）

若让链条移向较大的飞轮片（低速挡），用手指将指

图5.1B　操作Campagnolo Ergopower后变速杆

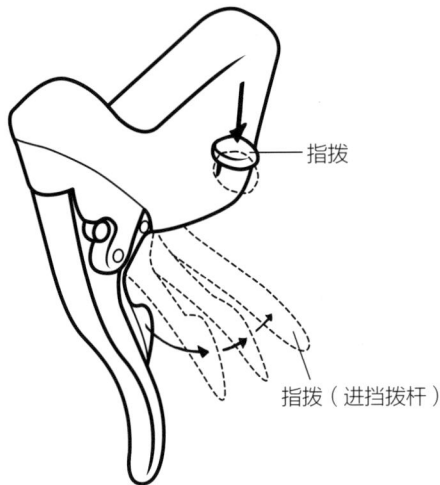

——指拨

指拨（进挡拨杆）

拨向左（向内）推。

若让链条移向较小的飞轮片（高速挡），按下指拨。不同的型号和生产年份，一次可退1~11片飞轮。高端的Campagnolo Ergopower右手变（Super Record、Record和Chorus）早期产品一次至少可退3挡（见图5.1B）。Ultra-Shift型号早期的手变是弯曲的，上面有个按钮，一次可退1~11片飞轮。Campagnolo低端的Ergopower右手变（Centaur、Athena、Veloce、Mirage和Xenon）一次只能退一片飞轮。目测即可分辨其与Super Record、Record和Chorus手变的不同：手变胶套下没有指拨运行的长沟槽，而只有一个指拨运行的小孔——说明一次只能发出一声"咔嗒"，即退一挡。

d. Campagnolo Ergopower 前手变（左手）

若让链条移向大牙盘（高速挡），用手指将进挡拨杆（位于手变后方）向右（向内）推。若链条没有升到大牙盘，就再推一次。若是三盘系统，链条一次只能移动一盘。

若让链条移向小牙盘（低速挡），按下指拨。

高端的Ergopower手变指拨有多个挡位（手变胶套

图5.1C 操作 Shimano STI 一体式手变

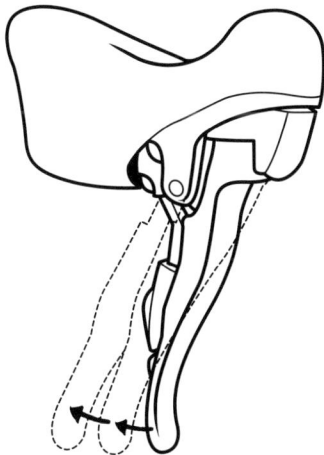

图5.1D 操作 Shimano STI 退挡拨杆

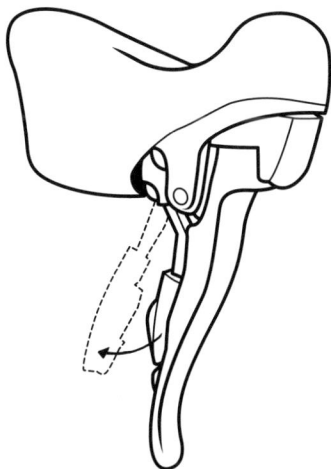

下有长沟槽，以便指拨运行），极端齿比时可半挡微调。链条位于小牙盘时，手指轻轻地向内推进挡拨杆，推一次可以听到一声"咔嗒"。当链条位于大牙盘时，也是推一次进挡拨杆可听到一声"咔嗒"。低端的 Ergopower 变把没有半挡微调功能。

e. Shimano STI 后手变（右手）

若让链条移向大飞轮（低速挡），用手指将一体手变（刹车拉杆比较长）向左（向内）推。多数型号一次可以移动三片飞轮，新款的 STI 电子变速可移动两片飞轮。若让链条移向较小的飞轮片（高速挡），用食指将小的退挡拨杆向左（向内）推。一次只能到一声"咔嗒"，即退一挡。

f. Shimano STI 前手变（左手）

若让链条移向大牙盘（高速挡），用手指将一体式手变（见图5.1C中比较长的刹车拉杆）向右（向内）用力地推。若手变只移动一小格，链条却没有调上大牙盘，再推一次。三盘系统的话，链条一次只能移动1盘。

若让链条移向小牙盘（低速挡），用食指将小的退挡拨杆（见图5.1D）向右（向内）推。三盘系统的话，链条一次只能移动1盘。

半挡微调

前拨链器有消除极端齿比时摩擦声的半挡微调设计。当链条在小牙盘时，向内轻推手变，会听到一声轻微的"咔嗒"。当链条在大牙盘时，将退挡拨杆向内轻推，也会听到一声轻微的"咔嗒"。但变速线"藏"在车把把带下的新款 STI10速取消了大牙盘的半挡微调设计。11速拨链器的半挡微和8速、9速或10速的设计不同。8速、9速或10速系统，链条位于小牙盘时，向内轻推一体式手变，会听到一声轻微的"咔嗒"。这样，半挡微调增加了小飞–小盘时链条的间隙。和11速系统相比，链条位于小牙盘时，前拨链器调在中间位置，半挡微调增加小盘大飞时链条的间隙。这样，再向内推一次变挡拨杆，链条会调到大片飞轮上。

注意：三盘系统没有半挡微调设计。

新手很容易混淆半挡微调和进退挡，需要多练习几次。

第5章 ｜ 变速系统

后拨链器

后拨链器（见图5.2和图5.3）使链条在飞轮片间移动转换，同时使链条保持适当张力，避免链条下垂（例如前拨链器从大盘变小盘时，或自行车飞越路面障碍物时）。后拨链器安装在车架后尾钩，并以此为运动基点（见图5.4）。

两个导轮装在导链架内（上面的是导轮，即"导向轮"[1]；下面的导轮叫"张力轮"[2]），导轮通过导链架内片[3]链接张力轮，将链条对准飞轮片，张力轮维持链条张力。品牌和型号不同，结构不同，有的款式后拨链器p轴（下转轴）[5]和b轴（上转轴）[6]都有弹簧，弹簧即是链条张力的来源。

变速线通过锁线螺栓[7]固定。增加变速线张力（也

图5.2 后拨链器分解图

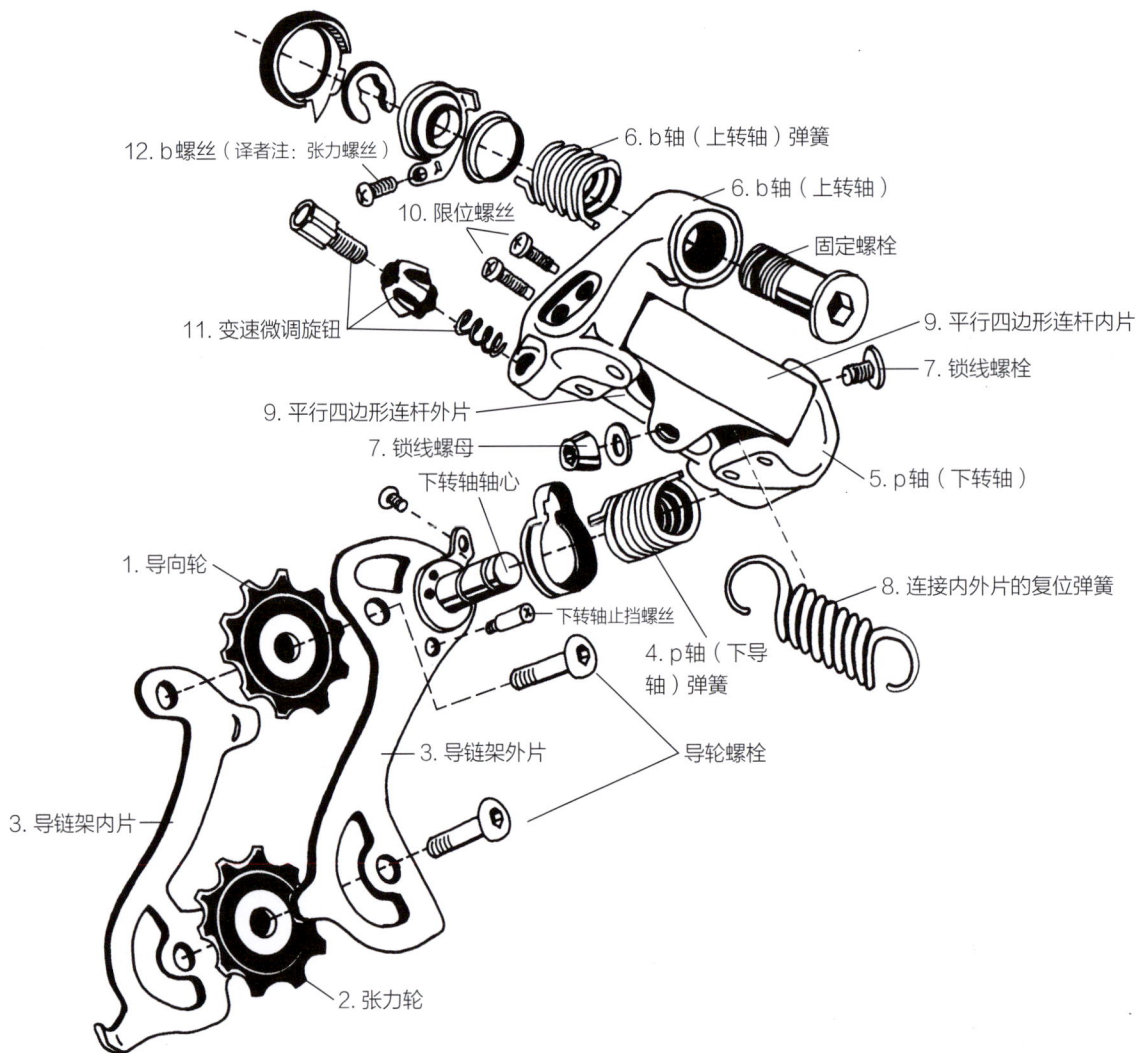

12. b螺丝（译者注：张力螺丝）
10. 限位螺丝
11. 变速微调旋钮
9. 平行四边形连杆外片
7. 锁线螺母
下转轴轴心
1. 导向轮
下转轴止挡螺丝
3. 导链架外片
3. 导链架内片
2. 张力轮
导轮螺栓
4. p轴（下导轴）弹簧
6. b轴（上转轴）弹簧
6. b轴（上转轴）
固定螺栓
9. 平行四边形连杆内片
7. 锁线螺栓
5. p轴（下转轴）
8. 连接内外片的复位弹簧

就是换到低速挡时），拨链器会向内移动，直到最大的飞轮片；释放内线张力（也就是换到高速挡时），拨链器会向外移动，回到最小的飞轮片。控制拨链器运动的是内外两片平行四边形连杆[9]中间的复位弹簧[8]。拨链器的高

图5.3 后拨链器限位螺丝和变速微调旋钮

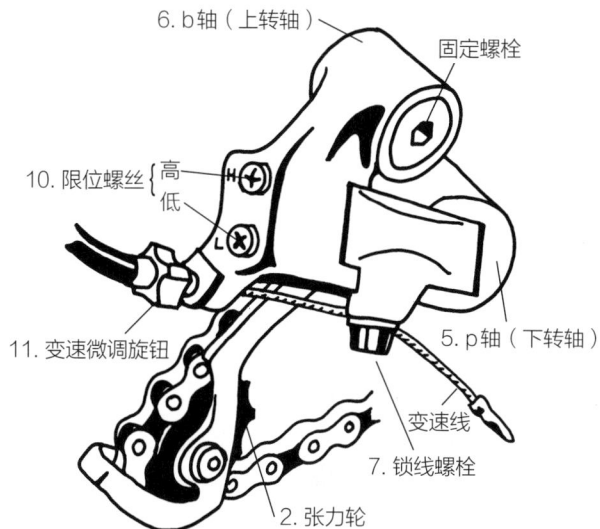

图5.4 后拨链器尾钩

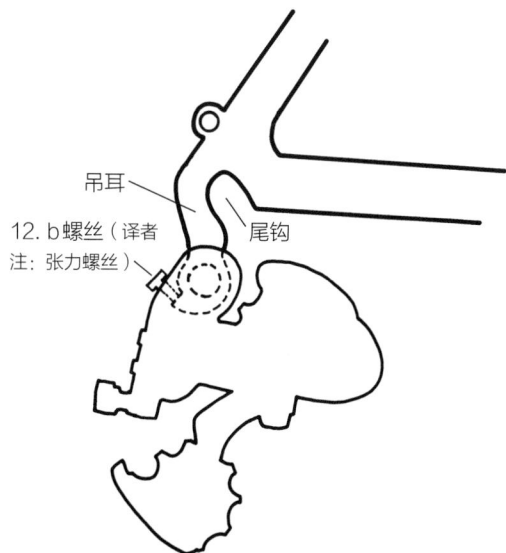

低限位螺丝[10]（见图5.3）控制拨链器动作的范围，避免链条过于向内打到辐条或向外卡入尾钩。限位螺丝可以位于b轴[6]后面或平等四边形连杆外片[9]。

除了两颗限位螺丝，很多类型的后拨链器末端还设有一颗中空螺栓，称为变速微调旋钮[11]，变速线从其中穿入（见图5.3），向外旋松可增加变速线张力，向内旋紧则减小张力。

变速微调旋钮用于微调后拨链器，使定位变把的每一行程均能精确地对应每一片飞轮。

后拨链器尾端下方通常还有一颗螺丝（见图5.5）。这颗小螺丝传统上称为"b张力螺丝"（简称为"b螺丝"[12]），抵住车架尾钩或吊耳，控制飞轮下端和导轮上端的间距（见图5.6和图5.7）。10速或11速的Campagnolo后拨链器，p轴（下转轴，见图5.9）代替了b螺丝。链条长度也会影响飞轮下端和导轮上端的间距。

链条长度、上下转轴的弹簧力量平衡，以及b螺丝（见图5.4），共同决定后拨链器横向动作时与飞轮的距离，同时避免自行车跨越路面障碍物时，链条从前牙盘弹出。

5-2

安装后拨链器

1级

1. 在后拨链器的安装螺栓上涂抹少量润滑脂。安装螺栓的工具一般是5毫米或6毫米内六角扳手或Torx T25（梅花）扳手。

2. 顺时针旋转拨链器，使b螺丝或拨链器的挡片（通常位于上转轴附近的一小片突出物）抵住尾钩的吊耳（见图5.4）。

3. 将螺栓旋入车架尾钩的安装孔，旋入几圈即可。检查b螺丝或挡片是否确实抵住吊耳，避免锁紧螺栓时，b螺丝或挡片被扭入吊耳的侧面。

4. 旋紧后拨链器的安装螺栓，直到后拨链器紧密地固定

在吊耳上。具体多大的扭力合适，见附录E扭力表。

5. 将链条穿过导轮并衔接（"4-9"至"4-13"）。

6. 安装变速线和线管（"5-6"至"5-14"）。

7. 用老虎钳适度拉紧变速线，并上紧锁线栓（见图5.34）。

8. 按照下节的顺序调整拨链器。

5-3
调节后拨链器和右变速指拨

在按下列程序操作之前，先把自行车支到支车架上或挂到天花板（译者注：吊架修理台）上，以方便转动曲柄调整拨链器。然后把自行车放到地上，边转动边变速。变速系统在无负荷时和骑行时表现得不太一样。开工前，先润滑或更换链条（见第4章），这样变速系统转起来才"润"。

a. 调整限位螺丝

调整后拨的第一步，也是最重要的一步，就是调整限位螺丝的上下限。调整好限位螺丝（见图5.3），才能确保车架、后轮、后拨不会损毁，不会因链条向内打到辐条、向外卡进尾钩和最小的飞轮片。毕竟眼看着自己花了大价钱买的零件损毁，可不是一件开心的事儿。调整限位螺丝只需要用一把小螺丝刀。记住：限位螺丝是"左松、右紧"。

b. 调整低速限位螺丝

低速限位螺丝限制后拨向内运动，避免打到辐条。低速限位螺丝通常标志为"L"，2颗并列的螺丝的底部那个（见图5.5）。把链条挂在最大飞轮片，按住指拨，转动螺丝，能够转变后拨链器位置的即是低速限位螺丝。

1. 操作前拨链器，先把链条移到最小牙盘；操作后拨链器，把链条移到最大飞轮片（见图5.5）。操作时动作要缓慢，避免校正不准的后拨打到辐条。若变速线不张力不够，拨链器向内移动（低速限位螺丝），用手拉

图5.5 低速挡位

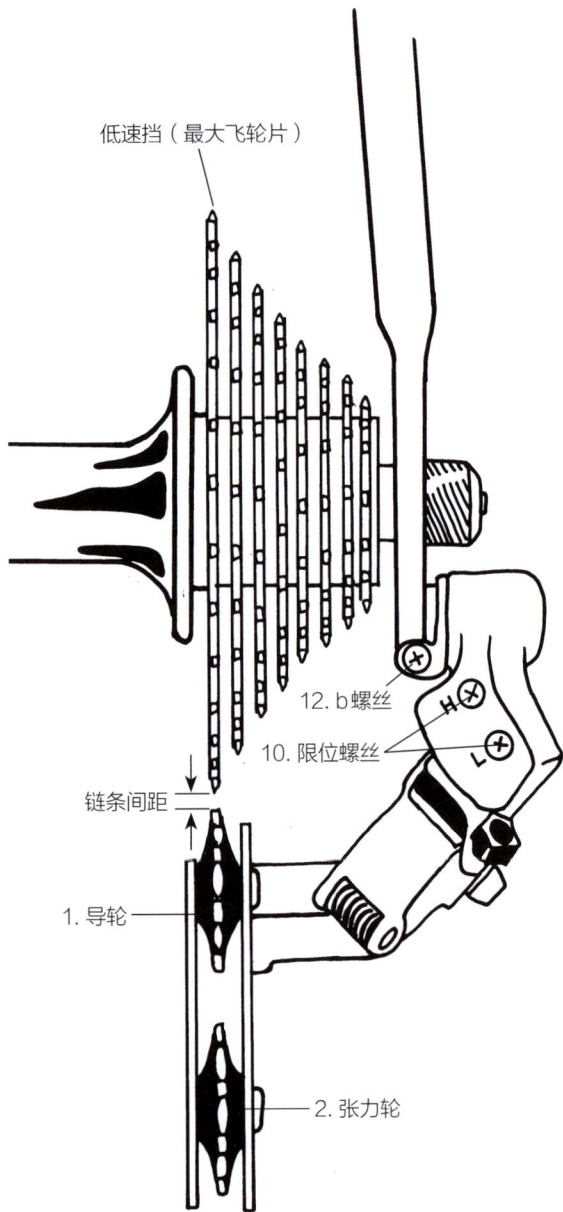

- 低速挡（最大飞轮片）
- 12. b螺丝
- 10. 限位螺丝
- 链条间距
- 1. 导轮
- 2. 张力轮

紧变速线，阻止拨链器向内移动。

2. 若链条碰到辐条或链条挤进最大飞轮片，旋紧限位螺丝。

3. 若链条挂不上最大飞轮片，放松低速限位螺丝，一次放

松1/4圈，直到链条可以轻松地挂上飞轮且不剐蹭辐条。

图5.6 高速挡位

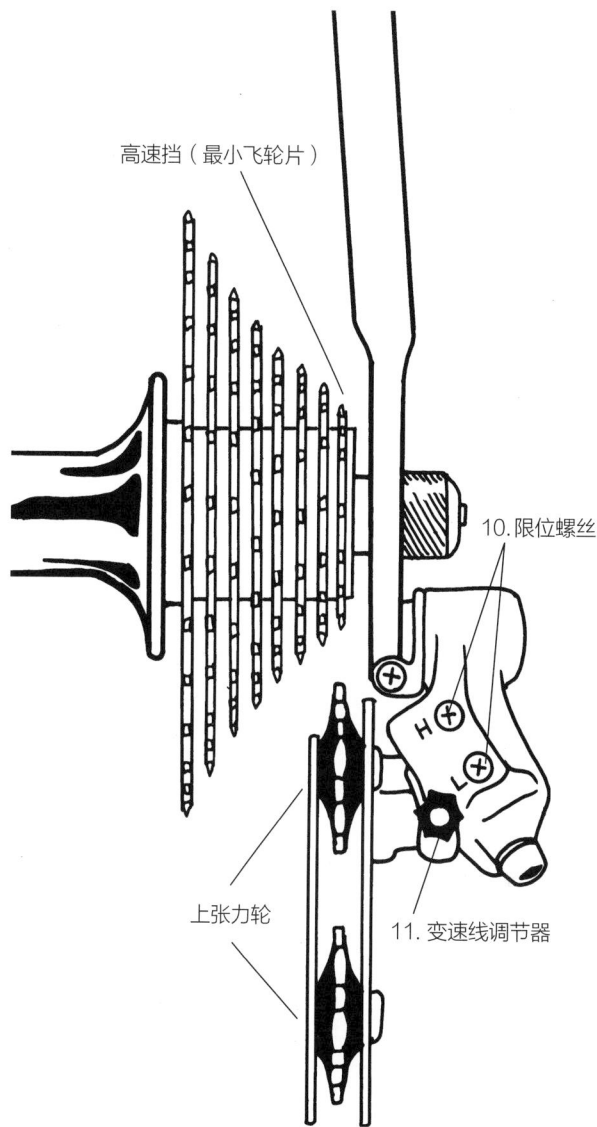

c. 调整高速限位螺丝

高速限位螺丝控制后拨链器向外动作的距离，旋紧或放松高速限位螺丝，直到后拨链器能快速而准确地把链条挂到小飞轮片上，且不会掉到飞轮以外。

如何确定哪个是高速限位螺丝？通常，高速限位螺丝上标志为"H"，即：是2颗并列螺丝的顶端的那颗（见图5.6）。若不确定，就把链条挂在最小飞轮片上，试着旋紧2颗螺丝，能让后拨向内的那颗螺丝是高速限位螺丝。大部分后拨链器的平行四边形连杆内外片中间，可以看到内外尾端各有一个凸起，在后拨链器的两端点分别抵住一颗限位螺丝。变速到最小飞轮片上时，抵住凸起的螺丝就是高速限位螺丝。

掌握以下内容，需要先了解如何操作手变。若想复习Shimano STI、Campagnolo Ergopower或SRAM DoubleTap手变，见"5-1"。

1. 调整前拨链器挡位，把链条移到最大牙盘上、最小飞轮片上（见图5.6）。

2. 若链条无法降到最小飞轮片上，旋松高速限位螺丝。操作时注意每次旋松一点，直到链条能顺利地降到最小飞轮片上。

3. 若高速限位螺丝已经全部旋出，链条仍然无法降到最小飞轮片上；或变速动作迟滞，放松变速线，检查是否因为变速线过紧导致拨链器运动异常。可以这样操作:（a）顺时针旋转变速微调旋钮——位于后拨链器的后方（见图5.3）、车架头管或下管附近（见图5.7和图5.8）;（b）旋松锁线栓，放出一些变速线，再重新旋紧锁线栓。

4. 若拨链器将链条甩进尾钩，或是快要掉出最小飞轮片，锁紧变速线或高速限位螺丝。操作方法见"专业指导"。一次顺时针旋转变速微调旋钮1/8转或1/4圈高

高速挡（最小飞轮片）

10.限位螺丝

上张力轮

11. 变速线调节器

速限位螺丝，重复操作，直到链条能够精确地挂到最小飞轮片上且链条不会甩进尾钩为止。

注意: 确定锁线栓和拨链器之间的垫片方向。垫片方向装错的话，可能撞到导链架并妨碍后拨链器降到最小飞轮片。垫片有一颗牙、两颗牙的规格，可以嵌入拨链器的

若变速线张力调整正确，后拨链器的每一个挡位都很精准时，高速限位螺丝可以很容易地取出来，链条也不会甩到尾钩上。也就是说，可以退出高速限位螺丝，以防其干扰链条退回到最小飞轮片。

不过，换轮组时要注意检查变速线的张力变化，确定其定位准确。另外，变速线因长期使用而变松，或不同品牌的飞轮宽度不同，可导致链条降不到最小飞轮片或卡进尾钩。

槽口。很多看似吻合的安装位置，也要仔细检查垫片表面的内线沟槽方向，以便正确安装。

d. 调整变速线张力：定位指拨系统

定位指拨（每切换一个挡位就"咔嗒"一声）精确变速，取决于变速线的张力。

1. 操作前拨链器，将链条移至最小牙盘。转动曲柄，多按几次退挡钮，让变速线全数退出。

2. 后拨进一挡，链条应该顺利挂上第二片飞轮。

3. 若链条没能挂上第二片飞轮，或挂上第二片飞轮的速度很慢，需要增加变速线张力。逆时针（以外管进入的方向为准）旋松后拨链器（见图5.4）或车架的变速线变速微调旋钮（见图5.8）（若变速拨杆安装在下管，则唯一的变速微调旋钮在后拨链器尾端）若调节器已完全旋松，将所有的调节器（顺时针）旋紧，再旋松一到两圈，然后松开后拨链器的锁线栓，重新拉紧变速线（见图5.34），再旋紧锁线栓，重复上述操作调整。

4. 若链条跳过第二片飞轮，或是即将进入第三片飞轮，顺时针旋入任一个调节器，放松变速线张力。若两个调节器都已旋到头还是不能排除问题，旋开后拨链器的锁线栓，放松变速线。

注意： 变速微调旋钮安装在变速线外管上（见图5.8），安装时无方向性。安装后，试验一下向哪个方向旋转增加或减少张力。抓住变速微调旋钮两端，旋转时若变速微调

图5.7 安装在下管的变速微调旋钮

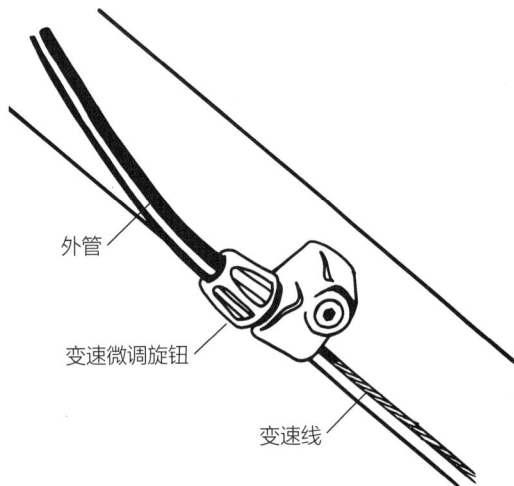

外管
变速微调旋钮
变速线

图5.8 安装在变速线外管上的变速微调旋钮

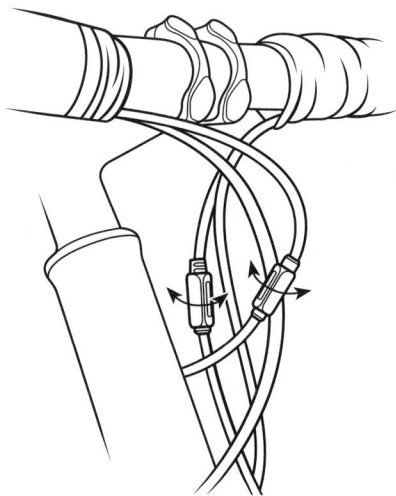

旋钮变长，则是增加了张力。

5. 持续在最小和次小飞轮片之间换挡，借着微调变速线张力让变速动作利落流畅。

6. 扩大测试范围到前六片飞轮，确保每个挡位都能精准换挡，用变速微调旋钮微调变速线张力。

7. 调至前面最小牙盘后面最大飞轮：在最大牙盘和小飞轮间变速，测试变速是否精准。

8. 操作拨链器：将链条调到最大牙盘，然后试验每片飞轮是否能顺畅地换挡，或许最大的飞轮片或次大飞轮片换挡不太顺畅。链条放到最小牙盘，然后试验每片飞轮是否能顺畅地换挡，或许最小的飞轮片和次小飞轮片换挡不太顺畅。这种情况，可在骑行中微调位于头管或下管的变速微调旋钮。

注意： 若变速线的张力无法适用所有挡位，可能是飞轮和变把不兼容，或是飞轮出了故障。请查阅"5-42"有关飞轮和变把的兼容性的内容，注意变把、飞轮和拨链器要能互相匹配。

若确定飞轮、变把和拨链器是同一系统，则可能是飞轮垫片出了故障，例如拨链器在飞轮中间几片切换无误，在最大飞轮片时张力太高、在最小片时张力太低的（前提是变速线和变速外管正常，见"专业指导"：更佳的变速性能），你可能需要调整飞轮片间的宽度。将啤酒铝罐裁下一圈和飞轮座尺寸一致的薄片，将薄片和中间几片飞轮的垫片叠放。若情况改善，可以多裁几片，试着调整到最佳性能。

另注： 若拨链器妨碍调节，或链条位于最大飞轮片时，拨链器蹭到辐条，可能是因为尾钩的吊耳弯曲变形了。可以弄直吊耳或换个新吊耳（"17-4"）。

e. 调整变速线张力：阻力指拨

若使用的是非定位指拨系统，拉紧变速线即可。只要张力正确，链条放在最小飞轮片，变把扳动多少，后拨链器就会反映多少的移动量。若变把有游隙，逆时针旋转后

拨链器尾端的变速微调旋钮拉紧变速线。若后拨链器尾端没有变速微调旋钮，旋松开锁线栓，用老虎钳拉紧变速线，再重新上紧螺栓。

f. 最终调节：b螺丝

b螺丝控制后拨链器到右后尾钩（或吊耳）的距离（见图5.4）。调节b螺丝可使变速更加精准。

将链条挂到最小牙盘和最大飞轮片（见图5.5），从自行车后方观察，调整b螺丝以缩小导轮（导向轮）到飞轮片的距离，但要注意链条不要蹭飞轮片。然后将链条切换到最小飞轮片（见图5.6），再次调整导轮到飞轮片的距离。若间距太近，切换到大飞轮片时，转动曲柄会有明显噪音，链条甚至会上下跳（如图5.7所示的链条间距若比链条高度还小，链条就会受到导轮和飞轮片夹击）。

Campagnolo早期的8速和9速的后拨链器有b螺丝设计，而10速和11速系列取消了后拨链器b螺丝设计，代之以调节下转轴弹簧张力来控制导轮和飞轮片的间距。将链条挂到最大飞轮片，转动下转轴底部、紧靠导链架的弹簧张力螺丝（译者注：也称为"变速微调螺丝"，见图5.9）。

如图5.5所示，链条间距为5~7毫米。Campagnolo、Shimano或SRAM的链条间距其中都是这个数值，不过，SRAM X-Horizon后拨链器的链条间距为6~12毫米。

现在流行的Campagnolo的11速后拨链器外链板和12-29飞轮组配套。一代的拨链器因为下转轴无法将导轮外链板拉到位，不过可以升级，更换张力轮调节螺丝的齿环，便和12-29飞轮组配套了。操作时需要旋松导轮固定到下转轴的螺丝，拆卸导轮，更换齿环，松开螺栓，绕好弹簧，再锁紧螺栓，更换导轮。

注意： 若已竭尽所能，后拨链器运作时仍有异响，查阅本章末尾的"排疑解难"有关链条准线的内容，"5-36"故障排除表5.1。

图 5.9 Campagnolo 后拨链器下转轴张力调节螺丝
（译者注：即"变速微调螺丝"，调节上转轮和飞轮片的间距）

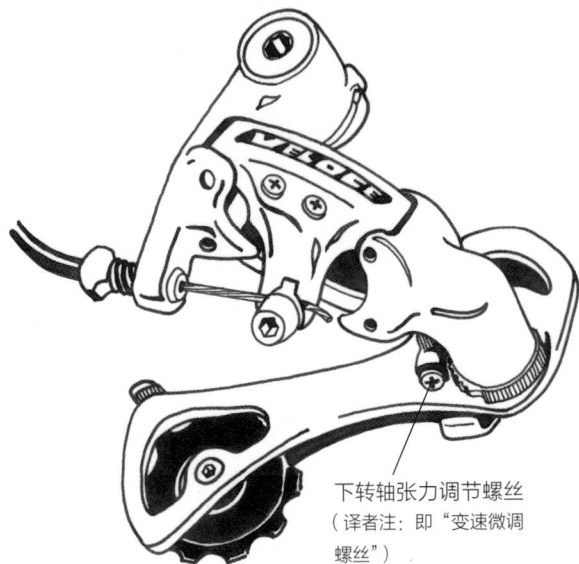

下转轴张力调节螺丝
（译者注：即"变速微调螺丝"）

g. 调节 SRAM X-Horizon Roller Bearing Clutch 后拨链器

Force 1、Rival 1 和 Force CX-1 拨链器只适用于单盘。这种单盘没有导链器，牙盘齿高、粗一细一粗齿交替排列。"长腿"拨链器使链条只能左右摇晃，防止跳链。这种系统需要链条多出一个半或两个链目。详见"4-8"方法 3。

若要拆卸后轮，向前拉导链架内片的底部，向下推飞轮锁止按钮，使链条处于松弛状态。安回后轮时，再次向前拉导链架，锁上飞轮锁止按钮。安装链条魔术扣时，也需要锁紧导链架内片。安装变速线时，切记从拨链器后面专门安装变速的沟槽走线（"5-13"）。变速线从变速微调旋钮穿过，穿过导线架底部的沟槽，锁紧锁线栓。

变速线需要缠到锁线栓顶部。和调整其他拨链器不同的是：

• 通过 b 螺丝调整链条间距：链条位于最大飞轮和最小牙

盘时，导轮和飞轮片的距离应在 6~12 毫米。

• 上面的限位螺丝是低速限位螺丝，内侧的螺丝是高速限位螺丝。

前拨链器

前拨链器（见图 5.10 和图 5.11）由拨链片[3, 4]、平行连杆，以及连接变速线的支臂[5]组成，使链条能够上下大小牙盘。前拨链器固定在车架上，一是使用螺栓，将拨链器固定于立管（或侧边的吊耳，见图 5.10），二是先将类似吊耳的束环锁在车架立管，再将前拨链器锁到束环

图 5.10　直装式前拨链器，固定于立管或吊耳

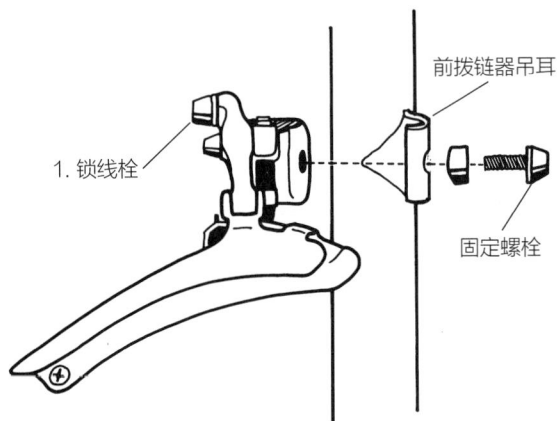

前拨链器吊耳

1. 锁线栓

固定螺栓

图 5.11　夹环式前拨链器

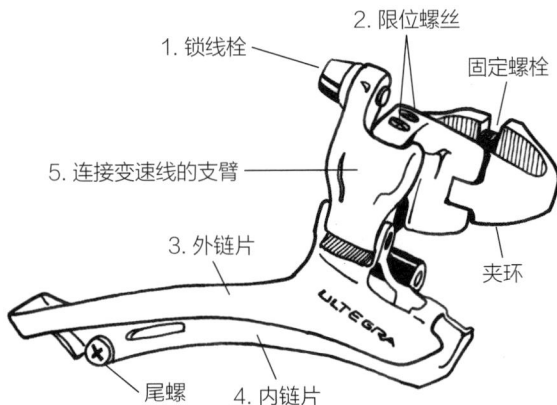

2. 限位螺丝

1. 锁线栓

固定螺栓

5. 连接变速线的支臂

3. 外链片

夹环

尾螺

4. 内链片

上（见图5.11）。第一种方法常用于"直装式"前拨链器。钢架流行的年代，前拨链器常固定在立管上。第二种方法适用于"直环式"或"束环式"前拨链器。

有种直装式前拨链的形状像个耳朵，可以用螺栓固定到一个单独的环形夹上。前变速线拉紧锁线栓[1]（见图5.11）时，拨链器向外摆至被限位螺丝阻挡[2]；限位螺丝阻止链条位于大盘时，外链片[3]过度向外摆。低速限位螺丝阻止链条下降到小牙盘时，内链片[4]过度向内摆。

5-4
安装前拨链器

1级 **注意：** SRAM的11速拨链器见5-5f；Shimano的11速拨链器见5-5g。

1. 将前拨链器固定于立管吊耳，夹环式前拨链器直接锁到立管上。

2. 按"5-5a"的表述调整前拨链器的上下高度和左右角度。SRAM和Shimano的11速前拨链器分别见"5-5f"或"5-5g"。

3. 锁紧前拨链器的安装螺栓（见图5.10或图5.11）。

4. 若链条还没有安装，按照第4章的（"4-9"至"4-13"）的相关表述安装；若已经安装链条，可不截断链条，直接把旧的前拨链器换成新的。旋出旧的前拨链器尾端的螺丝（见图5.11），拧开拨链片，抽出链条，再旋出新的前拨链器链片尾端的螺丝，拧开拨链片，安回链条，再锁回螺丝。

5. 安装变速线和线管（"5-6"至"5-15"）。

6. 沿着连接变速线的支臂的沟槽，拉紧变速线，锁紧锁线栓。Shimano的11速夹环式前拨链器见"5-5g"第5步。

5-5
调整前拨链器和左变把

注意： SRAM 22 Yaw和Shimano 11速前拨链器，跳至"f"和"g"。

a. 定位校准

1. 调整高度。拨链片外侧下缘约在大牙盘齿尖最高点（见图5.12）的上方1~2毫米（1/16~1/8英寸）。

注意： 如图5.12所示，拨链片外侧尾端和牙盘的距离虽然比拨链片外侧前缘和牙盘的距离要远，拨链片外侧下缘和牙盘的曲线仍应大概一致。不过，若拨链片外侧前缘高于牙盘1~2毫米（这是正确的距离），而尾端距离牙盘过高，拨链器和自行车就不太配套，换挡可能不顺畅。这种

图5.12 正确的前拨链器垂直间距

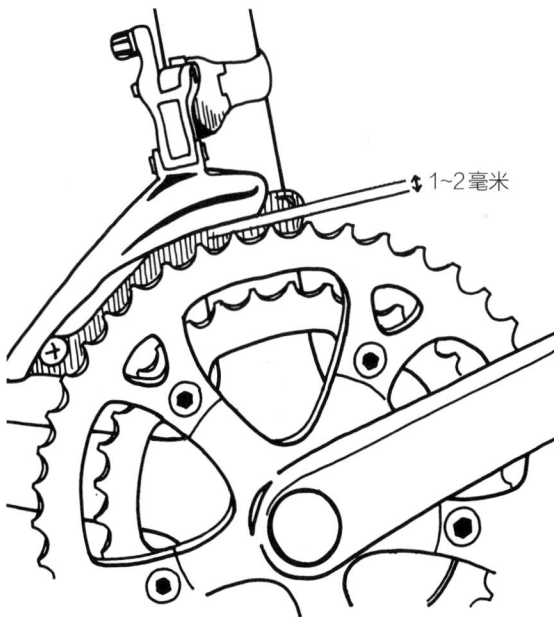

情况常发生于将为大牙盘（39-53-齿牙盘或类似的，尤其是老款的）前拨链器安装到压缩盘上（应该使用34-50T这类的牙盘）。很明显，直装式前拨链器（见图5.10）若想和牙盘尺寸相配，为了使拨链片和牙盘的曲线一致，将拨链器固定到车架上时，需要加垫个楔形垫片。楔形垫片可在自行车店购买，也可以自己用一小块铝合金，用锉刀和电钻做一个。

2. 调整左右角度。从上往下看，在最高挡位和最低挡位时，拨链片都必须和牙盘或链条平行。即：若是小牙盘（最小的牙盘）对最大飞轮，拨链片的内侧应与牙盘或链条平行（见图5.13）。同样，若是大牙盘对小飞轮，拨链片的外侧应与牙盘或链条平等（见图5.14）。

图5.13 前拨链器拨链片在小牙盘的旋转角度

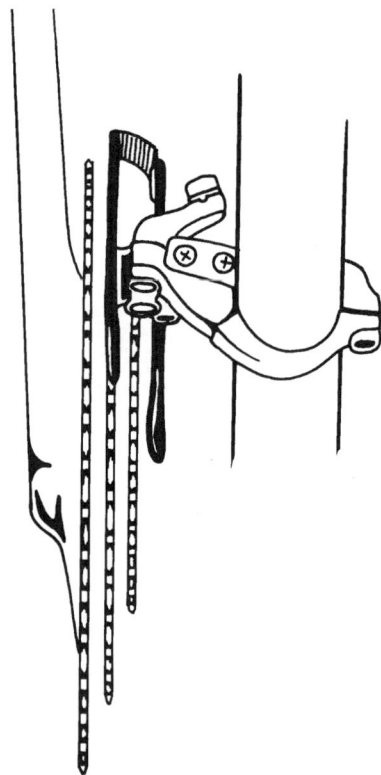

图5.14 前拨链器拨链片在大牙盘的旋转角度

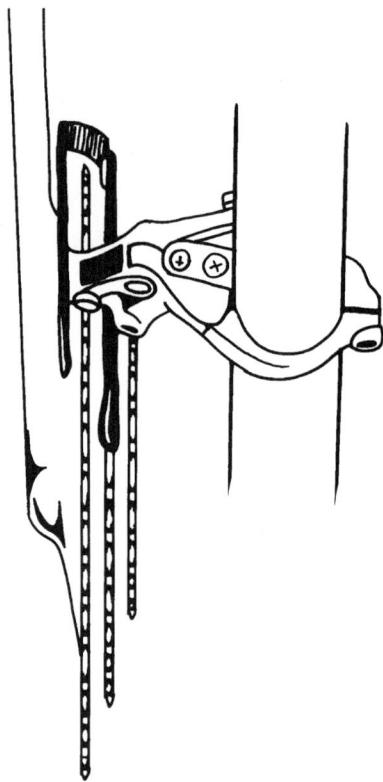

b. 调整限位螺丝

前拨链器有两颗限位螺丝（见图5.11），防止链条往牙盘的内侧或外侧掉落。标示着L的是低速挡（小牙盘），标示着H的是高速挡（大牙盘）（见图5.15）。大部分前拨链器的低速限位螺丝都在靠近车架处。

若无法确定哪颗是高速限位螺丝、哪颗是低速限位螺丝，可以试一下：将链条移到小牙盘，旋紧任一颗螺丝，使拨链器向外移动的就是低速限位螺丝。若旋紧螺丝而拨链器没有移动，则另一颗螺丝才是低速限位螺丝。

c. 调整低速限位螺丝

1. 操作前拨链器，让链条在大小牙盘间转换数次。

图5.15 前拨链器限位螺丝

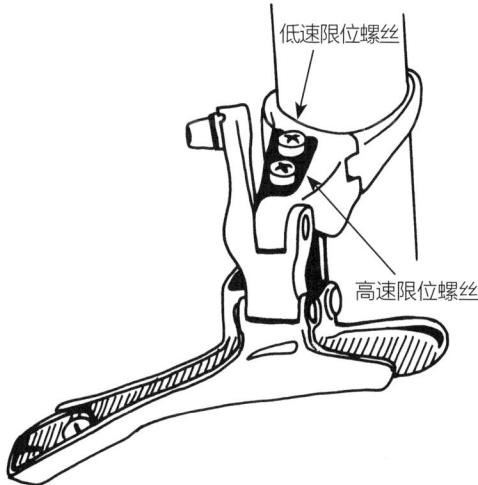

低速限位螺丝

高速限位螺丝

2. 若链条掉到小牙盘内侧，顺时针旋紧低速限位螺丝1/4圈，再试着变速。

3. 若链条无法顺利挂上小牙盘，旋出高速限位螺丝1/4圈，再试着变速。

d. 调整高速限位螺丝

1. 操作前拨链器，让链条在大小牙盘间转换数次。

2. 若链条从大牙盘上跳过去，甚至完全挂不上去，旋出高速限位螺丝1/4圈，再试着变速。

3. 若链条无法顺利挂上大牙盘，甚至完全挂不上去，旋出高速限位螺丝1/4圈，再试着变速。

4. 在最高挡（大盘/小飞）时用力踩踏，若链条蹭前拨链器的外链片，稍微旋松高速限位螺丝。

e. 调整变速线张力

1. 将链条挂上小牙盘，逆时针旋转变速微调旋钮，直到

变速线不会松弛（见图5.7和图5.8）；或旋松锁线栓，用老虎钳拉紧变速线，再重新锁紧锁线栓。

2. 变速线要有适度弹性而非过于紧绷，重复测试，直到链条能利落地在大小牙盘间转换。

3. 检查变速线张力，确定变速迅速、精准。可在骑行中微调。

4. 将链条调到小牙盘/最大飞轮，用力踩脚踏。若链条蹭前拨链器外链片，稍微放松点变速线。若链条轻微向内但没有蹭到拨链器外链片，可用低速限位螺丝微调。

注意： 上述步骤同时适用定位式和阻力式变速系统。对于定位式系统而言，在极端齿比（前大牙盘后大飞轮或前小牙盘后小飞轮）时微调，可以消除链条摩擦拨链器的异音或更精准地变速。

另注： 有的前拨链器尾端有个凸轮螺丝，用来改变弹簧张力。若要加快链条落回小牙盘的速度，可顺时针旋转凸轮螺丝以增强弹簧张力，每次旋转1/4圈或半圈。

变速不顺畅： 若无法调好前拨链器，或极端齿比时链条蹭拨链片或链条落到上下限之外，请查阅本章结尾"排疑解难"有关链条准线部分的内容。

掉链： 若进行了各种调节之后，链条仍常落到五通，可安装稳链器或其他类似的装置，当链条有掉链倾向时，稳链器可以把链条轻推回小牙盘，以防掉链。有的稳链器，如K-Edge和SRAM，由一个长的、弯曲的支架和一个底座组成，固定到直装式前拨链器安装螺栓上。有的稳链器，如Third Eye Chain Watcher（见图 5.54）、Deda Dog Fang、K-Edge Clamp-On 或 N-Gear Jump Stop，带个束环。

专业指导 —— 前拨链器限位螺丝

若变速线张力正确（"5–5e"），链条不会落入内侧，甚至取出低速限位螺丝（或不旋到头），链条也不会掉到五通。取出低速限位螺丝可以避免低速限位螺丝干扰链条降回到最小牙盘。

不过，取出低速限位螺丝后，必须注意变速线张力，避免变速线拉伸导致张力下降，链条落入五通。

f. SRAM 22 Yaw（11速）前拨链器的安装与调试

SRAM前拨链器发展到11速时，进行了重大改变，做了偏仰角设计，前拨链器在摆时，前面和后面的摆动幅度不一样：后面的摆幅度比前面大。这种设计旨在使自行车处于极端齿比时in-lbs微调也不会蹭链。不过，SRAM 22 Yaw（11速）需要按如下方法调试：

1. 操作过程中，要旋紧低速限位螺丝。新的SRAM 22 Yaw前拨链器的低速限位螺丝是已经锁紧的。但若安装的是一个使用过、需要调整的旧拨链器，就需要旋紧低速限位螺丝，这样在调整的过程中，链条可以放到大牙盘。

2. 设定拨链器高度。从侧面可以看到，前拨链器内链片的内侧刻着一条参考线（见图5.16），大牙盘的齿尖（限位螺丝已按步骤1旋紧了）对准参考线。若旧的拨链器的参考线被刮得不太清晰，先擦净前拨链器内链片或用记号笔将参考线涂黑。若完全找不到参考线，可将外链片设置成比大牙盘齿尖高1~2毫米。

3. 从上往下看前拨链器，使大牙盘的齿尖对准参考线（见图5.17）。若链条已经安装到自行车上了，需要通过链条观察齿尖是否对齐了前后参考线。

4. 若自行车上没有安装链条，按"4-9"至"4-13"的步骤安装链条。

5. 调整低速限位螺丝：将链条挂到最大飞轮片，旋松低

图5.16 SRAM 22 Yaw（11速）前拨链器侧面图：前拨链器内链片的内侧刻着一条参考线，大牙盘的齿尖对准参考线

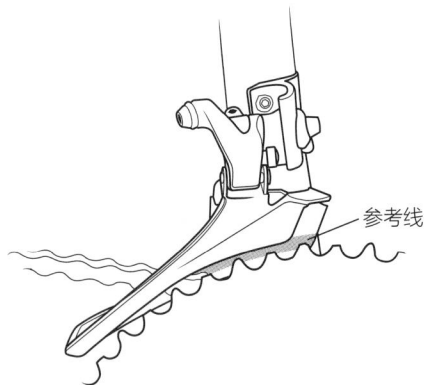

参考线

图5.17 SRAM 22 Yaw（11速）前拨链器俯视图：参考线和大牙盘对齐

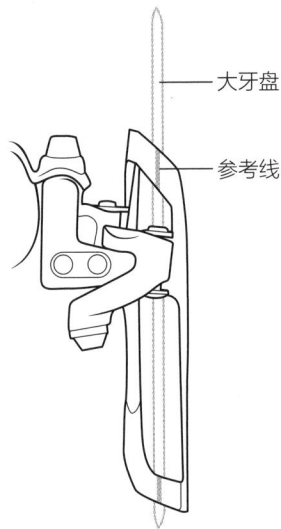

大牙盘

参考线

速限位螺丝，转动曲柄使链条降到小牙盘。旋紧低速限位螺丝，使内链片下缘和链条的间距为0.5毫米。

6. 仔细检查前拨链器高度：当链条挂在小牙盘时，确保外链片下缘比大牙盘的最高齿尖高1~2毫米。

7. 安装变速线（"5-7"至"5-15"）：将变速线拉进沟槽，锁紧锁线栓。

8. 调整高速限位螺丝：将链条挂到大牙盘和最小飞轮（见图5.6），尽量用力地压左侧指拨杆，旋动高速限位螺丝（见图5.6），使链片的上缘和链条间距为1毫米，然后松开指拨杆。

9. 调整变速线张力：将链条挂到小牙盘和最大飞轮（见图5.6），不要转动曲柄，尽可能地向内推左指拨杆，然后松开。转动曲柄，链条会换到大牙盘。旋转变速微调旋钮（见图5.7或图5.8），直到变速顺畅。使用这种方法调节变速线张力，可以保证SRAM达到"零损耗"，即使SRAM 22 Yaw11速在大盘和小盘都能使用11个盘片的飞轮。当然，也可按"5-5e"讲述的方法调节变速线张力。

10. 调整Chain Watcher稳链器：用2.5毫米内六角扳手将稳链器的螺丝锁进拨链器安装螺栓中间的孔内。稳链器定位时，链条要挂在最小牙盘和最大飞轮上，这样稳链器能最可能地靠近链条却不会蹭链。锁紧安装螺栓、固定稳链器使用的扭力为0.5~1.0N·m。

g. Shimano长脚（11速）前拨链器的安装与调试

夹环式前拨链器按照"5-5a"的步骤安装。不过，直装式长脚前拨链器要先按照下面的前两步安装到车架上或用一个独立的束环固定。之后，这两种前拨链器都按照下文的步骤3继续安装。

1. 按照"5-5a"步骤1的内容设定拨链器的高度。先将拨链器和牙盘大致平行，之后再细调。

2. 将保护片安装到车架上：因为变速线离变速线支架很

近，前拨链器拉拽变速线时，长长的变速线支架产生巨大的杠杆作用，可能损坏车架，所以要先安装保护片。为了抵消变速线支架产生的杠杆作用，Shimano直装式长脚前拨链器配了一个支撑螺栓抵住车架。但这个支撑螺栓会弯曲、损坏或钻进立管，若不加个铝合金保护片，就会损坏支撑螺栓下面的车架本身。根据前拨链器安装部位的车架的形状，确定选择平面形还是圆弧形保护片。把保护片塞到支撑螺栓头下（见图5.18）。如图5.18所示，有背胶的一面粘到车架上，没有背胶的一面冲着支撑螺栓头。

3. 设置拨链器最初的位置。旋松固定螺栓，同时旋转拨链器，使之面向牙盘，外链片的尾端比前端多向内0.5~1毫米。

4. 使外链片和牙盘平行。若是直装式拨链器，使用2毫米内六角扳手旋紧支撑螺栓（见图5.19），使外链片与牙盘表面平行（见图5.13）。若是夹环式拨链器，旋松固定螺栓，转动拨链器使之与牙盘表面平行，然后锁紧固定螺栓。

5. 将变速线挂到拨链器上，但先不要把变速线挂到变速线固定螺栓上。

6. 转动低速限位螺丝（见图5.11），直到外链片与外牙

图5.18 在立管上安装保护片

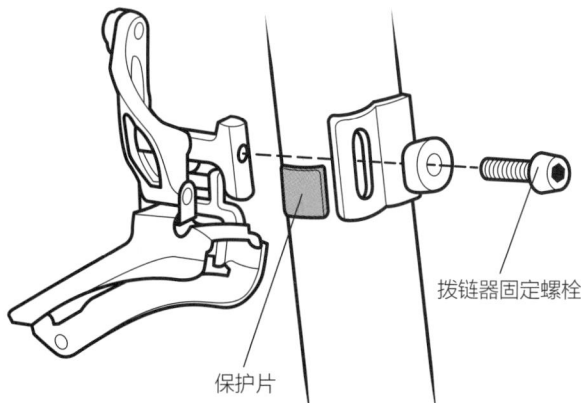

拨链器固定螺栓

保护片

图5.19 锁紧支撑螺栓

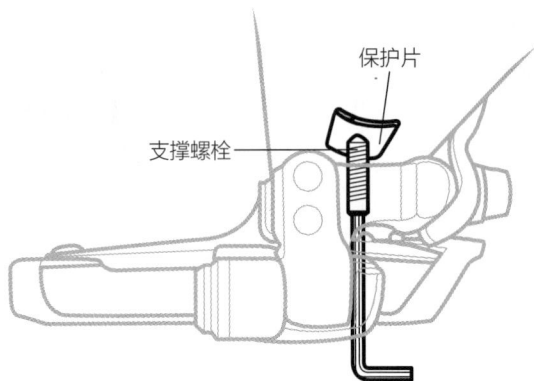

保护片

支撑螺栓

盘表面调成平齐。这一步调整会为下面的几步增加精准性。

7. 安装Shimano的TL-FD68走线定位工具。垂直的前拨链器支架对变速线的角度和张力都有要求，因为若变速线垂直或离支架过近，前拨链器发力就会大受影响。而变速线的角度和张力取决于张力从五通过来的走线，因此Shimano设计了两个变速线走位配件，变速线可走左边也可走右边，一边的杠杆力比另一边大，走线定位工具决定走线位置。

将走线定位工具上面凸起的塑料小圆柱推进变速线安装螺栓头，即将走位工具插入前拨链器的支臂孔

图5.20A Shimano TL-FD68走线定位工具

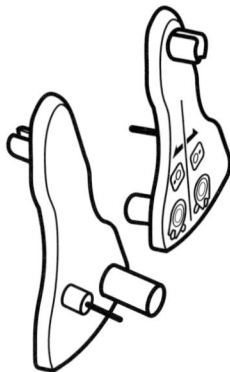

位（见图5.20A）。老款的TL-FD90走线定位工具只和Dura-Ace 9000前拨链器相配，其安装方法也不同：需要拆卸变速线固定螺栓。TL-FD68走线定位工具和Ultegra、105及Dura-Ace长脚前拨链器都相配（FD-6800、FD-5800和FD-9000）。

8. 确定变速线走线位。将变速线放入TL-FD68走线定位工具（或TL-FD90走线定位工具）的沟槽（见图5.20B），若变速线和走线定位工具内的沟槽契合，跳至步骤10。根据走线定位器内记刻的走线线路，选择走线定位，之后跳至步骤10。若没有选择好，继续步骤9。

图5.20B 使用Shimano TL-FD68走线定位工具，根据走线定位工具内刻线路走线

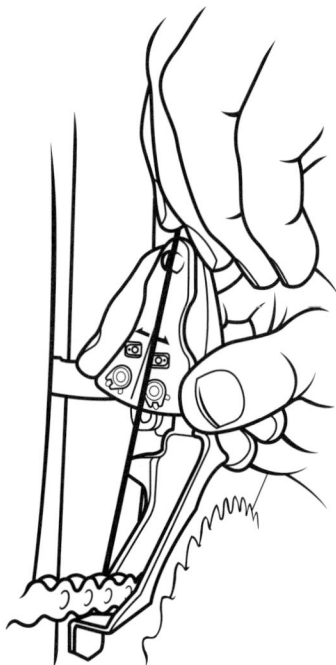

9. 根据需要，调整走线定位工具内的转换器。Ultegra和105（FD-6800和FD-5800）拨链器：将2毫米内六角扳手插入转换器中，将转换器推出直到接触变速线

固定螺栓为止。顺时针转动180度，用手指将转换器推回，凸起的塑料小圆柱此时移到了转换器的另一边。Dura-Ace FD-9000拨链器：转动变速线固定螺栓下的开口垫圈，使垫圈的凹口和拨链器支架上的另一个凸起契合。

10. 拉紧变速线固定螺栓下的变速线，操作时要确定变速线进线和出线正确。Ultegra和105（FD-6800和FD-5800）：变速线从转换器左边的小圆柱进线，接着绕过右边的螺栓，然后直接出线。Dura-Ace FD-9000：无论哪个凸起，都环绕转换器，变速线从两个凸起中间进入，绕过右边的螺栓，然后直接出线。

11. 锁紧变速线固定螺栓，扭力值为6~7N·m。

12. 根据"5-5b"至"5-5e"的说明，调节限位螺丝和变速线张力。但下列情况除外：1）低挡位（前小/后大）时，链条蹭内链片。将变速拨杆连按三次，使前拨链器处于最小挡位（低速挡），调整变速线张力和低速限位螺丝，使内链条外移0~0.5毫米。2）调到大/大挡位，微调变速线张力，然后按变速拨杆调到高速挡（"5-1f"），检查内链片和链条是否处于间隙最小、却不蹭链条（即0~0.5毫米的间隙）的位置，这时张力需要调整到允许范围内的最大。然后根据情况锁紧或旋松变速线。若调整后，拨链器降不到最低挡（这样的话，链条在低速挡时会蹭内链片），需要适当旋松张力。3）链条处于高速挡（大/小），按"5-5e"（0~0.5毫米链条间隙）调整高速限位螺丝。

注意：后拨链器的调整也是一样。若变速线离链条距离过大，手上使了很大劲拨变速拨杆却仍无法顺畅变速，调整定位走位工具：把变速线从固定螺栓左侧（Shimano推荐的走线是从螺栓右侧绕）绕线。

另注：Shimano 11速前拨链器内链片的塑胶滑板是可以更换的。

更换和润滑变速线及线管

2级

要让拨链器运作正常，变速线（也称为"内线"）干净、润滑是最基本的。和更换链条一样，更换变速线也属于定期保养，而不属于维修。不要等到变速线断了才换新的。只要变速线出现几处断股、扭结或分叉，就要换上新的变速线。若外管（也称为"外线管"）弯曲、压扁、充满沙粒或与自行车的颜色不搭配（当然，这不重要），也需要换新的。

图5.21 各种变速线管和线管帽

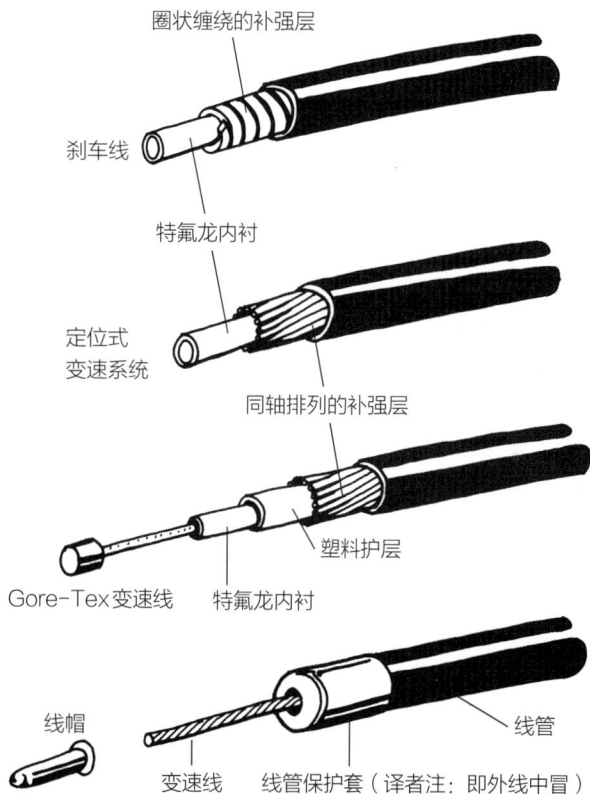

圈状缠绕的补强层
刹车线
特氟龙内衬
定位式变速系统
同轴排列的补强层
塑料护层
Gore-Tex变速线
特氟龙内衬
线帽
线管
变速线　线管保护套（译者注：即外线中冒）

5-6
选购变速线

1. 变速线和线管至少要和旧线一样长。

2. 购买定位系统专用的变速线和线管。专用变速线不易因使用而拉长，专用的线管的长度也不容易因推挤而压缩。塑料保护层之下的定位变速管，是由平行钢线同轴排列的补强层，和刹车线管的圈状缠绕不同。若从尾端看线管的横切面（见图5.21），会发现许多细小钢线围绕着中间的特氟龙镀膜内层。

3. 准备外管和内线的护套与内线帽（见图5.16）。外管护套装设于每一段外管的头尾两端，例如变速把手到车架止线栓，或车架止线栓到拨链器。护套让内线得以平顺地进入外管，而内线帽可以避免变速内线分叉。

4. 随时准备好备用的变速线、线管、线帽、线管保护套（见图5.21）等配件。这些配件花费不多，却很方便，需要更换时不必再专门去购买。

注意： 若是内走线车架，手边又没有Park IR-1内走线安装工具（见图5.30），买一根细的塑料软管，安装变速线时可以节省很多时间（"5-12"）。抽出旧的变速线之前，先把变速线插入软管（插入得长一些），然后抽出旧的变速线，软管就成了引管，引入新的变速线后，再把软管抽出来。操作时注意新的变速线在头管内不要相互交叉（外管在头管交叉的话，变速线可能交叉），一次穿一条软管。若变速线相互交叉（比如缠绕到一起了），不仅会增

专业指导 —— 更佳的变速性能

如何让自己的自行车拥有更佳的性能，尤其是骑行时间较长的旧车？定期更换变速线和线管。脏旧、磨损的线管会让变速变得阻塞，无论怎么调校都无法精准。

加摩擦力，还会导致一个刹把变速前后拨链器都制动。

5-7
把线管剪切到合适的长度

1. 用专业的剪线管工具，如Park、Pedro's、Shimano、SRAM和Jagwire（"1-2"）这些品牌专业的剪线工具，不会弄坏线管。

2. 若觉得旧变速线管的长度合适，就按旧的长度剪。若想重新量取变速线长，以顺畅为原则，不要有明显的弯折。转动车手时不要有拉扯感。后拨链器最末段的长度考虑拨链器前后（见图5.23和图5.22）来回动作的范围。

注意： 后拨链器的变速线的线管要足够长，使得变速线能够在里面动作顺畅，这一点至关重要。变速线若过紧，因为拨链器的回位弹簧无法克服变速线的阻力，则无法变速到最小飞轮。

3. 变速线中间的特氟龙镀膜内层可能被剪钳压扁，请用指甲或牙签挑开（见图5.24）。

图5.22 后拨链器向后拉，测试外管长度

图5.23 后拨链器向前拉，测试外管长度

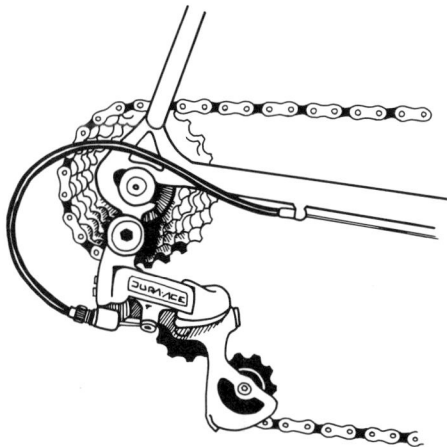

图5.24 剪切变速线后，注意拨开被压扁的线尾

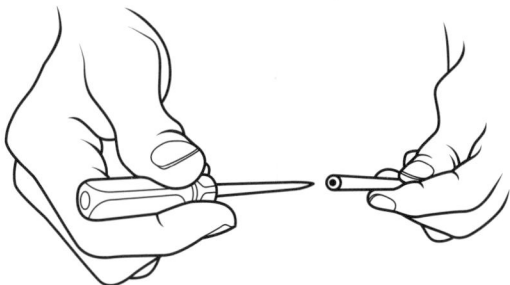

图5.25 压线帽

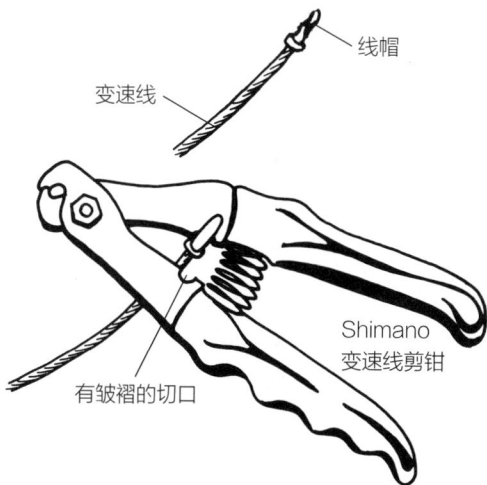

线帽

变速线

Shimano
变速线剪钳

有皱褶的切口

4. 给每个变速线管都加上保护帽（见图5.21）。连接变速拨杆的那一头不用加保护帽。

5. 变速线全部穿进线管（"5-8"）后，在锁线栓后方约1~2厘米处剪断变速线，然后给线尾加上线帽以避免分叉（见图5.25）。

5-8

更换变速线：Shimano STI 整合式手变

1. 松开拨链器的锁线栓，剪掉线帽（若安装了的话）。

2. 连按退挡拨杆数下，直到变速线完全退出，即后拨链器是最高挡位（最小飞轮片），前拨链器是最低挡位（最小牙盘）。

3. 推动旧的变速线，直到变速线头伸出手变的穿线孔。等伸出部分够长，就抓住变速线头，抽出旧线。旧的变速线要收好。

   a. 老款的STI（线管从变把内侧伸出来，接到车架头管或下管的车架止线栓），将刹车拉杆按到底，拉杆的上外侧会出现穿线孔（见图5.26）；Dura-Ace手变要先用一字螺丝刀撬出一片薄的黑色橡胶外盖，才能看到穿线孔。

   b. 新款的STI（变速线管藏在车把把带下面），变速线的穿线孔在手变外侧下方，被手变夹橡胶保护套盖住了。

   c. 11速的STI，变速线安装孔位于刹车拉杆外侧上方、手变保护套下面（见图5.27）。

4. 将新变速线穿进穿线孔，从刹车拉杆穿出来（见图5.26）：把拨链器退到最高挡，可以看到变速线头定位的凹槽。安装时注意变速线是否从穿线孔穿过、线头是否卡进凹槽。11速手变（见图5.27）变速线定位的凹槽上有个盖子（在手变保护套下面），先把这个盖子

图5.26 老款的 Shimano STI 手变：穿入新的变速线

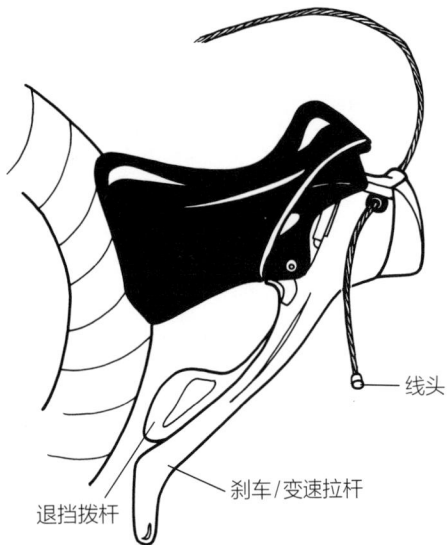

线头

退挡拨杆　刹车/变速拉杆

图5.27 Shimano STI 11速手变：穿入新的变速线

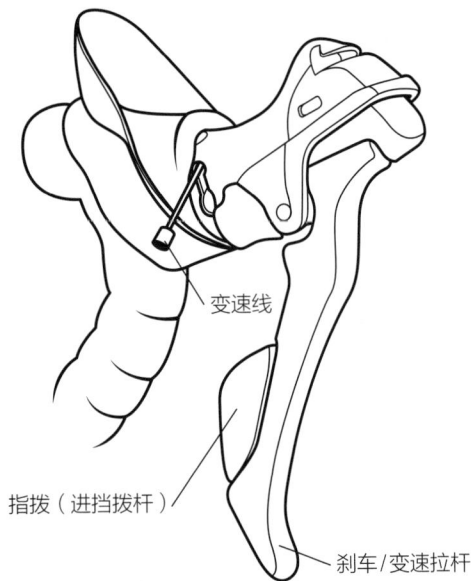

变速线

指拨（进挡拨杆）

刹车/变速拉杆

撬开、翻上去，变速线才能顺利地从手变内侧穿过来。若盖子不打开，变速线就无法穿过来。往外拽变速线的同时向下推，变速线便可顺利地到达变速线安装座。

2009年及之后生产的10速STI手变，变速线在车把把带下面，变速线先经过走线槽，在进入变速线管保护套之前，会遇到一片低阻力的白色挡块，撬开挡块，穿进变速线，再进入手变上变速线线头定位凹槽。手变顶端有两条变速线管安装线槽，一条走车把前面，另一条走车把后面，可根据自己的喜好任选一条。变速线走线的方式，首推车把内部走线，其次推荐车把前面走线。若变速线将低阻力的白色挡块顶出来，塞回去即可。

5. 将变速线接到拨链器上：将变速线依次穿入各段变速线管（变速线管末端加上保护套，见图5.21），经过五通导线板和车架止线栓，拉到拨链器。11速手变的话，变速线管保护套要插入刹把内侧里面的固定位。

　　注意： 若变速线是内走线，见"5-12"。

5-9

更换变速线：Campagnolo Ergopower 手变

　　注意： Ergopower变速线安装座（即容纳变速线头的沉头孔）比Shimano或其他品牌安装座的小，所以这两个品牌的变速线不能通用。最简单的办法是购买个新款的Campagnolo兼容变速线，或用锉刀把大的变速线头锉小，安装到Campagnolo安装座里。不过，除非能确保锉小的变速线头足够小，否则下次换变速线时会很麻烦，需要用尖嘴钳把变速线头拔出来。

1. 松开拨链器的锁线栓，剪掉线帽（若安装了的话）。

2. 轻推指拨数下，直到没有挡位可退。

3. 推动旧的变速线，直到线头从手变下内侧的安装孔（就在啮合齿的旁边）伸出来（见图5.28）。高端的Ergopower 10速系列，如图5.28所示，变速线头从外侧退出。QS/Escapet 2009年及以后的Ultra-Shift Ergo-power 11速和10速系列（刹把顶部高起且内

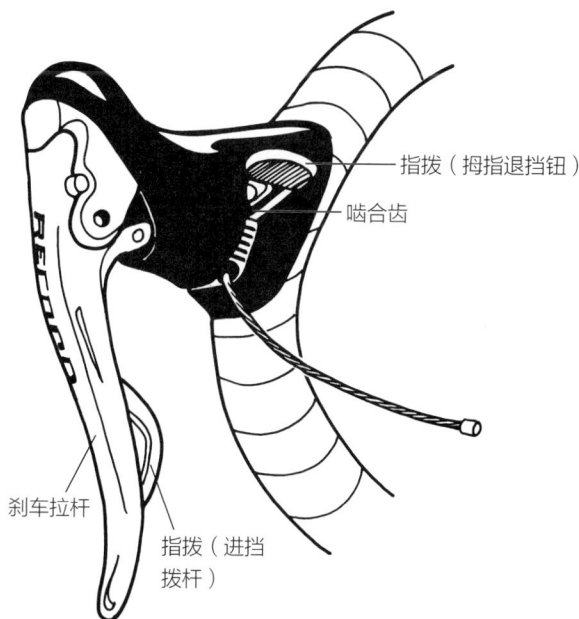

图 5.28 给高端的 Campagnolo Ergopower 10 速手变穿进新的变速线

指拨（拇指退挡钮）

啮合齿

刹车拉杆

指拨（进挡拨杆）

弯），线头从手变外侧底部退出。外露的变速线够长后，就抓住线头，整条抽出来。旧的变速线要收好。

4. 将新变速线穿入安装孔，经过手变上部，再从外侧后面的圆孔出来，把外管插入圆孔。Ultra-Shift 和 Power Shift Ergopower 手变顶端偏外有两条线沟，线沟的前段是低阻力的浅色挡块。变速线穿入后，会先进入其中一条线沟，再从手变后方的黑色圆孔穿出。偏内的线沟会将线管导向弯把前方，而偏外的沟会将外管导向弯把后方，根据自己的喜好自行选择。变速线走线的方式，首推车把内部走线，其次推荐车把前面走线。将变速线顺势滑入线沟、从后方的圆孔拉出，需要一定的技巧。首先，将变速线抽到两条线沟的上方，末端稍微往里折一个小弯角。然后将变速线稍微退回，使折起的小弯角留在洞口。再用 2 毫米内六角扳手或类似的扁形工具引导小弯角滑进自己选择的线沟，同

时将变速线推入并从后方的圆孔拉出来。变速线穿进线管，线管尾部有个黄铜垫圈堵塞，防止变速线在线管里乱串。若黄铜垫圈掉进了线管，从不用的线管段（如变速线在车把后面的那一段）把它顶出来，再把它安回正在用的线管尾部。有的垫圈只适用 4 毫米线管，不适用 5 毫米线管。

5. 将变速线按顺序穿入各段线管（经过五通导线板和车架止线栓，再到拨链器。除 2008 年之后的 Campagnolo 手变（从这之后不再需要线管保护套），线管一定要完全塞进手变后方的圆孔（见图 5.21）。因为手变和弯把的衔接问题，若线管无法滑动，旋松手变的固定螺栓，把手变稍微往上提一点，再用力塞入外管，然后锁紧变速线。若 Ultra-Shift 或 Power Shift 手变坚持使用 5 毫米线管，需要把线管钻大或切大一点，但这么处理后线管的坚挺度下降，需要在线管尾端安上保护套以起到支撑作用。

注意： 内走线见 "5-12"。

5-10

更换变速线：SRAM Double TAP 手变

1. 松开拨链器的锁线栓，剪掉线帽（若安装了的话）。

2. 重复地轻推变速拨杆（见图 5.1A），直到变速线完全退出来。

3. 推动旧的变速线，直到线头从手变下内侧伸出。等伸出部分够长，就抓住变速线头，抽出旧线。旧的变速线收好。

4. 穿入新的变速线，绕经手变上部，再从外后方的圆孔穿出，圆孔用来插入线管。

5. 将变速线按顺序穿过各段线管（线管末端加装保护套，见图 5.21），经过五通导线板和车架止线栓，拉到拨链器。

注意：内走线见"5-12"。

5-11

更换变速线：梁变或TT指拨
（包括破风弯把）

1. 松开拨链器的锁线栓，剪掉线帽。

2. 将变速拨杆往前推到底，使变速线尽量完全退出。后拨链器位于最高挡位（最小飞轮片），而前拨链器是最低连挡位（最小牙盘）。这个操作也适用于破风把（见图5.43A、图5.43B和图5.44A、图5.44B）和梁变（见图5.29和图5.45）。

3. 推动旧的变速线，直到变速线头伸出手变的穿线孔。等伸出部分够长，就抓住变速线头，抽出旧线。旧的变速线应收好。

4. 将新的变速线对准安装孔，从手变上方穿入，下方拉

图5.29 梁变更换新的变速线

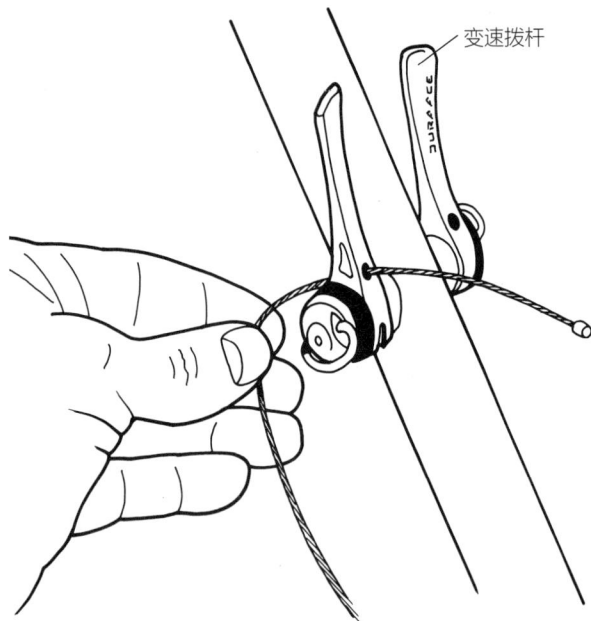

变速拨杆

出（见图5.29）。

5. 将变速线按顺序穿入各段线管（线管末端加上保护套，见图5.21），经过五通导线板和车架止线栓，拉到拨链器。使用内走线式车架，见下部分内容（"5-12"）。

5-12

内走线手变

一般来说，内走线的车架在五通管下面有个可以打开的橡胶盖，橡胶盖下有个比较大的进线孔，变速线从中穿过去。这种车架上的进线孔不止一个，进线孔上都盖着可拽下来的橡胶盖。把橡胶盖拽下来，线管就可以从这些进线孔穿进去。这些比较大的进线孔，比那些细小得只能穿过变速线的进线孔要方便得多。

如"5-6""注意"中所述，换变速线时，要剪掉散开的变速线头，再在上面套个薄薄的塑料软管，把塑料管穿进车架，直到其从另一头伸出来。这种对变速线起到保护作用的塑料软管，可以在自行车商店购买。电子商店也出售各种型号、各种颜色的热缩管，可以选择和自行车的车架颜色配套的软管。这种软管也被称为"绝缘套管"。抽出旧的变速线，把新的变速线插进软管，再把变速线插进车架，拽着橡胶软管，就可以带着新变速线穿过车架。

不过，若在使用软管之前，已经把旧的变速线抽出来了，或在给没有变速线的新车架安装变速线时，推荐使用Park Tool的IR-1 Internal Cable Routing Kit内走线安装工具。这种工具可以安装变速线、线管、电子变速线和油管。电子变速线见"6-6"。

若没有Park IR-1内走线安装工具，试着把变速线弯一下，上面黏一根鱼线，多试几次，不要气馁。

Park IR-1内走线安装工具（见图5.30）包括：一大块磁铁、3种橡胶涂装的线组。上文提及的"鱼线"和此工具没有关系。Park IR-1内走线安装工具有2个不同的

图5.30 Park IR-1内走线安装工具

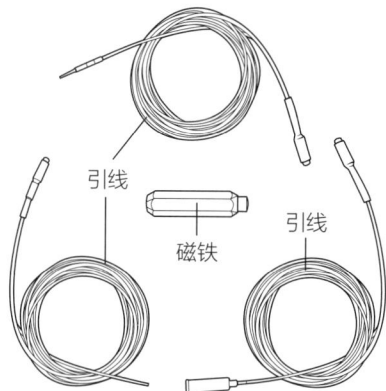

图5.31 变速线进线孔、橡胶盖和引线

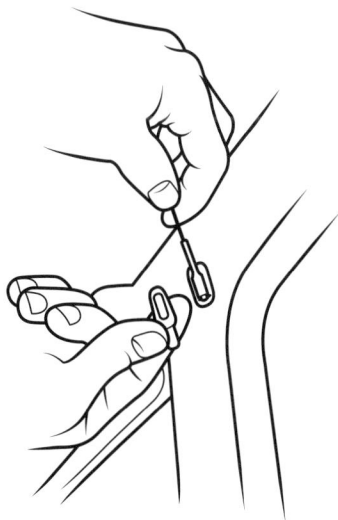

"引线头"：一个是连接变速线或电子变速线的中空的、可伸缩的橡胶管，可连接Di2或EPS电子变速线接头、变速线或刹车线。另一个引线头是钢质的锥形，可拧进外管或油管，使其更容易地穿过车架内管。引线头的磁性和大块磁铁正相反，因此正负相吸。

　　车架内的导引线和车架外的大磁铁吸在一起，移动大磁铁，变速线便跟着移动，而不会在车架内刮缠。目前来说，使用Park IR-1内走线安装工具安装内走线是最佳的办法。

1. 打开车架前面的进线孔上的橡胶盖。把变速线插入内走线安装工具的磁性牵引头，再将牵引头插入进线孔（见图5.31）。

2. 打开中轴位置的进线孔的橡胶盖，插入导引线（见图5.32），车架内外的磁铁吸在一起。

3. 小心地顺着线路走向滑动车架外的磁铁块，磁铁块吸住引线头将它引导至车架出线孔位置。

4. 将导引头从拨链器的出线孔吸出。注意：变速线连接到导引头之前，须已经穿过变速拉杆、线管、保护套和止线栓。

5. 将新变速线插入车架的进线孔，磁铁牵引着引线从五通处的线孔出来。轻轻地拽引线，直到新变速线从线孔冒出来。

图5.32 打开中轴位置的进线孔的橡胶盖，插入导引线

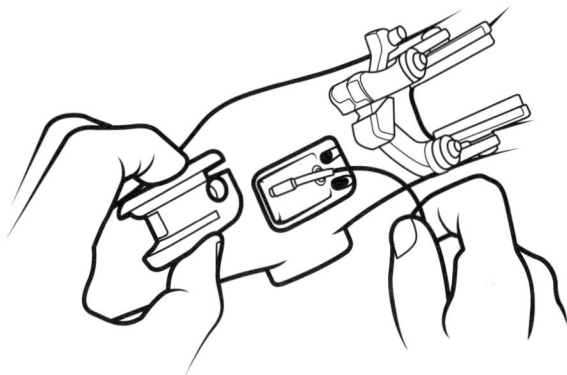

6. 磁铁牵引新变速线穿过走线沟槽。若有线管，要注意变速线穿过了线管。若是前拨链器，变速线从座管底部出来，然后跳至步骤11。若是后拨链器，继续步骤7。

7. 打开后下叉进线孔上的橡胶盖，将引线的磁头从尾钩下的变速线孔推出来。

8. 若引线头没从五通部位的线孔冒出来，用磁铁吸出来；或将引线推进后下叉，使两块磁铁相吸，再小心地拽引线，把变速线拽出来。

第5章 ｜ 变速系统

9. 把新变速线和引线接到一起，穿出五通处的线孔。

10. 再将接好的线推向后下叉，使之从尾钩处的线孔出来。轻轻地拽引线，直到带出新的变速线。

11. 盖好新的线孔橡胶盖。完工！

注意： 新的变速线不要在线管内部交叉（比如线管在头管处交叉时）。若变速线相互交叉（比如变速线缠绕到一起了），不仅会增加摩擦力，还会导致一个刹把变速前后拨链器都制动。

5-13

固定变速线：后拨链器

1. 将链条切换到最高挡（最小飞轮片，见"5-1"）。

2. 安装前要确定链条在最小飞轮，后拨链器和飞轮在一条线上。

3. 将变速线穿进各段车架止线拴、线管和与后拨链器末端的变速微调旋钮。

   注意： 内走线见"5-12"。

   SRAM后拨链器，变速线要先绕过锁线栓旁的弧状导线臂，再拉到锁线栓的顶端（见图5.33），和导轮不同侧。SRAM X-Horizon拨链器，变速线也要穿过拨链器背面的弧状导线臂底部的线槽。

4. 拉紧变速线，使之对准锁线栓的沟槽（见图5.34）。除了SRAM之外的所有后拨链器，变速线通常和导轮同侧。若不确定变速线应该锁在哪一侧，旋出锁线栓，观察后拨链器或锁线栓垫片刻的变速线线槽。

5. 旋紧锁线栓。大部分拨链器使用4毫米或5毫米内六角扳手。

6. 在锁线栓后方1~2厘米处剪断变速线，并套上线帽避免分叉（见图5.25）。

图5.33 SRAM后拨链器的走线方向（注意变速线要先绕过锁线栓旁的弧状导线臂，再拉到锁线栓的顶端，与导轮不同侧）

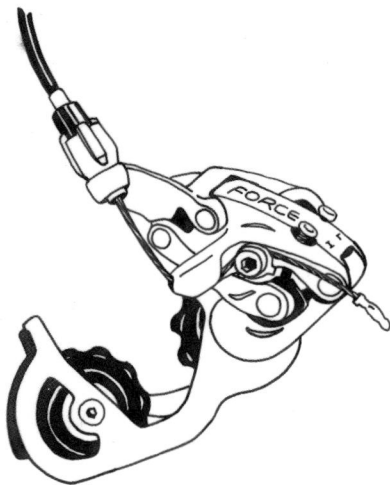

图5.34 拉紧后拨链器变速线

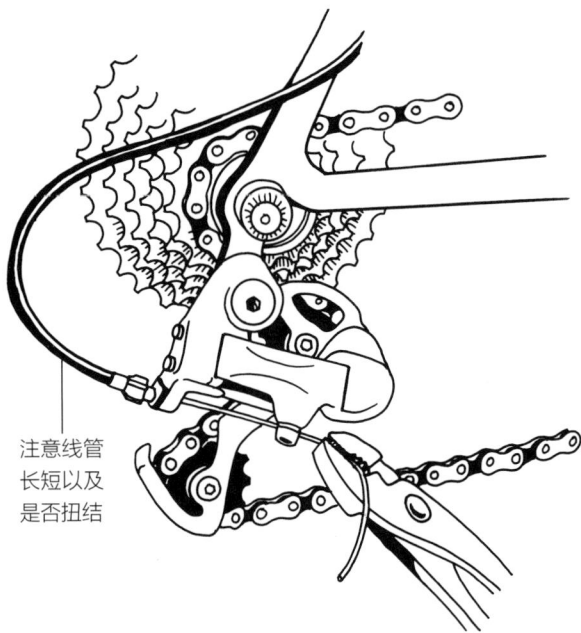

注意线管长短以及是否扭结

5-14

固定变速线：前拨链器

1. 将链条切换到最小牙盘（"5-1"），确保变速线全数退出。

2. 用老虎钳拉紧变速线，对准锁线栓的沟槽（一定要操作到位），用六角扳手旋紧锁线栓（见图5.35）。

   注意：内走线见"5-12"。Shimano 11速见"5-5g"。

3. 在锁线栓后方1~2厘米处剪断变速线，并套上线帽避免分叉（见图5.25）。

图5.35 拉紧前拨链器变速线

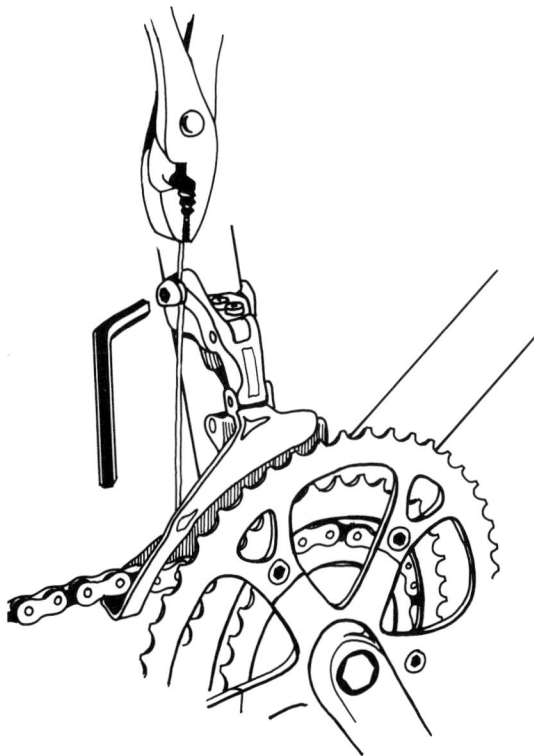

5-15

最后的调整

高质量的走线要求：在每段线管的两端加上保护套（见图5.21）、变速线末端加上线帽（见图5.25），以及在锁线栓后1~2厘米处剪掉多余的变速线。

5-16

润滑变速线

特氟龙镀膜的全新的变速线和线管无须润滑。使用过的变速线可以用链条油润滑。白锂基润滑脂和自行车用的润滑脂过于黏稠，会降低变速效能，所以要使用特制的润滑脂。

1. 旋松拨链器的锁线栓，剪掉线帽。要注意的是：若在剪断变速线后其末端散开，硬将变速线拉出线管，会刮伤线管内壁，进而导致必须更换新的变速线和线管。或者，若车架有纵向沟槽，直接将变速线和外管一起抽出止线栓。操作时，用手向内推后拨链器（或向外拉前拨链器，露出变速线，润滑越野公路自行车的前拨链器），无须旋松拨链器的锁线栓。

2. 向线管内的变速线涂抹链条油，包括缠在车把把带里的线管的内壁。

3. 向每个线管内喷洒润滑剂。

   注意：若变速线末端散开或线管脏污、生锈，则需要更换变速线和线管。

5-17
减少变速线阻力

除了将老化的线管更换成高端的线管，以下方法也可以增加变速效果：

1. 降低摩擦力的关键在于走线的弧度。见"5-7"步骤2中的"注意"部分。走线的弯曲度合适，外管在转动车把时则不会拉扯变速线，增加阻力。

2. 选择低阻力的平滑线，即磨除捻纹的变速线。这类变速线是将捻过的变速线从中央开孔的钢模抽出，其表面平滑度远胜于标准变速线。用大孔径的特氟龙镀膜线管搭配小线径的变速线一样可以减低摩擦力。

3. 若是内走线车架，注意变速线不要在下管处相互交叉。

手 变

5-18
更换和安装一体式手变

2级 手变可以整套更换，也可以单独更换其中的某个配件。一体式手变通常标着左右，若不会分辨左右（见图5.37），记住拨杆向内操作即是正确方向。更换一体式手变的步骤如下：

1. 拆掉车把的把堵和把带。

2. 用5毫米内六角扳手或Torx T25梅花扳手旋开手变的固定螺栓，将手变滑出车把。不同型号的手变，其固定螺栓的位置不同，但通常在手变的外侧，掀起手变头上的橡胶套即可见到。将内六角扳手或Torx T25梅花扳手从手变上方和手变头橡胶套之间（见图5.36），或将橡胶套向后卷，便可露出固定螺栓。

图5.36 安装螺栓位于手变外侧

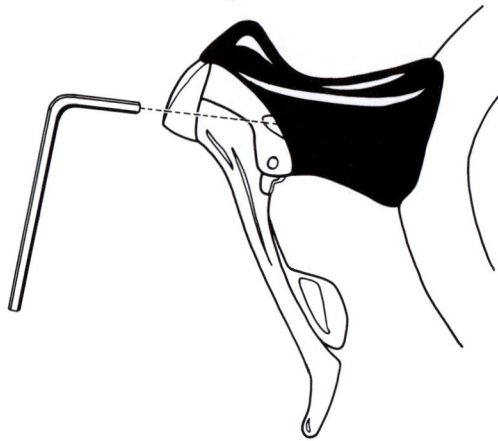

3. 将新的手变装到车把上，固定在自己喜欢的位置。按照现在常用的车把的形状，手变顶部与车把顶部平行即可。老款的车把的话，将一把长直尺紧贴在下把位底端，刹车拉杆的底端和直尺齐平或稍微高一点。

4. 2008年的Campagnolo Ultra-Shift和Power-Shift Ergopower手变有"大手掌"套件。若希望手变向后仰，刹车拉杆向前翘，将"大手掌"套件插入橡胶手变套（见图5.37），固定在手变的底部。大手掌套件左右不对称，却未标示出左、右，将套件的孔对齐手变的进线孔，便可分辨出正确方向。

5. 锁紧安装螺栓。再拿一把5毫米内六角扳手（最好是长把的、非球形头的，以防拧花螺栓头）或Torx T25梅花扳手。把长直尺放到两个刹把顶端，确定左右手变高度一致，然后再锁紧螺栓。

6. 安装变速线（"5-6"至"5-15"及"9-4"）和变速微调旋钮。

7. 缠把带（"12-12"）。

图5.37 将"大手掌"插入 Ultra-Shift Ergopower 手变

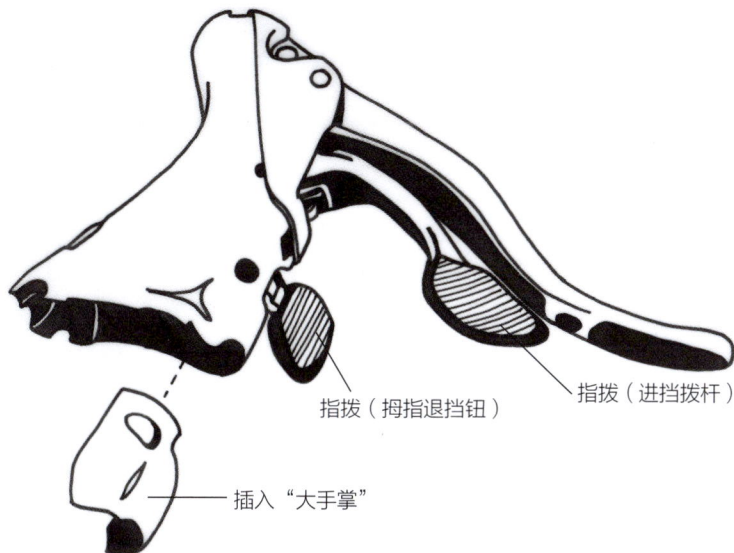

指拨（拇指退挡钮）　指拨（进挡拨杆）

插入"大手掌"

5-19
修复 Shimano STI 一体式手变

1级 若 Shimano STI 出了故障，你无法像钟表匠一样的拆卸、更换零件，因为 Shimano 不单独出售零件，而且在你拆开手变后，原厂提供的售后服务即宣告失效。不过，适当地润滑，能够让运作黏滞或挂不上挡的零件重新运动顺畅。将喷雾式链条油的延长细管插进小孔冲洗手变内部，也能延长手变寿命。当你将刹车拉杆压到底时，小孔位于刹车拉杆上半部圆拱形处、没有刹车线管的那一侧（见图5.38）。注意不要在地毯上操作。

5-20
翻新第一代 Campagnolo Ergopower 手变

3级 翻新手变真的是让人产生满足感的工作。本节内容可以助你修复老款的手变、撞坏的刹把，以及增加变速挡位。手变内部有很多精密的零件，集中心思，拆开 Ergopower（EP）手变，清洁内部零件后，再装回去，听着它清脆的变速声，感受到它顺畅地变速，真的是一件有趣的事情。

2008年以前生产的 Record 和 Chorus Ergopower

图5.38 Dura-Ace 9速STI手变分解图

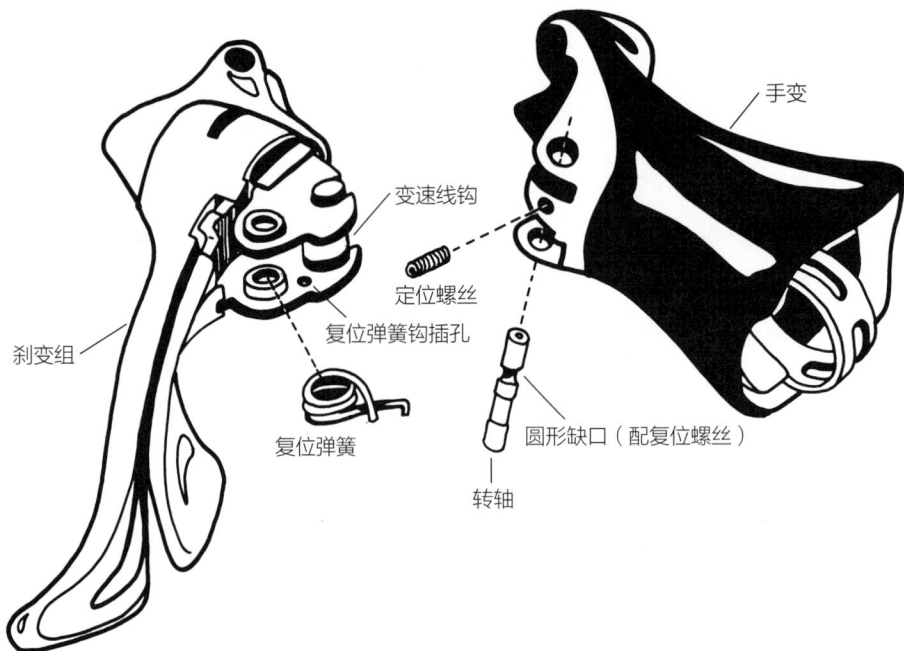

手变

变速线钩

定位螺丝

复位弹簧钩插孔

刹变组

复位弹簧

圆形缺口（配复位螺丝）

转轴

手变，2006年为止生产的Centaur、Veloce、Mirage手变，以及更低端的手变，都有两颗卡进刺轮的G螺丝，起到定位功能。按下进挡拨杆，G螺丝带动棘轮拉紧变速线；按下退挡钮，G螺丝带动棘轮反向运动，放松变速线张力。G弹簧带着棘轮运作，每一次进、退挡都会磨损弹簧。由于棘轮依靠弹簧张力才能在适当位置停止动作，一旦G弹簧疲乏或断裂，定位系统也会随之失灵。所以，建议准备一对备用的G弹簧，并按下述方法操作，那么你的EP手变会一直像新的一样运作。

虽然Ergopower手变的每个小零件都可以单独更换（"5-21"），但现在生产的Ergopower手变，如11速的Ultra-Shift手变（"5-22"）和Power-Shift手变，刹把增高且有弧度，变速部分只能整组更换（见"5-22"的前几步）。

对照图5.39（8速，右手）和图5.40（9速或10速，右手），登录相关网站寻找自己使用的手变的年份和型号的零件和放大图。美国只有Campagnolo North America可提供Ergopower小零件；美国的供货商也可提供一些零件，但像刹把、定位指拨等关键的零件（从9速到10速）常常缺货。

以下内容包括：维修、润滑、更换损坏或磨损的定位弹簧及其他零件，以及如何改装棘齿以增加变速挡位。1992—1997年的Ergopower手变是8速（见图5.39）、左手或右手。手变和手变胶套顶端是尖头。9速和10速Ergopower手变包括1999—2008年的Record和Chorus EP，以及1999—2006年的Centaur和更低端型号，手变胶套顶端是圆头（见图5.40）。

注意： 如图5.40所示，1998年的9速手变的内部结构和8速类似，外表和图5.40相似。不过，1998年的手变是铝合金的；而自1999年起，手变转用碳纤维材质。

图 5.39 Campagnolo Ergopower 手变（8速）分解图

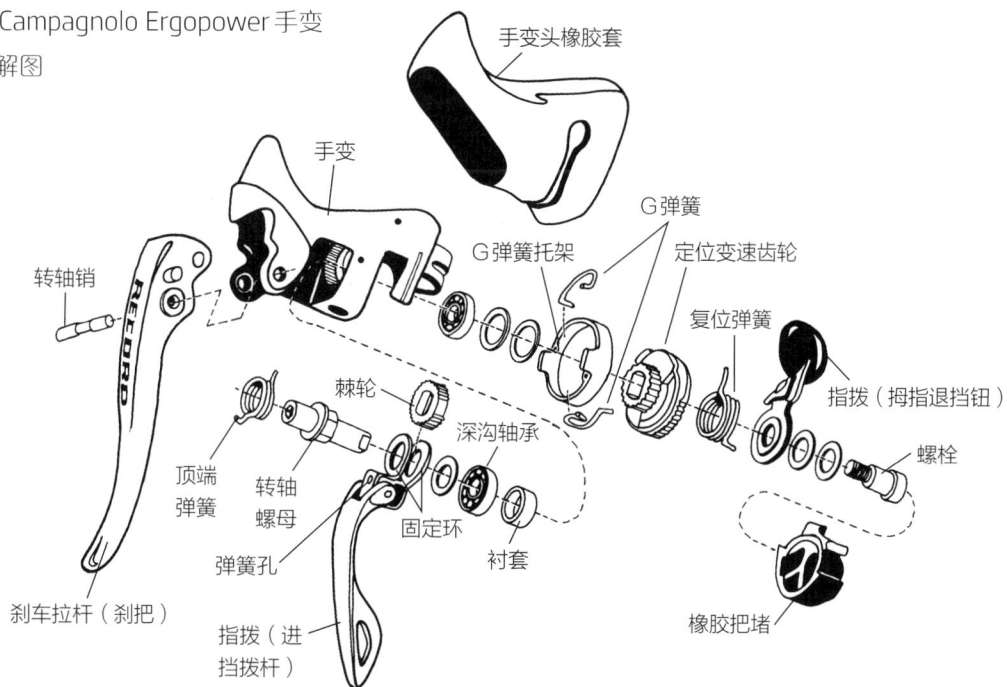

手变头橡胶套
手变
G弹簧
G弹簧托架
定位变速齿轮
复位弹簧
转轴销
指拨（拇指退挡钮）
螺栓
棘轮
顶端弹簧
转轴螺母
深沟轴承
固定环
衬套
弹簧孔
刹车拉杆（刹把）
指拨（进挡拨杆）
橡胶把堵

图 5.40 Campagnolo Ergopower 手变分解图（9速）（注意：10速的仅末端轴的衬套和垫片不同，其他的和9速都一样）

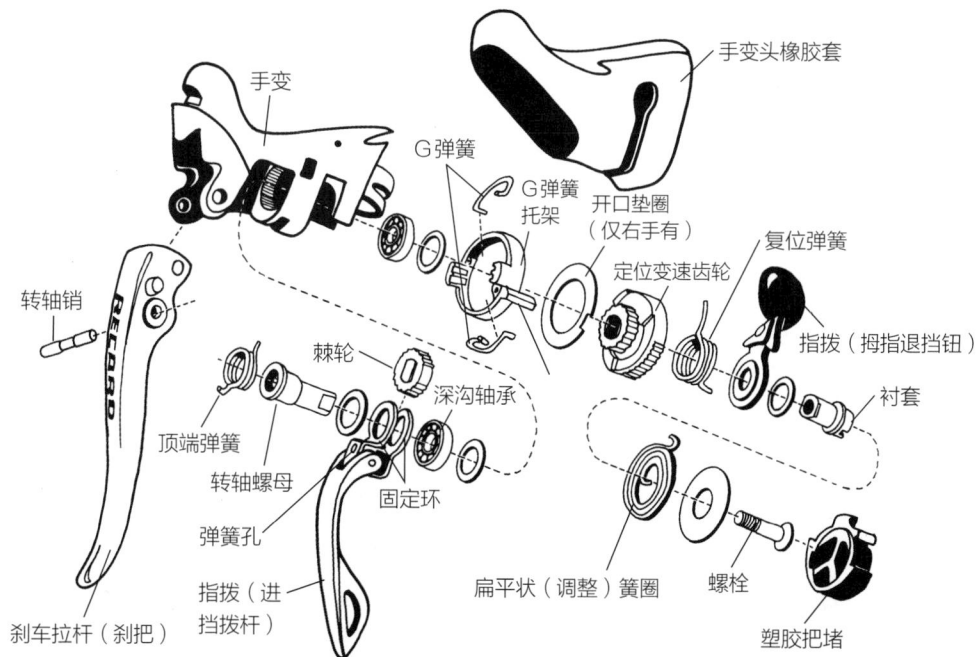

手变头橡胶套
手变
G弹簧
G弹簧托架
开口垫圈（仅右手有）
定位变速齿轮
复位弹簧
转轴销
指拨（拇指退挡钮）
衬套
棘轮
顶端弹簧
深沟轴承
转轴螺母
固定环
弹簧孔
指拨（进挡拨杆）
扁平状（调整）簧圈
螺栓
刹车拉杆（刹把）
塑胶把堵

第5章 | 变速系统

拆卸

1. 拆除手变头橡胶套，从刹把向下拉比从上面拆除容易；先在橡胶套下喷一些酒精再拆除会比较容易。复合材料的刹把，需要先拆除保护变速零件的塑料底塞，必要时可使用钳子。

2. 用锤头敲击冲钉，敲出刹把的转轴销。另一只手将刹把靠近转轴销，避免刹把向外扭曲。也可将刹把平放在钻了洞的木板上，使转轴销对准小洞，以方便敲击。拆除转轴销后，取出刹把。

3. 将手变装入车把，悬挂于车把下方，锁环位于车把的尾端，再用老虎钳夹住车把。因为变速零件要装在手变的底部，为了方便安装，使手变底部朝上，或把手变旋松拿在手里操作。

4. 换挡。

   a. 9速或10速手变：操作指拨（进挡拨杆），切换到最低齿比的挡位，释放手变底部扁平状（调整）簧圈的张力。当张力放尽时，簧圈会从大型扁平垫片中伸出。

   b. 8速手变：操作指拨（拇指退挡钮），切换至最高齿比挡位，其余相同。

5. 用内六角扳手固定上方的圆柱形转轴螺母，用另一把内六角扳手松开底部的螺栓。9速和10速手变的圆柱形转轴螺母需用5毫米内六角扳手、底部的固定螺栓需用3毫米内六角扳手（不要用球头内六角扳手，内六角的球头无法承受高扭力，很容易扭断，卡在螺栓头内）或Torx T20梅花扳手（左侧）。8速手变需用两把4毫米内六角扳手，螺栓底部有一个或两个黄铜垫片，注意不要丢失。

   重要提示： 8速手变的右刹把是左旋螺纹螺栓，顺时针旋松，逆时针锁紧。1998年生产的9速手变（铝合金刹把）也是左旋螺纹设计。

6. 8速手变请跳至步骤7。9速或10速请拆掉底部的垫片，

用薄的一字螺丝刀撬出扁平状的簧圈，若还有消除间隙的薄垫片，也一并取出。

7. 9速或10速系列，用拇指将挡位推到最高齿比。

8. 并用拇指握住变速，按住指拨（拇指退挡钮）不动，用尖嘴钳夹出退挡钮复位弹簧中间的衬套。

9. 取出指拨（拇指退挡钮）、复位弹簧、定位变速齿轮（见图5.39和图5.40），9速或10速右手再加一个开口垫片。此时应该可以看到Ergopower手变最常见的耗材：两个G弹簧，把G弹簧和托架一并取出。密封培林中轴下还有一个或两个垫片，也随着齿轮一并取出。垫片下是一颗深沟轴承，取出轴承清洁并润滑，若需要的话，换新轴承。

10. 拆分G弹簧和托架。

11. 清洁并润滑所有的零件。若想更换8速系列的棘轮，先不要动转轴螺母和指拨等（见"拆卸"步骤12）。

12. 8速或11速手变，若棘轮没有磨损，跳至"改装"步骤2。若将9速升级为10速，需要更换指拨（进挡拨杆）组件的棘轮。操作时翻转车把，使手变竖在车把上。顶端的弹簧不容易取出。将弹簧一端勾在指拨上方的弹簧圈内，以此为支点，用细的尖嘴钳夹住弹簧向上扭，同时拉出指拨组件；接着退出圆柱形转轴螺母，这时就可改装成10速棘轮了。

改装

1. 将棘轮印有数字9或10或英文字母L的面向上对齐，手变装回正常位置后，这一面就指向前方。再将圆柱形转轴螺母和垫片穿回棘轮中心（对齐扁平边）。将弹簧短边勾回指拨上方的弹簧孔，同时将指拨组推回手变，然后用细的尖嘴钳将弹簧长边钩回刹把的凹槽。最后，翻转手变，使底部再次朝下。

2. 将新的（或清洁润滑过的）G弹簧卡入托架，涂抹润滑脂使其固定。然后将托架和弹簧一起放回手变。

3. 9速或10速右手变，可更换G弹簧托架上方的开口垫

片。将新的平面朝下放G弹簧托架上方，开口要对齐底座的垂直卡榫。9速或10速的左手变和8速的右手变，没有开口垫片和垂直卡榫。

4. 在定位变速齿轮上涂抹润滑脂，套回圆柱形转轴螺母，互相咬合扁平边。若将8速改为9速或将9速升级为10速，或更换磨损了的定位变速齿轮（检查变速线附近的齿），可在此组装。先将定位变速齿轮的变速线安装座朝着手变外侧抵住。

5. 将复位弹簧的长端向下插入定位变连齿轮外侧的沟槽，直到穿进手变的小洞（此小洞从手变底部后方，指拨嵌合处开始往前延伸），最后将（已涂抹润滑脂的）弹簧短端保持直立状态插入定位变速齿轮。

6. 将定位变速齿轮内向上指或钩状尾的复位弹簧勾入指拨安装环的小洞，安装环的凸面朝向弹簧。再将指拨和定位变速齿轮扣合，指拨应该啮合定位变连齿轮的第一齿，向上嵌回手变的滑槽顶端，按压时才能收紧弹簧，而非放松。

7. 9速或10速的手变，压下指拨的同时，将衬套（含垫片）塞入指拨安装环的中央，往内挤压并旋转衬套（1998年9速手变用5毫米内六角扳手，后期的9速和10速手变用大型的一字螺丝刀），使衬套末端的平沟槽咬合圆柱形转轴螺母的扁平边，穿入定位变连齿轮。注意不要遗漏任何垫片。

   a. 1999年后生产的9速或10速手变的衬套直径比较大，与圆柱形转轴螺母的平沟槽相互锁紧，而不是锁入式的设计。这种设计有不便之处：若复位弹簧不从拇指退挡钮取下，衬套很难塞到位。不要急，耐心处理。

   b. 8速手变不要漏掉任何垫片，塞入螺栓，穿过指拨安装环，直达圆柱形转轴螺母。螺栓和螺母都用4毫米内六角扳手。固定螺母，同时锁入螺栓。注意右手变

是左旋螺纹！

8. 8速手变跳至步骤7。

9. 一只手握住衬套（会旋转），另一只手操作指拨，切换至最低齿比挡位。

10. 将扁平的弹簧圈放在指拨安装环上方，弹簧内端勾住衬套内侧的沟槽，弹簧外端勾住弹簧托架的支柱（右手），或是手变的外缘（左手）。

11. 压住扁平的弹簧圈，来回推动衬套，直到感觉到衬套尾部的扁平边脱离顶部螺栓的扁平边。1998年的9速手变用5毫米内六角扳手，后期的9速和10速手变用大型的一字螺丝刀继续压住扁平的弹簧，转动衬套约半圈来旋紧弹簧（右手逆时针，左手顺时针），然后用5毫米内六角扳手或大型一字螺丝刀轻微前后摇晃衬套，直到衬套的扁平边重新咬合顶部螺栓。

   注意：若变速手感略硬，不要安装扁平簧圈。10速和11速手变还有一个方法：将扁平弹簧圈的内端勾住较前面（逆时针方向）的衬套沟槽，弹簧外端受挤压会抵住手变后方。用内六角扳手或大型一字螺丝刀压在衬套（或是装回螺栓以固定衬套），再用锥子、钩针或回形针（末端折一个小钩），将弹簧外端拉上托架的支柱（右手）或手变外缘的凹槽（左手）。

12. 用手指压住扁形簧圈，将大型垫片塞入手指和簧圈中间，并卡入衬套末端。1999年及以后生产的9速或10速手变的垫片有两个开口，可咬合衬套较大的凹槽。以5毫米内六角扳手固定另一端的圆柱形转轴螺母，然后锁紧底部的3毫米内六角固定螺栓。

13. 检查手变的操作情况，注意"5-21"的"改装"步骤11。若没有问题，装回刹把、把堵和手变胶套（手变胶套的每个卡榫必须确实嵌合手变的凹槽）。从刹把的前方将手变胶套往后拉，比从底座拉容易。操作完这一步，恭喜你，完工！

5-21

翻新 Campagnolo QS/Escape Ergopower 手变

3级

2007年生产的Centaur、Veloce以及比EP低端的手变（见图5.41）取消了前代Ergopower手变的长线槽，改为在手变（手变胶套下）上留了一个小孔。按动刹把后方的指拨、卷入变速线时，铰链式的一个棘爪咬合定位变速齿轮。定位变速齿轮内有弹簧（变速线卷入的同时，弹簧开始压缩），当触动指拨时，连杆抬起棘爪，弹簧的张力使定位变速齿轮逆转，释放一齿，棘爪随后落回定位变速齿轮的次一齿，即每次只能退一挡。换言之，触动指拨，后拨链器向小飞轮移动一片

（右手）或前拨链器向小牙盘移动一格（左手）。

QS/Escape的耐用度不如早期的Eplevers和其后的EP Ultra-Shift手变。一旦磨损，按指拨退挡一次，会连续退挡。而且，QS/Escape无法更换某个零件，必须更换包括指拨、棘爪等的整个手变。

拆卸

1. 拆除手变胶套，从刹把向下拉比从上面脱容易。在手变胶套下喷上酒精也有助于拆除。

2. 取出将手变固定在车把的锁环，也可以不取下来，而是将手变装入车把，悬挂于车把下方，锁环位于车把的尾端，再用老虎钳夹住车把。因为变速零件要装在手变的底部，为了方便安装，使手变底部朝上，或把手变旋松拿到手里操作。

图5.41 QS/Escape Ergopower 手变分解图

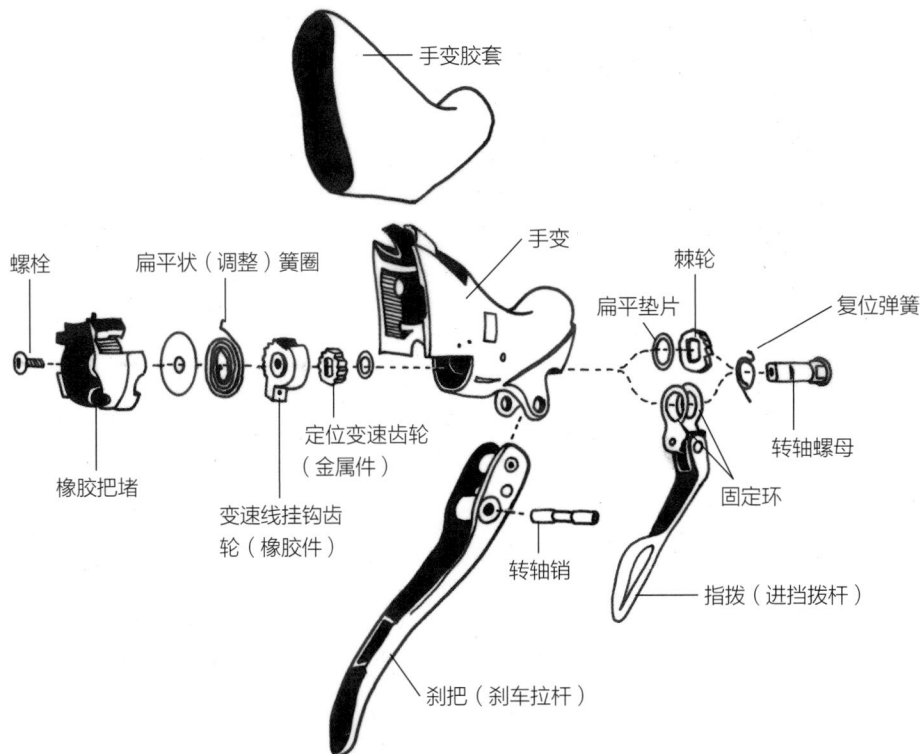

3. 用冲钉垫着，用锤子将刹把的转轴销敲出来。另一只手将刹把靠近转轴销，避免刹把向外扭曲。也可将刹把平放在钻了洞的木板上，使转轴销对准小洞，方便敲击。拆除转轴销后，取出刹把。

4. 取出橡胶把堵。

5. 用2.5毫米内六角扳手拆除底部的螺栓。

6. 依次抽出大的薄垫片、扁平簧圈，以及橡胶的变速线挂钩齿轮。

7. 使刹把朝上，抽出钢制的定位变速齿轮以及埋在其中的微型垫片。

8. 用尖头钳子从手变前面取出指拨复位弹簧（上面的弹簧）。

9. 用内六角扳手将圆柱形转轴螺母向上顶，并从指拨组的顶部推离。

10. 取出指拨组，扁平垫片在其下面。从指拨组头部的两片固定环之中取出棘轮环，底部固定环下方有一片薄垫圈也要取出，还需夹出顶部固定环之上的复位弹簧。

11. 操作到这一步，QS/Escape手变就完全拆卸了（见图5.41）。

改装

1. 清洁所有零件，并薄薄地涂一层润滑脂。

2. 将涂抹了润滑脂的棘轮插回指拨两头的两个固定环中，刻着0字样的一面抵住顶部的固定环（这么安装，装回车上时，棘轮朝向车前）。将涂抹润滑脂的转轴螺母插回指拨，直径较大的嵌槽要密合棘轮的嵌槽。

3. 将薄的扁平垫片套回枢轴螺母，用润滑脂黏在底部固定环下面。

4. 将转轴螺母向上顶，使螺母底部和润滑脂黏住的垫片齐平，将指拨安回刹把。安好后，将转轴螺母向下推，穿过刹把的黄铜衬套。若转轴螺母顶部无法向下和顶部固定环齐平，可能是因为直径较大的嵌槽没能和棘轮的嵌槽密合。用尖嘴钳夹住直径较小的嵌槽，左右

旋转的同时向下拉。

5. 放回复位弹簧，短的、有钩的一端朝下，长的、直的一端朝上。刹把的指拨收纳槽上方有一个小沟槽，将弹簧直的一端卡入。用4毫米或更小的内六角扳手（可以用毛衣钩针，也可自制工具，比如将铁钉尖头磨细，用尖嘴钳弯成钩状）将复位弹簧有钩的一端戳回转轴螺母的小孔。然后用钳子夹住弹簧长的一端插入手变的开口垫圈。操作时翻转手变，使手变的底部朝上，比较方便操作。

6. 依序将微型垫片和钢制的定位齿轮套回转轴螺母，刻着0字的一面朝向自己。振动指拨退挡，使连接杆抬起棘爪，才有足够的空间将定位齿轮推到底。

7. 用润滑脂涂抹塑料制钩线齿轮的齿牙，刻着0字的一面朝向自己。长方形的孔对准转轴螺母的末端。

8. 塑料钩线齿轮的中央隆起部位有一个沟槽，将扁平簧圈的中央端卡入。再用尖嘴钳子将扁平簧圈的外端卡入手变、指拨退挡钮对面的小孔。

9. 给扁平簧圈涂抹润滑脂后，放回大的薄垫片。

10. 将螺栓插入薄垫片中央的孔，用2.5毫米内六角扳手将螺栓和转轴螺母锁紧。

11. 测试换挡性能：将手变和塑料轴套放回手变拉杆，对齐刹车拉杆和手变的枢轴洞，用手插回枢轴销。转轴销两端对称，用哪端插入均可。刹把要完全啮合，指拨才能动作到位。若转轴销没有完全插入，指拨的回位弹簧就卡不住，这时需要钩住指拨顶部开口垫圈外侧对角的沟槽，用小螺丝刀将弹簧拧回位。

12. 将橡胶把堵装回手变。

13. 更换刹把，包括塑料衬套：用手先将把刹把和衬套装回刹把，从任一端插入转轴销，注意转轴销两端露出量相同。

14. 若转轴销没有完全插入或两端露出量不一样，可用橡胶锤轻敲手变的侧面。

15. 安回将手变固定在车把的锁环。

16. 用酒精润滑手变胶套的内侧，装回手变上。操作到此，恭喜你，完工！试一下它的变速效果吧。

5-22

翻新Campagnolo ULTRA-Shift Ergopower手变

3级

2009年的Campagnolo的Ultra-Shift手变Super Record、Record、Chorus和Centaur（见图5.37和图5.42）套件，无论是10速还是11速的，都非常耐用，基本不需要维修。和前代的Ergopower手变相比，因为取消了G弹簧设计，所以不易磨损、不易出故障，维修也更方便。

Campagnolo的Ultra-Shift手变套件只整套销售而不零售小配件，若手变某个零件出了故障，必须整套更换。不过，刹把和车把夹可以零售。Power-Shift手变（见下一段）也一样。更换手变套件或刹把，只需"拆卸"部分的步骤1~3和"改装"部分的步骤6~9。

2010年，Campagnolo开发了Athena（11速）Power-Shift手变和Centaur、Veloce10速及更低级别的手变，并停止生产10速Ultra-Shift手变。Power-Shift手变拨杆的形状类似Ultra-Shift手变，更富有曲线感，但比早期的Ergopower手变拨杆位置高。和QS/Escape手变拨杆一

图5.42 Ultra-Shift Ergopower手变分解图

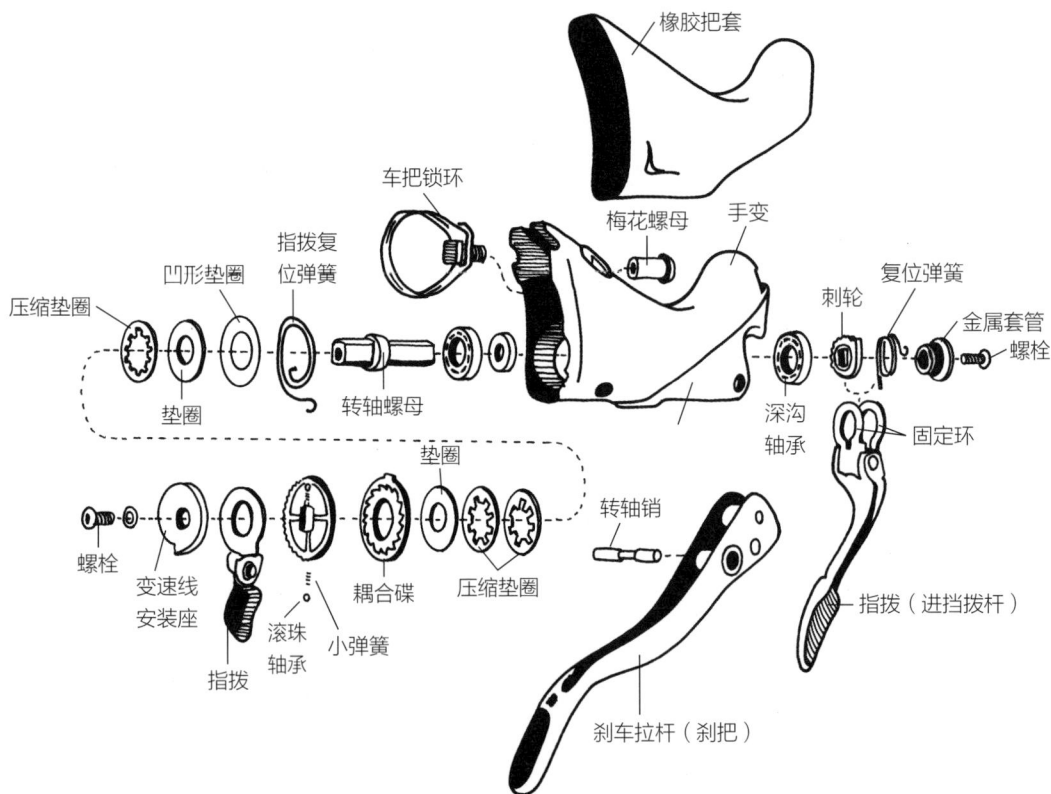

样，Power-Shift后变速拨一下只能换一挡，前变速没有微调挡。另外，和QS/Escape手变一样，Power-Shift手变没有像前代手变那样有个长线槽，而是改为在手变（手变胶套下）上留了一个小孔。手变上还有一个转轴销控制刹车拉杆的方向，拆卸手变时要先拆除转轴销。

以下步骤适用于右手变（控制后拨链器）。左手变和右手变类似，但有明显的不同，例如指拨退挡的复位弹簧安在变速线安装座内。Ergopower手变内部的垫圈可能因产品款式和生产年份的不同而不同。

拆卸

1. 拆除橡胶把套。从刹把向下拉比从上面拉把套更容易。操作前在把套内注入酒精可起到润滑作用，使把套更易滑出。

2. 用橡胶棒和钝头钉子从内侧向外侧敲出刹把上的转轴销。Ultra-Shift手变的转轴销朝外一侧有个膨胀头，敲击时用手支撑住刹把，以防刹把向外扭曲。有一个技巧：把木板钻个洞，刹把平放进洞里，再敲击。拆除转轴销后，即可取出刹把。

3. 用Torx T25梅花扳手取出束环螺栓，拆除将手变固定在车把的锁环。操作时注意手变不要脱离车把，束环可"挂"在车把末端。

4. 手变头尾端插入一把2.5毫米的内六角扳手，旋开手变底部的螺栓，和小黄铜垫圈一并取出。

5. 用尖嘴钳子夹出内凹孔（注：即沉头孔）内的塑料安装片（见图5.42中的变速线安装座）。

6. 指拨的复位弹簧钩在线轴型的销子上，可以用毛衣钩针或回形针取下来。

7. 直接抽出指拨退钮及固定在其上的扁环。

8. 用尖嘴钳子夹出中央隆起的扁的橡胶片（或用薄的螺丝刀插入手变槽，撬出扁的橡胶片）。操作时注意扁的橡胶片周围带齿，不要弄丢扁橡胶片背面的2个小弹簧和小滚珠轴承（留意如图5.42所示的小弹簧和滚珠

轴承的位置）。

9. 用尖嘴钳子夹出或用薄螺丝刀撬出耦合碟和垫圈。有两个薄的平垫圈，一个圆心有凸面沟槽的压缩垫圈和一个相配的凹槽压缩垫圈，一个朝上的圆心有沟槽的凹面压缩垫圈，一个薄的平垫圈，一个大的、薄的平的塑料垫圈。手变垫片的数量和方向不尽相同，拆卸时要留意一下其安装顺序。

10. 取出指拨退挡复位弹簧。用老虎钳固定车把，从手变顶部操作相对容易一些。

11. 用2.5厘米内六角扳手拆除手顶部的螺栓，用尖嘴钳从底部抽出圆柱形转轴螺母。密封培林中轴和垫圈会随着螺母一起抽出来。若没抽出来，按步骤12分别取出：左右扭动螺母，先取出底部的中轴，再推出顶部的中轴。

12. 若指拨没有随着圆柱形转轴螺母一起取出来，直接拉出指拨。同时，用手指捏住指拨头部的两个固定环，以防中间的零件散落（见图5.42）。

13. 取出两个固定环中间的零件：转轴套管、指拨复位弹簧和棘轮。刹把拆卸完成。

改装

1. 清洁、润滑所有的零件，更换磨损的零件。

2. 拆卸后，用食指和拇指装回密封培林中轴和垫片。

3. 从指拨组头部的两片固定环之间装回棘轮，平的一面朝上（数字10或11的刻面在右手），装回自行车上时，棘轮朝向车前。转动棘轮，使其平着延伸的尖齿挂在指拨头部的固定环内侧。

4. 安回指拨退挡弹簧。弹簧短的一端挂在固定环的孔里。

5. 将转轴套管穿过复位弹簧和棘轮。

6. 安回套件上。复位弹簧的长的一端卡进刹把的小沟槽。

7. 将转轴螺母插回，穿过中轴和指拨、压缩弹簧。推压弹簧（不太容易操作），使棘轮和转轴螺母对齐。插回转轴螺母前，注意检查转轴和棘轮卡槽是否相互对齐。

8. 刹把顶部的螺母锁紧转轴螺母。确保指拨复位弹簧钩住了刹把上用于固定的铆扣。翻转刹把，使其底部朝上，以便操作。

9. 安装指拨复位弹簧。簧圈的内端要插入刹把底部的小孔——小孔位于转轴外圈的侧边。操作这一步最便捷的方法是先将簧圈外侧的钩钩在复位挡钮卡槽，以便簧圈从某个角度比较容易插入。用尖嘴钳将簧圈的内端先插进小孔，用手指压住弹簧，再用尖嘴钳或钩针将弹簧挂钩拉进沟槽边缘。

10. 从底部将下列零件按顺序装回转轴螺母：大的、薄的平的塑料垫圈凹面朝上，薄的、大的平垫圈，一个小的平垫圈，一个朝上的圆心有沟槽的凹面压缩垫圈。

11. 套回耦合碟。有齿纹的耦合钢珠的表面朝上，四周的小齿要插入手变的方形固定槽，固定槽位于变速线的安装孔旁边。

12. 注意扁橡胶片背面有两个将滚珠转轴推向外侧的小弹簧，扁橡胶片的齿要卡进转轴螺母。中间突起的部分朝向自己，钢珠和和弹簧要和下面的齿耦合。圆周的边的齿要朝向前方，面对着指拨杆。

13. 从侧面装回指拨（拇指退挡按钮）。

14. 将塑料安装片套入转轴螺母。注意沉头和手变的变速线安装孔对齐。

15. 将小黄铜垫片套进转轴螺母底部的螺栓，用2.5毫米的内六角扳手锁紧螺母。

16. 稍微放松螺栓，转动指拨，使复位弹簧的小钩靠近指拨上的线轴型的转轴销。

17. 用小的毛衣钩针将复位弹簧的小钩通过手变钩住指拨。比较容易的操作方法是先将弹簧的小钩钩到转轴销上，锁紧螺栓，使得指拨压到底，然后将弹簧的小钩挂到转轴销上。

18. 在手变的上下各插入一把2.5毫米六角扳手，锁紧螺栓。

19. 更换刹把、包括塑料衬套：用手先将刹把和衬套装回刹把，从任一端插入转轴销，注意转轴销两端露出等量。

20. 将手变内侧放在木头上，用橡胶软锤将转轴销完全敲进去。

21. 用T25梅花扳手装回螺母盖，安装车把固定环。

22. 用酒精润滑手变皮套内侧后，安回手变。

　　祝贺你，完工了！试试手变是不是灵活多了。

5-23

翻新变速拨杆

2级　　Shimano和SRAM的变速拨杆无法维修，只可润滑。Campagnolo的拨杆可以维修。

1. 放松拨链器的锁线栓。

2. 旋松变速拨杆的固定螺丝，从底座抽出变速拨杆。这时可以拆卸底座（用内六角扳手旋松内门的固定螺丝后，扩张器即处于松弛状态，此时可取出整个底座），但不必这么做。

3. 左手变：Shimano（见图5.43A）和SRAM手变不能拆开，可用油冲洗，再用空气压缩机吹走灰尘。Campagnolo阻力式手变（见图5.44A）可以拆开，清洁后再按零件顺序装回即可。操作时零件上不要抹润滑脂，因为用润滑脂润滑后，需要较高的紧固扭力才能使变速到位。

4. 右手变：Shimano定位式手变（见图5.43B）不能拆开，这款手变若出故障了，只能购买新的。SRAM的手变可以用空气压缩机吹走定位齿轮上的灰尘，然后润滑齿轮三根G弹簧。Campagnolo（见图5.44B）按以下步骤操作：

   a. 从外侧面中心抽出上面的帽形衬套，可看到三个卡入变速定位齿轮的G弹簧。

   b. 从手变底部的空心圆座中抽出G弹簧：用手指推定位齿轮，同时用一字螺丝刀将橡胶座的边向外撬。

图5.43A Shimano变速拨杆

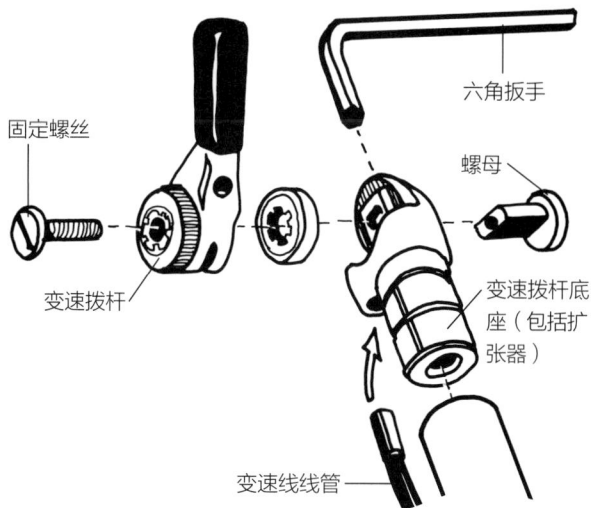

固定螺丝
六角扳手
螺母
变速拨杆
变速拨杆底座（包括扩张器）
变速线线管

图5.44A Campagnolo阻力左手变分解图

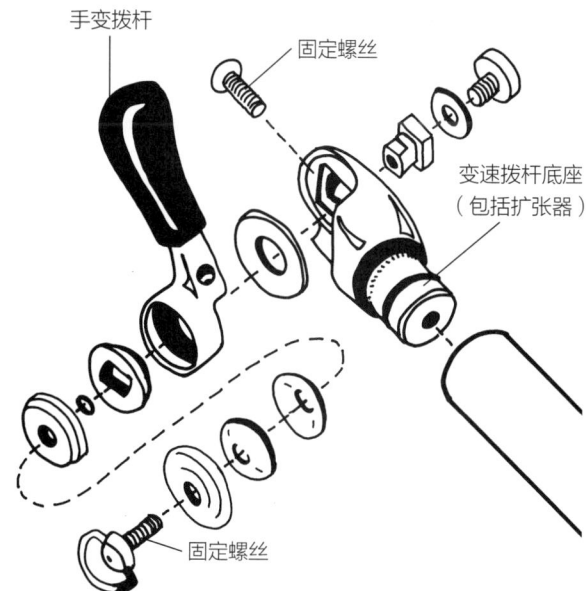

手变拨杆
固定螺丝
变速拨杆底座（包括扩张器）
固定螺丝

图5.43B Shimano右手变变速拨杆分解图

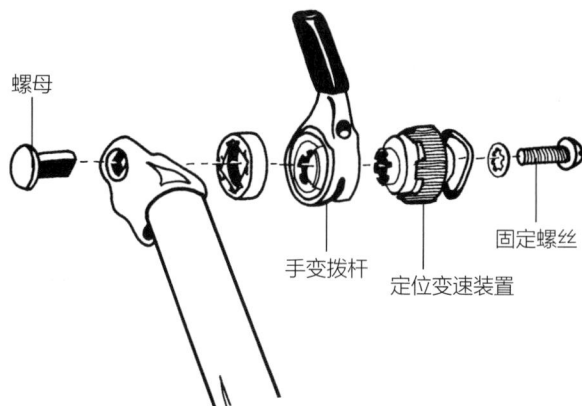

螺母
固定螺丝
手变拨杆
定位变速装置

准G弹簧托架，G弹簧托架侧面的卡榫卡入线孔下方的嵌槽。定位变速齿轮箭头的标志指向手变拨杆。然后将变速齿轮向下压入两根弹簧，再将一字螺丝刀插入第三根弹簧和齿轮另一侧的中间，同时将G弹簧托架压回手变把。

f. 将弹簧托架装回手变：卡榫对准空心圆内的嵌槽。注意每一个垫片都要装回原位。

g. 对准定位变速齿轮的两个嵌槽，安回上面的帽形衬套。

h. 将手变拨杆装回原位（如放平）：将衬垫推回变速拨杆底座时，衬垫内径的嵌槽要对准螺母。

5. 将固定螺丝安回螺母，注意螺丝要拧紧，否则拨链器会晃动。

6. 安回变速线，锁紧拨链器的锁线栓。

c. 从弹簧间取出定位齿轮。

d. 清洁并润滑G螺丝和定位齿轮。可以更新磨损的旧弹簧，更换定位齿轮以改变速别。

e. 安装回所有零件：将定位变速齿轮上的箭头标志对

图5.44B Campanolo 8速、9速或10速右手变分解图

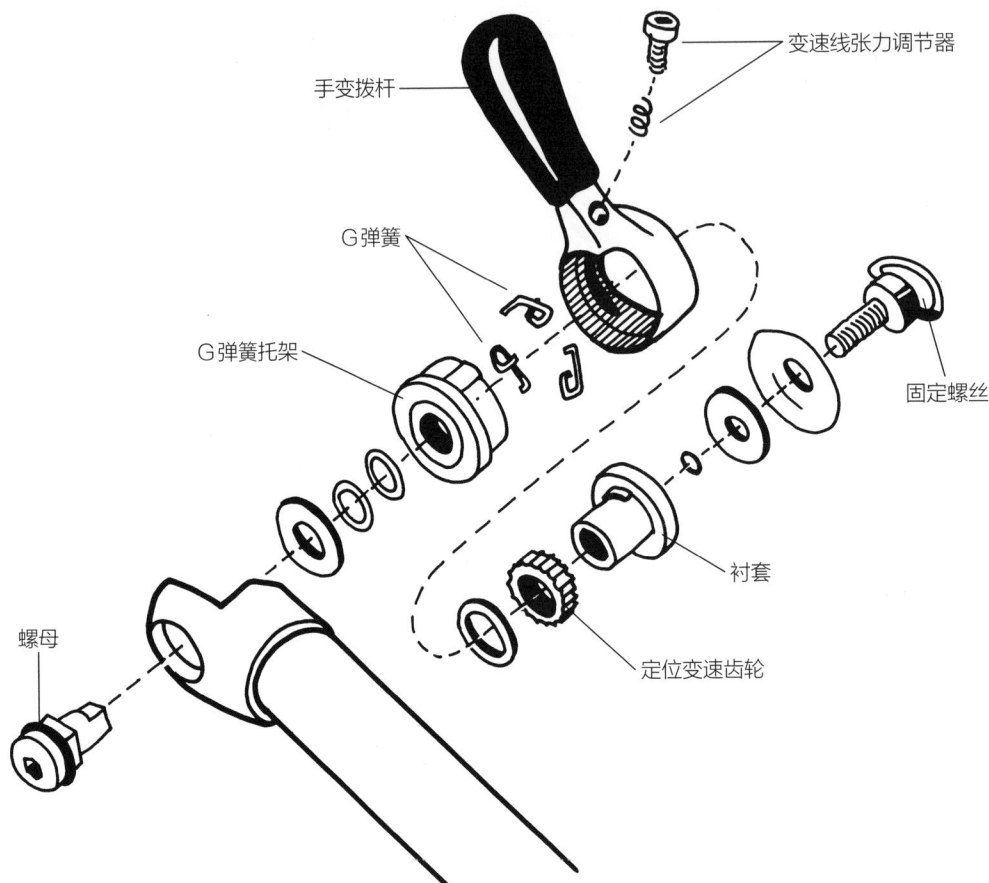

变速线张力调节器

手变拨杆

G弹簧

G弹簧托架

固定螺丝

衬套

螺母

定位变速齿轮

5-24
翻新或更换梁变

1. 拆除变速拨杆上固定到车梁上的螺丝,把拨杆从车梁上管取下来。

2. 若使用老款的阻力指拨(见图5.45),所有的零件都可以拆卸开,翻新方法也很简单:只需要把各零件润滑后再装回即可。若使用的是Shimano定位式变速系统,则无法拆卸开,一旦损坏,只能更换一个新的。

3. 将拨杆套回安装座的方孔:老款的阻力式手变的变速拨杆的止挡是一片中央有个方孔的、带个弯边的垫片(见图5.45);新款的是拨杆旁边有个方形的铸模(见图5.29),安装时注意向前和车架上管对齐。

4. 按顺序装回铜的或塑料的衬套、变速拨杆、垫片和固定螺丝。有些Shimano的左手变拨杆有弹簧,安装时需要先将拨杆向下扳,才能套回变速拨杆的指挡。若固定螺丝不锁紧,拨杆内的弹簧逆时针扳回原点时,即向前和下管平行时,将无法定位。

5. 安回变速线,锁紧拨链器。

图5.45 Campagnolo Nuovo Record阻力拨杆剖面图

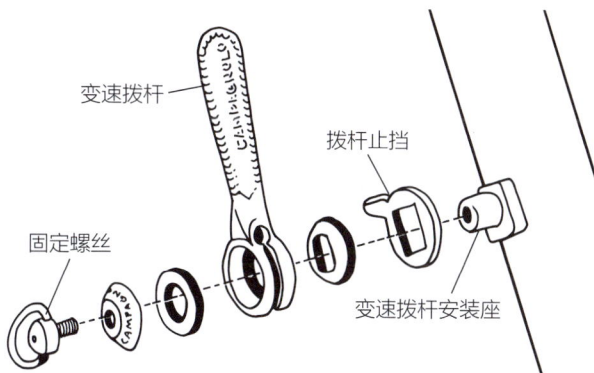

变速拨杆

拨杆止挡

固定螺丝

变速拨杆安装座

越野公路车的变速系统

越野公路车有"肮脏的荣耀"之誉。越野公路赛常在冬季举行，烂泥、冰雪和寒冷的气候是其"标配"，因此机械故障成为这项运动的特色。到位的维修、优良的车架和零件可以使机械故障的概率降到最低。

变速系统的故障可以按照"5-25"的步骤，通过合理走线——用上管走线替代五通走线，避免烂泥和冰雪堆积（内走线或上管走线的车架一定要有走线孔或止线栓）。变速线要从上管拉到右后上叉，再到后拨链器。

短腿后拨链器反应的速度快，除非坚持使用较大的飞轮或前三盘系统（不建议用于越野公路车，见"8-15"中的讲解）。按"5-33"中的步骤加强下转轴的弹簧张力，可以增加链条的稳定性，长导链架、短导链架均可使用这种方法。

使用1X盘，即单盘，就可解决前变速的问题，也就是说：使用一个牙盘（38~42齿），不容易跳链。

1X盘可换成X-Sync牙盘（牙盘齿高、粗/细/粗齿交替排），或换成无导链架、一侧有导链架或Third Eye Chain Watchers导链器（见图5.54）、安在立管上的Deda Dog Fang导链器，就不容易跳链。一旦掉链，又没有带安装工具的话，骑行可能就此结束了。

若使用单盘，X-Sync牙盘（如SRAMXX1，Force CX1，Force 1或Rival 1），牙盘齿高、粗/细/粗齿交替排，与链条咬合。若与后拨链器配套（X-Horizon），则不用使用导链器。不过，1X系统解决的首要难题就是在没有前拨和导链器的保护下防止掉链。

改装成单盘后，一旦掉链，就无法利用前拨链器借着踩踏的力量拉回链条。见"4-8"中的方法3，确保链条不要太长、但又不会过度拉紧后拨链器。若使用前拨链器，变速线从上管拉到立管，见下文内容。

5-25
从上管走线的前拨链器

和止线栓在车架上管顶部的山地自行车不同，公路自行车的前拨链器是下拉式，而不是上拉式（即：变速线从五通拉上来，而不是从上管拉下去）。所以，若想改成上管走线，需要把前变速线拉到立管后方，从上到下，使用一个小滑轮改变变速线的走向，向上拉到前拨链器（见图5.46）。若车架立管后面没有小滑轮，也没有可以安装小

图5.46 越野公路自行车安在立管后面的滑轮引导上管走线到前拨链器

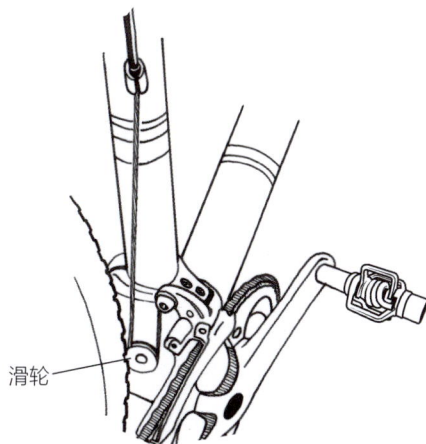

滑轮

滑轮的预留孔,买个可以安在座管夹上的转接环,再转回至前拨链器。

需要注意的是:使用山地自行车的上拉式前拨链器,虽然不需要安装滑轮,但山地车的前拨链器是为了搭配其比公路自行车小的曲柄设计的,这导致它和公路自行车的比较大的牙盘无法完全贴合,拉线行程和公路自行车的拨链器也未必配套。

保养拨链器

5-26
保养导轮

2级 后拨链器导轮若保养得当,其使用寿命会非常长。保养的方法是润滑链条的同时,一并

清洁、润滑导轮(最好一天一次)。路况非常脏的话,每骑行1600~3200公里需要拆开彻底清洗一次导轮。否则,你会发现链条磨损得非常快。

导轮的固定螺栓也应该定期检查。若导轮螺栓在骑行中掉落,按"3-12"中的方法修复。

普通的导轮使用铜或陶瓷衬套;有的高端导轮使用密封培林轴承,衬套两边各大有一片内折的碗形垫片;有的还会加在垫片周边加上橡胶油封以防止尘土和砂粒。

5-27
翻新普通导轮

1. 用3毫米内六角扳拆除固定螺栓,将导轮从拨链器上取下来(见图5.47A)。
2. 用抹布擦净零件,若有必要,可以使用溶剂。

图5.47A 拨链器剖面图

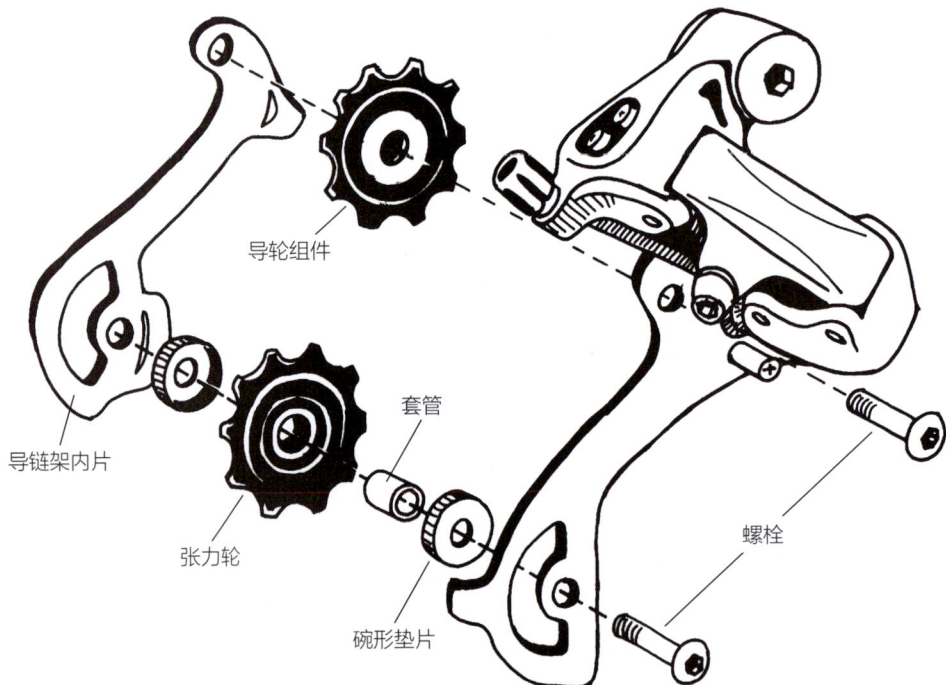

导轮组件
导链架内片
张力轮
碗形垫片
套管
螺栓

3. 若导轮断齿或齿尖磨损严重，更换导轮。

4. 导轮的螺栓、套管和导轮中间，涂抹润滑脂。

5. 将导轮安回拨链器。注意导链架的方向是大端朝下。

5-28
维修密封式培林轴承导轮

高端的密封式培林轴承导轮（见图5.47B）转动不顺畅，可以维修。

图5.47B 密封式培林轴承导轮剖面图

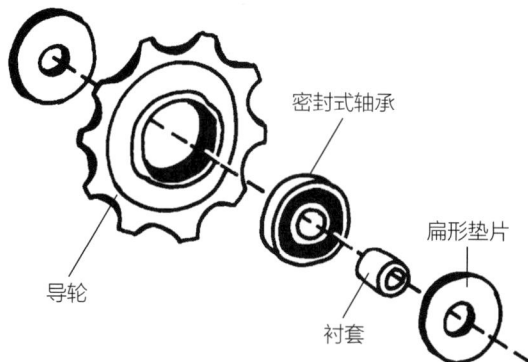

1. 用3毫米内六角扳拆除固定螺栓，将导轮从拨链器上取下来（见图5.47A）。

2. 将单面刀片插入轴承的橡胶密封圈（油封）的一侧或两侧（见图5.48）（轴承的密封金属盖无法翻新，只

图5.48 拆除轴承密封圈

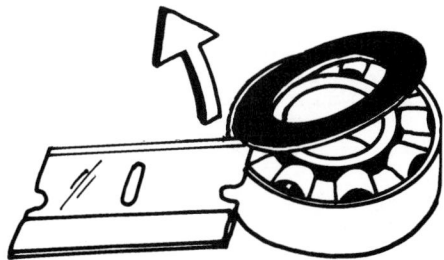

能换新的）。

3. 用牙刷沾上溶剂清洁轴承，尽量使用环保配方溶剂，注意操作时应带上安全眼镜和手套以保护自己。

4. 用高压空气或打气筒彻底吹干轴承。

5. 将润滑脂挤入轴承，塞回外盖。

6. 将导轮装回拨链器，操作时注意导链架内片不要装反，大头朝下。

5-29
导轮升级

升级导轮能降低传动系统的阻力。普通轴承升级成密封式轴承（见图5.47B）就有很大的区别。市场上有很多品牌的性价比高、升级方便、简单的导轮。

若已经使用密封轴承，还可以再将钢珠升级为更贵、更顺滑、更圆的陶瓷滚珠。建议采取最简单的方式：直接更换内含陶瓷轴承的套件，因为原装的胶轮耗损得快，迟早要更换。顶级的后拨链器已经是陶瓷轴承的了。

1. 用3毫米的内六角扳手拆除固定螺栓，把旧的导轮从拨链器上取下来（见图5.47A）。

2. 将新的导轮装回拨链器，操作时注意导链架内片的方向，大头朝下。

更换密封轴承

若更换密封轴承，要先看看如何取出导轮内的轴承。有的导轮轴承没有明显的外圈止挡（OD）。这种情况就需要找一个大于新轴承外圈（新、旧轴承外圈相同的尺寸）的内六角套筒，把新的陶瓷轴承放在一个平面桌上，再将导轮放在其上，对准轴承。用热风枪对准导轮加温，套筒的开口朝下，罩住旧导轮，用锤子敲打，旧轴承就会跳出来，导轮会套入新轴承。也可用老虎钳或手板压机来操作。

有的导轮是模压包裹住轴承的。需要将包住轴承外圈的塑料推开约1毫米左右，才能取出轴承。操作时需要用

两个内六角套筒，其中一个套筒的内径要比外圈大，另一个套筒的外径要比套圈略小。若用手板压机、钻床或老虎钳的话，轴承两侧要各放一个套筒，开口相对，慢慢加压，轴承会跳出来。然后用刀片清理撕裂的塑料边缘，再用相同的办法，垫着旧轴承或小套筒压入新轴承。

5-30
翻新后变拨链器

1级 大部分后拨链器和转轴都可以拆开来维修。若转轴弹簧没有问题，只需要保养转轴（如前所述）、清洁并润滑平行四边形链杆和弹簧即可。

5-31
清洁并润滑后拨链器

1. 尽量擦拭后拨链器，包括平行四边开链杆的内部。
2. 每个销钉的两端都滴上润滑脂。
3. 若平行四边形的链杆弹簧是晒衣架的形状（一般是勾住平行四边形链杆对角两端的圈状弹簧），将润滑脂挤进平行四边形链杆外片下侧弹簧的固定处。

5-32
翻新后拨链器上的转轴

下述内容适用于Shimano和Campagnolo系统。

警告：除非要更换新的固定螺栓（换一个更轻的），或后拨链器非常脏、运转涩滞，才操作这步。因为张力极强的转轴重新组装操作起来很困难，即使有人帮忙也未必能装得好。

1. 用5毫米内六角扳手从车架上拆卸后拨链器，松开变速线。

2. 用螺丝刀撬开固定螺栓螺纹末端的卡簧（见图5.49）。操作时注意不要弹飞卡簧。

图5.49 后拨链器转轴

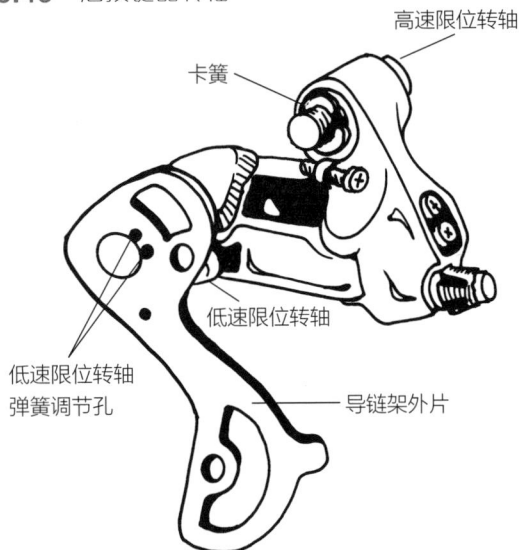

---

3. 拔出固定螺栓和高速限位转轴弹簧（见图5.3）。
4. 清洁后擦干所有的零件，一般情况下无须使用溶剂。
5. 大量涂抹润滑脂，将零件都装回原位。
6. 安回弹簧：弹簧两端都有安装孔，若操作时忘了插入哪一孔，试着插中间（若拨链器的张力不够，再试试其他孔位）。
7. 用老虎钳装回卡簧。若需要，装卡簧前可以先把卡簧要挂的尾钩上的螺栓旋几圈。

5-33
翻新后拨链器下转轴，更换导链架，调整弹簧张力

若进挡和退挡都缓慢，变速线不滞涩（"5-6"到"5-12"）、张力正确（"5-3d"），通过调节b螺丝调节下转轴弹簧张

力（见图5.4）；若是Campagnolo手变，则调节下转轴弹簧的张力螺丝（见图5.9），缩小导轮和飞轮齿尖的距离，但注意飞轮齿尖不能夹住链条。进行此操作时，注意按"5-3f"中的讲解，将链条挂在最小牙盘和最大飞轮上。

　　在Shimano后拨链器通过调节b螺丝，来控制变速时链条换挡的速度。更换弯曲的导链架或把短腿后拨替换成长腿后拨时，也可以采取同样的步骤。

1. 从自行车上拆下拨链器。

2. Shimano拨链器可以分为两种类：在下转轴的侧边有固定螺丝和没有固定螺丝的拨链器。

　　a. 若拨链器有固定螺丝（见图5.50），请使用2毫米六角扳手将其拆下，并将导链架外片拉离拨链器。

图5.50　从现在流行的Shimano后拨链器拆卸和安装下转轴固定螺丝

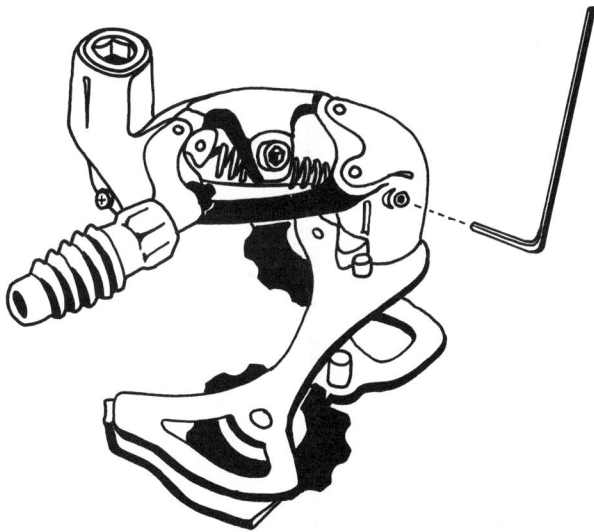

　　b. 没有固定螺丝的拨链器，拆除导链架外片靠近导轮的止动螺丝（见图5.51）。这个螺丝的作用是维持下转轴弹簧的张力，防止导链架反弹。拆这个螺丝时，要抓紧导链架，缓慢地释放弹簧张力。先拆除

导轮，再用5毫米（有时是6毫米）内六角扳手从导链架外片背面拆除转轴螺栓（见图5.52）。切记操作时要抓住导链架。

图5.51　拆卸和更换老款Shimano后拨链器的止动螺丝

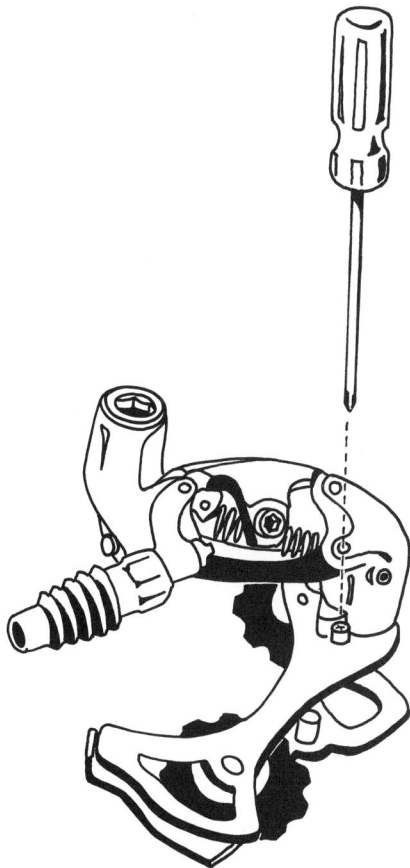

3. 拆下弹簧。确定并标记下转轴弹簧的安装孔位（见图5.52），然后取出弹簧。

4. 清洁后用抹布擦干螺栓和弹簧。清洁时若需要，可以使用溶剂。

5. 充分地给所有零件上润滑脂。

6. 把下转轴装进后拨链器和导链架外片（见图5.53）。弹

图 5.52 拆卸的更换老款 Shimano 后拨链器下转轴中心螺栓

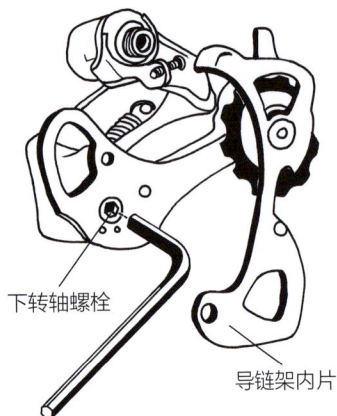

下转轴螺栓

导链架内片

图 5.53 更改导链架的弹簧张力

弹簧孔位（二选一）

导链架外片

簧可以插入原安装孔旁边的孔，以增加张力。增加下转轴弹簧张力会拉紧链条。若链条下垂或脱落，或者越野骑行时，都可适当增加弹簧张力。

7. 重新组装后拨链器。

　　a. 有固定螺丝的后拨链器：将导链架装回去，扭转螺丝（见图 5.50）。

　　b. 没有固定螺丝的后拨链器：将导链架装回去，向后

扭转（见图 5.52），再锁紧止动螺丝（见图 5.51）。

5-34

翻修后拨链器平行四边形边杆

只有极少数的后拨链器能够完全拆卸。能拆解的后拨链器（如 Mavic）有活动销。活动销尾端有个 C 形弹簧，用螺丝刀拆除 C 形弹簧后，活动销就可以拔出来了。拆解后拨链器要十分小心，可以在一个大盒子里操作，这样 C 形弹簧不容易弹飞。还要注意每个零件的位置。清洁每个零件、上油，然后把它们装回原位。

5-35

用轻量级产品取代原厂螺栓

轻量级的铝合金和钛合金螺栓，常用于更换拨链器上原来的螺栓。拆卸和更换导轮螺栓很简单，只要拆张力轮和导链架片，再依次装回去（见图 5.47A）。若改装上、下转轴螺栓（"5-32"），见前文翻修导轮的内容。

排疑解难：后拨链器和手变

根据上述内容维修变速系统之后，变速系统应该可以正常运转了。即使是向后逆转曲柄，也不会跳齿。若换挡时无法微调定位，后拨链器不能干净利落地换挡，见表 5.1。跳链或卡链，请参阅第 4 章末尾的"链条问题"部分。

5-36

排疑解难：变速系统

检查后拨链器的低速限位螺丝，以避免其在骑行中插入辐条。

重新检查变速换挡是否顺畅，转动变速张力调节器

每次听到一声"咔嗒"（1/8转）。限位螺丝每次调节1/8圈。

若怀疑变速系统的问题有多种可能性，逐一排查，直

到查出问题所在，相关故障的处理方法见表5.1。

表5.1	── 排疑解难：变速线故障
后拨链器	
链条卡在小飞轮和车架之间	拉紧变速线（"5-3d"，"5-3e"）
	顺时针调整高速限位螺丝（"5-3c"）
后拨链器蹭辐条	顺时针调整低速限位螺丝（"5-3b"）
链条掉到辐条和大飞轮之间	顺时针调整低速限位螺丝（"5-3b"）
链条挂不上大飞轮	拉紧变速线（"5-3d"，"5-3e"）
	链条过短（"4-8"），更换长链条
	拨链板过短，换拨链器或拨链板（"5-33"）
变速到大飞轮时，反应缓慢	拉紧变速线（"5-3e"）
变速到小飞轮时，反应缓慢	放松变速线（"5-3e"）
	给变速线上链条油或更换变速线（"5-6"至"5-17"）
	给复位弹簧上润滑脂
拨链器升挡和限挡都困难	更换变速线，或给变速线上链条油（"5-17"）
	调整b螺丝（"5-3f"）
前拨链器	
链条向外掉	检查拨链器的安装位置（"5-5a"）
	顺时针调节高速限位螺丝（"5-5d"）
链条向内掉	检查拨链器的安装位置（"5-5a"）
	拉紧变速线（"5-5e"）
	顺时针调节低速限位螺丝（"5-5c"）
	安装导链器（"5-44"）
在低挡位时，链条蹭内链板	检查拨链器的安装位置（"5-5a"）
	逆时针调节低速限位螺丝（"5-5c"）
	放松变速线（"5-5e"）
在高挡位时，链条蹭外链板	检查拨链器的安装位置（"5-5a"）
	逆时针调整高速限位螺丝（"5-5d"）
	拉紧变速线（"5-5e"）
极端齿比时，链条蹭链板	半挡微调（"5-1b""5-1d"或"5-1f"）
	调节变速线张力（"5-5e"）
拨链器蹭曲柄	检查拨链器的安装位置（"5-5a"）
	顺时针调节高速限位螺丝（"5-5d"）
变速到大牙盘时反应缓慢	检查拨链器的安装位置（"5-5a"）
	拉紧变速线（"5-5e"）
变速到小牙盘时反应缓慢	放松变速线（"5-5e"）
	逆时针调整低速限位螺丝（"5-5c"）
	给变速线上链条油或更换变速线（"5-6"至"5-17"）

5-37
如何有更多的齿比范围

爬坡时，骑手更希望使用小盘。若不停地转换齿比，更多的齿比范围更合适。在第11章，我提及过三片压缩盘和两片压缩盘（压缩盘的小盘有34齿，标准的两片盘的小盘是38或39齿）。若小盘不够用，还可以用小飞轮。后拨链器有一个齿数最大的飞轮，这有一个最大容量以及链条松弛的最大量。

和从前相比，现在双盘的后拨的设计可以兼容更大范围的齿数，使用中甚至可以适用更多的齿数。Shimano SS（如短腿）后拨链器规定范围是28齿，但实际齿数比可以使用从16齿到33齿（总齿数根据牙盘齿数不同而不同，如50-34=16，后飞轮的齿数不同，总的齿数也不同。如28-11=17，合起来就是33T）。SRAM和Campagnolo的短腿后拨链器可兼容。Shimano、SRAM和Campagnolo三家公司的长腿后拨链器可以有更大范围的牙盘和后飞轮设定。Shimano GS（长腿）公路后拨链器最大能安装32齿飞轮，可以从16齿到37齿（总齿数根据牙盘齿数不同而不同，如50-34=16和32-11=21，后飞轮齿数不同，都称为37T）。

若仍用现有的后拨链器得到更大的飞轮，那么，若飞轮超出了后拨链器官方规定的飞轮范围，应该怎么操作呢？有3种方法，其中一种方法简单，另两种方法复杂。第一种方法是简单地拧紧b螺丝（"5-3f"），使链条挂到最大飞轮时，导轮运转顺畅。我在很多不同款的自行车上试过拧紧b螺丝这种方法，比如Shimano SS的11速后拨链器，11-32齿飞轮；Shimano GS11速后拨链器，11-36齿飞轮，链条要长1或2节。把自行车支在车支架上，仔细检查链条在大牙盘-大飞轮这种极限组合时，链

条是否够长，否则极限组合会损坏后拨链器。

方法2：若b螺丝拧紧了，链条挂在大飞轮上时仍因蹭链发出异响，导轮在每个齿位上下跳，可以拆除b螺丝，再拆卸后拨链器，然后把后拨链器安装位置往上移。重新安回时要注意后拨链器的安装螺丝是否安装到位（"5-2"第2~4步）。

方法3：按"5-33"的操作方法，将短腿后拨链器换成长腿后拨链器。

5-38
变速线黏滞

检查变速线在线管内能否顺畅移动。黏滞的变速线移动缓慢。用链条油或变速系统制造商指定的润滑脂（"5-16"）润滑变速线。若润滑脂太黏，不能用来润滑变速线。若润滑不起作用，更换变速线和线管（"5-7"至"5-15"）。

5-39
尾钩弯曲

弯曲的尾钩会导致变速不畅。校正尾钩的方法见"17-4"。

5-40
后拨链器导链架弯曲

弯曲的后拨链器会使张力轮偏离正常角度。轻微的弯曲可用手掰直，操作时瞄准曲柄作为校正的基准线。导链架损坏的话，则需要更换（"5-33"）。

5-41
后拨链器松动或磨损

抓住后拨链器，用力摇晃，检查转轴是否有间隙。若转轴松动，说明后拨链器已经磨损，会导致后拨链器松动、有异响，需要更换。

若后拨链器的固定螺栓松动，也会导致迅速变速不准。这种情况需要拧紧固定螺栓。

5-42
不同品牌、型号和速别的兼容性

不同品牌、型号和速别的兼容的发展历史很长，非定位式拨链器尽管反应迟缓、低效，但不限飞轮片数，可以混用。定位式手变变速系统换挡精准，但兼容性不如非定位式拨链器，需要一套配套的系统——同品牌、同型号和同速别，前、后拨链器、飞轮、链条以及配套的曲柄。不过，也可以有一些兼容性。

后拨链器换挡比率——后拨链器横向移动的量除以变速线横向移动的量（即每毫米变速线的后拨链器横向位移的毫米数）——是由拨链器设置的。拉动变速线，有"咔嗒"声，变速线移动一挡。每次变速线的张力乘以变速器换挡比率等于拨链器的导轮在每次换挡时横向移动的距离。若要正确移动，必须等于从一个后飞轮的中心到下一个飞轮的中心（飞轮的齿距）的距离。

变速线张力 × 变速器换挡比率 = 齿距

飞轮的齿距等于飞轮的厚度（除了最大或最小的飞轮）加上隔开两个飞轮间的垫片的厚度。随着飞轮数量的增加，齿距减小。飞轮片的数量不同，品牌不同、甚至同一个品牌不同型号，其换挡比率、变速线和飞轮间距也不同。

表5.2列出了基于3个主要零件厂家不同速别（以毫米为单位）的换挡比率和飞轮间距（以毫米为单位）。

下面就常见问题做些解答。

- Shimano和SRAM的11速拨链器的飞轮片太宽，和Shimano SRAM Shimano 10速和9速不兼容。它们的花键相同，但11速花鼓宽2毫米。
- Shimano/SRAM的Mavic 10速飞轮通过移除垫片，可与11速卡式飞轮兼容。
- Shimano 10速飞轮和Shimano 9速飞轮兼容。但是9速Shimano飞轮和Shimano 10速铝合金飞轮不兼容。
- Campagnolo 9速飞轮的花键较深，与Campy 8速飞轮不兼容，但其10速和11速飞轮和Campy 9速飞轮兼容。5.9~6.1毫米宽的10速链条可以兼容10片飞轮，甚至更窄的5.4毫米11速链条可以兼容11片飞轮。安装11速飞轮后，每片飞轮的距离只有2.2毫米，而每个链条滚子的宽度和每片飞轮的厚度保持不变。Campagnolo 9速飞轮盘片间距为4.55毫米，Campagnolo 10速的飞轮盘片间距为4.15毫米，Campagnolo 11速飞轮盘片间距为3.76毫米。
- SRAM、Shimano和FSA 10速飞轮与Shimano 9速和10速飞轮兼容，但和Shimano 10速铝合金飞轮不兼容（仅与Shimano 10速飞轮兼容）。所有的9速和10速飞轮与Shimano/SRAM 11速飞轮兼容，但因为飞轮需要2毫米的间隙，需要在最大的飞轮后面留一个2毫米的垫片。
- 一般而言，任何品牌的9速曲柄和牙盘都与Campagnolo、Shimano或SRAM的10飞轮兼容。10速曲柄和牙盘与11飞轮兼容。

表5.2 ——后拨链器规格

品牌/速别	变速比	换挡比	飞轮间距
Shimano Dura-Ace 7, 8	—	1.9	—
Shimano 6	3.2	1.7	5.5
Shimano 7	2.9	1.7	5
SRAM（1：1）7 Mountain	4.5	1.1	5
Shimano 8	2.8	1.7	4.8
SRAM（1：1）8 Mountain	4.3	1.1	4.8
Campagnolo 8	3.5	1.4	5
Shimano 9	2.5	1.7	4.35
SRAM（1：1）9 Mountain	4	1.1	4.35
Campagnolo 1st-generation 9	3.2	1.4	4.55
Campagnolo 2nd-generation 9	3	1.5	4.55
Shimano 10 Road	2.3	1.7	3.95
Shimano 10 Mountain	3.4	1.2	3.95
SRAM（Exact Actuation）10 Road/Mountain	3.1	1.3	3.95
Campagnolo 10	2.8	1.5	4.15
Shimano 11 Road	2.7	1.4	3.77
Campagnolo 11	2.6	1.5	3.76
SRAM（Exact Actuation）11 Road	3.1	1.3	3.79
Shimano 11 Mountain	3.6	1.1	3.9
SRAM（X-Actuation）11 Mountain	3.5	1.12	3.9

- 所有SRAM Red、Force, Rival和Apex组件均可互换，所有SRAM公路拨链器均可替换10速SRAM山地自行车后拨链器。
- 所有8速链条均可用于7速或8速变速系统。所有9速链条均可用于所有的9速变速系统。所有10速变速系统都要安装10速链条，所有11速系统都要安装11速链条。不同品牌之间是否兼容需要先做实验。
- 7速和8速链条一般情况下宽7.0~7.2毫米，9速链条宽6.5~6.7毫米，10速链条宽5.84~6.1毫米，11速链条宽5.46~5.74毫米。

5-43
卷链

公路自行车不常发生卷链（链条卡在牙盘和后下叉之间），一旦发生处理方法见"4-14"。

5-44
链条掉到最小盘

这种情况常发生于从大盘换到小盘时，拨链器过度移动而引起掉链。刹车手柄不灵活时，会引起跳链、掉链。我的建议是加装防止掉链装置，如Third Eye Chain Watcher（见图5.54）、Deda Dog Fang或N-Gear Jump Stop或其他的三边或双边防止掉链装置。SRAM\K-Edge和其他一些型号的防止掉链装置安装在直装式前拨链器上，而有的自行车架自带有稳链器。

图5.54 Third Eye Chain Watcher

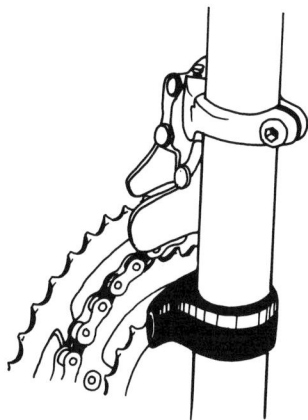

5-45
链条掉在三盘系统的最小盘

此种情况最常发生在链条位于中间牙盘搭配最大飞轮，尤其是30-39-53牙盘组合时。在30-42-52之间，39-53齿差比30-42-52多4齿，这个齿差数已经超出了前拨链器的操控范围。解决方法是提高前拨链器对应30-39-53中盘的安装位置，但有个弊病是链条变速到最小牙盘时不如30-42-52或30-39-50顺畅，增加了掉链的风险。

最外面的牙盘换成42-2齿可以解决这个问题。但若不想更换齿比，可调整前拨链器，使内拨链片在中盘最靠近链条。Campagnolo Comp Triple曲柄组是30-0-0或30-2-3的组合，使拨链器更接近中间的牙盘，所以这种曲柄组很少会掉链到最小盘。

5-46
链条准线

链条准线是前牙盘和后飞轮的相对位置，即：从前牙盘中心延伸至后飞轮的虚拟线（见图5.55）。理论上说，

图5.55 测量链条准线

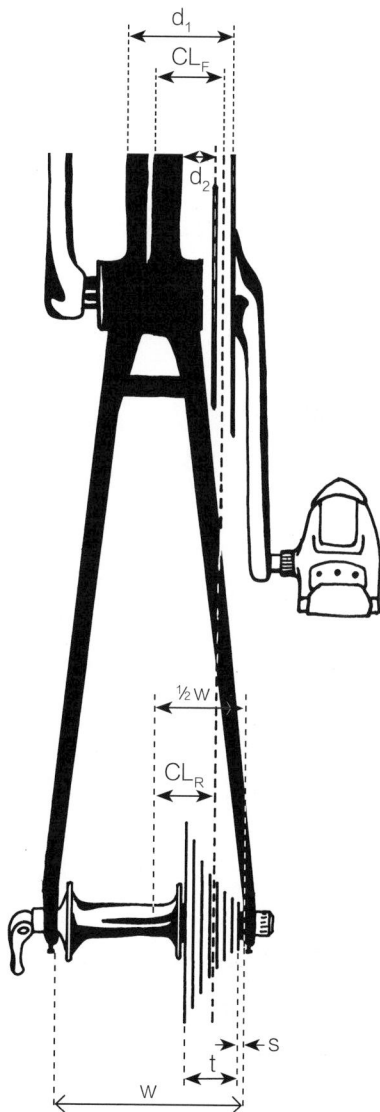

这条线应该笔直地平行于自行车的垂直面。

通过移动或更换中轴，左右移动曲柄来调整链条的准线。有一个方法可以初步检查链条准线：一把长直尺的一端放在中间，和车身平行时，理论上说另一端应该落在后飞轮的中央（更精确的测量方法见"5-47"）。

若无论怎么调整链条的低速限位螺丝、变速线的张力或后拨链器的位置，链条仍向内掉或链条蹭花鼓、有异响、交叉挡位自动跳挡，原因可能是链条准线不对（或需要校正车架）。

5-47
精准地测量链条准线

准备一把游标卡尺、刻度盘或数字尺。这种测量方法仅适用对称下管车架。

链条准线的位置是从车架立管的中心线到中盘的中心线的距离，实际上这只是链条准线的前端点。

1. 找出牙盘的中心位置（见图5.55中的CL_F）。

   a. 测量下管左侧到大牙盘外侧的距离（见图5.55中的d_1）。（不要从立管量起，因为立管接到五通处可能是椭圆形的。）

   b. 测量下管右侧到小牙盘内侧的距离（见图5.55中的d_2）。

   c. 要查找CL_F（前面的链线），请添加这两个测量值，并将总和除以2。

$$CL_F = (d_1 + d_2) \div 2$$

2. 找到细线的后端点（见图5.55中的CL_R），这是从自行车平面中心到变速盘中心的距离。

   a. 端对端测量齿轮堆的厚度（见图5.55中的t）。

   b. 测量最小齿轮的表面和脱落的内表面之间的空间（见图5.55中的s）。

   c. 测量后轮轴在两个尾钩之间的距离（见图5.55中的w），也称为"轴距"。

   d. 链条准线后端点的位置尺寸CL_R，等于轮轴长的一半减去飞轮高的一半，再减去最小飞轮片和右后尾钩内面的距离。

$$CL_R = (w \div 2) - (t \div 2) - s$$

3. 若$CL_F = CL_R$（链条准线后端点），链条准线很完美。不过，这种情况只是理论上的，实际上基本不可能实现。CL_F，即五通链条准线前端点的位置，通常在41~43毫米之间。

   a. 若链条准线（CL_F）前端点在43~45毫米之间，传动系统运转时很安静。不过，这可能不适合于特定的传动系统：（a）小牙盘可能摩擦后下叉；（b）前拨链器向内回弹的行程尚未结束，可能就已触底（加大口径的立管尤其容易发生这个问题）；（c）小牙盘、后小飞时，链条摩擦中盘（若不使用这种交叉挡位，便可避免这种情况）。

   b. 建议在保证牙盘不摩擦后下叉、前拨链器不摩擦立管的前提下，链条越靠近车架越好。

4. 若要调整链条准线，就只能移动牙盘（仅带有传统中轴的自行车；对于集成主轴曲柄，这是不可能的）。因为飞轮的基本位置是固定的，可以更换较长或较短的中轴轴心，或向右或向左移动中轴（中轴的安装方法见第11章）。

   注意： 若因车架失准而影响链条准线，自己无法修复。

5. 若修正链条准线后，仍无法解决掉链问题，或不想纠结链条准线问题，安装Third Eye。

这种装置安装在立管上，靠近小牙盘的位置。同样，SRAM和K-Edge安装在直装式前拨链器上。高度调整妥当后，在链条滑落时，会把链条推回原位。

所有的电子设备都是电力控制的。若电用完了，设备也就无法运转了。

——米兰·尼古拉斯

电子变速系统

虽然现在的机械变速只需用手指拨动就能快速而精确地移动，但电子变速的速度更快，功能更强大。电子变速也可以做到一些机械变速不可能完成的换挡功能。例如，只需手指轻轻触摸，就可以将电子前变速器从小牙盘升挡到大牙盘，在山顶上冲刺时也不会失去动力，用手动换挡是不可能做到这一点的。安装电子后变速器的越野公路自行车，可以在高速骑行后突然减速的状态下紧急刹车，在急转弯猛地刹车后直接返回上坡，从高速挡转换到低速挡，这是机械变速无法做到的。

6-1
操作电子变速系统

虽然Campagnolo和Shimano的第一代电子变速换挡的操作与我们所习惯的用电子拨链器换挡（"5-1"）的方式类似，但它们无须那样操作。与直接装到拨链器的机械变速器不同，电子按钮连接的是整个系统，通过系统控制换挡按钮。除了某些部件上的连接端口的数量之类的限制之外，多个按钮完全有可能执行同样的换挡功能，开启了从许多不同位置进行换挡的可能性。这不仅能满足用户的个人喜好；对于有残疾的人来说，电子变速可以让他们像其他人一样轻松换挡。

SRAM推出的eTap电子系统，使拨链器摆脱了同类机械换挡的产品的局限，双手即可同时控制两个拨链器。可以轻易重置第二代Campagnolo的EPS电子变速系统（带有内置电池的系统），可将其设置成和SRAM eTap相同的换挡方式。使用MyEPS智能手机应用程序，用户可以重新设置使用哪个按钮来变速，以及拨链器换挡的速度。Shimano Di2电子系统也可以重新设置出厂时设定好的操作系统。例如，可以设置用特定的按钮来控制特定拨链器的开关，以及用特定的开关来控制特定的拨链器。

Shimano最新的公路Di2组件可以与其山地自行车Di2组件以及前几代公路Di2组件混合搭配，但是也有一些重要的限制。例如，若公路自行车Di2拨链

115

器与山地自行车Di2拨链器（在直把上）同时使用，需要注意两个拨链器必须是同一代的公路Di2。同样，若使用了Di2的公路自行车或越野自行车想控制后飞轮，必须前后都使用山地自行车拨链器；只安装山地自行车Di2的后拨链器将无法正常操作。还可以将任何Di2无线电变开关（攀爬、冲刺或TT计时赛开关）与Di2公路拨链器和山地车后拨链器一起使用。但是山地自行车Di2前拨链器无法处理公路自行车尺寸的牙盘之间的14或16齿转换，其设定只适用于山地自行车牙盘之间的10齿转换。

混合不同速度或型号的Shimano组件也有类似的限制；若为了省钱，只想升级部分Di2系统，需要注意如下问题：例如，你不能将Di2公路的10速和11速的前后拨链器组合在一起，它们的变速范围必须相同（实际上，可能暂时能够混合使用——在更新电池之前，Ultegra FD-6770 10速前拨链器和Ultegra RD-6870 11速后拨链器可以使用，但是更换电池之后，它将永久失效）。另一方面，Ultegra ST-6770 Di2拨链器的速度设定为10速但可以用新固件重新设置，Ultegra和Dura-Ace都可以与一对11速前后Di2拨链器配合使用。同样，11速换挡，即ST-6870（Ultegra Di2）或ST-9070（Dura-Ace Di2），将配备原装Ultegra 6770 10速Di2前后拨链器的11速传动系统。

a. Shimano Di2公路自行车电子变速系统（弯把和休息把）

弯把变速系统

用于弯把的Di2变速系统中的变速按钮（见图6.1A）沿着变速杆方向，在与标准Shimano STI变速杆大致相同的位置（见图5.1C和图5.1D）。在其标准配置中，变速按钮在右侧握把为升挡，在左侧握把为降挡；变速杆变速按钮在右侧为降挡，在左侧控制杆为升挡。因此，若要切换到较小的飞轮，需推动右侧握把上的变速按钮。要切

图6.1A　Shimano Di2 STI右变速杆

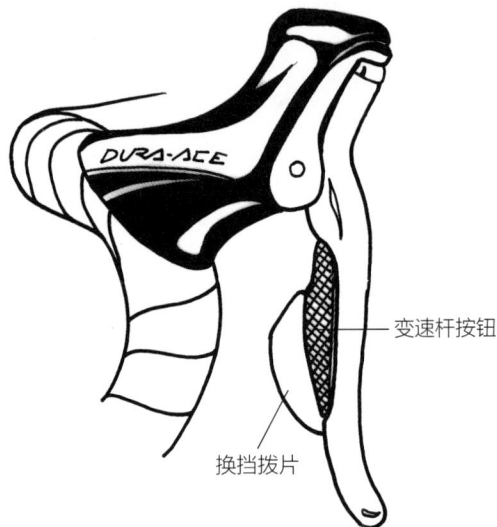

DURA-ACE

变速杆按钮

换挡拨片

换较大的飞轮，需沿着右侧握把的边缘向前拨按钮。

Shimano还有插入变速系统的无线电变按钮、换挡位置以及其上的换挡位置。这些只是后拨链器的变速装置，没有操作前拨链器的无线电子变速装置。Di2"冲刺按钮"通常安装在车把内侧的变速杆下方。用右手拇指按右侧冲刺按钮，换到较小的后飞轮（较高挡位）。用左手拇指按下左冲刺按钮，换到较大的后飞轮（低速飞轮）。

转换Di2"爬坡按钮"是一个带有一对按钮的夹子，通常安装在握把的顶部，位于杆夹的右侧。其原始配置是按较大按钮以转到更高的挡位（小的后飞轮），按较小的按钮以降挡至较低的挡位（较大的后飞轮）。

Aerobar休息把换挡

由于两个换挡位置在Di2休息把电子变速器上各有两个按钮，为了记住每个换挡按钮的作用（见图6.1B），请记住标准配置情况下的口诀：上部按钮用于上坡，下部按钮用于下坡！

换句话说，两侧的上部按钮为较低的挡位，两侧的下部按钮为更高的挡位。例如，无论右手握住了车把的上端

图6.1B Shimano Dura-Ace 7970 Di2休息把电子变速器；SW-R671电子变速器

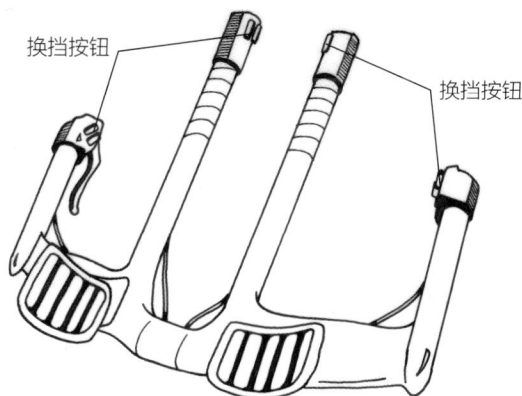

换挡按钮

换挡按钮

还是末端，按下上部按钮即可切换到较大的飞轮（上坡），按下部按钮切换到较小的飞轮（下坡）。

若不喜欢已定的按钮设定，可以使用eTube计算机系统重新设置切换按钮。

Shimano还有单按钮Di2电子空气动力变速杆（型号SW-9071）。休息把上安装的SW-9071顶部是单头设计，每个按钮单向控制后拨链器。标准设置是右侧的变速杆上方的按钮升挡后拨链器（到较小的飞轮），左侧的变速杆顶部的按钮使后拨链器降挡（到较大的飞轮）。单头设计的车把手上方的变速按钮或是下把位变速按钮。

b. Shimano Di2公路自行车前电子变速系统（弯把和休息把）

弯把换挡

要切换到小牙盘，按下左侧变速杆上的后换挡拨片（见图6.1A）。要切换大牙盘，沿着左变速杆的边缘按下前方的长按钮。也可以使用eTube软件（仅限PC端）重新设置。

即使没有碰到左侧按钮，前拨链器有时也会移动，请

不要担心。在后飞轮换挡时，Di2前拨链器会自动在两个不同的飞轮片上移动，以避免摩擦链条。

休息把换挡

无论是在休息把的末端还是在基础把上的变速杆上，按左手边下方的按钮（见图6.1B）都可以切换成大牙盘，按下左上按钮转到小牙盘。记住这个口诀：上方按钮上坡，下方按钮下坡。正如在"6-1a"中所提到的，若每个休息把的末端只有一个按钮，而且它们都用于操控后拨链器，前拨链器的唯一换挡按钮位于左刹车杆上。

和后拨链器相同，也可以使用eTube在电脑上重新设置换挡按钮。

c. Di2电池电量

要查看电池电量指示器，在右侧控制杆上同时按住两个换挡按钮，连接器A上的电池符号附近的LED指示灯（见图6.2和图6.3）会亮起。LED亮的是绿色表示电池已满，闪烁绿色表示电池半满，红色表示电池1/4满，闪烁红色表示电池已空。若亮的是红色，请给电池充电（"6-2a"）。

图6.2 Shimano Ultegra 6770/6870/Dura-Ace 9070 Di2连接器A（上进线）固定在把立上

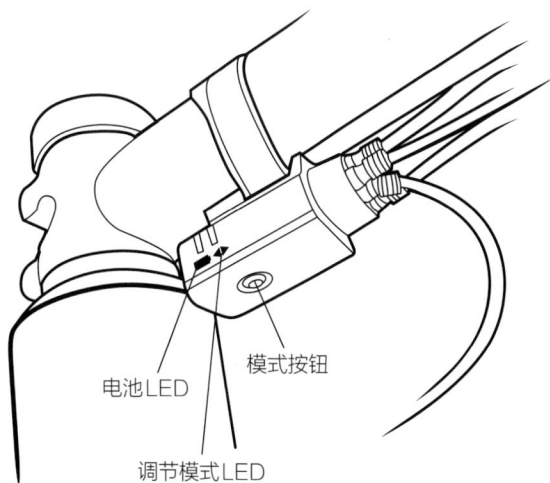

模式按钮

电池LED

调节模式LED

图6.3 原装 Shimano Dura-Ace 7970 Di2 连接器 A（上进线）扎带固定前刹车线

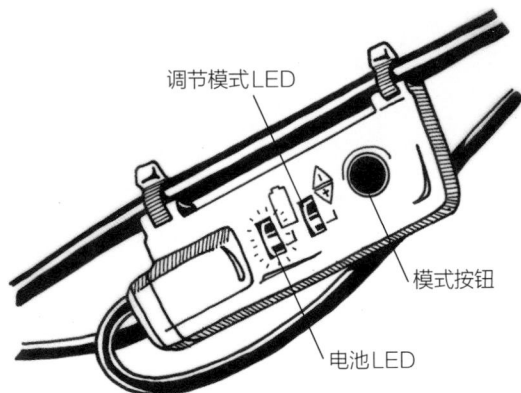

调节模式 LED

模式按钮

电池 LED

图6.4A Campagnolo EPS 电子 Ergopower 左变速杆

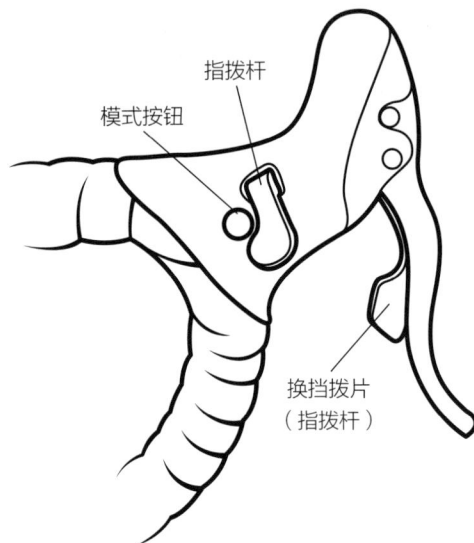

指拨杆

模式按钮

换挡拨片
（指拨杆）

Shimano 的 Di2 还有可选的无线系统，其屏幕上有一个用于换挡系统的电池显示窗。

当电池电量耗尽时，前拨链器先停止操作，然后后拨链器停止操作，它们将停在所处的最后挡位。若电池耗电过快，使用 eTube 检查。

d. 后置 Campagnolo EPS 电子变速系统（弯把、休息把和基础把型）

弯把变速器

EPS 按钮（见图6.4A）和 Campagnolo Ergopower 的电子变速器相同（见图5.1B）。要换到更大的飞轮（低速飞轮），用手指向左（向内）推动换挡拨片（刹车杆后面的变速杆；见图5.28）。继续向内推动多次，根据推动的时间长短，它会移动几个飞轮齿片或整个飞轮齿片。

要换到较小的飞轮（较高挡位），请将指拨杆向下推。向下推动它以进行多次换挡操作。

使用 MyEPS 智能手机应用程序，您可以重新设置用哪个按钮可以执行哪些操作，甚至可以用一个变速杆控制两个拨链器。

休息把变速器

向下推右变速杆移动到较小的飞轮（见图6.4B）。向上拉右变速杆换到更大的飞轮。松手后，变速杆将返回中心位置。向下或向上握住变速杆可以在11个飞轮间切换。

基础把、计时赛/铁人三项车变速器

按下右变速杆上的侧按钮切换到较小的飞轮。按下右变速杆顶部的按钮，切换到更大的飞轮。按住一个按钮将

图6.4B Campagnolo EPS 电子空气动力变速杆

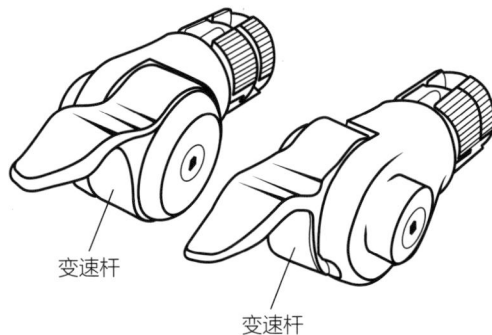

变速杆

变速杆

在11个飞轮间切换。

e. Front Campagnolo EPS电子变速器（弯把、休息把和基础把车型）

弯把变速器

要换到较大的牙盘（较高挡位），用手指将换挡拨片（刹车杆后面的指拨杆）向右（向内）推（见图6.4A）。要换到较小的牙盘（下飞轮），请向下推动指拨杆。

通过后飞轮换挡时，EPS前拨链器会自动调整两次位置以避免摩擦链条。

使用Campagnolo MyEPS智能手机应用程序，可以通过多种方式更改设置。例如，可以使用一个变速杆进行所有换挡操作——换挡拨片可以控制降挡到较大的后飞轮，指拨杆可以升挡到较小的后飞轮，模式按钮可以将前拨链器移动到任一片牙盘上。

还可以设置"冲刺"模式：左换挡拨片降挡到较大的后飞轮，右换挡拨片升挡到较小的后飞轮，左指拨杆换挡到大的牙盘，右拇指拨杆换挡到小牙盘。

空气动力把变速器

向下推左变速杆可切换到小牙盘（见图6.4B）；向上拨动左变速杆可以切换到大牙盘。松手后，变速杆将返回中心位置。

基础把、计时赛/铁人三项变速器

按下左变速杆上的侧面按钮，切换到小牙盘。按下左变速杆顶部的按钮，切换到大牙盘。

f. EPS电池电量

通过按下和松开任一个变速杆上的小模式按钮，可以监测电池的电量，以确保EPS拨链器在行驶期间可持续进行换挡操作（见图6.4A和图6.4B）。变速杆上的小EPS接口单元上的LED灯可亮几秒：LED亮绿色表示电池已满，闪烁绿色表示电池将满，黄色表示电池剩一半电量，闪烁红色表示电池需要充电。电池充电在"6-2a"中有相关介绍。

g. 前后SRAM eTap电子变速器（弯把和休息把）

与SRAM DoubleTap机械变速杆（和Shimano、Campagnolo不一样）一样，eTap在每个变速杆上只有一个换挡开关。有了这个开关，eTap就能够像赛车一样换挡：即用一只手升挡，用另一只手降挡。按下右侧eTap换挡拨片（见图6.5A），换成较小的后飞轮（高挡）；推动左换挡拨片换成较大的后飞轮（低挡）。同时推动两个换挡拨片可以前拨链器将飞轮换至其他挡位。握住变速杆向下拉以多次换挡。当松开变速杆时，后拨链器会停止移动。

图6.5A SRAM eTap左变速器

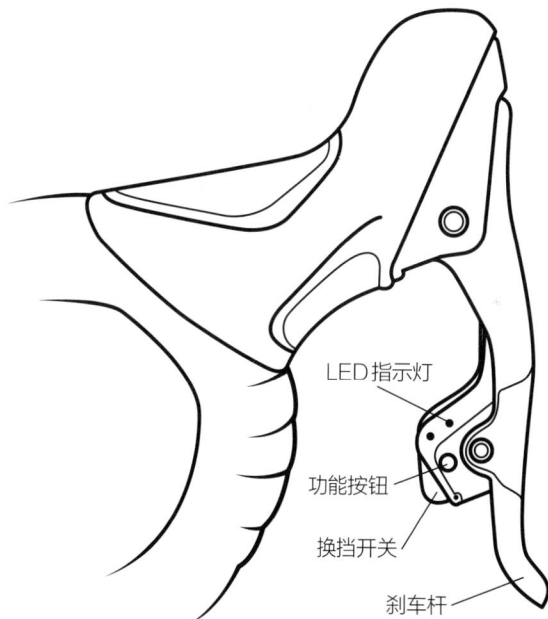

LED指示灯

功能按钮

换挡开关

刹车杆

SRAM eTap是无线变速器，但它也有换挡按钮——称为"Blips"（见图6.5B），可以插入变速杆上的端口（或称为"BlipBox"的控制盒，在没有eTap的情况下运行它）。

图6.5B SRAM eTap变速按钮，变速盒

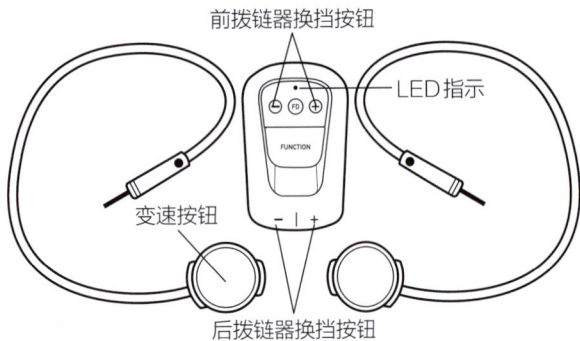

Blips的变速方式和它们插入的变速器的变速方式相同：推动连接到右变速器的Blip则切换到小飞轮（高挡位）；推动连接到左变速器的Blip则切换大飞轮（低挡位）；同时推动两个Blips，前变速器则切换到链条当时没在的任一牙盘上。

虽然通常需要双手拨前拨链器，但对于只使用一只手的人来说，还有一个固定装置。通过在车把上并排放置每个换挡杆的Blip，一只手就可以进行前后换挡。

休息把变速器

Blips（见图6.5B）安装在气压杆的两端。按下右侧的Blip切换到小飞轮（较高的挡位）；按卜左侧的Blip切换到大飞轮较低的挡位；同时按下两个Blips，前变速器则切换到链条当前没有在的任一飞轮片上。

基础把、计时赛/铁人三项变速器

由于基础把刹车杆安装在基础把而非eTap杆上，所以Blips（见图6.5B）安装在刹车杆附近。它们不是插入eTap控制杆，而是插入控制盒（"BlipBox"），该控制盒带有Garmin计算机支架。与所有eTap拨链器一样，按下右侧的Blip转换到较小的飞轮（高挡位）；按下左侧的Blip切换到更大的飞轮（低挡位）；同时推动两个Blips将前拨链器移动至其他飞轮上。BlipBox本身也有两个拨链器的换挡按钮。

可以将四个Blip插入BlipBox，每侧两个（一对用于休息把的末端，一对用于基础把）。BlipBox是换挡器，Blip是换挡器的远程开关，因此BlipBox可以不插入Blip使用，也可插入两个或四个Blip。

SRAM的eTap软件和固件是固定的；使用哪一个拨链器控制什么，以及拨链器的变速范围、换挡速度等用户不能重新设置。

h. SRAM eTap电池电量

每次换挡后，每个组件上的LED指示灯会亮起。完全充电后它会显示绿灯，但一旦电池电量下降到25%以下，它就会显示红灯。电量剩余15%以下，LED闪红灯。

拨链器上的可充电电池，绿灯代表剩余15~60小时的骑行时间。红灯代表5~15小时，闪烁红色表示电量低至1~5小时。有关充电的说明，请参阅"6-2a"。

对于每个换挡/刹车杆中的不可充电CR2032手表电池，拨链器显示屏显示绿灯代表剩余6~24个月的骑行时间。显示屏显示红灯代表剩余1~6个月，显示屏闪红灯则代表在电池大约1个月后耗尽。

为了节约电池滴流，每个组件中的运动传感器会在你不骑行时自动进入睡眠模式。由于车的移动会让组件进入运行状态，为了延长骑行寿命，SRAM建议你拆下拨链器电池，并保持电池两极的干净，用随附的电池端口盖更换。亮红灯是提醒你在骑行前安装电池。

6-2
电池充电和断电

a. 电池充电

每月或每骑行700公里，需要检查电池电量（"6-1c""6-1f"或"6-1h"）。EPS和Di2电池的充电时间约为

1.5小时。SRAM eTap拨链器电池的充电时间为45分钟。首次使用前请先将电池充满电。无论电池还剩余多少电量，都可以随时充电。长时间不给电池充电可能会损坏电池，而且最好将电池充电至少一半电量。若长时间存放，请定期充电。

Shimano

使用Shimano内置电池，请将充电器插入连接器A侧的方形端口（见图6.2）。若你有原装Dura-Ace 7970 Di2的车座电池，通常需要拆下座管才能给它充电（见图6.6）。外部Di2电池（见图6.7）可以从自行车上取下并在充电座中充电。

图6.7 卸下Shimano Di2外置电池：打开控制杆，按下松开按钮，然后将电池取出

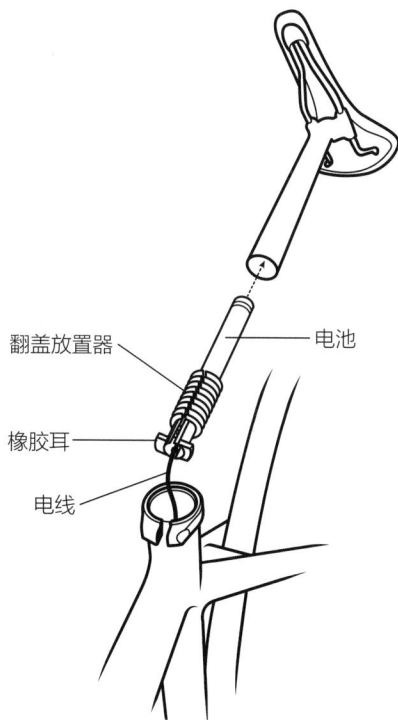

图6.6 将Shimano Di2内置电池安装到座管上

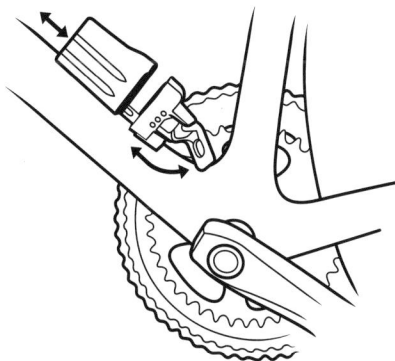

翻盖放置器
电池
橡胶耳
电线

中伸出的充电端口拧下密封塞（见图6.8）。将盖子从外部电池弯曲的一端的输入/输出插头上拔下（见图6.9）。使

图6.8 安装Campagnolo EPS V2座管电池

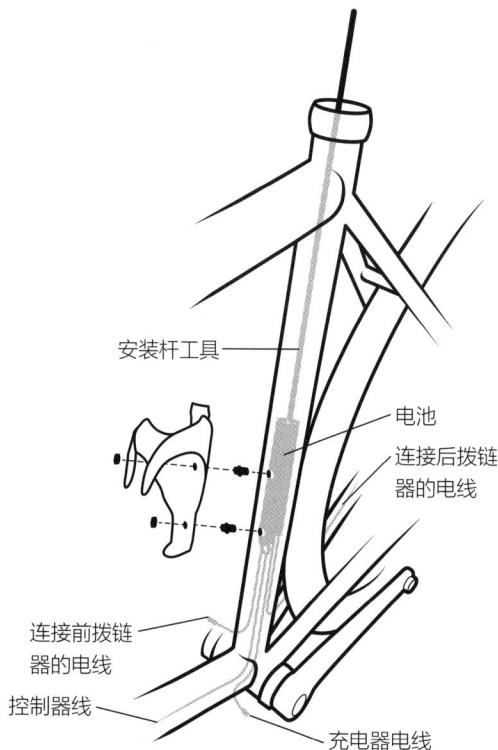

安装杆工具
电池
连接后拨链器的电线
连接前拨链器的电线
控制器线
充电器电线

Campagnolo

EPS充电需要先找到充电端口。从V2内部电池车架

第6章 ｜ 电子变速系统

图6.9 插入EPS断电磁铁，拆卸外置Campagnolo EPS 电池

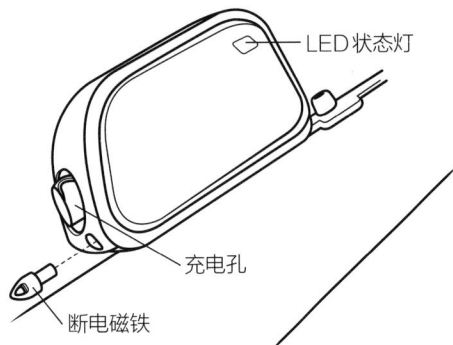

图6.9 插入EPS断电磁铁，拆卸外置Campagnolo EPS 电池

LED 状态灯
充电孔
断电磁铁

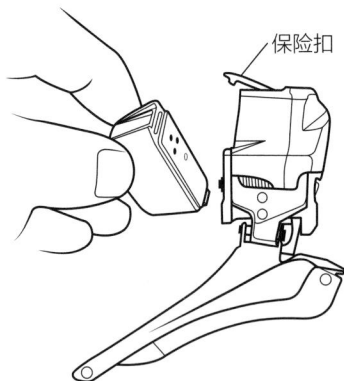

图6.10B 从SRAM后拨链器上拆卸eTap电池

保险扣

用V3内置电池时，充电端口位于连接到立管上的V3接口上的橡胶盖下。插入充电器线，确保两边的连接器对齐。使用V2或V3电池时，将充电连接器拧入充电端口。

SRAM

SRAM eTap有两个相同的可充电电池，每个拨链器上有一个。翻开前拨链器或后拨链器顶部的保险扣（见图6.10A和图6.10B）并取出电池。

若其中一个拨链器上的电池坏了，而你骑行时需要用这个拨链器，可以将它与另一个拨链器上的电池互换（或携带备用电池）。SRAM的充电座通过微型USB连接器充电，有四个指示灯：充电处旁边的一个指示灯为蓝色时表

示它有电，顶部三个指示灯显示电池电量。

车把的每个变速手柄上都有一个CR2032的非充电电池变速杆的电池显示屏闪烁红灯时，需要几周内更换电池。拨链器中的这些小电池可以在15小时/周的骑行时间内持续两年或更长时间。要更换电池时，请卸下内侧橡胶杆罩下方的三颗小螺丝，然后打开电池舱盖。

b. 电池关闭/断电

Shimano

断开Shimano Di2上的电池，请拔掉连接器A处车架上的电线（见图6.2）；不必拔下内置电池（见图6.6）或外接电池（若有的话）。要从其底座上卸下外部Di2电池，请翻开底座背面的拉杆，然后在拉动电池的同时按下底座侧面的按钮（见图6.7）。要安装电池，请将其沿凹槽滑入并翻转控制杆以固定电池。

Campagnolo

若要拆下内置Campagnolo EPS电池，先关闭绕在座管或座管周围（若电池在那里，则位于下管周围）的EPS磁铁开关（带有三个圆柱形磁铁的橡胶带），磁铁开关位于电池顶部。V2内部EPS电池用螺栓固定在水瓶盖上，因此将磁铁带缠绕在上瓶盖上方几英寸处（过小的车

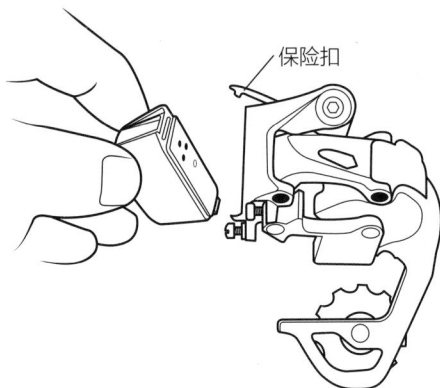

图6.10A 从SRAM前拨链器上卸下eTap电池

保险扣

架可能将V2电池倒置在座管中，以避免与座管连接部分重叠；若发生这种情况，将磁铁带缠绕在座管下方，距离下瓶底部几英寸处。使用座管内的V3电池，将扎带缠绕在柱子上，电池顶部位于柱子内部。若没有关闭换挡系统，请将带子向上或向下移动一点。

若要断开外置的Campagnolo EPS电池，请插入EPS磁铁开关（见图6.9）—— 一个带有塑料扳手环的圆柱形磁铁，将其插入大连接器插头下方弯曲端的电池外壳中。

SRAM

要断开SRAM eTap电池的连接，请翻开拨链器顶部的保险扣，然后取出电池（见图6.10A和图6.10B）。

6-3
在骑行中调节电子变速器

可以在骑行中（或停车时）调节电子前后变速器。这个功能对于微调以及更换为后轮非常有用：只需将系统设置为调整模式，然后按下（一次或多次）换挡开关，即能通过操作换挡开关确定链条是否摩擦牙盘或飞轮、感受换挡是否顺畅并即时校准、修正。

Campagnolo/Shimano

1. 按模式按钮进入调整模式。当系统进入调试模式时，连接到头管的监控器上的LED显示屏会显示。使用Shimano Di2时，模式按钮位于A连接器（见图6.2和图6.3）；按住按钮，直到接合点A上的"+/-"符号旁边的显示屏亮红灯。操作Campagnolo EPS时，按住相应刹车/换挡杆上的模式按钮（见图6.4A和图6.4B），直到EPS接口（连接到立管上）上的显示屏亮起粉红色灯（六秒后）。

2. 按下并松开相应的换挡开关。例如，若后拨链器将链条从大飞轮移动到小飞轮的速度比较缓慢，则将右侧杆上的升挡开关推动一次或两次。每推一次都会使拨

链器更接近机械系统（"5-3d"或"5-5e"）上的拉线拨链器的变速量。

3. 退出调整模式。再次按下模式按钮可关闭Di2连接器A或EPS接口上的显示屏。

4. 换挡。若换挡仍然不顺畅，请重复步骤1~4。

SRAM

按住换挡器上的功能按钮（见图6.5A，在计时赛或铁人三项赛时见图6.5B），然后进行换挡操作后松手。在换挡器上为拨链器的方向做调整，例如，若希望后拨链器稍微向内移动，按住左换挡器上的功能按钮，然后按一下换挡器。每按一次，它将移动拨链器0.2毫米。有13个挡位，共有2.6毫米的可调范围。

安装电子变速系统

2级 由于电子变速系统与机械变速系统有很大的不同，所以第一次安装时可能会有些担心。但是就会发现，就算是难度高一些，安装电子变速系统也比安装机械变速系统更快。与标准的机械变速系统相比，为了减轻消费者对电子变速系统耐久性的担心，制造商对电子配件和电线的质保期都会较长。

6-4
安装电池

确保你有适合自行车车架的配件。若车架不能内走线，则只能选择SRAM eTap或带外部电池的Shimano Di2。若使用Shimano或Campagnolo的外部电池，需要购买可安装到车架上的电池座，而且车架附近的小孔要足够大，以便能连接所有电池的线。若使用Campagnolo EPS内置电池，车架必须在靠近中轴处留有一个小孔，以便充电端口能够伸出。

a. SRAM eTap电池安装

前拨链器和后拨链器的电池是相同的。

1. 拨开拨链器顶部的保险扣（见图6.10A和图6.10B）。

2. 首先将电池放置在底部。确保电池的极与拨链器上的圈接合。

3. 安装电池。将两个转接器放在电线末端的电池旁并将其滑入，注意电线末端朝下。

4. 用卡扣固定电池。将波形垫圈夹在一对平垫圈之间，并将垫圈夹层推入电池末端。用卡环钳将卡环压到一起，然后将其放入座管套管，使其卡在套管末端的凹槽中。

5. 按图6.6的方法，将电池的线从座管上拉至中轴。

6. 安装座管。拉出电线，并让电线从五通管露出几英寸。

b. Shinano Di2隐藏式安装方法

1. 确保Ritchey电池适配器尺寸与座管相匹配。

2. 将橡胶翻盖式Ritchey电池适配器放在电池上。将适配器的接口连在电线的末端，将电池分别放入适配器的两边。凹槽和凹口与电池上的相应的凹凸对齐。

3. 将电池和适配器向上推入座管。继续推动，将接口推到座管的末端（需要抓住它们以取下电池）。适配器中的软的部分会卡在座管内部并保持电池安稳。若座管以固定角度切割（Ritchey碳纤维车架就是以这种方式切割），请不要担心，尽可能地将适配器和电池推入，电池会自动固定在合适的位置。

4. 按图6.6的方法，将电池的线从座管上拉至中轴。

5. 安装座管。拉出电线，并让电线从五通管露出几英寸。

c. Campagnolo EPS V2内置电池安装在座管内部

需要使用专业工具将长而薄的V2电池安装在座管内。Campagnolo的安装工具是一根经过加工的长杆，一端带有M4螺纹，另一端带有一根单独的延长杆（见图6.8）。

我第一次安装时没有这个专业工具，所以改为将M4螺丝焊接到长钢棒的末端，这个自制的工具一直使用至今。

许多带有集成式座管的车架上的座管内部不够大，无法容纳V2内置电池；另一个问题是座管的顶部可能是封闭的。在这种情况下，可将V2电池安装在下管内，但要求车架必须在下管和头管之间有一个开口，且该开口足够大到可以从头管末端能滑入长而细的电池并进入下管。还需要两种不同的安装工具：一种是带有焊接到末端的M4螺丝的变速线。另一种是M4螺丝，其头部横向钻有一个孔，足以使刹车线轻松穿过。这种下管安装方法比较少见，本书中略过不提。

若要将现有版本1 Campagnolo EPS系统（外部电池）升级到版本2（内置）电池，则需要将V1 EPS接口更换为V2 EPS接口。这是因为版本2中的诊断功能已从电池端移至屏幕界面（因为电池上没有指示灯设计了）。V2接口还可以单独调整前拨链器控制飞轮（V1仅允许一个位置调整），以及连接与MyEPS智能手机应用程序。使用Campagnolo EPS的车架，其导线孔直径至少为7毫米，以便能够EPS连接器穿过它们。理想状态下的孔应为椭圆形，至少7毫米×8毫米。

1. 将安装杆拧入电池末端。确保电池在末端的凹槽中有一个O形圈（出厂时赠送）以消除振动噪音。安装时要注意：需要使用Campagnolo安装杆上的延长杆来处理超长座管，延长杆末端的螺纹应为左旋螺纹。

2. 在工具杆上标记安装深度。将线端向下，把电池装到座管上，安装孔与水壶架底座对齐。用一条胶带（或用笔标记）缠绕在座管顶部边缘的安装杆上。这样就可以将电池孔与水壶架安装孔对齐。还要在座管上标记电池顶部的位置，即磁性开关的位置。电池配有纸质量规和贴纸，也可使用。在将电池和水壶架底座对齐的同时，将座管固定在座管上并将电池深插进去，要确保座管不会碰到电池。若座管太短导致电池和座管相互碰撞，且无法缩短座管（比如它无法插入车架中）的话，需要将电池倒置安装。这就需要购买适配器板安装到电池的底部（电线末端），才能将安装工具杆拧入其中。

3. 将安装杆从电池上拧下来，暂时放在一边。

4. 将塑料线圈缠绕在电线的末端。有两个将线束捆在一起的线圈。用一根绕在最短的线（充电器端口和黄色的前拨链器）的末端，将它们和其他线并排放置。使用另一个线圈将绿标线和红标线捆在一起。

5. 将电池固定在座管上。将电池倒置固定，使电池的电线末端与座管顶部齐平。

6. 将电线向下引导穿过座管。最简单的方法是使用磁力导向工具——变速线末端有磁铁（见图6.12）。不过，一般情况下也可以轻松地从顶部向下穿过座管，或者用从中轴露出的线向下拉至五通管的一端。

7. 取出电池并将安装工具杆拧入其中。

8. 握住杆的末端，将电池向下推入座管，停在杆上的标记处。

9. 旋转电池，与水壶架底座对齐。向下观察座管，转动工具，使其拧入的孔向后偏移，不要挨上水壶架底座，以确保安装孔面向水壶架凸起的一面。

10. 将最长的安装螺丝拧入电池。电池配有三颗螺丝，螺丝长度依次递减。螺丝尺寸为M4，它们足够细，可以穿过M5水壶架的孔。将最长的螺丝拧入下面的水壶架孔中，锁紧至电池紧贴水壶架底座的凸起。

11. 通过上部水壶架将另一个螺丝拧入电池。先尝试最短的螺丝，若不够长的话，再使用中等长度的螺丝。

12. 用9毫米开口扳手拧紧安装螺丝。安装时请小心：螺丝穿入黄铜的小孔，因此扭矩很小（2N·m）。可以在突出的螺柱上安装一个水壶架，每个水壶专用螺丝内都有垫圈和螺母。若水壶螺丝撞到电池上，请在水壶安装底座下加入一个（出厂送的）垫片，再将螺母

拧紧至1.2N·m。

13. 完成安装后关闭系统，再将磁感应带缠绕在步骤2中标记的座管周围。

14. 将充线末端从充电孔中拔出。首先，从导线上取下螺旋圈，然后从导线末端的充电器端口卸下锁紧螺母。若无法用手指将线末端的充电器端口通过车架孔推出，可以将其引导到：1）从外侧将电池充电器线的一端从车架的充电器端口孔插入。2）将其引入中轴。3）将其拧入电池线末端的充电器端口。4）将充电器线从车架孔中拉出，直到电池线末端的充电器端口垂直伸出车架孔。5）不要让充电器端口弹回车架内部，拧下电池充电器的线。

15. 将锁紧螺母拧紧到充电器端口上。车架内部的充电器端口有一个小橡胶缓冲器，可保持充电器紧密和稳定。

16. 用螺丝刀将出厂赠送的小空心塑料螺丝安装到充电器端口。螺丝会将堵塞物推出充电器端口。

d. Campagnolo EPS V3座管安装电池

1. 安装带有Ritchey螺纹适配器的Di2电池，按照"6-4b"中的步骤将电池安装到座管上。

2. 将电线穿至中轴外侧。与V2电池（"6-4c"）安装方法相同。

e. 外置电池（Shimano或Campagnolo）安装

对于Campagnolo，这些说明适用于原装水壶架底座安装电池（见图6.9）。但是，使用合适的安装支架（不包括在电池中），长而薄的Campagnolo V2电池（见图6.8）也可以安装在下管或左链板下的外部安装座上。但若使用这种安装方法的话，需要在充电器端口的车架上钻孔，或电池附近的线入口孔必须足够大（8毫米×12毫米），电池的所有电线才能穿过，粗的充电线也能再次穿回、从入孔处伸出并转到充电端口拧入的电池座。

1. 将电池支架暂时安装到车架支架上。要通过安装座之间的车架中的孔内走线，需要拧入部分安装座顶部的螺栓，进入车架中用于连接到电池的线孔。对于没有特定电池座的自行车，应将其固定在下管的水壶架下方（见图6.7和图6.9），使用水壶架底座的长安装板，或使用短安装螺栓安装在下管或左链板下方。使用Shimano Di2水壶架底座长安装座，要确保从安装座底部到瓶架底部至少有108毫米；这样可以留出足够的空间将电池向水壶架方向移动，以便将其取下。内置电池的车座包不需要安装电池，但需要使用长电池线穿过座管和座管。

2. 将电线插入车架的孔中。这种方法不适用于早期Di2外部走线。将导线从五通管的一端拉出来。最简单的方法是使用磁力导向工具——变速线末端有磁铁（见图6.12）。但一般可以轻松地从顶部向下穿过座管，或者用从中轴上拉起来的线从五通管的一端拉出。

3. 将电池拧紧到底座上。在支架和车架之间使用出厂提供的刹车片（安装Campy时，首先将EPS支架固定到电池上）。

6-5

安装电子拨链器和变速器

2级 确保你有配套的前拨链器适配器以及配套的座管。驱动电子拨链器的电机非常强大。若把手指按在了拨链器和大链轮之间推动前拨链器升挡按钮上，你会非常后悔此举——路人会听到一些丰富多彩的语言。为了自己的安全，请在移动时旋转曲柄，并在安装电子元件时断开电池连接（"6-2b"）。

1. 按照"5-2"的方法安装后拨链器（见图6.11）。

2. 旋松前拨链器。将其放在牙盘顶部的高度以上，以便在安装时不会干扰曲柄。

3. 按照"5-18"中的方法安装操纵杆，按照"9-4"的方法安装刹车线。Di2的操纵杆位于杆拨链器的后上部、橡胶罩下方。用螺丝刀顺时针转动，减小操纵杆的范围，反之亦然。在换挡器橡胶罩的外侧下方用2.5毫米六角扳手，将SRAM eTap刹车杆的伸展范围调整到四个可能的位置之一。换挡拨片与刹车杆一起移入或移出，而不是像SRAM DoubleTap操纵杆那样有自己的复位弹簧和调节范围（见图9.15）。Campagnolo的操纵杆范围不能减小，但可以通过在操纵杆的前缘下方安装"大手掌"套件（见图5.37）来增加范围。

4. 安装Di2上部接头/EPS接口。

   a. SRAM：略过这一步；eTap是一个无线系统。

   b. Shimano：安全的Di2连接器A靠近车把。目前的模块化E管连接器A（见图6.2）通过扎带固定到把立。第一代连接器A到刹车线（见图6.3），通过扎带固定在前刹车线上。

   » 将带子缠绕在杆轴上。

   » 扎带末端的槽钩在连接器A支架两侧的钩子上。支架短的一端向前。

   » 修剪扎带的两端。

   » 从侧面滑入连接器A直至其卡入到位。线端口将指向前方。要卸下连接器A，需要按下底座后部的小释放卡舌，然后将接线盒从侧面滑出。

   c. Campagnolo：用长而圆的横截面橡皮圈将EPS连接到把立上。

   » 将橡皮筋扭转并将其滑到杆把立的任一端挂好，EPS位于把立下面。

图6.11 Shimano Di2后拨链器

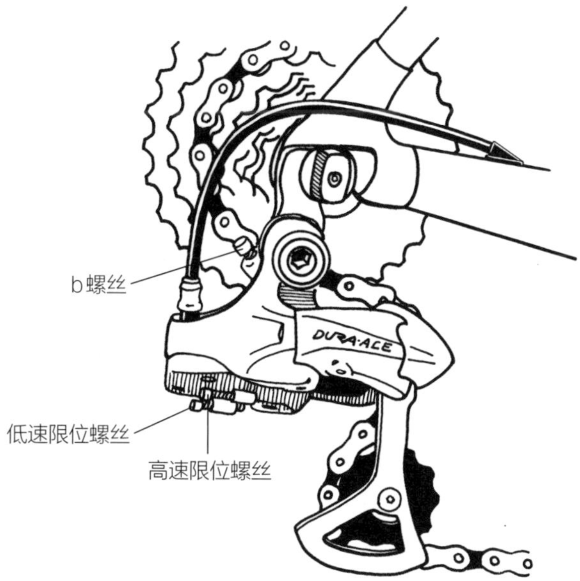

b螺丝

低速限位螺丝

高速限位螺丝

6-6

安装走线

确保线有足够的长度，Campagnolo线应连接到电池和EPS接口。若线不够长，可以购买Campagnolo延长线。除了第一代Dura-Ace Di2外，Shimano E-Tube的线在所有车型上是通用的，两端都有相同的连接器。可以把这些线横向排列，每50毫米一根。它们可以互换地插入系统中的任何组件。测量线的长度（除了杆线），以连接到车架内的组件，并超出五通管1~2英寸。

Di2安装注意事项

弯把的座管走线线长约为350毫米，可稍松弛地连接座管和连接器A。双人骑旅行自行车Di2 E-Tube的拨链器和电池的走线可以适当宽松一些，线松弛些的好处是拆卸车架时会更容易些。

Shimano Di2弯把上新增加的无线"冲刺"开关，需要将其固定在刹车杆下面的车把上，然后把线插入每个刹把。Di2"冲刺开关"位于车把的每个弯曲处的内侧，这样当骑行者在松开车把冲刺时，可以用拇指调节后拨链器。通常情况下，左边的冲刺换挡器会换到大飞轮挡位，而右边的会换到小飞轮挡位。不过，也可以通过Shimano的eTube计算机软件界面来自行设置（见"6-8c"Di2诊断）。

Di2无线电变（又名"爬坡"）开关是一个带有一对按钮的检测装置，位于车把的顶部，靠近座管夹。这个开关使得骑行者可以在手握车把的同时调节后拨链器。第一代爬坡开关需要一个五个端口的连接器A（见图6.2）来插入右刹把。上方按钮切换到高挡位（小飞轮），反之亦然。当然，也可以自己重新设置，以另一种方式换挡。若需要更换或定制零件，请登录相关网站下载"E-TUBE PROJECT"。

与无线电变开关类似，目前的Di2弯把换挡器（见图6.1B）与Di2冲刺开关不同，需要插入上连接器A（见图6.2）中。要使用它们，你需要五个端口的连接器A，而不是三个端口。

a. EPS内走线

Campagnolo和Park Tool分别提供了一种非常实用的变速线——其末端有一块磁铁，用于引导变速线穿过车架和休息把。除了EPS线，也可以使用它来引导Di2线穿过车架、车把上的线管或油管。Campy的磁铁工具包含有一段带着磁铁的线（称之为"牵引线"，Campy和Park都可以使用，它的一端是EPS连接器，另一端是磁铁的线）和一个单独的大圆柱磁体（见图6.12）。Park IR-1套件（见图5.30）包括以上所有东西，还有在磁体对面的一端带有螺纹倒钩的线，用于穿过线管和油管。Park的引导线也是一种长变速线，一端有磁铁，另一端有橡胶套，可以穿过EPS或Di2连接器并固定住。

128

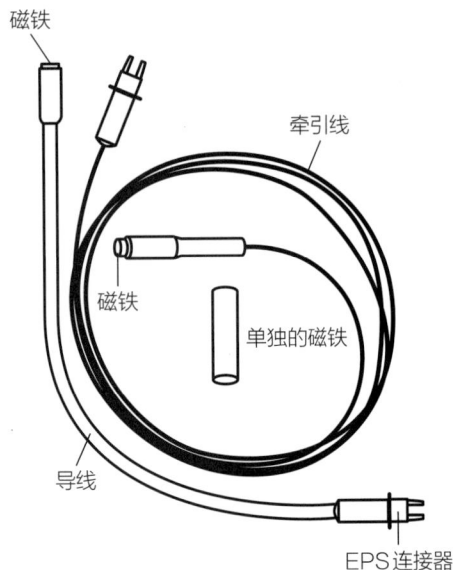

图6.12 Campagnolo EPS磁铁套，用于引导内走线车架

磁铁

牵引线

磁铁

单独的磁铁

导线

EPS连接器

EPS线采用颜色标记的方式来区分：绿色=后拨链器，黄色=前拨链器，红色=EPS接口，紫色=右侧Ergopower杆，蓝色=左侧Ergopower杆。连接器的公端和母端上的箭头或白点必须对齐；也可以用银色或白色油漆笔标记，这样就可以很容易地看到它们。

1. 从有磁铁的一端开始，将Park或Campagnolo牵引线穿过后变速线后端的孔中。向内推动，直到磁铁从五通管出来。

2. 将电池绿色标记线的一端插入Park或Campagnolo引线的末端。安装在"6-4b"或"6-4c"之后，该线已经位于五通管。

3. 将牵引线的磁铁一端和从尾钩拉过来的一端固定在一起。

4. 将线从尾钩附近的孔拉出，牵引线和绿色标记线露出几英寸。

5. 将绿色标记的连接器插入后拨链器伸出的（绿色标记）线。

6. 从有磁铁的一端开始，将牵引线穿过靠近头管的车架的孔中。若需要拐弯，在车架外侧拿块磁铁，将牵引线的磁铁一端从头管引导到下管（见图6.13）。向内推动线至五通管内。

7. 将红色标记线的末端从电池插入牵引线的末端。按步骤"6-4b"或"6-4c"操作后，红色标记的线已经进入五通管。

8. 将牵引线和引导线的磁铁放在一起，使它们固定住。

9. 将牵引线从头管中或其附近的孔中拉出，引导线和红色标记线露出几英寸。

10. 将电池上的红色标记线和EPS接口的红色标记线连接到一起。

11. 连接EPS界面。通常位于把立下。使用出厂赠送的橡皮筋，用两根橡皮筋从任意一端套过把立（从车把或前叉把立）并挂住。在计时赛/铁人三项自行车上，将EPS接到其中一个休息把上。

12. 从有磁铁的一端开始，将牵引线推入前拨链器附近座管的孔，直到五通管。

图6.13 将Campagnolo或Park磁性牵引线从头管引入带有外部磁铁的下管

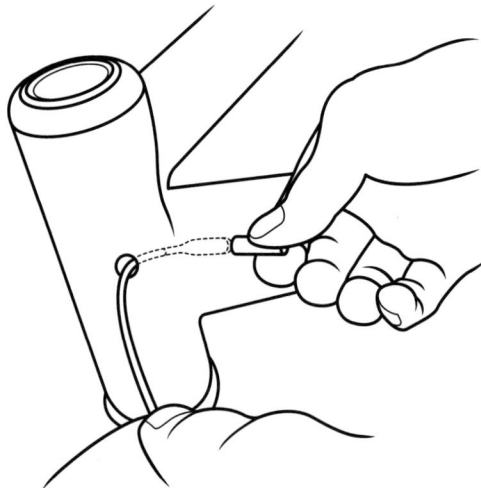

公路车宝典：Zinn的公路车维修与保养秘籍

13. 将电池黄色标记线的末端插入引导线的末端。按步骤 "6-4b" 或 "6-4c" 操作，黄色线进入五通管。

14. 将套件引导线和牵引线的磁铁固定在一起。

15. 将线的一端从座管中的孔中拉出，引导线和黄色标记线露出几英寸。

16. 将黄色标记连接器插入前拨链器中伸出的（黄色标记）导线。

17. 掀开每个 Ergopower 控制杆上橡胶套的外底边。在其下方滑动一把细螺丝刀或六角扳手并将其向上按住，将线用控制杆上的小螺丝固定。

18. 用一把小十字螺丝刀从每个控制杆的外侧拆下线盖（见图 6.14）。

19. 将 EPS 接口的线插入每个控制杆。紫色标记线插入右

图 6.14　掀开 Campagnolo EPS Ergopower 右侧杆上的线盖，接入线

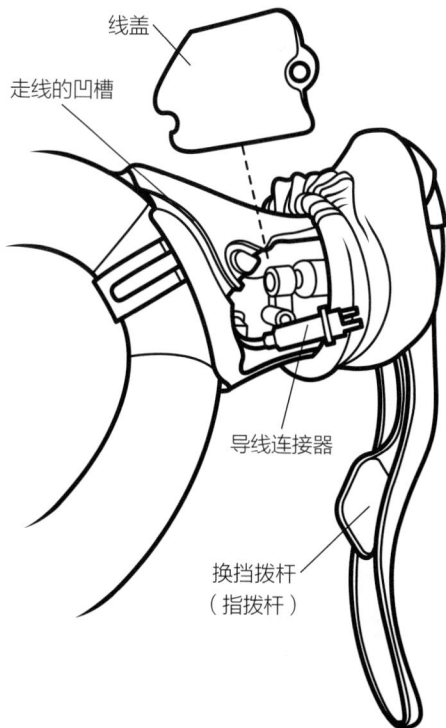

- 线盖
- 走线的凹槽
- 导线连接器
- 换挡拨杆（指拨杆）

侧 Ergopower 的紫色线，蓝色标记线插入左侧 Ergo-power 的蓝色标记线。

b. Di2 内走线

注意： 若自行车车架是安装变速线而非电子变速线的，若从座管到五通管的孔过小，无法穿过内走线至连头 B，仍需要进行外走线（"6-6c"）。

1. 将所有线走到五通管内（见图 6.15A）。线来自①车把上的连接器 A（图 6.2 和图 6.3）②前拨链器（见图 6.16A）③后拨链器（见图 6.11）④电池（见图 6.6 和图 6.7）。第一代 Di2 的线比较粗，为防止线在车架内发出嘎嘎的响声或发生不容易穿过车架的情况，需要用扎带提前固定好再穿线；二代的 E-Tube 线则没有束线带。通过车架上的小洞把一束线推进去时，把线的末端也推进去，这样线周围的束线带就会收缩起来而不是挡住线，使其无法穿过。不要害怕缩短一两个束线带，这样走线更轻松。

　　Park Tool IR-1 磁铁内走线组件（见图 5.30）非常适合内走线车架（也可以使用类似的 Campagnolo 套件，见图 6.12），将 Shimano 的线端与用于 Campy 线端的引导线连接到一起；按照 "6-6a" 中的 EPS 内部布线的方法进行操作。当然，也可以尝试从另一端插入硬线，用钩子钩住线的末端，将钩子和线粘在一起，然后拉动 Di2 线。

2. 将线末端从中轴中拉出，然后将所有线插入连接器 B（见图 6.15A），即下面的连接器，再把线合在一起，使用 TL-EW02 或 TL-EW01 工具将它们全部插入。原装 Dura-Ace 7970 Di2 的 Ultegra 6770/6870/Dura-Ace 9070 Di2 和 TL-EW01，将线的一端滑入细长塑胶 TL-EW02 工具（见图 6.15A），使连接器上的突出部分与窄端凹槽（Ultegra 6770/6870/Dura-Ace 9070 导线和连接器与原装 Dura-Ace 7970 Di2 不兼

图6.15A 在五通管接 Di2 连接器（连接器B）

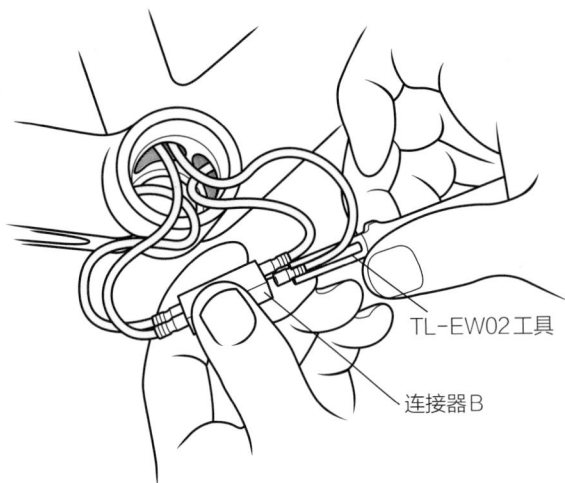

TL-EW02工具

连接器B

图6.15B 将下连接器（连接器B）推入下管

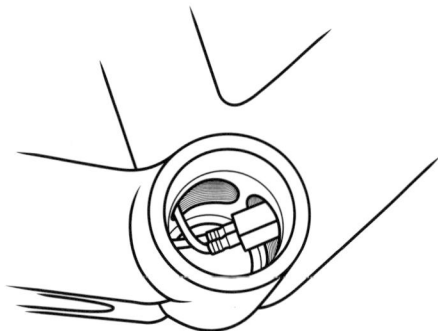

图6.15C 确保线不会与中轴相互摩擦

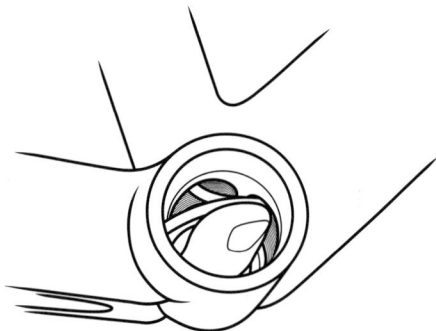

容）对齐。若是第一代 Dura-Ace 7970，将提供的收缩管滑到连接处，然后用吹风机加热，起密封防潮的作用；二代后的 Di2 连接不需要热缩包装。

3. 将下连接器B的线插入前拨链器、后拨链器和电池。它们在第一代 Dura-Ace7970 Di2 导线上标记为 FD 和 RD，而从那时起所有 Di2 导线都是通用的，而且有多种长度。将连接器B向上推入下管（见图6.15B），这样在中轴内可见的唯一的线就是通向前后拨链器的线（见图6.15C）。若是电池安装在座管里，电池线会向上进入座管。

c. Di2外走线（仅限第一代Dura-Ace7970）

1. 沿车架外侧将所有线走到中轴。线来自①车把立上连接器A（见图6.3）②前拨链器（见图6.16A）③后拨链器（见图6.11）④电池（见图6.7）。后变速线从后下叉走线，这样链条就不会掉到后变速线上了。

2. 暂时将线粘贴到车架上。然后用酒精擦干净要固定线的车架部分，再用出厂赠送的胶把线固定好。

3. 先卷出约120毫米的线，再拉紧 Di2 连接器B环形夹上的线。

4. 将连接器B连接到五通管下面的螺纹孔。扭矩为1.5~2N·m。

5. 将下连接器B的线拉入前拨链器、后拨链器和电池。它们在第一代 Dura-Ace7970 Di2 线上被标记为 FD 和 RD。

d. 将Di2线连接到变速器

在 Di2 中，将连接器A（见图6.2和图6.3）的导线插入手变。掀开橡胶罩、护套，然后用 TL-EW02 或 TL-EW01 工具将电子变速线的一端插入手变一端，听到"咔嗒"一声表明固定好了。电子变速线的另一端安装冲刺开关。

Di2液压变速只有一端。若使用Di2冲刺电变开关，冲刺开关插入每个变速杆，将（爬坡）开关插入连接器A。

用空的塞子堵住未使用的一端，再使用TL-EW02或者TL-EW01工具。盖上护套、把手变的橡胶套翻下去。

用TL-EW02或TL-EW01工具撬开连接器，平的一面对着未连接的变速线。

6-7
安装电变组件

1. 安装底部塑料防尘套和中轴（第11章）。确保拨链器线（和座管电池的电线）都经过防尘套上方（见图6.15C），穿过中轴或五通管的线不影响后拨链器。

2. 安装牙盘（第11章）。

3. 调整前拨链器（见图6.10A、图6.16B和图6.17），按照"5-4"和"5-5"操作。

   a. 在eTap系统上，按照"5-5f"中SRAM Yaw前拨链器保护架上的标记，将前拨链器与飞轮对准并调整在大飞轮上的位置（见图5.16和图5.17）。

   b. 在EPS前拨链器上，像机械拨链器一样操作（见图5.12~图5.14）。螺母需要用7毫米开口扳手（见图6.17）。

   c. 在Di2上，旋转拨链器，使外链板的尾部稍稍贴近末端内部。

   d. 虽然在使用带夹时没有必要，但在将Shimano Di2前拨链器安装在车架上的情况下，将随附的金属座管保护器黏附在座管上，使其没有发泡胶剂的部分安在前拨链器支撑螺栓末端的后面，以防止其直接进入座管（见图6.16B）。根据支撑螺栓接触点处的座管形状选择扁平或弯曲保护器（见图5.18）。

   e. 使用2毫米六角扳手，转动Di2支撑螺栓（见图6.16A），使前拨链器外链板与大牙盘对齐。若已经对齐，只需拧紧螺栓，直到其尖端碰到保护器。这一操作增加了前拨链器换挡时的硬度。

   f. 若自行车有内置电池，请跳至步骤7；SRAM eTap请跳至步骤6。

图6.16A Shimano Di2前拨链器

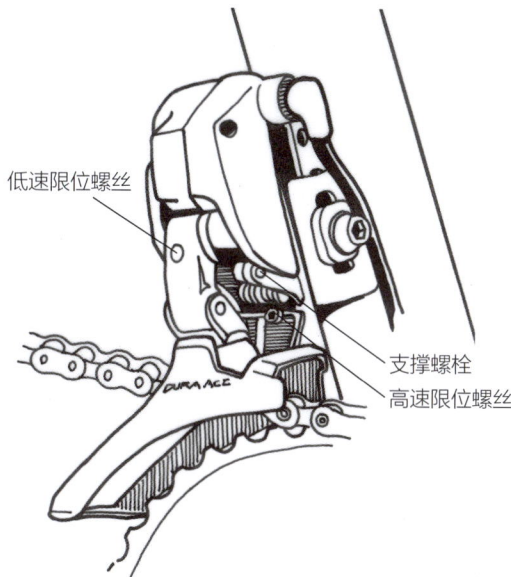

低速限位螺丝
支撑螺栓
高速限位螺丝

图6.16B 安装Shimano Di2前拨链器

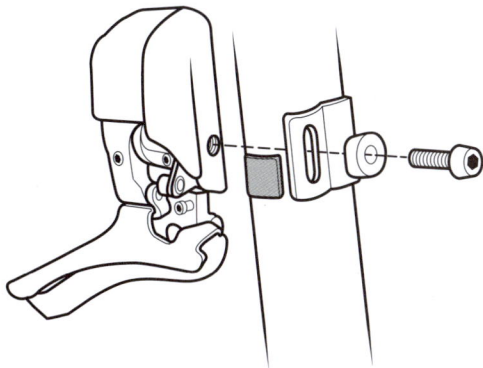

图6.17 安装 Campagnolo EPS 前拨链器

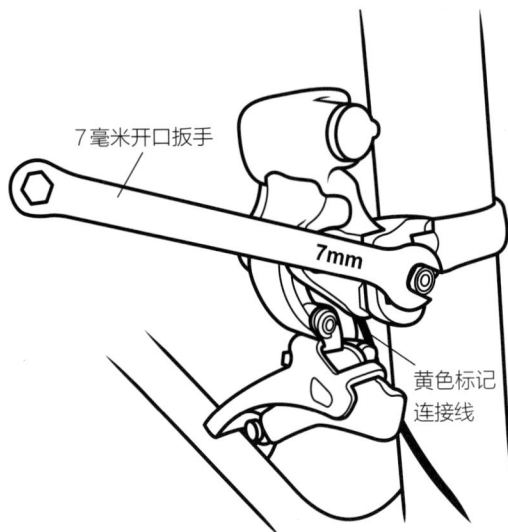

7毫米开口扳手

7mm

黄色标记
连接线

4. 若尚未安装，请在外部电池座安装螺丝并将其拧紧。EPS外部电池（见图6.9）在其尾部需要安装一个橡胶振动垫圈，而瓶装式Di2电池（见图6.6）在其尾部（或车架中的第三个螺栓孔）需要用扎带固定以防止电池移动。

5. 连接电池。插入Di2外部电池（见图6.7），或从内部或外部电池上取下EPS关闭磁铁（见图6.8和图6.9）。若座管水壶架的底座撞到下叉管上的外部电池，还可加一个Shimano出厂赠送的附件刹车片（SM-BA01），使座管保持架向上偏移；其位置可以调节，比直接插入座管的螺栓要长出32~50毫米。

6. 装配SRAM eTap组件。由于系统是无线的，因此组件必须相互识别才能运行。从后拨链器（主组件）开始，按住功能按钮，直到其绿色LED指示灯缓慢闪烁，表示组件已经开始配对。按住前拨链器上的功能按钮，直到后拨链器上的LED快速闪烁，表示它们已配对。没有eTap变速杆的空气动力车把或铁人三项

车把上用每个换挡杆重复操作，或使用BlipBox（见图6.5B）。在后拨链器LED熄灭且配对结束之前，每次配对都有20秒的时间。完成所有项目配对后，按下后拨链器上的功能按钮退出配对模式（20秒后，它将自动退出）。

7. 测试系统。按下变速杆开关并确保拨链器开始运行。

8. 按照第4章的方法安装链条。若使用eTap，请跳至步骤11。

9. 若使用EPS，将连接器和电线的松弛部分推入Ergo-power变速杆的侧面，将电线穿过凹槽（见图6.14），然后更换电池盖。将弯曲的线罩包裹在外部电池的裸露电线上，再将换挡线连接到车把上。

10. 内部布线时，在每根从车架中伸出的线周围缠绕橡胶密封垫圈。将7毫米的垫圈推入孔中（见图6.18），直至其到位并形成密封状态。根据车架孔的形状和线径，垫圈分为不同的形状和尺寸。标准的车架孔尺寸（以及Shimano和Campagnolo的标准垫圈尺寸）为8毫米×7毫米，电池线的孔为14毫米×7.7毫米，Shimano也提供圆形7毫米垫圈。另外，若是非标准孔尺寸的车架，制造商通常会提供与车架孔相配的垫圈。若需要特殊尺寸，可以到五金店购买各种橡胶垫圈。

图6.18 在导线进入车架处安装密封垫圈

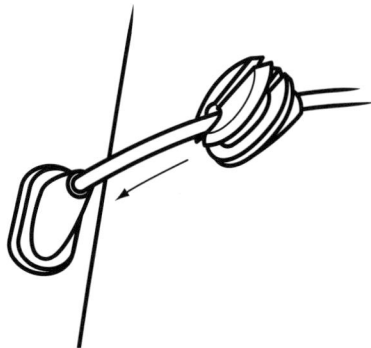

11. 阅读以下重要细节后，继续进行系统初始化调整：Di2 请参考"6-8"，EPS参考"6-9"，eTap参考"6-10"。

其他电子配件细节

电池保养

更换或重装电子组件时，需要先将电池断电，等待至少10秒后再重新连接。系统必须单独识别电子变速系统的每个部件才能正确运行。

与所有电池一样，请勿弄湿电池或充电器端口；请勿将电池置于超过60℃的环境中，或在充电时盖上电池或充电器；请不要让连接电池或充电器接口接触到金属或潮湿物品；若电池出现泄漏现象，请勿使用，且不要接触泄漏的酸性物质。仅在设备上标记的电压范围内使用合适的AC充电器。使用充电器时注意与正确的变压器搭配使用。

密封组件

虽然EPS、eTap和Di2组件采用了防水设计并且能够承受潮湿的骑行条件，但是也要避免浸没在水或溶剂中，并且不要用洗汽车的高压喷水枪清洗自行车。不要润滑后拨链器，因为一些润滑剂会损坏密封内部电子元件的O形环。清洗自行车时，请确保所有橡胶密封垫圈（见图6.18）都固定在电线入口处，外部电插头完全卡在正确位置或用管套住防止进水。

EPS和11速Di2上的每个电插头都有一个O形密封环，在连接时不需要像第一代Dura-Ace 10速Di2那样的热缩管。Ultegra和11速Dura-Ace Di2电线完全可以互换而且可以使用不同长度的电线。而使用Campagnolo时，若EPS线不够长，需安装带有相同电插头的EPS延长线。

用胶带或扎带固定外部电线，以免钩住它们。

在Di2上，始终使用Shimano TL-EW02（Ultegra 6770/6870/Dura-Ace 9070）或TL-EW01（Dura-Ace 7970）专用工具连接和断开电线；确保在连接时听到咔嗒声，以确保能够密封防水。EPS连接器可以手动闭合，但建议使用Campagnolo UT-CG020EPS工具断开它们。将UT-CG020EPS附带的前叉插入工具和连接器之间，然后顺时针旋转，将外支座朝外，用别针将尾端推出。

防撞保护

若EPS、eTap或Di2后拨链器在碰撞时受到撞击，它会通过将电机与机械轴分开来自我保护，而且拨链器会向内移动。若不能正常换挡时就会发生这种情况。

使用eTap时，拨链器的弹簧应该回位，若没有回位的话，轻轻推一下即可重新开始运行。

要重新连接EPS拨链器，可反复按下加速按钮而不踩脚踏，直到它自己钩起并再次转换到最小的飞轮。

要将Di2电机与拨链器连杆重新连接起来，请按住A连接器上的按钮5秒或更长时间。

用手向内推动拨链器，直到听到咔嗒声回到原位，然后停止并连接Campagnolo和Shimano后拨链器的两个部分。若后叉的尾勾在碰撞中没有弯曲变形，调整后即可正常使用。

若电线在碰撞中切断，或电池完全没电了，这种分解功能就可以让后拨链器安在任一飞轮上能够将车骑回家。

6-8

调整 Shimano Di2 电子拨链器和变速器

1级 调节前后 Di2 拨链器时，就把自行车架在支架上操作。

a. Di2 后拨链器

1. 换挡到第五大后飞轮。有关换挡说明，见 "6-1a"。

2. 在连接器 A（见图 6.2 和图 6.3）上按住模式键，直到相邻的 LED "+/-" 灯变红，系统处于调整模式。

3. 点击右侧升挡或降挡开关，直到导轮对齐飞轮下方（见图 5.5 和图 5.6）。在转动曲柄时听链条的声音。Shimano 建议点击减速按钮（骑行中时不能使用），直到链条在最大飞轮上不产生噪音。然后轻按四次加速按钮，使导轮在飞轮下方居中。

   注意： 在调整模式下，每次按下变速按钮都会使拨链器移动，移动幅度小于机械拨链器的幅度。

4. 再次按下连接器 A 上的按钮，直到 LED 熄灭。

5. 转动曲柄，穿过所有飞轮。检查是否静音。若换挡不顺或有噪音，请重复步骤 1~4。

6. 转换到最大的飞轮。

7. 拧紧位于内侧的低速限位螺丝（见图 6.11），直至接触到连接处并确保拨链器不会接触到辐条。螺丝若拧得太紧，要么无法转换到最大的飞轮，要么持续运转电机，快速损耗电池。若发生这种情况，适当旋松限位螺丝。

8. 转换到最小的飞轮。

9. 拧紧位于外侧的高速限位螺丝（见图 6.11），直到它接触到连接处，然后将螺丝松（逆时针）一整圈，这样可以防止变速过度时拨链器碰到尾钩。

10. 按照 "5-3f" 中的说明安装 b 螺丝。通过在小一大（前一后）和小一小方向逆时针转动曲柄，检查导轮是否尽可能靠近飞轮，防止骑行中链条上下颠簸。

   注意： 山地自行车为了能够在更大范围内换挡，可将 XTR Di2 山地自行车后拨链器替换为 Ultegra Di2 或 Dura-Ace 公路 11 速 Di2 后拨链器。相关的详细信息，请参阅 "6-12"。

b. Di2 前拨链器

1. 切换到最小牙盘和最大的飞轮。参考 "6-1b" 中的换挡说明。

2. 使用 2 毫米内六角扳手，转动前拨链器位于上链杆的表面（见图 6.6A）的低速限位螺丝。低速限位螺丝的位置比较特别，注意调节螺丝时内链板要距离链条 0.5 毫米。顺时针旋转使内链板向外移动；逆时针向内移动。

3. 切换到外侧牙盘和最小的飞轮。

4. 使用 2 毫米内六角扳手转动前拨链器高速限位螺丝。高速限位螺丝位于链杆后面、前拨链器链架上方，起阻止拨链器向外运动的作用，在 "6-7" 3d 中转动的支撑螺栓下方（见图 6.16A）。转动螺丝，使外链板内侧距离链条 0.5 毫米。和低速限位螺丝一样，顺时针旋转时向外移动链板，逆时针方向向内移动。请注意，这与高速限位螺丝在线控前拨链器上的操作方式相反。

5. 切换到大牙盘和最大的飞轮。

6. 按住连接器 A 上的模式按钮（见图 6.2 和图 6.3），直到 "+/-" 旁边的 LED 亮红灯，系统处于调整模式。

7. 将前拨链器内链板内侧的位置调整为距离链条 0.5 毫米。按下加速开关，将拨链器链板向外移动，靠近链条，减速开关（在换挡拨片上）将链板向内移动（远离链条）。Di2 9070 和 6870 的这种调整是为了消除牙盘和飞轮前最小后最大时蹭链条。其他情况下，一般不会蹭链条。

8. 再次按下连接器 A 上的按钮，直到 LED 灯熄灭。

Di2前拨链器变速很快，但分两步：猛烈而快速地推动链条使其换牙盘，链条却不会因用力过度而掉链；然后根据链条上的飞轮，仔细地将链条排列在飞轮上。

在任一牙盘上，当链条从一个盘到另一个盘时，前拨链器在任一方向上自动调整两次位置。若正确设置和调整前拨链器位置，这种自动调整功能可以最大限度地减少交换齿盘时链条摩擦。按照Di2 9070或6870上的"5-8"，只要后下叉不短于415毫米，前牙盘后飞轮各种组合时都不会蹭链（Shimano称大牙盘－大飞轮时不蹭链的长度为最小长度）。

c. Di2诊断

1. 在相关网站上，转到"信息"选项后，点进"TECH DOCS"。在公路自行车部分下，单击"ULTEGRA Di2"或"DURA-ACE Di2"。

2. 第一代Di2（Dura-Ace 7970），单击绿色"7970"选项并向下滚动，查找"SM-EC79"服务说明。要执行诊断，需要SM-EC79系统检查装置。若有这个插件，则可以将其插入系统中的每个组件并按下其表面上的按钮。若绿灯亮起，即代表该组件可以使用。SM-EC79系统检查器上的指示灯会亮起或闪烁绿色、红色或橙色，线上说明会指导诊断系统中的问题。还可以使用SM-EC79系统检查器切换换挡命令，以改变拨链器相应指定开关上的压力而移动的方向。

3. Ultegra Di2 6770/Dura-Ace 9070，请转到主页上的"信息"选项，然后单击"E-TUBE PROJECT"。若有计算机是Windows系统，则可以下载该软件并直接插入自行车的Di2系统配备Shimano用于Ultegra Di2的SM-PCE1 PC接口设备。然后可以在计算机屏幕上诊断并更正系统中的问题。

6-9

调试 Campagnolo EPS 电子拨链器和变速器

1级 EPS前后拨链器可以在自行车放在支架上或在骑行中调节。Ergopower手变内部的模式按钮（见图6.4A）位于EPS空气动力把的变速末端（见图6.4B）。

注意： 前拨链器比后拨链器更能表现出系统的运行方式。与Di2不同，若使用单盘（例如用于越野车）拆卸前拨链器，后拨链器将无法正常运行（它将不断进入睡眠模式）。若在调试后拨链器之前调试前拨链器，后变速系统将会变得混乱，调试可能会失败。此时，后拨链器只能控制一半的飞轮。若系统错乱，请插入关闭磁铁以关闭系统并允许其自行重启，然后拆卸磁铁并按住两个模式按钮6秒或更长时间以进入主调节模式（LED闪蓝色）。你可能需要多次重复此操作。

a. EPS调整模式，初始设置

1. 调至大牙盘－大飞轮组合。若无法切换到最大的飞轮，请调至大牙盘—第二大飞轮。有关EPS电子拨链器的换挡说明，请参考"6-1d"和"6-1e"。

2. 进入主调整模式。同时按下两个模式按钮（内侧指拨后面）至少6秒，直到杆上EPS接口上的LED发出蓝光。

b. EPS后拨链器初始调整

1. 向下拨动指拨，调到第二小飞轮，链条挂在大牙盘。

2. 按指拨，上下挡位逐个调整，检查其是否静音并与第二小飞轮在一条线上。在主调节模式（LED闪蓝光）中，每按一下指拨，拨链器移动一挡，与机械拨链器所移动的量相同。

3. 按右边的模式按钮保存更改（LED 将亮起白光）。

4. 向内推动换挡拨片（在刹车杆后面），切换到第二大飞轮，链条挂在大牙盘上。

5. 按指拨，上下挡位逐个调整，检查其是否静音并与第二大飞轮在一条线上。

6. 按右边的模式按钮保存更改。LED 闪蓝灯，然后持续亮蓝色灯，再次按下模式按钮以退出调整模式。

7. 切换到最大的飞轮和最内牙盘。

8. 使用 2 毫米内六角扳手，按照 "5-3b" 和 "5-3c" 所述拧紧后拨链器内部限位螺丝，直至其接触到后拨链器上的卡钩。这时链条脱离辐条。然后将螺丝旋转半圈，使其与拨链器卡钩接触。这个操作考虑到了变速过度。

9. 如 "5-3f" 所述，调节后拨链器上的下转轴调节螺丝（见图 5.9），调节后拨链器：将飞轮的导轮的距离设置为 5~7 毫米（在最低挡位时）。

c. EPS 前拨链器初始调整

1. 切换到内牙盘和最大飞轮。

2. 进入主调整模式（"6-9a" 步骤 2）。LED 会亮蓝灯。

3. 按住前刹把，将前拨链器的内链板移离链条 0.5 毫米。向下振动左指拨可驱动前拨链器内导板远离链条；向内振动左换挡拨片（指杆）以使前拨链器内导板靠近链条。没有限位螺丝，也无须调整前拨链器。若是外置电池车型，已完成对前拨链器的调试。非常简单。若是 V2 内置 EPS 电池，可以在下一节（d）中再进行一次调整。

4. 点击左模式按钮保存设置。LED 闪蓝灯，然后在几秒后关闭。再次点击任意模式按钮退出待机模式（LED 熄灭）。

5. 对自行车进行上路测试。注意是否在调到任一牙盘片和飞轮片时，变速都正常。在任意一个牙盘上，当链条从飞轮组的一端移动到另一端时，前拨链器在任一方向上自动调整两次。若已正确设置前拨链器位置，这种自动调整功能将确保任何牙盘和飞轮的组合都不蹭链条。若换挡操作不准确，请从本节中的步骤 a 开始重复调整。

d. EPS 调整模式，微调或骑行设置

这是在骑行中换挡的模式。若更换了车轮并且关闭了换挡功能，请使用这个模式。若前拨链器蹭链条，也可使用这个模式。

使用 V2 内部 EPS 电池和随附的 EPS 接口，可以单独调整前拨链器在每个牙盘上的位置（不能使用外部 EPS 电池和 V1 接口进行此操作，因为拨链器的变速范围是固定的，因此，在一个牙盘上对它的调整也会改变其在另一个牙盘上的设置）。

拨链器在这种骑行中的调节模式（其中 LED 亮粉色灯）中的移动速度与在 LED 亮蓝光的主调节模式（"6-9a"）中不同。如 "6-9b" 和 "6-9c" 所述，当 LED 亮蓝灯时，只要按住一个换挡按钮，拨链器就会持续移动。然而，当 LED 呈亮起粉灯时，每按下一个换挡按钮，拨链器只移动非常小的幅度（该幅度的大小与通过单击在机械变速系统上的微调按钮所引起的移动幅度相似）。

1. 按住一个模式按钮进入微调模式，直到 EPS 接口上的 LED 亮粉红色灯。这需要大约 6 秒。

2. 点击相应的换挡按钮，以便按照自己想要的方向调节拨链器。这样做是为了消除噪音或摩擦，或将后拨链器朝向飞轮移动方向缓慢移动。在调试前拨链器时，若是 V2 或 V3 内部 EPS 电池和接口，可以设置大牙盘的位置，使其移动到想要的牙盘。同时，小牙盘配大飞轮时也不会蹭链条。

3. 再次按下任一模式按钮保存设置。LED 将闪粉红色灯，然后在几秒后熄灭。

e. EPS诊断

如"6-1f"所述,检查电池电量非常简单。预计充一次电可使用1~3个月。12伏锂离子电池可以充电500次而不会明显减弱电池性能。

可以更新固件和设备配置存储器,并且可以通过Campagnolo服务中心或MyEPS应用程序(仅限V2及更高版本)完成系统诊断。

6-10
调整SRAM Etap电子拨链器和变速器

a. eTap前拨链器

不要担心需要两只手才能操作前拨链器;功能按钮也可以操纵它。按下前拨链器本身的功能按钮,在此调整过程中对其进行操作。这样,当用一只手转动曲柄时,就可以用另一只手换挡了。

1. **调整内部限位螺丝**。将链条放在最大的飞轮上,按下前拨链器功能按钮,同时转动曲柄,将链条移动到小链轮上。顺时针旋转内部限位螺丝(底部螺丝),直到内导板与链条正好相距0.5毫米。

2. **仔细检查拨链器高度**。当链条位于内牙盘上时,确保外导板位于外牙盘最高齿上方1~2毫米处。若正确执行了"6-7"的第3步,此步骤则无关紧要。

3. **调整外部限位螺丝**。将链条切换到大牙盘和最小的飞轮。转动外部限位螺丝(上部螺丝),直到前拨链器的外导板距离链条1毫米。

4. **完成**。eTap前拨链器没有电子微调。而且它也不会像Shimano和Campagnolo电子前拨链器那样在飞轮上移动时重新定位。SRAM eTap前拨链器根据换挡时链条所处的飞轮位置,改变横向移动的距离以执行换挡操作。但它总是回到每个链轮上的单个位置,这个链轮应该不会在任何交叉飞轮上摩擦链条(若你按照图5.17正确排列并正确设置限位螺丝),并且不会随着后拨链器换挡而改变。

b. eTap后拨链器

1. **使用电子微调将导轮置于飞轮下方**。无论是进行初始设置还是动态重新调整,微调程序都是按住拨链器(或是BlipBox,如图6.5B所示,在按照空气动力学设计的自行车的情况下)上的功能按钮(见图6.5A)激活换挡拨片(或BlipBox上的Blip按钮)。若滑轮需要向外侧移动到飞轮下方的中心位置,请在按下其功能按钮的同时激活右侧换挡器。若滑轮需要进入内侧以移动到飞轮下方的中心位置,请在按下其功能按钮的同时激活左移位器。

2. **调整低速限位螺丝**。换到最大的飞轮,并且导向滑轮在飞轮下方居中,转入内侧(低速挡)限位螺丝,直到它刚刚接触到止挡(若它推动止挡,将移动拨链器,所以需要拧松螺丝直到它不会推动拨链器,否则会拉紧拨链器)。程序与"5-3b"中的程序大致相同。

3. **调整高速限位螺丝**。换到最小的飞轮,并且使导向轮在飞轮下方居中,转入外侧(高速挡)限位螺丝,直到它刚好接触挡块(若它推动止挡,将移动拨链器,所以需要拧松螺丝直到它无法推动拨链器)。该程序与"5-3c"中的程序大致相同。

4. **调整链条间隙**。将链条放置在小牙盘和最大飞轮上,并使用2.5毫米六角扳手,调整B型螺丝,将导向皮带轮和飞轮底部之间的链间隙设置为6毫米(见图5.5),如"5-3f"所述。

修理电子拨链器故障

6-11
电子拨链器调整指南

检查后拨链器的低速限位螺丝，确保其在测试骑行前不进入辐条。

每次重新检查换挡之前进行小的调整。在调整模式下，每次仅按下一次或两次换挡开关。每次旋转限位螺丝1/8圈。

在按照表6.1操作时，若针对给定问题列出了多种可能的解决方案，请按顺序执行适用的解决方案；若第一个方法不起作用，请尝试下一个。

表6.1 ── 排疑解难：电子变速故障

后拨链器	
按下换挡开关时没有任何反应	在Campy EPS上，取下电池关闭磁铁（"6-2b"）
	给电池充电（"6-2a"）
	检查电线连接
	确保已安装SRAM拨链器电池
	检查SRAM拨链器电池
小飞轮和车架之间的链条卡顿	在调节模式下按下后降挡开关（"6-3"）
	顺时针旋转高速限位螺丝（"6-8a""6-9b"或"6-10b"）
后拨链器接触到辐条	顺时针转动低速限位螺丝（"6-8a""6-9b"或"6-10b"）
链条卡在辐条和大飞轮之间	顺时针转动低速限位螺丝（"6-8a""6-9b"或"6-10b"）
链条无法连接大飞轮	在调节模式下按下后降挡开关（"6-3"）
	逆时针转动低速限位螺丝（"6-8a""6-9b"或"6-10b"）
	链条过短（"4-8"）——更换较长的链条
	拨链器导板太短；更换拨链器或导板（"5-33"）
换挡到大飞轮速度缓慢	在调节模式（"6-3"）下按下后降挡开关
换挡到小飞轮速度缓慢	在调节模式下按下后升挡开关（"6-3"）
	润滑复位弹簧（"5-31"）
大小飞轮换挡速度缓慢	调节b螺丝（"6-8a""6-9b"或"6-10b"）
前拨链器	
按下换挡开关时没有任何反应	在Campy EPS上，取下电池关闭磁铁（"6-2b"）
	给电池充电（"6-2a"）
	检查电线连接
	确保已安装SRAM拨链器电池
	检查SRAM拨链器电池

前拨链器	
链子掉到外面	检查拨链器位置（"6-7"）
	顺时针旋转高速限位螺丝（"6-8b""6-9c"或"6-10a"）
链子掉到里面	检查拨链器位置（"6-7"）
	在调节模式下按下前升挡开关（"6-3"）
	顺时针转动低速限位螺丝（"6-8b""6-9c"或"6-10a"）
	安装内部挡板（"5-44"）
链条在低挡位时摩擦内导板	检查拨链器位置（"6-7"）
	在调节模式下按下前降挡开关（"6-3"）
	逆时针转动低速限位螺丝（"6-8b""6-9c"或"6-10a"）
链条在高挡位时摩擦外导板	检查拨链器位置（"6-7"）
	在调节模式下按下前升挡开关（"6-3"）
	逆时针转动高速限位螺丝（"6-8b""6-9c"或"6-10a"）
链条在交叉飞轮摩擦导板	在调节模式下推动对应的前换挡开关（"6-3"）
拨链器撞击曲柄臂	检查拨链器位置（"6-7"）
	顺时针旋转高速限位螺丝（"6-8b""6-9c"或"6-10a"）
换挡到大链轮速度缓慢	检查拨链器位置（"6-7"）
	在调节模式下按下前升挡开关（"6-3"）
换挡到小链轮速度缓慢	检查拨链器位置（"6-7"）
	在调节模式下按下前降挡开关（"6-3"）
	逆时针转动低速限位螺丝（"6-8b""6-9c"或"6-10a"）

6-12

如何获得更大的飞轮范围？

若有一个短导板电子后拨链器，并且想要比额定值更大的挡位范围，除了拧紧或转动b螺丝外，还有其他办法。可以把一个更长的滑轮导板放在上面。当然，可以简单地安装一个11速Ultegra Di2 GS后拨链器，但若有一个10速Dura-Ace Di2 7970后拨链器，可以将它的滑轮导板架与Ultegra 6700-GS后拨链器（它的滑轮导板适用于机械式Dura-Ace RD-7900）。有关详细信息以及扩展飞轮范围，请参阅"5-37"。有关混合Shimano和Di2组件的通用指南，请参阅"6-1"。

另一种选择是使用XTR Di2山地自行车拨链器和Di2公路车拨链器。XTR后拨链器可提供较大的11-40山地自行车飞轮的移动范围。但必须使用两个XTR拨链器，因为该系统不能与山地自行车Di2后拨链器和Di2前拨链器混合使用。由于MTB前拨链器是用于牙盘之间的10齿切换，而不是公路前拨链器很容易做到的16齿跳跃，因此设置不会像公路Di2前拨链器一样运行。所以，若选择这种搭配需要做一些修改和调整，使前部换挡可用。

你所需要的只是单纯和自信，然后必定获得成功。

——马克·吐温

轮胎

自
行车的轮胎具有减震的作用、抓地力和摩擦力。轮胎的气压属于公路自行车减震体系中的主要部分。

公路自行车的轮胎有 3 种类型：第一种是横截面为 C 形的"开口胎"（见图 7.1），这种轮胎和边缘内部有钢丝或 Kevlar 纤维，胎唇固定在 C 形车圈上，外胎内有个充气内胎。第二种是"管胎"（见图 7.2）的横截面是圆形的，内胎套在外胎内，再将外胎的开口缝合，安装时用胶粘到车圈上。第三种是"真空胎"。真空胎的外形和开口胎类似，但车圈是专用的密封车圈，没有内胎，气嘴卡在车圈上（见图 7.16）。真空胎内通常有自补液。

图 7.1　开口胎

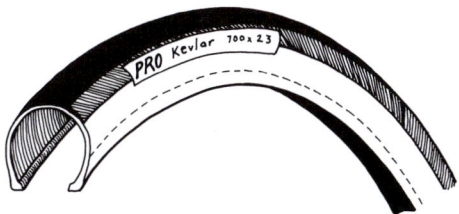

图 7.2　管胎

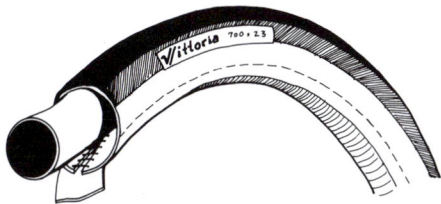

本章主要讲解如何补胎、更换破损的外胎或内胎以及如何选择轮胎等。

开口胎

7-1
拆卸外胎

1级 拆卸外胎很容易。安装外胎见"7-5"。

1. 取下车轮（"2-2"和"2-11"）。

2. 若内胎还有气，先放气。首先取下气嘴帽，露出气门芯。

141

大多数公路自行车的内胎都是法式气嘴（也称为法嘴）。自行车法嘴比美嘴（汽车轮胎的那种气嘴）更细小（法嘴6毫米，美嘴8毫米）。法嘴里有个细小的气门芯，气门芯上有个小螺母。要先把小螺母旋松几圈，再按住气门芯（见图7.3）放气。旋紧小螺母（用手指就行），气嘴就密封住不漏气了，切记骑行时要旋紧螺母。

若给美式气嘴放气，用细小又不容易折断的工具（如笔帽或回形针）按压气门芯（见图7.4）。

3. 不借助工具，只用大拇指就能将外胎推出，那就不要

图7.3 法式气嘴

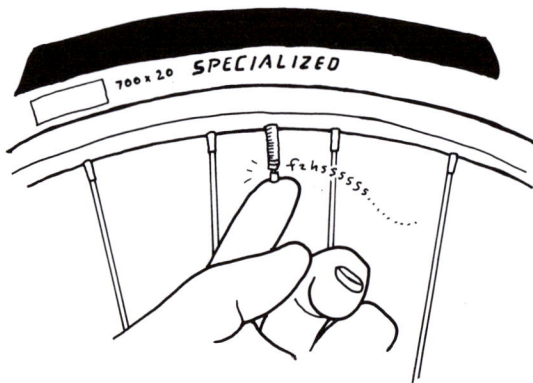

图7.4 美式气嘴

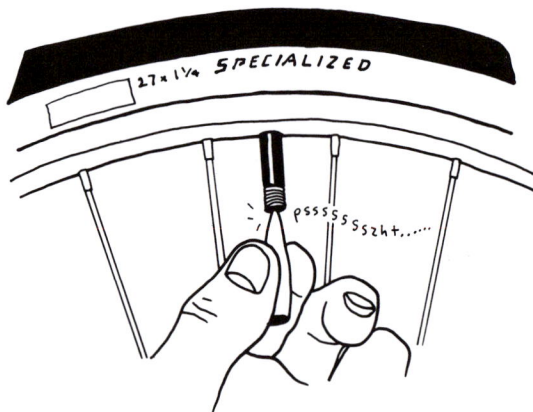

专业指导 ┃ **延长气嘴**

若车圈是深框（如车圈壁的深度大于30毫米的碳纤维车）（译者注：俗称"碳刀"），要用延长气嘴。延长气嘴类似饮料的吸管，要将延长气嘴的内螺纹的一端拧在原来的气嘴帽的螺纹上（见图7.5A）。延长气嘴的密封性很重要。安装前，先将法嘴气门芯的小螺母充分旋开。若出现小螺母没上紧或气门芯弯曲等情况，都会造成延长气嘴密封不佳。

图7.5A 吸管式延长气嘴

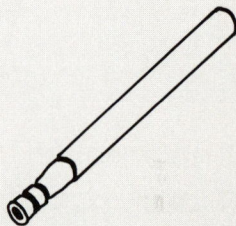

插进根细棍（辐条也行）即可给吸管状的延长气嘴放气。

安装吸管状延长气嘴要注意：一是密封性要好，二是容易打气。方法是旋开法嘴上的小螺母，直到抵住气门芯螺纹上面的平顶（顶部磨成圆形就是为了防止螺母完全旋出），再用尖嘴钳子夹住螺母用力旋到底，确保骑行时螺母不会因颠簸而下滑，导致无法充气。旋入延长气嘴前，先在法嘴顶部的螺纹上缠绕1~2圈特氟龙胶带（若没有特氟龙胶带，用水管上缠的那种防漏的生料带也行），以加强气密性。若气密性不佳，打气时漏气，打气筒的胎压表就无法正确显示胎压。最后，用尖嘴钳子夹住延长气嘴，把它锁紧在法嘴上。

专业指导 ├── 延长气嘴（续）

另外，若法嘴的气门芯是可拆卸式的，可以直接换一根螺纹相同的延长气门芯（见图7.5B）。打气或放气时和普通气嘴一样。安装这种延长气嘴时，先把气嘴旋进气门芯的位置，再用气门芯扳手或开口扳手上紧。

图7.5B 可拆除气门芯式延长气嘴（带有单独的气门芯）

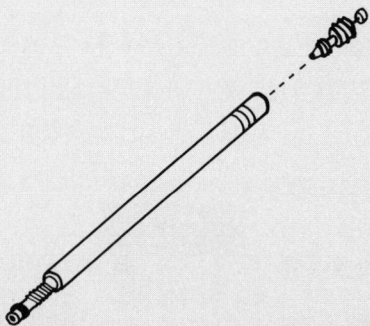

有的延长气嘴直接插入原来的气嘴，延长气嘴上端呈凸起的小球状（见图7.5C）直接就可以在上面旋松或旋紧气嘴螺母。这种延长气嘴除非自带橡胶密封盖，安装前也要先在气嘴顶部的螺纹上缠绕1~2圈特氟龙胶带。否则，用气筒打气时会漏气，气筒上显示的胎压也不准确。最后，用尖嘴钳子夹住延长气嘴，把它锁紧在法嘴上。

还要注意的是，有的Vittoria内胎不用延长嘴，而是在内胎做一个螺牙转接头，根据车圈的深度选择气嘴的

长度（见图7.5D）。操作方法与标准法嘴相同。

图7.5C Topeak/Spinergy 延长气嘴

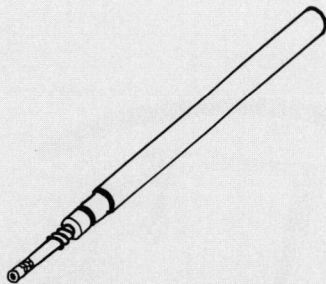

图7.5D Vittoria转接式延长气嘴

使用工具，以避免撬胎棒对内、外胎的损害。先将外胎往车圈中心推（见专业指导：外胎的拆卸与安装），然后再扒开外胎，仅从气门芯的一侧或另一侧开始操作比较方便。

4. 若无法用手拆卸外胎，将撬胎棒棒勺状面朝上插入外胎与车圈之间（还是从气门芯的任一侧开始操作比较方便，见"专业指导：外胎的拆卸与安装"），直到接触到内胎胎唇。

5. 用力向下压撬胎棒，将外胎胎唇拉到车圈上（见图7.6）。若撬胎棒的另一端有钩，侧钩在邻近的辐条上；若无钩，则继续按压撬胎棒。

6. 相隔10厘米左右插入第二根撬胎棒。然后重复步骤（见图7.6）。

图7.6 用撬胎棒撬开口胎

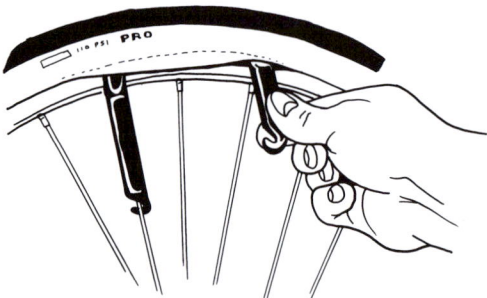

7. 若需要，再隔10厘米左右插入第三根撬胎棒，用力压下撬胎棒，然后沿着车圈拉动撬胎棒，使胎唇随着撬胎棒脱离车圈（见图7.7）。有的人习惯用手指伸进去挖胎唇，但要注意不要被胎唇刮伤手指。

图7.7 用第三个根撬胎棒往外拉胎唇

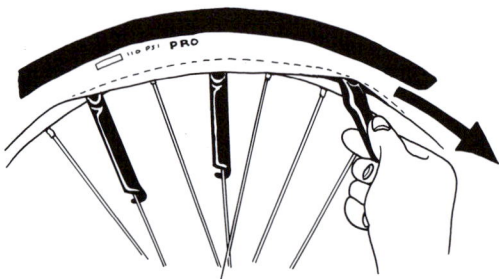

注意：一些市售的"快速"撬胎棒强调只用1根撬胎棒，但有的外胎比较硬，还是3根组合使用的方法最有效。

8. 只要一侧外胎和车圈分离，就可以很容易取出内胎（见图7.8）。

图7.8 取出内胎

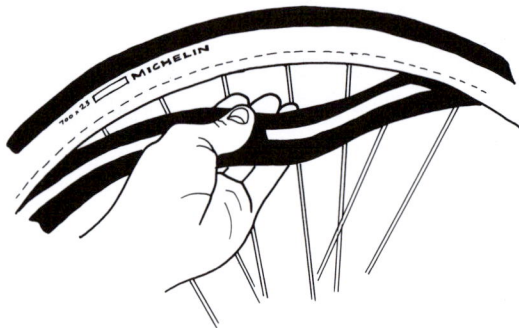

9. 修补或更换内胎，你不需要将整条外胎从车圈上取下来。若更换外胎，另一侧的外胎胎唇也可以轻易地用手拉出；若拉不出来，按上文的方法使用撬胎棒。

7-2

补内胎

1. 若漏气孔不明显，先给内胎打气，使内胎涨到2~3倍。注意：若气打得过多，内胎会爆。

2. 把内胎贴近耳朵，分辨漏气孔所在，并做标记。

3. 若无法通过耳朵听的方法找到漏气孔，把内胎浸入水里，并在内胎上涂上肥皂水，找到冒泡处（见图7.9）并做标记。还需要检查气嘴是否漏气。

图7.9 检查漏气孔

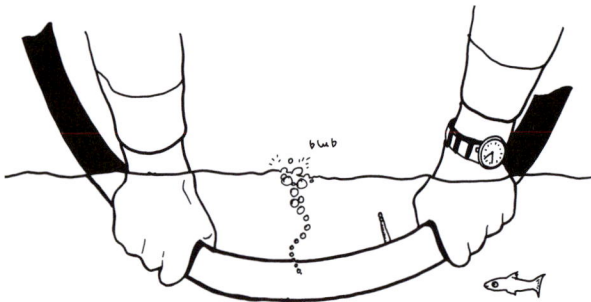

专业指导 ── 外胎的拆卸与安装

拆卸开口胎和真空胎从气嘴的任一侧下手都比较容易，安装外胎也最好从气嘴任一侧结束。因为放气后，气嘴正对面的外胎胎唇会落到车圈正中央的凹陷处，即车圈的圆周相对较小处，方便拉出胎唇。反之，若从气嘴对面的外胎着手，因为气嘴将外胎胎唇压在车圈边缘，即车圈圆周相对较大处，拆卸胎唇要更大的力。记住这点非常重要：因为真空胎的胎唇非常紧，完全没有拉伸幅度，为避免刮伤真空胎的密封圈的边缘，不能用辅助工具。

标准的开口胎（有内胎），还有一个要在气嘴处收尾的理由：就是装外胎时，即使已经给内胎充了气、力图避免内胎扭曲被胎唇夹住，内胎正是可能被夹在最后一段推入车圈的胎唇下面。若是这样，打气时内胎可能会立刻爆胎（爆炸声非常大，瞬间震耳欲聋），或者可能会在骑行中爆胎。在任何一种情况下爆胎，内胎都无法再修补，因为内胎的长度会缩短。若在骑行中，高速转弯时爆胎，甚至会危及骑行者的生命。

在气嘴处结束安装内、外胎，可以将爆胎和漏气的概率降到最低（见图7.14）。首先，先给内胎充一些气，以防止安装时内胎扭结、夹在胎唇下面。当外胎安装到距离气嘴几厘米时，再把放掉些内胎的气。注意：放了气之后的内胎仍会随着胎唇推入车圈而移动。胎唇卡住车圈后，将气嘴向上顶（见图7.15），可以将内胎完全拉入外胎内部，给内胎充气之前，一定先检查一圈胎圈，确保内胎没有被夹在胎唇下。

注意： 补胎片只能修补小的漏气孔。若漏气孔比橡皮擦大，圆形补胎片就无法修补。只有2.5厘米左右的小缝隙可以用椭圆形补胎片修补。

7-3
标准补胎片

自行车内胎专用补胎片有橘色胶质边缘，中间是黑色的略微凸起的橡胶。

1. 擦干漏气孔周边的内胎表面，并用笔标出漏气孔的位置。

2. 用一小片砂纸（补胎套装里通常有砂纸）打磨破孔周边约3厘米范围，使内胎表面粗糙，以增加附着力。把打磨的粉末清理干净，不要用手指触摸打磨过的部分。不要用补胎套装里类似"乳酪刨丝器"的东西打磨内胎，那种东西只适合刮乳酪，对内胎来说太粗糙了。

3. 以打磨过的部分为中心，均匀地、薄薄地涂抹一层补胎胶（见图7.10）。用胶水头或刷子涂抹胶水，不要用手指涂抹胶水。胶水的涂抹面积要略大于补胎片。顺便提醒下：胶水类似于橡胶接合剂，若管装的补胎胶水干了，可以使用在办公用品或五金店销售的任何橡胶类黏合剂。这类胶的盖子上都带个刷子。因为胶只需要涂抹薄薄的一层，所以刷子上蘸一点点胶即可。

4. 静置约10分钟等待胶干。待胶面失去光泽，不再呈现液态，胶就干了。

5. 撕掉补胎片的底纸（但不要撕掉补胎片表面的玻璃纸）。

图7.10 涂抹补胎胶

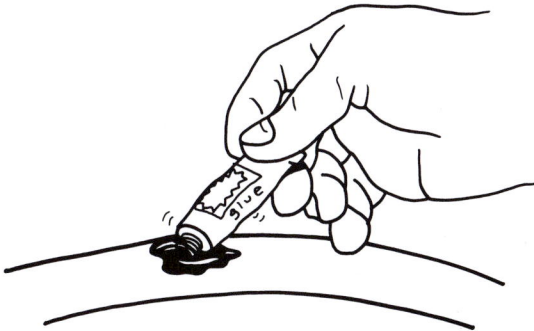

6. 把补胎片粘到破孔上，让胶质的边缘贴紧内胎，按压固定。将内胎放到地上或坚硬的物体上，用螺丝刀的刀柄按压补胎片，使其边缘牢牢地粘住。

7. 补胎片表面的玻璃纸可撕掉，也可保留。若撕掉，撕的时候注意不要把补胎片的边缘掀起来（见图7.11）。可把补胎片对折，使表面的玻璃纸有道折痕，然后再贴到内胎上，沿着折痕撕玻璃纸就容易了。若玻璃纸不好撕或不介意玻璃撕掉与否，就留着它，玻璃纸不会损坏外胎。

图7.11 撕掉玻璃纸

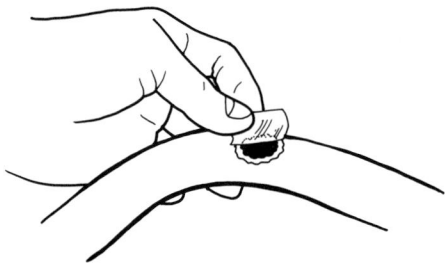

7-4
免胶水补胎片

　　市场上有多种带背胶的补胎片，可省去涂抹胶水的麻烦。通常只需用内附的酒精棉片擦拭破孔周边，待酒精挥发后，撕掉补胎片上的底纸，粘贴在漏气孔上即可。

　　这种免胶水补胎片的好处是：操作快捷、节省车包空间、不需要担心补胎胶水是否干了。不过，我还没有找到哪种免胶水补胎片和普通补胎片一样好用。用普通补胎片补胎后，可以先给内胎充气，边充气边查找是否还有哪里漏气。但若是用免胶水补胎片补的胎，这种做补胎片就可能翘起来、漏气。所以，使用免胶水补胎片补胎，必须先把内胎安回外胎、车圈，才能给内胎充气。还有，免胶水

补胎片只能作为临时修补使用，普通的补胎片则是永久地修补。

7-5
安装内、外胎

1. 补完内胎后，在外胎内侧摸一圈，检查是否有异物刺穿内胎。为了安全起见，操作时先用抹布包住手指，既可避免异物划伤手指，又可把异物找出来。

2. 只要内、外胎（内、外侧）有任何磨损，或内部编织层裸露或断裂，都需要更换外胎。

3. 检查胎垫是否移位，辐条或其他异物是否凸起，因为这些都可能是扎坏内胎的因素。若有必要，更换胎垫（见图7.12）。胎垫只要移位少许，辐条边缘就有可能刺穿内胎。

图7.12 安装胎垫

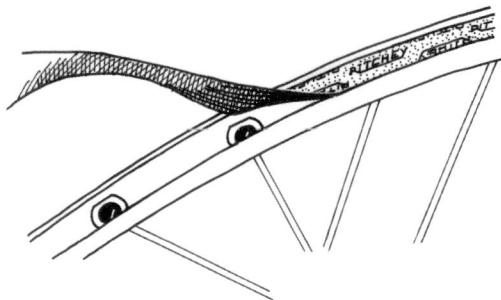

4. 用手将一侧胎唇塞进车圈。

5. 选择性处理：将滑石粉涂在外胎内侧和内胎外侧，以防止内、外胎粘连。操作时注意不要吸入滑石粉。

6. 给内胎充少量的气，使之微微膨胀。若是法嘴，拧紧螺母。

　　注意：若车圈是深框（超过30毫米），而内胎是标准的法嘴，则需要安装一个延长气嘴（见图7.5A到图7.5D），

这样内胎才能充到气。安装各种延长气嘴的方法，见上文"专业指导：延长气嘴"。

7. 把气嘴从车圈上的气嘴孔推出去。

8. 把内胎安装到外胎里。

9. 从气嘴正对着的胎唇开始（这么操作的原因见"专业指导：外胎的拆卸与安装"），用拇指将外胎装回车圈。

10. 把外胎推进车圈。用拇指沿着外胎边缘，将胎唇同时推进车圈（见图7.13）。两边在气嘴两侧同时完成安装外胎（见图7.14），若操作困难，可放点气（为什么要在气嘴两侧完成，见"专业指导：外胎的拆卸与安装"部分的内容）。若放了气仍无法用手完成，可使用撬胎棒。

11. 胎唇完全推入车圈后，将气嘴顶出车圈（见图7.15）。拉出可能被叠压在胎唇下面的内胎。

12. 沿着车圈检查内胎是否夹在车圈和胎唇之间。一旦压住，内胎在充气时或骑行时会爆胎，声音像枪响，爆了的内胎无法再修补。

13. 给内胎充气。质量比较好的23~25毫米宽的公路自行车轮胎，若体重不超过200磅（1磅约等于0.454kg）（超过这个体重需要更高的胎压），胎压85~110psi（见"专业指导：胎压与滚动阻力"）。胎压过高，骑行中比较颠；胎压过低，可能扎胎或被蛇咬，详情见"3-3a"。

图7.13 用手安装外胎

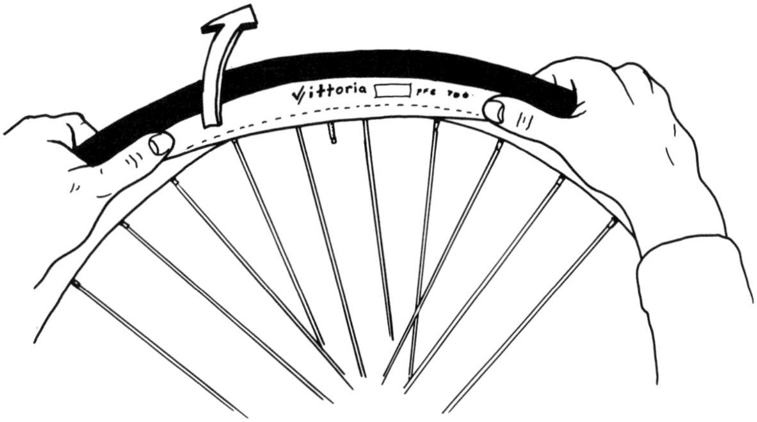

图7.14 在气嘴处结束安装外胎

图7.15 安装内胎

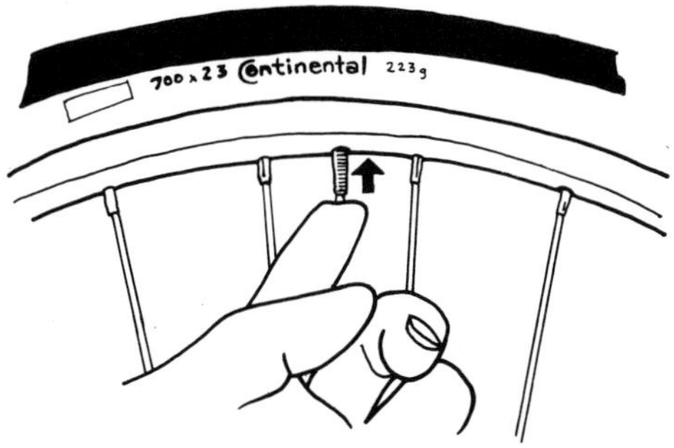

第7章 | 轮胎

很多骑车人错误地认为：高胎压可以降低滚动阻力。但是爆胎时，胎压过高，容易伤到骑车人。而且并不是胎压越高，车轮滚动越快。过高的胎压会导致外胎无法吸收来自路面的阻力，每次车轮弹起都会降低骑行速度。车胎硬、弹起让骑车人觉得胎压高，骑行速度快。实际上，每次小小的起伏都使得车胎从路面弹起，并产生向后的力，骑车人用于克服这种向后的力的能量，远大于降低胎压、车胎吸收路面的颠簸后向前骑行所耗的能量。

高于140磅/平方英寸的胎压只适合于自行车馆专业骑行道那种极其平顺、干净的路况。在公路上骑行，高于120磅/平方英寸以上的胎压就会影响速度。

提及滚动阻力，可以简单地用"一英寸编织密度"或"tpi"表示。外胎的编织密度越高，纤维越细越柔软；编织密度越低，纤维则越粗、越硬。柔软的外胎的滚动阻力肯定比厚硬的外胎的滚动阻力小。所以，若想骑得快，就选择高密度的、用手折起来比较软的外胎。切住不要把内胎充气充到像炸弹那般硬，那样会带来生命危险的。

7-6

修补外胎（胎壁）

若外胎划裂了，就换新的。无论怎么修补外胎，充满气的内胎都会都从外胎某处鼓出来。自己脑补一下，正骑车下坡时，前轮突然爆胎，后果会是怎样！

在紧急情况下，可以在外胎和内胎之间垫几层没有弹力的东西（"3-3d"，见图3.2），如纸钞、一两个能量棒的外包装，或从废胎上剪下来几片旧胎壁。

真空胎

1级　真空胎因为没有内胎，所以不会被扎穿（受到尖锐物体撞击时，会扎出两个对穿的小洞，称为"蛇咬"）。因为内胎内有自补液，即使扎了小洞，真空胎仍可保持胎压。即使胎压突然下降，真空胎和车轮的结合力仍比卡口胎和车圈的结合力要强。真空胎的胎压比普通的开口式内胎胎压可以低10~20psi。这种胎压，既可保证骑行速度，又不用担心爆胎。

7-7

拆卸真空胎

因为没有内胎将外胎的胎壁挤向车圈两侧，真空胎必须和车圈粘得非常紧密，胎唇的作用非常重要。这也说明，真空胎拆卸难度比开口胎要大，需要使用撬胎棒。为了避免撬胎棒损坏碳纤维车圈，只能使用橡胶材质的撬胎棒。Hutchinson Stick' Air撬胎棒是专为真空胎设计的。

若要修补真空胎，在拆卸胎之前，先找出破洞（"7-8"）。

1. 取下车轮（"2-2"和"2-11"）。

2. 若车胎内还有气，先放气。拧掉气嘴帽（若有的话），露出气嘴。旋开气嘴顶端的小螺母（就像标准的法嘴那样），压下气门芯（见图7.3）。骑行时，注意要先拧紧气嘴，使其密封锁紧（仅用手指操作即可）。

3. 用手取下真空胎，能大大降低损坏车圈的概率。所以，若能徒手用大拇指将胎唇推出车圈，就不要用撬胎棒。最简单的方法是从胎面向车圈中心挤压轮胎，使之放气（见"专业指导：外胎的拆卸与安装"），从气嘴的任一边开始撬胎比较容易。

4. 若无法用手取下真空胎，就使用撬胎棒。在车圈和真空胎之间插入一根撬胎棒（勺面对着自己，尖的一端对着车圈），使其接触胎唇边缘。然后从气嘴附近开始，将胎唇向车圈中央凹陷处推。

5. 用力向下压撬胎棒，将胎唇撬出车圈（见图7.6）。若撬胎棒的一端有钩，将其钩到最近的一根辐条上。若没有钩，就一直用手压着。

6. 相隔几厘米插入另一根撬胎棒，重复上述步骤（见图7.6）。

7. 若需要，再隔几厘米插入第三根撬胎棒。用力压下，然后沿着车圈拉动撬胎棒，使胎唇随着撬胎棒脱离车圈（见图7.7），最后一段胎唇可以用手拉出。

8. 另一侧胎唇可以用手拉出。

7-8

修补真空胎

从车圈上拆卸真空胎之前，必须先找到漏气孔。若漏气孔有几厘米长，为了骑行安全，建议换新胎。若是编织层割裂，裂口充气后会膨胀，导致无法顺利地骑行。

一般说来，灌自补液可以省去把真空胎拆下来修补的麻烦（见"7-9"第7步）。

1. 充气，胎压不要超过100psi。

2. 把内胎贴近耳朵，听漏气孔所在，或在内胎上抹上肥皂水，把内胎浸入水里。

3. 标记漏气孔。

4. 取下真空胎。

5. 擦干外胎，将破孔所在的胎面打磨粗糙，按"7-3"中讲的方法，从内侧补胎。按照"7-9"中讲的方法安装真空胎。

7-9

安装真空胎

公路车的真空胎的外胎使用的是碳纤维胎唇，不仅不会拉伸，还足够薄，两个胎唇能同时放进车圈中央的凹陷处，安装起来比较容易。

真空胎专用的车圈内有个固定脊，使真空胎和车圈能密封（见图7.16）。车圈内没有开孔。

图7.16 真空胎和车圈剖面图

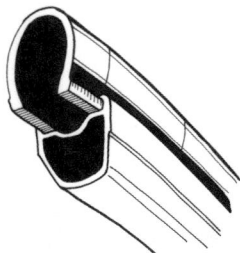

虽然真空胎也能安装到非专用的没有固定脊的车圈上，但真空胎生产厂家都不赞成这么做：车圈可以是内部无孔的，也可以用胶盖住Stan's NoTubes或Caffelatex车圈内的辐条孔。但将真空胎安在没有固定脊的非专业车圈上有个潜在危险：胎压突然降低时，胎唇卡不住车圈，外胎可能脱离车圈。

重要的安全警告： 绝对不要将开口胎改成真空胎。只有注明是"真空胎"的外胎才能不装内胎（有的山地车手经常这么玩，但胎压低多了）。普通的开口胎的胎唇没有加固，和车圈的尺寸也没有匹配到能防止胎唇从车圈上脱落的程度。而且，首次安装真空胎时，必须在外胎的内部灌乳胶溶液才能防止空气从微小的缝隙漏出。乳胶溶液会使车圈变得非常湿滑，开口胎容易滑落，骑行中根本无法避免摔车。切记不要这么做！

1. 将气门嘴安装到车圈上。确保气门嘴从内向外插入车圈。安装车胎前，先用自补液（如Caffelatex或Stan's NoTubes）涂抹气门嘴周边，或者用肥皂水湿润气嘴的橡胶底座。

2. 用蘸了肥皂水的海绵弄湿真空胎的胎唇。

3. 从气嘴对面开始安装，在气嘴处结束。用手将一侧胎唇塞入车圈，才能有效缩小车圈的安装圆周（见"专业指导：外胎的拆卸与安装"）。

4. 从气嘴的对向开始，用大拇指将另一侧胎唇塞进车圈。

5. 用拇指沿着真空胎两边，将胎唇同时推入（见图7.14），最后在气嘴两侧结束。请参考"专业指导：外胎的拆卸与安装"所述方法，可用手装胎。但若不熟练，可使用无锋利边缘的橡胶撬胎棒。

6. 检查胎唇是否卡进车圈的沟槽。

7. 若不使用自补液，可用直立式高压打气筒、空气压缩机或二氧化碳充气罐将胎压充至120psi以内。小型手动打气筒无法快速地打入足够的气体以使胎唇就位——打气的同时，空气会持续地从边缘漏出，即使累得脸色发青也无法快速打足气。空气压缩机或气罐可以快速充气。

   就个人而言，我不认为必须使用真空胎密封胶。真空胎既能防止漏气，又能防止扎胎。自补液能迅速封住漏洞，所以我推荐使用喷雾型自补液或液体自补液。方法1：喷雾型自补液。通过气嘴加入自补液，如Hutchinson Fast' Air或Vittoria Pit Stop（见图7.21），按照"7-15a"中的说明进行操作。方法2：液体自补液。在第二面胎唇还剩下几厘米就完全推进车圈时，用汤勺舀几勺自补液，沿着胎唇注入外胎。也可使用Stan或Caffelatex可拆卸的气门芯，按"7-15b"所

述的方法加入自补液。然后使用高压打气筒、空气压缩机或二氧化碳充气罐将胎压控制在120psi以内。

8. 旋转车轮，检查真空胎安装是否到位，左右不能有凸起，胎唇必须完全卡进车圈。

管 胎

3级 管胎，也称为"缝合胎"，价钱昂贵，安装麻烦（需要粘到车圈上），难以维修，甚至不容易买到。那么，为什么还要使用管胎呢？

首先，管胎轮组比开口胎轮组轻。管胎的轮组无须勾边，所以比开口胎的轮组轻。随着超轻的碳纤维轮组的流行，管胎的使用渐多。管胎本身也比开口胎轻。

其次，管胎的路感、转弯时的操控性比开口胎好，在公路越野车上感觉尤其明显。而且，因为管胎缝合了外胎开口，胎压可以打得更高，场地赛时使用管胎更多。

因为没有固定胎胎唇的勾边、内部的乳胶胎比丁基胎更结实，所以管胎低胎压时也不会被压破。这也是高端越野公路车常使用管胎的原因——骑行粗糙路面时可以降低胎压，增加摩擦力。

管胎的主要优势是自带安全性：若爆胎，管胎仍粘在车圈上。开口胎若爆胎，车胎会脱落，骑在光滑的金属车圈上的感觉可比骑在橡胶（译者注：指爆了胎的管胎）上的感觉差多了。

扎胎后，空气会从漏洞泄出。管胎泄气的速度比开口胎慢。开口胎一旦扎胎，马上就有在金属车圈上骑行的感觉（真空胎也可解决开口胎的这个问题，无须补胎。详细内容见"7-7"至"7-9"）。

若管胎的优点吸引了你，且不介意它的缺点，用管胎替代开口胎无疑是不错的选择。

图7.17　将管胎套在备用车圈上

7-10

拆卸管胎

1. 取下车轮（"2-2"和"2-11"）。

2. 若车胎内还有气，先放气。管胎是法嘴，放气时先将气嘴顶部的小螺母旋松几圈，然后压下气嘴上的小细杆（见图7.3），具体方法见"专业指导：延长气嘴"中延长气嘴的操作方法。

3. 用大拇指将管胎向上推离车圈，一次推一段。若不能把管胎推到车轮的中心上方，就用同样的方法从另一侧推（在同一区域），直到管胎整个脱落下来。不要使用工具。若用工具使管胎脱落，不仅会弄坏缝合处的底布，还可能扯断缝线。

　　若某一段管胎实在无法用手取下来，小心地在管胎下面插入薄薄的螺丝刀，尽量不要损坏管胎底布（若必要，在这段管胎下来回插入），直到管胎脱落。然后，轻轻地沿着车圈划动螺丝刀，使管胎和车圈分离。

　　手可以伸进管胎和车圈之间后，就不要再用螺丝刀了。

4. 用手取下剩余的管胎。

7-11

将管胎粘到车圈上

　　管胎的安装非常重要。按照下面的步骤操作，管胎会安得非常结实。尤其要注意步骤4，因为若管胎涂胶水操作不当——这世上真没有哪种管胎能牢固地固定在车圈上，虽然使用双面胶粘管胎更快捷（"7-12"）。但随着胶水的发展，胶带不如胶水安全。

1. 黏合管胎之前，先将管胎套到一个备用车圈上。按步骤10的方法，将没有上胶的管胎套在没有上胶的车圈上（见图7.17），目的是拉伸管胎。给管胎充气，然后

静置数小时，可以的话，静置过夜。

　　注意：若车圈是深框（如车圈壁的深度大于30毫米），需要使用延长气嘴（见图7.5A~图7.5C）才能充气。延长气嘴的安装方法见"专业指导：延长气嘴"。Vittoria管胎不用延长气嘴，而用螺纹的转接头，使用时根据需要选择气嘴的长度（见图7.5D）。操作方法与普通法嘴相同。若气门芯长度不够，可以使用可拆卸气门芯（见图7.5B），将其安在气嘴和管胎上，操作方法与其安在标准可拆卸气嘴上的方法相反。

2. 先放气，再取下拉伸后的管胎。

3. 给管胎充气（从车圈上拿下来充气，不要在车圈上充气）至内面外翻，即底布朝外。

4. 准备粘胶。大多数管胎的底是棉质的，上面有乳胶颗粒。若乳胶颗粒光滑，要把光滑的乳胶颗粒打磨得粗糙，才容易黏住。Challenge、Continentalt 和 Tufo tubulars 管胎底布上没有乳胶颗粒，所以无须打磨。

打磨底布上的乳胶颗粒的方法是用锯齿刀或金属锉刀来回打磨（见图 7.18），直到乳胶颗粒发黏。我也听过有人用酒精涂抹底布，这样操作也可以。但我不赞成用化学溶剂涂抹底布，因为溶剂会渗透进底布、分解胶水。我见过很多管胎和底布分离、底布却牢牢地黏在车圈上的案例，所以一定不要使用溶剂。

图7.18 在把管胎粘到车圈上之前，先打磨底布上的乳胶颗粒

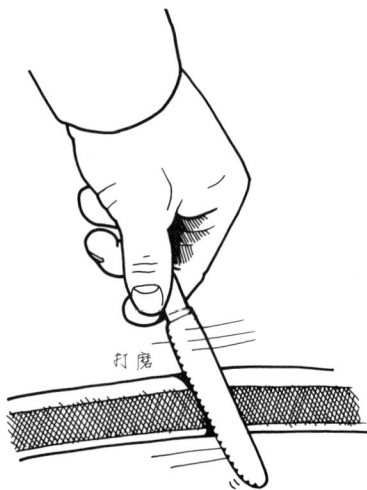

5. 准备把管胎粘到车圈上。新的车圈，用酒精清除上面的油。这些油会影响管胎和车圈的黏合。准备好 VM&P Naphtha 或丙酮（操作时戴上手套和口罩）、抹布和砂纸。用砂纸打磨车圈表面，会使得管胎和车圈黏合得更牢固。酒精不能去除所有东西（如特氟龙），但砂纸可以去除看不见却影响黏性的脏东西。

若车圈已经粘过管胎，用 Carogna Remover 可快速地除底胶。或者用螺丝刀刮或用烧烤刷刷掉大块的旧胶。也可以用 VM&P Naphtha、丙酮或白汽油清除整个车圈上的旧胶，操作时切记戴上橡胶或乳胶手套。操作时产生的烟雾浓且容易燃烧，注意通风，不要在附近有明火（如热水器、火炉）的地方或封闭的房间内操作。

6. 在车圈表面、管胎底布薄薄地涂一层胶水（见图 7.19）。最好的方法是用硬毛扁刷（水暖器材店的五金柜台有售）刷胶。若买的不是罐装的胶，最好先把胶挤到罐子里。建议一次往车圈上挤一滴胶，然后用手把胶推开，切记胶要薄而匀。若胶涂得太厚，管胎的底布会变硬、容易撕裂。所以，切记底布上刷的胶要特别薄。涂胶后，放掉管胎内的气，以避免胶水在固化过程中收缩。晾干胶（最好晾一夜）后再刷两次胶，每次都要用一夜的时间晾干胶。

图7.19 将胶涂上车圈上

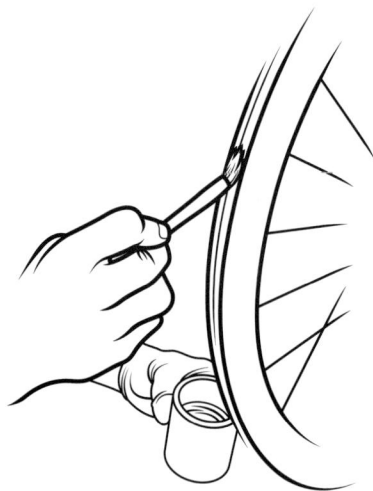

7. 若是越野公路车，涂完第二次胶后，趁着稍微有点黏时，在车圈上缠绕一层 CX Tape 胶带（"Belgian Tape"）。将胶带压入车圈底座。撕掉底纸，再在胶带和管胎上涂第三层胶水，静置 15~30 分钟，然后见步骤 9。越野

专业指导 —— 管胎黏合到碳纤维车圈上

管胎黏合到碳纤维车圈上难度较大。根据 University of Kansas 的研究，使用 Vittoria Mastik' One 是目前最佳的方法。

粘在碳纤维车圈上的管胎往往瞬间脱落，而粘在铝合金车圈上的管胎则是逐渐脱落。管胎从碳纤维车圈或铝合金车圈上松动，原始的力量是相等的。但是管胎一旦和碳纤维车圈松脱，是立刻脱落；管胎从铝合金车圈松脱则不然。管胎黏合到碳纤维车圈上，需要清洁车圈、多层涂胶水、打磨底布。管胎粘好后，用力拉扯，试试胶水的黏合效果。若黏合效果不佳，按上述步骤重新处理。越野公路自行车见本章末尾的"专业指导：越野公路自行车黏合管胎"部分。

公路车管胎黏合更多的操作方法见"7-16"中的"专业指导"。

关于胶水类型的说明： 尤其是碳纤维车圈，建议使用透明管胎胶，如 Vittoria Mastik' One、Continental 车圈胶。Continental 车圈胶不要使用红色管胶，因为红色管胶容易硬化，使管胎的底部变硬，且约一年后，胶的黏性就会减弱。

8. 在车圈和管胎上涂三次胶水、胶水晾干三次（晾干时最好过夜），在车圈上涂抹或刷上薄薄的一层胶水。

9. 若没有备用胎拉伸管胎，先按步骤10的方法拉伸管胎。给管胎充气、放气，再取下来。这样操作后，管胎套上车圈时会比较容易，也可以少在车圈上涂抹胶水。

10. 按如下方法安装（放气）管胎：

　a. 直立车轮，气嘴的位置是12点钟。

　b. 将管胎向下拉到车圈上。将管胎的气嘴穿进车圈上的孔，弯腰，双手抓住管胎向外拉伸，将底布推进车圈的顶部。双手继续向下拉伸管胎，将底布顺势推入车圈（见图7.17）。尽量把车圈推进得多一些，这样的话管胎更容易都卡进车圈。

　c. 将管胎全部推进车圈。平举车圈，使气嘴对着自己的腹部，将最后一段管胎翻进离自己最近的一侧。若无法将管胎翻进车圈，就把管胎全部取下来，从头再来一次，从气嘴孔向下推。尽量不要用螺丝刀或其他工具，以避免撕裂底布纤维或管胎的编织层，造成管胎鼓起。

11. 将胶带的边缘和车圈对齐。有黏性的管胎需要用力气拉扯才能使其居中，操作中注意看车圈两侧留出来的量是否一致。

12. 若管胎安装的位置不正，需要调整。将管胎充气至100psi（为越野公路自行车安装管胎，则充气至50psi），转动车轮。检查车轮是否摆动。若车轮蛇行状摆动，放气，修正安装位置。再充气检查，重复此步骤，直到车轮目测不再摆动。管胎最终是否摆动，和其品牌、型号相关，有的品牌、型号的管胎比其他的管胎精度高。

13. 将管胎充气至120~130psi（越野公路自行车充气至60psi），静置过夜，使其和车圈黏合牢固。充气时可以用木工用斜接夹固定住充气的管胎。木工用斜接夹（见图1.2）由一条尼龙带和一个棘轮扣组成。松开棘轮扣，拉出尼龙带缠绕住充了气的管胎和车圈，再拉紧尼龙带，用扳手锁紧棘轮扣，使管胎底布紧贴着车圈。静置一夜后松开棘轮扣，便可骑车或去参赛了。

7-12
用双面胶带将管胎粘到车圈上

用胶水将管胎粘到车圈上比较麻烦，所以一些车手更喜欢使用双面胶带。不过，多数双面胶带的黏性不如胶水。不只是黏性不如胶水，有许多案例是双面胶带的组织纤维分层，一层粘在车圈上，另一层粘在脱落的管胎上。双面胶带的使用一直有争议，所以，是否使用双面胶带由你自己决定。切记：不要骑管胎很容易用手推离车圈的自行车。

　　Effetto Mariposa "Carogna"、Tufo和Velox "Jantex"双面胶带都是比较容易使用的自黏式双面胶带，可将管胎粘到车圈上而无须再涂抹胶水（见图7.20）。Carogna双面胶带适用于各种轮胎。Tufo双面胶带搭配Tufo轮胎使用（见本节末尾的"注意事项"），Jantex双面胶带仅适合高压管胎且要求骑行时没有急转。

　　CX Tape双面胶带（"Belgian Tape"，见"7-11"步骤7）必须搭配胶水使用。越野公路车专家常使用这种双面胶带＋胶水的方法（详情见本节末尾的"专业指导：编织层防水胶"）。

　1. 不同的管胎，准备不同的胶带。按照"7-11"中的步

图7.20 粘贴双面胶带，撕掉底纸

骤1~5进行操作。因使用双面胶带需要表面光滑，所以不要打磨车圈。

2. 从气嘴孔开始，将胶带缠绕、粘贴在车圈上。胶带粘贴面朝上。若胶比车圈宽，不要把胶带粘在中心位置，而是把胶带粘到车圈上后，再把胶带修剪成和车圈一样的宽度。粘胶带时注意把胶带的一侧和车圈对齐，这样只需修剪一侧边即可。

3. 修剪胶带的长度，胶带的另一端截止到气嘴孔。

4. 用拇指或和车圈底座形状相同的硬木棍或螺丝刀的柄，将胶带向下压到车圈上。

5. 若胶带太宽，沿着车圈的边缘修剪。用锋利的美工刀修剪相对来说容易一些。胶会粘在刀上，多余的胶带也可能粘到车胎上，所以，修剪非常重要。

6. 上层靠近气嘴处的底纸各剥开一个小角，将小角折成90度。

7. 安装、充气，按照"7-11"中的步骤9~12居中放置管胎。因为光滑的防黏胶带层可以移动管胎，调整中心线比较容易。

8. 管胎完全放气。

9. 抽掉剩下的底纸。

10. 给管胎充气。

11. 平放车轮。尤其是Carogna双面胶带，朝向管胎的那一面胶比较厚，胶均匀地流到管胎下面需要一定的时间。最好的办法是在温暖的地方静置一夜。Tufo双面胶带（与Tufo管胎相配，见下文的"注意事项"）安装后，可立刻骑行。

　　Tufo管胎和双面胶带的注意事项： Tufo和其他管胎不同，它是无缝的，底部没有凸起，且因管胎和车圈的曲率半径相同，管胎和车圈贴合紧密，无须胶水。Tufo双面胶带专为Tufo管胎设计，没有贴Carogna双面胶带或车圈间涂胶的空隙。

7-13

在路上更换管胎

若骑行在路上时管胎扎胎了，只要能用大拇指把旧的管胎轻松地推下来，处理方法就比开口胎简单。备用的管胎可以是旧胎，也可以是新胎。备胎的底布一定要按"7-11"的方法涂好胶或携带双面胶带。

取下车轮，把破了的管胎从车圈上拉下来。若管胎粘得很结实，需要费些功夫。（另一方面，若管胎很容易就取下来，说明粘贴管胎的技术必须加强。）按图7.17所示，将备胎安装到车圈上。若使用双面胶带，先按"7-12"操作。给管胎充气（公路车100psi以上，越野公路车50psi），以固定管胎。骑回家时，转弯时要当心，因为黏合力有限。到家后，再次骑行前，要先将管胎牢固地黏合在车圈上。

7-14

修补管胎

20世纪80年代早期，在参加比赛的途中，我和队友需要花费很多时间修补管胎。现在，大家都使用开口胎，几乎没有人修补管胎了。管胎其实是最适合比赛的车胎，自重轻、配套的车圈也轻，扎胎也不会漏气，还有绝佳的转弯和冲刺性能。虽然管胎比较贵，参赛中也不要使用修补过的管胎。缓慢漏气的管胎，注射自补液可以很容易地修补（"7-15"）。

若真想学习修补管胎，请按下面的步骤操作：

1. 从车圈上取下管胎。

2. 将管胎充气至70psi（公路越野充气至40psi），把管胎浸入水桶中找出漏气的位置。幸运的话，空气会从管胎的一个孔冒出来。不过，一般情况下空气会沿着管胎的缝线处乱窜，很难精确定位。见下一步。

3. 从空气冒出来的前后5厘米处撕开管胎的底布。若无

法定位漏气孔，再将管胎浸入水管中，观察冒出来的气泡。若有必要，可以撕开更多的底布，直到确定漏气孔的位置。

4. 将管胎的气排净，从空气冒出来前后各2.5厘米左右处小心地剪开缝线。分开外胎，抽出内胎（"7-2"），检查漏气孔。

5. 按照"7-3"中所述的方法，对应管胎的类型，修补管胎。

6. 将管胎安回原位，手工缝合外胎。推荐使用三角形横截面尖端的皮革针以及多捻的高强度的鱼线缝合。利用原有的针孔，转动管胎，第一针缝完要回针。缝针时注意不要扎破内胎。可能需要用顶针将针头推进去，再用钳子把针拉出来。

7. 将管胎充气至70psi左右（公路越野车用管胎充气至40psi），并将其浸没在水中。确保所有的漏洞都已修补好后，晾干管胎。

8. 给管胎的气排净，在撕开的底布和新缝线处涂抹胶水。Barge胶水（例如五金店卖的修鞋胶）效果就很好。静待15分钟左右胶水不黏手后，仔细地将底布粘在缝线处（若底布因撕扯变长了，可以剪断底布，交叠着接起来）。

9. 将管胎黏合到车圈上（"7-11"）。

7-15

自补液

自补液可以补住细小的破洞，使之不再漏气。但若胎壁割裂或漏洞、对穿（译者注：即"蛇咬"），或辐条穿过车圈，自补液无济于事。常用的自补液内含短纤维，注入内胎后，会自动填补破孔。这种自补液已在很大程度上被乳胶基自补液替代了。有的乳胶基自补液是瓶装的液体，如Stan's NoTubes、Caffelatex、Orange Seal或Schwalbe Doc

Blue；有的是喷雾型的，如Vittoria Pit Stop或Hutchinson Fast'Air（见图7.21）。

注意：也可以购买已灌入自补液的内胎。

a. 管胎或真空胎从法嘴加入喷雾型自补液

骑行中慢撒气，用这种方法非常好。

1. 若车胎内还有气，先放气。
2. 旋开法式气嘴的螺母，把喷雾的喷嘴接到气嘴上（见图1.1B和图7.3）。
3. 按压气雾罐（见图7.21），把自补液加入车胎，车胎会随着自补液的加入而膨胀。

图7.21 喷雾型自补液

4. 若车胎漏气，转动车轮，使漏气孔位于最下端。车轮保持不动，直到自补液填满漏气孔，不再漏气。试骑或转动车轮，使自补液均匀分布在内胎里。

另外，也可以用传统方法处理慢撒气的内胎：即换上防刺胎，把气泵里灌一罐炼乳，再通过气嘴泵进内胎。这种方法对慢撒气有用，不过，过段时间这些炼乳会臭的，一旦爆胎，那味道一定"酸爽"！

b. 自补液通过法嘴（尤其是可拆卸气门芯）加入管胎或内胎或真空胎加入液态乳胶基自补液

法嘴的气门芯必须取出来，才能加入自补液。一般的

图7.22 液态自补液

内胎的气门芯都是不可拆卸的，但高端的管胎和真空胎的气门芯是可以拆卸的。可拆卸的气门芯顶端的小螺母相对侧有两道平行沟槽，工具可以插入或夹住。

1. 用可调扳手或专用的气嘴扳手逆时针旋出气门芯（若没有可拆卸气门芯，可使用Caffelatex和灌注器，因为它不会立即封闭气嘴。不过，这么操作不能用Stan自补液）。
2. 气嘴位于底部，将乳胶基自补液的瓶口尖嘴塞进气嘴（或用注射器的软管套住气嘴头），并挤压，注入一些自补液。
3. 顺时针装回气门芯。
4. 充气至规定的胎压上限。
5. 若内胎漏气，转动车轮，使漏洞位于底部，直到乳胶基自补液填满漏洞，不再漏气。

试骑或转动车轮，使自补液均匀分布在内胎里。

c. 修补已经填充了自补液的轮胎

打气或放气

充气时，气嘴位于4点钟的位置，静置1分钟，让自补液注入。否则自补液会渗漏，最后堵住气嘴。若遇到这种

情况，这么处理：

1. 拆除气门芯。

2. 将辐条或类似的硬的细物插入气门芯中，清理自补液。

3. 从气门芯取出干燥了的自补液。

4. 安回气门芯。

封住刺穿的孔

1. 若发现车胎瘪了，充足气骑一会儿。

2. 如果扎了很多小孔，必须持续充气，不断地骑，直到自补液堵住小孔。

3. 拔除扎进轮胎的钉子或其他异物。转动车轮，使漏洞位于底部。

4. 若自补液无效，检查一下是否是自补液无法处理的漏洞。

比如胎压过低导致车圈压破内胎或在内胎边上有两个破孔（俗称"蛇咬"），这种情况使用自补液无效。因为离心力的作用，自补液被甩到了内胎的外侧。胎壁的漏洞无法密封，必须换新轮胎。

公路越野车胎

7-16
选择车胎

1级

a. 车胎类型

选择车轮类型（"8-14"）之前，需要先确定外胎类型，如选择开口胎、真空胎（即需要使用密封胶）以及越野管胎。

开口胎

开口胎最便宜，但骑行速度可能最慢且转弯时性能不佳。开口胎安装简单。没有赞助商的车手一般会选择开口胎，因为管胎太贵，低胎压时遇到坚硬的岩石、尖锐的金属碎屑或者荆棘刺，都可能需要花费数小时补胎（"7-11"）。

现在的自补液可以修复管胎的小漏洞（"7-14"），开口胎也能换内胎。

开口胎需要高胎压才能避免骑行中车圈损坏胎壁、扎胎，但高胎压下，开口胎的缺点就显现出来了：重、滚动阻力大、抓地力不强（见图7.23）。开口胎的外胎比质量较好的管胎重，开口胎适用的车轮也比管胎相同强度和硬度下的车轮重。因为胎壁必须使用一定厚度的纱线，开口胎的滚动阻力大，胎壁也更容易凹陷。

图7.23 低框开口胎截面图

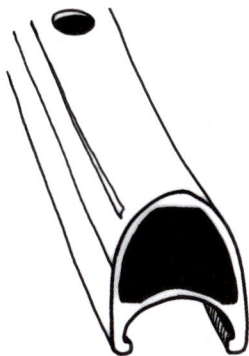

真空胎

真空胎和"准真空胎"不会因扎胎漏气变瘪，所以低胎压的情况下抓地力增大，仍可顺利骑行，也不影响骑行崎岖颠簸路段。若胎内已装了自补液（"7-15"），可以自动堵住真空胎的小漏洞（管胎和开口胎也可以从气嘴处注入自补液，最方便的方法是使用可拆卸气嘴）。

真空胎和准真空胎的侧壁像开口胎一样坚硬，即没有内胎与外胎互相摩擦，因此滚动阻力可与价钱比较高的管胎媲美。虽然价格稍微高点，但安装和拆除的速度比普通开口胎快多了。真空胎安装在专用的车圈上，漏气之后，因为车圈上的"脊"会锁住外胎的胎唇，骑回维修站（见图7.16）。

自行车安装越野真空胎一定要注意：低胎压时和公路自行车和山地自行车一样，在急转弯时会"打嗝"（空气突然从胎唇漏出）。还有，和开口胎一样，骑行在岩石、台阶、马路边时，车胎的硬壁容易凹陷。详情见"专业指导：越野公路自行车黏合管胎"。

管胎

管胎专用的车圈表面平坦（见图7.24），若漏气，管胎也不会像开口胎那样从车圈上脱落，所以可以骑回维修站。

图7.24 深框高管胎截面图

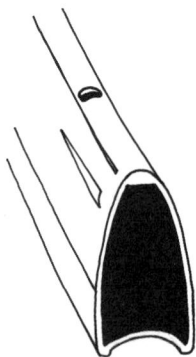

管胎自重轻、车圈的重量轻、滚动阻力小，不容易挤压漏气，黏合车圈。管胎的编织层柔软，接地的面积比开口胎大。开口胎若和管胎接地面积相同，胎压会低到压爆内胎。多数情况下，使用管胎骑行比使用开口胎骑行速度更快。不过，管胎本身、管胎胶水算下来比开口胎贵（见"7-11"和"专业指导：越野公路自行车黏合管胎"）。

有的管胎无内胎，并同时配售自补液。

越野公路管胎慢撒气时，可用Caffelatex自补液（"7-15b"）或管胎自带的自补液修补。也可在骑行荆棘路段时，提前加在管胎内作为预防措施。不过，长时间不骑车的话，补胎液会硬化，又不能冲洗管胎并将其晾干，所以，要始终关闭气嘴以防止自补液硬化。真空胎内的自

专业指导 —— **越野公路自行车黏合管胎**

黏合越野公路自行车的管胎，其方法和普通管胎相同（"7-11"），但有四个问题需要注意：

- 越野公路自行车的车胎比普通公路车胎宽，但多数越野公路自行车使用的是普通公路车的车圈。管胎的截断面是圆形（图7.2），这意味着：越野公路车胎的弯曲度比车圈大，车胎只能卡在车圈的边缘。
- 为了获得最大的贴地面积、缓冲效果以及降低在崎岖路面骑行的滚动阻力，越野公路车胎的实际使用的胎压比普通公路车管胎要低。研究结果表明：胎压低，会导致胶水的黏度降低（你可以自己做实验：将未涂胶水的管胎装到车圈上，不同的胎压下试着拆下轮胎）。
- 长期用水清洗越野公路自行车（"2-18"），再加上泥浆、砂石和雨水的侵蚀，会使胶水的黏合力下降，无法黏合管胎。
- 胎的位置越高，车圈的中心位置也越高。

以上四点，是同时使用胶水和CX Tape管胎胶带的（"7-11"步骤7）原因。若使用方法正确，胶水加CX-Tape胶带可以黏合住各种越野车胎；但若不采取这种方法，可以采取下述的方法垫高车圈的中心位置，以使车胎和车圈更牢固地黏合。

1. 找一条废弃的管胎，撕下底布，用剪刀从中间剪开。
2. 按"7-11"步骤6的方法涂第二层胶后，在旧的底部的单面涂一层胶水，粘到车圈的中心面，再涂第三层胶水。
3. 若使用的是碳纤维车圈，见"7-11"中的专业指导。

补液比管胎内的自补液相对来说较易去除：可以用个大注射器注水，再用胶带把真空吸尘器粘到气嘴上吸水。

专业指导 ── 越野公路自行车黏合真空胎

越野公路自行车要确定真空胎如何能牢固地黏合车圈上，在参加大的赛事之前需要做一些尝试。真空胎需要牢固地黏合在车圈上、没有缝隙。有证据表明：硬胎比软胎更易漏气。有效的解决真空胎和车圈间缝隙的办法是：在车圈上加垫层，以增加车圈和真空胎的接触面积。

可以从真空胎专用车圈开始操作，也可以使用NoTube或Effetto Mariposa等双面胶带，把普通车圈的辐条帽填满，在车圈上缠绕一或两层，将其改造成真空胎专用车圈。NoTube真空胎出厂时配有工具盒，其中包括一条厚的橡胶胎垫，安上后可起到和双面胶带一样的作用：增加了车圈底座的高度、降低车圈侧壁的高度（使车胎和车圈接触的面积更大），因此增加了车圈的密合性。

也可以使用开口胎式真空胎：有一些标准的开口胎可以不安装内胎。使用大量的密封胶（约1/4车圈加注密封胶），且不要选胎唇有细槽的开口胎，因为这些细槽会降低密封性。

密封胶要定期检查是否腐蚀了车圈，气嘴部分要拆卸气门芯细查。车圈被密封胶腐蚀是需要重视的问题。

b. 车胎尺寸

车胎尺寸不要小于30毫米（如700×30）。UCI（Union Cycliste Internationale）也禁止使用35毫米以上的车胎参加比赛。确定车架是否有足够的空间让大量的烂泥通过。将车胎安装在车轮上，检查前叉肩盖下方、后下叉之间、后下叉桥后方、前拨链器后面、座管后面的导轮、后上叉桥下方、后上叉之间等。

较宽的轮胎缓冲力和抓力地比较好，可以低胎压骑行，这些是其优点，其缺点是重。小于30毫米的车胎容易发出异响以及挤压漏气。

公路越野的开口胎不要使用公路内胎，因为外胎太宽，公路内胎会过度延伸而变薄，降低耐用性。一旦扎胎，破洞会因为过度拉伸而变大。请使用700×28-35的内胎。更换内胎时，顺便检查胎垫是否因进水、泥沙而脱落。

c. 外胎的纹路

管胎包括泥地防滑胎纹（见图7.25）、颗粒胎纹（见图7.26）、人字胎纹（见图7.27）和平锉胎纹（见图7.28）。平锉胎纹适用于草地、砂石和黏灰的路况，但对烂泥、松

图7.25 公路越野泥地防滑胎纹外胎（Challenge Limus）

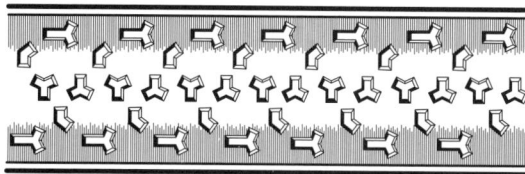

图7.26 公路越野颗粒胎纹外胎（Schwalbe Racing Ralph）

图7.27 越野公路人字胎纹外胎（Vittoria Cross XG Pro）

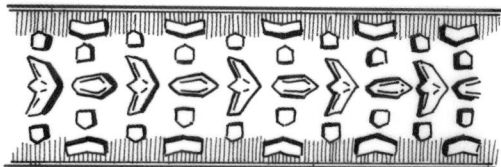

第7章 | 轮胎

图7.28 越野公路平锉胎纹外胎（Challenge Grifo XS）

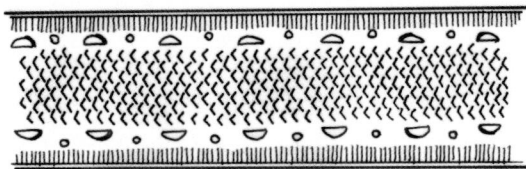

土路面而言，抓力地不够。但除非有几套轮组，并不需要买几种胎。泥地选择泥地防滑胎，其他路况选择颗粒胎或人字胎即可。

因为便宜、更换容易，开口胎和真空型可选择的胎纹比较多，可以多加试验着换胎，也可以和朋友们交换轮组。

d. 胎压

多数骑越野公路自行车的人原来是骑公路自行车的，所以，他们把越野公路自行车的胎压设得比较高。

世界上最棒的越野公路自行车车手常使用管胎，胎压是18~80psi（一般人会觉得50psi的胎压太低了！）抓地力和滚动阻力随着胎压的降低而提高，所以，40psi是骑行的最高胎唇。硬土路、平坦的路面或使用的是胎面不够宽的开口胎等情况，不在胎压考虑的范围内。

若车胎和车圈高度契合、可使用无内胎的开口胎又不漏气（见上文的"专业指导"），也可以使用低压胎。但若车圈边缘比较锋利，使用起来容易漏气。

专业指导 —— **编织层防水胶**

通常在越野公路车的外胎侧层涂一层防水胶，以便编织层粘上泥沙后，可以快速冲洗。

此外，胎面和胎唇涂上Aquaseal密封剂（McNett的一款产品），可以延长车胎的寿命。

你不必发明车轮，但你可能想成为制造车轮的公司。

——M．C．哈默

车轮

多数公路自行车的车轮由辐条连接到车圈。车圈多数是铝合金材料制成的，还有的是用碳纤维、钢、镁合金或者木头制成的。车圈连接轮胎和车架，车架上安装刹车。辐条张力支撑着车圈不偏拢。车圈的中心是花鼓，花鼓中心有轴承。干净、调试合适的轴承可以使车轮绕着车轴转动。

复合材料（如碳纤维材料）的车轮可以用刚性材料替代辐条，车轮可以是辐条式的，也可以是3、4或5根辐条的。这种车轮和钢丝辐条车轮不同，就像Conestoga的车轮马车那样，辐条和车圈是一体的。复合材料车圈无法校正，但可以返厂更换新的。有的复合材料车圈使用复合材料辐条，虽然类似于金属辐条，但这些辐条是固定到车圈和花鼓上的，因此也无法校正。Mavic R-Sys TraComp（如TRAction/COMPression）辐条可以调整辐条的张力。这是一种厚、硬的碳纤维辐条，固定在花鼓内的密封轴承上，通过辐条帽调整辐条张力。

根据空气动力学原理，车轮应或两侧坚固（刀圈），或使用破风轮、破风辐条。辐条可以是钢的、铝合金

的、钛合金的或复合材料（一般是碳纤维）的。

卡式飞轮或棘轮卡式飞轮（见图8.1）的棘轮装置使车轮在停止踩踏后仍能持续空转，动力传到脚踏后，能即时扣合车轮。车胎具有抓地力和摩擦力，因此能让自行车前进和转向。胎压是公路自行车的第一道避震系统。

车圈和辐条

8-1

检查车圈

2级

除车胎外，车圈直接与道路接触。骑行中，车圈出故障是很严重的问题。所以，只要车圈出了问题，一定要更换。若想自己编轮，见第15章的内容。

检查车圈有无断裂或松脱，尤其是辐条孔、气嘴及气嘴对面的位置有无裂缝，若有，马上更换车圈。

图8.1 后轮

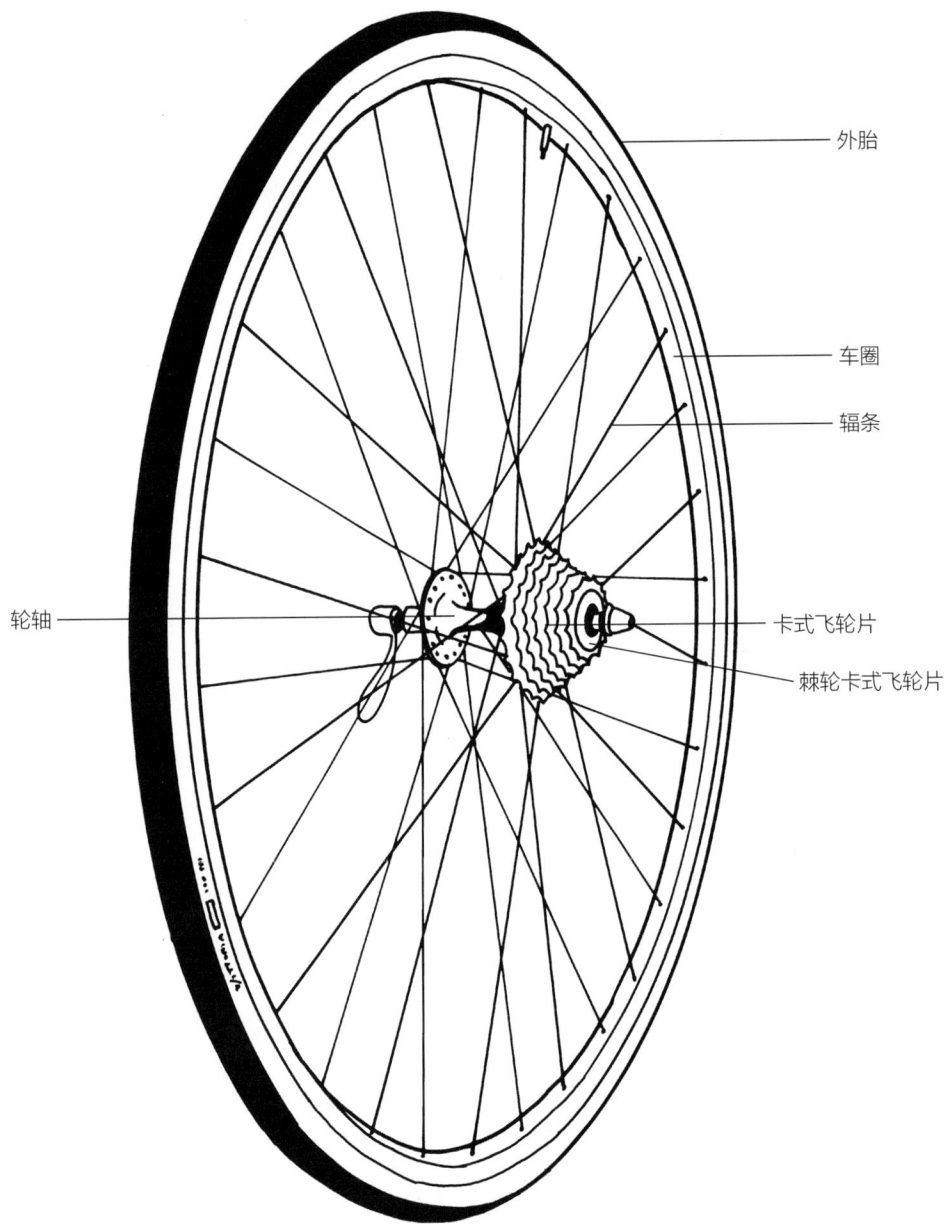

- 外胎
- 车圈
- 辐条
- 卡式飞轮片
- 棘轮卡式飞轮片
- 轮轴

有专门的检查车圈的仪器，若车圈壁太薄，仪器会报警。开口胎的车圈若变薄，外胎可能被推出车圈，就像柔软的墨西哥玉米卷那样，损坏刹车系统和车胎。若是管胎车圈变薄，则足以损坏车胎。

车圈检查仪报警的形式不同：有的时候，刹车和车圈接触处磨损，会出现很多小孔；若这些小孔消失了，说明車圈壁太薄了。有时车圈在达到磨损极限时，会出现一些暗点。Mavic 车圈上若出现暗点，说明车圈已经严重磨损。若这些暗点在气嘴孔对面的话，更是证明了这一点。

8-2

校正车轮

校正车轮的详细讲解，见第 15 章编轮（"15-4"）的内容。

若车轮摆动，调整辐条张力只能拉回轻微的偏拢部位。若要拉回严重变形的部位，左右张力会严重失衡，车轮会坏得更快。若车圈严重变形，无法校正回来，可以暂时把它敲回形（见"3-1"和图 3.11），骑车回家后再处理。

1. 检查辐条有没有断裂或松脱。若辐条断裂，请按照"8-3"中的步骤更换。若只有一根辐条松动，检查车圈是否凹陷或破裂。若车圈凹陷或破裂，建议更换车圈。若车圈完好，用一块胶带在松动的辐条上做个记号，用辐条扳手上紧至张力和邻近的辐条张力相同（拉动辐条，听声音）。然后继续校正辐条的步骤。

2. 不要把车圈从自行车上拆下来，抓住车圈，用力向侧摇晃。若轴承松动，车轮会左右摆。轴承必须在调整车圈偏拢之前上紧，否则车越调越歪。调整花鼓的步骤见"8-6d"步骤①~④。

3. 若有调圈台，把车轮固定到调圈台上。若没有，不要把车圈从自行车上取下来，把自行车固定到支架或天花板上，也可以以车把和鞍座为支点，把车倒置。

4. 调整调圈台的触规，找出摩擦车圈的地方。

5. 在偏拢最大处旋紧对向的那一根辐条（或多根辐条），并放松同侧的辐条（见图 8.2 和图 8.3）。可使车圈渐离触规或刹车皮。校正车圈的偏向准度，左右偏拢，见下文的"注意"。

注意辐条的方向：辐条帽的旋转方向类似于开口朝下

图8.2　若车圈摩擦左侧，校正偏拢

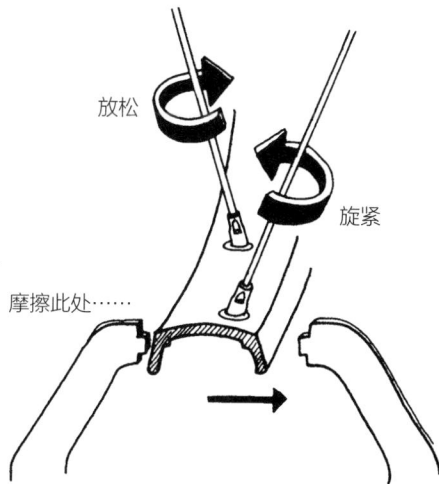

图8.3　若车圈摩擦右侧，校正偏拢

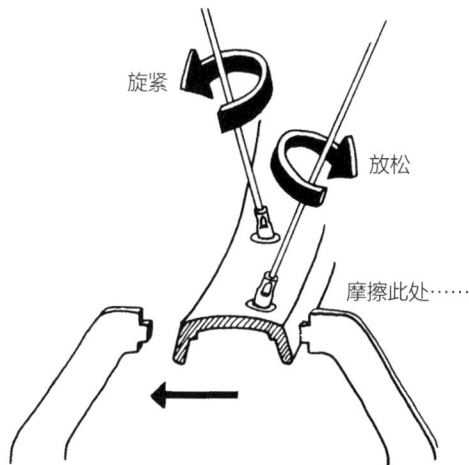

的广口瓶。瓶口向上时，左旋（逆时针）松，右旋（顺时针）紧。当瓶口向下时，左旋紧右旋松。当辐条帽在车圈下半部时，逆紧顺松。当辐条帽在车圈上半部时，正好相反（见图 8.4）。多调校几次。若偏拢越调越严重，表示旋错了辐条帽的方向。

要注意的是 Shimano 车轮上的辐条帽是旋进车圈的，方向与此相反。辐条穿过花鼓（右手）洞，用一个辐条帽固定在花鼓上。

刚开始调整时，要从偏摆最大处开始，每次旋紧和旋松约1/4圈。若偏扰越调越严重，说明旋错了方向。

调整扭条时要注意： 旋转拉紧的辐条的辐条帽时，辐条可能被扭曲，尤其是细条或扁条、破风条更易如此。为了避免这一点，旋紧或旋松辐条时，注意旋转方向要正确，并且最多旋转一半，就足以放松辐条了。注意破风条或超轻辐条本身可能就是扭曲的。超轻的扁辐条，可能不等发现辐条松落，就先听到"呼"的碰撞声了。这时就需要校正辐条了。旋转破风条的辐条帽时，最好抓住辐条。DT Swiss随辐条附送一个红色的塑料扳手，这个扳手的L形长的部分有沟槽，防止破风条在旋转辐条帽时卡在沟槽里，可以防止辐条扭曲（"1-4"，见图1.4）。Mavic扁的铝合金辐条也会附送一个带沟槽的塑胶圆形扳手。

隐藏式辐条帽要注意： 一些深框的车圈，辐条帽在车圈内。若要旋转辐条帽，需要先拆卸外胎；若是开口胎，还要拆下胎垫。然后用合适的工具——最方便的是用一头5毫米的Y形内六角扳手、另一头方榫形套筒的工具（上下套动，把车圈上的孔扩成标准的辐条孔尺寸）扩孔，或用专门的工具扩孔。

辐条帽在花鼓上要注意： 有的辐条帽不在车圈上，而

图8.4 旋紧和旋松辐条

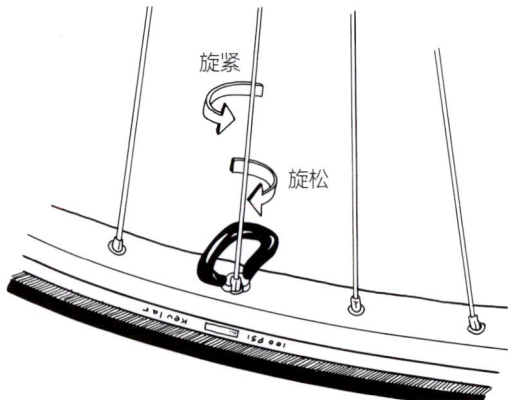

在花鼓上，这就需要用特殊的辐条扳手。动手之前要想清楚旋转辐条帽的方向。记住上文的旋转开口瓶盖的比喻。即：若顺着辐条往下看花鼓，辐条帽是个倒置的瓶盖，逆时针才能旋开。

6. 随着车圈偏摆减小，收窄触规或刹车皮和车圈摩擦，再次检查偏摆。

7. 先检查一侧偏摆，再检查另一侧偏摆。辐条的调整最好左右均匀，不要因车轮偏摆毁坏了车轮正心。随着车轮越来越正，适度降低辐条帽的旋紧或旋松程度，避免矫枉过正。

8. 若不把车轮从自行车上拆卸下来，调校偏摆会有一定的误差，无法调校精确。若有正心弓，请检查车圈和车架的中心线是否对齐（"15-5"，见图15.22和图15.23）。

车圈不圆： 此章节只讨论侧向偏摆，但是受到外力撞击的车圈，也可能不圆。辐条帽松脱造成的偏摆，多是侧向的，很少是径向的。若车圈没有凹陷，改变圆度，不会造成局部张力变化。请参考"15-4b"及图15.20和图15.21，校正径向偏摆。

8-3

更换断辐条

去自行车店购买长度和旧辐条相同的辐条。请注意：前轮辐条长度和后轮不同；后轮传动侧的辐条也比非传动侧的短；前轮碟刹侧的辐条也比右侧的短。

1. 确保新辐条的厚度和长度与旧辐条相同。

2. 将辐条穿过花鼓耳（从内到外，或从外到内），与断辐条穿过的方向一致。若辐条断在碟刹侧，先拆除碟刹（"8-10"和"8-11"）。

3. 按辐条原来的模式安插新辐条（见图8.5）。操作时可能要稍微弯曲一下辐条。

4. 若辐条帽完好，旋入辐条。若损坏，先拆除外胎、内

图8.5 安新辐条

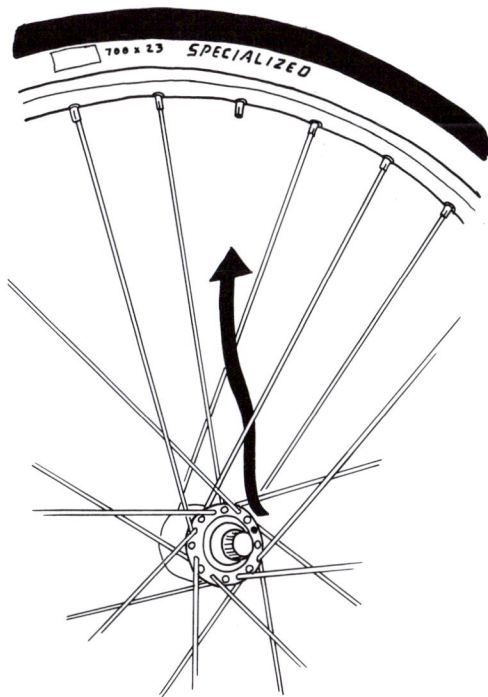

胎和胎垫（或管胎），再安上辐条帽。

5. 给新安装的辐条缠上胶带做记号，上紧并调节张力。张力的调节以同侧相邻的辐条为准。用一条胶带标记新辐条并将其拉紧，使其与来自轮毂同一侧的相邻辐条紧密相连。

6. 按照"8-2"中的说明，校正车轮。

花 鼓

8-4

翻修花鼓

2级

花鼓运转时应该顺畅且无异响。若定期维修花鼓，花鼓就会处于最佳状态。

所有的花鼓都有桶状外壳，内藏轴心和轴承，并连接辐条和车圈。花鼓分成两大类：散珠式花鼓（见图8.6）和密封式（又称为"卡式轴承"）花鼓（见图8.7）。

散珠式花鼓轴承是一颗颗独立的钢珠，沿着非常光滑的轴承表面滚动，称为"轴承杯"或"珠碗"。花鼓中央有一根轴心，轴心两端各锁入一锥形螺母，称为轴承锥。轴承锥轻压花鼓，导引滚珠沿着珠碗运行。高端的散珠式花鼓，轴承滚珠的珠碗和轴承锥经过非常仔细的研磨，以降低运转阻力。花鼓运作的顺畅性完全依靠珠碗、轴承锥和滚珠的润滑。轴承锥外面还有垫圈（或垫片），其外还有固定螺母，控制轴承锥的松紧。后花鼓垫片通常比前花鼓多，尤其是传动侧（见图8.19）。

"密封式花鼓"这个术语有点不确切，因为很多散珠式花鼓比密封式花鼓更防尘、防水，所以称为"卡式轴承式花鼓"更为恰当。密封式花鼓的特点是：工厂先把珠碗、轴承锥和滚珠组装成一个不可分解的卡匣，再把卡匣装入花鼓。卡式轴承前花鼓左右两侧各有一颗棘轮轴承（见图

图8.6 散珠式前花鼓

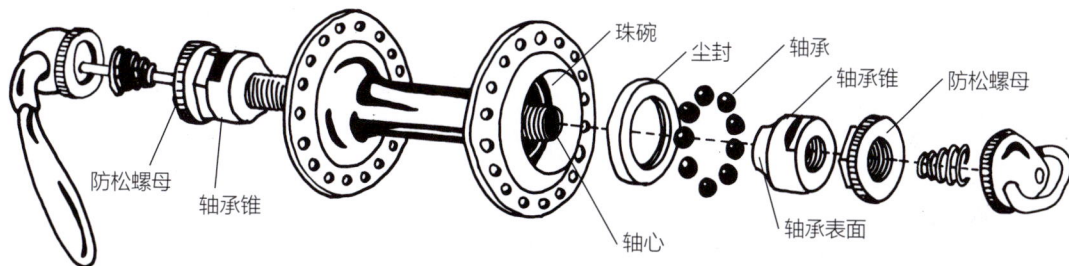

防松螺母　轴承锥　珠碗　尘封　轴承　轴承锥　防松螺母　轴心　轴承表面

图8.7 卡式轴承式前花鼓

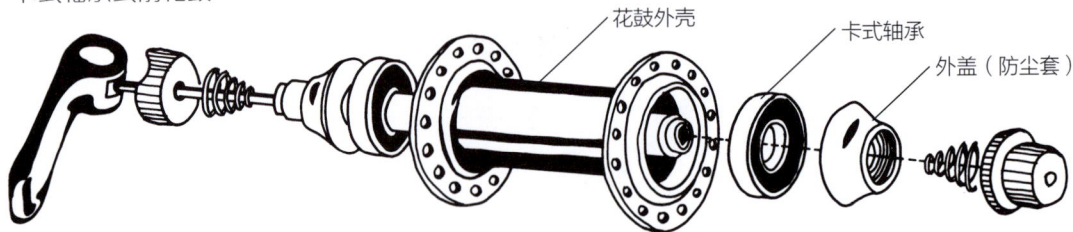

花鼓外壳　　　卡式轴承　　　外盖（防尘套）

8.7），卡式轴承后花鼓（见图8.18）至少还有两个额外轴承协助固定飞轮。或者花鼓左侧（非传动侧）是一颗棘轮轴承，传动侧是散珠轴承，传动侧还有一个棘轮卡式飞轮。

　　卡式轴承的花鼓轴心的组装方式有多种。有的轴心两端有螺纹和防松螺母（见图8.18），与散珠轴承类似。高端的卡式轴承使用大直径的铝合金轴心（有的使用碳纤轴心维或很薄的钢轴心）。轴心的左右外盖有嵌入固定（见图8.24）、螺丝固定以及卡环固定几类。另一种设计是将两个外盖用5毫米内六角扳手分别从左右两端向轴心旋入。

8-5
所有花鼓的基本操作

1. 将车轮从自行车上取下（"2-2"和"2-11"）。
2. 空轴心抽出快拆杆，以及垫圈等把车轮固定到车架上的零件。若是桶轴，打开桶轴扳手，把桶轴杆从轴上完全旋转下来，再抽出桶轴杆。这时车轮已经可以完全从车架上取下来。

8-6
翻修散珠式前、后花鼓

　　拆卸花鼓前，先逐一检查。握住轴心转花鼓，转花鼓转轴心，检查是"润"还是涩，看看轴心是否弯曲或断

裂，来回拉扯轴心，检查轴承锥的预压是否不足。

a. 拆卸

1. 把车轮平放在桌子或工作台上。花鼓左、右两侧的轴承锥上有薄凹槽，分别插入专用薄开口扳手——通常是13毫米、14毫米或15毫米的开口扳手。若轴承锥两侧有凹槽和固定螺母（这里需要更大的开口扳手），请参考下文的注意事项。

　　Campagnolo和Fulcrum的注意事项： 若是Campagnolo和Fulcrum高端花鼓，先用两个5毫米内六角扳手分别插入轴心的左右端，用2.5毫米内六角扳手旋松大的铝合金防松螺母上的固定螺丝（旋松三圈），用手或用22毫米扳手（或可调节扳手）拆掉防松螺母，将轴心推向花鼓方向即可松脱，按顺序安装。若是后花鼓，按照"8-12e"的方法安装。用手或用22毫米扳手（可调节扳手）调节固定螺丝，再用2.5毫米内六角扳手锁紧。建议在车轮装回车架或前叉之前，调节固定螺丝，以达到最佳效果。

2. 用尺寸合适的扳手或可调节扳手夹住同侧的防松螺母。
3. 轴承锥用开口扳手固定不动，用步骤2中的扳手旋松防松螺母（见图8.8）。为了维持轴承锥的预压，两个零件通常咬合得非常紧，旋松可能需要比较大的力气。逆时针用力旋转（左松右紧）。

图8.8　旋开或拧紧防松螺母

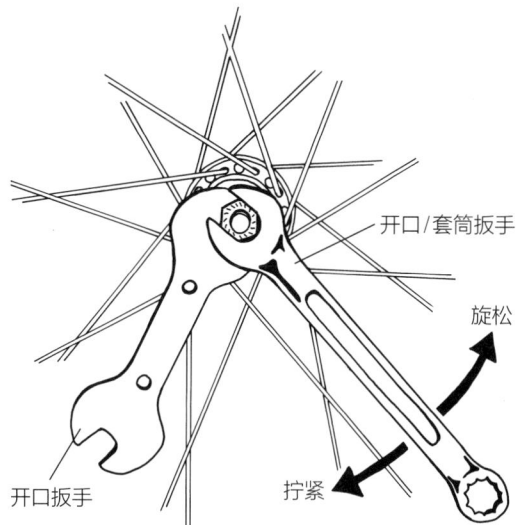

开口/套筒扳手

旋松

开口扳手

拧紧

4. 将松动的防松螺母从轴心拧下。把扳手移到花鼓另一侧的轴承锥，以避免转动螺母时轴心跟着转。若是后花鼓，再用另一个开口扳手夹住对面的防松螺母。

5. 取下所有的垫圈。若取不下来，旋松轴承锥时会把它们推开。注意：有的垫圈内齿或小"钥匙"卡到轴心的沟槽里，放松轴承锥时，先开启内齿或"小钥匙"，否则会损坏螺纹。

6. 按步骤4的方法固定轴心，用扳手旋出轴承锥。

7. 把拆卸下来的螺母、垫圈等零件按顺序放在工作台上，或用扎带按顺序和方向绑好，以便装回。

8. 车轮下面铺块布，用手掌盖住已经拆除了轴承锥的轴承面，翻过车轮，用手接住滚珠。

9. 向上抽出轴心。注意抽出轴心的同时，滚珠可能随之滑出或卡住轴心。轴心上一侧还有轴承锥、垫圈、螺母，千万不要拆卸。若轴心弯曲或断裂，必须更换。先测量旧轴心突出于螺母的长度，然后根据这个数值安装新的轴承锥、垫圈和螺母。

10. 拆下花鼓两边的轴承。用螺丝刀的尖端蘸润滑脂粘取

两边的滚珠，也可以用螺丝刀将滚珠沿着花鼓内部往外推，或用镊子夹取、用吸铁石吸起。滚球收集到杯子或瓶盖之类的容器里。清点滚珠的数目，左、右两侧的滚珠数必须相同。

11. 用螺丝刀轻轻地撬开花鼓两侧的尘封（见图8.9）。注意不要硬撬，避免把尘封弄变形。若撬不起来，就放弃，改用细螺丝刀和抹布慢慢掏净内部。

图8.9　拆卸尘封

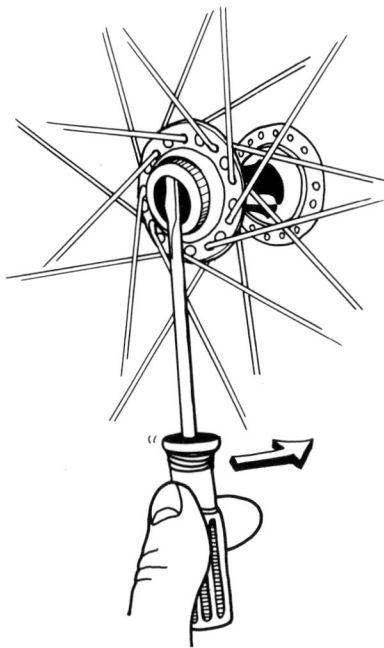

b. 清洁

1. 清洁花鼓和滚珠的承载面。用抹布擦净花鼓。用螺丝刀将抹布穿过轴孔，旋转后面清洁孔内。再用干净抹布全部擦拭一遍。尤其要注意擦净滚珠的承载面，擦净尘土和旧润滑脂，使滚珠洁亮如新。若花鼓长期没有保养过，里面的润滑脂变干结块了，需要用溶剂才能化开。维修卡式飞轮后花鼓时，顺便润滑一下后飞

轮座（方法见"8-12"）。

2. 用抹布清洁轴心、螺母和轴承锥。轴承锥一定要擦拭到毫无灰尘。若润滑脂变干结块，需用溶剂化开。否则，装回零件时，轴承锥会把尘土重新带入花鼓。

3. 用抹布擦净密封圈上的尘土和旧润滑脂。用抹布包住螺丝刀的尖头，深入内部清洁。若润滑脂变干结块，用溶剂化开。注意：溶剂不可接触飞轮座。

4. 擦净滚珠。用两块布夹着滚珠来回擦，基本都能擦干净。少数顽固油污，按下一步方法操作。

5. 擦亮滚珠（若使用的是低端花鼓，跳至下一步）。我个人比较喜欢用 Lava 品牌的磨砂香皂，把滚珠擦至洁净光亮。清洁之前先塞住水槽，然后像洗手那样，用掌心揉搓滚珠。除非表面的润滑脂结成硬块，滚珠总能洗得很干净，同时双手也能洗得非常干净。双手干净很重要，组装零件时干净的双手可以避免弄脏零件。滚珠表面坚硬的润滑脂块要用溶剂清洁。若还是洗不净，换新滚珠。购买新滚珠时带上几颗旧滚珠，以确保购买的新滚珠尺寸合适。

6. 擦干滚珠和其他水洗过的零件。仔细检查滚珠和滚珠的承载面。若滚珠、轴承锥有凹陷或磕伤，更换新的滚珠。若滚珠或轴承锥失去光泽，表示它们均已磨损，需要全部更换。大部分自行车店有花鼓维修配件。若花鼓珠碗磨损，就需要更换整个花鼓了。定期保养和维修可以避免滚珠、轴承锥等损伤。

注意：全新的滚珠可以让散珠式花鼓运转顺畅，但不换新滚珠不等于不维修。仔细检查滚珠、珠碗、轴承锥，即使轻微磨损得不均匀了，也要立刻更换新的滚珠。莫因小失大。

c. 组装和润滑

1. 将左右两侧的密封圈压回花鼓。

2. 用干净的手指把适量的润滑脂涂抹到珠碗的承载面。

润滑脂选择淡色或清澈的，任何一种自行车润滑脂都可以。润滑脂不仅润滑滚珠，还能隔绝尘土和水分。润滑脂要适量，没过滚珠的一半即可，太多了反而会形成阻力。

3. 将滚珠放回珠碗，注意滚珠要平均排列，且放回的数量和取出的数量相同。

4. 润滑脂涂抹在固定在轴心上的轴承锥上，将轴心塞回花鼓。稍微提起车轮（约30°），从上方插入轴心，使轴承锥定位，注意不要弄掉滚珠。后轴心传动侧比较长，注意插入的方向，不要插错方向。

5. 一只手向内推轴心（见图8.10），另一只手翻转车轮。

图8.10　一只手向内推轴心，另一只手翻转车轮

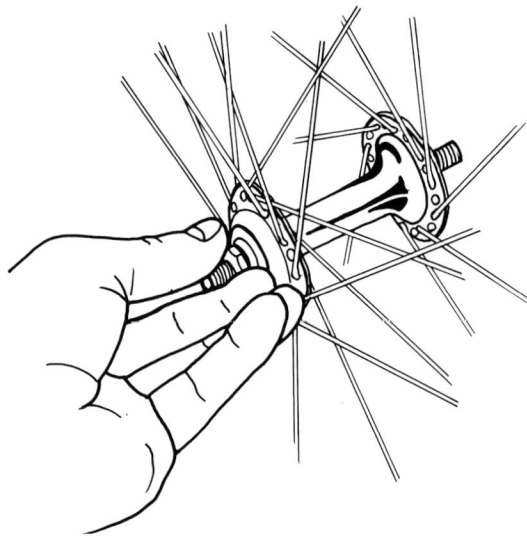

6. 适度提起车轮，让轴心下滑到珠碗之下。用干净的手指涂抹润滑脂，注意底部的滚珠不要滑落。若润滑脂量充足，轴心也没有离开花鼓，滚珠会黏在原位。

7. 轴心此时低于滚珠承载面。将滚珠平均排列地放回珠碗，确定拆卸时取出几颗滚珠，就放回几颗滚珠。

8. 车轮放回工作台，轴心向下抵住桌面，轴承锥会顺势

图8.11 放轴心放到地板上，使轴承锥顶住滚珠

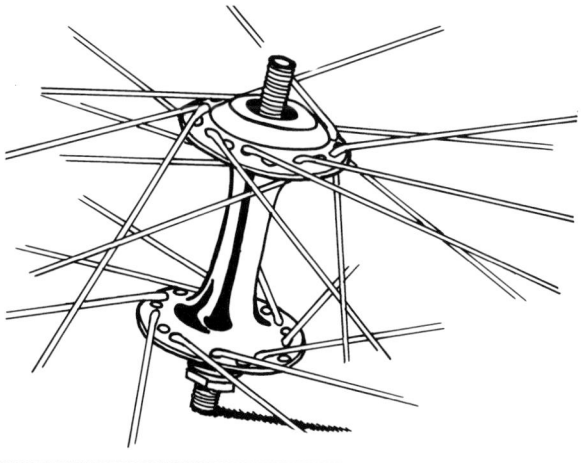

图8.12 用另一把扳手旋松或旋紧螺母

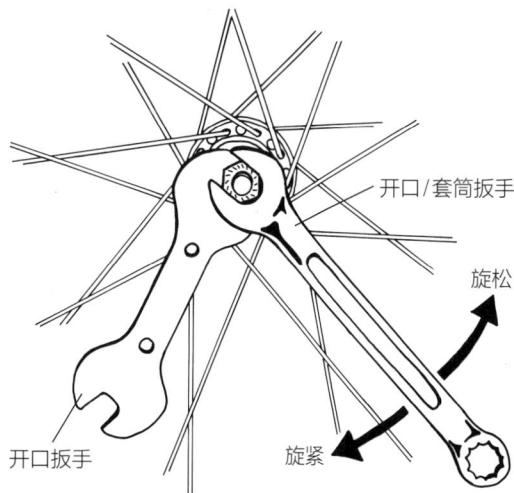

开口/套筒扳手

旋松

开口扳手

旋紧

向上推，把轴心安回（见图8.11）。

9. 给上方的轴承锥涂抹一层润滑脂，用手把轴承锥旋进去，上紧。

10. 同样，按顺序安回垫圈和垫片。注意有内齿和"小钥匙"的垫片要卡进轴心的卡槽。正确对齐任何具有小齿或"扳手"的垫圈，这些垫圈要卡进轮轴中的纵向槽。

11. 用手旋紧防松螺母。注意两侧的防松螺母不一样。若确定不了防松螺母是哪一侧的，看看它们的方向（翻修时若未拆防松螺母，其方向就不会错）。一般情况下，防松螺母粗糙的一面冲外，以便能更紧地和尾钩契合。

d. 调整花鼓

1. 轴承锥放入珠碗，直到稍微接触滚珠的位置。轴心应该顺畅，没有阻力和摩擦感，但仍有横向游隙。

2. 旋紧防松螺母，直到接触轴承锥（见图8.12）。花鼓内部微小的间隙在装回车轮后、锁紧快拆杆即可消除。若是没有快拆杆，用螺栓固定车轮，此时需要调整至零游隙。

3. 检查花鼓。无论预压太松或太紧，都先旋松防松螺母，轴承锥用锥形扳手维持不动。若预压太紧，稍微旋入轴承锥。若预压太松，稍微旋入轴承锥。调整预压时，可在对向的轴承锥插入锥开扳手，避免轴心跟着旋转。

4. 重复步骤1~3调整预压。快拆式花鼓要稍微留点游隙，快拆杆锁死时恰好抵消。用力旋紧螺母，以固定轴承锥。

注意： 旋紧螺母可能影响已经调校好的预压。将锥形扳手分别卡住左、右轴承锥，若预压过紧，则将两边轴承锥同时放松一点。预压太松则旋紧，从步骤2开始操作。很少有人能操作一次就完全调校好的，多试几次，不要气馁。

5. 将快拆杆插回花鼓。注意圆锥形的小头向内（见图8.6）。

6. 将车轮装回自行车，锁紧快拆杆。空转车轮，检查车圈是否侧身摇摆。若有问题，返回步骤4。

7. 若没有问题，则大功告成了！维修花鼓不容易，但调校得合适，花鼓的使用寿命和性能均可显著提高。

8-7

翻修卡式轴承式花鼓

卡式轴承式花鼓密封得非常好，所以基本不需要特别的维修。但是，若骑行时水面高过花鼓或用高压水枪冲洗时把水压进了花鼓，无论多好的密封圈都无法阻挡泥水渗入。一旦卡式轴承式花鼓内部进水或脏污发出异响，就需要翻修或更换了。

a. 拆卸花鼓

若卡式轴承式花鼓有个橡胶密封圈，润滑花鼓时无须拆卸。具体方法请见"8-7b"中的步骤1。

卡式轴承式花鼓种类繁多（见图8.7、图8.13、图8.25和图8.26），本书无法逐一讲解如何拆卸。但尽量讲解一些有代表性的花鼓（Mavic后花鼓维修见"8-12c"）。按照下面的图示拆卸花鼓并不难。

多数花鼓轴心外部有螺纹，搭配锁紧螺母。拆卸轴心的方法如下：

- 拔出或撬开外盖。操作时需要用花鼓轴心夹钳（"1-4"，见图1.4）固定外盖，然后将其从车轮上拔出。

图8.13 轻敲出卡式中轴

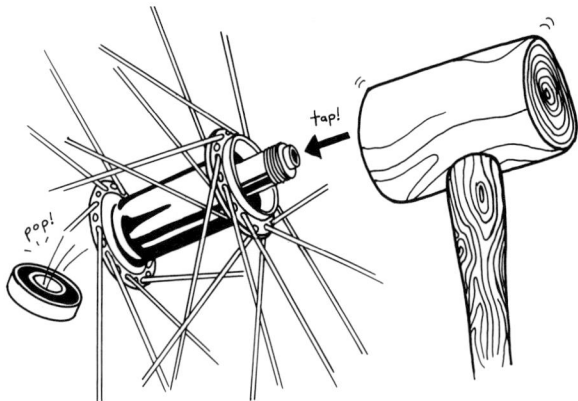

- 放松外盖上的螺丝。将5毫米内六角扳手插入轴心两端的5毫米内六角孔内，先拔出外盖。然后一端用一把8毫米或10毫米内六角扳手插入轴心的孔，另一端用5毫米内六角扳手或用手旋下外盖（见图8.24）。

- 用锥形扳手旋下花鼓轴心任一端的外盖（见图8.7）。一般情况下只有一个外盖能拧下来。然后从外盖的末端敲击轴心，退出轴心。若轴心上有槽，可以插入一把开口扳手，外盖的另一端插入一把锥形扳手，旋开外盖。

- Mavic花鼓一端插入5毫米六角扳手，另一端插入一个平头工具，或一端（前部）插入5毫米内六角扳手，另一端（后部；见图8.24）插入10毫米内六角扳手，用力即可旋松、拔出外盖。

- 旋松将固定环式外盖固定在轴心上的小螺丝。Zipp前花鼓有一个固定环是螺纹式的，旋开固定的小螺丝，即可取下这个螺丝式的固定环，另一个固定环（非螺纹式的）也可取出。Zipp后花鼓有一个用小螺丝固定的环。拆卸这个小螺丝，将花鼓轴心从传动侧推出来，然后取出花鼓。前、后花鼓都可以用手取出。

- 用手将后飞轮向上拉（DT Swiss），就可以取出飞轮座和传动侧的外盖（见图8.26）。

- 旋松外盖的小固定螺丝，取下上外盖。

- 放松后轴心固定环（在后花鼓的非传动侧）和3颗小固定螺丝（用小小的2毫米内六角扳手）。这几颗螺丝可能"藏在"花鼓的小孔里（转动轴心，依次排列）。一旦固定环放松，即可拉出外盖，然后再从对侧取出整个花鼓。

若轴心上可看到内六角槽，可以固定内六角扳手（Zipp除外，见本章前文）。若两端都有槽，可两端各插入一把5毫米内六角扳手旋开外盖。若只有一端有槽，另一端必须先拔出来，再用内六角扳手旋开外盖（见图8.24）。

若轴心末端没有内六角槽，通常可以从这一端拔出外盖。若接近轴心末端有个O型环，外盖内部会有一条相对的深沟，要用一定力度才能拔出外盖。实操证明，用手指是无法拔出外盖的。若有花鼓轴心夹钳（见图1.4），用其夹住外盖，再用老虎钳夹住花鼓轴心夹钳，拔出外盖。若没有花鼓轴心夹钳，可以用老虎钳直接夹住外盖，用力向上拉车轮。

一些（基本是非常老的款式）卡式轴承式花鼓和散珠轴承花鼓（见图8.6和图8.19），用锁紧螺母固定带螺纹的轴心。拆卸轴心时只需旋松固定螺母即可（"8-6"）。

有的卡式轴承式花鼓取出轴心或传动侧外盖后，逆时针旋转、同时拔出飞轮座。操作时要多加小心，防止抽出轴心时飞轮座掉下来。另外，也要防止棘爪、弹簧或垫圈飞出（见图8.24~图8.26）。

若能拔出轴心（以及后花鼓飞轮座），就可以取出轴承。

有的轴心两端有肩状凸起，抵住轴承。可用软锤轻敲轴心末端（见图8.13），退出轴承（若轴心凹进花鼓，可用比轴心直径略小的圆棍、内六角扳手或锥形冲头，插入花鼓，调整角度，抵住另一侧轴承）。或用轴心末端敲击工作台面，使轴心从花鼓或辐条帽退出。若轴心很难退出，抓住车轮的同时敲击轴心——先将花鼓竖立，轴心向下用力，用两个木块或将老虎钳中间垫上缓冲物，用力退出轴心。除非特别紧，轴心都能在不会伤到花鼓的前提下取出来。DT Swiss后花鼓是星形的（见图8.26），用这种方法处理非传动一侧，但传动一侧需要先旋松两个布满放射线凹槽的金属咬合环，这需要用DT Swiss专配的工具钳。

若轴心两端没有肩状凸起的设计，退出这类轴心的最好办法是使用盲孔中轴拆卸工具。将盲孔中轴拆卸工具插入中轴的孔，然后抓住工具上的杠杆，向后滑动挡块。每滑动一挡，轴心就被拉出一点。一般人不会准备这个工具。但我建议：若有这个工具，一定要使用！没有盲孔中轴拆卸工具的情况下，这么操作：用两个木块或老虎钳中间垫上缓冲物夹住花鼓，然后插入一把大的螺丝刀或梅花扳手，用软锤敲击螺丝刀或梅花扳手，边敲边将螺丝刀或

梅花扳手绕着同轴转动（就像钟的表面），直到逼出轴心（见图8.14）。注意卡式轴承承受侧向力的性能很差，猛地锤打轴承，轴承可能立刻报废。

图8.14 用内六角扳手取出轴承

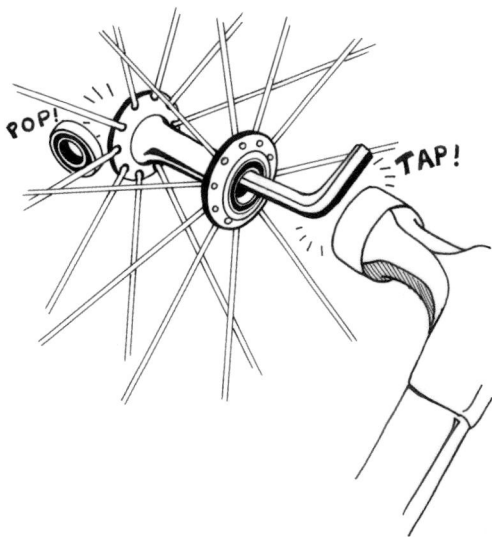

若轴心可重复使用，拆掉密封圈（若内部有塑料的"花篮"，也要拆卸"花篮"和滚珠），具体方法见"11-13"。

轴心从花鼓上拆下来后，有的可以容易地用内六角扳手拆卸，有的则只能返厂维修。

b. 清洁和润滑卡式轴承式花鼓

卡式轴承出来后（有的无须拆卸），若没有损坏，即可翻修。若已经损坏，就需要换新的了。翻修方法：

1. 取下密封圈。多数常用的花鼓翻新起来都比较方便。用单面刀片（见图8.15）或美工刀轻轻撬开花鼓两侧的轴承密封外盖。操作时注意不要损坏密封盖的橡胶边缘。若密封外盖弯曲，可以很容易地把它压平——因为它是软铝片。若外盖是钢的，可以拆卸外缘的薄卡簧（C型），然后在卡簧下面插入一把薄刀片，沿着

图8.15 拆开卡式轴承外盖

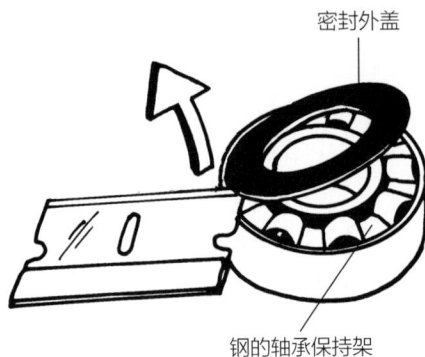

密封外盖

钢的轴承保持架

边缘转动，撬掉轴承外盖。若外盖是钢的且没有弹性的卡簧，拆卸密封外盖时就只能损坏它（可以把尖头的锥子敲进外盖边缘，把它撬下来），这就需要换个新外盖了。

2. 清洁轴承。戴上橡胶手套和护目镜，将高压的柑橘成分的溶剂喷进轴承内部，再用干净的牙刷清洗轴承内的油脂、水分和尘土。

3. 用高压气枪吹干轴承内部。

4. 轴承内部填充润滑脂，盖回密封盖。若轴承发涩，更换新的。若想修复轴承（比如价位比较高的陶瓷轴承的钢质轴承锥生锈），可以把轴承全拆开，打磨轴承锥和滚珠，使其尽量达到最佳状态。但请注意，只有内部滚珠"花篮"是塑料的，才能这么修复；若"花篮"是金属的（撬开密封外盖时，可以看到如图8.15所示的凹凸不平的银色金属环）则无法修复。具体操作方法见"11-13"拆卸卡式轴承式花鼓。

C. 安装新花鼓

在家里自己安装新花鼓，就地取材的方法是使用快拆杆和套筒扳手或报废的轴承。最理想的工具是花鼓轴承压入器（见图1.4）。该工具有个带螺纹的杠杆和底盘，可适合于各种型号的花鼓轴承，底盘能均匀施力于花鼓的蝶形螺母。

注意：用锤子敲击安装花鼓轴承会使轴承变形或转不动。

1. 安装轴承。在新轴承外涂一层润滑脂，对准花鼓的轴承座。套筒扳手的外径（OD）比花鼓的OD略小一点或和旧轴承的尺寸相近（若新花鼓的底座比花鼓深，注意不要把旧花鼓卡里面），花鼓的对侧用垫圈或其他类似的东西垫上，以保护花鼓，再安装快拆杆（上面没有弹簧），旋紧至花鼓完全到位（见图8.16）。

图8.16 用快拆杆和套筒安装花鼓

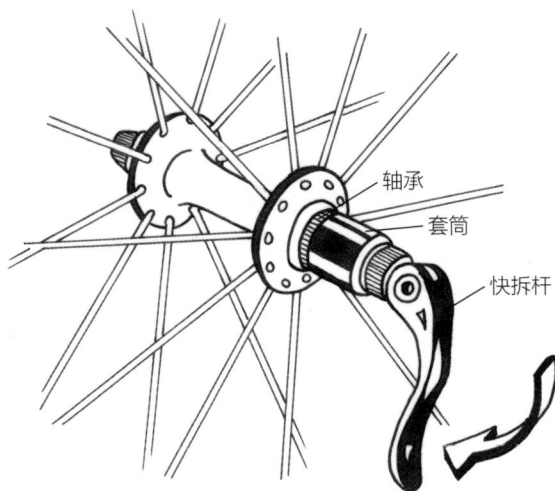

轴承

套筒

快拆杆

若安装的是陶瓷轴承，维修前要确定轴承的方向。陶瓷轴承可以说是"混合轴承"：滚珠是陶瓷的，珠碗是钢的。陶瓷珠不会生锈，强度是钢珠的2倍，但钢质的珠碗会生锈。花鼓没有全陶瓷轴承，因为陶瓷比较脆，压入紧固孔时会碎。

和其他卡式轴承一样，陶瓷轴承的滚珠间也有"花篮"（见图8.15）把各个滚珠分开。"花篮"能减少相邻滚珠间的摩擦。拆除轴承密封外盖时（用刀片沿着边缘撬开）就会看到"花篮"是对称的。保养轴承需要清洁、加入新的润滑脂。操作前，要先确定"花篮"的方向，然后撬开外盖，再清洁、上润滑脂。要把滚珠每个面都清洁到，并上润滑脂。

若轴承有一个对称的"花篮"（通常是钢质的，见图8.15），两侧藏有滚珠，最好的清理方法是喷溶剂，然后是用高压空气枪往里清洁。只有塑胶的不对称轴承"花篮"能拆卸轴承（"11-13"），钢的"花篮"（见图8.15）一旦拆卸就损坏了。

2. 按与拆卸时相反的顺序，安回轴心和外盖。安装轴心（先在上面涂点润滑脂）压入另一个轴承，操作方法一般和安装第一个轴承一样。用套筒工具压入第二个轴承时，需要在花鼓的另一端使用一个更大的套筒。把这个大的套筒的开口端套到前一个压入的轴承上，快拆杆抵在花鼓上，而不是轴心底端。将快拆杆穿过轴心、两个轴承和套筒。

若轴承在轴心的肩状凸起和有螺纹的外盖间旋紧，先要将新轴承拧到轴心上，然后再安装轴心外盖。

许多花鼓可以用套筒和快拆杆固定（见图8.17）。

3. 检查、调整轴承。有时安装完轴承后，空转车轮会发现对得不太正，用橡胶锤轻敲轴心的任何一端，便可纠正。若花鼓外盖是螺纹的，在螺纹上涂抹Loctite螺纹固定胶会使螺纹外盖更紧地锁紧，快拆杆插入车架、前叉会固定得更紧。

很多花鼓无须调整。两个轴承间的管状的垫片会使轴承保持适当的间距，外盖旋紧后顶住花鼓也就固定好了花鼓的间距。有的花鼓的两个轴承间没有垫片，轴承位于花鼓内部，通过外部的预压调节轴心的位置，使花鼓不移位。

若是Mavic花鼓，车轮安装到车架或前叉后，锁紧快拆杆。建议装回花鼓前，在快拆杆的调节钮上涂点螺纹胶。

White Industries花鼓有三颗内放射状的固定螺丝穿过花鼓末端的滑动轴环。每个螺丝间至少呈120

图8.17 用套筒和快拆杆固定花鼓

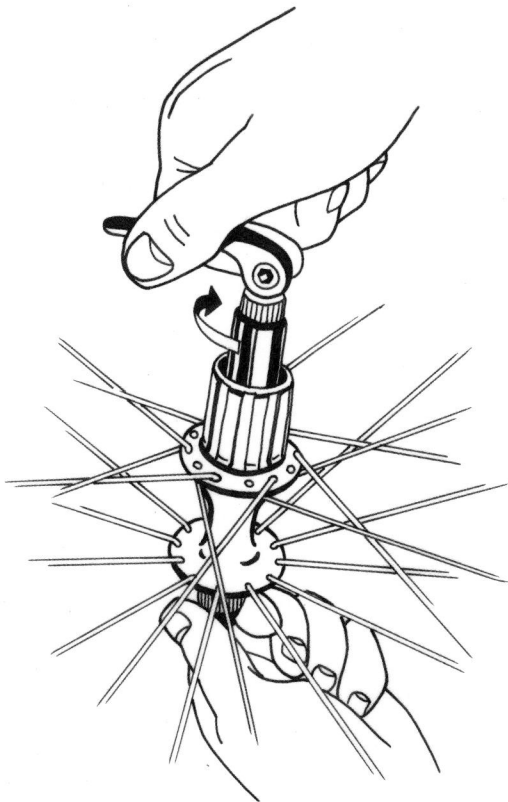

度角，有的花鼓还必须通过一个花鼓内部的小孔旋转每个螺丝。用2毫米内六角扳手旋松这三颗螺丝，使滑动轴环向内抵住轴承。若这么调节后花鼓仍然松动，先转动轴心外盖上的轴环，可能因为固定螺丝回到了滑动轴环原来的缺口，要使滑动轴环抵住轴承必须要先改变固定螺丝的位置。

8-8

升 级

根据"8-6"或"8-7"中的说明（具体要看是散珠式花鼓还是卡式轴承式花鼓），可以把现有的旧轴承换成润

—— 提高车轮和轮胎的效率

提高车轮和轮胎效率的方法依次为：降低车胎的滚动阻力、减小空气阻力、轻量化和降低轴承的摩擦力。

降低车轮的滚动阻力需要更换成低风阻的车轮或低风阻的辐条、车圈，重新编轮（具体方法见第15章编轮）。

轻量化需要更换更轻的内胎和外胎、车圈、辐条、花鼓或飞轮。

降低轮胎的滚动阻力成本最低——调整胎压（具体方法见"7-5"关于胎压的指导）及校正偏拢的车圈。

减少轴承的摩擦力没有成本，效果还很显著，操作方法就是翻新轴承、调整预压、清洁并润滑棘轮。但要想比原来的花鼓性能还好，就需要花钱升级了。具体方法见本章"8-8"。

滑度更好的陶瓷轴承、高档的钢轴承或同型号的新轴承。高档的卡式轴承的滚珠和内外圈都更润、更坚硬、更圆滑，滚珠的大小更均匀。总体上说，陶瓷轴承比最好的钢轴承都好，因为陶瓷珠比钢珠更坚硬、更润、更圆滑且更均匀，陶瓷珠运转起来滚阻更小、更耐用、不会生锈以及不用加润滑脂。

混合轴承是用陶瓷滚珠、钢的"花篮"；全陶瓷轴承是全套陶瓷的，价钱也更贵。全陶瓷轴承一般出厂时已经组装好，因为陶瓷的"花篮"不容易压入（没有弹性易弄裂）。而且，安装座必须略大些，以便轴承不用压力就能安进去，然后需要加胶。

卡式飞轮、锁牙飞轮和飞轮片

2级　卡式飞轮和锁牙飞轮能让后轮在链条传动相反方向运动。大部分飞轮内部有棘轮装置，使后轮能独立空转。踩踏时，力量从脚踏传至花鼓内的棘爪（见图8.24），棘爪"咬"住棘齿；滑行时，棘爪在棘齿间弹撞，发出"咔嗒"声。

卡式飞轮的棘轮装置和后花鼓是一体的。飞轮片卡在飞轮座的纵向栓槽（见图8.18）。只要飞轮片安装的不同，就可以很容易地改变齿比。

锁牙式飞轮是齿片和棘轮装置合为一体的独立结构，

通过螺纹锁在后花鼓的传动侧（见图8.19）。和卡式飞轮相比，锁牙飞轮逐步退出市场的原因有二：一是很难单独更换飞轮片；二是锁牙飞轮没有支撑传动侧的轴心。锁牙飞轮型号比较多，拆卸时要用配套的专业工具。

死飞车没有棘轮，一般用于场地自行车、城市邮递员用自行车或冬季训练的公路车。死飞车后轮无法空转，只要转动，齿片就推动自行车向前跑。单速车是锁牙式飞轮，BMX和没有倒刹闸的单速车可以空转滑行。死飞车和单速车只有一个单片盘。

两种规格：3/32英寸，搭配标准公路自行车链条；1/8英寸，可以搭配场地自行车链条。有两种宽度的单速齿轮齿——用于3/32英寸宽的拨链器链条，而厚的齿轮可用1/8英寸宽的链条。这两种规格的齿片都无法搭配拨链器。

而且车架必须是特制的水平尾钩，才能将车轮向后拉，以维持链条张力。或在尾钩或者后下叉安装紧链器调控链条张力，或在特制的五通安装偏轴心调整链条张力。

若将死飞车的齿片安装在公路车的标准花鼓上，脚踏向后踩踏可以旋松，但最好还是使用场地车的后花鼓。场地车后花鼓除了标准的花鼓螺纹外，左外侧还有一组直径略小、安装锁盖的反向螺纹。若向后踩踏脚踏，反向的锁盖和正向螺纹的齿片会互相锁紧。拆卸时，要使用大力钳（见图1.2）或链条扳手逆时针旋转齿片。

图8.18 卡式飞轮座和卡式飞轮

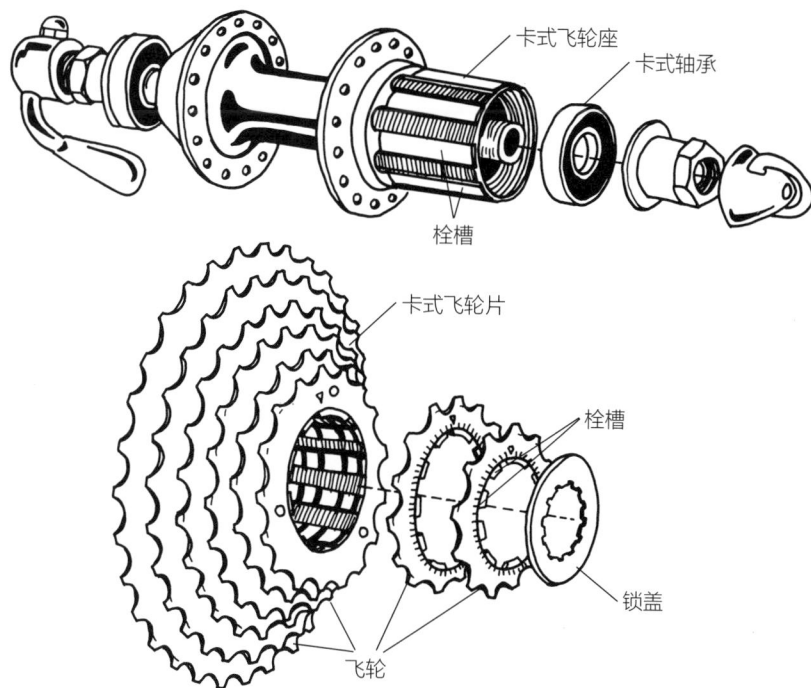

卡式飞轮座

卡式轴承

栓槽

卡式飞轮片

栓槽

锁盖

飞轮

图8.19 散珠式后花鼓和锁牙飞轮

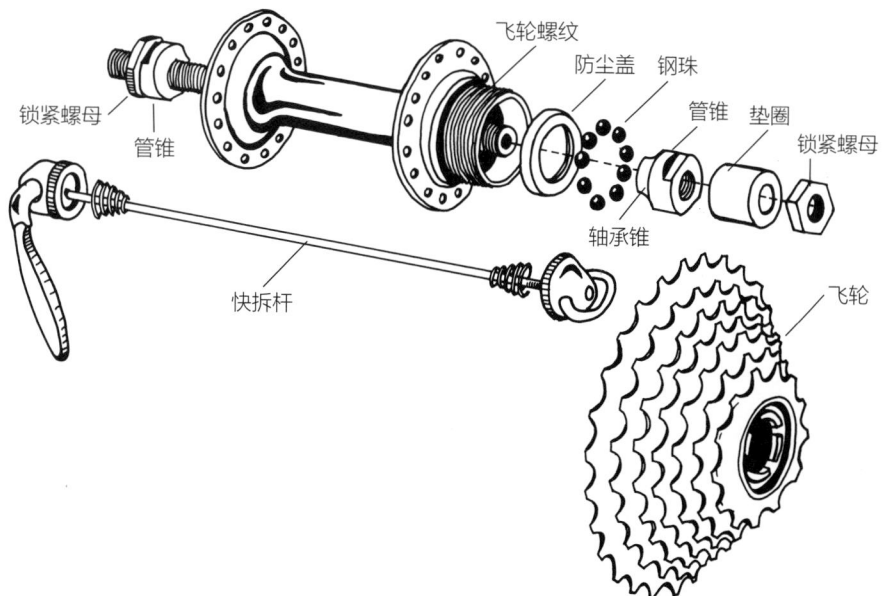

锁紧螺母

管锥

飞轮螺纹

防尘盖　钢珠

管锥　垫圈

锁紧螺母

轴承锥

快拆杆

飞轮

清洁飞轮片

清洁后飞轮片最快捷的方法，就是把抹布塞进每片飞轮片之间来回地拽动抹布（见图8.20）。更好一点的方法是使用Finish Line那种粗的、可扭转的Gear Floss清洁飞轮片的线。还有一种不太常用的方就是把飞轮拆卸下来（"8-10"），一片片地擦干净或浸泡在溶剂里。

图8.20 清洁飞轮

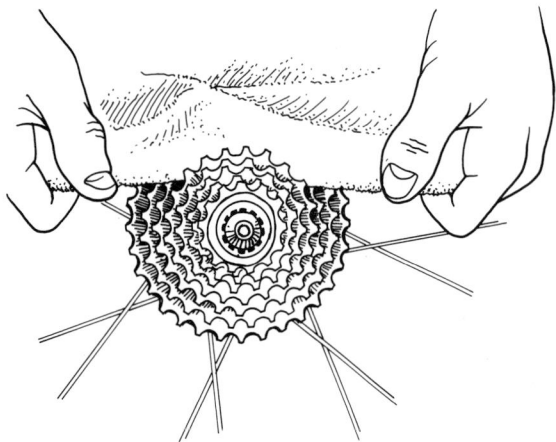

更换卡式齿轮

1. 准备工具。拆卸卡式飞轮盖需要准备大力钳或飞轮扳手、飞轮套筒工具和一把扳手（可调节的或开口的扳手）。注意一些非常老款的卡式飞轮最小片飞轮是锁牙设计，这就需要准备两个飞轮扳手，不能使用飞轮套筒工具。
2. 取出快拆杆。
3. 固定卡盒，使其在取下锁环时不会旋转。

4. 取下锁盖。将飞轮套筒插入锁盖。锁盖内圈是栓槽，用来固定最小飞轮片。用大力钳或飞轮扳手逆时针旋转飞轮套筒，放松锁盖（见图8.21和图8.22）。若锁盖太紧，套筒一用力就脱力并损坏了栓槽，将快拆杆去掉弹簧和套筒一起插入花鼓，锁紧快拆，然后套回扳手，旋出锁盖。

图8.21 用大力钳拆除飞轮盖

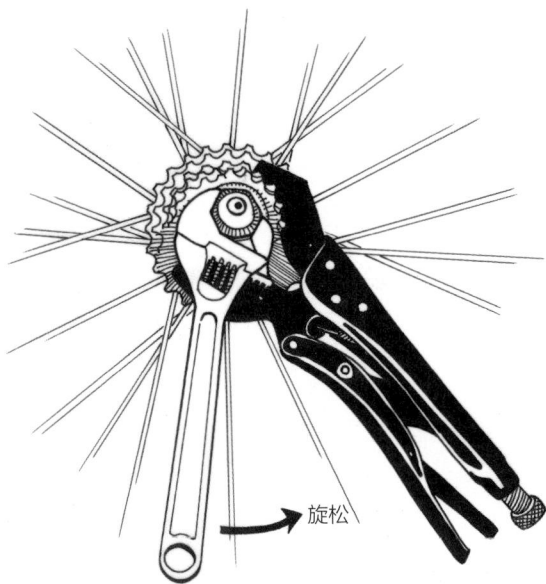

旋松

5. 直接拽出飞轮片。有的卡式飞轮片是每片飞轮片中间隔着垫片；有的是用螺栓串起飞轮片，只有最小的一片或两片飞轮用垫片分隔（见图8.18）；有的有数个铝合金座，分别铆接2片或3片飞轮片；有的是一体式旋飞，如SRAM飞轮。
6. 用抹布或牙刷清洁飞轮片。需要的话可使用溶剂，但要注意遵守常规保护措施。
7. 检查飞轮片是否磨损。若飞轮的齿尖呈钩形，说明飞轮已经磨损需要更换。若有Rohloff飞轮磨损测量器，按照其使用说明测量飞轮是否磨损。

图8.22 用飞轮扳手拆除飞轮盖

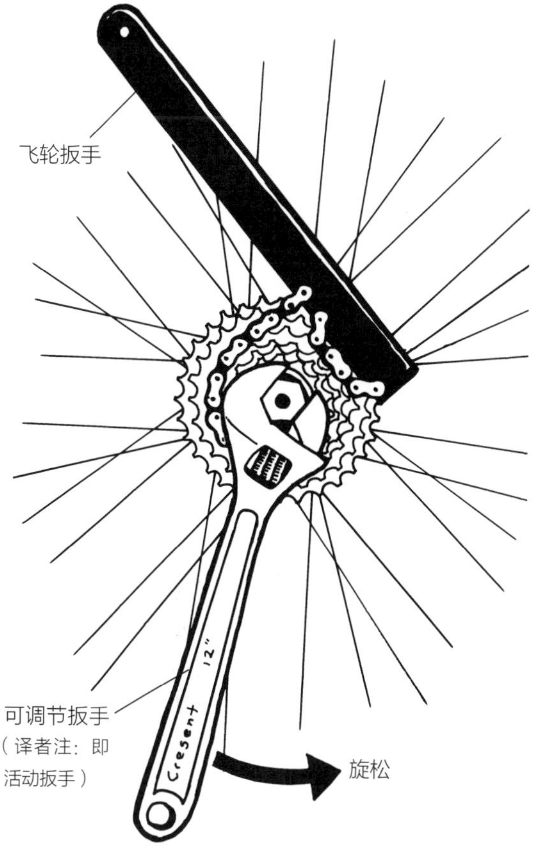

飞轮扳手

可调节扳手（译者注：即活动扳手）

旋松

图8.23A 加大的栓槽和凸键

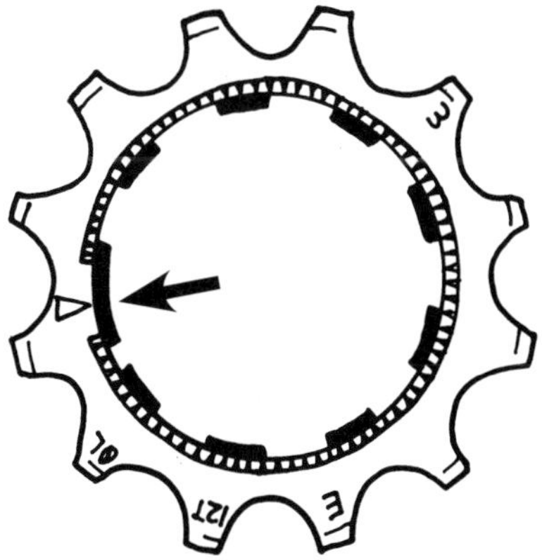

8. 更换飞轮片。若飞轮后面有垫片，也要一并更换。否则，换挡到最大飞轮片时，后拨链器容易卡到辐条。

a. 若需要更换整组飞轮，直接更换即可。若栓槽比较宽（见图8.23A），注意对齐轴心。更换Campagnolo飞轮片见第178页的"专业指导"。

b. 若安装的是9速飞轮、10速飞轮或11速飞轮，请参阅步骤9中的第一个说明。

c. 若更换单片飞轮，要注意飞轮是否同一型号。例如，16齿的Shimano飞轮片，不同型号不通用。不同品牌、型号和齿数的飞轮片，其上链脊、齿型和其他不对称设计也不同。安装时，齿数由高到低递减，数字面朝外。

注意：某些用螺栓串起来的卡式飞轮能拆卸开来清洗，再一片片装回花鼓。这类花鼓有两类设计：一是用3根细长的螺栓串起飞轮片（见图8.18）；二是用飞轮钉或铆钉固定在铝合金座上，铝合金座上有栓槽卡在飞轮上。第一类可以拆卸清理或更换飞轮片，第二类的飞轮片无法拆卸，只能整组更换。

9. 安装锁盖。先检查锁盖的螺纹和飞轮座是否吻合。锁环的直径取决于第一片飞轮的尺寸，不同品牌的飞轮螺距不同。装回所有的飞轮片后，需要用锁盖拆卸工具或扳手锁紧（若使用的是Shimano 6速或7速飞轮，第一片飞轮上有螺纹，要用大力钳或飞轮扳手锁紧）。要确定每一片飞轮都安装到位，不会侧向摇晃。若锁盖已经锁紧，飞轮仍摇晃，需要检查第一片和第二片飞轮是否对正、是否安装了所有垫片，然后再锁紧。

178

专业指导 —— 正确安装 Campagnolo 飞轮

Campagnolo 飞轮与 Shimano 和 SRAM 的飞轮不同。Campagnolo 飞轮的栓槽更长（即飞轮上的沟槽更深），且不是一个宽的飞轮齿，Campagnolo 的飞轮齿是窄的梯形齿（见图 8.23B 和图 8.23C），与飞轮的方向一致。有的 Campagnolo 兼容的花鼓铝合金座的或有一个长条齿槽（Zipp，见图 8.23B）或有窄的钢材质的齿槽（Mavic；见图 8.23C），Campy 飞轮片会来回滑动。若飞轮片安装不正确，踩踏的力量会集中在一片飞轮齿上，这会给这片飞轮带来过大的压力，从而损坏飞轮。

注意：安装 Campagnolo 飞轮时，每个飞轮齿都要和脊齿吻合。

图8.23B Campagnolo 飞轮安装在 Zipp 花鼓上的正确方法与错误方法

图8.23C Campagnolo 飞轮安装在 Mavic 花鼓上的正确方法与错误方法

兼容性要注意：上述拆卸和安装说明适用于6速、7速、8速、9速、10速和11速飞轮。但是花鼓的尺寸会随着速别的变化而变化，因此7速飞轮片只能安在7速飞轮专用的飞轮座上，其他速别的飞轮以此类推。Shimano 和 SRAM 的11速飞轮比9速和10速飞轮宽2毫米，所以9速和10速飞轮座无法安装11速飞轮。Shimano 和 SRAM 的11速飞轮可以安装在10速飞轮座上，但是飞轮座必须做些调整。相反，Campagnolo 的9速、10速和11速飞轮可以兼容。

11速飞轮要注意：虽然所有 Shimano 8速飞轮座都足够宽，可以安装9速或10速飞轮，但是有些8速和9速飞轮座无法安装11速的飞轮片（例如1992—1994年的 Shimano 8速飞轮座无法安装11速飞轮）。若要安装11速的飞轮片，必须将飞轮座的栓槽从前端往后退2毫米，方法是将8速栓槽前端磨掉2毫米。不过，钢材非常硬，需要用砂轮机打磨（用锉刀不行）。

8-11
更换锁牙飞轮

更换整组的锁牙飞轮（见图8.19），见如下步骤。拆卸与更换某一片锁牙飞轮的内容超出本书范围，近年来也很少有人这么做。

1. 准备锁牙飞轮专用套筒、大型可调节扳手以及准备安装的锁牙飞轮。若没有这些工具，带着车轮去自行车店吧。
2. 取出快拆杆和弹簧。
3. 在非传动侧插回快拆杆，套筒对准锁牙飞轮的齿槽。

公路车宝典：Zinn的公路车维修与保养秘籍

锁上快拆螺帽，使套筒紧扣齿槽而不会掉下来。

4. 拆卸飞轮。将大的可调节扳手插入平行沟槽，逆时针旋松。这需要施加比较大的力，可以采用杠杆原理，在扳手的末端接一个长管子；也可以让轮胎接触地面，以增加扳手的力。旋松飞轮后，旋松快拆螺帽，避免扭断快拆杆。

5. 一边旋松快拆杆，一边旋松套筒，直到套筒旋转到脱离飞轮的齿槽。

6. 取下快拆杆，旋出飞轮。

7. 给花鼓和飞轮的螺纹上涂抹润滑脂。

8. 先用手旋入新飞轮。再用大力钳或套筒扳手旋紧，飞轮会随着踩踏自动锁紧。

9. 将快拆杆插入花鼓，注意锥形弹簧小头朝里（见图8.19）。

8-12
润滑卡式飞轮

a. 简单地润滑卡式飞轮

很多人忽视了卡式飞轮座的保养——只是用链条油润滑一下飞轮。这不是长效保养飞轮的方法。而且，链条油渗入飞轮会稀释保护飞轮的润滑脂。

注意：不要将卡式飞轮浸泡在溶剂里，这会使污物往零件里进得更深。

有的飞轮座有注油孔。注油孔多是隐藏式的，需要拆除飞轮才能添加。操作前仔细清洁飞轮座，避免把尘土带进棘轮装置。与其注入润滑脂，不如填充轻质润滑脂（通常如此）。注入润滑脂之前，先把链条油瓶嘴插入注油孔，挤进少许柴油或能降解的链条油，直到飞轮转动没有异响。与其使用润滑脂枪给轴承注入润滑脂，不如填充轻型润滑脂，如摩托车外置马达齿轮油、Phil Wood Tenacious Oil 等，操作方法是挤压油瓶或用润滑脂枪细

小的尖头（见图1.3）注油。这类油可以避免棘轮内部的润滑脂变干结块，低温时黏住棘爪，使花鼓运转不灵。记住：用力踩踏时若花鼓空转，是相当危险的。

若花鼓和卡式飞轮之间是齿状接合面（DT Swiss、Hügi、Crank Brothers 和老款的 Mavic 花鼓有这类放射状的齿），逆时针转动飞轮座，同时将润滑脂滴入折缝里。这类花鼓润滑后拆开维修很容易，方法见"8-12f"。

下面的润滑方法是通用的。至于大分部标配轴承的卡式飞轮（Shimano 的），下文有专门的讲解。

1. 拆卸花鼓组（"8-6a""8-6b"）。

2. 清洁零件。清洁传动侧轴承的内面，检查轴承座是否变色或磨损。

3. 润滑花鼓。平放车轮，卡式飞轮座朝上，逆时针旋转飞轮座的同时，在轴承和棘轮之间注入链条油，随着链条油渗到棘爪上，转动的声音会渐渐消失。持续注入链条油，直到卡式飞轮座的另一端流出肮脏的旧油。

4. 擦掉多余的油，继续翻修花鼓（"8-6c""8-6d"）。

b. 完全润滑 Shimano 卡式飞轮座

1. 根据"8-6a"和"8-6b"的方法拆卸花鼓，取出轴心。

2. 将10毫米内六角扳手插入卡式飞轮座的固定螺栓，拽出螺栓。

3. 彻底清理卡式飞轮座。用薄螺丝刀或拨片撬开橡胶尘封（在后部）。从五金店买个橡胶塞，堵住卡式飞轮座的底部。从顶部的开口倒进溶剂，同时转动棘轮装置，让污物流出来。重复这一步骤直到清洁干净。还有一种方法是将整个卡式飞轮座浸泡在溶剂里，不停地转动飞轮。

4. 晾干卡式飞轮座。用抹布擦干净卡式飞轮座，然后把它放在抹布上，让溶剂从后面流出来，晾干飞轮。

5. 润滑卡式飞轮座。往飞轮座上喷一点齿轮油或 Phil Wood Tenacious。拽掉尘封转动棘轮时，油会流出

来。把飞轮座静放在纸上，让多余的油流出来。用这种方法不需要撬掉尘封。

c. 润滑（或更换）Mavic 卡式飞轮座

1. 拆卸轴心外盖。不同的型号具体的操作方法不一样，基本上是直接拽出非传动侧的轴上的尘封（见图8.24）或旋出轴心外螺纹的防松螺母。

2. 拆卸轴心。根据不同的型号，需要使用两个内六角扳手（两个5毫米内六角扳手，或一个10毫米和一个5毫米内六角扳手）。轴的两端各插入一个扳手，逆时针方向旋松，拆卸（见图8.24）。

3. 把车轮平放在一个干净的平面上，飞轮端朝上。注意拆卸下来的棘爪和弹簧不要弹飞了。

4. 逆时针慢慢转动飞轮，同时抽出飞轮座（见图8.24）。

5. 清洁棘爪、弹簧和花鼓本身。

6. 更换弹簧和棘爪。

7. 给飞轮座上油。将10~20滴Mavic矿物油M40122滴入飞轮座（在飞轮座的塑料衬套和棘齿上滴油）。不要给尘封上润滑脂。

8. 用手指抓住棘爪，逆时针转动，将其安回飞轮。

9. 更换轴心。这个操作非常简单。

注意： Mavic和Shimano可兼容款飞轮座相互更换的方法同上。

d. 润滑 Campagnolo/Fulcrum 卡式飞轮座

1. 抽出快拆杆。

2. 将飞轮座从花鼓上取下来。高端的Campagnolo或Fulcrum后花鼓需要在传动侧插入一个5毫米内六角

图8.24 若润滑Mavic Ksyrium拆卸卡式飞轮座和棘爪，需要拆卸后轴和卡式飞轮座

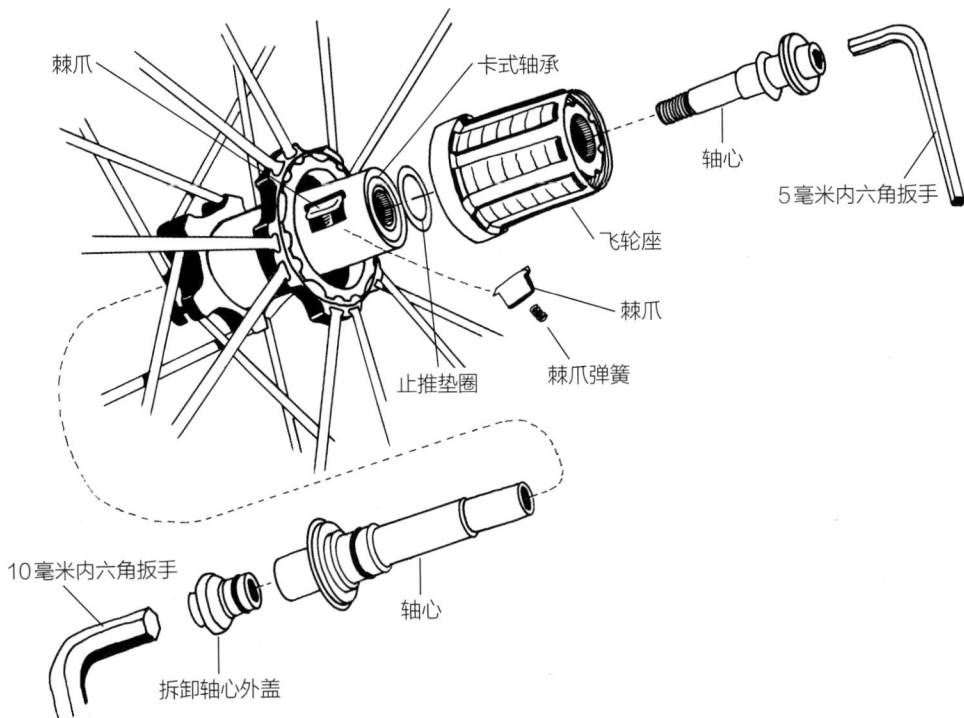

扳手，再用17毫米的开口扳手夹住，或用套筒扳手套住传动侧的螺母，同时顺时针方向转动5毫米内六角扳手（逆旋纹，即朝相反的方向旋松）。老款的Campagnolo的17毫米螺母上有一颗小固定螺丝，需要用2毫米内六角扳手旋松这颗小螺丝。

3. 直接把飞轮座取出来。老款的Campagnolo飞轮座有的三个棘爪下面各有一个螺旋弹簧，拆卸时这三个弹簧容易弹飞，且既不容易清洁又不容易再装回去。新款的Campagnolo和Fulcrum飞轮座有一个单独的、环状的弹簧缠绕住这三个棘爪（它可以安装在花鼓的凹槽和每个棘爪的侧面；见图8.25）。使用新款飞轮座的话，取下飞轮座弹簧是不会弹飞的。拆卸老款飞轮座时，在三个棘爪上套上扎带（译者注：粗的橡皮筋也方便），以防拽出飞轮座时弹簧弹飞。

4. 清洁三个棘爪、放射状齿，然后上润滑脂。

5. 装回飞轮座并慢慢地向后转动。如有必要，用铅笔尖向内推动每个棘爪，确保棘爪安回原位。老款Campagnolo飞轮座安回时，同样需要用扎带（译者注：粗的橡皮筋也可以）固定。

6. 旋紧锁紧螺母。把5毫米内六角扳手插入传动侧端的

图8.25 拆卸并润滑放射状棘轮爪

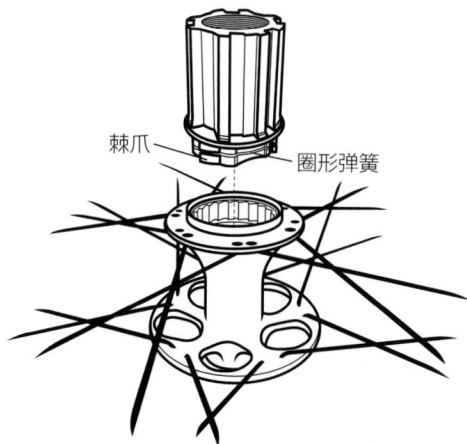

棘爪　　　　圈形弹簧

轴心，逆时针旋紧。切记：逆螺纹使用的是17毫米内六角扳手。然后按"8-6d"的方法调整。

注意：Fulcrum或Campagnolo花鼓与Campagnolo可兼容款飞轮座相互更换的方法同上。

e. 润滑安有三个放射状棘爪的卡式轴承飞轮座

这种飞轮座和上文提到的Campagnolo和Fulcrum卡式飞轮座基本相同，大量的卡式轴承飞轮座采用这种结构。飞轮座的放射状齿在传动侧指向内侧，飞轮座向下滑动即向内，三个棘爪向外滑动和放射状的齿咬合（见图8.25）。通常，有一个圈形弹簧推动这三个棘爪向外滑动。拆卸飞轮座时，这个圈形弹簧可防止三个棘爪弹飞。如"8-12d"所述，老款的飞轮座三个棘爪下面各有一个螺旋弹簧，拆卸时要先用扎带固定，否则容易弹飞。

1. 按"8-7"的方法先拆卸轴心，即可看到飞轮座。

2. 直接拽出飞轮座。虽然有个圈形的弹簧缠绕住三个棘爪（位于飞轮座和棘爪的凹槽中，见图8.25），操作时还要当心棘爪不要弹飞。

3. 清洁棘爪和放射状齿，然后稍微上点润滑脂。

4. 装回飞轮座并逆时针转动。同时用铅笔尖向内推动每个棘爪，确保棘爪安回原位。

5. 按照"8-7"的方法装回花鼓。

f. 润滑DT Swiss/Hügi飞轮座

DT Swiss、老款的DT和Hügi高端的星状棘齿飞轮座容易拆解、清洁和上润滑脂。

1. 抽出快拆杆。

2. 将车轮平放，飞轮座朝上，抓住飞轮向上拉，轴心和外盖会松脱，取出飞轮座。

3. 清洁并润滑弹簧、两片星状棘轮（见图8.26）以及花鼓和飞轮座侧面的接合齿。不要给棘轮的面上阶梯星

图8.26 拆卸和润滑DT Swiss 飞轮座

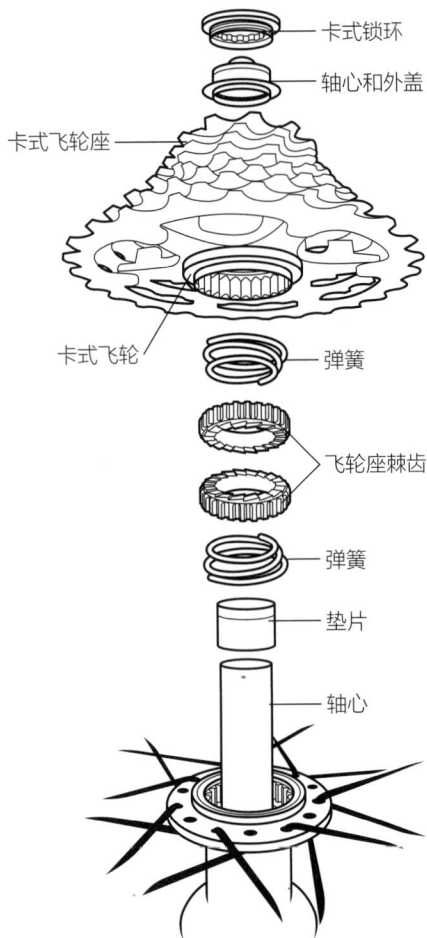

卡式锁环
轴心和外盖
卡式飞轮座
卡式飞轮
弹簧
飞轮座棘齿
弹簧
垫片
轴心

2. 平放车轮，飞轮朝上，逆时针旋转齿片，同时在非活动部位和活动部位接合缝处滴入润滑脂。随着润滑脂渗到棘爪上，转动的杂音会逐渐消失。持续注入润滑脂，直到原来的脏油从飞轮的后面流出来。不要将飞轮浸泡在溶剂中，污物会随着溶剂渗入飞轮。

3. 擦去多余的油。

越野车轮

8-14
选择轮胎

车手公路越野赛时常要扛着自行车跑步。骑过泥泞路段后，车胎上沾的软泥会增加车的重量。所以，在可能的情况下，车越轻越好。比赛过程中要不停地加速、减速，车轮的重量是不得不考虑的一个因素。

另外需要考虑的是操控性。一般情况下，硬轮胎比胎边较软的轮胎操控性好。但是，公路越野的路况是深度烂泥和沙地，高圈（深框，见图7.24）比浅圈（见图7.23）更适合这类路况。

另外还要考虑轮胎的排泥性能，高圈和破风圈比浅圈和平圈的排泥性能要好。

综合考虑上述因素，管胎是最佳的选择。因为无须圈壁卡住轮胎（见图7.23），管胎的车圈比开口胎或真空胎的要轻。真空胎（或"真空型胎"）需要特制的车轮，选择的范围比较小。真空胎虽然也可以安在标准的开口胎圈上（见"7-16"的"专业指导：越野公路自行车黏合真空胎"），但骑行崎岖路面时，轮胎和车圈的稳定性不好把控。

在材质等条件相同的情况下，浅圈比垂直圈更轻，所以干爽路面选择浅圈。但是，烂泥路况是公路越野赛的常态，垂直圈无疑是最佳选择。铝合金浅圈配车轮虽然比较轻，但铝合金深圈的分量就不一定轻了。烂泥路况还可能导致浅圈失去可操控性。所以，对付烂泥路况的最佳选择

状齿上润滑脂，否则飞轮座将无法咬合。两个星状棘轮上的齿要相互配对，踩踏时立即咬合。

4. 更换部件。

5. 装回飞轮座和外盖，插回快拆杆。完工！

8-13
润滑锁牙飞轮

1. 清洁围绕轴心的固定零件（见图8.19）。

是选择碳纤维材质的深圈——又轻又有硬度和强度。若是圈刹，需要安装碳圈专用刹车皮。更多内容见第9章。

为了适应公路越野赛，训练和参赛需要准备多套轮组（更不用说两辆自行车）了。不同的轮组用于不同的比赛环境，价格便宜的开口胎则用于日常训练。若所有车轮都是圈刹，或碟刹的飞轮片数、轴心间距都相同，则无须每次换完车轮再调一遍刹车。若飞轮座和轴心的间距也都相同，则无须每次换完车轮再调一遍后拨链器。

8-15
挑选飞轮

有人认为越野公路自行车比公路自行车的挡位要低（译者注：即飞轮齿数多，俗称"大飞轮"），但事实并非如此。越野公路赛中，山路只占赛段的一小部分，多数赛段是陡峭山路的泥泞的路段、干泥地或草地，无法骑行时就得扛着车跑步行进。越野公路自行车的高挡位（译者注：飞轮齿数更少，通俗称"小飞轮"）一般要比公路自行车低。因为在干泥路、草地、泥泞的路或沙地骑行而不是在人行道上骑行，公路越野的下坡通常比较短，且基本是有技术地、站立式地操控着车下降而非踩踏着车下降。

最小飞轮取决于牙盘的尺寸。标准的越野公路双盘组合是39-46齿，压缩盘（见"11-7"中"压缩盘"和

"标准盘"）一般是曲柄36-46和34-50。标准的单盘一般在33齿到44齿之间。46×12的高挡位比较常见，但骑行速度快的选手选择39×11（见附录B中的驱动比换算表）。所以，若是卡式飞轮，有两种齿比：11-5或12-5和11-8或12-8；若是单盘，最好使用相同的飞轮或44齿牙盘配1×11飞轮或11-32飞轮。很多短腿的公路后拨链器即使延伸了，也不支持超过28齿的长腿后拨链器，SRAM的1×11后拨链器（"5-3g"）至少要配32T的大飞轮。

铁三车要注意： 铁三车不适合公路越野。铁三车偏重、变速精确度不高、牙盘和后拨链器会卷进泥土、草，长腿拨链器更容易损坏。踩踏时永远也用不上铁三车的超低挡（铁三车最里面的牙盘），公路越野的骑速更快些。

有一点不言自明：要使用同速级的飞轮以及注意其兼容性。换句话说，9速飞轮不能装10速的拨链器，反之亦然。最重要的是，Shimano和Campagnolo不兼容的飞轮和拨链器不要混用。Shimano和SRAM的飞轮兼容，它们的飞轮座相同，拨链器也兼容。Campagnolo的9速或10速的飞轮只能用Campagnolo同速的前后拨链器。Shimano、SRAM和Campagnolo的11速的飞轮间距相同，所以，11速飞轮可以兼容。鉴于公路越野赛的高挑战性，再纠结飞轮、拨链器是否兼容这个问题真的没有必要。

圈刹

🔧 工具

2毫米、3毫米、
4毫米、5毫米、
6毫米内六角
扳手
Torx T25梅花
扳手
变速线剪钳
湿性链条油
润滑脂
老虎钳

备选工具
8毫米套筒扳手
8毫米、10毫米
开口扳手
12毫米、13毫米、
14毫米锥形
扳手
可调节扳手
Park Tool IR-1
内线工具箱

公路自行车最常用的是双轴侧拉式夹器（见图9.1）。其前身是单轴侧拉式夹器（见图9.2），这种夹器的制动力强、重量轻。时光回溯到20世纪60年代，双轴中拉式刹车夹器是标配（见图9.3）（译者注：即"吊刹"）。

越野公路自行车、混合动力自行车、旅行自行车和双人自行车采用中拉式悬壁刹车（简称为"吊刹"，见图9.4）或侧拉（也称为"直拉"）式悬臂刹车（常称为V刹，见图9.5）。

这两种夹器的特点是轻、结构简单、沾上烂泥也不影响使用、可安装挡泥板、可安装大宽胎，以及安装座的转轴位于车架和前叉上。

V刹的特点是车架或前叉无须安装止线栓（就像悬臂式刹车那样），刹车线直接通向刹车臂。

但是，大部分公路自行车的刹车线行程短，必须加转换器以增加行程。因此，在碟刹问世之前，越野公路自行车只安装吊刹。

小型V刹出现在的Shimano公路自行车上，虽然

行程尚可，但明显比吊刹靠近车圈，这也是常在烂泥地行进的公路越野自行车选择吊刹的原因。

图9.1 Shimano双轴侧拉式夹器

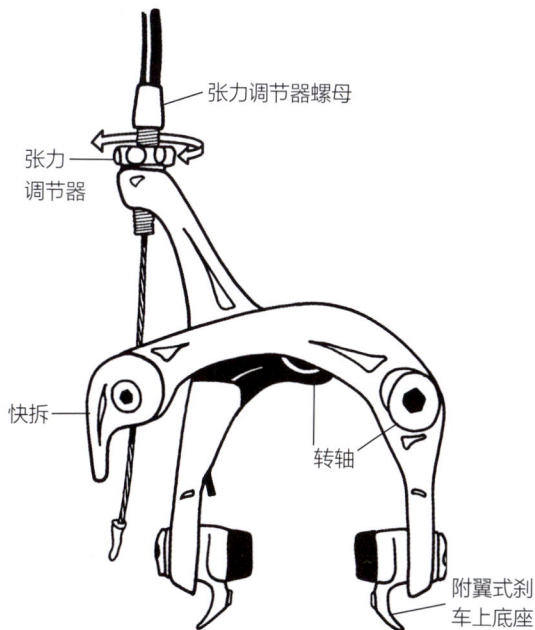

张力调节器螺母

张力
调节器

快拆

转轴

附翼式刹
车上底座

185

图9.2 单轴侧拉式夹器

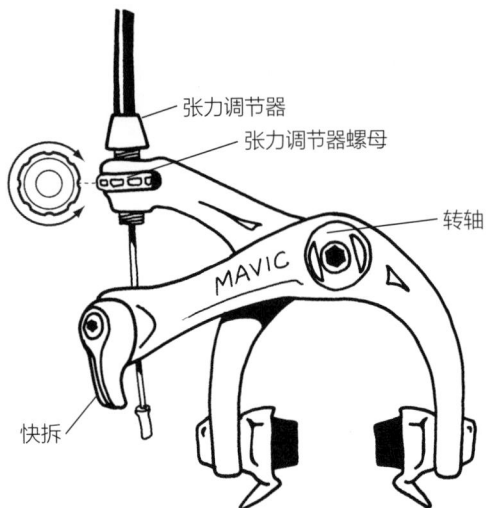

- 张力调节器
- 张力调节器螺母
- 转轴
- 快拆

MAVIC

图9.3 双轴中拉式刹车夹器

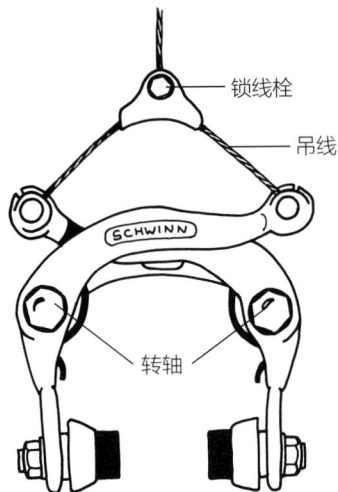

- 锁线栓
- 吊线
- 转轴

SCHWINN

图9.4 中拉式悬臂刹车

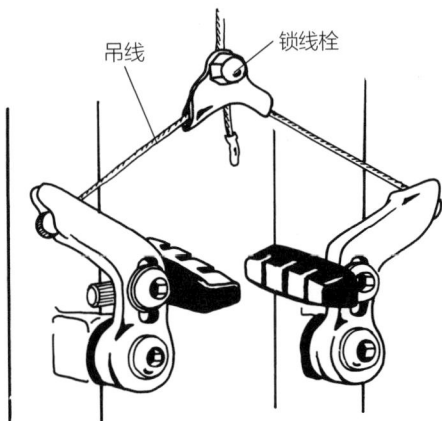

- 吊线
- 锁线栓

图9.5 侧拉式悬臂刹车夹器（V刹）

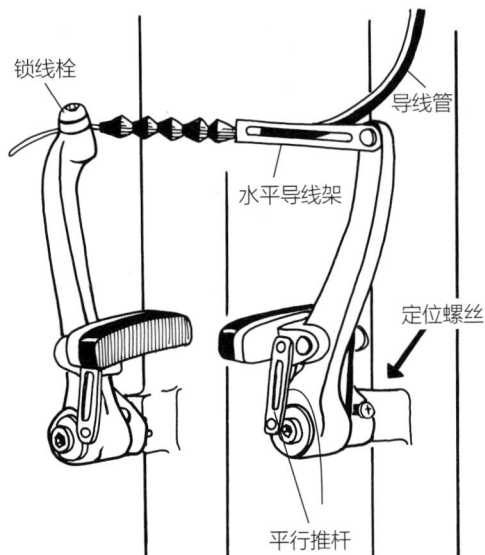

- 锁线栓
- 导线管
- 水平导线架
- 定位螺丝
- 平行推杆

20世纪90年代，短暂地流行过油刹夹器。SRAM的Hydraulic Road Rim（HRR）油刹夹器（见图9.6）于2014年问世，开启了用液体压力驱动刹车（刹把和SRAM油压碟刹公路一样）。公路自行车专用的轮圈式液体夹器的安装孔位和标准公路自行车夹器的设计一样。山地自行

车是直把，若使用油刹夹器，刹车夹器安装座位于车架和前叉上。

图9.6 油刹夹器（HRR）刹把和刹车钳

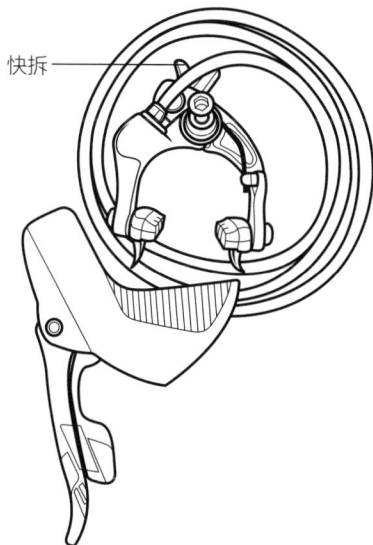

快拆

双轴中拉式刹车夹器（见图9.3），一只手将左右刹车皮向车圈推挤，另一只手再将吊线头从刹车支臂上端的沟槽拉出来。

3. 打开Ｖ刹夹器。一只手将Ｖ刹（见图9.5）的两个刹车皮向车圈推挤，另一只手将弯管从刹车支臂顶端的导线架取下来。

4. 打开Shimano AX和Campagnolo Delta（20世纪80年代产）双轴中拉式刹车夹器：Campagnolo Delta刹车夹器，按第一步按下刹把杆上的松线钮（见图9.7）。Shimano AX刹车夹器先向上再向外拉出刹车线的张力调节器。

图9.7 Campagnolo Ergopowerr的松线钮

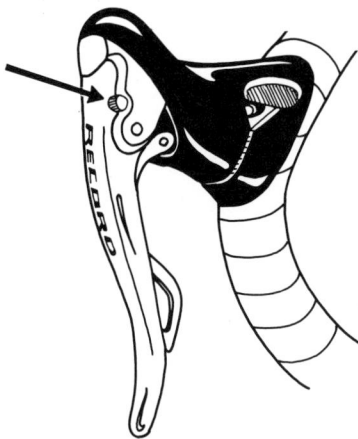

9-1

打开刹车夹器，取下车轮

公路自行车的外胎通常比较窄，可以不用打开夹器、避开刹车皮，就可以取下车轮。若使用宽胎，或是刹车皮间隙调得非常小，就需要先打开夹器才能取出车轮。下述指导概述了大部分新、老款公路刹车系统。装回车轮的话，按下述指导反向操作，并确保刹车系统运转正常。

1. 打开侧拉式刹车。大部分侧拉式刹车（见图9.1和图9.2）和SRAM的HRR刹车（见图9.6），打开刹车臂上的快拆杆。Campagnolo和Mavic双轴中拉式刹车夹器的刹车臂没有快拆杆，而是在刹把杆上有个松线钮。Campagnolo Ergopower刹把杆（见图9.7）的插销向内推，刹把会向上，夹器便可打开。

2. 打开悬挂式夹器和老款双轴中拉式刹车夹器。悬臂式夹器（见图9.4）和20世纪60年代的，以及更老款的

刹车线外管

1级 刹车线将力从刹把传至夹器，适当安装与定期保养至关重要。刹车系统的阻力过大，无论刹把或夹器调校得多精准，刹车效果都不会好。需要立即更换刹车线。

第9章｜圈刹

187

图9.9 把立吊线架

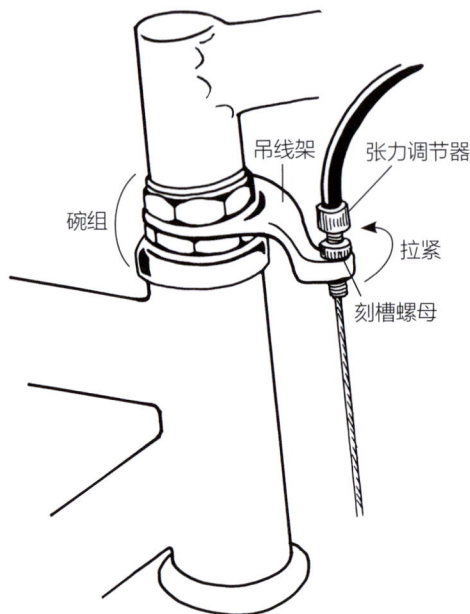

9-2
刹车线张力

随着刹车皮的磨损和刹车线的拉伸，刹车线需要再次拉紧。刹车线张力调节器位于刹车臂上的侧拉式刹车夹器（见图9.8）和Shimano AX和Campagnolo Delta中拉式夹器就是这样设计的。

图9.8 转动侧拉式刹车夹器的张力调节器

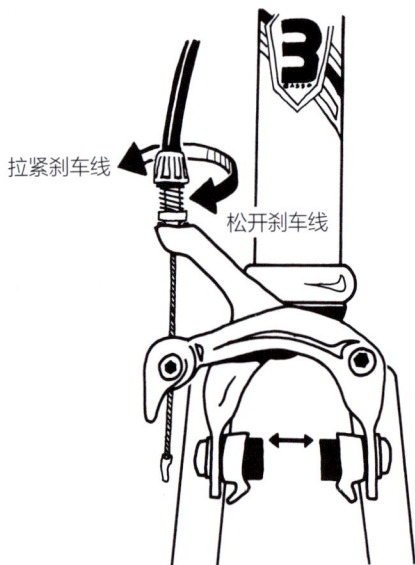

中拉式夹器、悬臂式夹器和V刹（见图9.3~图9.5）的刹把（刹车手柄）上没有调节钮。

悬臂式刹车夹器的变速线张力调节器和老款的中拉式刹车夹器，要通过前叉或车架止线栓顶端的调节器（见图9.9）来调节，拉紧变速线重新锁紧。

V刹若搭配平把和刹变把，刹变把的末端通常有个张力调节器。若没有，通过旋松夹器支臂的锁线栓（见图9.5）拉紧刹车线、再锁紧。

假设夹器位于正口、车圈没有偏摆的情况下，变速线

必须足够紧，才不会一拉刹把就触底。

a. 增加刹车线张力

1. 夹器内有张力调节器，旋出即可增加刹车线张力。增加刹车线张力的方法不止一种，所以，要注意自己的刹车线往哪个方向旋转是拉紧张力线，往哪个方向旋转是放松刹车线。夹器上若有调节钮（见图9.1和图9.2），从上往下看调节钮并顺时针旋转刹车张力调节钮，调节钮会从刹车臂上的D型孔向上直旋而出。调节钮的底部有一个齿槽，用大拇指和食指将左、右刹车直向车圈推挤，另一只手同时旋转调节钮。悬臂式刹车夹器（见图9.4）或老款的中拉式刹车夹器（见图9.3），逆时针旋转调节钮（见图9.9和图9.23）增加刹车线张力，然后再转动刻槽螺母。

2. 刹车线张力要适中，否则拉线行程太长，刹把压到底也不会触到刹车柄；或刹车行程太短，稍微一压刹把，

刹车皮就夹住车圈。

3. 若张力调节器已经全部旋出，刹车线仍然不够紧，就需要重新拉紧刹车线。首先，先将调节器拧到底，以后若刹车线拉长了，才能有调节的量。旋松刹车夹器的锁线栓（见图9.5和图9.10），检查刹车线是否磨损。若刹车线磨损严重，必须要换新的（"9-4"）。若刹车线还可以用，就拉紧刹车线、旋紧锁线栓，再用调节器微调张力。

b. 减小刹车线张力

1. 旋转刹车线张力调节器，减小刹车张力。调节器旋转的方向，取决于不同的刹车器。调节器上有个调节钮的话（见图9.1和图9.2），逆时针旋转张车调节钮（从上向下看）。调节钮直接旋入刹车臂螺纹的夹器，顺时针旋转调节钮（见图9.8和图9.10）。

有效行程（刹车皮接触车圈）前应该有适当的自由行程，但自由行程不能多到刹车时触底。在此范围

图9.10 拉紧刹车线，旋紧锁线栓

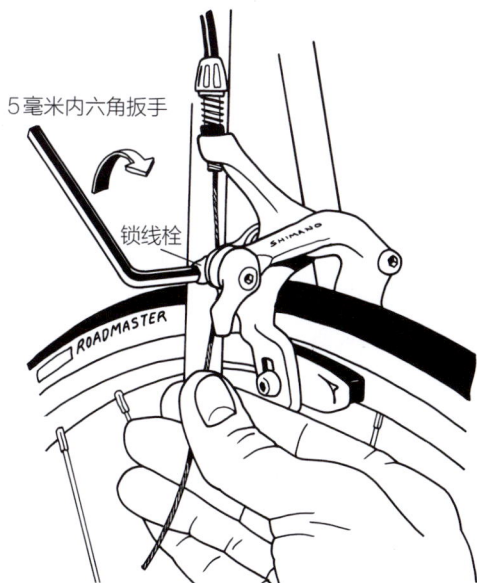

5毫米内六角扳手

锁线栓

内，有效行程和自由行程各占多少，取决于个人的习惯。悬臂式刹车夹器（见图9.4）或老款的中拉式刹车夹器（见图9.3），先旋松刻槽螺母，再顺时针旋转调节器（见图9.9和图9.23）。

2. 反复检查，确定刹把不会触底，即不会刹把压至挨到车把，仍刹不住车。

9-3

维修刹车线

1. 若刹车线磨损、分叉、扭结或磨损，需要更换刹车线（"9-4"）。

2. 若刹车线发涩，需要润滑。使用油基链条油（不要使用链条蜡或其他干性链条油）或二氧化钼润滑脂。锂基润滑脂和链条蜡会逐渐干结，阻碍刹车线运动。

上润滑油时要先打开刹车夹器（和拆卸车轮的顺序一样，见"9-1"）。

若车架后拨链器的止栓侧面开有沟槽，将刹车线外管一起从止栓抽出来。若刹车夹器没有沟槽，只能抽出整条刹车线。

推下刹车线外管，用抹布擦净刹车线，把润滑脂涂抹在被刹车线外管包裹住的刹车线段上，也往线管内喷点润滑脂，再把刹车线安回外管内。

3. 若刹车线仍发涩，更换刹车线和线管。

9-4

更换和安装刹车线

1. 剪断线尾套，松开锁线栓，从刹把抽出整条旧的刹车线。操作时注意稍微拉紧刹把，使刹车线卡头从刹把退出来。

注意： 更换新的刹车线的话，即使线管看上去还能

继续使用，也最好同时更换新的线管。日常骑行的环境比较脏，最好每隔几个月更换一次线管。和链条、变速线一样，刹车线的更换也属日常保养而非维修，不要等到刹车线断裂或发涩才更换。

2. 选购高品质的刹车线和线管。刹车线管的内层能防止刹车线在刹车制动时裂开（见图5.21）。镀膜内层（如特氟龙）更能降低阻力。

3. 切割足够长的线管，使刹车线既能衔接到刹车夹器，又不会突然转折。若更换线管，先量一下旧线管的长度（拆除把带之后）。若线管弧度流畅，以旧线管的长度为准。若确定不了新线管的长度，转动前轮、把立，变速线张力不受影响时，便可剪切新线管。用专用的线管钳或锋利的偏铣刀，在外管的两个线圈接缝处下刀，切口不要横过几个线圈，否则切口会被压扁。

4. 若剪切后的线管口被压扁平了，用平锉或大剪刀整理。

5. 若特氟龙内层压扁了，用钉子或牙签这类尖头的东西挑好。

6. 每一段外管的两端加个外线帽（圆柱形帽，见图5.21），以起到支撑的作用。有的刹车夹器的刹车臂上方的调节器兼有外线帽功能，开口的直径仅容纳裸线管。

7. 确定前后刹车由左手还是右手控制。（美国标准是左手控制前刹车，右手控制后刹车。若自行车只自己骑，也可以按自己的习惯确定左、右手控制前或后刹车）将线管插入每个止线栓、刹把（或刹车柄）和锁线栓。

8. 调节位于止线栓或线轭上的张力调节器（见图9.8和图9.9），旋到底后退出一圈。

9. 将刹车线穿过刹把，刹车线头放入线槽（见图9.11），再从刹把后端拉出来。注意刹车线头一定要卡进线槽。有的刹车线头是个横着的小圆柱形头，刹车线和刹车线头垂直。刹车线头的柱身有两个孔，刹车线头从大端进入，小端出来，大孔要朝前。现在的刹车外管多数从刹把的橡胶套底部的内侧穿出，以便在车把上缠

图9.11 将刹车线穿入刹把，穿过刹车线头的线钩，然后从出口孔出来

把带。1988年之前的很多刹把及1980年之前的所有刹把，刹车线均从橡胶套的顶端穿出。

10. 将刹车线插入线管、再到夹器。若是内走线车架，见本节中"专业指导"的内容。要再次确认线管的两端都有外线帽，只要外线帽能装进调节器，就一定要有外线帽。

注意：不需要润滑。新的刹车线、线管很平滑，若上润滑脂反而容易沾粘尘土。而且，有的线管内的润滑脂还容易干结（若刹车线使用时间长了、发涩了，则需要润滑。方法见"9-3"）。

11. 将刹车线钢线固定到夹器上。（不同类型的刹车夹器，见"刹车夹器"的内容。）拉紧刹车钢线，锁紧螺栓（见图9.3~图9.5、图9.10和图9.40）。

12. 用张力调节器调节张力（见"9-2"）。用手压紧刹把，以拉伸新的刹车线。

13. 在锁线栓上方约2.5厘米处剪断刹车线。在刹车线尾加上尾帽（见图5.25），防止露在外面的刹车线分叉。缠把带（"12-12"）。

14. 检查刹车系统。正确安装刹车线后，刹把应该一放松

专业指导 —— 内走线式后刹车

1. 用内六角扳手从车架后部的出线孔中取出橡胶盖（见图9.12）。

2. 将新的刹车线穿过车架前部的进线孔穿进来。

3. 把变速线插入 Park IR-1 内走线安装工具的磁性引线头（见图9.13），再将牵引头插入进线孔，车架内外的磁铁吸到一起。

4. 从进线孔插入刹车线，同时在移动车架外的磁铁，磁铁吸住引线头将它引导至车架出线孔位置。

5. 将橡胶盖装回出线孔，使其移动到固定刹车线的位置，然后安装固定螺丝。

图9.12 从车架后部的出线孔中取出橡胶盖

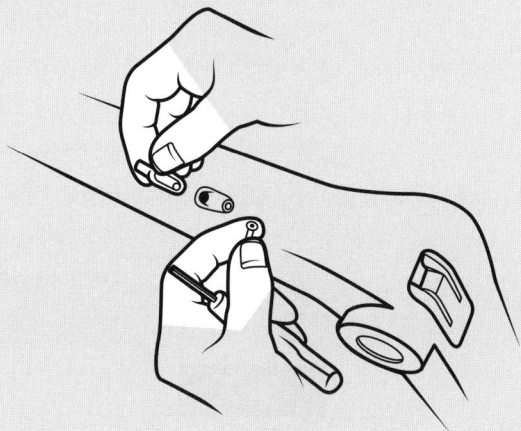

图9.13 Park IR-1 内走线安装工具

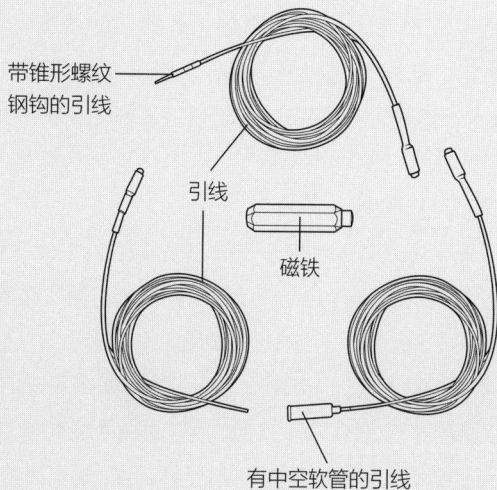

带锥形螺纹钢钩的引线

引线

磁铁

有中空软管的引线

就立刻回弹。若回弹不到原位或回弹迟缓，检查刹车线是否扭结或磨损，检查刹车管是否有突然折弯处。打开刹车夹器快拆杆，将左右两个刹车向车圈推挤，同时检查刹车手柄能否自由运动。若刹车线没有锁上，检查刹车皮是否蹭车圈。检查刹车臂有是否运转正常，弹簧是否正常，刹车皮是否蹭车圈。若刹把、刹车支臂和弹簧运转正常，刹车系统灵敏，检查线管内的刹车线部分是否磨损，若需要就按"9-3"所述更换或润滑刹车线。

刹 把

1级 刹把的操作应该顺畅，安装的角度也应该在骑行中易于操作。

9-5
润滑与维修

1. 润滑刹把内部的所有关节和转点。

2. 检查刹把上的复位弹簧。注意，并非所有刹把均有弹簧。

3. 确保刹把或手变头没变形，以免影响运转。

4. 检查是否有裂痕。若有，立刻更换刹车把。

5. 更换磨损或破裂的手变头橡胶套。

9-6

拆卸、安装和定位

1级 现在大多数手变是一体的（见图9.7和图9.14~图9.16）。刹把上标明"左""右"。若不能确定，变速拨杆朝内拨。下述内容讲解更换整个手变或只更换刹把。

1. 拆除把带和把堵。

2. 用5毫米内六角扳手拧开刹把/变速拨杆的固定螺栓，取出刹把组件。有的（如Campagnolo）刹把需要用Torx T25扳手，固定螺栓的位置也不尽相同，一般都在手变的橡胶套的上部或外侧。把内六角扳手或Torx T25扳手（见图9.14）从由上而下插入手变和橡胶套之间的缝隙，或将橡胶套从前往后卷至露出固定螺栓。

图9.14 用5毫米内六角扳手将Shimano STI刹把/换挡拨杆固定到车把上

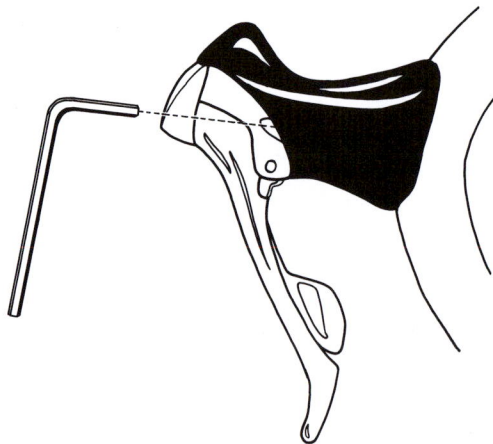

老款的刹把（见图9.11）的固定螺栓位于手变的中央，将刹把压到底才能插入内六角扳手。20世纪80年代或之前的Campagnolo及其他欧洲品牌的手变，用的是外六角螺帽（需要用8毫米套筒扳手拆除）。

3. 装入新的刹把。有些手变上有一个固定环的箭头标志，表示滑入的方向。若固定环和手变分离，以箭头为安装方向。注意刹把的下端不能低于车把的下把位置。将一把直尺放平在左右两个刹把的顶端，以确保左右刹把高度相同。

4. 旋紧安装螺栓。

5. 2008年生产的Campagnolo Ergopower车把有一个"大手掌"套件。若要增加刹把的握距，将套件安装到手变座的底部（见图5.37）。大手掌的套件是不对称型的，但没有标明左右。将套件的出线孔和手变的进线孔对齐，以确保正确安装。

6. 安装刹车线（见"9-4"和"5-6"至"5-17"）。

7. 缠把带（见"12-12"）。

9-7

刹把的握距

刹把的握距已经成为刹车/换挡拨杆的标准配置。

a. SRAM

SRAM系统，需要先缩小变速拨杆的握距，然后向内调节刹把的握距，避免两者重叠、互相干扰。

1. 找到换挡拨杆的调节器。在变速拨杆外侧、靠转轴处，有一个2.5毫米内六角孔小螺钉（标记着"REACH"）或一个很小的和刹车线线管直径相同的小凸轮。向后拉动拨杆，才容易控制小凸轮。

2. 在螺丝中插入2.5毫米内六角扳手，或用手指或笔尖向内推动凸轮（见图9.15）。凸轮内有弹簧，若不持

图9.15 调整 SRAM 的握距（拆除手变套后）

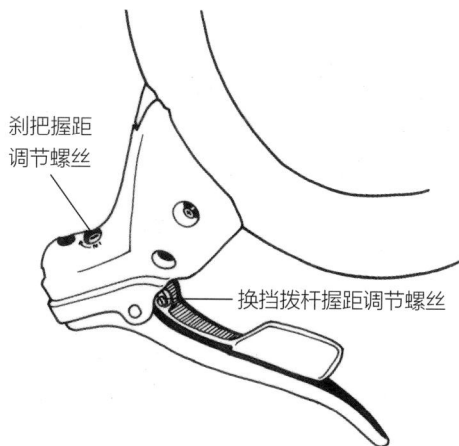

刹把握距
调节螺丝

换挡拨杆握距调节螺丝

续施压，会跳回原位。

3. 逆时针转动螺丝或凸轮至下一个校准位置。转动螺丝比较容易，而转动凸轮比较棘手，需要用到手指。10 速的变速指拨，可能需要拆除凸轮上的卡簧。拆除时若卡簧弹飞，找起来就困难了。向内按住凸轮，稍微用力即可转动。若凸轮转不动，再稍微用些力。注意若用力过大，可能会扭坏凸轮。转动一个校准位置（或更多）之后，让凸轮向外跳回，再松开变速拨杆，变速拨杆会向后退，在刹把的后面留下一段间隙。

4. 将手变套向后卷。

5. 用2.5或3毫米内六角扳手顺时针转动刹把后面的握距调节螺丝（见图9.15），使刹把挨到变速拨杆。

6. 根据需要调节刹车线的张力（"9-2"）。缩短握距也能缩短刹车皮和车圈间的距离。

7. 重复步骤1~6，直到刹把的握距符合自己的喜好。若要增大握距，反过来操作上述步骤。

b. Shimano

　　Shimano 车把把带下的刹把上的变速拨挡处有一个调整握距的小螺丝。

11速刹把

1. 将手变套向后卷。

2. 找到调节握距的螺丝。这个螺丝位于刹把后面，是一个有槽螺丝。

3. 用小螺丝刀旋紧这个螺丝（顺时针）。多转几圈调整握距，直到适合自己。

10速刹把（变速线在车把把带下面）

1. 按压刹把。

2. 旋松刹把顶端的小型十字螺丝。不要将螺丝旋出，半松即可，因为螺丝万一丢了不容易找到。

3. 从镀铬牌的上顶端，用指甲向前挑，取出上盖（见图9.16）。

图9.16 调整 Shimano Dura-Ace 7900 握距（把带下方）

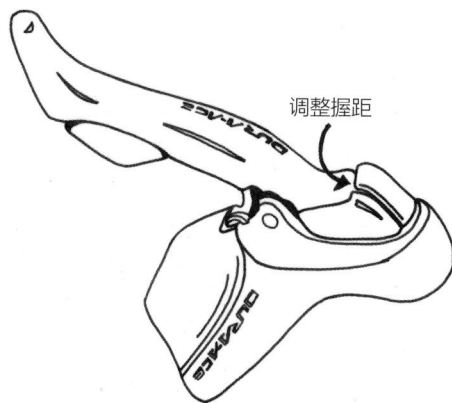

调整握距

4. 找到握距的调节螺丝。调节螺丝是一颗小的有槽螺丝，位于刹把头上的小孔中。

5. 用小螺丝刀旋紧调节螺丝（顺时针）。多转几圈调整握距，直到适合自己。

c. Campagnolo

　　随着 Campagnolo 较高的 Ergopower 刹把的问世，握距缩短，适合小手掌车手。但是，大手掌的车手使用起来握距就太短了。所以，Campagnolo随Ergopower刹把出售"大手掌"套件。"大手掌"套件是将一个小塑料片插在手变底部和弯把之间，刹把尾端会向前翘，延长到车把的距离（见图5.37）。

d. 其他刹车把

若刹把的握距不合适又不可调，以下方法可以尝试：

方法一：刹把有不同的安装位置，试着移动刹把，使其靠近车把。

方法二：买一个弯度不同的车把，使手掌能更靠近刹把。有一些专为小手掌设计的车把。

刹车夹器

1级 刹车夹器是将刹车皮推向车圈的机械装置。多数的公路自行车夹器是刹拉式的，装在前叉肩或车架叉桥的孔位（见图9.1、图9.2、图9.17）。"夹器"也可以指吊刹或V刹的一对夹臂，焊接在车架上或安装在前叉的转轴柱安装座上（见图9.4和图9.5）。更早期的还有从20世纪60年代的Raleighs和Peugeots夹器发展而来的Weinmann和Universal中拉式夹器（见图9.3）。

9-8
双轴侧拉式刹车夹器
（用一颗中心螺栓固定）

安装在中心螺栓上的双轴侧拉式刹车器（见图9.1和图9.18）已成为业内标准，这种夹器功能强大且易于调整。

a. 安装

将夹器中央的螺栓插入前叉肩盖或车架后上叉桥的孔位，再用5毫米内六角扳手（或Torx T25扳手）从夹器

图9.17 用5毫米内六角扳手将夹器锁紧到后上叉桥

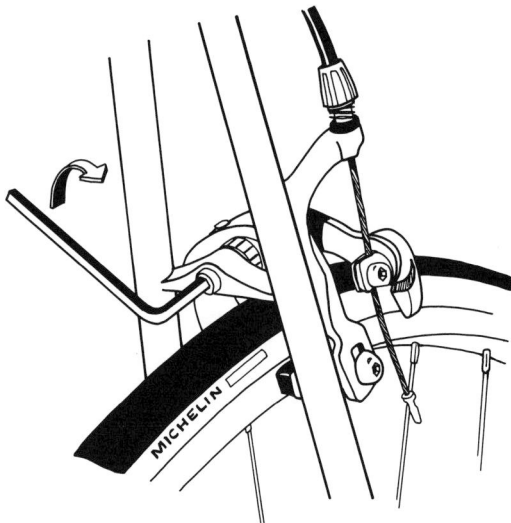

后面锁紧沉头螺母（见图9.17）。若需要，可以使用更长的螺母，至少要保证旋进6圈。

b. 固定刹车线

打开夹器上的快拆（Campagnolo或Mavic），再安装刹车线。将外管插入刹车臂上的张力调节器。另一端外管若调节器孔够大，安上外线帽。将变速线穿进外管、张力调节器、锁线栓底的垫片。拉紧刹车线，用内六角扳手旋紧锁线栓（见图9.10）。固定好刹车线后，合上夹器快拆。

c. 定位夹器中心

刹车皮到车圈的间隙，左右侧要等量。不使用工具的最简单、最快捷的方法，就是用手抓住夹器拧到位（不要放松夹器的固定螺栓）。骑行前，一定要检查、确定车架后下叉桥上或前叉桥上的夹器上的沉头螺母已经锁紧（见图9.17）。

Campagnolo、SRAM和Shimano内置一颗固定螺丝，SRAM和Mavic夹器分别使用12毫米或14毫米锥形扳手。

定位螺丝位于刹车线一侧的对面。Campagnolo的定位螺丝位于刹车臂、刹车皮上方，需使用2毫米内六角扳手。Shimano和SRAM的定位螺丝位于长的刹车臂的上端（见图9.18）。旋紧此螺丝，非刹车线的刹车皮离车圈远；旋松此螺丝，变速线侧的刹车皮会离车圈远。

图9.18 Shimano双轴侧拉式夹器，用3毫米内六角扳手旋转夹器的定位螺丝，使刹车皮居中

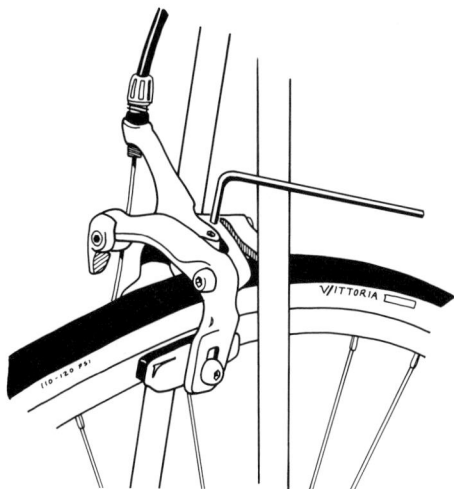

调整SRAM和Mavic双轴侧拉式刹车器，需要将5毫米内六角扳手插入夹器后方的沉头螺母，同时将12毫米或14毫米的锥形扳手套入夹器的后方（与中轴中拉式夹器类似，见图9.20）。

d. 调整刹车皮

用内六角扳手（常用4毫米或5毫米）松开刹车皮底座的定位螺栓，沿着刹车支臂的底座上下移动刹车皮，使其高度对齐车圈的摩擦面。再旋转刹车皮，使刹车皮上缘的弧度与车圈摩擦面的上缘相吻合（见图9.19）。一只手将刹车把压到底，另一只手旋紧刹车皮的定位螺栓。操作时注意不要改变刹车皮的角度（可以用手指按住刹车皮，然

图9.19 将刹车皮和车圈对齐

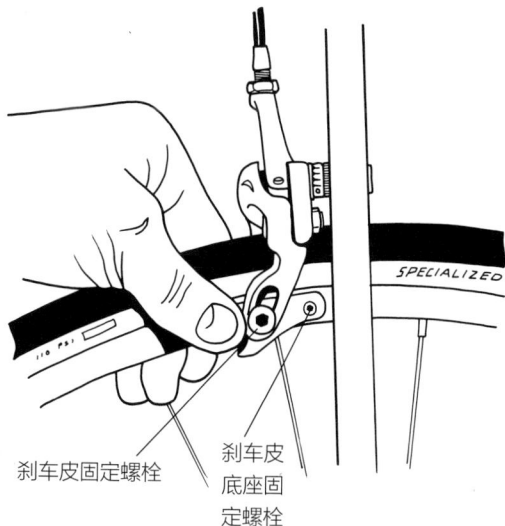

刹车皮固定螺栓　刹车皮底座固定螺栓

后再锁紧螺栓）。还需要注意的是刹车皮不要蹭外胎，外胎的侧壁很容易磨穿，导致爆胎。

高端刹车皮底座有多向调节功能——因为刹车皮底座的螺孔有凸起的弧度、配有凹面垫片，可以将刹车皮和车圈摩擦面调成平行并自己决定束角。刹车时若发出刺耳或发涩的声音，调整刹车皮的前束角，即：使刹车皮的前端比尾端更靠近车圈。

e. 弹簧张力调整

Campagnolo\SRAM和Shimano的双轴侧拉式刹车夹器都用一个定位螺丝来推挤复位弹簧的末端。这颗螺丝位于刹车皮最靠近刹车线一侧的刹车臂上。锁紧这颗螺丝（用2毫米内六角扳手）则压缩弹簧，向下压刹把会费力，但回弹反应会加快。见"9-10e"和"9-11e"Shimano双轴直拉式夹器的弹簧张力的调整。

f. 调整刹车线张力

请按照"9-2"中的说明进行操作。

g. 更换刹车皮

刹车皮磨损到其沟纹磨平的时候，就需要更换了。低端的一体成型的刹车皮，只需要旋出其固定螺母，取出刹车皮组件，安装新的即可。

高端双枢轴刹车夹器有个铝合金的安装刹车皮的底座，可以单独抽出刹车皮。有的刹车皮底座有固定螺丝（见图9.19），要先旋出固定螺丝才能取出刹车皮。这类可抽出式的刹车皮因不同年代、不同型号以及表面材质不同（有铝或碳的，见"专业指导：碳圈刹车皮选择"）而并不通用。

抽出和插入刹车皮都不太容易操作，尤其是2015年之前的Campagnolo刹车皮。这类刹车皮卡进安装座（Campagnolo的刹车皮现在是用螺丝固定在刹鞍座上，更换方便），可用尖嘴钳子将旧的刹车皮拉出来，再把刹车皮底座用台钳夹住，用老虎钳或鲤鱼钳将刹车皮推进刹车皮底座；或用老虎钳夹住刹车皮底座，用螺丝刀抵住刹车皮的沟槽慢慢将其推进底座。

注意：看看旧刹车，注意新换的刹车皮要和刹车皮底座配套。刹车皮分左右，背面通常标记着R或L，并有指示安装的方向。Campagnolo的刹车皮背面标记着DX（右）或SX（右）。

安装时注意封闭口向前。若开口朝前了，一刹车，刹车皮就会飞出去，打伤你的腿，或造成更严重的伤害。

9-9
中轴侧拉式夹器

中轴侧拉式刹车器（见图9.2）是20世纪70年代末到20世纪90年代初的标准配置，现在许多自行车仍在使用。时至今日，高端的Campagnolo刹车夹器仍用单轴设计以减轻重量（前刹车的刹车效果最大，后刹车太强只会抱死后轮）。中轴侧拉式刹车效果好、易于调校，调校方法和双轴式夹器基本一样。

a. 安装

按照"9-8a"所述进行操作。

一些老款的自行车的制动桥位和前叉肩盖上没有埋头螺孔，只能用长螺栓和标准螺母对装，操作时需要用10毫米套筒扳手。

专业指导 —— 碳圈刹车皮选择

若使用的是碳圈，刹车皮一定要选对（与碳纤维刹车轨配套）。碳圈和铝圈不同——普通的刹车皮承受不了碳圈的热度，可能会融化。碳纤维是绝缘体不容易散热，而铝合金是导体容易散热。碳圈一般比铝圈轻，能散热的部分更少。

碳圈有专用的、不同于铝圈的制作工艺的刹车皮——软木刹车皮，这种刹车皮的摩擦体系数较高、耐热性较强。

若有时使用铝圈，有时使用碳圈，建议同时更换配套的刹车皮。否则，刹车间距会增大，嵌入铝圈口的铝屑会损坏碳圈。

即使使用碳圈配套的刹车皮，碳圈表面的磨损率也是很高的。骑行几公里之后，会发现刹车皮表面会有些融化了的刹车皮屑。一定要经常检查碳圈专用刹车皮是否磨损并在其磨损前就更换，否则会导致刹车失灵。

碳圈表面有刹车皮屑是好事。清洁碳圈会影响刹车性能，所以，无须频繁地清洁。但刹车皮上堆积刹车皮屑却无益处，为了防止损坏价格不菲的碳圈，要及时清洁刹车皮表面的皮屑和块状的异物。

b. 固定刹车线

按照"9-8b"所述操作，有时刹车夹器可能要使用8毫米套筒扳手而不是内六角扳手。

c. 定位夹器中心

刹车皮和车圈的间隙，左右要等量。将锥形扳手（通常是13毫米或14毫米）插入刹车夹器和车架之间的螺栓的平行沟槽（见图9.20）同时用内六角扳手夹住固定螺母使其不要转动。调整完后，检查一下螺母是否锁死。

图9.20　用锥形扳手将中轴侧拉式刹车夹器定位到中心位置

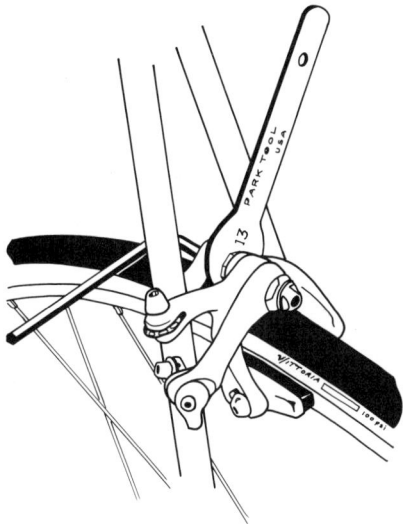

d. 调整刹车皮

按照"9-8d"所述进行操作。

e. 调整弹簧张力

有些中轴侧拉式刹车夹器有控制弹簧张力的调节螺丝。有的Shimano中轴式刹车夹器的弹簧两端的塑料垫片反

向放置，能改变回弹力度。弹簧末端插入格状橡胶处的偏心孔，从弹簧末端向内推压，将塑料片从刹车夹臂的卡槽取出来，翻转，再塞回卡槽内。偏心孔朝外，弹簧张力较小。

f. 调整刹车线张力

按照"9-2"所述进行操作。

g. 更换刹车皮

按照"9-8"所述进行操作。

双轴侧拉式刹车夹器

直接安装式双轴侧拉式公路刹车夹器（见图9.21A和图9.21B）安装在前叉和鞍座上的车轮上方的一对M6螺纹孔上。若不注意观察，可能不会注意到直接安装式和标准的中拉式双枢轴侧拉刹车夹器之间的区别（见图9.18）。

a. 安装

1. 将后支臂的安装螺栓（从支臂上突出，用于安装调节器）拧入车架或前叉上的直接安装式定位孔（见图9.21A）。用5~7N·m的扭力值锁紧。请注意，螺栓周围的转轴组件必须调节到位（用开槽螺母固定），刹车臂才可自由活动。若有合适的安装工具，可以使用工具将刹车夹器的两个部分固定在一起，用4毫米内六角扳手从前面安装两个螺栓（见图9.21A）。若没有合适的安装工具，先安装后刹车臂。

2. 将弹簧末端的环钩在刹车臂背面的安装座上。Dura-Ace BR-9010刹车夹器的弹簧安装座位于前刹车臂上（见图9.21B）。Ultegra 6810和105 BR-5810刹车夹器除了弹簧安装座外，后刹车臂上方还有一个与图9.22B中的弹簧安装座类似的配置。若使用安装工具，请跳过此步骤。

3. 用5~7N·m的扭力值，将前刹车臂的安装螺栓旋入车架或前叉上的直接安装式定位孔（见图9.21A）。

图9.21A 将Dura-Ace 9010直接安装式双轴侧拉刹车夹器安装到位于前叉肩盖上的直接安装式定位孔内

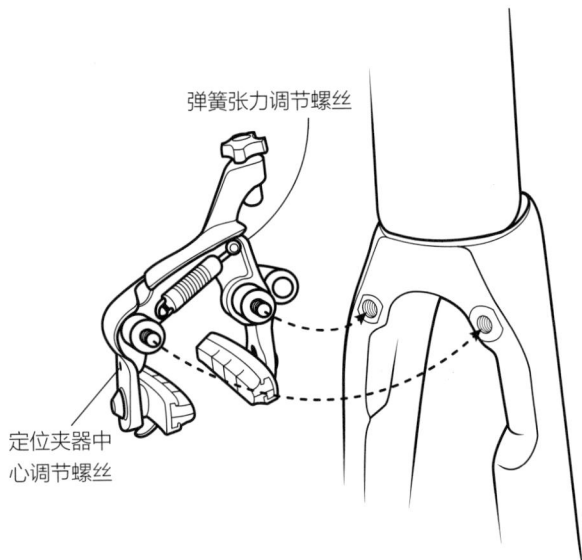

弹簧张力调节螺丝

定位夹器中心调节螺丝

图9.21B Dura-Ace 9010直接安装式双轴侧拉刹车夹器：安装、定位夹器中心、调节弹簧张力

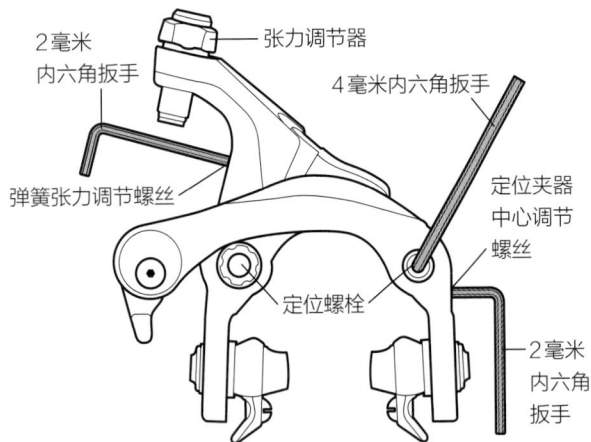

2毫米内六角扳手

张力调节器

4毫米内六角扳手

弹簧张力调节螺丝

定位夹器中心调节螺丝

定位螺栓

2毫米内六角扳手

---

b. 固定刹车线

按照"9-8b"所述进行操作。

c. 定位夹器中心

两侧的垫圈和车轮之间的间隙等距，使用2毫米内六角扳手将刹车臂上的固定螺丝旋入相对的刹车线上（见图9.21B）。旋紧螺丝时，其相对的刹车皮向车圈移动，反之亦然。

d. 调整刹车皮

按照"9-8d"所述进行操作。

e. 调节弹簧张力

Dura-Ace BR-9010的刹车夹器，用2毫米内六角扳手穿过后刹车臂的后上角、刹车线和刹车线调节器后面的槽口（见图9.21B），旋紧或旋松弹簧。

Ultegra 6810或105 BR-5810直接安装式双轴侧拉刹车器没有弹簧张力调节器（只有"后剪刀"这款如此，见"9-11e"）。

f. 调节刹车线张力

按照"9-2"所述进行操作。

g. 更换刹车皮

按照"9-8g"所述进行操作。

9-11
直接安装式刹车夹器

五通后面的后下叉上方有一对M6螺纹孔，直接安装式刹车器（见图9.22A和图9.22B）就安装在这对螺纹孔上。

图9.22A Ultegra 6810-R直接安装式刹车夹器：安装与定位夹器中心

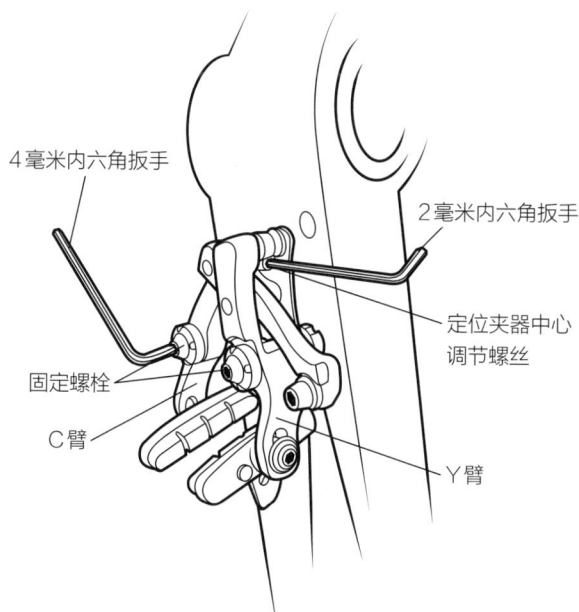

4毫米内六角扳手

2毫米内六角扳手

固定螺栓

定位夹器中心调节螺丝

C臂

Y臂

a. 安装

1. 用至5~7N·m的扭力将固定螺栓旋进车架上的直接

安装式定位孔（见图9.22A）。固定螺栓的转轴组件应该预先调节（通过每个支臂后面、前面的开槽螺母）至支臂转动自由但不会来回摆动。

2. 打开夹器时，先将弹簧钩住。用尖嘴钳子夹住弹簧末端的小弯环，拉紧弹簧，将小弯环平的一端钩在Y臂背面的销钉上（见图9.22B）（带有连杆的刹车臂）。弹簧的固定端连接到C臂（其形状像"C"）。

b. 固定刹车线

按照"9-8b"所述进行操作。

c. 定位夹器中心

两侧的垫圈和车轮之间的间隙等距，使用2毫米内六角扳手将Y型刹车臂上的固定螺丝旋到刹车线后面（见图9.21B）。旋紧螺丝时，其相对的刹车皮向车圈移动，反之亦然。

d. 调整刹车皮

按照"9-8d"所述进行操作。

图9.22B Ultegra 6810-R直接安装式刹车夹器：背面的弹簧张力调节器

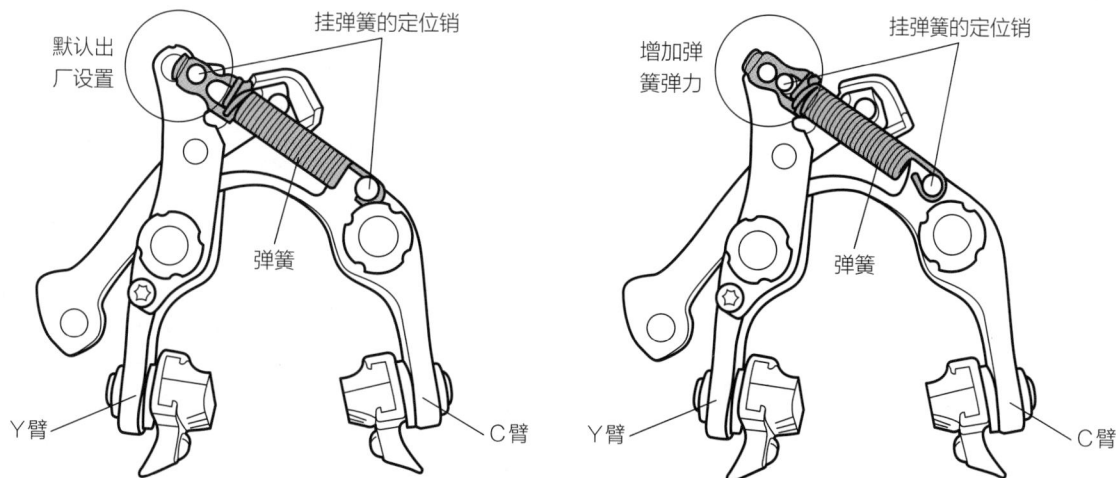

默认出厂设置

挂弹簧的定位销

弹簧

Y臂

C臂

增加弹簧弹力

挂弹簧的定位销

弹簧

Y臂

C臂

e. 调节弹簧弹力

Ultegra BR-6810-R 或 105 BR-5810-R 直接安装式刹车夹器有两个弹簧张力调节的位置（设置在较松的位置）。若要增加弹簧张力，可用一把小尖嘴钳子夹住弹簧末端的小弯环，然后将弹簧的扁平的一端孔从它所钩住的定位销上拉下来，钩住第二位定位销，最后按步骤 c 的方法定位夹器中心。

Dura-Ace BR-9010-R 刹车器调节弹簧张力的位置位于 Y 型臂顶部后面，用 2 毫米内六角扳手拧紧或松开弹簧（类似于调节前刹车器，见图 9.21B）即可。

f. 调节刹车线张力

按照"9-2"所述进行操作。请注意，这类刹车夹器没有刹车调节器或快拆杆，而是有一个内置的张力调节器/快拆杆，这套装置或位于中轴下面刹车线的位置，或位于刹车线进入下管的位置。

g. 更换刹车皮

按照"9-8g"所述进行操作。

悬臂式刹车器

无论传统的"cantis"是否带有刹车吊线（见图9.4和图9.23，"9-12"）或侧拉式悬臂（又名"V刹"或"直拉式悬臂"；见图9.5和图9.47，"9-14"），悬臂刹车钳由两个独立的刹车臂组成，这两个刹车臂在从叉腿和后鞍座突出的支柱上绕枢轴转动。标准的悬臂刹车器（见图9.23）刹车臂较短、刹车制动较好；但悬臂式刹车器，包括V形刹车器（见图9.5），刹车臂长，需要比标准公路刹车器更大的刹车力度（解决方案见"9-14"）。

传统的悬臂允许用户充分调节机械优势或杠杆作用——手在杆上施加的力的大小与刹车片在轮辋处施加的力的大小之间的比率。这是因为用户可以调节刹车吊线的角度以

及刹车片与刹车臂的偏移，并且在某些型号上，也可以调整臂的垂直角度。请参阅"专业指导"关于机械刹车的优势。

9-12

悬臂式刹车夹器（译者注：即"吊刹"）

悬臂式刹车夹器常见于越野公路自行车、双人自行车。标准的悬臂式刹车夹器（"吊刹"）和其他类型的刹车夹器比，车圈与其之间的距离更宽，可安装宽胎、挡泥板，外胎上黏附了泥土、湿叶等时不影响刹车性能。吊刹有两个独立的刹车臂安装前叉或车架的转轴柱上，刹车线拉动线轭（也称为"刹车吊线"），吊线拉动左右两个刹车臂（见图9.23和图9.24）。

图9.23 TRP EuroX悬臂式刹车器，吊线架位于前叉肩盖

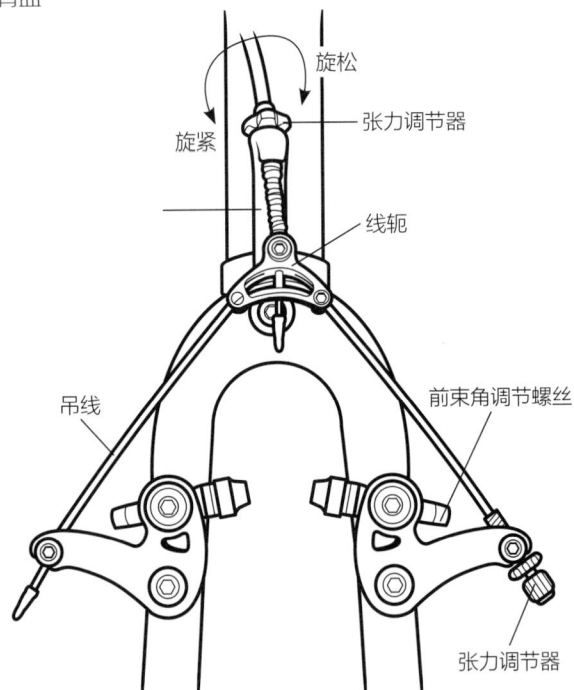

安装吊刹的话，车架的后上叉桥要有止线栓，或座管夹有一个转接螺栓。止线栓要在把立下方或把立和碗组盖之间（见图9.9），用两颗碗组盖底部的螺栓固定在车把下方（见图9.23），或挂在把立上。

上线栓不分前后，都要加装张力调节器（见图9.9和图9.23），有的类型的吊刹需要在刹车夹器上安装张力调节器（见图9.23）。

a. 安装刹车臂

1. 润滑刹车底座（图9.24）。注意不要把润滑脂涂抹到螺纹上。刹车安装螺栓的螺纹上涂有螺丝防松胶，以防止螺栓因震动而松动。若你使用的刹车夹器的刹车臂上有角度调节器（见图9.25A和图9.25B），请先

阅读下文的"专业指导：机械刹车的优势"。

2. 确保按照制造商的安装说明书中的安装顺序安装。注意弹簧的颜色，从左到右不可互换。

3. 若刹车器有专配的内衬套管，先将其安装在转轴柱上。

4. 确定刹车夹器是哪一类的回弹系统。

   a. 若刹车臂没有弹簧张力调节器（见图9.23），或者其中一个刹车臂侧面有一个调节张力的固定螺丝（见图9.42）请跳至步骤5，这是通过转轴旁边的不同孔位钩住弹簧末端来控制弹簧力量。

   b. 若刹车臂上有一个用于调节弹簧张力的大螺母，请跳至步骤7。这种弹簧调节螺母通常位于刹车臂前方，围绕安装螺栓（见图9.24和图9.25A）或位于螺栓后面（见图9.33）。

图9.24 前面带有弹簧张力调节螺母的悬臂式刹车夹器

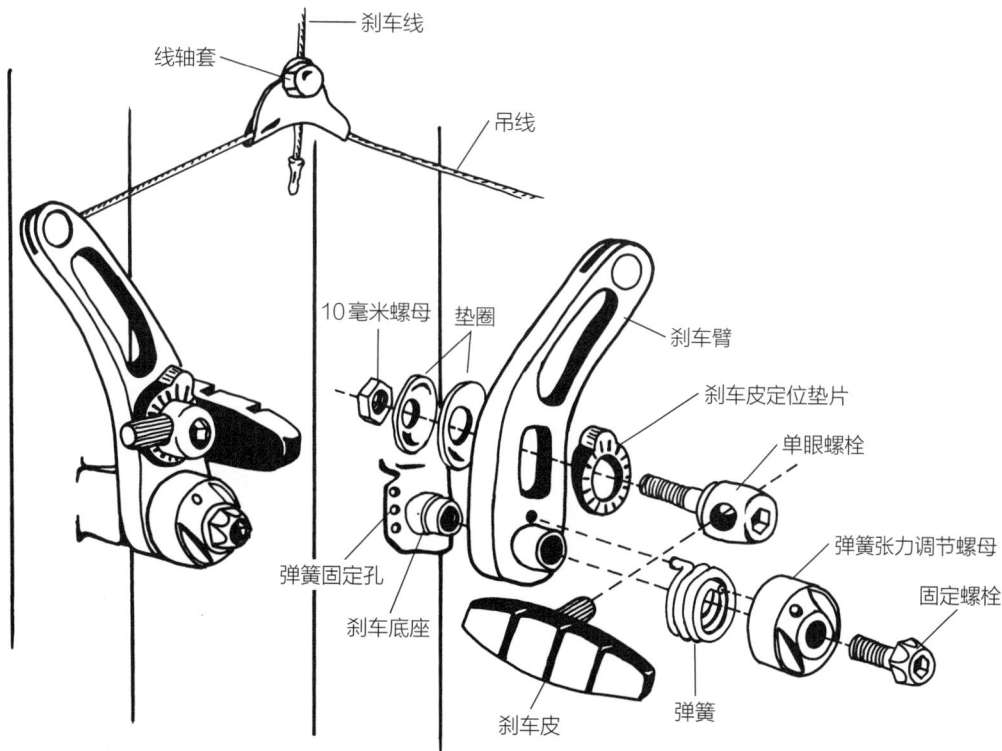

刹车线
线轴套
吊线
10毫米螺母
垫圈
刹车臂
刹车皮定位垫片
单眼螺栓
弹簧张力调节螺母
固定螺栓
弹簧固定孔
刹车底座
刹车皮
弹簧

202

5. 将刹车臂套入转轴柱，弹簧下端插入转轴柱旁的孔位。若如图9.24所示，转轴柱旁边有三个孔位，先将弹簧下端插入中间的孔试验弹簧回弹力。注意弹簧的上端也插入了刹车臂相对应的孔位。

6. 安装、旋紧夹器的固定螺栓，跳至第10步。

7. 若从步骤4b到了此步骤，安装弹簧，将弹簧一端插入刹车臂的孔中，另一端插入调节螺母的孔中（见图9.24）。

8. 将刹车臂组件（以及出厂附带的衬套）套到转轴柱上。

9. 安装并旋紧安装螺栓。用开口扳手夹住调节螺母，使刹车皮接触车圈，以便调节刹车皮。

10. 有的刹车夹器对车架或前叉上的转轴柱的长度要求比较精确。有两种常见的总长度：从叉肩到底部长21毫米和22毫米（图9.26），底部扳手厚度在4~6毫米之间，转轴柱约16~17毫米之间。

若拧紧螺栓时刹车臂过紧，可能是因为转轴柱太短，需要换17毫米长的转轴柱。同理，若刹车夹器在转轴柱上有空隙、上下摇晃，可以换一个较短的转轴柱或将其磨短。

若刹车夹器拉到车圈时刹车弹簧锁死，说明需要用底部扳手扩大的转轴柱部分太短。换个稍微长些的

底部扳手。

请注意，虽然转轴柱上的内螺纹都是标准的M6×1，但是旋入后上桥或前叉腿的外螺纹尺寸不尽相同。购买替换品时需要带上旧品。

b. 安装与更换刹车皮

老款的吊刹刹车皮和刹车皮底座是一体的。若刹车皮磨损了，需要更换整个刹车皮底座。不同类型的刹车夹器，其刹车皮底座可能是无螺纹的（见图9.24），也可能是螺纹柱的（见图9.28）。

现在的悬臂式刹车夹器的刹车皮和底座是分体的（见图9.25B）。刹车皮底座（也称为"刹车皮支架"）通常有一个带螺纹的支柱，有的甚至还有一个无螺纹的内部螺栓，只需要一个薄的内部螺栓，就可以在刹车皮底座的支柱末端转动刹车皮以调节前束角（见图9.23）。

1. 移除旧刹车皮。若是比较新款的刹车皮装置，可以先旋下刹车皮固定螺丝（见图9.19），再用手或螺丝刀推刹车皮。否则，需要更换整个刹车皮装置——有的是带螺纹的刹车皮安装座，有的是不带螺纹的刹车皮安装座。

图9.25A Avid Shorty Ultimate悬臂式刹车器的宽窄调节

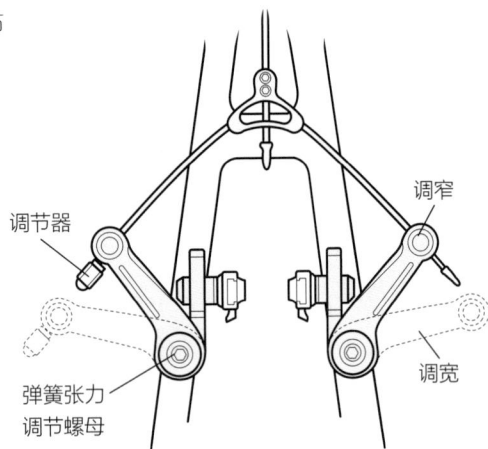

调节器 / 调窄 / 弹簧张力调节螺母 / 调宽

图9.25B 拆卸和更换Torx T10螺栓，调节Avid Shorty Ultimate刹车夹器

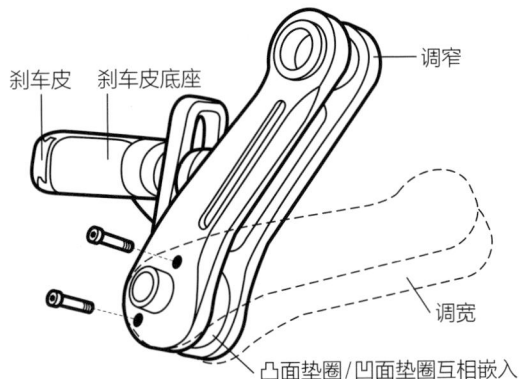

刹车皮 / 刹车皮底座 / 调窄 / 调宽 / 凸面垫圈/凹面垫圈互相嵌入

若使用的刹车夹器可以调整刹车臂角度或宽度（见图9.25A和图9.25B），想改变刹车夹器宽度的话，需要再把刹车夹器安装到刹把上之前进行调节。这个过程包括：将刹车臂从刹车皮安装座上拆下来，调整刹车夹器的角度，再重新组装。

为什么要调整刹车臂的角度？刹车夹器的距离比较宽的话，刹车臂几乎水平伸出（见图9.25A），杠杆作用减弱，导致刹车皮到车圈的行程增大，车胎上、后刹车夹器间隙能容纳更多的泥土而不影响刹车效果。这一点在"专业指导：机械刹车的优势"中有全面的讲解。在越野赛中，我个人更喜欢将后夹器调窄，这样能最大化地提高后刹的性能，且能防止刹车臂撞到后辐条，那样的话还得重新安装夹器。我偏好前刹力弱的方式（调大刹车行程），一是能避免前刹力量过大导致前胎报废，二是车圈和刹车夹器间能容纳更多的泥土。

若改变Avid Shorty Ultimates刹车臂（见图9.25A）的角度，需要旋下每个转轴上的对装Torx T10螺栓（见图9.25B）。将刹车臂对着刹车皮安装座，然后把定位销插入刹车臂的下一个孔中，以改变刹车臂的角度。最后用Torx T10螺栓锁紧刹车臂。

若改变FSA K-Force刹车臂的角度，需要旋下每个转轴处的锁紧螺母，将刹车臂对着刹车皮安装座，通过将刹车臂塑料衬套插入刹车臂改变刹车臂的角度，然后用环形螺母锁紧刹车臂组件。

调整完刹车夹器宽度后，请返回"9-12a"的步骤2并继续安装。

2. 安装新的刹车皮。公路刹车皮安装时，将新刹车皮插入刹车皮底座，并更换刹车皮固定螺丝（见图9.19）。

图9.26 标准悬臂夹器转轴柱长度

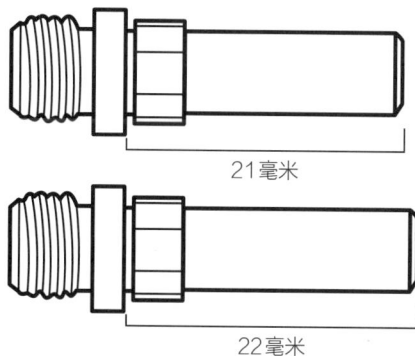

21毫米

22毫米

安装带螺纹的刹车皮底座（见图9.25和图9.28）时，要注意附送的凹垫圈和凸垫圈的厚度和方向。每对垫圈安装到两侧刹车底座。

多数吊刹使用单眼螺栓。螺栓头放大，中心有一个孔以容纳刹车皮底座的支柱（见图9.24、图9.27和图9.33）。有的吊刹固定刹车臂的两个端头的单眼螺栓上有孔（见图9.23）。润滑单眼螺栓的螺纹，穿进刹车底座安装柱，再旋紧螺母。

3. 若夹器的弹簧张力可以调节（见图9.24、图9.25A和图9.33），先把刹车皮调至夹住车圈，这样方便调整刹车皮的角度。若弹簧张力不可调节，需要将两个刹车臂推向车圈或调节刹车皮时上拉刹车手柄。

c. 调整刹车皮

有的类型的刹车皮容易调整，有的调整起来则真的很棘手。每个刹车皮必须要做以下五个方面的调整（见图9.29~图9.31中的a~e）：

• 刹车皮与刹车臂的偏移距离（刹车皮突出于刹车臂的长度，见图9.29中的距离a）

• 垂直高度（见图9.30中的距离b）

• 在垂直平面上移动，刹车皮的弧度和车圈侧面的角度一致（见图9.29中的角度c）

图9.27　圆柱形吊刹臂

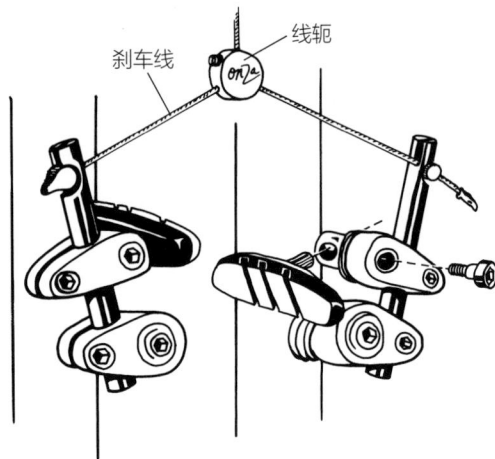

刹车线　　　　　　　线轴

- 刹车皮面对车圈的弯曲度（见图9.30中的角度d）
- 水平摆动，设置前束角（见图9.31中的角度e）

　　带有凹/凸垫圈的螺纹圆柱形吊刹（见图9.25A、图9.25B和图9.28）最容易调整。无螺纹圆柱的吊刹，中央的薄螺栓可以调节前束角（见图9.23）。所有圆柱形吊刹（见图9.27）都如此——因为安装钳可以在圆柱无限制地旋转角度。其他吊刹使用一颗单眼螺栓进行上述五个方面

图9.28　螺纹柱形刹车皮

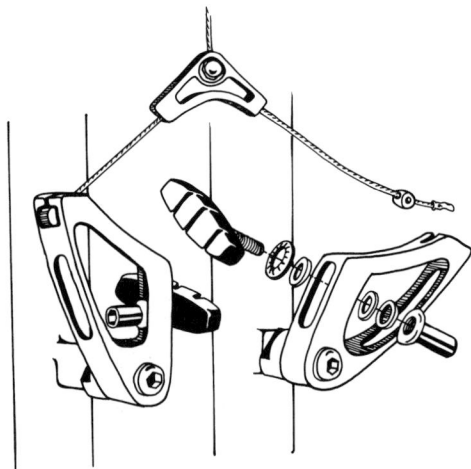

图9.29　刹车皮和固定螺栓的距离（a，水平宽度）、刹车皮与车圈的夹角（c，刹车皮的垂直面）

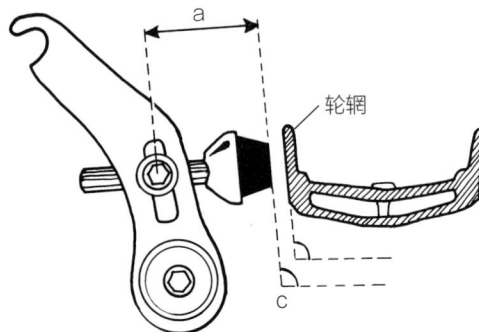

轮辋

的调整（单眼螺栓和垫圈分解图见图9.24和图9.31的上方）。在旋紧刹车皮底座支柱螺栓时，要同时调整好上述五个方面，这是一个熟能生巧的过程。以下调整步骤适用于所有吊刹：

1. 刹车皮无螺纹底柱：放松底柱，润滑螺纹，内外移动底座支柱以改变刹车皮和刹车臂的水平距离（见图9.29中的距离a）。刹车皮有螺纹柱：有序安装凹/凸垫圈（见图9.25A和图9.28），以便在刹车皮两侧垫更多的垫圈。初始时最佳的位置是吊刹固定在中心位置，或在刹车皮侧垫较薄的凹/凸垫圈垫圈。

2. 在吊臂的沟槽上下移动刹车皮（见图9.30中的距离b），

图9.30　上下（b，刹车皮的垂直高度）和旋转（d，刹车皮旋转）

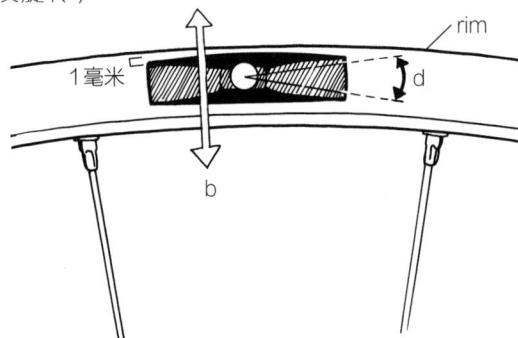

rim

1毫米　　　　　　　　　　d

b

大致调整垂直高度。圆柱形吊刹：旋松将刹车皮固定到刹车臂的刹车皮底座，沿着圆柱形吊刹臂调整刹车皮的高度，然后锁刹车皮底座。其他款式的吊刹，刹车皮高度调整好后，不要锁紧死螺栓，以便进行下一步的调整。

3. 调整刹车皮的摩擦面（见图9.29中的角度c），使刹车皮上缘接触车圈下摩擦面上缘下方1~2毫米处。上下移动并同时旋转刹车皮进行此项调整。

4. 旋转刹车皮（见图9.30中的角度d）。刹车皮的上缘和车圈平行，或至少低1毫米。注意刹车皮不要蹭外胎。若是螺纹圆柱形吊刹，可拉紧刹车皮抵住车圈，将其调到合适的位置，然后锁紧刹车皮固定螺母（或螺栓）。若是用卡环固定吊刹的刹车臂（见图9.27），此时可旋紧刹车皮固定螺栓。

5. 最后，调整刹车皮前束角（见图9.31中的角度e）。刹车皮和车圈平行，或前端比尾端贴近车圈（注意图9.31中的箭头），抵住车圈时，刹车皮的尾端向外1~2毫米。

图9.31 刹车皮前束角（e，水平调整）

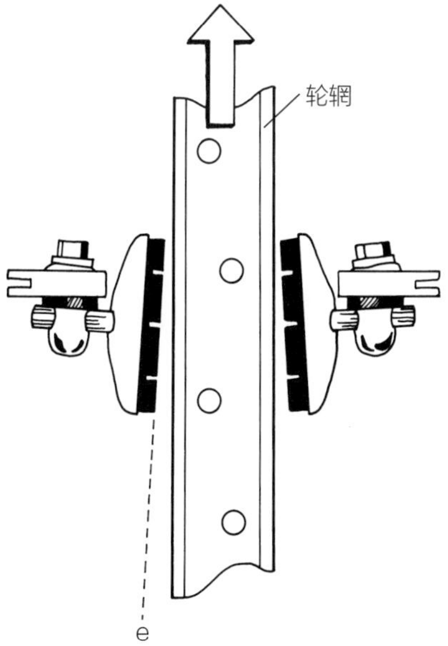

无螺纹的吊刹，用一个细中心螺栓固定吊刹（见图9.23），旋紧的刹车皮固定螺母后，通过中心螺栓并将刹车皮旋转到所需的角度来调节前束角，然后旋紧螺栓。

有两个固定螺栓的圆柱形吊刹（见图9.27），通过控制高度的螺栓调整前束角。因为已经锁紧了固定刹车皮的第一个螺栓，此时仅需要旋松调整角度的第二颗螺栓，水平方向转动刹车皮，调出理想的前束角，然后再锁紧螺栓。

刹车皮调成前束角、平行或后束角，有什么区别呢？若刹车皮调成后束角，刹车皮后端比前端先接触车圈，刹车时会发出异响。若刹车臂的结构薄弱或没有牢固地固定在转轴柱上，前叉首管转向过度灵活，刹车皮磨损至和车圈平行时，刹车时也会发出异响。

6. 旋紧刹皮片固定螺母（或螺栓）。如图9.23和图9.27所示，有螺纹和无螺纹的吊刹调整起来都比较容易，不容易调整的是单颗螺栓固定的吊刹，必须一次调整上文讲的五个方面，然后旋紧螺栓。大部分使用单眼螺栓的吊刹臂，背面的螺母用10毫米内六角扳手锁紧，正面的螺栓用5毫米内六角扳手锁紧（见图9.24）。操作时请人帮忙固定螺栓或螺母。最烦琐的吊刹调整当属单眼螺栓和平面吊刹臂之间夹着大型的刻槽垫片（见图9.24）。刻槽垫片一端细，一端厚，旋转垫片（目的是为了扣合齿槽）调整刹车皮的前束角或后束角。旋转垫片时，必须同时进行刹车皮的各项调整，并注意刹车皮的角度，然后锁紧螺栓。锁紧螺栓时要注意不要影响角度。这些调整有一定的难度，最后锁紧螺栓时可能会影响调整好的角度，多一些耐心！

另一种常见的吊刹类型是吊刹臂的开沟面呈凹凸弧状（见图9.32）。碗形垫片位于吊刹臂、单眼螺栓头和螺母之间。凹凸嵌合利于调整刹车皮的角度，只要锁紧螺栓便可一劳永逸了。不过，操作起来仍有一

轮辋

e

第9章 | 圈刹

图9.32 吊刹的开沟面为凹凸弧状

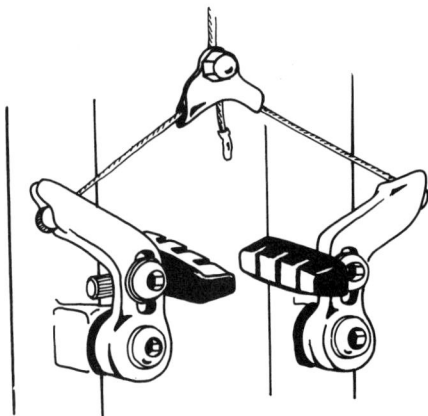

定的难度。螺柱式刹车皮也使用这种垫片。

注意：一些曲面式吊刹不容易保持住刹车皮束角，这需要用砂纸打磨吊刹臂和垫片的表面，增加摩擦力。

还有一种不常见但容易调节的吊刹，合适球形接头和单眼螺栓（见图9.33）。

d. 调节吊线，使吊刹处于最佳状态

刹车吊线的设置应能保证最佳的制动性能。不过，最

图9.33 使用球形接头的吊刹

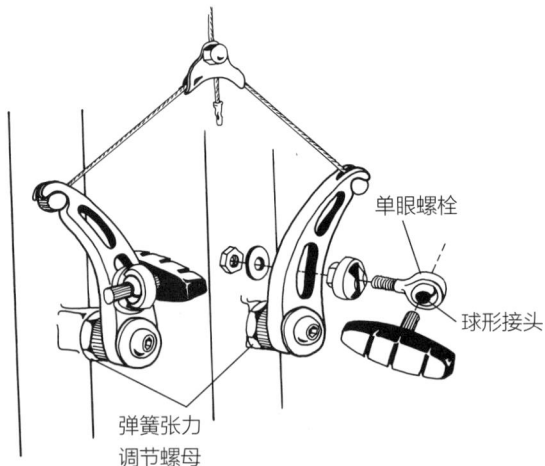

单眼螺栓

球形接头

弹簧张力调节螺母

公路车宝典：*Zinn的公路车维修与保养秘籍*

专业指导 ——机械刹车的优势

杠杆比达到最高时，机械效率最高，刹车吊线和刹车臂都是如此。类似于弯曲的跷跷板原理，决定刹车臂杠杆比有三个因素。1）刹车臂的机械效率；2）从转枢轴（或支点）到刹车皮表面的距离（见图9.34中的长度FP）与吊线线轫到转枢轴（长度FC）的垂直距离的比率；3）线轫和水平面的角度（角度S）。

图9.34 调整吊刹的刹车臂角度和刹车线的长度

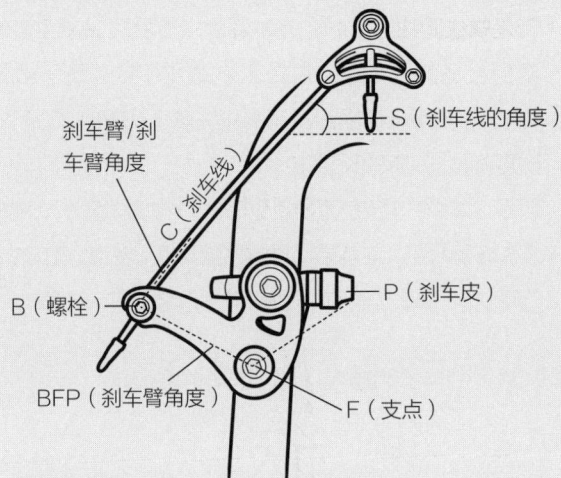

刹车臂/刹车臂角度

S（刹车线的角度）

C（刹车线）

B（螺栓）

P（刹车皮）

BFP（刹车臂角度）

F（支点）

1. 机械效率取决于刹车杆的长度（从转枢轴到手指按压刹把的距离）与从转枢轴到手变头距离之比。除了拉近尖端之外，无法人为地提高更多的机械优势。比如，Shinano公路刹车的变速线位于刹车把把带下面（见图9.16），因此和多数公路刹车、变速相比，按捏刹车手柄的力度要大，才能达到同样的刹车效率。

2. Avid Shorty Ultimate（见图9.25）和FSA K-Force cantis的刹车臂角度（见图9.34中的角度BFP）是决定刹车机械效率的重要因素。随着悬臂角BFP的

增加，长度FC减小（而FB保持不变），从而降低了FC/FP的比率，从而影响刹车效率。举一个类似的例子：越靠近跷跷板的支点，越难抬起坐在跷跷板另一端的孩子，因为FY/FK（支点到你的距离/支点到孩子的距离）的比率减小了。

3. 刹车线和线轭越呈水平角（S=0），机械效率越高。线轭两边的刹车线即使呈水平角（即"窄间距"或"低剖面"刹车臂，见图9.27，即悬臂角BFP很小），也不会蹭外胎。虽然最初的杠杆力很大，但随着刹车时角度S会迅速增加，其机械效率降低。角度S小，也会限制泥沙的容纳量和轮胎尺寸（见图9.35）。

度时（见图9.35），刹车臂长度最长。但是一旦刹车皮接触到车圈，刹车臂不再是FC而是PC，即从刹车皮的表面到连接刹车线顶部的距离，因为此时是刹车皮而不是刹车柱成发力支点（见图9.36），也就是说，此时是向外推动刹车柱而不是继续向车圈方向内推刹车皮。

换句话说，此时线轭和刹车臂平面的角度（S）与刹车臂（FC和PC完全受力）决定杠杆比。从图9.34~图9.36可以看出，杠杆比越高，刹车的制动效率越强，反之亦然。但是，刹车比越低，可容纳的车圈越宽。明白这个原理后，可以试着调整适合自己的杠杆比。车圈和刹车皮之间至少要有2.54厘米的距离，刹车夹器才不会蹭外胎。

图9.35 刹车臂开启时刹车线的角度

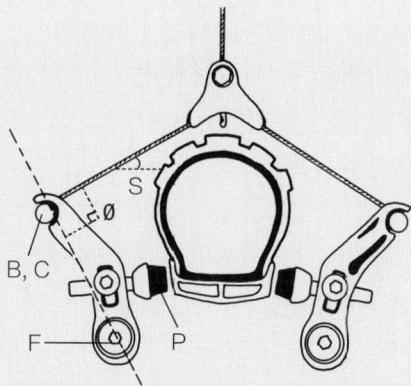

图9.36 车臂关闭时刹车线的角度

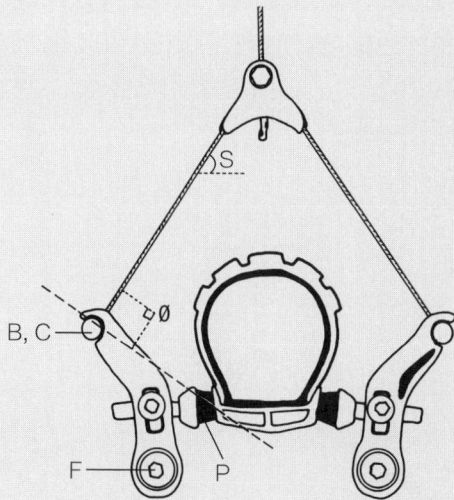

从转枢轴（支点）到线轭的垂直距离FC和刹车臂长度FB一致时最大。也就是说，当线轭和刹车臂呈90

佳制动性能不等于产生最大的杠杆比（见"专业指导：机械刹车的优势"）。有些时候，刹车的手感（如按压刹车手柄的柔软或回弹程度）因杠杆比降低而增加，因为降低的机械性能使传达更为直接。建议先从较大的杠杆比开始设

置，然后再根据手感逐步降低杠杆比，这样能提高刹车性能、增加泥沙的容纳量。

线轭处刹车吊线的一端常有个金属球（见图9.37~图9.39），老款的吊线（见图9.37）的另一端夹在线轭顶端

的锁线栓上（见图9.42）。金属球塞在吊刹刹车臂顶端的沟槽内，是刹车的快拆（见图9.32）。

图9.28、图9.33、图9.35和图9.36。这类吊刹的刹车线一端用圆柱形固定夹夹在线轨上并锁紧（见图9.39），或采用两条独立的刹车线的线扣（见图9.23和图9.25A）。

图9.37　老款吊刹

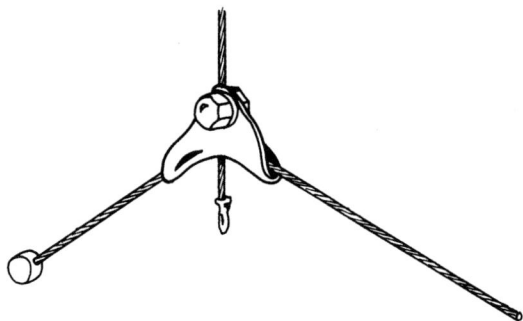

1988年后生产的吊刹，刹车线直接穿过一个环形的锁线栓（见图9.38），链接到另一个刹车臂。这两段刹车线的长度须基本一致（见图9.27）。1993年以后生产的一些吊刹的刹车线直接穿过线管，固定在吊刹顶端的锁线栓上（见图9.38），自己无法调整刹车线的长度，只能使用出厂时预设的长度。

图9.38　有线轨和刹车线管的吊刹

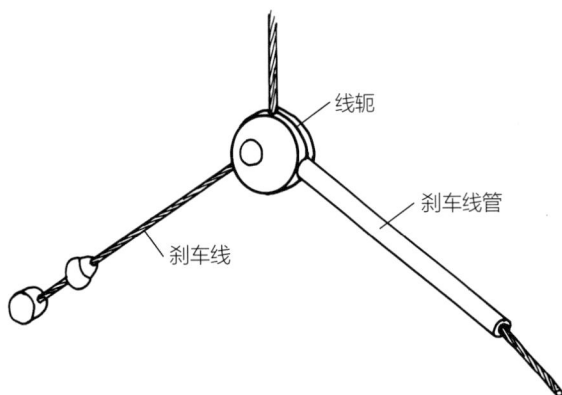

有的吊刹刹车臂两端不设置锁线栓，而是有沟槽，刹车线或金属球塞在沟槽里，见图9.23、图9.24、图9.27、

图9.39　双头吊刹

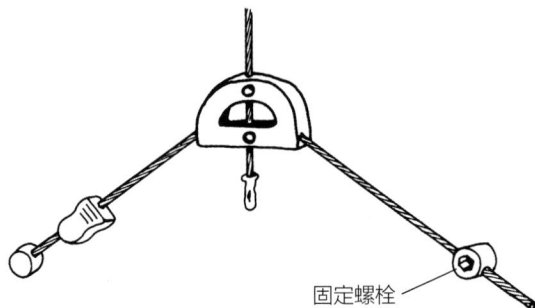

固定螺栓

设置完刹车线的长度后，旋松线轨的固定螺栓或固定螺丝，将刹车线穿进线轨定位，再锁紧（见图9.40）。设置后，刹车皮反应灵敏，刹车时刹车线不蹭车把。

线轨上的张力调节器可以设定刹车线的长度（见图9.23和图9.25A）——旋松锁紧螺母即可调节刹车线长度（如图9.23的吊刹有锁紧螺母，图9.25A的吊刹没有锁紧螺母）。旋松锁紧螺母，调整好刹车线长度后再旋紧锁紧螺母。上线栓上的刹车线调节器（图9.9和图9.23）也可以调整刹车线的长度。

可以通过定位螺丝左右移动线轨的位置。现在的吊刹（见图9.23和图9.25A）和老款的不同（见图9.40），设计了一个摩擦装置来固定线轨。如图9.25A所示，通过一个摩擦凸块固定线轨；而如图9.23、图9.39和图9.41所示，通过定位螺丝固定线轨。有的吊刹刹车线因偏心式止线栓要绕过车架立管，拉动刹车线时刹车线不对称运动，这就需要左右移动线轨，使刹车皮居中（见图9.41）。

e. 调节弹簧张力

调节弹簧张力，使左右刹车皮与车圈等距离以调节其

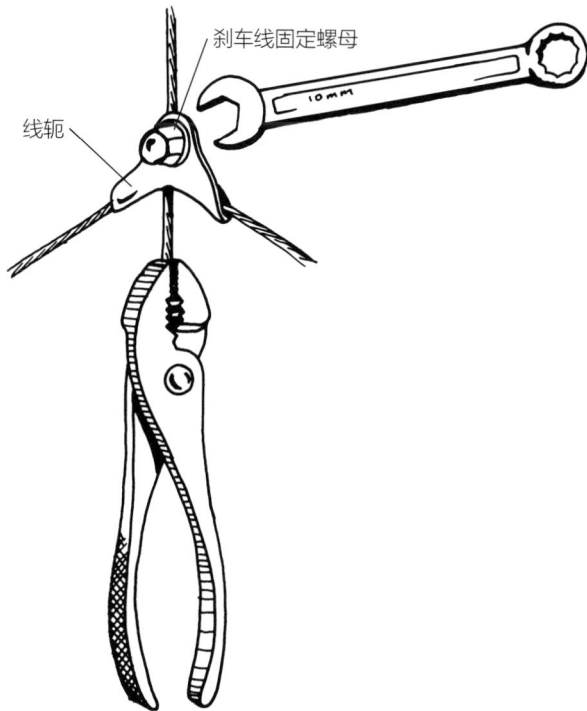

图9.40　锁紧吊刹的刹车线

刹车线固定螺母

线轭

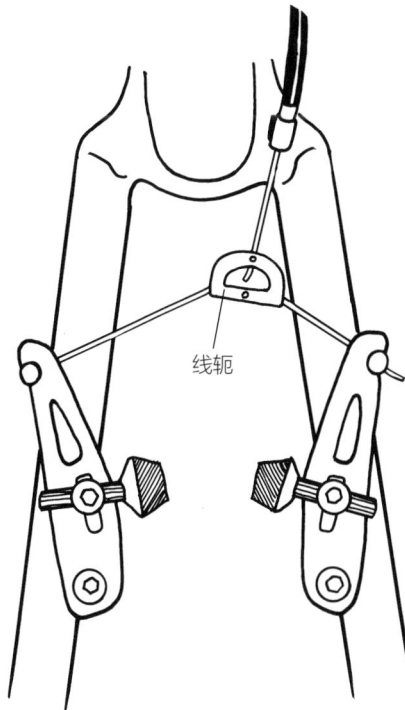

图9.41　偏心式止线栓，线轭需要调整位置

线轭

回弹力。每个刹车臂的侧面都有一个定位螺丝，转动定位螺丝可使刹车臂居中（见图9.42），按压左右刹车时手柄时，刹车皮同时接触车圈。将弹簧插入较高的安装孔位，也能增加回弹力。

有的吊刹通过环绕转轴的调节螺母（见图9.24、图9.25A和图9.33）调节张力。转动这两个调节螺母，可改变回弹力和刹车皮与车圈间的距离。用扳手夹住调节螺母，同时用另一把扳手旋松转轴的螺栓，转动螺母，调节到合适的张力，固定，再次旋紧定位螺栓（见图9.43）。

有的吊刹没有张力调节装置，只能取下刹车臂，将弹簧改插入其他孔位，以改变弹簧张力。这种调节方法比较粗糙。若吊刹只有一个弹簧孔位，只能用力扭刹车臂，使

弹簧变形来增加或减少张力。

注意：若转轴的刹车臂不能自由地旋转，说明摩擦力过高。将刹车臂拆下来，检查转轴是否变形或损坏。若转轴损坏，需要更换或焊一个新的。若没有弯曲，可能是转轴的外径比刹车臂的孔粗，这是因为转轴上有油漆，或因为扭力过大使转轴柱增厚。若是可换式转轴柱，可换个新的，或用平锉或砂纸打磨细转轴的外臂。打磨时注意不要打磨过度。

f. 润滑和保养

操作时感觉到黏滞，润滑刹车线、刹车手柄/吊刹臂转轴柱，具体润滑及更换的方法见"9-3"至"9-5"中。吊刹的刹车臂要拆卸、清洁和润滑转轴（"9-12a"）。

图9.42 通过定位螺丝调节弹簧回弹力

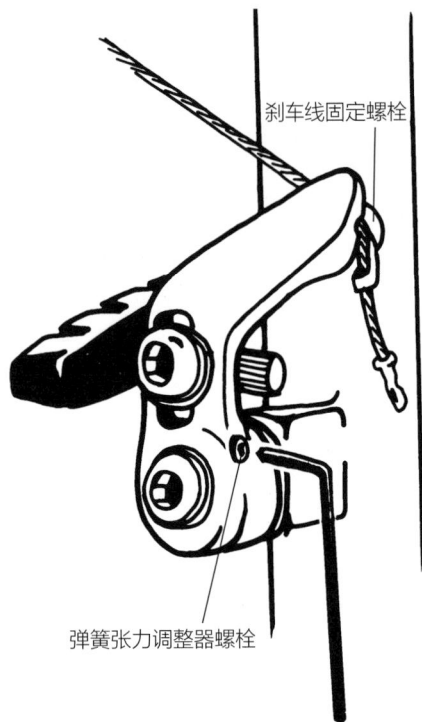

刹车线固定螺栓

弹簧张力调整器螺栓

图9.43 通过张力调节螺母调节回弹力

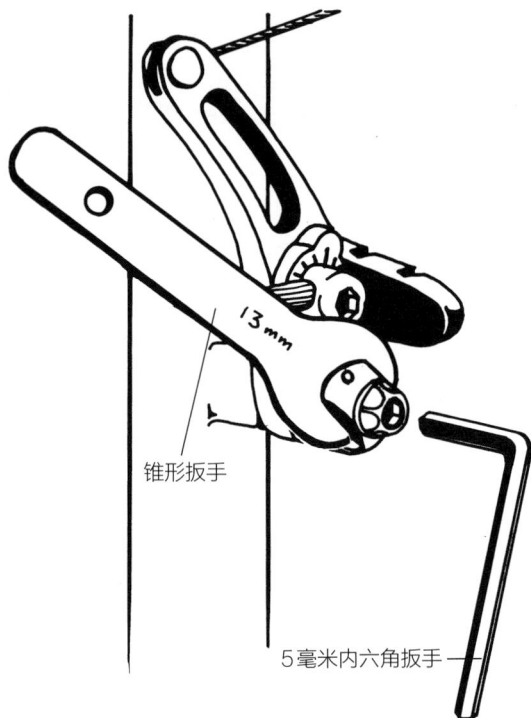

13mm

锥形扳手

5毫米内六角扳手

---

g. 加装副刹

在公路弯把上加装副把（见图9.44），骑行可使用上把位操作刹车夹器。副把的刹车线从弯把的手变头顶端穿出，主、副刹把都能操作刹车夹器。

1. 副把安装在弯把的上把位。副把的刹车手柄尖端朝外，对着手变，Logo朝上（固定螺栓通常朝下）。不同类型的弯把，副把的安装位置不同：有的直接用锁环夹安装在弯把外径24毫米处（见图9.44）；加大管径的弯把外径是26毫米或31.8毫米，需要较大锁环夹，安装在26毫米或31.8毫米处。

2. 将副把固定在适合自己的位置。

3. 副把的外管分两部分：上部是从主刹把经弯把前端到副把尾端的安装孔（见图9.44）。安装时尽可能给每段外管的两头安上外线帽（见图5.21）。

4. 下部是从副把前端的调节器（见图9.44）到夹器（前）或车架止线栓（后）。将外管上部分的一端插入主刹把，另一端插入副刹把，外管两端都要装外线帽加固（见图5.21）。

5. 安装刹车线时，刹车线按顺序穿过主刹把、外管上部分、副刹把和外管下部分。

6. 按照本章前面所述的吊刹的类型连接刹车线。转动刹车夹器或刹车线张力调节器，调整好后，就可以有两套刹车手柄了！

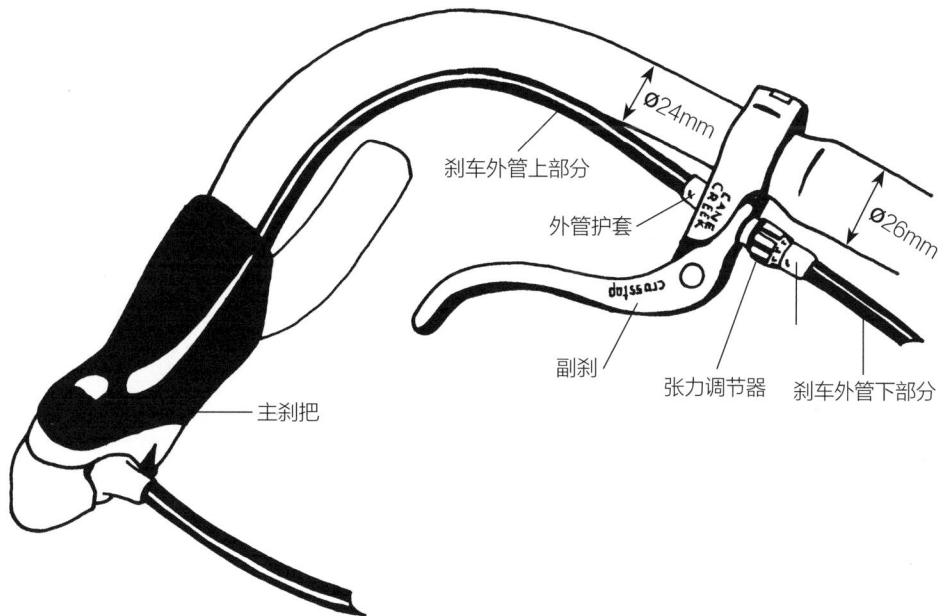

图9.44 在标准的刹把上安装副刹

刹车外管上部分

外管护套

Ø24mm

Ø26mm

crosstop

主刹把

副刹

张力调节器

刹车外管下部分

过，持续的刹车力会慢慢地止住车轮，把前叉向后推，然后刹车线拉紧一点，前叉受力向后一点；再刹车，自行车再向前滑行，再刹车，再滑行，这个过程中前叉会发颤。因为刹住车，是靠手指捏刹车实现的。

该怎么办？

最经济、最先应该尝试的方法是调节前束角（"9-12c"）。若刹车时轻颤，调节前束角足以解决问题。有的人将刹车皮底座切短，以减少刹车皮的面积，这种方法虽然只减弱了一部分刹车力，但也可一用。

更换线轱（同时调大前束角）也能解决刹车时轻微颤的问题。如上文"专业指导"中所述，这种方法能减小机械效率，增加刹车线的拉力，也就是说因为增加了刹车的灵敏性，不增加刹车力度的情况下便可刹住车。

还有种办法：更换成硬度较强的首管。这种方法花费比较大。越野公路自行车厂家常这么配置：前叉上管顶部的直径28.6毫米，前叉肩盖处直径38毫米（而不是像标

9-13

吊刹/前叉颤动，刹车时发出异响、刺耳的声音

　　吊刹刹车时发出异响、刺耳的声音，即使轻轻地刹车前叉也会颤动。这是因为首管上的吊刹刹车过于灵敏。

　　吊刹刹车的机械原理是：刹车皮对车圈施压时，车轮减速并将前叉叉尖向后推（见图9.45）。前叉首管、甚至碗组和吊刹转轴柱之间的前叉的上半部分受力。若止线栓在碗组之上，刹车时会拉紧刹车线，或者使前叉更向后推，或者需要用更大的力拉动紧刹车线才能达到刹车效果。刹车的力度和刹车效果之间，必须要平衡。若刹车太灵敏，骑手的体重较轻，突然刹车的话，骑手可能会向前摔出去；或虽然捏了刹车，却刹车不住车，车轮依旧向前滑行。若是后者，前叉瞬间受力向后，刹车线会变松。不

准前叉从上到下都是28.6毫米或25.3毫米）。若是只能配38毫米前叉的车架，不能使用锥形首管，只能更换成硬度较强的前叉。但大尺寸车架的自行车，很难配到硬度足够强的首管——因为大尺寸的车架需要较长的首管。

花费少、效果又好的办法是选用安在前叉肩盖的吊刹（见图9.23和图9.46），而不是安装在碗组上方的吊刹（见图9.9和图9.45）。安装在前叉肩盖的吊刹，从前叉肩盖到转轴柱的距离很短，刹车时，刹车行程太短，无法达到刹车效果。所以，除非前叉肩盖上有个孔，不必如图9.46那样安装吊刹。若使用的是钢或铝合金前叉，可以在前叉肩盖打一个孔安装吊刹，但碳纤维前叉不能打孔。Ruckus Components的Portland、Oregon工厂，在碳纤维车架上用碳纤维布在前叉肩盖上固定了个止线栓。尽

图9.46 吊刹安装在前叉肩盖

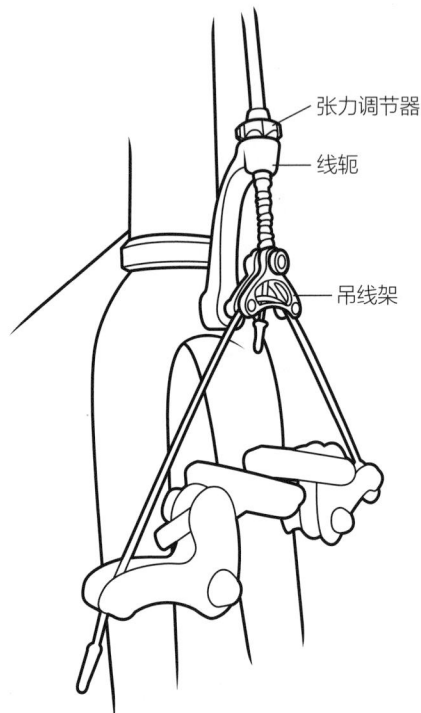

张力调节器

线轭

吊线架

图9.45 吊刹施压时前叉颤动

管费用比较高，但这种方法不失为一种简洁的解决办法。

还有一种解决办法是前面使用V刹（见图9.47），无论吊刹安在哪个部位，刹车时都不会发颤。但如本书在"9-14"中提到的，即使使用行程最短的V刹，也得考虑刹车力、刹车皮和刹车间之间容纳泥土和车胎的空间小的问题。Shimano STI手变可以前面安V刹，刹车线位于车把带下面（见图9.16）。这种装法虽然行程较短，仍无法提供吊刹所需的行程。虽然这么配置刹车力度较低，突然刹车时仍会产生较大的向后的力，车手难免摔车。另一种解决方法是使用特制的弯把，使用小手变或梁变。

最后，使用碟刹（第10章）也可消除刹车时前叉颤动。碟刹有专用的前叉（以及专用的花鼓和车轮）。但是，碳纤维前叉基本是锥首管，所以车架须是，1⅛英寸或1英寸的首管。

图9.47 简单的V刹（也称为侧拉式悬臂刹车器）

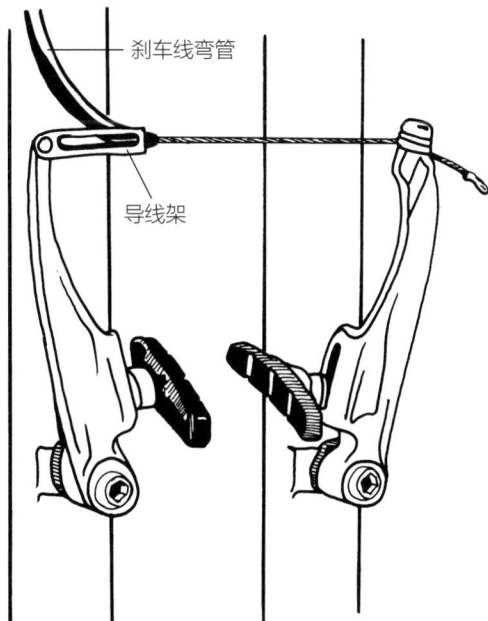

刹车线弯管

导线架

若后刹车器颤动，可试着将刹车皮调成前束角或更换匹配的刹车皮，以及弯曲度较小的刹车臂。

9-14

侧拉式悬臂刹车（又称为V刹）

混合动力自行车、旅行自行车和双人自行车使用V刹。和吊刹一样，V刹安装在车架或前叉。

V刹的力臂比较长（见图9.5和图9.47），导线架水平安装于一个刹车臂顶端，锁线栓安装于另一个刹车臂顶端。铝的弯管垂直的一端改入从车架止线栓过来的刹车线管和刹车线，水平一端勾住导线，将刹车线转向，使刹车线固定到另一个刹车臂上。V刹的刹车皮薄且长，配有螺柱。有的V刹有"平行连杆"设计（见图9.5），使刹车皮能水平推向车圈，而不是像吊刹那样以转轴为圆心、刹车皮呈弧形运动推向车圈。

V刹的力量非常强，但需要较长的行程，若要使用公路刹把：1）使用小型V刹，刹车臂短，和Shinano STI短行程手变（刹车线位于车把把带下面）相配；2）使用V刹专用车把；3）用行程转换器替代弯管，以增加刹车线的长度。

使用行程转换器或V刹时，建议降低刹车线张力，使刹车手柄靠近车把，这样的话刹车时刹车皮被推向车圈，可以避免刹车皮突然抱住车圈。

V刹易于安装，将弹簧销插进刹车转轴的孔，即可固定刹车臂。将刹车线穿过弯管至另一个刹车臂的止线栓。旋松刹车皮螺母，捏刹车手柄，设置刹车皮，然后锁紧刹车装置。关于V刹的更多讲解，见《Zinn山地自行车维修与保养宝典》。

9-15

SHIMANO AX和CAMPAGNOLO C-RECORD DELTA和 CROCE D'AINE DELTA CENTER-PULL CALIPERS

这类的刹车夹器产量并不高，但因为是高端夹器，还有一些市场。和侧拉式夹器安装方法一样，刹车皮调节、刹车线张力调节的步骤也一样。和侧拉式夹器主要的不同在于：刹车线的连接方式、刹车器的居中方法不同。

刹车线管止线栓位于夹器中心上方。刹车线从固定螺栓的交叉孔直接穿过去。Shimano的固定螺栓是一个单独的三角形线轭，锁紧螺栓时容易滑动。

中心定位这几款夹器不太容易。抓住吊线架（在上部进线孔），根据需要扭转调节器，使安装螺母锁固于前叉或刹桥上。

排疑解难：刹车皮故障

刹车皮常见的故障及解决方法，见表9.1。

表9.1 ── 圈刹故障

刹车时发出异响

车圈或刹车皮上有油脂、油或微尘	用溶剂（只能使用酒精）清除车圈上的尘土、油脂，再擦干净。若刹车皮太脏，先用砂纸磨掉一层
刹车皮受力呈后束角，即刹车皮尾端先受力	调成前束角（见图9.31）
相对于重体重骑手来说，刹车臂太"瘦弱"，刹车时呈后束角	拆卸刹车皮，用可调节扳手调节刹车皮角度；若刹车皮弯曲过度，更换刹车
碳纤维车圈或摩擦面有陶瓷复合物镀膜，刹车皮却不是专用款	更换成碳纤维专用或陶瓷镀膜车圈专用刹车皮
夹器松动	按其扭力值旋紧夹器固定螺栓
吊刹首管太灵敏，刹车时发出异响和颤动	更换成硬度较强的前叉，把吊刹安装在前叉肩盖上，换成小型V刹或碟刹（需要更换成碟刹专用前叉），见"9-13"

刹车力不足

刹车臂或刹车手柄太软	排除其他原因，确定是因为太软后，更换新的
刹车线太长	更换刹车线和线管（"9-4"）
刹车线外管不够强韧	更换刹车线和线管（"9-4"）
刹车皮太软	更换质量好的刹车皮
刹车皮和车圈之间的摩擦系数不够	镀铬合金的车圈常发生这类故障，更换刹车皮或换成铝合金圈
车圈或刹车皮上有油或脏东西	用溶剂（只能使用酒精）清除车圈上的尘土、油脂，再擦干净。若刹车皮太脏，先用砂纸磨掉一层
刹车皮不是车圈专用款	更换成专用款
吊刹的线轭过长	见"9-12d"
油碟系统漏油	旋紧连接处；若有必要，更换新的油碟系统

刹车手柄触底

快拆杆打开	关闭快拆杆（"9-1"）
刹车线过长	拉紧刹车线（"9-2"）
刹车皮磨损	更换刹车皮
吊刹设置问题	见"9-12d"
油碟系统漏油	旋紧连接处；若有必要，更换新的油碟系统

刹车皮磨损	
刹车皮不在正心,一侧刹车皮摩擦车圈	校正偏拢的车圈
2个刹车皮摩擦车圈	放松刹车线("9-2")
车圈来回蹭刹车皮	拿拢("8-2")
V刹夹器到车圈的容量不够	见"9-14"的相关内容
调整刹车皮角度	
刹车和车圈不齐平	调整刹车皮前束角。若无法调整,拆卸刹车皮,用可调节扳手夹住刹车臂,用力扭转
一侧刹车皮是前束角,另一侧刹车皮是后束角	刹车中心螺栓弯曲或车架、前叉上的夹器安装孔歪斜
回弹慢	
夹器的中心转轴螺母或第二转轴的螺栓变形	更换新的
夹器中心的螺母锁得太紧	调整松紧度,直到合适
刹车线黏滞	润滑或更换刹车线("9-3""9-4")
吊刹回弹慢	安装较长的刹车转轴柱("9-12a")
夹环松了	
固定夹器的螺母丢失	锁紧螺母至刹车臂没有游隙,便仍能运动
中央螺栓或螺母丢失	若夹器是双螺母固定(螺栓尾端是螺母,头端是螺帽),检查两颗螺母是否都在螺母头尾各用一把扳手固定,旋紧
刹车皮抵不到车圈	
刹车臂相对于车架来说太短	更换夹器。若刹车螺母不配套,中央螺栓换成长的、使用标准螺母和垫片,或购买质量好的高端夹器。Campagnolo等厂商在20世纪80年代生产了不同臂长的高端单轴侧拉式夹器
刺耳的摩擦声	
刹车皮上有砂子,摩擦铝圈	清洁或更换刹车皮
刹车无力	
刹车线断裂	更换刹车线和线管("9-4")
刹车线固定螺栓松动	旋紧螺栓(见图9.10)
油刹系统漏洞油或进空气	旋紧按钮,若需要,更换新的组件
刹车手柄的手感变软(仅指油压碟刹)	
油刹系统漏油或进空气	旋紧按钮,若需要,更换新的组件

第9章 | 圈刹

碟刹

工具

2毫米、3毫米、4毫米、5毫米、6毫米开口扳手

Torx T10、T25扳手

7毫米、8毫米套筒扳手

7毫米、8毫米、10毫米开口扳手

异丙醇

塑胶撬胎棒

来令片

油嘴活塞

油管裁切器

油嘴（刹车夹器型号不同，油嘴也不同）

Park DT-3盘片校正器

1级 碟刹包括机械碟刹（见图10.1）和油压碟刹（见图10.2）。越野公路自行车、碎石公路自行车和耐力赛公路自行车常选用碟刹。碟刹即使在潮湿条件下也能保持优良的刹车性能，且不受车圈的泥土、碎石屑的影响。

碟刹的制动性能更好，但前提是必须安装正确。安装好后，碟刹因不会堵塞泥水，所以不需要经常地维护。碟刹虽然听起来有些神秘，实际上非常简单。

碟刹夹器或是机械制动，或是油压制动。机械碟刹是用标准的刹车线链接刹车手柄和夹器。油压碟刹在刹把上安一个总泵，里面加满油。手柄通过连接到夹器的油管驱动活塞。空气会被压缩（油不会），排气孔排出油管里的空气，活塞控制刹车线或油推动来令片（或盘片），达到刹车的效果。

注意：来令片间没有垫片时，若捏刹车，可能将活塞推出。托运自行车时，在来令片之间插入个垫片——有的厂家会附送，也可以自己用硬纸片裁两个垫片。

10-1

碟刹片检查和更换

碟刹比圈刹更容易维护，定期检查其磨损程度。大部分碟刹的来令片要保持至少10美分的厚度（约1.2毫米，虽然来令片磨损到0.5毫米时仍能起作用），有的来令片的厚度可以薄到3~4毫米。

有的来令片需要先拆卸车轮才能拆卸，"开口式"来令片无须拆卸车轮即可安装或拆卸。

拆卸车轮的"开口式"来令片是"顶部拆卸"，在安装车轮时可以轻松更换刹车片。方形来令片（译者注：无开口式）可以手指或尖嘴钳子夹住，向中间的位置推一下，即可拔出（见图10.1）。上述操作需要从夹器下面进行（不拆车轮），所以操作起来有一定的难度。机械变速的刹车夹器（见图10.1），要先将两个刹车片调节旋钮退出。使用油刹的话，要先打开来令片。可将塑料片、撬胎棒或平头螺丝刀插在来令片间，或将

工具（续）
备选工具
干磨砂布
带沟槽的橡胶块，
　用于固定油管
　裁切器
Park DT-3i盘片
　校正器
Park DT-2盘片
　校正叉
Park PP-1.2液
　压碟刹活塞压
　力机
Park Tool IR-1
　内走线套装
　工具

图10.1 拆卸开口式来令片

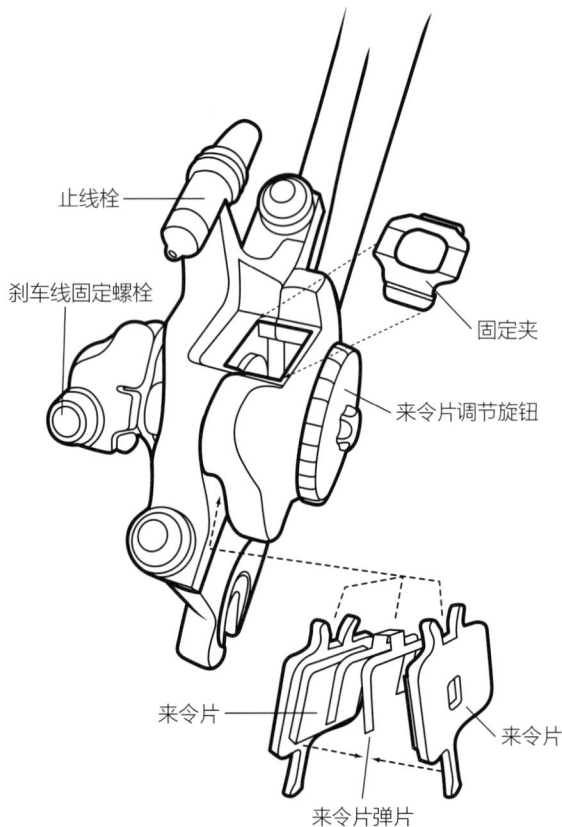

止线栓
刹车线固定螺栓
固定夹
来令片调节旋钮
来令片
来令片
来令片弹片

图10.2 拆卸顶部安装式来令片

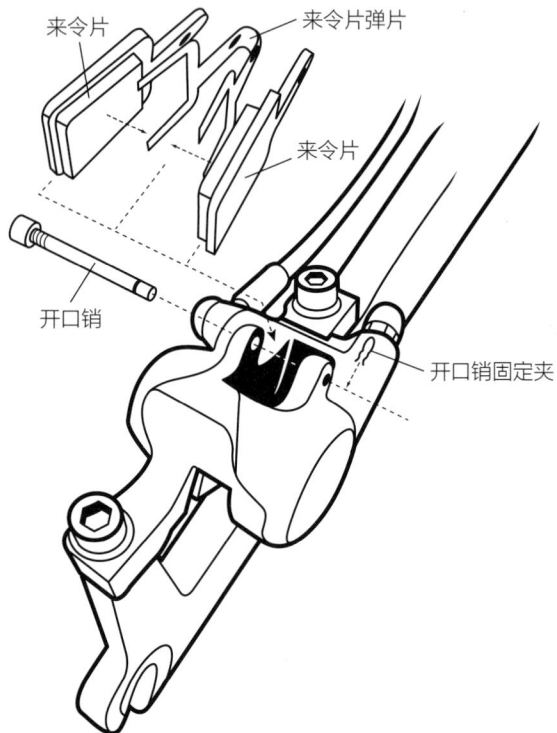

来令片
来令片弹片
来令片
开口销
开口销固定夹

Park PP-1.2活塞插进来令片间，轻轻地来回用力，注意不要损坏来令片。

取出开口式来令片需要先拆除开口销或螺栓，然后把来令片取出来（见图10.2）。一般情况下，取出来令片比较容易——因为是向上取出，无须拆卸车轮。开口销可能用一个带螺纹的螺栓或一个固定夹固定，也可能既用螺栓又用固定夹固定。注意抓住弹片。

用酒精或干的、无油的抹布擦净来令片。两个来令片对着磨蹭，或最好用干磨砂布打磨一下，以清除污染物。检查来令片是否磨损、有无刻痕以及光滑与否，这些因素都可能影响盘片或影响刹车性能。若来令片或盘片发烫，

刹车性能会减弱或失灵。持续发烫的话，来令片表面的树脂会先融化、再结晶，盘片会变色，来令片变得非常光滑，这样的来令片就必须要换掉了。

更换新的来令片之前最好用棉签清洁活塞并吸附夹器上的油，以免灰尘进入夹器。更换新的来令片的方法和取出旧的来令片一样，注意来令片分左右，但若插错了，可以很容易发现。

方形来令片活塞上通常有个固定夹（见图10.1），线卡或磁性卡扣。若感觉来令片不对称，就说明装反了，因为活塞两边应该是对称的。开口式来令片上有弹簧不锈钢弹片，来令片插入后再插入不锈钢弹片，或像三明治那样将来令片和不锈钢弹片一起叠好（见图10.1），再一起插入夹器。

销式刹车片或装反了，来令片上的"耳朵"和销孔就不

在一条线上。销式来令片上有一个小的蝶状的弹簧不锈钢弹片，可以推开来令片（见图10.2），把新的来令片像三明治那样一起叠放好，然后推回夹器后，用销钉或簧环固定好。

10-2
选择烧结来令片

来令片的型号较多，且不通用，购买之前要确定是否和自己的碟刹相配。

购买前还需确定来令片的材质。根据骑行环境选择来令片的材质。骑行中，金属来令片（译者注：烧结来令片）散热性好些，树脂来令片更易操控。当然，树脂来令片比金属来令片更易磨损，尤其是在潮湿的环境。

新的来令片需要反复地刹车来"磨合"（"磨开"）。没有磨开的来令片在刹闸时往往发出尖锐的异响，令人非常难受。

磨开的来令片受热均匀，不易使碟刹过热。刹车时最好先捏单闸，而不是双闸。厂家生产的产品不同，但都认为来令片需要20次的磨合才能磨开。建议行驶速度16~19千米/时，用力刹车10次以降低速度；然后把行驶速度提高到24~30千米/时，用力刹车10次以上。刹车时不要让自行车完全停下来。

10-3
更换来令片时，活塞归位

车轮拆卸下来后，有的油碟活塞会跑出来比较多，导致盘片安装不进去。这种情况在来令片间没有垫片时尤其容易发生。必须把跑出来的活塞推回原位。有的刹车取出来令片再推回活塞比较好，有的刹车则不取出来令片即推回活塞。

若车轮拆下来了而盘片装不进去，就要先塞进一个塑料垫片（拆下车轮的时候就插进去的话，可以防止来令片和活塞出来）把来令片和活塞挤回原位。来令片之间即使有空隙，也要用垫片把活塞推回原位。小心地（注意不要损坏来令片）来回转动塑胶撬胎棒、平头螺丝刀或Park's PP-1.2活塞工具，扩大来令片的间隙，使间隙大到安上盘片后来令片不蹭盘片。

有的刹车，要先拆除来令片（"10-1"），再小心地用开口扳手把活塞完全推回位，然后安装来令片。

有时，正常刹车时来令片回弹不到位并蹭盘片，这说明有脏物，需要清洁活塞周边。

大部分碟刹，每个活塞中间套一个截面呈方形的O型密封圈（见图10.3）。这个"方形密封圈"卡在活塞杆的沟槽里，见图10.4剖面图。如图10.4所示，活塞杆受到挤压，活塞向外移动，方形密封圈挤进锥形的沟槽。活塞杆打开、油压释放时，若方形密封圈没有损坏或被脏物弄坏，密封圈会带着活塞回到原位。

若密封圈弄脏了，就会阻止活塞回位，或弄坏密封圈或在活塞周边造成较大的阻力，致使密封圈无法带动活塞，无法回位。这样一来，若用力让活塞回位，会把脏东西顶到密封圈。所以，解决的方法应该是清洁并润滑密封圈周边。

若骑行中发现来令片和盘片的间隙变小，拆除来令片

图10.3 方形截面和O形密封圈

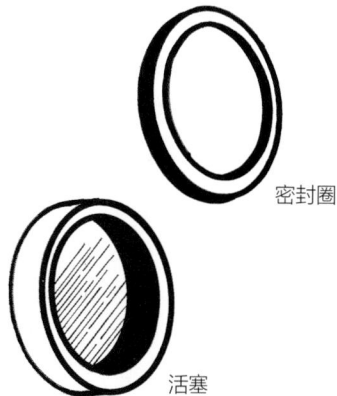

密封圈

活塞

图10.4 活塞和方形截面O形密封圈

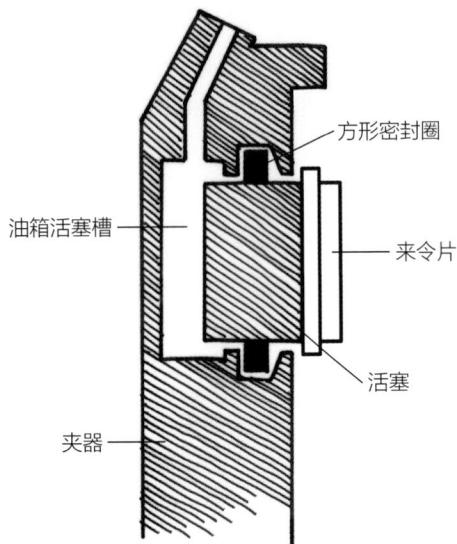

方形密封圈

油箱活塞槽

来令片

活塞

夹器

（"10-1"）。用撬胎棒或套筒扳手顶住一个活塞，小心地挤压活塞杆把另一个活塞稍微推出来一点上润滑脂。用棉签蘸一点润滑油，擦掉活塞周边的污物并用刹车油润滑活塞。

再用塑料撬胎棒或套筒扳手小心地撬开对面的夹器，把活塞推回位。用同样的办法处理另一个活塞，并更换来令片。若用错工具直接把活塞推回去了，可能会损坏活塞。

另外，若活塞跑出来太多推不回去，往回推活塞的时候稍微旋松排气螺丝，活塞一推到位马上锁紧排气螺丝以防空气进入。

10-4
碟刹的安装和调整

2级

简单地说，只需将盘片锁到花鼓上，刹把装到车把上（"9-6"），卡钳装到车架或前叉上，再连接线管和刹车线即可。来令片和盘片的间隙非常小，正确的安装速度取决于操作的人、刹车和卡钳的类型。

安装后，按照"10-2"中的讲解的方法，用力踩踏数次，磨合来令片和盘片。

注意不要触摸盘片表面，不要把任何固态和液态的油弄到盘片上。若刹车制动力下降，用酒精清洁盘片和来令片。还有一点显而易见：长时间刹车后不要用手触摸发热的盘片（译者注：会烫伤手）。

a. 安装和拆卸盘片

安装

双盘片刹车是标准的六孔式盘片（见图10.5）和Shimano中锁式盘片（见图10.6）。Shimano中锁式盘片连接花鼓处有一圈铝合金栓槽，盘片通过一个锁环固定于栓槽转接座，再安装到花鼓的栓槽，其外面有个锁盖。理论上讲，盘片相对于车轴末端的距离是一样的，所以使用口锁式盘片的车轮，也同样可使用直径相同的6孔盘片夹器。若像越野比赛车手那样，比赛口有多个车轮更换，盘片的位置不会完全一样。这是个问题，因为不可能每次换

图10.5 往花鼓上安装盘片

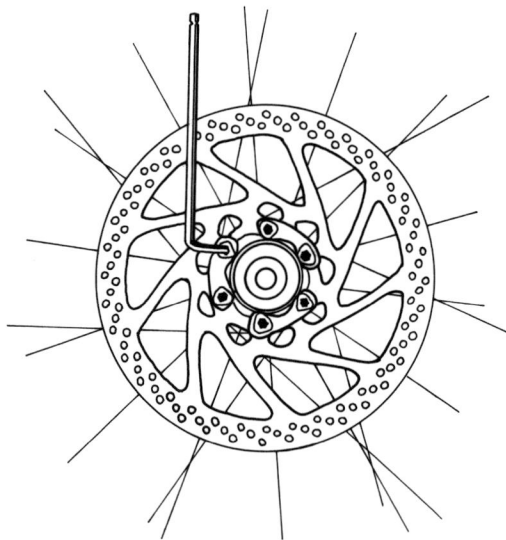

图10.6　用卡式飞轮套筒工具往中锁式花鼓的栓槽安中锁式盘片

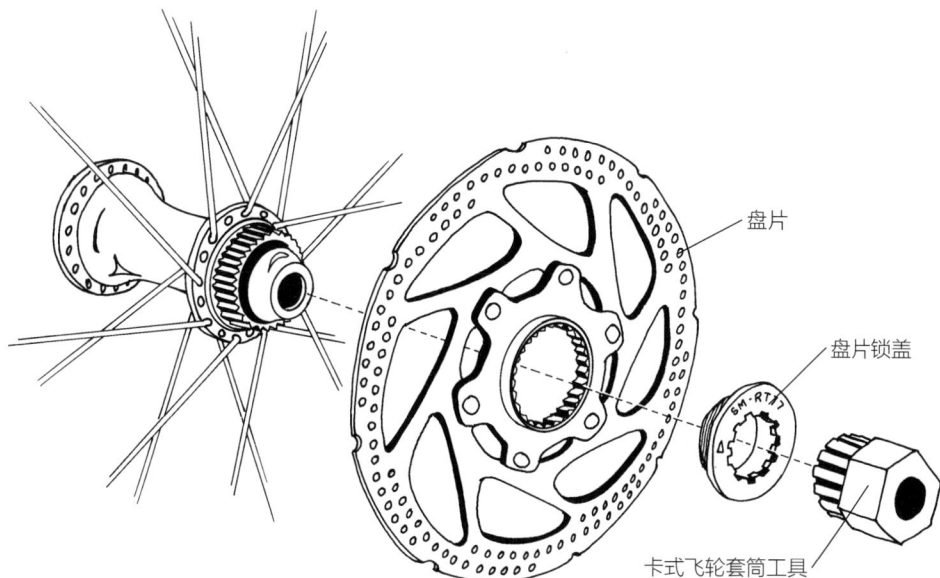

盘片

盘片锁盖

卡式飞轮套筒工具

完车轮都重新调整夹器。解决方法是：一是用薄垫片调整盘片的距离，使其稍微靠近车轴，与车轮更匹配。二是把盘片扳弯（"10-5"，见图10.14）。

六孔式盘片

1. 将盘片松松地锁在花鼓凸缘（见图10.5）。注意当盘片的Logo向外时，转动起来方向才是正确的。

2. 用T25 Torx扳手（类似于内六角扳手，但是星状的）锁紧螺栓：注意锁紧一个螺栓后，紧接着要锁紧这个螺栓对向的螺栓，而不是这个螺栓旁边的螺栓。锁紧螺栓的坚固扭力值是2N·m—6N·m。

中锁式盘片

1. 盘片和花鼓的栓槽两两对齐（见图10.6），盘片上的Logo朝外。

2. 手旋入固定盘片的锁盖，用同型号的卡式飞轮套筒旋紧。若使用扭力扳手旋紧锁盖，扭力设为40N·m。

拆卸

六孔式盘片

拆卸六孔式盘片，不要一次旋出整颗螺丝，而是每个螺丝轮流旋松，且每次只旋松一点儿。刹车时，盘片会相对于花鼓再稍微位移，依靠螺丝的单侧支撑。若旋出一颗螺丝，其他的螺丝仍是锁紧状态，盘片孔会咬进该螺丝的受力面，损坏螺纹。若锁回损坏了的螺丝，会破坏花鼓的螺纹。

中锁式盘片

用卡式飞轮套筒工具旋下盘片锁盖（见图10.6），取出盘片。

注意： 有的中锁式碟刹花鼓安装六孔式盘片时必须使用转换座。

b. 安装碟刹夹器

安装碟刹夹器有三种类型：柱式夹器安装（见图10.7）、"国际夹器标准"安装（IS夹器，见图10.8）和"平型夹

第10章｜碟刹

图10.7　将柱式机械碟刹夹器安装前叉的柱式座上（Avid BB7）

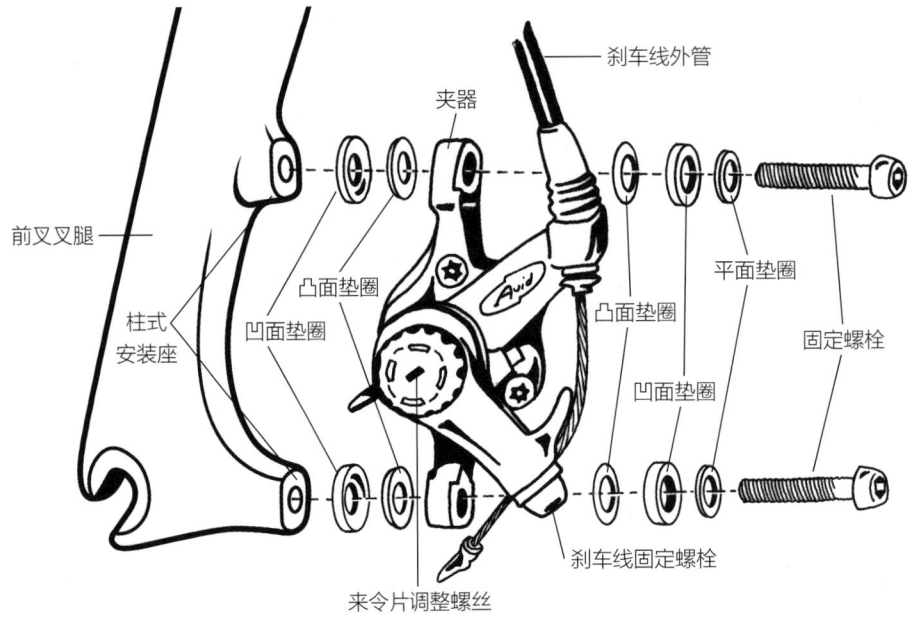

刹车线外管
夹器
前叉叉腿
凸面垫圈
凹面垫圈
柱式安装座
平面垫圈
凸面垫圈
凹面垫圈
固定螺栓
刹车线固定螺栓
来令片调整螺丝

图10.8　IS后夹器上安装油碟

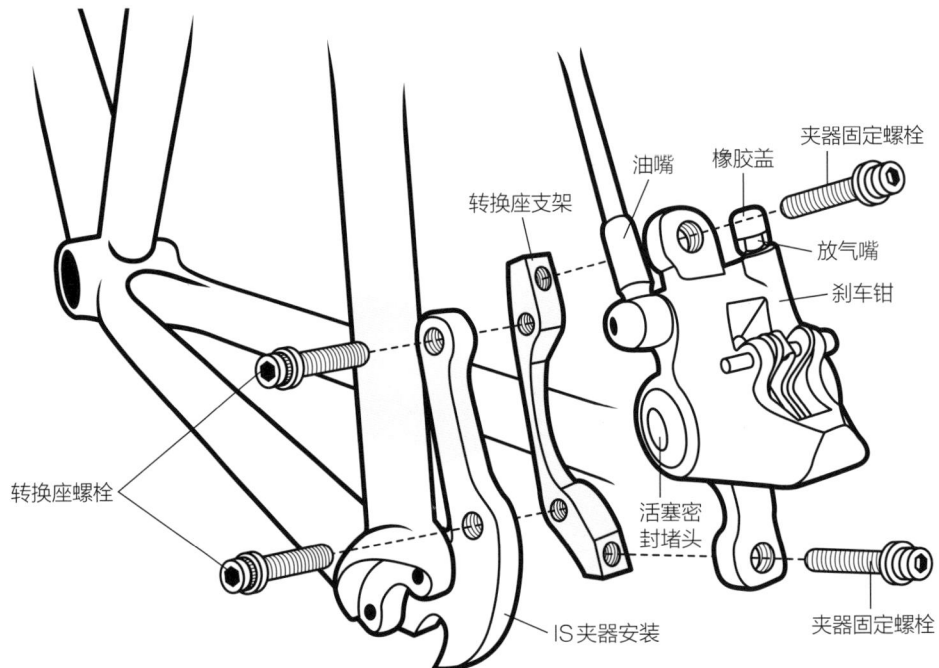

油嘴
橡胶盖
夹器固定螺栓
转换座支架
放气嘴
刹车钳
转换座螺栓
活塞密封堵头
IS夹器安装
夹器固定螺栓

器"（见图10.9和图10.10）。IS夹器有两个安侧向孔（横跨车架并朝向车轮），无螺纹，直接装到IS座上。无论是安装在前叉（见图10.7和图10.10）、车架（见图10.9）还是IS夹器安装座（见图10.8）上，柱式夹器和平型夹器的优势在于夹器可以在盘片上横向移动。

与柱式夹器不同，扁平夹器的底座有两个螺纹孔，两端有耳，螺栓从端耳穿过。安装到车架上的平面夹器安装座孔（见图10.9）与后下叉的孔垂直，朝向左吊耳。安装到前叉的扁平夹器（见图10.10）与柱式夹器安装座一样，螺栓从夹器底部旋入；从后面看，螺栓穿过后下叉旋进夹器（160毫米碟刹要用转换座），而长螺栓将转换座固定到前叉安装座上。

1. 确定是否需要转换座。若将柱式夹器安装到IS前叉或车架，需要先将转换座安装到车架可前叉上。

a. 将IS夹器安装到IS安装座上。

b. 使用比车架或前叉柱式座或大或小的盘片（公路自行车的柱式座通常是安装140毫米盘片的，若使用更大的盘片，则需要安装一个转换座）。

c. 将平面夹器安装到前叉上（带有平型夹器）。

d. 将柱式安装夹器安装到平型夹器的车架或前叉（见图10.11），根据盘片的尺寸（140毫米或160毫米），确定转换座。螺栓从底部穿过转换座、穿过后下叉的平型夹座。

转换座的型号要与夹器的型号和盘片的型号匹配。

注意： 平型夹器无法安装到IS座上——目前还没有可用的转换座！

图10.9 将平型夹器安装到左后下叉，使用160毫米碟刹转换座

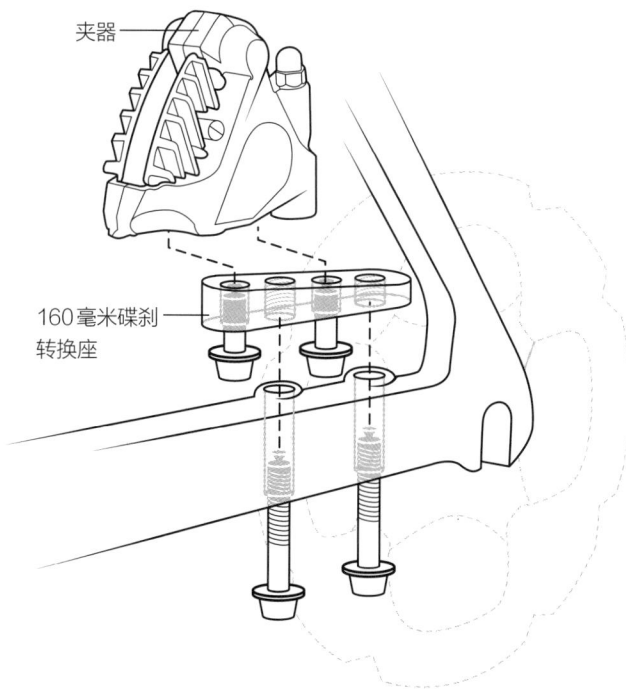

夹器

160毫米碟刹转换座

图10.10 将平面式夹器转换座安装到前叉柱式座上

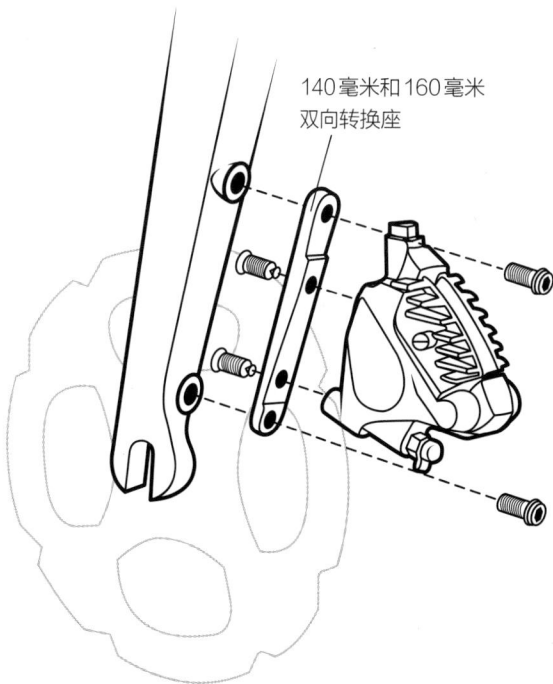

140毫米和160毫米双向转换座

图10.11 柱式夹器安装到平面式夹器车架上的转换座

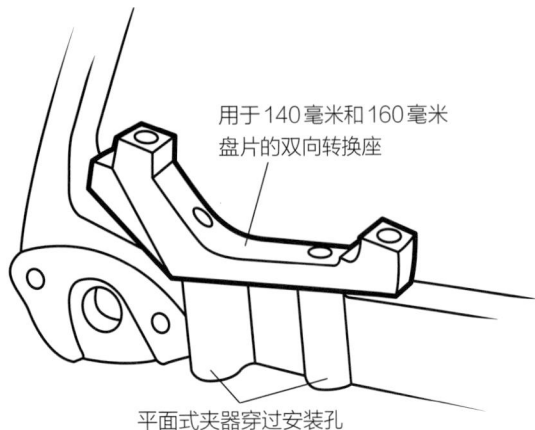

用于140毫米和160毫米盘片的双向转换座

平面式夹器穿过安装孔

2. 若可以，安装转换座。若在前叉或前叉的IS座上安装柱式夹器，先将转换座安装到IS座上（见图10.8）。扭力值通常是6~8N·m。

　　若转换座安装到前叉或车架的柱式夹器和柱式座之间，先将转接座放到前叉或鞍座的夹器和柱式座之间，注意箭头指向的那端朝上，还要注意螺栓足够长（但也不要过长！）。

　　若转换座安装到平面式夹器和后下叉之间，同理：先将转换座放到夹器和车架的安装柱之间，注意箭头指向朝外的一面。螺栓的长度要适当，平面式夹器需要13毫米螺纹的螺栓旋进每个安装孔，所以一定要注意螺栓的长度足够旋进转换座。

　　前面用平面式夹器出厂时随产品提供的螺栓固定转换座。注意转换座安装到盘片上时哪面朝上。

3. 旋松车架上将柱式或平面式夹器安装到柱式座或前叉的平面座上的螺栓（见图10.7和图10.10），车架（见图10.9）或转换座（见图10.8和图10.11）。若夹器上有凹面、凸面垫圈，请按照与图10.7相同的顺序进行。

　　注意： 若碟刹不安装到车把上，跳至d部分，根据车架尺寸裁切油管，然后跳至"10-6a"，加刹车油并排放

空气，然后再回到本部分，开始步骤3。

4. 把车轮安装到自行车上。若夹器的卡槽在盘片上方，只要固定螺栓松动，夹器就会有横向移动的自由度。

5. 捏压刹把，使来令片夹住盘片，然后锁紧安装螺栓。交替锁紧每个螺栓，每次稍紧一点，不要扭动夹器。

　　机械刹车的话（见图10.7），先顺时针旋转车轮侧的张力调节螺丝，使来令片内侧更靠近盘片。张力调节螺丝上有个旋钮，可用Torx T25扳手或内六角扳手穿过辐条转动螺丝。然后顺时针转动外侧来令片调节螺钉（若有，见图10.7）直至其转不动（否则，通过刹把拉紧刹车线），来令片会推向两侧的盘片。这时，再按合适的扭力值锁紧安装螺栓。最后，夹器两边等距（或者，来令片和盘片的间距，1/3位于内侧，2/3位于外侧）。在连接刹车线（"9-4"和"10-4c"）并按合适的扭力值旋紧刹车线固定螺栓后，将调节器的两个旋钮（或刹车线张力调节螺丝和内侧旋钮）适当旋松点。

　　请注意：虽然油碟有自我调节来令片和盘片距离的功能，但若来令片或盘片磨损了。机械碟刹无法通过自我调节保持盘片间的距离。来令片磨损时，通过转动（顺时针）张力调节器上的两个调节螺丝调节，而不能通过旋紧固定螺栓调节（见图10.1和图10.7）。有的夹器没有外侧调节螺丝，需要靠刹车线的调节器来调节。

6. 转动车轮，来令片不应蹭盘片。若蹭碟，在白背景下观察盘片和来令片间的距离，以确定哪个来令片（或哪侧来令片）蹭碟。旋松螺栓，在蹭碟的来令片间垫一两张名片。

7. 重复步骤4和步骤5，直至不蹭碟。不要担心，稍微旋松螺栓，跟着来令片和盘片的间隙，推动来令片或盘片至合适位置，然后锁紧夹器。

8. 若盘片弯曲，需要校正。见"10-5"校正盘片。

　　注意：有的油碟、几乎所有的线碟是通过向来令片弯曲盘片实现刹车的。上面的步骤适用于安装油刹，先旋紧

来令片调节螺丝半圈。一边夹器的螺栓固定好后，再将来令片调节螺丝退出，这样的话来令片就不会蹭碟。

盘片变形： 变形的盘片会摩擦来令片，校正的方法见"10-5"。

c. 安装机械碟刹

按照"9-4"讲解的步骤，将油管安装到刹把上。用扎带固定油管，内走线的油管在车架内部走线（"5-12"）。将刹车线穿过卡线栓，固定在螺栓下面。

d. 裁切油管

油管安装到刹把上，其弯曲弧度要流畅，不要绕结。另外，注意线管不要裁短了。

内走线车架使用ParkIR-1内走线安装工具（见图5.30），按"5-12"的讲解操作。一根引导线有一个锥形尖头，可以把它拧到线管上，拽着刹车线通过车架。内走线的新车架，可以将刹车线穿过车架内管到油管。把刹车线安装到油管夹上，抽掉引导线。

外走线碟刹也要安装到卡式油管夹上。若没有油管夹，可用扎带把油管绑到车架或前叉上，或用卡环、螺丝或油管专用胶，把油管固定到车架或前叉上。

市售的油管长度和自行车基本不配套，需要切短。不要裁切油管有接口的那一端。一般情况下，可裁切的油管那一端有一个铜制的橄榄头（见图10.12），依靠套管螺帽

图10.12 油管密封系统：套管螺母挤压黄铜橄榄头，将油管压到带倒钩的接头上，接头穿入或拧入油管中

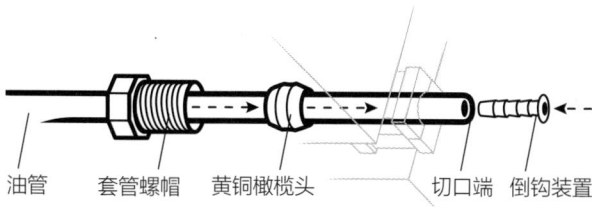

油管　套管螺帽　黄铜橄榄头　　　切口端　倒钩装置

密封以防止漏油。裁管后，这个黄铜橄榄头必须更换以防漏油。

裁切油管时，末端立起以防油流出来。这么做也能防止空气进入油管，省去后期排出油管内空气的麻烦。

1. 拆下车轮和来令片（"10-1"）。注意不要把油滴到刹盘片或来令片上。

2. 从油针上旋松固定油管的套筒螺帽。这个操作最好在夹器上操作（见图10.13A），而不要在具有永久压接接头那端操作（如在banjo接头操作，见图10.13B）。

   总之，油碟公路刹车夹器，不要裁切油管靠近刹把的那端，因为把油管重新接到夹器上难度颇大。尤其是SRAM手变必须要拆卸才能再接上油管。刹把和油管用banjo接头连接（见图10.13B），重新安装刹把后（若漏油，要重新连接）才能做压力测试。Shimano手变夹器上有一个内置油管（见图10.13C），若要安装一根较长的油管，必须要两端接起来，而不是直接剪短。若夹器上没有banjo接头，在夹器处剪裁线管。

   拧下固定线管的套筒螺母。线管的套筒螺母隐藏在塑料或橡胶手变头下面，把线管接上。若线管没有接到banjo上，除非更换整个线管，否则不要拧下banjo接头，而是在另一端裁切线管。

3. 轻轻地将油管拉出来。拉出线管和套筒螺帽，将线管和套筒螺帽向上推至超过要裁切的线管的位置。作为密封系统的一部分，很多夹器的黄铜橄榄头下有一个薄的倒钩装置。套筒螺母挤压橄榄头，拉紧倒钩装置（见图10.12）。这种带倒钩的接头通常是一个单独的零件，可以压入或旋入外管的末端。

4. 油管的长度要确保车把能旋转，用一把锋利的小刀裁切，切口要干净利落、垂直。理想情况下，使用油管裁切器（见图1.4）。一些厂家会附送一套带沟槽的塑料裁管块，内有放油管的沟槽，裁切时可以用老虎钳夹紧（许多夹器出厂时附送塑料块，自行车店也有售）。然后，将

图10.13A 内走线碟刹安装线管

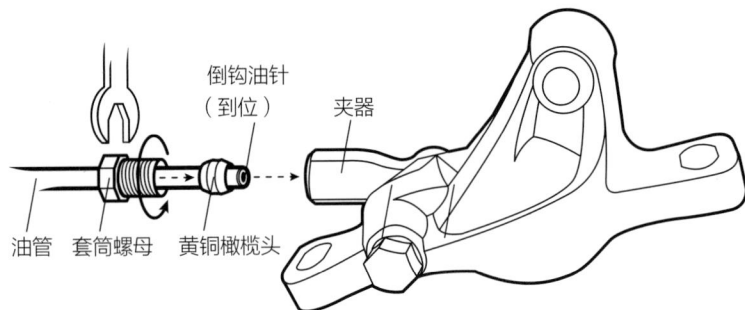

倒钩油针
（到位）
夹器
油管　套筒螺母　黄铜橄榄头

图10.13B 五线体油管接到夹器上

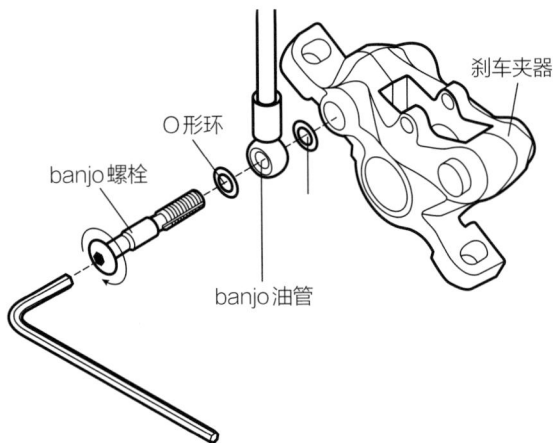

banjo螺栓
O形环
刹车夹器
banjo油管

图10.13C 内走线油管连接到刹把

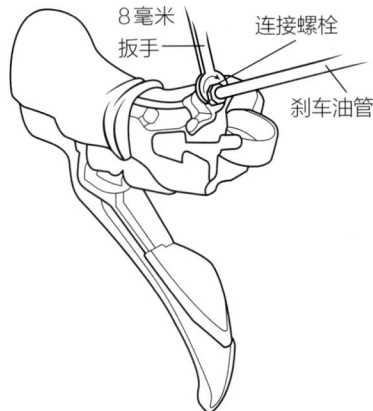

8毫米
扳手
连接螺栓
刹车油管

油管末端向上倾斜，以防油流出来或空气进入油管。

5. 将线管、管帽、新的橄榄头依次套到线管上，润滑留在外面的刹车线。

6. 若刹车器有单独的倒钩油针，安装。将倒钩油针插入软管（Shimano）或用一把小的Torx扳手（SRAM）牢固地将其旋进线管——可将其固定在上文提到的油管沟槽中进行操作。

7. 将油管推到位并旋紧套筒螺母（最大扭矩：40in-lbs/4.5N·m）。若有塑料或橡胶螺母，旋紧。

8. 确定油管系统已安装好。转动车把，检查油管是否正常。有的碟刹夹器可以调整banjo接头的角度（或用

气缸调节），使油管更顺畅。

9. 若油碟漏油，跳至"10-6"。若油管系统装好后，油管内没有进入空气，装回来令片和车轮，将盘片插在两个来令片之间。捏压刹把，手感扎实，完成。若手感不扎实，说明油管内有空气，必须排放干净（"10-6"）。

e. 刹把前伸量、行程和来令片间隙

若需调整刹把前伸量，方法与"9-7"的讲解相似。

刹车行程和来令片的间隙是息息相关的，来令片离盘片越近，刹停所需的刹车行程就越短。但来令片离盘片太近，就会蹭碟。这些调节功能不是每个品牌的产品

都有的。

公路油碟调节刹把的前伸量，是通过一颗小固定螺丝钉调整的。这颗螺丝钉位于刹把的防尘套下面。把防尘套向上卷，用一把小的一字螺丝刀或薄型平口螺丝刀逆时针旋转螺丝。

一些油碟刹车通过调整夹器上的张力调节器，控制刹车行程。碟刹来令片的间距通过夹器单边或双边的调节螺丝来调整。这个方法同样适用于只有一个活动活塞的液压刹车器，但只有车轮侧的刹车片可调。

10-5
校正盘片

2级 若刹车夹器位置正确，而骑行中来令片依然发出尖锐的异响，是因为盘片变形了。自行车碟刹的盘片和来令片的间隙很狭窄，约0.4毫米，几乎不允许盘片有丝毫的变形。和汽车的碟刹片不同，自行车的盘片很薄，而且没有任何保护装备，很容易变形，比如骑行中被石块撞击了、摔车了、自行车放到汽车或装备包里运输后，甚至在天热时因一个较长的陡坡而持续刹闸后，盘片都可能变形。只要盘片变形了，就需要校正。

有的人同一台车配有几套轮组、刹车，所有的盘片直径必须相同，安装时注意盘片和尾钩间的距离相同。否则，车轮摆动时来令片会蹭圈。最好的校正办法是调整盘片的位置（除了内侧盘片下垫更多的垫圈），使夹器与车轮两边的距离相等。

若盘片的弯曲度像炸土豆片，必须先将盘片从花鼓上取下来，放在砧板上用锤子尽可能地敲平，然后再按下面的方法校正。

a. 目测碟刹夹器上的盘片

目测的方法很实用，至少可以缓解蹭碟。不过，要做

好准备的是，这种方法非常耗时，因为间隙太小了，很难分辨出是盘片的哪一部分在蹭来令片。把一张纸放到地上、墙上、刹车夹器之下或和夹器平行，观察盘片和来令片的间隙。

缓慢地转动车轮，用粗头笔在盘片和来令片摩擦的地方作个记号。用手指小心地扳正，再次缓慢转动车轮，继续检查。用手可以非常容易地校正盘片。

b. 使用盘片校正器校正盘片

高效地校正盘片的方法是在车架和前叉使用盘片校正器。校正器类似于调圈台，可以把盘片校正到轻微蹭碟的程度。校正器可以固定在Park调圈台上，有一个微调的螺纹杆，转动车轮，盘片变形处会摩擦螺纹杆，进而找出变形处。

不拆卸车轮也可以使用盘片校正器。校正器要注意其操作原理，否则可能会犯错误：你以为盘片弯向一个方向，而实际弯向相反的方向。

用校正器夹住盘片，用手掰盘片。

c. 用测量表校正盘片

若日常校正盘片较多，可使用Park DT-3i测量表或其他测量表（见图10.14）。测量表可以判断出盘片0.025毫米的变形，将盘片校正到和刚出厂般精确。DT-3i测量表固定在Park调圈台上（固定方法见b中的DT-3，用螺栓固定）。测量表的指针对准盘片。

指针指处是盘片变形最严重的地方，校正盘片。再次转动车轮，继续检查。

用大拇指扳动变形的盘片，最好使用Park的DT-2盘片校正叉等工具。盘片变形不严重，使用校正叉即可。若变形严重，可以用上三根校正叉，可将两支校正叉对称地插在变形的盘片两侧，再用第三支，即斜角的那支，扳

图 **10.14** 使用测量表和盘片校正叉校正盘片

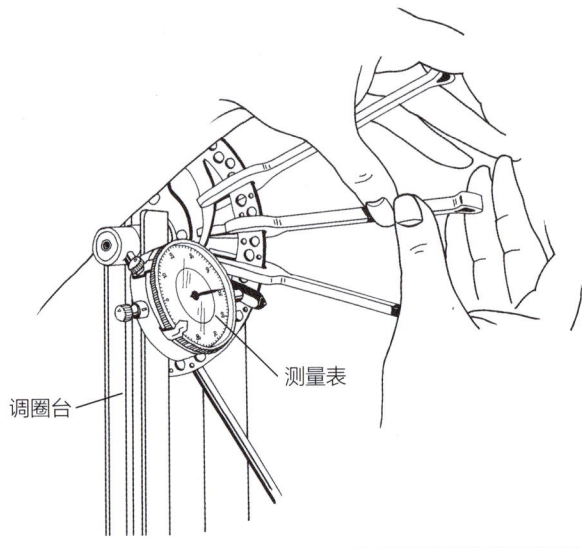

调圈台

测量表

变形的地方（见图 10.14 ）。

10-6
碟刹排气（或注油）

2级

油碟系统里若有空气，必须排出。油碟里进空气的表现是刹车不扎实。有可能是因为环境不干净，灰尘通过密封圈弄脏了油，这就需要用新油把旧油排出来。

给空的油刹系统注油和排气的过程是一样的。给油缸填入过量的刹车油，再将油和空气从分泵抽出来；或将油从注射器推到刹把上或挤压夹器上的瓶子。气泡向上浮动到液体顶部，朝向杠杆。填充空刹车系统的程序与排气刹车系统相同。气泡向上浮动到油的上面，朝向刹把。

在此列出各类油碟排气的方法是不现实的。但下面的方法可以应用于除 Shimano 和 SRAM 之外的大部分油碟。您应该能够使用以下方法之一给几乎任何刹车器排气。

所有刹车：

1. 拆卸车轮。

2. 拆卸来令片（"10-1"）。

3. 在活塞之间垫上阻隔块（见图 10.15），油碟的阻隔块可以防止活塞掉出来。很多油碟配送阻隔块以供排气时使用（如 Park PP-1.2）。

重要提示： 不要把碟刹油弄到来令片上，否则会损坏来令片。沾到碟刹油的来令片要换掉，盘片必须用酒精清洁。

重要提示： 使用原厂指定的刹车油。有的油碟使用矿物油，有的使用 DOT（汽车用的刹车油）。加错了刹车油和 DOT 油会损坏油封。

矿物油和 DOT 不都是一样的（黏度、纯度和沸点等）。DOT 有标准的编号系统。DOT 编号越高，沸点越高，刹车油需要在温度范围内使用。例如，使用 DOT 3 或 DOT 4 碟刹油，若使用了 DOT 5.1，紧急制动时若油过热可能导致刹车失灵（见下文"警告"）。

警告： 使用 DOT 刹车油的话，注意要使用未开封过的油。因为 DOT 刹车油会吸收水分，吸收的水分越多，油

图 **10.15** 将阻隔块放到夹器上的来令片的位置

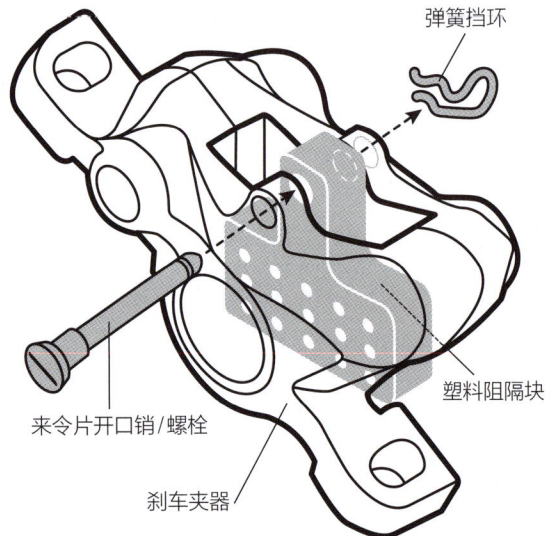

弹簧挡环

来令片开口销/螺栓

塑料阻隔块

刹车夹器

的沸点越低。DOT刹车油开封后很短的时间内，吸收的水分就足以大大降低其沸点。（在潮湿的环境下，一瓶开封的DOT刹车油静置一晚上，第二天一早会看到油已经溢出瓶外了！）。

刹车油的沸点为什么这么重要？油碟起作用是因为刹车油不会压缩，所以能推动刹车油一端的活塞（位于刹把，又称为刹把油嘴）在另一端活塞（碟刹夹器一端）产生制动力。与刹车油相反，气体是可以被压缩的，这就是为什么轮胎、前后避震器里有压缩空气的原因。但若碟刹油管里有气泡，推动刹把挤压出空气。若空气不挤压出来，油碟夹器的运动就无法推到位。

若油碟夹器过热，高温会使刹车油产生气泡。唯一的解决办法就是抽出刹把的油来压缩气泡。DOT刹车油一旦产生气阻，必须换油。矿物油产生气阻，只需要让碟刹夹器冷下来，因为油不吸收水。

重要提示： DOT刹车油能溶解油漆，所以一旦滴到自行车架上，要先擦干净，再快速用异丙基酒精擦拭。

a. Shimano手变注油

1. 拆卸手变上的保护壳。将手变头上的橡胶套向上卷，拆卸保护壳的固定螺丝。握住刹把，将标示牌从底部拉出来（见图10.16）。

2. 转动车把和刹把，使排气螺丝保持水平，油管向下倾斜至夹器方向。旋松夹器螺栓，使其挂在油管上。操作时注意油管不要脱落。

3. 取下排气螺丝（见图10.16）。

4. 安装Shimano排气。将油针旋进刹把顶部的排气孔（见图10.17）。

5. 将灌注器连接到夹器的油针，注射器吸进Shimano油碟专用油。

有的Shimano公路油碟有标准的排气油针，特别是RS785有一个隐藏在下面的排气口，排气螺丝从后

图10.16 拆卸Shimano手变上的保护壳和排气螺丝

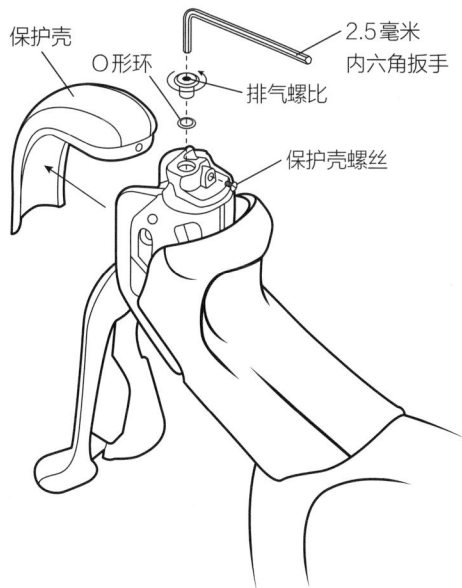

保护壳
O形环
2.5毫米内六角扳手
排气螺比
保护壳螺丝

图10.17 安装在Shimano手变上的排气，油塞的柱塞在右侧

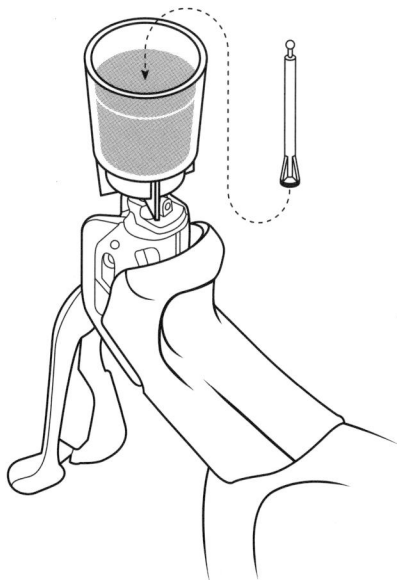

面垂直进入，打开和关闭排气口。

若使用标准的油针（RS785、RS805或RS505），拉下橡胶手变头套，将7毫米内六角扳手卡在油针上。把油管卡扣扣好，推注射器，以防止注射器的软管和油针脱落开（见图10.18A）。旋松排气油针1/8圈。

若是隐藏式排气口的夹器，先抠出位于夹器下方孔内的排气口的橡胶盖（见图10.18B），将排气管和油针接好，将油管抵住排气孔。用3毫米内六角扳手旋松夹器后面的排气螺丝1/8圈，轻轻打开排气孔（见图10.18B）。

6. 推压灌注器柱塞（见图10.18A和图10.18B），将新油推入夹器。夹器内的空气通过软管吸到油漏斗内（见图10.17）。继续推进新油，直到油中不再冒气泡。

注意：与某些山地自行车油碟的排气方法不同，请勿反复按下和松开刹把。油漏斗中可能有没有气泡的油，但若气泡跑进夹器内，排出来将更加困难，并且可能需要排出所有的油并重新加油。

7. 若油管中没有气泡，暂时关闭排气孔或旋紧排气螺钉（见图10.18A和图10.18B）。取下灌注器管，用抹布堵住滴油处。

8. 安好收集袋，使油流入其中（见图10.18C）。将收集袋用橡皮筋固定到排气管上。

使用标准的油针（RS785、RS805或RS505；见图10.18A），将油管推到油针处，然后用仍在油针上的内7毫米内六角扳手将排气孔旋松1/8圈。

使用带隐藏式排气口的RS785夹器（见图10.18B），将油管推至凹进去的排气孔，用3毫米内六角扳手旋松夹器背面的排气螺丝1/8圈，稍微打开排气口。

有气泡的油将通过重力从夹器的排气孔/端口逐渐流入油管和塑料袋中。轻轻摇动软管，再用螺丝刀头轻敲刹把和夹器，以排出更多的气泡。随着油的流动，油位会下降，再加入更多的油，以确保不再吸入空气。

图10.18A 注射灌注器将新油推入Shimano夹器的排气嘴中

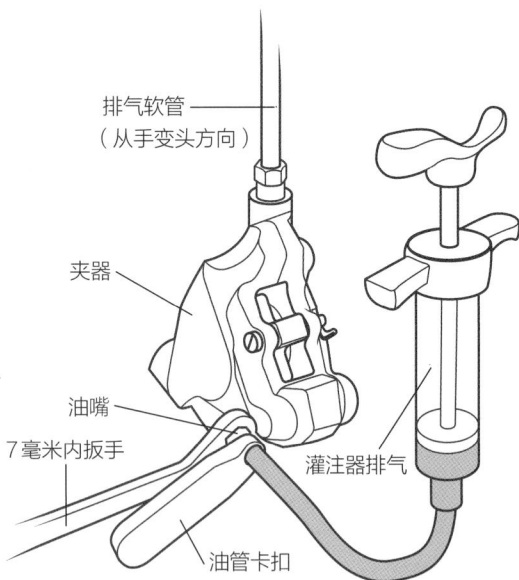

排气软管（从手变头方向）
夹器
油嘴
7毫米内扳手
油管卡扣
灌注器排气

图10.18B 用于Shimano RS785安装后卡钳下方凹进排放口的灌注器，适配器和管夹

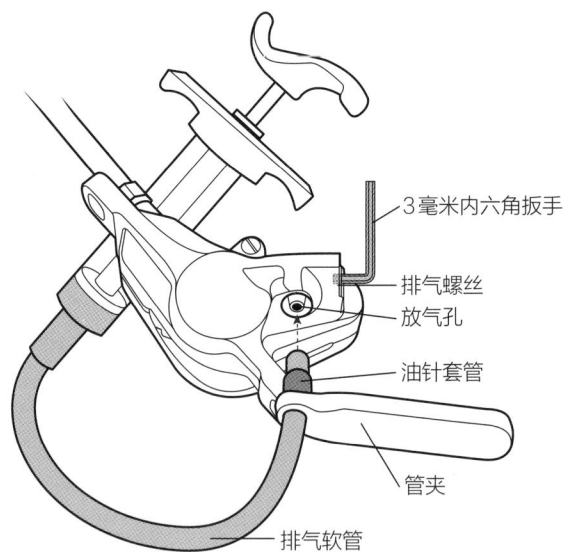

3毫米内六角扳手
排气螺丝
放气孔
油针套管
管夹
排气软管

图10.18C 在Shimano夹器上的排气管上连接收集袋

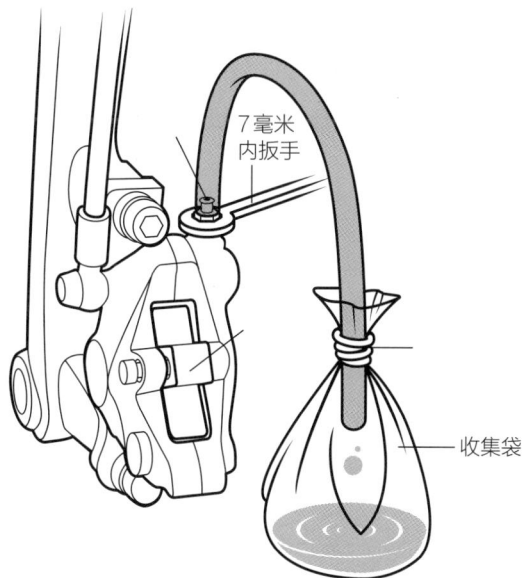

15. 清理。擦净刹把、夹器和油管上的油。

16. 拆掉塑料阻隔块，安回来令片和车轮。来令片固定螺栓（薄螺丝刀）的扭力值为0.1~0.3N·m。捏刹把，检查刹车性能。

17. 用扎带把刹把绑到车把上，隔夜观察是否漏油。第二天早上，若扎带仍将刹把紧绑在车把上，说明没有漏油。

b. 排气：SRAM 碟刹

3级 **注意：** SRAM Hydraulic Road Rim（HRR）与碟刹的排气过程一样。不过，操作HRR之前，请关闭夹器上的快拆杆，然后顺时针转动张力调节器直至其停止。为避免刹车油滴到来令片上，先将其拆下（只需将其滑出来令片底座）。

DOT碟刹油中都有一些空气，正如SRAM的排气方法所示，可以排出一些空气。SRAM碟刹注油器配有注油器，用于抽出新油中的空气。

1. 将油吸入两个注油器中。仅使用Avid High-Performance DOT专用碟刹油。在一个未开过封的注油器中加入半瓶Avid DOT碟刹油（见上文关于碟刹油沸点的"警告"），并将另一个注油器装满1/4碟刹油。

2. 排出两个注油器中的碟刹油中的空气。在注油器软管理的末端放块抹布，推动注油器内的芯杆，排出气泡。

3. 从半满的注油器中抽出气泡。关闭注油器的卡扣，来回抽动注油器的芯杆，使碟刹油内的气泡越来越大（见图10.19）。抽动芯杆的力度不要太大，以免空气进入活塞或油管夹。抽动芯杆的同时，用手指反复轻轻按压注油器，排出侧面和底部的气泡，使气泡浮到顶部。按照步骤2打开卡扣排出空气。重复几次，但不可能排净空气。

4. 将注油器拧到排气口上。卷起手变头的橡胶套，使用Torx T10扳手旋开手变顶部和夹器侧面的排气螺丝。

9. 不再出现气泡时，关闭排气孔或排气螺丝。

10. 捏刹把、放开刹把，再捏、再放，交替进行。这么操作，快速、连续地打开和关闭排气孔或排气螺丝2到3次（每次大约0.5秒），排出夹器里可能留存的气泡。重新旋紧排气孔或排气螺丝，扭力值均为4~6N·m。

11. 反复捏刹把。刹车系统口残留的空气会浮到油漏斗，冒泡（见图10.17）。没有气泡出现后，把刹把捏到底，刹车手感扎实。

12. 旋开立管固定螺栓，先将车把向上倾斜然后向下倾斜30度左右。车把置于每个位置时，都捏刹把。若还有气泡，请重复步骤8~11，使刹把处于此位置，直至不再有气泡。按扭力值重新锁紧螺栓（"12-8"）。

13. 将油塞柱塞大的、O形环的一端插入油漏斗。油塞的柱塞如图10.17所示。

14. 取下油漏斗，更换排气螺丝。若排气螺丝的O形环损坏，请更换。若柱塞卡住，旋松油漏斗上的排气螺丝。当油在排气孔处呈圆顶状时，旋紧排气螺丝。

图**10.19** 抽动注油器的芯杆，使气泡浮到DOT碟刹油上，轻按注油器，排出气泡

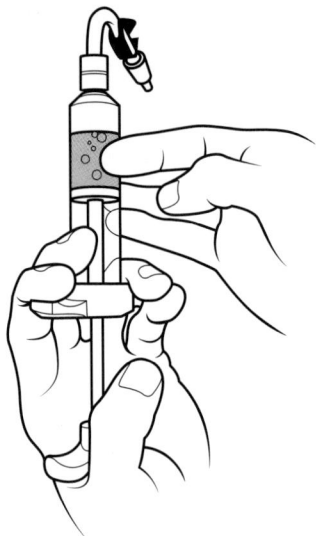

图**10.20** 在夹器上推进和拉出SRAM注油器芯杆

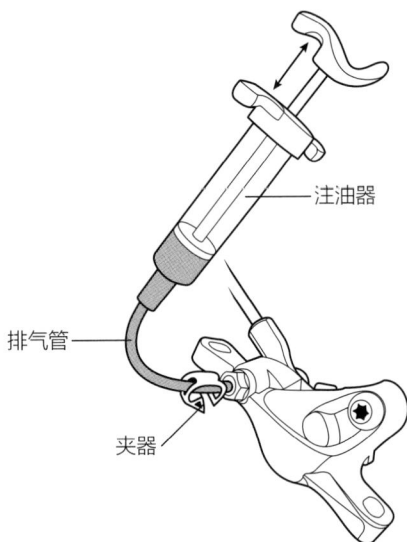

注油器

排气管

夹器

打开两个注油器上的卡扣，将碟刹油推到软管尖端，这样顶部就不会有空气。将半满的注油器拧在夹器上（见图10.20），将有1/4碟刹油的注油器拧到手变上

图**10.21** 在控制杆上推动和拉动SRAM注油器芯杆

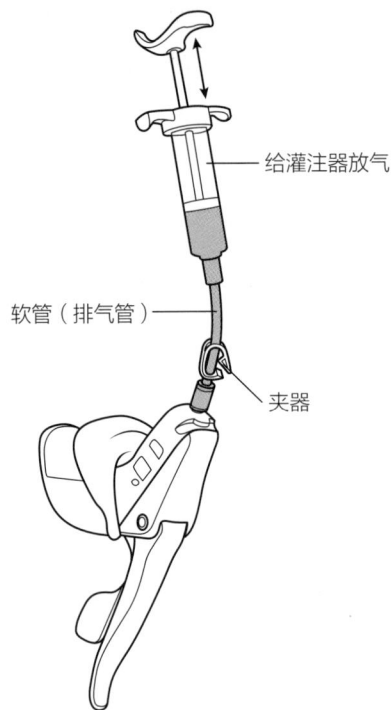

给灌注器放气

软管（排气管）

夹器

（见图10.21）。擦净流落的碟刹油——碟刹油对车漆和皮肤有害。

5. 在刹把上推动注油器芯杆。注油器保持直立，推动注油器的芯杆（见图10.20），使注油器内一半的碟刹油向上进入刹把油嘴上固定的注油器内，用这种方法排出软管内的空气。

6. 用扎绳或橡皮筋把刹把固定到车把上（译者注：使刹把一直处于捏到底的状态），关闭软管上注油器油嘴上的卡扣。

7. 排出夹器内的空气。抽动芯杆的力度不要太大，以免空气进入活塞或油管夹。若芯杆拉得太用力，空气进入了活塞，将注油器竖直（见图10.20）抽拉芯杆，使气泡吸到注油器中的碟刹油上。推动和拉动灌注器柱塞几次，直到气泡停止进入灌注器软管。

8. 用绑带把刹把固定在车把上，取下绑带。

9. 将芯杆慢慢推入夹器，使刹把打开，关闭注油器卡扣。

10. 取下注油器，安回排气螺丝。注意不要用力拧T10排气螺丝。

11. 打开注油器卡扣，注油器竖直，然后用力推动芯杆（见图10.21），空气会从刹把吸出来。轻轻地来回推动芯杆，排出空气，如此操作10次，然后再用力推芯杆。反复操作，直到注油器的软管中出现大气泡。轻轻推动芯杆加压，然后关闭注油器卡扣。

12. 取下注油器，安回排气螺丝。注意不要用力拧小排气螺丝。

13. 清洁刹把、夹器和自行车上的DOT碟刹油。方法是先擦拭表面的DOT刹车油，喷上酒精，再擦一遍。

14. 拆下阻隔块（见图10.15），安回来令片和车轮。来令片固定螺栓（用2.5毫米内六角扳手）的扭力值为0.6~0.9（N•m）。捏刹把，检查刹车性能。

15. 清空注油器，妥善处理碟刹油。碟刹油不能重复使用。请根据当地法律规定，回收或处理DOT碟刹油。DOT碟刹油有毒，不要随意将其倒入污水、化粪池或排水系统，也不要倒在地上或水里。为了不扭结注油器的软管，须打开卡扣保管。

16. 用扎带将刹把绑在车把上，静置一夜，检查是否漏油。若刹把在第二天仍然紧紧固定在车把上，说明刹车系统完全密封。

c. 综述：夹器排气

1. 调整刹把方向，使排气螺丝位于顶部。将自行车放在支架上，转动车把，调整刹把位置，使刹把位于油压系统的最高点。转动刹把和/或车把，使排气螺丝位于顶部。

2. 取下排气螺丝的橡胶外盖。

3. 把一段透明软管的一端插入注油器或软瓶。注意透明管不要脱落。

4. 往注油器或软瓶口加入刹车油——使用与碟刹相配的刹车油。若是DOT刹车油，要使用未开过封的。

5. 插入软瓶的软管的另一端套入碟刹夹器排气螺丝。若排气嘴上有空间，先将内六角扳手放到把气嘴上；若没有空间，就用开口扳手夹住（见图10.22）。

6. 将软管拉到主气缸的排气孔上。碟刹注油器的透明管配有油针，和油嘴搭配。旋出排气螺丝或油针，插入软管。旋松排气螺丝或拨开油嘴栓，插入油针。

7. 用铁丝或扎带把废液瓶固定到车把上，然后将软管的另一端直接放进废液瓶。

8. 在卡钳放气接头关闭的情况下，反复挤压灌注器或液体瓶，直到管中的气泡回到灌注器或瓶子中。灌注器

图10.22　TRP Parabox油碟，操作时注意取出来令片后插入阻隔块

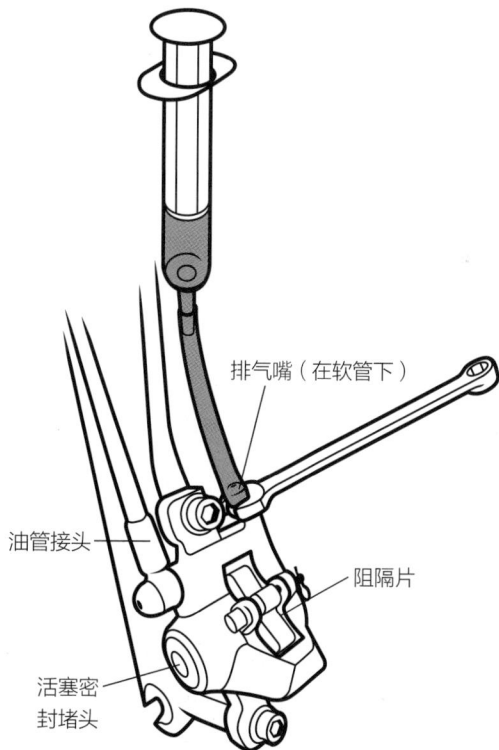

排气嘴（在软管下）

油管接头

阻隔片

活塞密封堵头

或瓶子应垂直向下；在以下步骤中保持这种方式。锁紧夹器的排气螺丝，重复挤压软瓶，使透明软管内的气泡流回软瓶，软瓶保持垂直。进行下述步骤时，软瓶要始终保持这个位置。

9. 旋松排气螺丝1/4圈，挤压软瓶约5秒钟，送入新的碟刹油，将碟刹夹器内的空气经过软管吸到软瓶内。若软管从刹把油嘴脱落了，在软管口加一个橄榄头——筒状的黄铜圈（见图10.12），然后再操作，软管就不会脱落了。

10. 松开软瓶约3秒钟（直到软瓶恢复原状），将碟刹夹器内的空气通过软管吸到软瓶内。这样操作可把夹器中的空气吸进注油器或软瓶。

11. 挤压软瓶5秒钟，然后松开3秒钟。重复上述动作，直至没有气泡冒出。

12. 用力按压注油器或软瓶，直到软管内排出清澈的碟刹油。轻敲注油器或软瓶、油管、卡扣和主油缸，以排出空气。

13. 挤压注油器或软瓶的同时，快速将刹把拉向车把，然后松开。注意从刹把处的油管冒出来的空气。重复操作，直到没有气泡。

14. 挤压注油器或软瓶的同时，锁住碟刹夹器的排气螺丝。螺丝不要锁得太紧，因为螺丝很小，锁紧的力道只要能防止漏气即可。

15. 拆掉碟刹夹器和刹把油嘴上的软管。

16. 更换刹把上的排气螺丝或排气盖。

17. 更换夹器油嘴上的橡胶帽。

18. 安回来令片（"10-1"）和车轮，然后给刹车打气。刹车时应感觉扎实，且不触底。若刹车感觉绵软，需要重新排气。

19. 清洁刹杠杆和自行车上的DOT液体。方法是先擦拭表面的DOT刹车油，然后喷上酒精再擦一遍。

20. 用扎带将刹把绑在车把上，静置一夜，检查是否漏油。

第二天若刹把仍然紧紧固定在车把上，说明刹车系统完全密封。

10-7
翻修碟刹

3级　定期排气和更换碟刹油可以清除管路内的污垢，可以延长碟刹翻修的时间间隔。很多碟刹翻修起来比较简单，但需要准备一套空气压缩机，以取出碟刹夹器的活塞。有两种油碟：用两个桥接螺栓固定起来的非一体式碟刹夹器和一体式碟刹夹器。在翻修碟刹之前，还要准备好所需的全套油封。细微的尘土、甚至头发，都可能造成油碟漏油，所以要确保操作的环境和方法都清洁。

a. 翻修非一体式碟刹

1. 从自行车上把碟刹夹器拆下来（见图10.7和图10.8）。

2. 把来令片拆下来（"10-1"）。

3. 分离油管。若夹器用的是banjo接头（见图10.13B和图10.22），旋出空心螺丝，不要把油管从banjo接头上取下来。若没有新的O形环，把O形环保存好。

4. 非一体式碟刹夹器由左右两半组合而成，取掉两颗桥接螺栓（见图10.23），分解夹器。其中一个可能是已经拆除的banjo螺栓。

5. 取出活塞。将压缩空气灌入油道，用手指堵住排气孔或注油孔——根据取出哪侧活塞而定。若是用banjo螺栓固定的夹器，只能先将压缩空气灌入一个油道——没法堵住，再灌入另一个油道。操作时注意不要沾上刹车油或零件，要佩戴护目镜，用手掌盖住活塞，以防弹簧或其他零件飞射。

6. 将活塞密封圈从气缸孔的凹槽中挖出。看似复杂的碟刹夹器的内部零件很少——一对活塞、几个密封圈。

图10.23 非一体式碟刹夹器剖面图

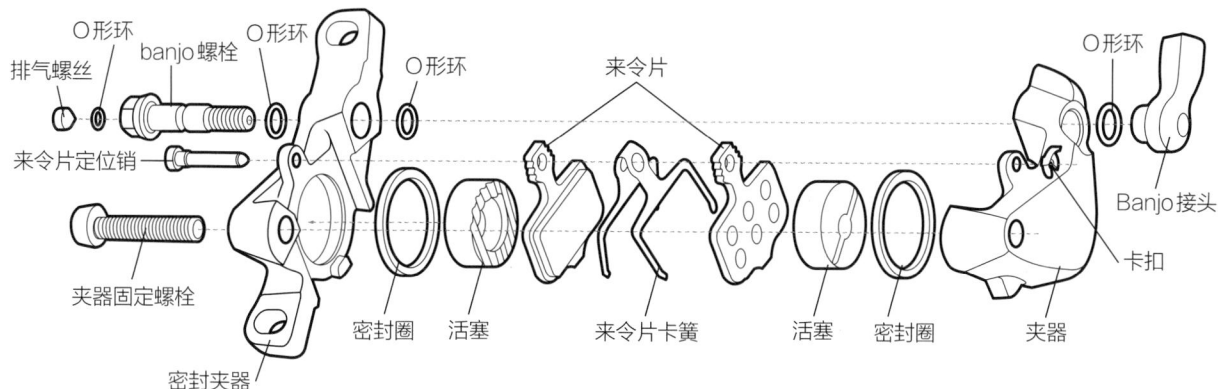

用手指甲或牙签取出碟刹夹器内的活塞密封圈，注意不要划伤密封孔（见图10.23）。

7. 用异丙基酒精清洁所有的零件。注意检查并更换磨损零件。

8. 佩戴护目镜，用压缩空气吹碟刹密封圈的沟槽和注油孔。检查密封槽是否彻底清洁。

9. 压缩空气带有湿气，可能污染DOT碟刹油，所以要晾干零件。

10. 用碟刹油润滑活塞和新的密封圈。

11. 安回所有的零件。

12. 参考推荐的扭力值，锁紧桥接螺栓。

13. 安回油管。

14. 排放空气（"10-6"）。

15. 安装并调整好碟刹夹器的位置（"10-4b"）。

b. 翻修一体式碟刹

1. 从自行车上把碟刹夹器拆下来。

2. 把来令片拆下来（"10-1"）。

3. 断开软管。

4. 分离油管。若夹器用的是banjo接头（见图10.13B和图10.22），旋出空心螺丝，不要把油管从banjo接头

上取下来。若没有新的O形环，把O形环保存好。

5. 用专业的碟刹工具，拆下活塞密封堵头（见图10.22）。

6. 将外部活塞推出。将手指伸入开孔，将活塞到盘片的间隙，使其脱落。

7. 吹出内部活塞。用压缩空气吹进加油孔（banjo孔），将活塞推入盘片间隙，使其脱落。

8. 用异丙基酒精清洁所有的零件。注意检查并更换任何破裂或划破的零件。

9. 佩戴护目镜，用压缩空气吹碟刹密封圈的沟槽和注油孔。检查密封槽是否彻底清洁。

10. 压缩空气带有湿气，可能污染DOT碟刹油，所以要晾干零件。

11. 用碟刹油润滑活塞和新的密封圈。

12. 安回气缸沟槽的方形密封垫。

13. 安回内活塞。将活塞向上滑入盘片间隙，用手指将其推进安装孔。

14. 安装外活塞。

15. 安装新的密封堵头。

16. 拧紧堵头。

17. 安回油管。

18. 排放空气（"10-6"）。

19. 安装并调整好碟刹夹器的位置（"10-4b"）。

c. 翻修机械碟刹

机械碟刹（见图10.7）由钢珠在螺旋形的轨道运行，推动活塞。它们可以在比较脏的环境下长时间运行。但若碟刹本身脏了，则无法正常运行。各厂家不同品牌的机械碟刹的拆卸方法不同，有的厂家也没有提供说明书。本书若详细讲解维修步骤，则需要太多的篇幅。所以，不明白之处请上官方网站查询。操作时要谨慎，熟记拆卸的顺序，不要弄丢零件，拆卸和组装机械碟刹也不是非常麻烦的事情，相关故障排除方法见表10.1。

表10.1 —— 排除碟刹故障

异响	
盘片上蘸上了碟刹油，冬季时盘片或来令片上蘸了除雪剂	用酒精清洁盘片并擦干。若盘片脏了，可用砂布打磨。打磨时注意打磨面朝下，砂布上的细砂会随着打磨掉下来。除酒精之外，盘片上不能使用其他任何溶剂
因震动引起异响或碟颤	更换变形的盘片（"10-1"）
	更换来令片
	夹器安装螺栓按扭力值锁紧
	加强后刹底座。要解决这个问题，后上叉和后下叉之间用牛皮胶带固定个杠杆，加强底座的力。若这么操作后不再发出异响，在车架上安个永久性的补强
	更换前叉
动力不足	
刹车臂或盘片弯曲（仅限机械式刹车）	换新刹车——更换之前先排除是否有其他原因
变速线拉伸	更换变速线和线管（"9-4"）
压缩刹车线管	更换线管（"9-4"），始终使用非压缩线管
来令片和盘片间的摩擦力不够	试下不同的来令片
	更换磨损的来令片
	树脂来令片的摩擦力更大；金属（"烧结"）来令片更耐磨
盘片和来令片上有油污	用酒精清洁来令片（见相关内容）
油碟漏油或刹车油里有空气	锁紧连接处；必要的话更换零件；排气
行程过长	
快拆杆打开（Campagnolo）	关闭快拆杆（"9-1"）
刹车线太长	锁紧刹车线
来令片磨损	更换来令片
来令片间距过大（仅限机械刹车）	旋紧夹器上的来令片调节旋钮
油碟漏油或刹车油里有空气	锁紧连接处；必要的话更换零件；排气

蹭碟	
一侧来令片蹭碟	调整夹器位置
双侧来令片蹭碟	放松刹车线或旋松来令片调节旋钮
油碟双侧来令片蹭碟	用塑胶撬胎棒或小扳手的头部将活塞压回位
盘片来回摆动	校正盘片（"10-5"）
回弹慢	
刹车线黏滞	刹车线因天气太冷、下雪、太干黏滞，需要润滑或更换刹车线（"9-3""9-4"）
油碟活塞卡住	清洁活塞、密封圈周边拆卸来令片。用塑料撬胎棒把活塞挤出来，用Q-Tip溶剂浸泡、清洁，再用撬胎棒或小扳手把活塞推回位。用同样的方法清洁另一个来令片
夹器松动	
夹器发出咯吱声或金属异响	固定夹器的螺栓松动或丢失。锁紧固定螺栓；若螺栓丢失的话，重新安上
发出刺耳声	
听起来像夹器上有沙子	用酒精清洁盘片和来令片，见上文的相关内容
刹车排气，使刹车性能良好	
油碟漏油	锁紧连接处；必要的话更换零件；排气

曲柄和中轴

工具

5毫米、6毫米、7
毫米、8毫米和
10毫米内六角
扳手或套筒扳手
Torx T30扳手或
套筒扳手
14毫米套筒扳手
3/8英寸棘轮扳手
或扭力扳手
3/8英寸连接件
牙盘螺母工具
外部轴承花键中轴
扳手或套筒扳
手，用于24毫
米和25毫米螺
纹中轴
Shimano TL-
FC16花键左侧
扳手
ISIS/Octalink花键
专用套筒工具

曲柄组包括左右曲柄、中轴、牙盘盘片、盘钉，这些零件由螺栓和曲柄螺栓组合成两片（见图11.1A）或三片牙盘（见图11.1B）成为牙盘组。五通主轴内插入中轴。不过，现在出了一体式中轴，即中轴的轴心与轴承分离，直接与右侧的曲柄合在一起。

曲柄要承受的压力很大，所以所有相关的组件都要锁紧，以避免骑行时发出异响或价格不菲的零件松落损坏。另外，中轴的轴承在踩踏时必须运转平稳才不会消耗骑行者的能量。

注意： 卡式飞轮的内径（ID）、外径（OD）和宽度尺寸各不相同，更换时一定要注意这点。

曲柄和牙盘

11-1

拆卸曲柄

2级

现在的曲柄拆装都很容易，用一把内六角

扳手（5毫米，8毫米或10毫米）就能解决了。两片式曲柄（见图11.2）只需拆卸左侧曲柄，取出中轴的同时右侧曲柄也就可以拆卸下来了。

注意： 有些两片式曲柄组（例如Race Face）将中轴和非驱动侧曲柄连在一起。

另注："右"在本章及本书中指的是传动侧，"左"指的是非传动侧。

要拆卸传统的三片式曲柄组（见图11.1B），需要一个薄壁14毫米（有时是15毫米或16毫米）的套筒扳手或一个大的8毫米六角扳手拆下曲柄螺栓。1980年以前的法国（TA，Stronglight）曲柄有15毫米曲柄螺栓。20世纪80年代的Campagnolo曲柄采用7毫米六角扳手或15毫米插座。20世纪80年代早期的Shimano Dura-Ace和600 Dyna-Drive曲柄是自动提取的，仅用6毫米六角扳手即可完成。

老款的三片式牙盘（见图11.1B）需要用14毫米（有时用15毫米或16毫米）的薄壁套筒扳手或8毫米内六角扳手（很少用6毫米、7毫米或10毫米）拆卸牙盘螺

240

工具（续）
卡环钳
曲柄拆卸器（顶
　丝）：方锥形中
　轴和花键中轴
锁环扳手（或可
　调节销钉工具）
双侧五通轴环锁
　专用钩式扳手
可调节扳手
老虎钳
扁平锉
单刃刀片或美工刀
润滑脂

备选工具
碗组压入工具
中轴拆卸工具
Park BBT-30.3
　的BB30中轴
　工具
Park BBT-90.3的
　PF24（BB86）
　中轴工具
Park CBP-3、
　CBP-5 曲柄、
　中轴拆卸丁具
左曲柄螺纹轴套
　锁环扳手
B386中轴拆卸
　工具
15毫米和16毫米
　套筒扳手
防尘帽钩式工具
螺纹胶

图11.1A 方孔三片式曲柄

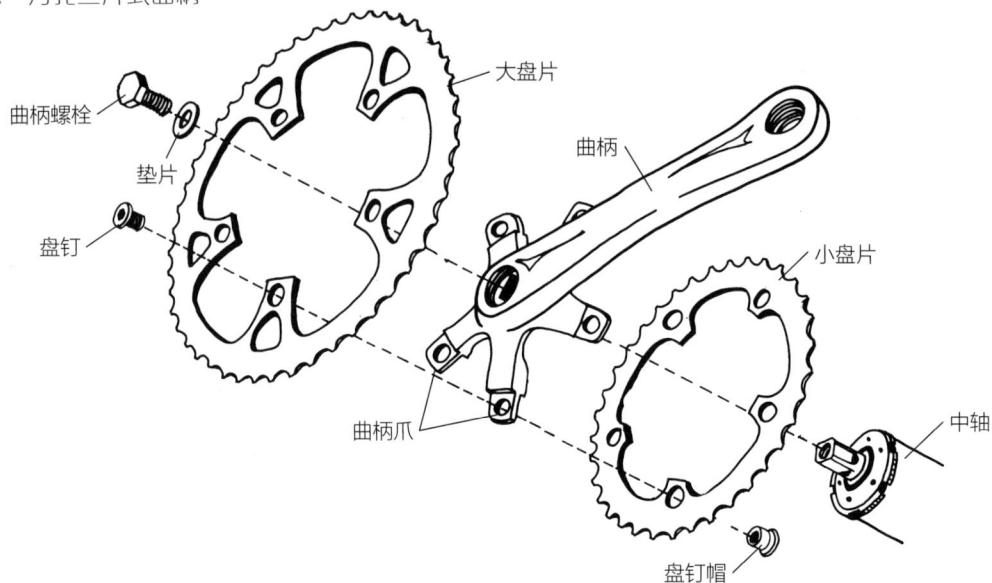

图11.1B 三片式曲柄上的第三片盘

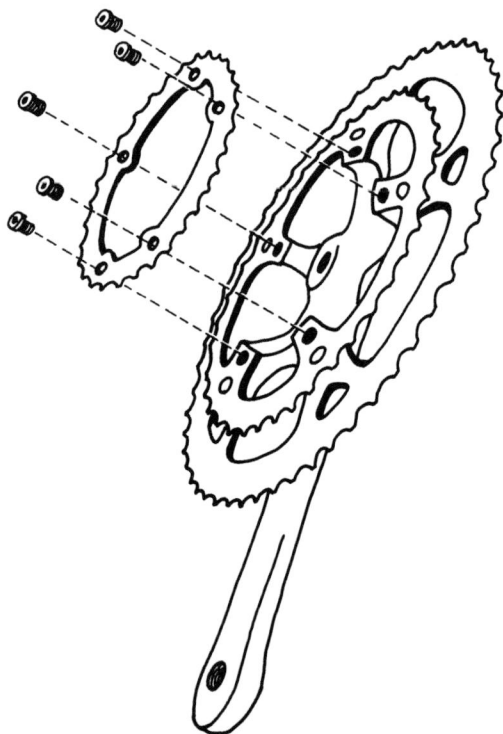

栓，或许还需要用曲柄拆卸器。

更老款的自行车（1970年以前）可能还在使用钢制的曲柄，需要用扳手和锤子才能拆卸。

a. 两个螺栓固定左侧曲柄的一体式中轴

1. 完全旋松左侧曲柄的曲柄盖（见图11.2）。Shimano曲柄的话需要用专门的花键工具（见图11.3），其他品牌的曲柄用内六角扳手。
2. 用5毫米内六角扳手旋松两个将曲柄固定到中轴上的螺栓（见图11.3）。
3. 拽出左侧曲柄。
4. 直接拽出右侧曲柄（连带着中轴）。操作时可能需要用橡皮锤先敲打中轴的一端，使之松动。若中轴上有密封圈，不必拆下来，安回曲柄的时候，密封圈会顶回到中轴上。

图11.2 一体式中轴（又称为"两片式"）曲柄组（Shimano Hollowtech II）

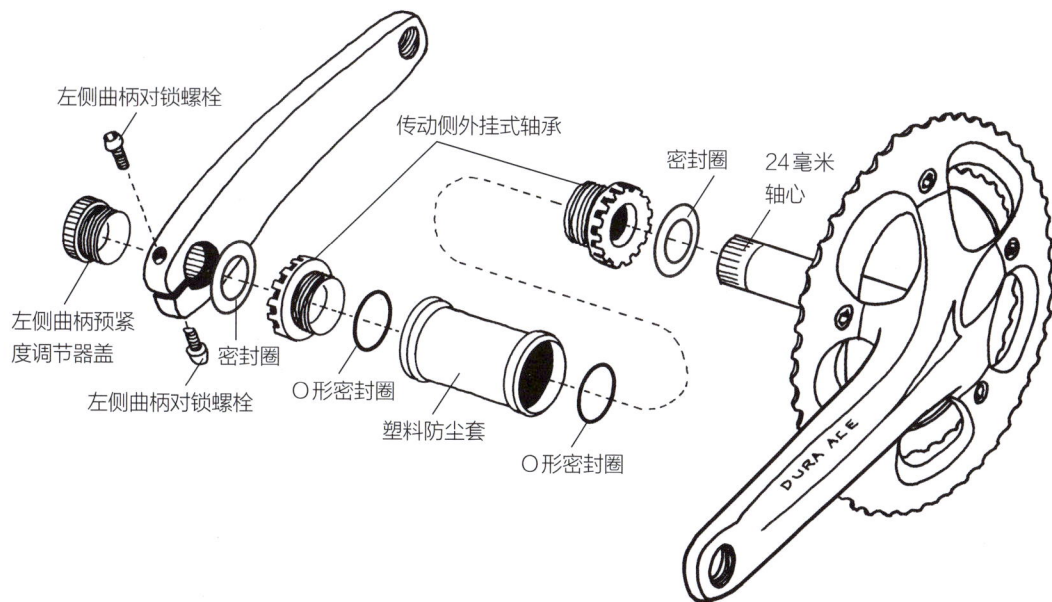

左侧曲柄对锁螺栓

传动侧外挂式轴承

密封圈

24毫米轴心

左侧曲柄预紧度调节器盖

密封圈

左侧曲柄对锁螺栓

O形密封圈

塑料防尘套

O形密封圈

图11.3 拆卸和安装左侧 Shimano Hollowtech II 曲柄

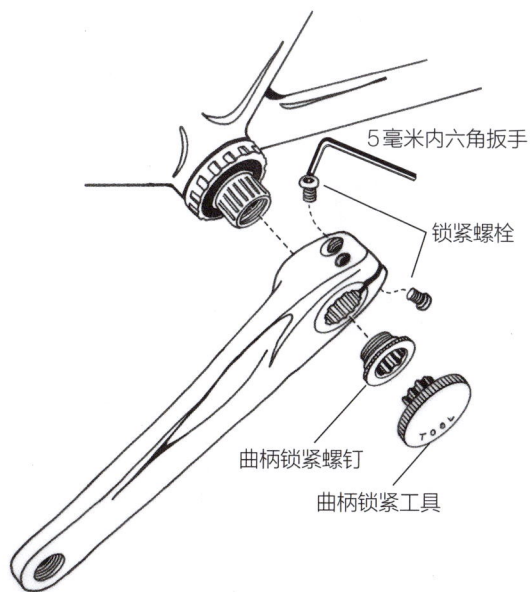

5毫米内六角扳手

锁紧螺栓

曲柄锁紧螺钉

曲柄锁紧工具

b. 除 Campagnolo、Fulcrum 和 Specialized 之外用一个螺栓固定曲柄的一体式中轴

1级

1. 大的内六角扳手如图11.4所示，旋开曲柄螺栓，即可拆卸曲柄。注意螺栓盖不必旋松（螺栓盖需要用锁环扳手或10毫米、甚至更大的内六角扳手拆卸），因为是自退螺栓设计，旋松螺栓，曲柄就向外退出来了。

2. 直接取出右侧曲柄，轴心也会一起拽出来。若曲柄卡在轴心了，用木槌轻敲轴心。若轴承密封圈也跟着曲柄一并掉出来了，可顺便清洁密封圈后再放回轴承内。

c. 拆卸 Campagnolo Ultra-Torque（UT）、Fulcrum Racing-Torq 和 Specialized S-Works 一体式中轴

2级

1. 用长10毫米长的内六角扳手（Specialized 用6毫米内六角扳手）、扭力扳手或套筒扳手

图11.4 拆卸和安装曲柄螺栓

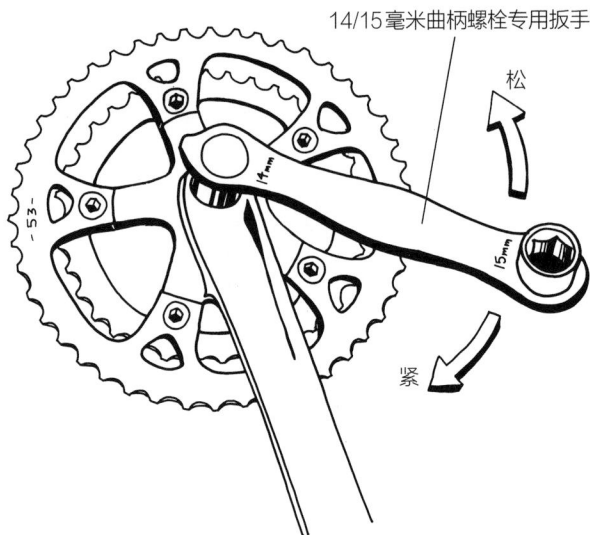

14/15毫米曲柄螺栓专用扳手

松

紧

图11.5 用老虎钳拆卸和安装Campagnolo/Fulcrum中轴固定夹

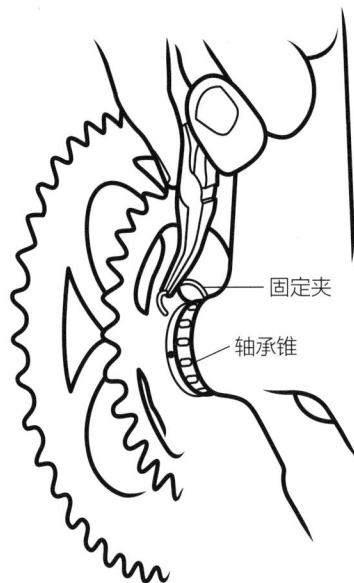

固定夹

轴承锥

和10毫米六角套筒（Specialized用6毫米的六角套筒）从驱动侧旋松螺栓，拆卸曲柄。

注意： 铝合金轴的Ultra-Torque轴的Campagnolo Super Record曲柄，曲柄螺栓是左旋螺纹。

2. 拆卸Campagnolo和Fulcrum曲柄的固定夹：找到驱动侧轴承锥固定夹（见图11.5），将固定夹从插入的轴承锥两端的孔口推出来。固定夹或完全拉出来，或只从轴承锥两端的孔中拉出来、放在轴承锥外圈上（Campagnolo Ultra-Torque和Fulcrum Racing-Torq曲柄的轴一半安装到曲柄臂上，一半压入轴内、顶住曲柄臂。轴承锥只起到曲柄轴的插座的作用，两侧的曲柄通过固定夹两端穿过驱动侧的轴承锥来固定曲柄）。

3. 取出曲柄。Campagnolo和Fulcrum上，从左轴承锥取出波浪形垫圈（该垫圈起横向控制作用）。

d. 拆卸Campagnolo Power Torque（PT）曲柄

3级 除非采用非正常方法（见步骤6中的注释），拆卸Campagnolo Power Torque（PT）需要专业工具，如Park CBP-5中轴拆卸工具、CBP-3曲柄、中轴拆卸工具或同类工具。

1. 如图11.4所示，使用14/15毫米曲柄螺栓专用扳手，旋开曲柄螺栓，即可拆卸曲柄。曲柄臂不会脱落。

2. 取下垫圈。若垫圈没有和曲柄螺栓一起拆下来，将其从曲柄臂的孔中取出来。否则，无法拆卸曲柄并可能会损坏曲柄。

3. 若是碳纤维的Power Torque曲柄，在曲柄头部下方垫一个弯曲的硬纸板。若是铝合金曲柄，如图11.6所示，将标配的胶料垫圈垫到曲柄头下面。铝合金PT曲柄的头部有边缘是弯曲的，一直到另一端的脊部，若不加垫片，CBP-3曲柄、中轴拆卸工具会抓不住曲柄。相比之下，碳纤维的PT曲柄的背面较平坦，与CBP-3曲柄、中轴拆卸工具契合良好，垫一个硬纸板就足矣。

4. 在轴心的一端插入外置转杆。曲柄、中轴拆卸器顶杆推动轴心时，外置的转杆（拆卸曲柄螺栓垫圈时）同时施力。

5. 安装CBP-3曲柄、中轴拆卸器。将拆卸器的指爪钩在曲柄头的垫圈下（标配的塑料套下有指爪凹槽），锁紧两个侧面的旋钮，以紧固拆卸器，防止其松脱（见图11.6）。

6. 拆下曲柄。旋紧外置转杆，直到曲柄臂脱落。

注意： 若紧急情况下，没有拆卸 Power Torque 的专业

工具，代替上面的步骤 2~6 可以用这种方法：用C形的花键扳手（见图11.19）拆卸左侧中轴盖，然后再继续第7步。

7. 拆除固定夹。见"11-1c"和图11.5。

8. 取出驱动侧曲柄。若操作时难度较大，可用软锤敲击中轴的尾端，抓住波浪形垫圈。

e. 拆卸三片式中轴（方孔中轴，Shimano Octa-link 八角轴和ISIS中轴）

2级 1. 用一个5毫米内六角扳手、两个锁环扳手或一把螺丝刀，拆卸曲柄外侧的防尘盖（若有）。

2. 用合适的工具旋出曲柄螺栓（见图11.4）。若有垫片，要和螺栓一起取下来（见图11.1A）。若垫片不取下来，会妨碍曲柄退出。

注意： 有的曲柄采用了自退螺栓设计，就不需要使用曲柄拆卸器（见图11.7）。自退设计的螺栓头有一圈凸缘，搭配旋入曲柄的外盖。旋松螺栓后，凸缘顶到外盖，螺栓自转，令曲柄向外退出。

图11.6 用Park CBP-3曲柄、中轴拆卸器拆卸Campagnolo Power Torque左侧曲柄

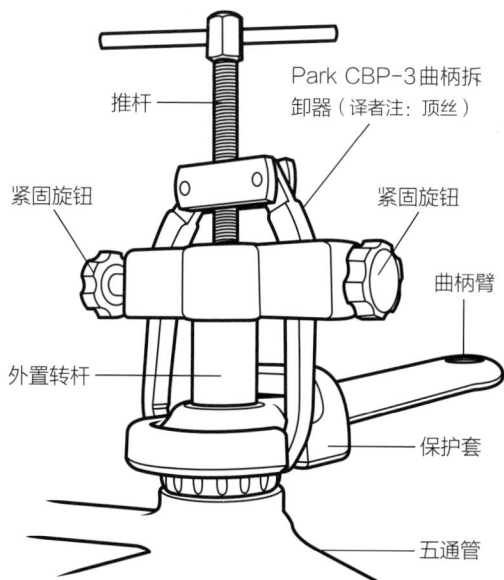

图11.7 曲柄拆卸器的使用（显示两种类型）：确保完全拧入曲柄拆卸器

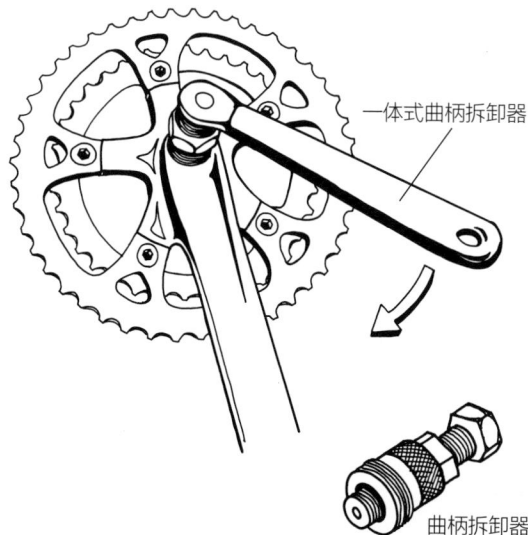

另外要注意：方孔中轴、Shimano Octalink八爪轴和ISIS十爪轴是三种不同的轴心和曲柄标准。方孔中轴的两端是正方形的（见图11.1A），安装于正方孔的曲柄。四方中轴从中心向两端逐渐变细（约倾斜2度角），使曲柄和中轴能够结合得更紧密。ISIS十爪轴（见图11.25）和Shimano Octalink 八爪轴（见图11.24）的轴心比方孔中轴粗且是中空的设计，两端有纵向的栓槽。

3. 旋松曲柄拆卸器（顶丝，见图11.7），取出中央的推杆，使内外螺纹对齐。推杆平头一端的尺寸要和中轴的尺寸相配，四方中轴需要的尺寸要比ISIS十爪轴或Shimano Octalink八爪轴小。

4. 将曲柄拆卸器（顶丝）的螺母尽量旋入曲柄（用手操作）。若螺母旋入得不够深，锁中央推杆时会损坏螺纹，再拆除也非常困难。

5. 用套筒扳手将曲柄拆卸器（顶丝）顺时针锁紧（见图11.7），曲柄随即向外脱离轴心

6. 将套筒扳手将曲柄拆卸器（顶丝）从曲柄上取下来。

f. 拆卸老款的钢制开口曲柄

钢制的开口曲柄用一个锥状的、楔形开口螺栓固定在中轴上，开口螺栓末端有螺母固定。开口螺栓横向运行曲柄臂，楔入口轴的凹槽。要拆卸这类曲柄，首先从螺栓上取下螺母，然后用锤子敲击开口销钉使之松动。

11-2
安装曲柄

a. 两个螺栓固定的左侧曲柄的一体式中轴

1级
1. 给轴心和轴孔上润滑脂（见图11.2）。
2. 润滑防尘罩。曲柄两侧各有一个橡胶防尘罩，安装防尘罩，并上润滑脂。

3. 从传动侧（和右侧曲柄连在一起）安装轴心。

4. 把左侧曲柄安进轴心。从右侧检查一下曲柄是否呈180度角。

5. 轻轻拧紧左侧预紧调节器盖。微微旋紧曲柄螺栓盖（见图11.3），Shimano要用专业的橡胶轴帽工具，FSA、Easton等品牌要用内六角扳手。扭力不要太大了，0.4~0.7（N·m）即可，目的是使右侧和左侧的曲柄贴近中轴外盖。

6. 使用5毫米内六角扳手锁紧两颗相对的螺栓（见图11.3）。两颗螺栓轮流锁紧，每次旋紧1/4圈，扭力在10~15（N·m）即可。

7. 骑行后，曲柄可能稍微移位，再次锁紧螺栓至规定的扭力值。

b. 安装一个螺栓固定曲柄的一体式中轴，Campagnolo Ultra-Torque（UT）、Fulcrum Racing-Torq和Specialized S-Works一体式中轴除外（但包括Campagnolo Over-Torque）

1级
1. 给轴心和轴孔上润滑脂。
2. 润滑防尘罩。曲柄两侧各有一个橡胶防尘罩，安装防尘罩，并上润滑脂。

3. 从传动侧穿入轴心（和右侧曲柄连在一起）。

4. 把左侧曲柄安进轴心。若有波形垫圈，将其安在左侧曲柄臂的主轴上。从右侧检查一下曲柄是否呈180度角。

5. 用8毫米或10毫米内六角扳手锁紧曲柄螺栓。这个螺栓的扭力值很高，见附录E。Campagnolo Over-Torque（OT）曲柄需要用配套的Campagnolo销子工具锁紧固定左侧曲柄的螺纹帽。安装曲柄臂之前，先将Campagnolo的OT轴心的预载调节套筒安装到轴心上。左侧曲柄臂锁紧到位后，用手指逆时针转动预载环，以消除侧向间隙（预载环与轴心的槽啮合，因此在旋松时会扩展），然后锁紧螺丝固定。

6. 骑行后，曲柄可能稍微移位，再次锁紧螺栓至规定的扭力值，并定期检查扭力值。

c. 安装Campagnolo Ultra-Torque（UT）、Fulcrum Racing-Torq、Campagnolo Power Torque（PT）和Specialized S-Works一体式中轴

1. 准备夹扣。Campagnolo和Fulcrum上有专门的电线固定夹（见图11.5），所以电线的末端不在驱动侧防尘帽处，而是挨着防尘帽。

2. 安装Specialized垫圈。在Specialized轴心和曲柄臂交接处，在每个轴心底部薄薄地涂层润滑脂。在曲柄臂上套上垫片，锥形侧面对着曲柄臂，阶梯侧对着中轴，将波形垫圈安装在左侧曲柄臂上。

3. 从传动侧穿入轴心。

4. 安装波形垫圈。Campagnolo Power Torque中轴的话，先安中轴密封圈，再安波形垫圈，然后安轴心末端的塑料防尘帽，曲柄应该从左侧中轴伸出。Campagnolo Ultra-Torque和Fulcrum Racing-Torq中轴，波形垫圈放在左侧曲柄（见图11.8）。

5. 安装左曲柄臂。Ultra-Torque和Racing-Torq中轴，先把左侧Power Torque安装到轴心上，再将左臂推到Power Torque的主轴上。从右侧检查一下曲柄是否呈180度角。

6. 安装带垫圈的（润滑过了的）曲柄螺栓。除了Power Torque之外，请将其从驱动侧安装。

   注意： Campagnolo Super Record曲柄是左旋螺纹。

   若有一个10毫米长内六角套筒扳手（6毫米专用）接头，接上扭力扳手，用42N·m或34N·m扭力值锁紧。若只有一个长六角扳手，请尽可能用力锁紧。只有平头的六角扳手可锁紧，因为球头内六角扳手不能很好地与螺栓啮合，达不到这么高的扭力。Power

图11.8 Campagnolo的Ultra-Torque曲柄组

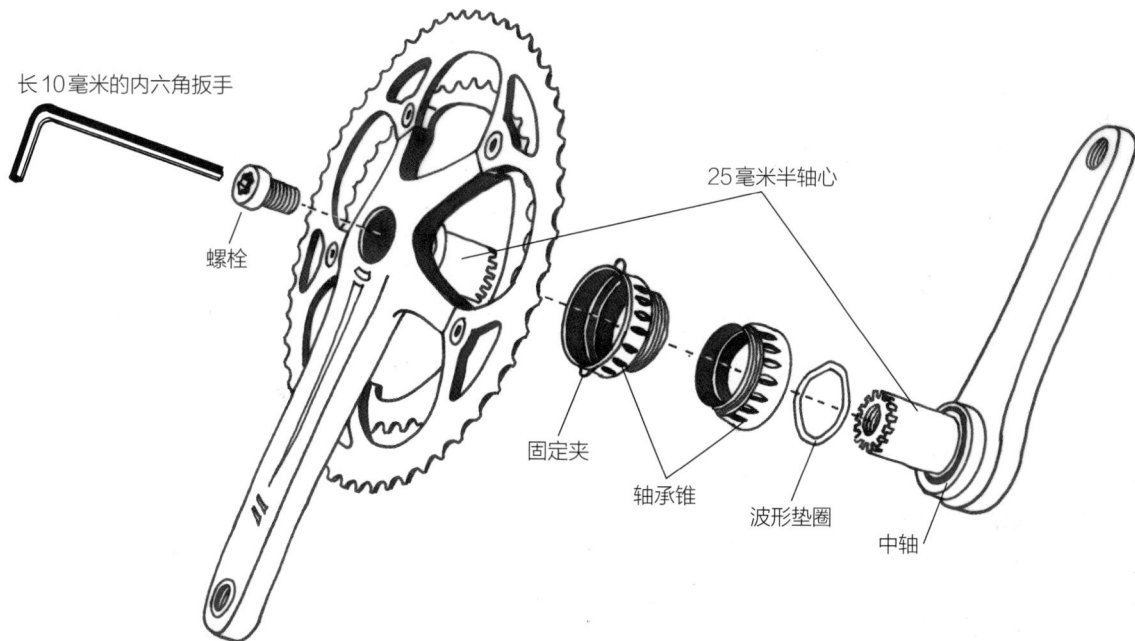

长10毫米的内六角扳手

螺栓

25毫米半轴心

固定夹

轴承锥

波形垫圈

中轴

Torque 的话，将垫圈和螺栓放入左侧曲柄臂，用 14 毫米内六角扳手锁紧。

7. 将固定夹（见图 11.5）推入 Campagnolo 和 Fulcrum 曲柄，将其末端插入右轴承锥的孔中，使曲柄左右移动位置正确。

d. 安装三片式中轴（方孔中轴、ISIS 中轴和 Oct-alink 八爪轴）

1级 1. 将曲柄套入五通主轴，方孔中轴要擦净接触部位的所有油脂，油脂会让软性的铝曲柄在钢或钛轴中移位，导致曲柄的四方孔变形。ISIS 十爪或 Shimano Octalink 八爪的五通主轴栓槽部要涂抹润滑脂，套入曲柄之前，务必对齐五通主轴的栓槽，然后再锁紧曲柄螺栓。

2. 安装曲柄螺栓。安装曲柄螺栓。先在螺纹处涂抹润滑脂，然后再锁紧（见图 11.4）。钛合金轴心或螺栓要涂抹专用的界面剂。使用铝或钛螺栓，要先将涂抹润滑脂的钢螺栓锁到规定的扭力值，拆下来钢螺栓，再用轻量化的螺栓锁到规定的扭力值。

注意：若有扭力扳手，一般螺栓锁至 32~49（N•m），ISIS 十爪的钢质螺栓最大不超过 59（N•m）（见附录 E）。若不用扭力扳手，判断的方法是把螺栓锁到特别紧，但不必用力至手上青筋暴起。

3. 更换防尘盖。

4. 拆卸和重装右曲柄可能改变牙盘的位置，所以要检查前拨链器（"5-5"）。

5. 骑行后，曲柄可能稍微移位，再次锁紧螺栓至规定的扭力值，并定期检查扭力值。

e. 安装老款的钢制开口曲柄

1级 要重新安装老款的钢制开口曲柄，需要在自行车商店购买一对新的开口螺栓，因为旧的

螺栓拆除后会变形，无法锁紧曲柄。安装时只需将曲柄臂滑回到轴心上，插入新的（润滑过的）开口螺栓，再锁紧螺母，将开口销紧紧楔入轴心的凹槽中。

11-3
牙 盘

随着骑行，牙盘会磨损，需要定期检查。还需要定期检查和紧固牙盘螺栓、牙盘的精确度等，观察盘片通过前拨链器时是否偏拢。

1. 用布擦净牙盘，观察齿牙。每个齿牙的尺寸和外形均应一致，若齿牙变尖成钩形（见图 11.9），牙盘和链条都需要更换（"4-7"），因为磨损的齿牙改变了两齿间的距离，会加速链条的磨损。

图 11.9 磨损的齿尖

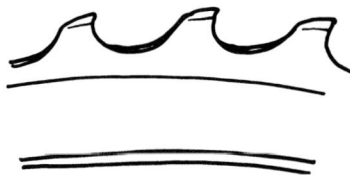

提醒：看上去形状比较怪异的齿尖有规律地排列，可能是为了调节上下链而设计的。牙盘内侧的上链脊（见图 11.10）也是用于协助链条调节的。高档链条的上链脊是用铆钉铆到盘片上的独立构件；低档链条的上链脊是冲压成型的，看上去像一条裂缝。

注意：另一种检查牙盘磨损的方法是从牙盘顶端将链条往上挑，齿尖和链条的间隙越大链条磨损越严重。若链条能挑起超过一齿高度，链条必须更换（也许盘片也要更换）。

2. 用锉刀磨除轻微的沟痕和粗糙的边缘。

3. 若某个齿弯曲了，试着用老虎钳或活动扳手把它扳回来（见图 11.11）并用锉刀将其弄平。扳的时候若崩齿

图11.10 非对称的齿牙设计

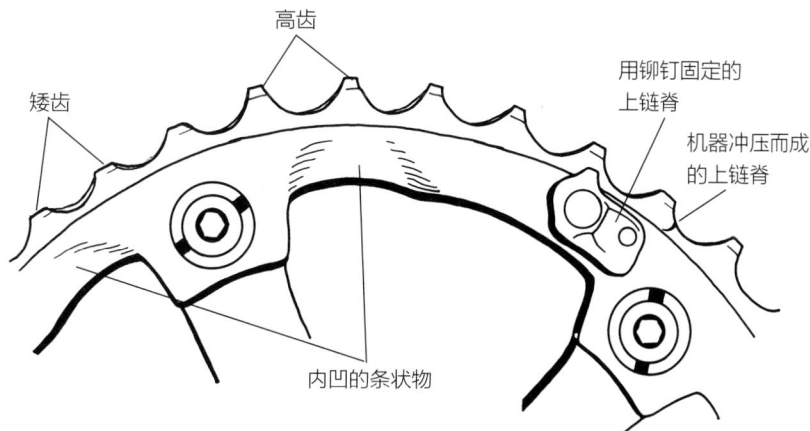

矮齿

高齿

用铆钉固定的
上链脊

机器冲压而成
的上链脊

内凹的条状物

图11.11 校正变形的牙盘

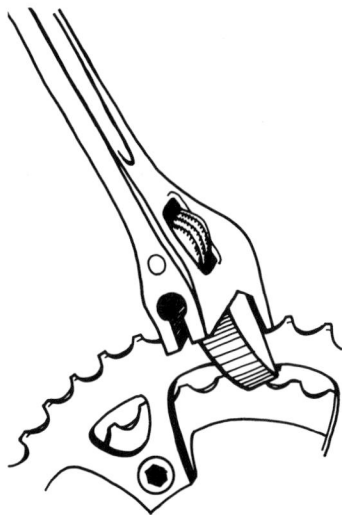

了，就换一个新的牙盘。

4. 缓慢地旋转曲柄，观察链条离开盘片下方时，是否有齿尖勾住链条。若有类似的情况，链条可能会卷入车架后下叉和小牙盘之间。在这个齿牙上作一个记号，并试着校正。若这个齿牙变形严重，或用锉刀、老虎钳都修理不好，就更换盘片。

注意牙盘的位置：不要将牙盘的位置调至曲柄臂轴心

的位置，因为不对称齿设计的牙盘（见图11.10）换挡时可能无法换到你需要的挡位。外侧牙盘一般定位在曲柄后面，另外两个盘片或有向内指的放射状齿，或在曲柄臂后面刻了一个小的三角形，按这个小三角形排成一排。

11-4

盘 钉

检查螺栓是否拧紧，然后顺时针旋转将它们拧紧（见图11.12）。在过去，这项操作需要用一个5毫米内六角扳手，但现在也可以用一个星形的Torx T30扳手完成。转动螺栓时，螺母也可能转动。若是这样，请使用双叉链环螺母工具（见图11.12）、6毫米内六角扳手或宽螺丝刀握住螺母，具体用哪个工具取决于螺母。

有的轻质铝合金盘钉受力有限，并且很容易折断，请注意不要超过扭力值（见附录E）。

若拆卸盘钉松落，操作时可将润滑脂或螺丝防松剂涂在螺栓上。若骑行中踩踏脚踏时不顺畅（或试图找出一踩踏就发出吱吱作响的原因），试着给螺纹和接触螺纹的部分抹上润滑脂。

图11.12 拆卸和安装盘钉

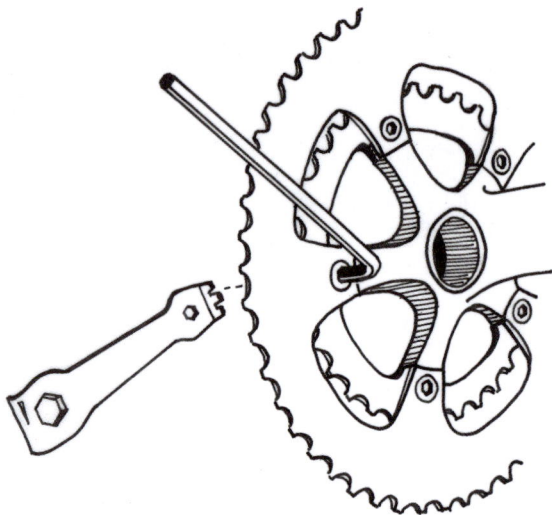

11-5
牙盘变形

缓慢地转动曲柄，从上往下观察牙盘和前拨链器的间隙是否来回摆动。

若来回摆动，先锁紧中轴（"11-11"步骤15）。用力踩踏造成的牙盘轻微扭曲难以避免，但幅度太大会影响性能。小的、局部的摆动可以用可调节扳手扳正（见图11.11）。若牙盘扭曲得太严重，就只能更换新的了。

11-6
曲柄弯曲

若新更换了牙盘，还是严重偏拢，极可能是曲柄爪变形了。若曲柄是新的，且仍在保修期内，送回原购处更换新的。

若坚持修理，可以通过观察牙盘和前拨链器外链板来判断哪个曲柄爪变形。曲柄爪上包一块抹布，用L形的可

调节扳手或管子扳手夹住，稍微用力校正变形处。若曲柄爪是碳纤维材质的，曲柄就没法再修，必须换新的。只有标准的双盘可以校正曲柄爪，压缩双盘或三盘和最内侧的盘因其之间的间距太窄，无法插入扳手进行校正。

11-7
更换盘片

大部分公路车有四或五个曲柄爪，若更换牙盘，需要了解曲柄的型号以确保新曲柄和老曲柄配套。

标准的双盘曲柄螺钉周布直径（BCD），即牙盘和曲柄的连接尺寸为130毫米，最小可配38齿牙盘。

标准的Campagnolo BCD为135毫米，最小可配39齿牙盘。压缩盘的BCD为110毫米（曲柄爪比标准盘的短10毫米），可配33齿牙盘。Campagnolo压缩双盘BCD为110毫米，但有一个螺栓孔有偏移量，所以只能安装Campagnolo压缩牙盘。

标准的三盘外两个盘的BCD为130毫米，最内侧盘的BCD为34毫米，最小可配24齿牙盘。

若是双盘，要成对配（三盘的话，要三个一起配），这样链脊才能比较一致，换挡时，盘齿正确才能"抓住"链条，顺利换挡。现在的牙盘上刻有尺寸（齿数），相近具数的牙盘也能一起使用（见图11.13）。牙盘上还有一个数字代表配套的飞轮（例如，11速的飞轮，要配11速的牙盘）。

图11.13 10速牙盘上刻的大盘齿数和小盘尺寸

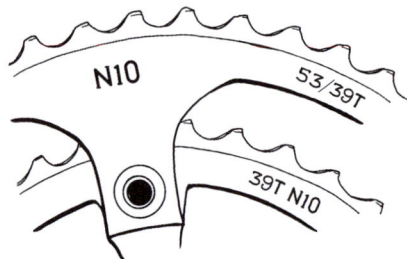

a. 双盘

更换双盘（见图11.12）或三盘的大盘和中盘比较容易。

1. 用5毫米内六角扳手或梅花T30扳手，旋松曲柄螺栓（见图11.12）。牙盘背面的盘钉帽用盘钉帽专用工具（一种薄的螺丝刀）或6毫米内六角扳手。

2. 安装新盘片：最外侧的盘片上有一根突出的铆钉，防止链条掉落在牙盘和曲柄之间。这根铆钉要朝外置于曲柄下方。中盘片和小盘片各有一个内突的条状物，这是对齐曲柄的标记，要置于曲柄下方。三片盘片都有安装螺栓和螺母的凹槽，切记凹槽的尺寸要和盘钉、盘钉帽的尺寸配套。凹槽不能面对曲柄爪，若盘片装反或错位，上链脊就起不到作用。最后，润滑安装螺栓和螺母的凹槽（见图11.12），锁死螺栓。

注意： Rotor牙盘不是圆的，如何调整自己的节奏呢？至少有三个点，有时有五个：三个在牙盘的一侧，两个在这三个点之间一半的位置。这些孔上面有标记点。先找到与曲柄臂对齐的三个标记孔（带有两个点的孔）的中间部分。从这三个点开始安装牙盘。也可以在路上时，边骑边调整位置。

    a. 注意铝合金牙盘钉不要拧得太紧。

    b. 若牙盘钉松动，可以在螺纹上涂螺纹胶，但不能涂润滑脂。润滑脂用于消除吱吱声。新的牙盘钉上可以涂润滑脂。

注意： 一旦改变牙盘齿数，必须重新定位前拨链器，细节见"5-5"。

b. 更换三盘中的最内侧的盘

1. 直接取出曲柄（"11-1"）。若不拆卸曲柄，则需要拆卸外面的两个盘，这样会更麻烦。

2. 拆下固定链环的螺栓。用5毫米内六角扳手（有的牙盘用T30梅花扳手）旋出曲柄的螺栓。除了Dura-Ace（以及某些Ultegra）三盘（见图11.1B）之外，螺栓直接旋入曲柄。Dura-Ace（以及某些Ultegra）三盘，最内侧的盘安装到专门的向内放射爪状的曲柄上。

3. 安装新牙盘片，小的径向隆起物对齐曲柄，润滑并锁紧螺栓。要确保盘钉和螺母安装到位，即盘钉的沉孔不能朝向星状爪。若外盘是50齿，内盘36齿，凸起标识要对着曲柄后面"36-50"的位置，不要对着"36-52"的位置。

要确定牙盘钉的头和螺母嵌入了螺孔口（也就是说，确保孔不要向内朝向曲柄爪）。一些轻量级的铝合金牙盘钉不能锁得太紧，不能超过其扭力值，以防其滑丝。

若牙盘钉松动，可以在螺纹上涂螺纹胶，但不能涂润滑脂。润滑脂用于消除"吱吱"声。新的牙盘钉上可以涂润滑脂。

注意： 有的曲柄不可以单独换盘片，其牙盘是一体的，无法拆开。1996—2002年的Shimano XTR和1997—2003年的XT曲柄，曲柄爪是套入式的，三片盘片可一次取出。用一字螺丝刀撬出C型弹簧圈，用锁环套筒旋松曲柄爪的锁盖，套筒固定螺栓从中间旋入曲柄螺栓，固定锁盖套筒（见图11.14）。曲柄爪分离后，可任意更换盘片，也可以安装新的盘片。

低挡的牙盘通常用铆钉直接固定在曲柄上，或是几片牙盘用柳钉连接，再用螺栓固定在曲柄上，此类设计只能更换曲柄组。

4. 装回曲柄（"11-2"，见图11.3和图11.4）。

250

图11.14 拆卸Shimano1996-2002 XTR或1997-2003 XT 第一代FSA碳纤维ISIS公路曲柄

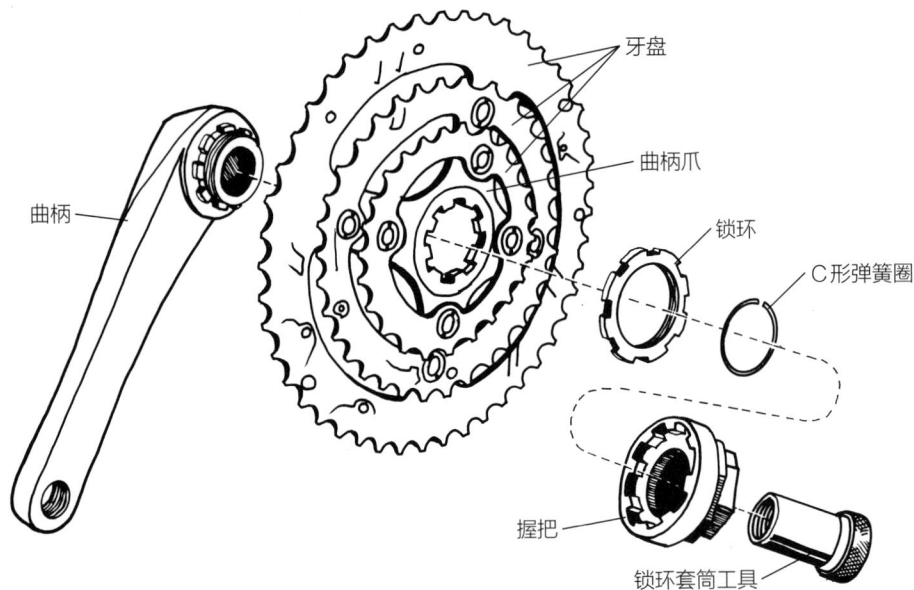

牙盘
曲柄爪
锁环
C形弹簧圈
曲柄
握把
锁环套筒工具

专业指导 —— **压缩双盘的优势**

爬坡时若要放到小齿比，但又不想换三盘（三盘比双盘重），可以考虑用压缩双盘。其曲柄螺钉周布直径是110毫米，比标准的130毫米或Campagnolo的135毫米要小，最小牙盘可安38齿（或39T），压缩曲柄内侧牙盘可以用34齿。

比如，可以使用39-53到34-50（要相应地调整前拨链器）。一般情况下也需要更换中轴，剩下的零件可以继续使用（也许要截短链条）。初级传动系统，一般使用33-41压缩盘。

压缩盘的盘脊较小，可以在16齿（50减34）到14齿（53减39）间跳跃，这意味着双盘的拨链器换挡可能不干脆。现行的前拨链器可以兼容压缩盘和标准盘。但若是2005年之前的前拨链器，可能需要换标准盘（也就是说，52T或53T的外盘）。为了换挡顺畅，其尾部安装在牙盘上方较高的位置。在这种情况下，可能还需要更换前拨链器。

中 轴

一般说来，低端的中轴多是螺纹的，锁紧到五通。早期的开口曲柄（曲柄用销子固定到五通）大部分中轴通过螺纹锁到车架的五通管后来出了方孔中轴（见图11.20）。

这两类中轴和曲柄（三片）都不是一体的，后来出现了两片（一体牙盘）外挂中轴（见图11.2）。

现在，无螺纹（译者注：卡纹）的压入式中轴渐成主流。不过，不同品牌的压入式中轴的宽度和直径都不尽相同。

公路车宝典：Zinn的公路车维修与保养秘籍

压入式中轴的外侧密封都比较好，但内侧密封得不太好，水可以从座管进入。若车架的五通没有排水孔，建议钻一个排水孔（任何车架的五通都可以钻一个排水孔）。将自行车垂直支好，排水孔就在中轴的底部，注意不要让拨链器止栓的塑料扣盖住排水孔。

无螺纹中轴

无螺纹中轴减少了工厂加工和组装的时间，可以使用全碳的压入式中轴，所以无螺纹中轴会成为将来的流行趋势。不过，迄今为止无螺纹中轴还没有统一的宽度和直径标准。除了早期的三盘曲柄设计，无螺纹中空式曲柄组的中轴是24毫米或30毫米。表11.1列出了目前无螺纹中轴的主要型号及其特点。

BB386

先从BB386讲起。BB386R的发明人称之为FSA "BB386 EVO"（见图11.15），是目前最通用的曲柄，适用于多数自行车车架类型。与BB30一样，BB386的轴心是30毫米，内径（ID）30毫米的密封式轴承都可以用。

BB30和PF30（两侧各加9毫米垫片）以及BBRight（驱动侧加垫片）也可以用。它们的轴心比BB30和PF30长，曲柄的长度可以安装外挂式中轴（见图11.16B），所以可以使用螺纹式中轴。中轴间的距离为90毫米，与外挂式中轴相同。

BB386五通宽度86.5毫米（见图11.16A），与30毫米轴心的"3"相结合，即是"386"的意思。中轴有塑料或铝压套管，从两端压入46毫米ID外壳，并在内部连接，24毫米或25毫米一体式轴心配BB386中轴。Wheels Manufacturing和Praxis Works等中轴生产厂家为使用BB386中轴车架生产的中轴，轴承锥用螺纹固定在中轴里，这样的设计与压入式轴承锥比，不容易发出异响或松动。

其他BB386变化

Campagnolo Over-Torque、Race Face Cinch、Clavicula和Rotor曲柄的长度与BB386 EVO相似，但并不完全相同。它们与BB386完全兼容，但通常需要加垫片，以便使用BB386中轴时没有间隙。

表11.1 —— 无螺纹中轴技术参数

型号	牙盘轴心直径	BB轴宽度	五通内径	五通轴宽度	是否用工具压入	备注
BB386EV	30毫米	86.5毫米	46毫米ID	46毫米OD，30毫米ID	是	与BB30和PF30/宽有9毫米空隙。也适用于右侧中轴
BB30	30毫米	68毫米	42毫米ID	42毫米OD，30毫米ID	是*	螺纹连接系统采用外侧轴承
PF30	30毫米	68毫米	46毫米ID	42毫米OD，30毫米ID	是	—
BB30A（Cannondale）	30毫米	73毫米非对称	42毫米ID	42毫米OD，30毫米ID	—	仅适用于BB30A曲柄
PF30A（Cannondale）	30毫米	73毫米非对称	46毫米ID	42毫米OD，30毫米ID	—	仅适用于BB30A曲柄
OSBB碳纤维（专用）	30毫米	61或62毫米	42毫米ID	42毫米OD，30毫米ID	—	—
OSBB铝合金（专用）	30毫米	68毫米	42毫米ID	42毫米OD，30毫米ID	—	—
BB86/PF24（Shimano）	24毫米	86.5毫米	41毫米ID	37毫米OD，24毫米ID	是	BB386曲柄适用于BB零件
BB90（Trek）	24毫米	90毫米	37毫米ID	37毫米OD，24毫米ID	—	Campagnolo UT、Fulcrum RT要加垫圈
BBright PF（Cervelo）	30毫米	79毫米非对称	46毫米ID	42毫米OD，30毫米ID	是*	PF30和BB386要加套筒
BBright CA（Cervelo）	30毫米	79毫米非对称	42毫米ID	42毫米OD，30毫米ID	—	BB30压入式中轴可用

图11.15   BB386曲柄

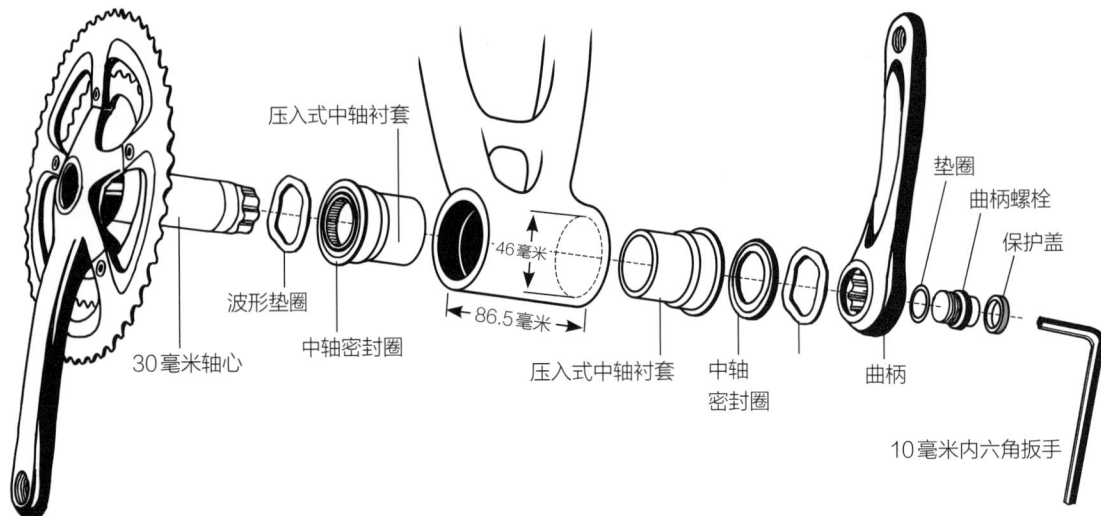

压入式中轴衬套

波形垫圈

30毫米轴心

中轴密封圈

46毫米

86.5毫米

压入式中轴衬套

中轴密封圈

垫圈

曲柄螺栓

保护盖

曲柄

10毫米内六角扳手

图11.16A   BB386五通剖面图，带PF30中轴；若五通是68毫米宽，用PF30中轴

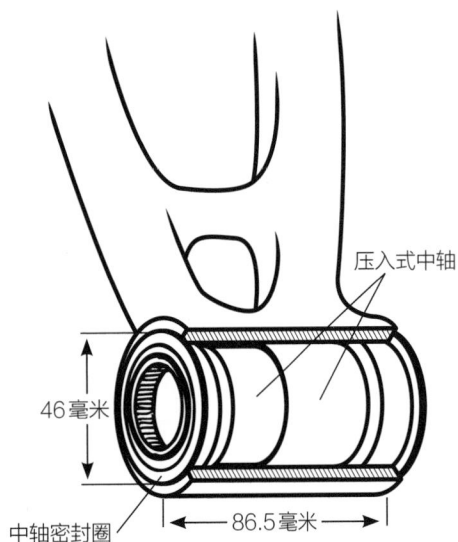

压入式中轴

46毫米

中轴密封圈

86.5毫米

BB30和PF30

BB30和Press Fit 30（也称为"PF30"中轴）牙盘轴心直径是30毫米，内径（ID）30毫米的中轴都可以用，

但比BB386轴心短。由于轴心长度不同，BB386和BB30曲柄的形状也不一样，BB30曲柄通常张开，曲柄底端和牙盘的距离也更大。

使用BB30的公路自行车，压入式中轴为68毫米（见图11.16C和图11.17），内径为42毫米（ID）。五通内有卡环槽，卡环卡在槽内，垫一对厚垫片（见图11.16C）。

PF30和BB30牙盘轴心的直径一样（42毫米OD，30毫米ID），不过PF30中轴外加了一个塑料或铝制套筒，无须卡簧直接装进五通。PF30与BB386（见图11.16A）中轴尺寸相同，只是PF30上的套管长度可以更短。PF30时，中轴长度为68毫米；BB386时，如图11.16A所示，中轴长度为86.5毫米。Wheels Manufacturing和Praxis Works中轴生产厂家为使用BB386中轴车架生产的中轴，轴承锥用螺纹固定在中轴里，这样的设计与压入式轴承锥比，不容易发出异响或松动。

BB30的其他变化

BB30A和PF30A都是Cannondale标准。它们与BB30和PF30相同，但车架的非驱动侧宽5毫米（因此五

图11.16B ISO螺纹（也就是"英式螺纹"或"BSA"）五通剖面图，带BB386外挂式中轴，螺纹为1.37英寸×24TPI

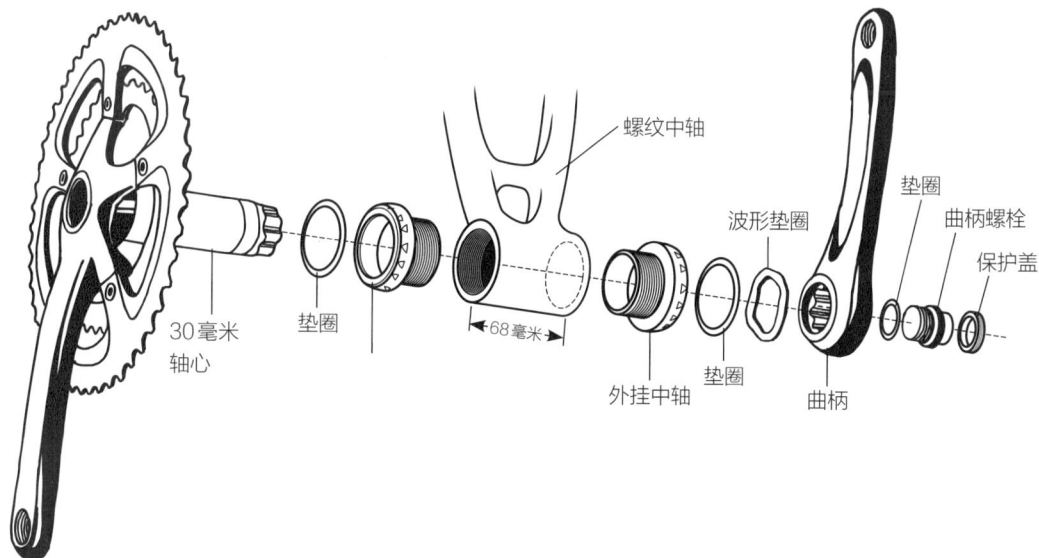

螺纹中轴

波形垫圈

垫圈
曲柄螺栓
保护盖

30毫米
轴心

垫圈

68毫米

外挂中轴

垫圈

曲柄

图11.16C BB30中轴外壳剖面，带BB386曲柄和垫片；外壳宽68毫米，内径42毫米

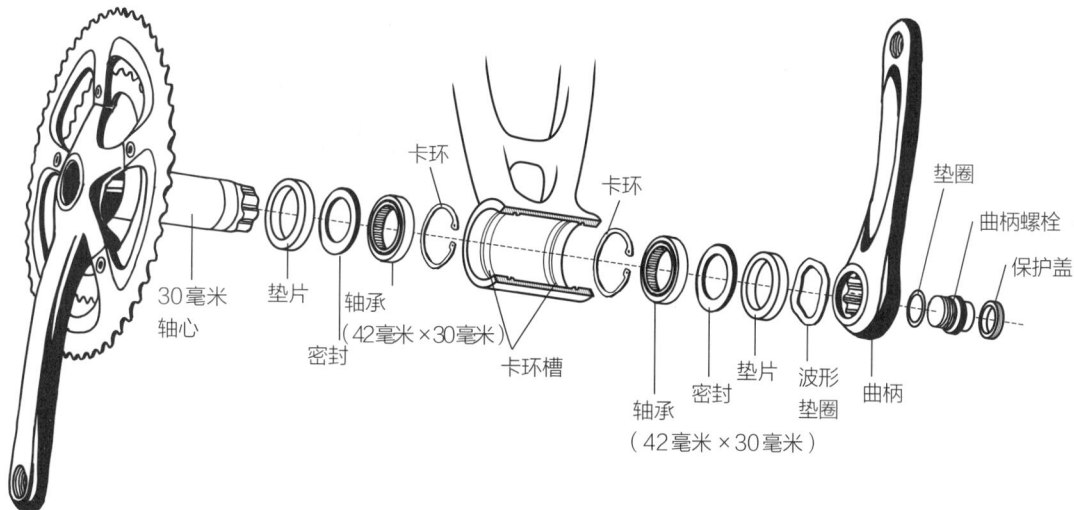

卡环

卡环

垫圈
曲柄螺栓

保护盖

30毫米
轴心

垫片

轴承
（42毫米×30毫米）

密封

卡环槽

轴承
（42毫米×30毫米）

密封

垫片

波形
垫圈

曲柄

通是不对称的，73毫米宽），只能用BB30特定曲柄（由FSA为Cannondale制造或由Cannondale制造）。Kogel和Wheels Manufacturing等中轴公司生产了转换轴，以便能使用BB30A和PF30A车架上的Shimano或SRAMGXP曲柄。

听起来很奇怪，Specialized的OSBB（超大中轴）"标准"根据车架的材质不同，尺寸也不同！碳纤维车架上的OSBB只是PF30的较窄版本（61毫米或62毫米五通，而不是68毫米）。在铝车架的OSBB中轴和OSBB、BB30

第11章 | 曲柄和中轴

图11.17 BB30曲柄。请注意，图11.16C中没有两个厚垫片。BB30使用BB386曲柄，需要加厚垫片

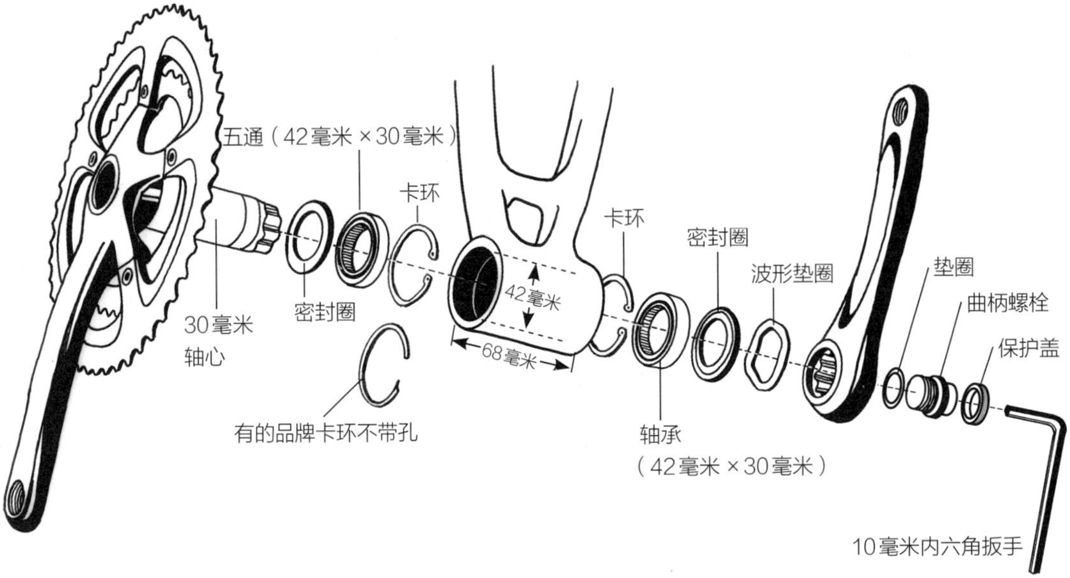

相同。

PF24（BB86）

BB86和BB92通常分别称为公路和山地自行车的"Shimano压入式中轴"标准，其他品牌的曲柄生产厂家也使用Shimano这个标准。Shimano简称为"Press Fit"。

为了更清晰和更符合中轴标准，我称之为"Press Fit 24"或PF24，因为轴心直径为24毫米，与PF30塑料套一样。PF24中轴可以安装一体式外挂曲柄（见图11.2），24×90一体式中轴（24×90指其直径24毫米，五通宽度90毫米）。

PF24（BB86）公路五通86.5毫米，内径41毫米。PF24（BB86）与BB386、PF30（见图11.16A）类似，中轴采用塑料或铝制套管压入五通。不过，PF24中轴外径为37毫米，塑料套外径为41毫米。每个塑料套的宽度为1.75毫米。这样，BB86公路自行车五通长度为90毫米（86.5毫米+1.75毫米+1.75毫米），与下面的Trek系

统完全相同，也可是外挂式螺纹中轴。

PF24（BB86）五通不能安装BB30或BB386曲柄。不过，市售有转换中轴，可以安装BB386EVO（或Cam-pagnolo Over-Torque、Race Face Cinch等同类的中轴）。Wheels Manufacturing和Praxis Works中轴生产厂家为使用BB386中轴车架生产的中轴，轴承锥用螺纹固定在中轴里，这样的设计与压入式轴承锥比，不容易发出异响或松动。

BB90（Trek系统）

BB90和BB95分别是Trek公路自行车和山地自行车独家的产品。公路自行车五通宽度为90毫米，内径37毫米的轴承座直压入车架（见图11.18）。37毫米外径×24毫米内径中轴与24毫米卡纹式一体中轴通用，与所有的标准外挂式/一体式24毫米轴心曲柄兼容（见图11.2）。

Trek及其中轴零件商（如Kogel和Wheels Manufa-cturing）提供各种24毫米一体式曲柄中轴，Trek的全套

图11.18　Trek Madone 碳纤维车架 BB90 中轴，SRAM GXP曲柄

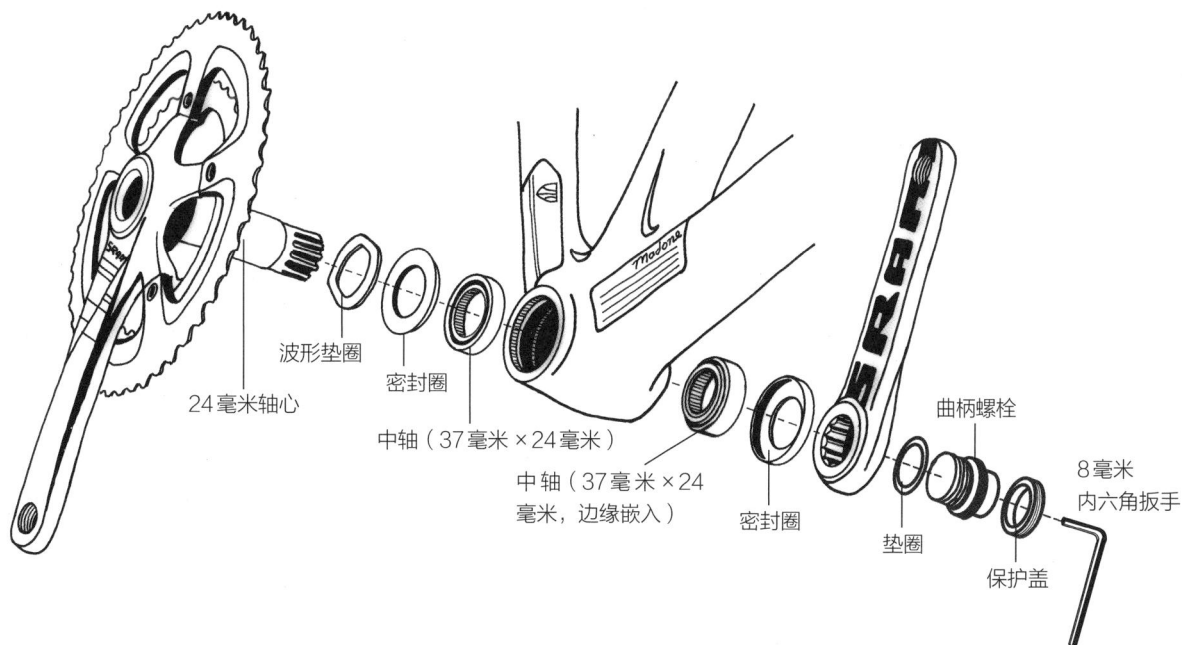

波形垫圈

密封圈

24毫米轴心

中轴（37毫米×24毫米）

中轴（37毫米×24毫米，边缘嵌入）

密封圈

垫圈

保护盖

曲柄螺栓

8毫米内六角扳手

曲柄组，安装时用手指即可将中轴压入。Campagnolo Ultra-Torque 和Fulcrum Racing-Torq曲柄组可用于无轴承锥和保护夹的曲柄，但需在中轴两侧各加一个薄垫圈，左侧中轴加一个波形垫圈。

BBright

Cervelo的BBright系统专为30毫米轴心曲柄设计，既不像BB386那么宽，也不像BB30那么窄。五通宽79毫米，不在下管的中心，非驱动侧则更宽。有两种不同的五通尺寸：BBright PF，内径为46毫米，适合PF30或BB386压入式中轴、直安式BBright CA（仅用于Californiamade Cervelo车架），内径为42毫米，适合BB30压入式中轴。BBright车架可安装BB386曲柄，驱动侧要加一个垫片，也可以配25~24毫米轴心曲柄。

BB94

Wilier Triestina已经停产的BB94五通宽94毫米，

Campagnolo Ultra-Torque或Fulcrum Racing-Torq曲柄直接安装在其中，无轴承锥、波形垫圈或保护夹。若安装Shimano、SRAM、FSA和其他24毫米轴心曲柄，要用Wilier Triestina垫片、外径37毫米×内径24毫米中轴（如Trek）。

Look ZED

Look的ZED是一体式碳纤维曲柄/中轴轴心。五通内径65毫米，宽度68毫米。

老款的压入式中轴

一些老款的方孔中轴不是螺纹式五通。比如，有的老款的Fisher、Klein和Fat Chance车架五通内有槽，将卡式中轴用卡簧固定到五通，非常类似于BB30配小尺寸的五通和方形轴心。早期的Merlin钛合金车架就用这类中轴，只是中轴压入五通，用Loctite胶黏合，不用卡环。

螺纹中轴

直到最近,无螺纹中轴才再次流行。大多数型号的自行车,其中轴是简单的螺纹式旋入五通,连接曲柄(见图11.19和图11.20)。虽然操作很简单,但螺纹式五通不通用。

目前,几乎所有的螺纹中轴都是ISO(又名"英纹""BSA"或"BSC")标准螺纹。中轴外盖上刻有"1.370×24"字样,意思是直径1.37英寸,牙距为一英寸24圈。若更换中轴,一定要确定新中轴和老中轴的螺纹一样。切记:英国标准下的中轴传动侧(右侧)是左旋螺纹(译者注:俗称"反牙"),也就是说:逆时针旋紧(见图11.19),顺时针旋松(见图11.19)。

图**11.19** 拆卸与安装一体式中轴,螺纹是ISO,即英纹或"BSA"

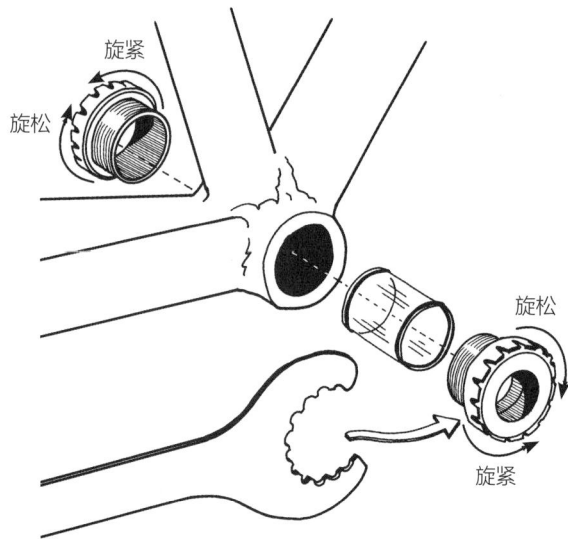

旋紧
旋松
旋松
旋紧

还有可能遇到意大利式螺纹中轴(直径36毫米,注意两个轴承锥都是右旋螺纹)、法国或瑞士(直径均为35毫米,但使用不同的螺纹方向)螺纹中轴。后两种螺纹很少见,尽管法式螺纹在20世纪80年代早期才流行。

目前,高端自行车上最常见的螺纹中轴是一体式外挂中轴(见图11.2)。中轴位于五通外面,外径为37毫米,内径为24毫米(通常),用轴承锥安装(见图11.19)。至少一侧的轴心和曲柄是一片式。Race Face X-Type左曲柄和轴心虽然是一体的,多数螺纹中轴是24毫米轴心(见图11.2),永久地压进传动侧轴心。Campagnolo Ultra-Torque和Fulcrum Racing-Torq曲柄有一个直径25毫米的分体轴心。其中一半与左侧曲柄一体,另一半与左侧曲柄一体(见图11.8)。轴心在中间接合,曲柄螺栓将两端的齿固定到一起。

图**11.20** 中轴套件

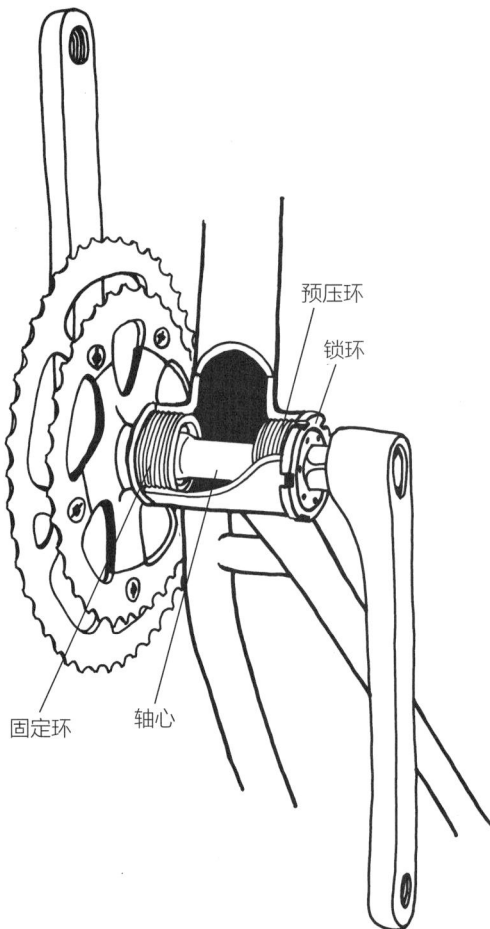

预压环
锁环
固定环
轴心

两件式螺纹曲柄组

一体式外挂曲柄的轴承锥外挂到五通（见图11.2），中轴和轴心比老款的设计（中轴在五通内）更大（因此硬度更大）。外挂式中轴也可以直接固定到曲轴上（见图11.3），以增加硬度。这类就是"两件式"曲柄，意思是一体式五通轴心。

为了使一体式中轴运转顺畅，车轴中轴两侧的螺纹必须均衡，中轴两端必须平行。若要安装高端的中轴，对车架是否合适又有疑问，最好的方法是使用专业车店的安装曲柄的专业工具从五通里敲出曲柄（螺纹的），再用专业工具安装。这类专业工具见图1.4。使用专业工具操作能大大减少中轴在踩踏中产生异响的概率，延长中轴的使用寿命。

三件式螺纹曲柄组

三件式曲柄（即两个曲柄和一个中轴），最常见的卡

式中轴（见图11.21或图11.25）。两端各有一个固定环，用图11.25所示的栓槽套筒拆装。这类中轴有的是方孔（见图11.21），有的是ISIS（译者注：10角花键，见图11.25）或Shimano Octalink八爪轴（见图11.24）。

虽然大部分Shimano Octalink八爪轴是卡式主轴（见图11.21或图11.25），第一代Shimano Dura-Ace Octalink是四爪轴，也有两端都是预压环的卡式中轴（见图11.24）。Octalink卡式中轴问世后，Shimano Octalink分成两套：Octalink 1和Octalink 2，二者轴心的爪的深度不一样。

Octalink的设计Shimano申请了专利。这项设计比图11.21~图11.23所示的方孔中轴增加了硬度、降低了重量。20世纪90年代后期，大批的中轴生产厂家联合起来创建了ISIS中轴标准。和Octalink一样，ISIS轴心的直径增大（见图11.25），爪更深。

图 11.21　Shimano卡式中轴，方孔中轴

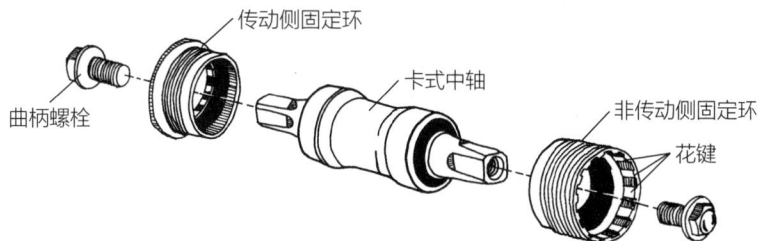

图 11.22　散珠式中轴，方孔中轴

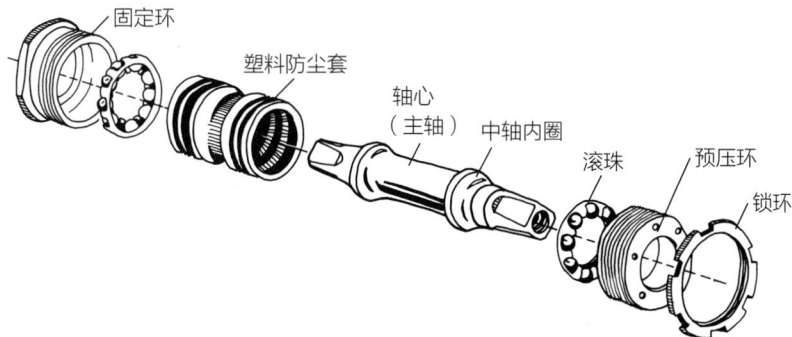

第11章│曲柄和中轴

图11.23 可调式卡式中轴，方孔轴

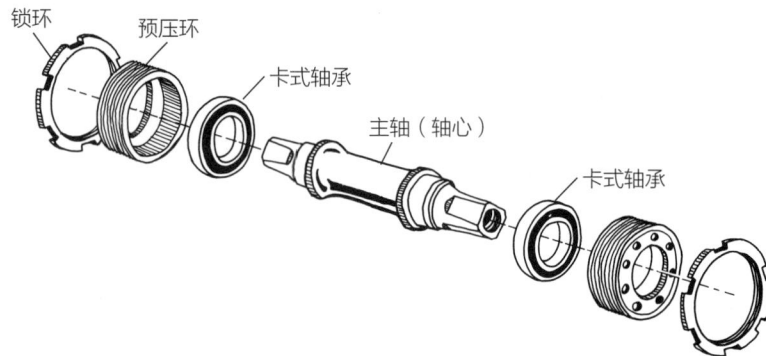

锁环　预压环　卡式轴承　主轴（轴心）　卡式轴承

图11.24 Shimano Dura-Ace Octalink 散珠式八爪轴

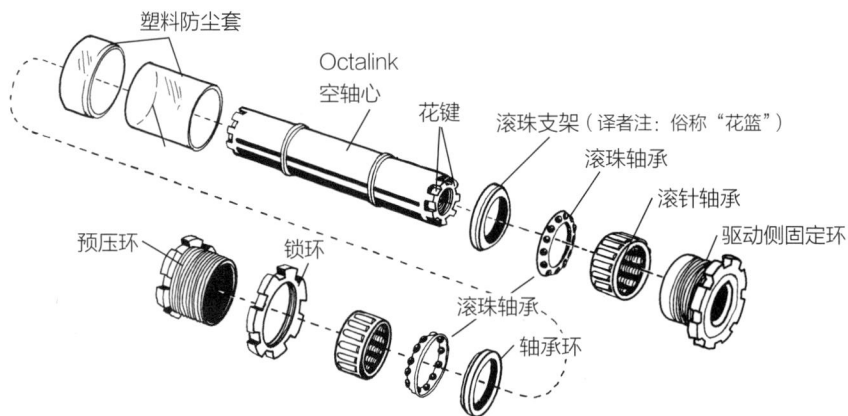

塑料防尘套　Octalink 空轴心　花键　滚珠支架（译者注：俗称"花篮"）　滚珠轴承　滚针轴承　驱动侧固定环　预压环　锁环　滚珠轴承　轴承环

图11.25 ISIS 卡式十爪轴

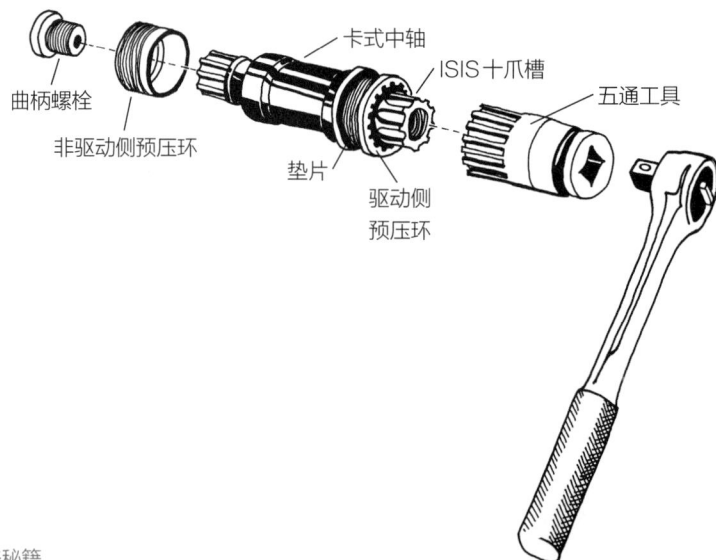

曲柄螺栓　非驱动侧预压环　卡式中轴　ISIS十爪槽　五通工具　垫片　驱动侧预压环

1990年之前流行的中轴为四爪轴碗锥散珠式轴承（见图11.20和图11.22），也有两端都是预压环的卡式轴承。上文论及的一体式外挂中轴、散珠中轴中必须旋入同心螺纹、螺纹两面必须平行且与轴心垂直，否则会损坏、磨损中轴。

另外，一些老款的中轴是可调节的卡式主轴，两端有锁环（见图11.23）。

另一种是Mavic和后来的Stronglight生产的卡式中轴，两端有螺纹（见图11.26），用锁环固定到五通。锁环呈45度凸面，轴芯卡进中轴底端的45度凹面。

安装中轴

螺纹中轴

安装分体（非一体式）中轴时，要确定中轴的长度是否正确。否则，牙盘和飞轮无法成一条直线（即形不成链条准线，见"5-46"和"5-47"）。若自行车中轴的长度不合适，盘片对不齐飞轮。轴心长度就有误，拨链器无论怎么调整都无法准确。选购和车架五通管的螺纹和长度、曲柄和五通管配套的中轴。准备新安装的中轴时，若品牌和型号与曲柄不同，请先参阅图5.55和链条准线的内容（"5-46"和"5-47"）。

一体式中轴的曲柄和中轴（见图11.21、图11.25和图11.26）对中轴螺纹的精确度要求不高。但是，一体式中轴的曲柄（见图11.21）和中轴（见图11.20、图11.22和图11.23）要若要运转顺畅、磨损，一是中轴旋入车架

图11.26 Mavic 或 Stronglight 卡式中轴，方孔轴

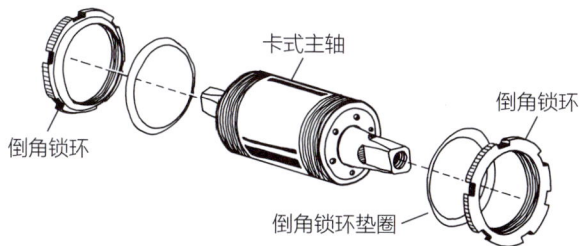

倒角锁环　卡式主轴　倒角锁环　倒角锁环垫圈

五通两侧的螺纹必须均衡，二是中轴两端必须平行。若安装高档中轴，最好使用专业自行车店的专业工具。这些工具见图1.4。使用专业工具操作能大大减少中轴在踩踏中产生异响的概率，使中轴更耐用。

安装中轴（或涂抹防黏剂）时，要先润滑中轴和车架五通的螺纹。

11-8
外挂式中轴/一体式中轴的安装与拆卸

2级

1. 给螺纹上润滑脂。

2. 用手安装中轴。ISO（英纹）车架，逆时针方向转动右侧（传动侧）固定环，顺时针转动左侧固定环。意大利式螺纹两侧都顺时针转动。

注意：可拆卸的塑料套（见图11.19）可防止污染物进入中轴。注意塑料套要安装在中轴右侧。

另外注意：即使中轴配有垫片，也不要在曲柄两侧安装垫片，除非中轴安装说明中专门提到要安装垫片。

3. 使用专门工具（见图11.19）锁紧固定环。RWC（OB-BCT2，见图1.4）底座需要使用套筒扳手，也可用扭力扳手替代；OBBCT2旋转按规定的扭力值，用扭力扳手锁紧至90度。BB386螺纹外挂中轴需要使用尺寸稍大一些的套筒扳手，扭力值较高（35~50N·m）。若没有扭矩扳手，就尽量地锁紧。

4. 安装主轴和曲柄臂。按照"11-2a""11-2b"或"11-2c"中的说明，根据自己的自行车类型操作。

比如，步骤2中反转旋转方向，即可拆卸中轴。用普通扳手而不要用扭力扳手拆卸螺栓（用扭力扳手拆卸螺栓并不是一个好主意，因为它会拉伸弹簧，从而改变其显示的扭力值）。

11-9
压入式中轴安装

2级

压入式中轴容错率低，无论是BB386、PF30、BB30、PF24（BB86）、BB90、BB94还是其他中轴都如此。轴承必须对齐、必须结合紧密，不能发出异响、松动，若松动，压入时就会变形。中轴出厂时必须是合格品，否则无法安装。

无螺纹中轴和无螺纹碗组安装方式类似（"12-22"）。

1. 清洁并在五通管内涂抹润滑脂。
2. 润滑中轴外侧或压入式中轴的轴承圈（见图11.27）。
3. 压入中轴，安装曲柄轴心。

Wheels Manufacturing和Praxis Works等中轴生产厂家生产一些压入式中轴，这类中轴用螺纹旋进中轴。若是这类中轴，上述步骤3改为：

将圆锥外圈拧在一起。按照驱动器侧和非驱动器侧的部件上的指示，从两侧推入圆锥外圈直到它们接触。包括任何适合在左外圈和中轴外壳之间的垫片。使用滚花安装扳手在每个圆锥外圈上安装外部轴承（见图11.19），将它们拧紧。

a. 压入式中轴：PF30，BB386，PF24（BB86）

压入预压环。预压环（或"固定环"）是五通和曲柄组专用的。每个轴承外面都有一个预压环（见图11.27）。用碗组压入器，一次压入一侧（见图11.28）。理想情况下，使用合适内径和外表面的中轴工具，一次可以同时压入两侧的预压环，否则还得同时推入两个预压环，有时无法保证两者对齐。注意预压环是否到位。润滑并安装厂家提供的防尘套（见图11.27）。若更换螺纹中轴，见以下注意。

这些说明虽然适用于Campagnolo Over-Torque曲

图**11.27** 压入式中轴：PF30、BB386或PF24（BB86）

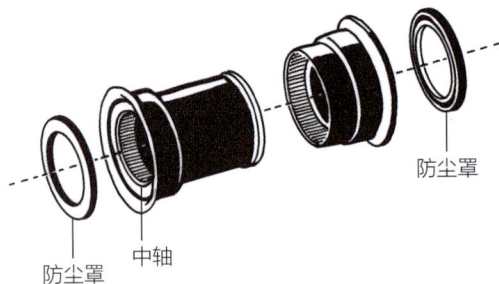

防尘罩
中轴
防尘罩

图**11.28** 使用碗组压入工具压入预压环

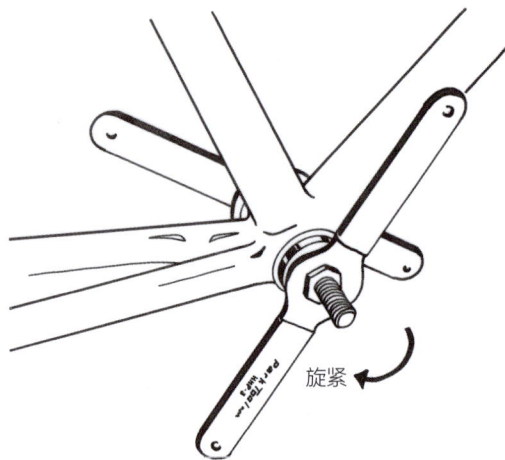

旋紧

柄（30毫米轴心）和25毫米轴心的Campagnolo Ultra-Torque、Fulcrum Racing-Torq、Campagnolo Power Torque曲柄，但五通需要安装配套的Campagnolo预压环才能安装。用手推入中轴，直到看不到O形且阻力增加，才能确定安装到位。可以使用Campagnolo的专业工具或中轴工具（如Park的BB30/BB86中轴工具，见图1.4）和碗组压入工具。转动碗组压入工具或Campy压入工具，将预压环压入中轴（见图11.29）。若没有专业的中轴工具，可以请自行车店帮忙安装，或用碗组压入工具安装。操作时注意预压环要对齐，不要弄坏预压环。预压环装好后，按照"11-2c"的讲解安装曲柄。

图11.29 将Campagnolo Ultra-Torque预压环压入无螺纹五通

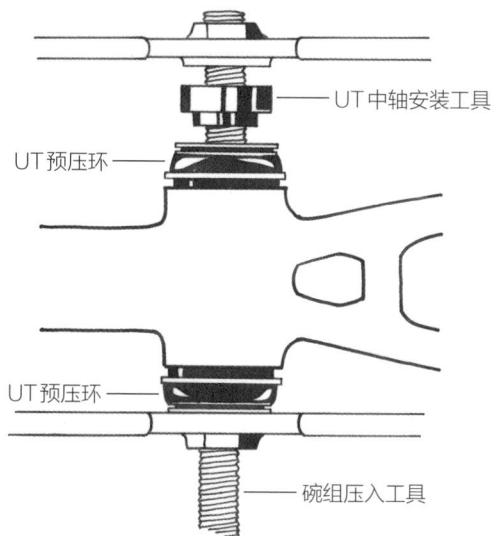

UT中轴安装工具

UT预压环

UT预压环

碗组压入工具

图11.30 将螺纹中轴预压环安装到无螺纹五通（图示的是BB86/PF24）

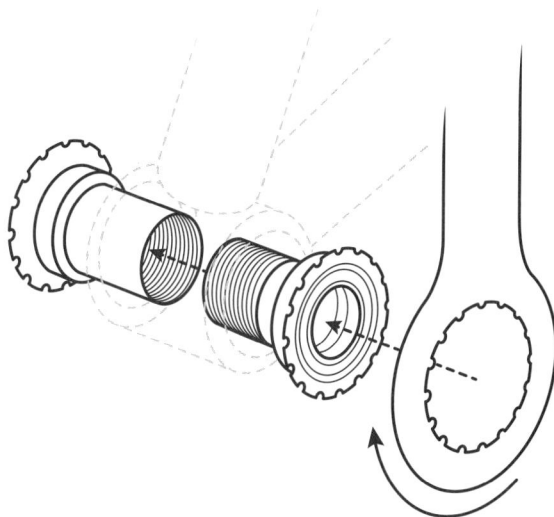

注意： 零售的压入式中轴的螺纹五通，螺纹旋进五通时，步骤1则变为：

1. 将预压环旋在一起。按照驱动器侧和非驱动器侧零件的安装指南，从两侧推入预压环直到它们相遇，用左侧预压环和五通间垫所附的垫片。用扭力安装扳手将每个预压环套入曲柄，旋紧（见图11.30）。

2. 安装轴心和防尘套，并拧紧曲柄臂。按照"11-2a""11-2b"或"11-2c"中的说明进行操作，具体取决于自行车类型。

b. BB90：Trek车架，五通长度为90毫米

用手将曲柄推入中轴（见图11.31）。Trek有安装BB90/BB95中轴的专业工具，但购置这种专业工具并非必须。

1. 对于Shimano、Race Face X-Type、Easton（以及其他）曲柄，将Trek提供的密封圈安在中轴上（FSA除外，其密封圈已经安在曲柄上了）。按照

"11-2a"的指导安装曲柄。

2. SRAM/Truvativ GXP，要确定中轴推进了左侧预压圈最小的孔（是22毫米，而不是24毫米），使中轴边缘朝内。将扁平的橡胶密封圈放在右侧，然后将波形垫圈安装到曲柄上。按照"11-2b"的指导安装曲柄。

3. Campagnolo和Fulcrum的曲柄，按图11.31所示安装中轴，安装左侧曲柄（非驱动）仅使用了Power Torque曲柄工具。若是6805中轴，37毫米×25毫米×7毫米，使用Campagnolo Ultra-Torque或Fulcrum Racing-Torq曲柄，先给Trek提供的密封圈涂抹Loctite胶，安装到五通两侧（右侧仅PT），静置24小时。第二天，将Trek提供的薄垫圈安装到UT和Racing-Torq两侧的安装座上，右侧仅PT。按照"11-2c"的指导安装曲柄（见图11.32）。

图11.31 用手压入 Trek Madone BB90 中轴

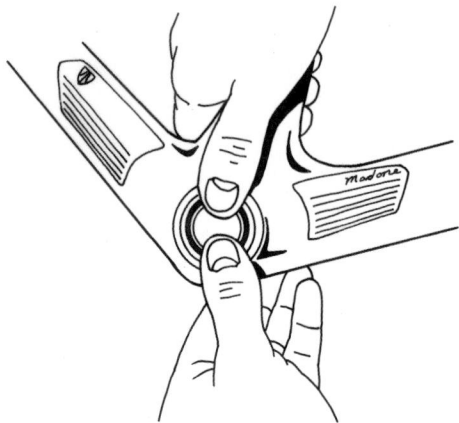

图11.32 Trek Madone BB90 安装 Campagnolo Ultra-Torque 曲柄；下图未显示密封圈和薄垫圈

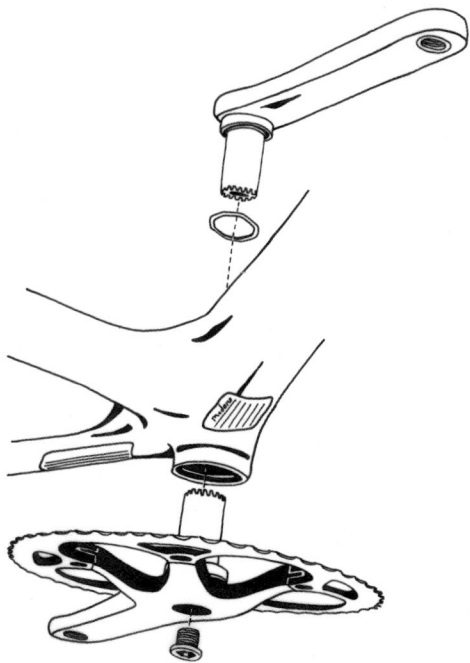

c. 各种类型的BB30

1. 清洁五通管内的金属碎屑或沙土脏污。

2. 将五通表面抹上润滑脂。卡环槽和卡环的表面薄薄地涂一层润滑脂。

3. 插入卡环。若卡环一端有一个孔（眼），将卡环拆装钳插入这两个孔内，卡环拆装钳用力夹紧以减小卡环的直径，把卡环安装到五通管的卡槽内（见图11.33）。若卡环没有孔，用力把卡环的一部分先压入五通管的卡槽内，再将卡环的其他部分压入卡槽内。检查一下卡环是否完全卡进卡槽内。用同样的方法，把另一个卡环压进卡槽。（拆卸有孔卡环时，把卡环拆装钳插入孔内，用力压挤卡环并顺势把卡环拽出来。拆卸无孔卡环时，边往卡环下插入螺丝刀，边把螺丝刀往上撬并移动，直到完全撬起卡环。）

4. 按下轴承。借或买BB30中轴拆卸工具（FSA、Park和Cannondale这类中轴拆卸工具）压入中轴。根据套管的型号，用碗组压入工具同时压入两侧中轴或一次压入一侧中轴（见图11.28）。中轴压到C型弹簧圈，说明中轴安装到位。若没有碗组压入工具而有BB30工具，可以使用大台钳，将中轴直接压到位。不过，这么操作时要多加小心。

图11.33 安装 BB30 卡环

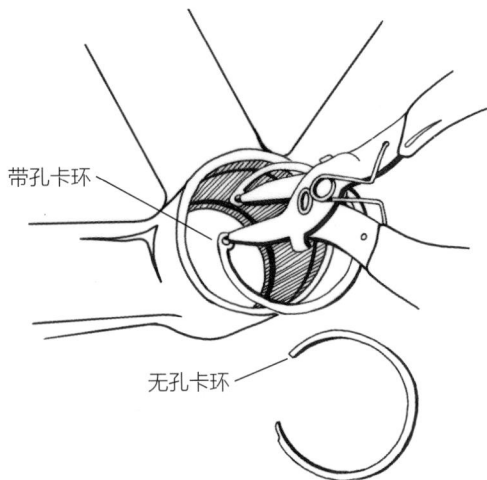

带孔卡环

无孔卡环

5. 中轴的背面涂抹润滑脂，以防水浸入五通管。

6. 把厂家附送的铝合金轴承防尘圈安装到中轴上，槽面向内对着中轴。

7. 轴心和中轴部分及螺纹部分先薄薄地抹一层润滑脂，再从传动侧推进轴心。BB30中轴安装过程中若不太到位，可用橡胶锤轻敲轴心两端，使之到位。

8. 若厂家附送了波形垫圈，安在轴心的左尾端，即中轴防尘圈和曲柄之间。

9. 安装左曲柄，锁紧曲柄螺栓。操作时最好用扭力扳手（8毫米或10毫米螺丝刀），根据扭力值操作（扭力一般比外挂中轴小，请参阅附录E）。

10. 检查波形垫圈。波形垫圈稍微有点压扁，但不会被压平。若波形垫圈被压得比较平了，拆掉曲柄，中轴上多垫几个垫圈，和防尘圈厚度差不多，这样曲柄运转时，波形垫圈就只是稍微压扁，而不是压平了。最后装回曲柄。

11. 若感觉中轴松或嘎吱嘎吱响，需要上Loctite胶。方法是在五通管内薄薄地涂一层Loctite 609低黏度固持胶，然后再装回中轴（"11-14b"）。

Campagnolo BB30注意： "Over-Torque"是指Campagnolo的30毫米碳纤维曲柄轴。虽然没有标记Record、Super Record等，这款曲柄是Campagnolo最轻、最硬的。它们是独立的产品，被称为Comp One和Comp Ultra。Over-Torque曲柄主轴较长，如BB386，与BB30、PF30、BB386和BSA（英纹）相匹配。此外，Wheels Manufacturing生产了直装式曲柄与BB86（PF24）相配。Over-Torque不适合BB90（Trek），目前没有中轴适合意大利螺纹车架。Over-Torque曲柄安装时需要专门的Campagnolo销子工具锁紧固定左曲柄的锁环。预压环是一个小螺纹环，与左曲柄和五通之间主轴啮合。左曲柄锁紧到位后，用手指转动预压环消除侧面间隙，然后用固定螺丝锁紧。

另外，除非在五通安装合适的预压环，Campagnolo Ultra-Torque、Fulcrum Racing-Torq和Campagnolo Power Torque曲柄不能安装到BB30或其他无螺纹五通。用手推入中轴，直到看不到O形环且阻力增加，确定安装到位。可以使用Campagnolo的专业工具或中轴工具（如Park的BB30/BB86中轴工具，见图1.4）和碗组压入工具。转动碗组压入工具或Campy压入工具，将预压环压入中轴（见图11.29）。若没有专业的中轴工具，可以请自行车店帮忙安装，或用碗组压入工具安装。操作时注意预压环要对齐，不要弄坏预压环。预压环装好后，按照"11-2c"的讲解安装曲柄。

d. BB94：Wilier Triestina车架，五通长94毫米

1. Shimano、SRAM/Truvativ GXP，FSA MegaExo，Race Face X-Type和Easton（及其他），用手推进中轴，把Wilier提供的密封圈放在上面。按照"11-2a"或"11-2b"的讲解安装曲柄。

2. Campagnolo Ultra-Torque或Fulcrum Racing-Torq曲柄，用手将曲柄以180度安装到五通。按照"11-2c"的讲解锁紧曲柄。Power Torque曲柄，用手推进左侧（非驱动）中轴，并按照"11-2c"的讲解安装右侧（驱动侧）曲柄。

e. 方孔中轴

20世纪80年代，小口径无螺纹五通管卡扣沟槽的车架比较流行。两个卡环将中轴固定在五通管内，轴心是方孔的。若中轴和五通管的尺寸相配，可以用手安装。若不相配，可以用比中轴外径略大的老虎钳、碗组压入工具（见图11.28）或其他的平头的柱状物，将中轴压进五通管内。中轴卡在车轴两端的座肩或卡环处。

有固定环的五通主轴，若中轴能用手装进去，先将两

个卡式中轴分别套上轴心两端，用卡环拆装钳将一侧的扣环固定到五通管外侧的沟槽，再从另一侧放入轴心，然后再安装另一侧的卡环，完工。

若不能用手装进中轴，将卡环拆装钳钳口或碗组压入工具朝着五通管方向，将中轴完全压入五通管，再安装卡环。同样的方法安装另一个中轴、卡环。

11-10
安装螺纹卡式中轴

卡式中轴可能是图11.21和图11.25所示的方孔中轴、ISIS十爪轴（见图8.19）或Shimano Octalink八爪轴。大多数中轴可使用Shimano花键专用套筒工具（类似于图11.25所示），但Campagnolo卡式中轴要使用不同的套筒工具。

注意： 压入式内螺纹铝合金套可将BB30或PF30无螺纹五通转换为螺纹五通。

1. 用手（顺时针）旋入左侧固定环3~4圈。

2. 将卡式中轴装进五通管，操作时要注意中轴的左右标识。固定环上有凸缘且是左旋螺纹的是传动侧（见图11.21和图11.25）。

3. 锁紧右侧（传动侧）固定环。操作方法是：用中轴安装工具（同样，Campagnolo中轴安装工具和其他品牌的都不一样，需要使用自己品牌的安装工具）逆时针锁紧固定环。即用开口扳手、扭力扳手或套管扳手（如图11.34所示，不包括传动侧）锁紧传动侧固定环，凸缘紧抵住五通管。注意ISIS和Octalink中花键中轴工具可用于卡式中轴工具（除了Campagnolo），但ISIS和Octalink卡式中轴工具不能用于ISIS和Octalink花键中轴。方孔中轴底部的孔太小，ISIS和Octalink花键中轴工具插不进去。记住：扭力值是50~70（N•m）。

注意： 大多数自行车上驱动侧的固定环逆时针锁紧，

图11.34 拆卸或安装非传动侧卡式中轴

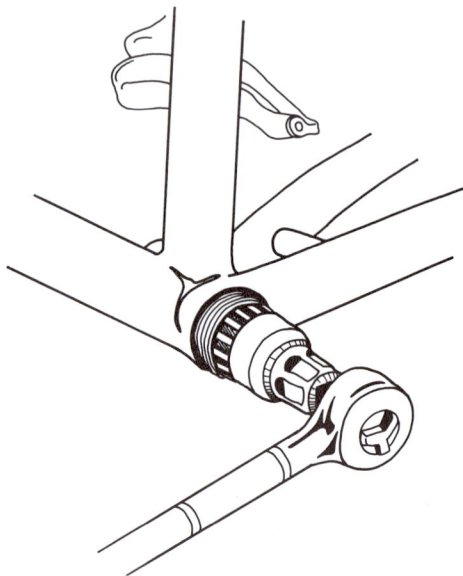

意大利螺纹（译者注：意纹）自行车则顺时针锁紧。

4. 顺时针锁紧左侧（非传动侧）固定环（见图11.34）。操作方法是：使用和锁紧右侧固定环一样的工具，用同样的扭力（见附录E），顺时针锁紧非传动侧固定环。卡式中轴不需要微调，继续安装曲柄（"11-2d"）。

11-11
安装散珠中轴

散珠中轴（见图11.20、图11.22和图11.24），滚珠在轴承锥和珠碗所形成的轨道空间内运行。这个"滚珠支架"（译者注：俗称"花篮"，左侧的图11.20和图11.22左侧的圆锥外圈，图11.24右侧的圆锥外圈"花篮"见图11.24和图11.22，右侧的"花篮"见图11.22）有凸缘，固定在自行车的右侧（传动侧，见图11.20）。相对的一侧，称为"预压环"，搭配卡环控制预压力量。滚珠通常用"花篮"彼此相连。

　　五通管左右螺纹的对称与两侧面的平行都非常重要，若要运转顺畅，中轴旋入车架五通两侧的螺纹：1）必须均衡；2）中轴两端必须平行可找专业车店使用专业工具。因为左右预压环旋进中轴，中轴两端必须成一条直线。若车架有问题，最好的方法是使用车店的专业工具安装中轴。

1. 若没有专业的中轴拆卸工具，最好到自行车店去。专业工具可以保证安装准确、密合性好。如图11.35所示的工具是下下策，很容易锁歪，工具在锁紧前容易滑开。固定环要锁得非常紧，骑行中才不会因颠簸而松动。切记英纹逆时针是旋紧。

图11.35　锁紧或旋松驱动侧固定环

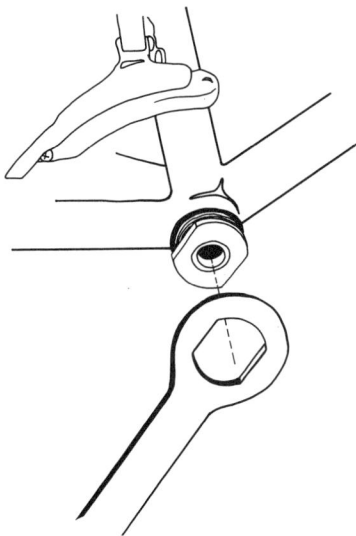

2. 用干净的抹布擦拭珠碗的滚珠承载面，润滑脂薄涂一层，中间插入一条旧毛巾，擦净多余的润滑脂，以防浪费或吸尘土。

3. 用干净的抹布擦拭轴心（也称为主轴）。

4. 找出五通轴心的传动侧，通常标示英文字母"R"或是凸出部分比较长（从轴承锥向末端测量）。若轴心有字，

阅读方向以骑行时跨坐在车上俯视为准。若轴心没有任何标识，两端长度也相同，则左、右均可。

5. 将一组由"花篮"连起来的滚珠套上传动侧的轴心（见图11.36）。注意"花篮"的安装方向要正确，滚珠能接触轴心承载面。因为"花篮"有两种相反的造型，极易混淆，装错会咬死并压毁"花篮"。若判断不清，有一个简单的测试方法：若安装正确，轴心转动滑顺，装错则反之。若没有"花篮"，将滚珠一颗颗粘入已填充润滑脂的珠碗，一般为9颗。滚珠数目是否正确可用下列方法检验：插入轴心，转两三圈后抽出，滚珠应该均匀排列，没有堆积（若滚珠堆积，说明滚珠放多了）也没有空隙。XTR散珠式五通主轴，轴心单侧要安装一个轴承环、一组滚珠和一组滚针轴承。

6. 轴心滑入五通管，将滚珠压进固定环（见图11.36）。滑入轴心时，从固定环外侧用小指稳定轴心末端。

7. 将塑料衬套插入五通管（如图11.22和图11.24所示）。塑料防尘套能使中轴隔绝尘土防止生锈。若没有塑料防尘套，建议购置。塑料防尘套安装时注意要抵住固定环的内缘。

图11.36　从五通的驱动侧开始安装中轴

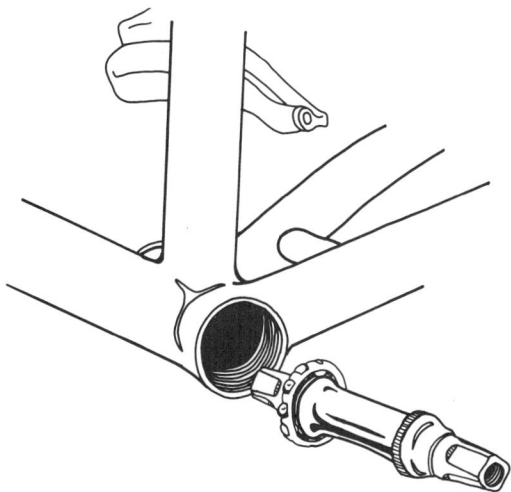

8. 再处理非传动侧：将滚珠放进涂抹了润滑脂的预压环。若滚珠有"花篮"，注意其方向。XTR散珠式五通主轴和传动侧一样，依序安装轴承环、滚珠和滚针轴承。

9. 先不装卡环，将预压环套进轴心，用手顺时针旋进车架五通管，确保笔直锁入。然后用手锁紧预压环，最好用手操作这一步，使滚珠接触轴心和珠碗。

10. 准备专业工具，大部分预压环外侧有两个小洞，用锁环扳手（见图1.2）或花键、方孔中轴套筒工具；预压环外侧若有两条平行沟槽，使用活动扳手。散珠式五通主轴需要用如图8.12所示的五通卡环专用钩式扳手。

11. 旋紧预压环时要注意不要过紧。随时用手指旋转轴心，检查运作阻力。若运转起来感觉发涩，则说明太紧了，稍微旋松一些。预压过大会迫使珠碗凹陷，轴心转动将不润。

12. 用手把卡环旋到预压环上。

13. 用锁环扳手将锁环拧紧在中轴外壳的表面上，同时用锁环扳手将可调节的圆锥外圈固定到位（见图11.37）。

图11.37 锁紧预压环：用锁环扳手将其调整到位

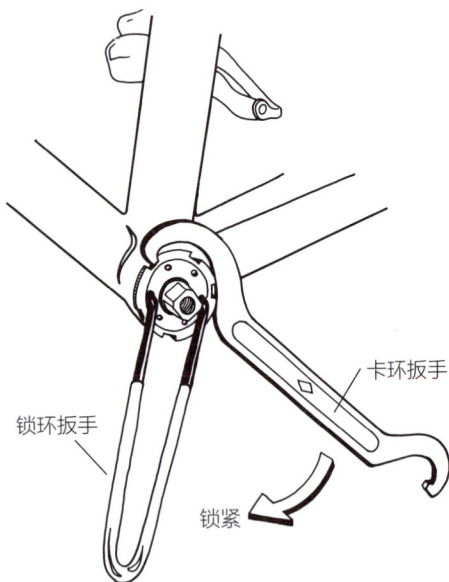

卡环扳手
锁环扳手
锁紧

锁环有不同的形状，锁环扳手也是如此，确保二者匹配。

14. 用五通卡环专用钩式扳手固定预压环，尽量锁紧并定期检查。锁环可以从五通中推进、拉出，进行调整。骑行中中轴要润。建议从曲柄的驱动侧开始安装、锁紧中轴（见图11.4），以便检查曲柄末端是否有游隙。这样操作整个安装过程会比较容易。

15. 用五通卡环专用钩式扳手固定预压环，尽量锁紧卡环（见图11.37）。为避免骑行中松脱，要尽全力锁紧（扭力值见附录E）。这一步可能要重复一到两遍，才能锁紧。

11-12
安装其他类型的中轴

刚刚描述的四种中轴类型可能代表了95%的自行车。但还是有一些值得一提的变化。

a. 带有预压环的卡式中轴

卡式中轴和预压环（见图11.23）的安装相当容易。中轴两端各有一个预压环，先安装传动侧预压环和卡环，再放入卡式轴承（若没有压入预压环）、轴心，最后安装非传动侧卡式轴承、预压环和卡环。旋紧卡环，同时用锁环扳手（见图11.37）固定预压环，根据"11-11"中的步骤11~15中讲解的方法排除游隙。

两个预压环的优点是可自己调整卡式中轴在五通管内的侧向定位。若盘片太贴近或远离车架（见"5-46"和"5-47"中的链线讨论），可以移入一侧的预压环，并移出另一侧的预压环，改变整组轴承的位置。

一些卡式中轴在调整和安装的过程中，可能会稍不顺利，用橡胶锤轻敲轴心两端，通常即可修复。

b. Stronglight（或Mavic）卡式轴承中轴

Mavic或Stronglight卡式中轴（见图11.26）的卡环

有倒角，所以五通管两端也必须倒角，需要到专业自行车店使用专业工具安装。车架切削完成后，先将卡式中轴放入五通管，两端分别套上锥状橡胶垫片（见图11.26），再旋入卡环，倒角朝内。用锁环扳手固定中轴，锁紧卡环，一次一侧（见图11.37）。此套系统的好处在于卡式中轴完全独立于五通螺纹，即使螺纹损毁或不是标准规格，仍可安装。Mavic已于1995年停止生产此类产品，Stronglight此类产品还有出售。

翻修中轴

翻修中轴包括清洁或更换中轴、清洁轴心和中轴表面，以及给中轴上润滑脂。操作时要先拆卸曲柄组（"11-1"）。

11-13
翻修一体式中轴

a. 一体式中轴的简单清洁和润滑

1级

1. 按"11-1a""11-1b""11-1c"或"11-1d"中所示拆卸曲柄。

2. Campagnolo或Fulcrum中轴，跳至步骤3；其他的一体式中轴，拆卸中轴上的橡胶密封盖。拆除中轴上的橡胶套，取出密封圈，拆卸中轴（Race Face X-Type曲柄，左侧密封盖和左侧曲柄一起脱落）。取出密封圈的方法：将一个刀片的刀刃插入密封圈边缘，把密封圈撬起来（见图11.38）。FSA和Shimano的密封圈在中轴孔内，可能需要用薄的螺丝刀撬起来。大部分情况下，传动侧的密封圈粘在曲柄轴上，直接拽出右侧曲柄。

3. 撬出内外圈间的密封圈。方法是：将刮胡刀片或裁纸刀的刀刃插入密封圈下，把密封圈撬出来（见图11.39）。

4. 清洁中轴。使用干净的干布、溶剂和干净的牙刷擦洗

图11.38 从外面撬橡胶密封盖

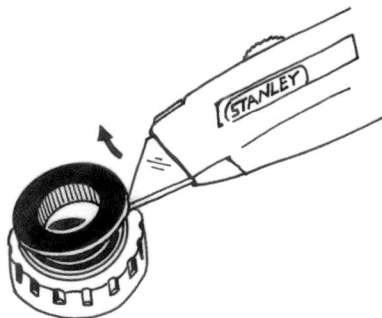

图11.39 用美工刀的刀刃撬起密封圈

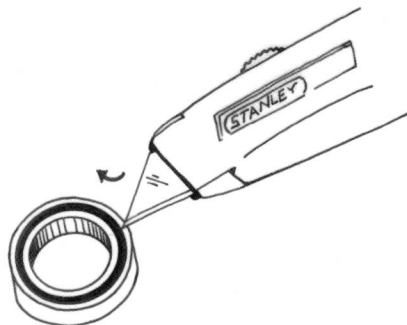

轴承，把中轴上脏污的原有的润滑脂清理干净。滚珠轴承上的脏污润滑脂——通常隐藏在中轴"花篮"下面。戴上护目镜，用压缩气体吹净中轴。反复操作，直到中轴干净为止。中轴只能从外侧取下来，而不能从中轴锥侧取下来（"11-14a"）。清洁中轴后使其干燥。

5. 用干净的润滑脂重新涂抹中轴，更换中轴密封圈和五通盖。

6. 按"11-2a""11-2b"或"11-2c"所示，重新安装曲柄组。若中轴仍运转不畅或有沙子，则需要进行翻修（"11-13b"）或更换中轴（"11-14"），或简单地更换整个轴承锥外圈和中轴（"11-8"）。

第11章 ｜ 曲柄和中轴

b. 拆卸和检修卡式中轴

3级
♦♦♦

这仅适用于塑料轴承容器（译者注：即"花篮"）将滚珠分开的高端中轴。取出滚珠会损坏一个钢质的"花篮"。若拆卸中轴密封圈，如图11.39所示，可在其下方看到一个闪亮的钢制扁平环，每个滚珠轴承上有一个凸起，若将其拆开，则无法重新组装，甚至不能再用了。低端的中轴，即使有塑料"花篮"，从经济的角度讲，也没有必要花时间和精力维修了。混合陶瓷中轴则值得检修。

1. 拆下中轴密封圈。把中轴从车架取下来之前，先确定中轴是否可拆卸。撬开密封盖（见图11.38），然后将裁纸刀或刀片插在密封圈下，将其撬起（见图11.39）。注意不要切割到橡胶边缘。若把密封圈弄弯了一点，不要担心——可以轻松地将其拉直，因为它的材质是柔软的铝合金。

2. 擦去润滑脂并检查中轴内部。若在"花篮"下看到一个闪亮的钢制扁平环，每个滚珠上有一个凸起，不损坏滚珠就无法拆卸，可更换滚珠或按"11-13a"中的方法做个简单的清洁。若是塑料的"花篮"，跳至步骤3；一侧是顺滑的，盖住滚珠；另一侧每颗滚珠上有个凸起，所以可以看清楚每颗滚珠。若用的是螺纹外挂式中轴，请先阅读"11-14a"步骤8。若"花篮"的朝向自己，可以不将其从外挂式中轴上拆卸下来就进行翻修（详细步骤见"11-14a"），跳至步骤5。

3. 按"11-14a""11-14b""11-14c""11-14d"或"11-14e"所示，将卡式中轴从五通拆出来。

4. 按照步骤1撬开另一个中轴密封圈。

5. 拆卸中轴"花篮"。若"花篮"的脊面朝向自己，用锥子撬起每个滚珠。

6. 用锥子在轨道上推动滚珠，将所有的滚珠推到中轴的一侧。

7. 手指穿过与"花篮"相对的滚珠，将其拉到外圈。滚珠从"花篮"脱落。

8. 清洁滚珠和"花篮"。用抹布擦净滚珠，然后抛光。再把"花篮"浸到水槽的肥皂水里（淹没），用干净的抹布擦净，彻底晾干。

9. 将滚珠排摆在轨道内，每个滚珠和相邻的滚珠接触，用润滑脂固定滚珠。

10. 将"花篮"推入滚珠的另一侧，安装"花篮"。

11. 用锥子推动滚珠，使其均匀地分布在轨道里。

12. 小心地推入"花篮"。可能必须剪断"花篮"的最后一个端耳才能推进去，因为若滚珠之间有端耳——最后一个端耳会影响其横向运动。

13. 滚珠两侧填满润滑脂陶瓷中轴要用专门的润滑脂。

14. 用手安装"花篮"。

15. 若需要，将卡式中轴推回轴承锥或轴心。

16. 做完这一切烦琐的工作后，为自己点个"赞"。中轴又恢复到崭新的样子了！

11-14
更换一体式中轴

更换中轴的话，可换个同型号的，也可以换成升级版的不锈钢中轴或高档的陶瓷中轴。陶瓷中轴比较贵，但其转动性能非常棒，几乎所有的顶级职业车手都使用陶瓷中轴。陶瓷滚珠比不锈钢滚珠更轻、更润，其圆度和硬度是不锈钢滚珠2.5倍，比不锈钢滚珠的强度强50%，且很少受热度的影响。

若只更换中轴轴承，不换整个中轴，先从相关网站或自行车店找轴承，并确保其与曲柄配套。

a. 更换一体式中轴的外挂轴承

在大部分情况下，若没有专业的工具从外挂中轴中取出轴承，更换或升级中轴需要更换轴承锥。SRAM、FSA和其他品牌提供陶瓷中轴。按"11-8"的方法拆卸曲柄后，更换中轴的操作方法见"11-1a"，拆除旧轴的方法和安装的方法相反。若自己有专业的工具，想升级中轴，按如下的方法操作。

需要有专业的工具拆卸外挂式中轴，才会不毁坏轴承锥，并能完全安装好轴承及校正对齐。Enduro品牌的Sonny的Bike Tools（见图11.40）Sonny很不错，而Phil Wood也有一款类似的工具。下面的讲解是针对Enduro的，Phil Wood工具略有不同。Shimano Hollowtech II、FSA MegaExo和Race Face X-Type五通，操作的步骤一样，只是SRAM/Truvativ GXP轴承锥多了一步。

1. 拆卸曲柄（"11-1b"）。
2. 使用合适的工具从车架上拧下外圈（"11-8"，见图11.19）。旋松紧固环。操作时切记：除非是Italian-threaded车架，驱动侧左旋螺纹为旋松。
3. 拆除（或不拆除）中轴橡胶圈。把刀片插入中轴外的橡胶圈下（而不是插入中轴的密封圈下），然后撬起（见图11.38）。FSA和Shimano的橡胶圈或许需要沿着边缘撬一圈才能撬出来。也可以先不撬橡胶圈，从中轴拆卸工具（顶丝）中推出中轴时，中轴会把橡胶圈顺带着推出来。拆下轴承盖密封圈。
4. 从内侧将夹头工具插入中轴。
5. 把圆头的圆柱体膨胀环插入夹头后，会自动在中轴孔内扩张开形成膨胀环，凸起的边缘会卡住中轴座圈的背面。很多中轴内部有一个小支架，若不用夹头工具，往外拽中轴时会受阻。
6. 把中轴盖的外侧端正面朝下放进夹头工具。

7. 给夹头膨胀环施加压力以推出中轴。膨胀环中插入Enduro工具的大螺栓并用力锁紧螺栓，注意检查中轴的方向。检查中轴的方向时，自行车车头朝前。
8. 确定轴承方向。虽然陶瓷珠不会生锈且比钢珠坚硬两倍，但还是有人使用钢珠，所以还是存在生锈的问题，生锈就需要维修。和其他的卡式轴承一样，陶瓷轴承的滚珠间也有保持器，把各个滚珠分开。相邻的滚珠向相反的方向旋转，保持器能减少相邻的滚珠间的摩擦。保持器一般是不对称的，所以，用裁纸刀的刀刃撬开中轴密封圈时，可以看到一侧的滚珠，另一侧只能看到保持器。维修需要清洁中轴并涂抹新的润滑脂。所以，压入中轴之前，确定哪一侧的中轴保持器关闭，以及关闭的一面朝内。这样，可以比较容易地撬开中轴盖，按"11-13b"的方法清洁并涂抹润滑脂。Truvativ/SRAM陶瓷中轴保养周期为骑行100小时。当然，保养周期取决于自行车骑行的强度、环境与次数等。
9. 把中轴插入安装压入式中轴工具，插入中轴内径。中轴工具一头是24毫米，另一头是25毫米。FSA和Shimano的老款的中轴有25毫米内径；薄的一体式外挂中轴主轴直径24毫米。若只更换中轴，密封圈继续使用，选择25毫米内径中轴。或者，Enduro的Shimano/FSA替换套件使用24毫米内径中轴和薄的外硅胶盖密封。
10. 把安装压入式中轴工具和中轴插入膨胀环，面朝上。
11. 把中轴盖套到中轴上，再套上支撑环。
12. 插入长螺栓，用8毫米内六角扳手锁紧（见图11.40）。
13. 检查新换的中轴是否安装到位。若没有，扳开中轴盖。重装螺栓并将其锁紧到位。Truvativ和SRAM GXP曲柄（24毫米内径中轴）需要二次压入，因为更换的中轴（标准尺寸，7毫米厚）比Truvativ（专用）中轴窄1毫米。

第11章 | 曲柄和中轴

图**11.40** 用 Enduro 工具把新中轴压入外挂式轴承锥

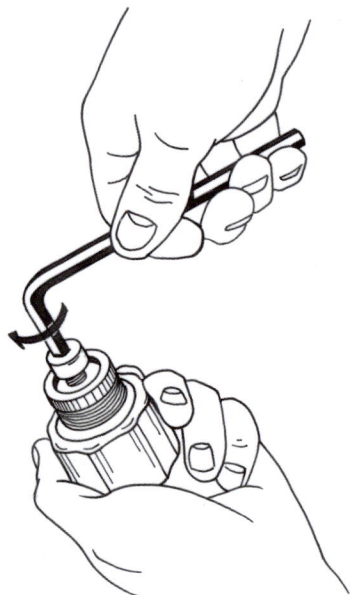

14. 非传动侧的 Truvativ/SRAM GXP 中轴安装塑胶套。GXP 非传动侧中轴塑料套座肩 11.5 毫米宽、1 毫米厚的衬套，卡在曲柄的横向位置。使用专业的 GXP 中轴安装工具安装塑料套。

15. 按 "11-8" 的方法安装中轴盖，按 "11-2" 的方法安装曲柄。工作完成，开心一笑吧。

b. BB30：更换中轴

2级 BB30 曲柄（见图 11.17）需要专业的中轴拆卸工具。Enduro 中轴拆卸与安装工具见 "11-13a"。按照 "11-13a" 的方法，插入中轴拆卸与安装工具，锁紧中心的螺栓，把中轴顶出来。

Park's BBT-39 T-shaped BB30 中轴拆卸器（实际上是一个向外顶的工具，见图 1.4）使用方法如下：

1. 把 BBT-39 T 型的一端插入中轴，直接把中轴从另一端顶出来（见图 11.41）。操作时注意工具不要碰到卡环的孔（见图 11.17 和图 11.33）。

图**11.41** 使用 Park BBT-39 工具顶出 BB30 中轴

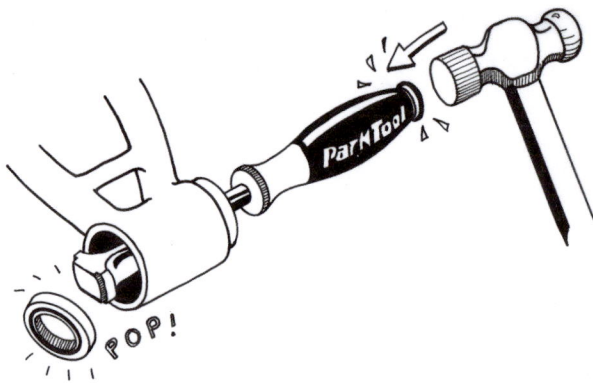

2. 在靠近自己一侧的 BBT-39 中心插入顶杆。

3. 用锤子敲击顶杆。若手边没有合适的工具，可以去自行车店，以免弄坏了中轴管。若确定自己可以小心地操作，也可以在中轴的另一端（不是卡环一端）垫一个木棒或内六角扳手，然后用锤子轻敲木棒或内六角扳手。边敲打边移动木棒或内六角扳手，慢慢地把中轴敲打出来。

c. 更换压入式中轴

2级 拆卸 PF30 和 BB386 塑料轴承预压环，需要在中轴后面插入一个 "rocket" 中轴拆卸工具，像敲击把立封盖那样轻敲中轴（见图 12.37 和图 12.38；"12-20" 步骤 4）。

用同样的方法拆卸 PF24（BB86）中轴，不过，需要一个直径更小一些的中轴拆卸工具。拆卸工具的直径通常是 1 英寸（25.4 毫米），比 PF24 轴心 24 毫米要大。Park BBT-90.3 中轴拆卸工具是专门为 PF24（BB86）中轴设计的。

对于 PF24（BB86）、PF30、BB386 来说，取出中轴会损坏塑料预压环。更换中轴意味着要购买和安装新的中轴。那么，模压的塑料预压环经济实惠 。

按照 "11-9a" 安装新轴承。

d. 更换 BB90 或 BB94 中轴

1级 BB90（见图 11.18）或 BB94，可以用手取出中轴。若用手取不出来，可以把大的内六角螺丝刀放到中轴的一端，边用锤子轻轻敲打螺丝刀边移动螺丝刀，中轴很快就能取出来。

按照 "11-9b" 中的说明安装新轴承。

e. 更换 Campagnolo Ultra-Torque、Power Torque 或 Fulcrum Racing-Torq 中轴

3级 Campagnolo Ultra-Torque 和 Fulcrum Racing-Torq 曲柄（见图 11.8），需要用 Park CBP-3 这类专业的中轴拆卸工具拆卸中轴（见图 11.42B）。Campagnolo Power Torque 曲柄，需要用 CBP-5 专业中轴工具套件（见图 11.42A）中的 CBP-3 中轴拆卸器。若没有这些专业工具，建议把曲柄带到自行车店去更换。千万别想用一把螺丝刀撬动碳纤维曲柄取出中轴。

拆卸

1. 按照 "11-1c" 或 "11-1d" 中的讲解，根据中轴的不同类型，选择拆卸方法。

2. 安装中轴拆卸工具。Ultra-Torque 和 Racing-Torq 的话，将 CBP-3 中轴拆卸工具的两个指状物钩在中轴的边缘并锁紧，使其不会从手上滑落。

   Power Torque 的话，首先将 CBP-5 钢制伸缩架插入轴承下方，使 CBP-3 拆卸工具充分接触 PT 曲柄的轴心。将 CBP-3 指状钩钩在伸缩架顶部边缘的槽中（见图 11.42B）并拧紧两个侧面旋钮，使其不会滑落。

图 **11.42A** Park CBP-3 和 CBP-5 中轴拆卸工具，用于拆卸和更换 Ultra-Torque、Power Torque 和 Racing-Torq 中轴

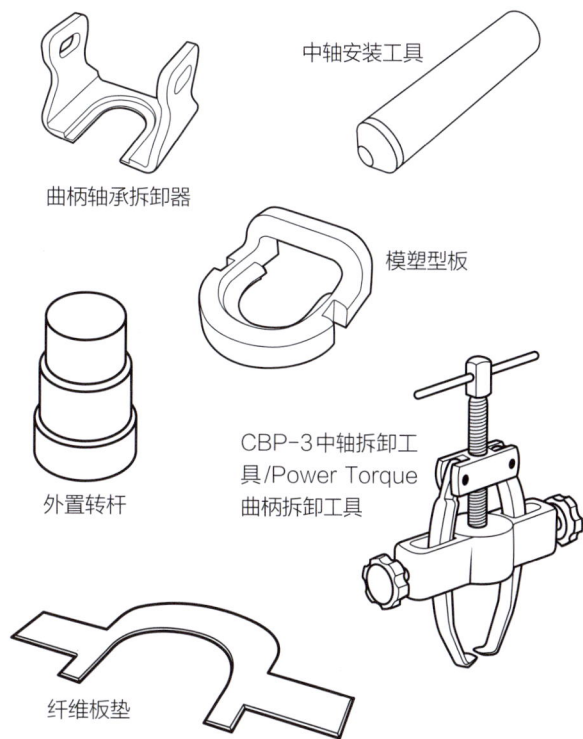

中轴安装工具

曲柄轴承拆卸器

模塑型板

外置转杆

CBP-3 中轴拆卸工具 /Power Torque 曲柄拆卸工具

纤维板垫

PT 压缩曲柄（最里面的牙盘为 34 齿或 36 齿）的话，必须首先拆卸大牙盘，使伸缩架能放到中轴下方；还必须折断曲柄臂后面螺栓的 Torx 孔中的塑料片，以便插入 Torx 扳手。

3. 顺时针旋紧 CBP-3 中轴拆卸工具的推动螺栓，直到中轴弹出。

4. Campagnolo Power Torque 曲柄的话，拆卸左侧中轴。按照 "11-14a" 讲解的方法将其从预压环中取出来（再安装一个新的），或更换预压环或中轴。

图11.42B 拆卸Campagnolo Power Torque 曲柄轴心

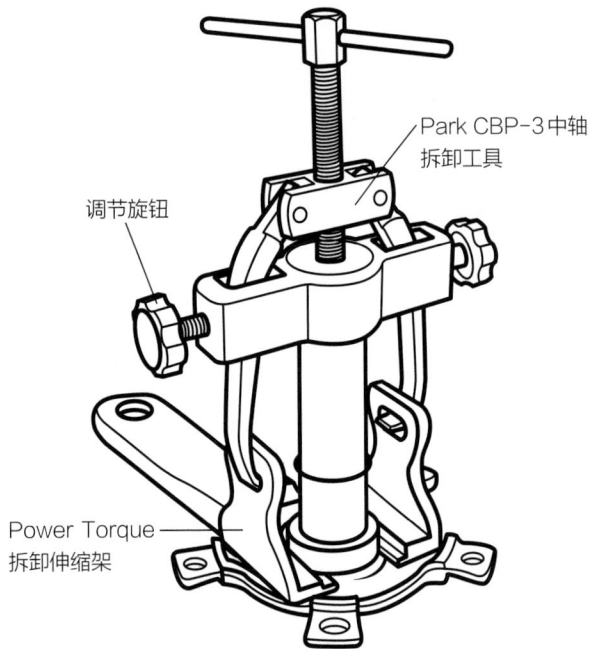

- Park CBP-3中轴拆卸工具
- 调节旋钮
- Power Torque 拆卸伸缩架

安装

1. 更换中轴的轴心的密封圈。
2. 用手可能地将新的轴心插进中轴。
3. 用CBP-3或CBP-5中轴安装器和锤子，将中轴安装到位。
4. 将开口环安入凹槽中。
5. 重新安装曲柄。

11-15
翻修卡式中轴

标准的卡式中轴（见图11.21和图11.25）是密封组件，无法翻修。若运转不畅，只能整组更换。拆卸曲柄见"11-1c"。拆卸无螺纹中轴使用中轴拆卸工具（见图11.34），并按"11-10"中的说明安装新中轴。

11-16
翻修散珠式中轴

按照"11-1c"中的说明拆下曲柄后，再从非传动侧拆卸维修（见图11.22）。

1. 用锁环扳手移除锁环，操作时参考图11.37所示。
2. 使用专用工具拆除预压环，通常使用锁环扳手（见图1.2）。
3. 将固定外圈扳手放在上面，并尝试将其拧紧（英式螺纹逆时针拧紧，意大利顺时针拧紧；见图11.35）。
4. 用抹布擦净珠碗和轴心。若零件上的润滑脂没有干涸，擦拭时不用溶剂。
5. 用无毒的柑橘成分溶剂浸泡滚珠，无须分离保持器。简单的清洁方法是：把滚珠放进盛装溶剂的塑料瓶内，盖好盖子，摇晃瓶子，然后用牙刷刷净滚珠。若有专用洗槽更好。若发现滚珠有瑕疵，则更换新的；若滚珠黯淡无光或有油渍锈斑，则丢弃。
6. 用肥皂水清洗滚珠，去除溶剂和砂粒。用毛巾彻底擦拭滚珠，并彻底晾干。空气压缩枪可加速操作速度。
7. 参考步骤2中的"11-11"安装中轴。
8. 按"11-2d"中的步骤安装曲柄。

11-17
翻修其他类型的中轴

若卡式中轴运转不畅，需要把中轴拆下来（见图11.39），用溶剂清洁、晾干后上润滑脂。若处理后还是运转不畅，就需要换新的了。若中轴是压入预压环的，无法取出，则需整组更换。购买新中轴时务必核对规格。

1. 按"11-12a"中概述的安装步骤反向操作，卸下中轴。
2. 更换轴承。

3. 重新安装中轴（"11-12a"）和曲柄（"11-2"）。

越野公路曲柄安装

越野公路车，大盘、小盘用得少，中盘最合适。越野赛的路线短且泥泞，使用超低齿比更快，所以不需要三盘，甚至不需要34小盘的压缩盘（有的越野公路车仅使用34-50齿的压缩双盘，但36-46齿的压缩盘更适合比赛）。建议避免用三盘，因为长的后拨链器很容易被灌木丛刮住或损坏。压缩盘比较便宜，可以买一套34-50齿的牙盘曲柄组，不必单买牙盘。压缩盘50齿的外盘比53齿的更好，但其缺点是牙盘之间跳齿较大，常要双换挡（后拨链器换挡时，前拨链器换挡的齿比大）。

喜欢越野的人往往准备两个盘：双盘和单盘。单盘可以避免越野时前拨链器换挡的麻烦，并且避免了泥浆聚积在前拨链器上。10齿或11齿的飞轮，从11齿到25齿、28齿或32齿（SRAM甚至有一个10×42齿的花鼓）意味着即使使用单盘，挡位也足够。

并非所有自行车的后下叉都有间隙，以便使用单盘时可以安装牙盘保护罩。若没有空隙安装牙盘保护罩，单盘时可使用稳链器（"5-45"，见图5.54）。更好的办法是，SRAM的X-Horizon后拨链器开发了1×11系统，与X-Sync牙盘配套（见图11.43），单盘设置更简单，没有间隙问题。X-Sync牙盘的齿更高，换挡更容易，且牙盘的宽窄宽交替更适合牙盘的宽窄宽空间（见图11.43）。这种刚性牙盘上的齿与后拨链结合，可以有效防止跳链，解决了后下叉没有空隙、无法装牙盘保护罩的问题。

单盘的缺点是链条一旦脱落——虽然这种情况不常发生——因为没有前拨链器，无法通过换挡把链条换上来，必须下车安回去。而且，链条可能会卡在牙盘和链条止栓之间，把链条安回原位会占用很多时间，被其他车友拉下一段路。从单盘的大盘位置到大飞的链线（"5-46"），加上换挡和牙盘的角度、盘齿的形状，也可能导致掉链。

缺点归纳如下：复杂性、重量、变速线、变速不到位，泥泞的路况以及两片牙盘和一个前拨链器，或单盘几个齿速的选择、卡链。

图11.43 SRAM 1×11 X-Sync牙盘和X-Horizon后拨链器，以及X-Sync盘齿的详细视图

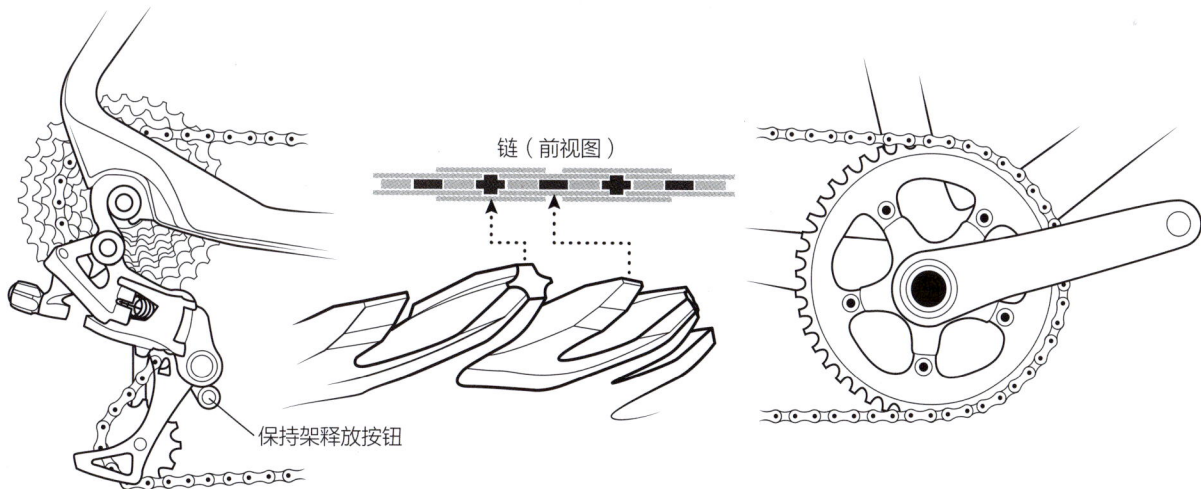

链（前视图）

保持架释放按钮

11-18
安装单盘公路越野曲柄

标准的越野车单牙盘通常不小于38齿，不大于44齿。

最简单、最简洁的方法是SRAM的1×11系统的单盘，它不需要稳链器（第a节）。还可以使用SRAM X-Horizon后拨链器和SRAM或Shimano10速卡式飞轮运行SRAM X-Horizon后拨链器（具有关键的反链式离合器）。若没有这个拨链器，需要安装一个。可以用于标准的圆盘或椭圆盘（单盘很适合用Rotor或椭圆盘之类的，因为在两个牙盘之间换挡是椭圆盘的弱项，而单盘无须在两个牙盘之间换挡）。

可采用双重措施：牙盘外侧可装两个牙盘保护罩、内侧装一个止链栓。若后下叉的空间足够（最好在链条线上）安装牙盘保护罩，按照b部分中的步骤进行操作（见图11.44）。若按b步骤操作空间不足，仍可使用上文提到的双侧牙盘保护罩，但内侧的止链栓要安装到内侧牙盘的位置（c部分）。若安了牙盘保护罩链条仍不稳定，或链条在大飞轮位置时掉链，可以在内侧牙盘安装，然后在立管再加一个止链栓。

无链条保护罩

a. SRAM 1×11系统

为了使无法安装的链条不跳链、脱链，SRAM的1×11 X-Sync盘齿更高，而且盘齿比普通的盘齿更宽，以便在每个齿的外链板之间有足够的空间（见图11.43）。为了稳链，还需要使用SRAM X-Horizon后拨链器，后拨链器防止跳链。

SRAM 10手变就是这种拨链器，10速或11速链条，SRAM或Shimano飞轮。

图11.44 用盘钉固定越野单盘：两个链条保护罩，五个垫片，牙盘，长盘钉和螺母

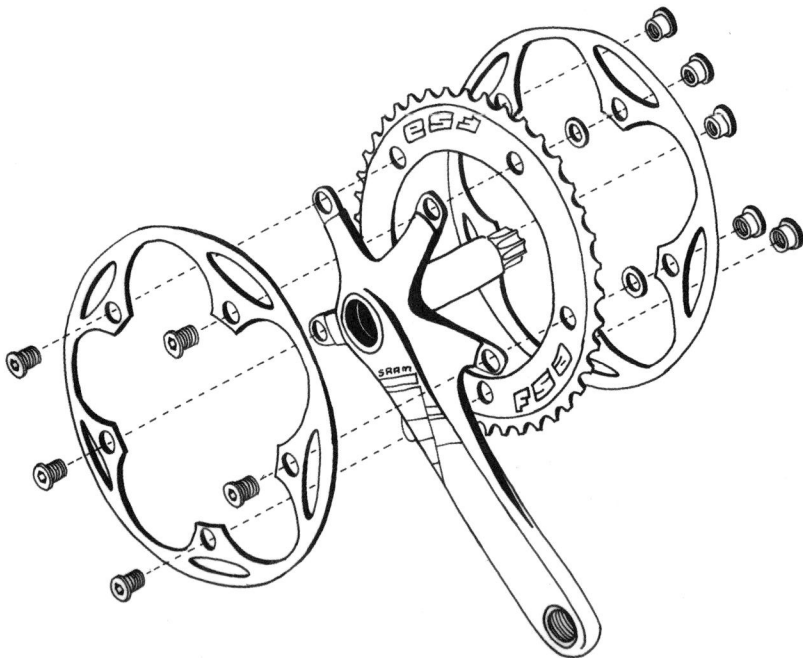

1. 安装X-Sync牙盘。除了SRAM之外，还有一些售后制造商为这类高齿牙盘提供了宽－窄－宽齿的牙盘。使用短的盘钉和螺母安装。

2. 安装并调整X-Horizon后拨链器（"5-2""5-3"）。

3. 按"4-8"的讲述调整链条长度。使用方法3，但SRAM X-Horizon后拨链器加一个半链目，标记为Force 1（以前称为Force CX1）或Rival 1。使用SRAM魔术扣，加上魔术扣部分就是2.5个链目。

完成！非常简单。防止跳链，高盘齿、宽－窄－宽齿与链条完美结合，有利于链条稳定。

两片牙盘保护罩

收集牙盘、两个和牙盘匹配的保护罩、一套超长的盘钉（11或12毫米）和五个2毫米的牙盘垫片。牙盘夹在两个无齿的保护罩之间，直径比牙盘的大3毫米或4毫米。牙盘保护罩必须比牙盘大才能"扣"住牙盘，就是这个意思！

把曲柄卸掉，平放牙盘，安装上述零件则更为容易，所以，先按照"11-1"中的讲解拆卸右曲柄。

b. 两片牙盘保护罩，保护罩在曲柄内侧、牙盘外侧

若曲柄和右侧下叉之间有足够的空间，链条线（"5-46"）在牙盘内侧的位置（见图11.44），链条换到低挡位时就不容易掉链。然而，许多自行车无法安装内侧牙盘保护罩，可能需将牙盘保护罩安装在牙盘外侧曲柄爪的位置（c部分），或在立管安装止链栓（参考单盘牙盘保护罩部分）。

1. 安装外侧牙盘保护罩。将其安在大盘曲柄爪的位置。

2. 将盘钉螺母插入牙盘保护罩中。从外侧将安装固定，翻转曲柄臂。

3. 将垫片放到盘钉孔的位置。

4. 在每个螺栓孔周围的链环上设置垫片。

5. 将外侧的链条保护罩安装到垫片上。

6. 将螺栓穿过外护罩、隔套、十字轴臂凸耳和内护罩。按照"11-7"讲述的方法固定。

7. 安装曲柄臂并确保其不蹭后下叉。将螺栓依次穿过保护罩、垫片、曲柄和内侧牙盘保护罩。若蹭后下叉，有如下四种方法处理：

- 换小盘和小点的牙盘保护罩。

- 拆卸内侧的牙盘保护罩，在立管位置安装止链栓（2~3个）。

- 仍用两个牙盘保护罩，但将牙盘移动到c部分所示的外盘的位置。

- 若使用三盘（即方孔、ISIS或Shimano Octalink）曲柄，可以卸下中轴，在右侧轴承锥和五通之间垫一个薄垫片，然后重新安装。

c. 两片牙盘保护罩和和外侧牙盘

与图11.44不同，牙盘位于外侧曲柄爪，垫片位于曲柄爪和外侧牙盘保护罩之间。内侧牙盘保护罩位于曲柄内侧牙盘的位置。因为碳纤维的牙盘保护罩有一定的弹性，不能使内侧的牙盘保护罩比曲柄爪更靠近牙盘；并且链条线在大盘位置时常较宽，低挡位时链条容易掉链。若内侧牙盘保护罩的弹力足够大，可能掉链。所以，赛前或骑行前要仔细检查一下是否会掉链。

1. 翻转曲柄使其背面向上。

2. 安装内侧的链条保护罩。将保护罩放到曲柄爪内侧、小牙盘的位置。

3. 将牙盘盘钉螺母插入牙盘保护罩中。从内侧将盘钉螺母和保护罩固定在一起，翻转曲柄。

4. 将牙盘保护罩放到曲柄爪外侧、大盘的位置。

5. 在每个螺栓孔放上垫片。

6. 再在其上放上链条保护罩。

7. 将螺栓依次穿过保护罩、垫片、曲柄和内侧牙盘保护罩。按照"11-7"讲述的方法固定。

8. 安装曲柄并确保内侧牙盘保护罩不会蹭后下叉。若有足够的可用空间，可以试着将其设置为b部分（见图11.44）。若蹭后下叉，有以下三种处理方法：

- 换小盘和小点的牙盘保护罩。
- 拆卸内侧的牙盘保护罩，在立管位置安装止链栓（2~3个）。
- 若使用三盘曲柄，可以卸下中轴，在右侧轴承锥和五通之间垫一个薄垫片，然后重新安装。

一个牙盘保护罩

　　牙盘保护罩会防止掉链，立管内侧安装的稳链器（例如一个Third Eye Chain Watcher、一个N-Gear Jump Stop，2~3个Deda Dog Fangs止链栓）可以防止向内侧掉链（见图5.54）。

　　链条准线（"5-46""5-47"，见图5.55）平均穿过各片牙盘性能会更好，并且在低挡时跳链的概率低于单盘时链条位于外侧曲柄时的概率。

　　若后下叉空间足够，按"11-7"的方法，安装单盘和一对牙盘保护罩，单盘位于内侧牙盘的位置，牙盘保护罩位于外侧牙盘的位置。否则，牙盘需要移至大盘的位置，即按c部分的方法安装牙盘保护罩。

　　将稳链器夹在立管周围，使其顶部边缘比链条高几毫米。在立管上旋转稳链器，使其在大飞时基本挨到链条。小点的稳链器，如Deda Dog Fangs，一个放在上方，另一个放在下方，同时转动这两个稳链器，这样的话盘齿更向外，很难再掉链。

11-19
双盘的越野公路车

　　标准的越野公路双盘通常是39-46齿或39-44齿，这样的配置高速挡和低速挡均可，同时使传动比足够接近，换前挡时不必强制换后挡。目前，压缩曲柄36-46是标准设置。46×11甚至46×12足够了。建议后飞轮选择12-25或12-28，要再快的话，11-28、11-25、甚至11-23都可以。

　　牙盘的安装方法详见"11-7"。设置链条长度和前拨链器位置，详见第4章和第5章的相关内容，注意"5-25"中的布线指南。

故障排除：曲柄和中轴

11-20
咯吱声

　　骑行中不明原因的异响让人很烦恼，尤其是感觉自行车已经调校至完美状态时，却又传出细微的"吱吱嘎嘎"或"噼啪噼啪"的异响，真是破坏好心情。

　　踩踏引起的异响几乎都和曲柄组有关，例如底板滑动、曲柄和中轴没有紧锁、牙盘松脱，或是中轴预压错误。当然，异响也可能是意想不到的零件引起的，例如坐垫、座管、车架、车轮，甚至是车把。本应锁紧的零件滑动摩擦，就会产生"咯吱"声，原因通常是固定扭力不够，或摩擦面缺乏润滑脂。

　　花费几个小时翻修传动系统之前，先分析异响的来源。检查一下踏板、锁鞋或车轮，站立骑行，不要扭动车手把。若是来自坐垫、座管、车轮或车把发出的咯吱声，查阅相关章节，学习如何处理。

　　若是曲柄或中轴发出的咯吱声，按下述步骤操作：

1. 检查并确定盘钉是否松动，若松动了，锁紧（见图11.12）。
2. 确保曲柄臂螺栓紧固。若仍有异响，锁紧曲柄螺栓（见图11.3和图11.4）。若曲柄螺栓松脱，会导致曲柄挤压中轴，发出异响。若曲柄和中轴分属不同品牌，请去车店咨询，或询问制造商曲柄和中轴是否兼容。不兼容的曲柄和中轴很容易发出异响。
3. 五通、轴承锥生锈，都会影响中轴和曲柄之间的紧密性（见图11.21和图11.25），踩踏时会发出异响，处理的方法是用胶固定。拆除中轴，在五通管内薄薄地涂抹一层固持胶，然后再重新安装中轴和曲柄。

4. 螺纹式中轴锁不紧，中轴在五通内移动，发出异响。取下轴承锥，给螺纹上涂抹润滑脂，再安装回去，按正确的扭力值锁紧（参考附录E）。

5. 若还有异响，重新检查中轴。若中轴调校不当、缺油、中承断裂、零件磨损或固定环松脱，都会产生异响。请阅读本章"11-9"至"11-12"重新调整或翻修。一体式中轴（见图11.19）的异响多因外挂轴承不平行，这种情况需要请专业自行车店校正车架五通管螺纹和铣面。

6. 检查以确保前拨链器夹紧。踩踏时松动夹钳产生的噪声，特别是在重负荷下，似乎是从曲柄组发出的。在拨链器固定处涂抹大量的润滑脂有时可以消除"吱吱"声。

7. 若踩踏时固定环松动发出异响，负重时异响更大，异响似乎是曲柄发出的，在前拨链器固定处涂抹大量的润滑脂。若还有异响，可能是车架的问题，例如五通管有裂痕，五通螺纹磨损锁不紧中轴，无论上述哪种情况，都需要更换车架。

11-21
咣啷咣啷声

1. 若曲柄有游隙：握住曲柄，用力侧向拉扯。

   a. 若有间隙，则拧紧曲柄臂螺栓。

b. 若散珠式中轴（见图11.3和图11.4）无法消除游隙，或卡式中轴两侧有锁环（见图11.23），调整中轴轴心的松紧（"11-11"步骤11~15）。

c. 若上述方法无效，或使用的是不可调的卡式中轴（见图11.21和图11.25），可能因为中轴和车架螺纹松脱，需要重新锁紧。若是散珠式中轴请按照"11-8"的内容重新安装，安装时注意固定环要锁得非常紧，加延长杆可以增大力矩。排除游隙之后，预压环外侧的锁环也要锁到和右侧一样紧（见图11.37）。

d. 外锁环或固定环的凸缘必须紧贴五通管（见图11.20）。若没有紧贴，拆除中轴，请专业自行车店给车架五通管铣面（切削平）。

e. 若曲柄间隙仍在，中轴无法锁紧，方孔中轴在骑行中因此损坏，需要更换新的曲柄组。

f. 若曲柄间隙仍在，中轴的固定环或外锁环无法完全锁紧或持续松脱，可能是因为中轴的固定环崩牙或尺寸太小，也可能因为五通管崩牙或尺寸过大。这项修复费用高昂，甚至可能需要更换车架！若找得到Mavic或Stronglight中轴（"11-12b"，见图11.26），或许车架仍可使用。

2. 脚踏间隙：抓住脚踏，拉扯检查。若脚踏松脱，查阅第13章翻修脚踏的相关内容。

11-22

曲柄转动困难

若曲柄转动困难，翻修中轴（见"11-13"至"11-17"）。若不及时处理，可能损毁零件，若因此损坏了中轴，则需要更换中轴。

11-23

内牙盘蹭后下叉

若内侧牙盘蹭车架后下叉，可能是因为中轴轴心太短

或方孔中轴变形，车架扭曲。若内侧牙盘太大，换一个小的。若车架变形、后下叉弯曲或五通变形，也都可能导致牙盘蹭后下叉。若车架变形，需要更车架。

可调式的卡式中轴，两侧都有外锁环（见图11.23），可能因为中轴整体向左偏移。将中轴向右侧移动，左预压环向内锁紧，右预压环同步向外退，排除游隙之后，旋紧外锁环（见图11.37）。

注意：见"5-46"至"5-47"和图5.5关于链条准线的内容，调校出正确的曲柄-车架间隙。

把立、车把和碗组

工具

4毫米、5毫米、
6毫米内六角
扳手
锤子
螺丝刀
钢锯
扁锉
圆锉
电工胶带
润滑脂
柑橘类溶剂

备选工具
32毫米碗组扳手
（两个）
内六角安装工具
（译者注：花芯
安装工具）
无螺纹前叉立管
引导器
碳钢锯条

骑行中，要维持或改变行进方向，主要依靠车把的受力。若各项零件安装妥当，施加多少力量，前轮就会回应相对的角度。原理非常简单，却需要通过车把和前轮之间的一系列复杂的零件协调运转才能完成。本章介绍市面上大部分把立，车把和碗组。

把　立

把立尾端锁在首管上（直径一般是 1 英寸或 $1\frac{1}{8}$ 英寸），把立前端固定车把上，车把通常有两个标准：直径 26.0 毫米或 31.8 毫米 [Cinelli(译者注：即死飞车)] 的车把通常是 26.4 毫米，一些 26.0 毫米的车把自称为 25.8 毫米，许多低端车把的直径为 25.4 毫米)。把立分为两大类：无螺纹把立（见图 12.2~图 12.5 ）和螺纹把立（见图 12.1、图 12.6~图 12.8 ）。

现在高端公路自行车首管顶部的直径为 $1\frac{1}{8}$ 英寸，但很多首管不是直首管。许多前叉的首管底部比较大，向上逐渐变细到 $1\frac{1}{8}$ 英寸。在 20 世纪 90 年代，1 英寸直径的无螺纹把立是公路车前叉的标准配置。之前，有一个世纪的时间，公路自行车标配的是直径 1 英寸的螺纹前叉把立。

无螺纹把立（见图 12.3 ）有一个夹紧套，用于夹紧首管。因为把立没有螺纹，所以若把立夹环松动，碗组盖也会松动。把立在这种情况下起着双重作用：将首管固定到车把、前叉，同时保持碗组不会向上滑动（见图 12.4 和图 12.5 ）。若使用的是 1 英寸直径的无螺纹把立（老标准）和一个 $1\frac{1}{8}$ 英寸无螺纹把立（现行标准），可安一个开缝的铝合金卡圈（有时随碗组赠送）与把立和 1 英寸首管一起使用。

图12.1　带有螺纹叉的转向系统

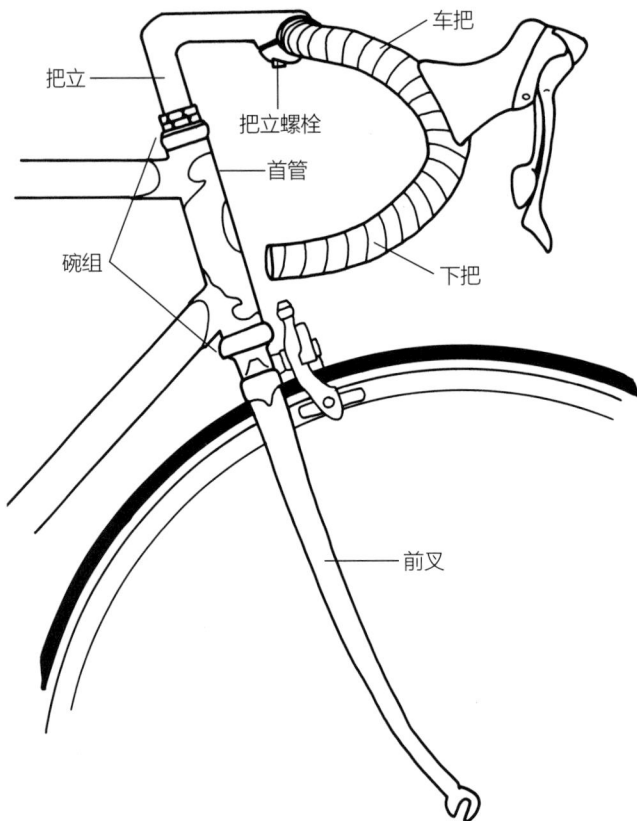

多数1990年前的自行车，前叉的顶部有外螺纹，碗组上拧有螺丝，便于安装和调整。把立（见图12.6~图12.8）下端有一支中空的垂直杆，插入前叉首管，用扩张楔固定（见图12.6）。扩张楔是一端斜切的圆柱（见图12.7），被垂直杆内部的长螺栓拉紧（见图12.8）。

传统的公路自行车把立与前叉首管的角度是约73度，所以，安装自行车时，把立杆是水平的（见图12.1和图12.8）。用于场地赛的公路自行车的把立一般向下倾斜。把立有0度~10度的角，安装到自行车上后即产生向上的角度（见图12.2~图12.5、图12.7、图12.9），这类把立在公路自行车、场地赛自行车上用得越来越普遍。

图12.2　无螺纹一体式碗组

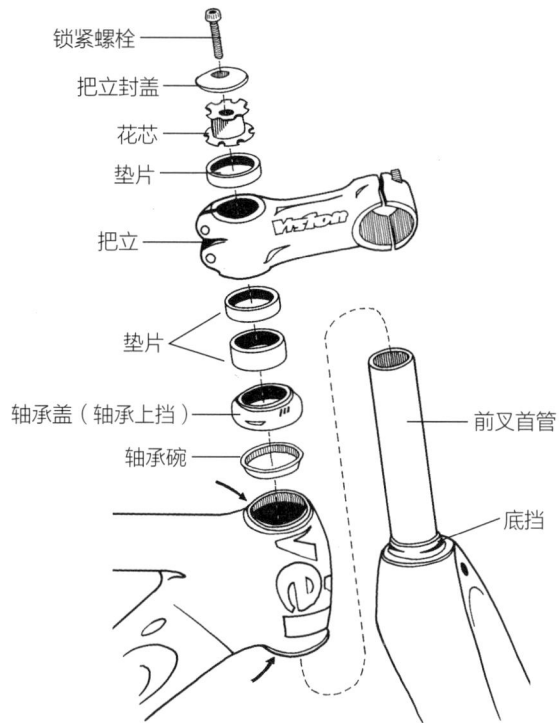

锁紧螺栓
把立封盖
花芯
垫片
把立
垫片
轴承盖（轴承上挡）
轴承碗
前叉首管
底挡

图12.4　无螺纹碗组和把立剖面图

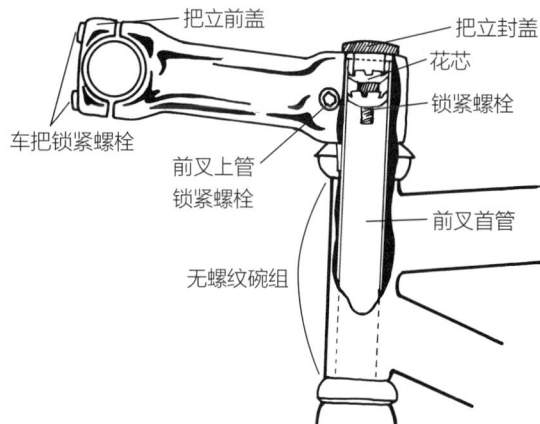

把立前盖
把立封盖
花芯
锁紧螺栓
车把锁紧螺栓
前叉上管锁紧螺栓
前叉首管
无螺纹碗组

图12.3　无螺纹把立

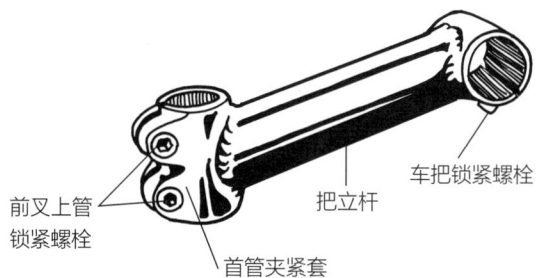

前叉上管锁紧螺栓
把立杆
车把锁紧螺栓
首管夹紧套

图12.5　无螺纹碗组，用把立固定碗组封盖

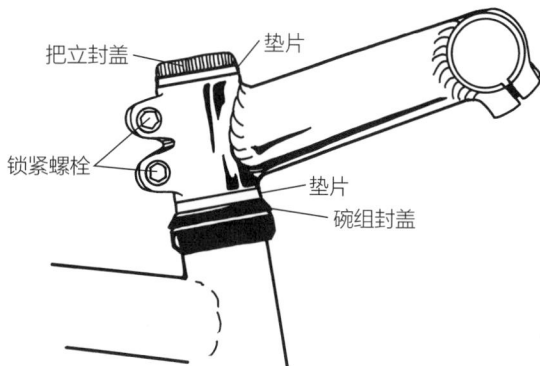

把立封盖
垫片
锁紧螺栓
垫片
碗组封盖

图12.6　锻造的铝合金公路车把立

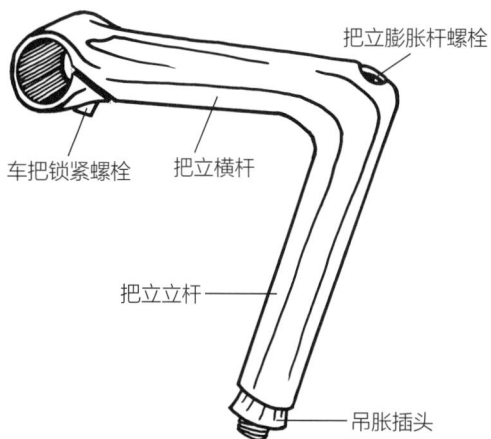

把立膨胀杆螺栓
把立横杆
车把锁紧螺栓
把立立杆
吊胀插头

第12章｜把立、车把和碗组

图12.7 扩张楔式把立

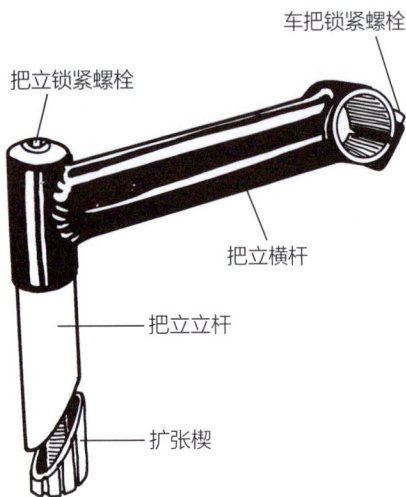

车把锁紧螺栓
把立锁紧螺栓
把立横杆
把立立杆
扩张楔

图12.8 螺纹碗组和把立剖面图：注意扩张楔固定在首管内

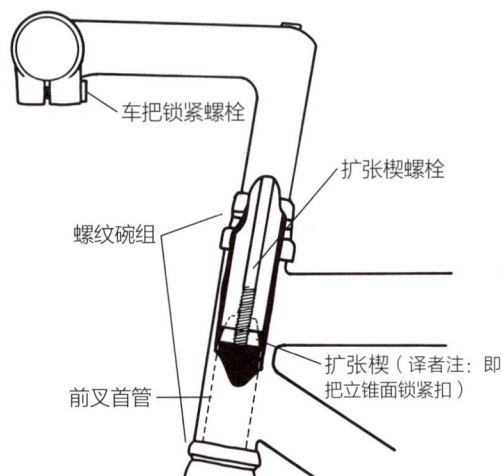

车把锁紧螺栓
扩张楔螺栓
螺纹碗组
扩张楔（译者注：即把立锥面锁紧扣）
前叉首管

图12.9 旋松或锁紧无螺纹碗组的锁紧螺栓

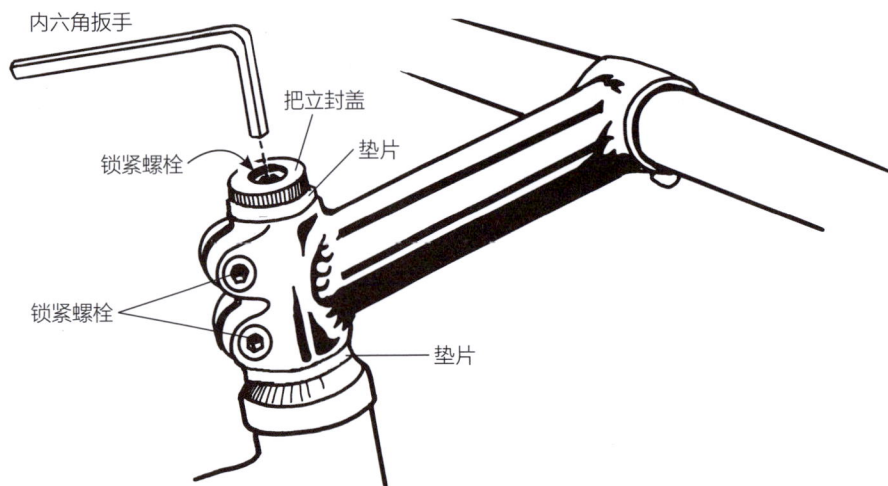

内六角扳手
把立封盖
锁紧螺栓
垫片
锁紧螺栓
垫片

12-1
拆卸无螺纹前叉的把立

1级

1. 将锁紧前叉首管的螺栓，旋松2~3圈（见图12.5）。

2. 用5毫米内六角扳手（有时用4毫米内六角扳手）旋松并取出碗组顶盖中央的螺栓（见图12.9）。拆除时前叉可能下滑，所以，旋松螺栓时要注意抓住前叉。

   注意： 没有把立封盖，一旋松把立，前叉就会滑落。

3. 将自行车立在地上，或用手握住前叉，避免滑落，将顶若前叉是碳纤维首管，把立上要垫至少一个垫片（见图12.5和图12.9）。这样，整个把立被夹在首管上，锁紧夹的上部分不会转向首管的末端。这种方法也非常适合于钢或铝合金首管。

若想抬高车把的高度，注意不要在把立下垫太多的

垫片。垫片的最大高度，见前叉使用说明书。从强度和刚度的角度来看，最好使用角度上扬的把立，而非平把立或角度下俯的把立。当然，要确定首管内部的支撑杆（防止把立夹坏碳纤维首管）在把立夹紧环下能支撑的位置有多大。

盖和把立一起从前叉首管抽出。继续将自行车抵住地面直到装回把立；或直接取下前叉，注意不要遗漏任何碗组零件。

4. 若把立咬死前叉首管，见"12-6a"。

12-2
安装无螺纹前叉的把立、调整高度

2级　调整无螺纹前叉的把立高度比调整标准的螺纹前叉把立的高度复杂些，因为把立和碗组是一体的。如图12.4和图12.5所示，把立的高度变化同时影响碗组。这就是本节内容被列为2级的原因。

1. 把自行车立在地上，注意前叉不要滑落。

2. 给零件上润滑脂。在钢或铝合金材质的前叉首管顶端涂抹润滑脂，但前叉首管若是碳纤维材质的则不要涂抹润滑脂。旋松把立前叉首管的锁紧螺栓，在螺纹上涂抹润滑脂。

3. 根据需要调整把立的高度。设置把立的高度。若要抬高把立的安装位置，必须在把立夹紧套下端和上碗盖之间加垫片（见图12.9）。无论哪种配置，把立都必须压住上碗组——直接压住或通过垫圈接触（包括双肩盖前叉的上肩盖），否则碗组会松动。

4. 检查把立长度。为了调整无螺纹碗组，把立夹的顶部（或者理想情况下，位于其上方的垫片，见有关垫片的

专业指导）应与首管顶部重叠3~5毫米。调整无螺纹碗组，要检查前叉上管到把立夹紧环间的距离，夹紧环顶端（或是把立上方垫圈顶端）的高度必须超过前叉首管顶端3~5毫米（见图12.10）。若是，请跳到第7步。

关于1英寸首管的注意事项： 现在的大多数把立锁紧夹适应1⅛英寸。简洁的把立锁紧夹（一侧开槽的）可用于1⅛英寸首管和1英寸首管。将锁紧夹套到首管上，再将把立套到首管上。1英寸首管上使用这种类型的立管和垫片，可配1英寸以下首管，只要它们能完全挨到把立的下方即可。但把立上方需要使用适用于1⅛英寸首管的垫片和碗组顶盖，以便将把立向下推到合适位置，并在美学上匹配把立顶端。

5. 检查重叠。若把立顶部锁紧夹与首管重叠的部分超过

图12.10 首管最小长度

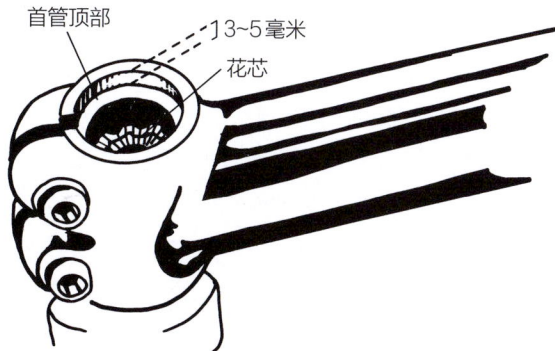

首管顶部　　　3~5毫米
　　　　　　　花芯

5毫米，则首管太短，无法设置把立的高度。若在立管下方有垫圈，取下几个垫圈，直到把立锁紧夹的顶部边缘和首管顶部最多重叠5毫米（见图12.10）。若首管穿过把立锁紧夹，首管上安一个垫圈，这样最合理。详见"专业指导"。若做不到或想降低把立，需要一个长首管的前叉、短把立，或上仰角把立。与更换前叉相比，更换把立便宜且容易。

6. 若首管太长，可以采取如下几个步骤：

   a. 若首管的顶部比其下的垫片或把立锁紧夹的边缘小3毫米（1/8英寸），或首管穿过把立锁紧夹的部分比较小，垫一个碗组圈或在把立锁紧夹上垫一个垫圈，使顶部边缘与首管边缘重叠5毫米。

   b. 若确定以后不会再调整把立的高度，可裁掉多余的前叉首管。首先，沿着把立上方的垫圈顶端，在前叉首管画记号（也可沿着把立夹紧环顶端，但建议一定要在把立上方加一个小垫圈）。拆下前叉，在第一道记号下方3毫米处画两道记号。再将前叉首管固定在老虎钳或维修架上。

   c. 已经安装在自行车上的钢制或铝合金首管，其内部有一个花芯（见图12.4）。锁紧螺栓、顶盖、花芯共同控制碗组的轴承预压。花芯若妨碍裁切，可把它往下敲——细节请见步骤7〔碳纤维前叉首管有一个带有星形螺母的胶合支撑插件，或者一个可扩展的首管支撑插件，带有一个用于顶盖螺栓的集成锚（见图12.27）；在任何一种情况下，插件都必须在切割首管之前将其拆下〕。

   d. 裁切时注意保持直线。在第二道记号贴一圈胶带，沿着胶带裁切。若担心切不直，下刀处可略高些，裁切完后再锉到合适的高度。保险起见，可使用专业设计的裁管辅助器，如Park Tool生产的"无螺纹前叉立管引导器"，以确保裁切口又平又直。记住：竖管长了可以裁短，短了就没办法增长了！所以一

定要三思而后行。若用手工锯或裁管刀裁切，难免残留毛边，前叉首管内壁用圆锉修理，外壁用扁锉锉平。

   e. 裁切并修整好毛边后，把前叉装回车架，并按照原来顺序套上碗组零件（"12-14"），具体见步骤1。

7. 检查顶盖间隙。锁紧调节螺栓后，检查花芯和锁紧螺栓是否碰到碗组顶盖。若深度不够，钢或铝合金前叉首管，需要拆除把立，把花芯再向下敲；碳纤维前叉首管的话，用内六角扳手将扩张楔调到和把立夹紧环一样高后再锁紧，以防止夹碎碳纤维首管。

金属材质的前叉首管

   a. 金属材质的前叉首管，最好用专用工具（见图1.3）将花芯再敲到深处。将碗组压入器旋入花芯中央，然后用锤子敲击，直到敲击到死点，即下沉15毫米。若没有碗组压入器，可请专业自行车店帮忙操作。若坚持自己动手，阅读b。但切记：花芯一旦敲歪即报废。

   b. 没有专用工具，安装花芯时：1）先将锁紧螺栓穿过顶盖，旋入花芯，转六圈；2）若花芯还没有敲入，把花芯和竖管顶端对齐，用木槌轻敲锁紧螺栓；3）以顶盖作为导引工具，轻敲锁紧螺栓，直到花芯深入首管15毫米。

注意：前叉首管的管壁厚度不尽相同，原因很多：比如钢或铝合金材质的前叉，热处理的等级不同，前叉的用途不同所以设计也不同。所以，碗组附赠的梅花片未必通用，强行安装可能会敲坏梅花片，即便专业自行车店操作时也可能失手。梅花片敲坏很容易解决，自行车店几乎都有零售的单品。梅花片若不小心敲歪了，找一根长铁棒，将梅花片向下捅，就会从前叉首管底部捅出去了。再重新买一个新的换上。

标准的1英寸钢竖管的内径为22.2毫米，英寸钢竖管内径为25.4毫米，钢竖管内径为28.6毫米。若是铝合金竖管，上述直径尺寸偏小。因为随车碗组附赠的梅花片不

能通用于各种尺寸的内径，所以若梅花片尺寸不合适，请购买适合的尺寸。制造商通常会随货提供一颗专用梅花片。以下方法纯为应急：梅花片若大了，可以缩小。将对向的星瓣用变径管钳两两内折，勉强可用。但要注意：星瓣可能抓不牢前叉首管内壁。

8. 润滑顶盖压紧螺栓的螺纹，并用4毫米或5毫米六角扳手将其拧入首管内的星形螺母。将碗组顶盖放在把立夹紧环（或垫圈）上方。在锁紧螺栓的螺纹上涂抹润滑脂，然后旋入梅花片中央（见图12.9）。

9. 调整碗组。锁紧把立螺栓前，要先将把立和前轮调到一条直线上。详情见"12-16"。

12-3
拆卸螺纹前叉把立

1级

1. 用6毫米内六角扳手旋松把立顶端的扩张楔螺栓，约三圈。有的把立顶部有一个橡胶塞，先把橡胶塞拆下来，才能拆卸把立螺栓。

2. 用木槌轻敲螺栓（见图12.11），松动垂直杆底部的扩张楔。若螺栓沉入把立，将内六角扳手插入螺栓，再轻敲内六角扳手，松动扩张楔。

3. 将把立从前叉首管抽出。若咬死，见"12-6b"。

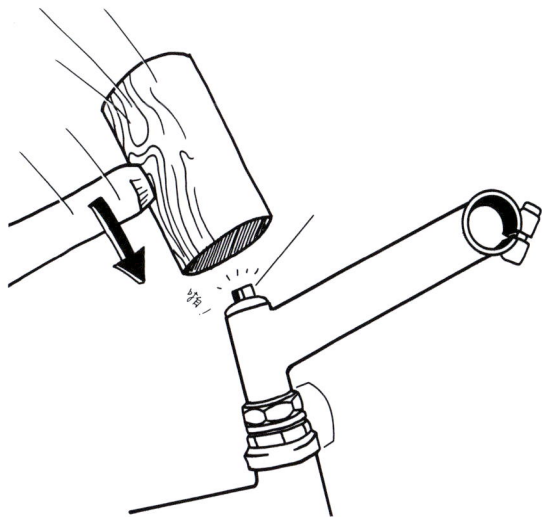

图12.11　松开扩张楔

12-4
螺纹前叉安装及调整把立高度

1级

1. 润滑零件。给所有相关的零件上润滑脂，包括把立垂直杆、螺栓的螺纹、扩张楔或扩张锥的外侧和前叉首管的内壁。若是第一次操作，你或许会想："为什么要润滑扩张楔？"不必多虑：润滑脂不但不会影响把立锁紧，相反，润滑脂会防止零件出现异响、卡

专业指导──裁切碳纤维首管

　　碳纤维首管要先裁切3/4，然后将首管旋转180度并从另一侧裁切。这样操作能防止只从一侧裁切剥去最后几层碳纤维。

　　若小心操作，可以使用带有细齿刀片的标准钢锯，但更好的选择是使用Effetto Mariposa CarboCut和Park Carbon锯。这些锯具有无齿、沙砾边缘的碳化钨刀片，切割碳纤维（和Kevlar和硼纤维）时不会损坏纤维周围的基体。特殊的碳化钨刀片推拉切割时，不会像齿形刀片那样卡住，切口处非常平滑，不需要打磨。但需要注意：操作时也是先从一侧割切到首管中部，再从另一侧切割，以防止碳纤维剥落。

住或生锈。

2. 将螺栓从把立顶端向下插，旋入扩张楔（锥），直到螺栓将扩张楔（锥）拉至定位。不要太深，以免把立垂直杆无法插入前叉首管。

3. 把立垂直杆插入前叉首管（见图12.8）至合适的高度。注意：不可高过安全标示。锁紧把立螺栓，但不影响其灵活性。

4. 将立管设置到所需高度，将其与前轮对齐，然后锁紧螺栓。锁紧螺栓时注意不要过紧至挤住首管。

12-5
把立维护和更换时间表

若把立断裂，自行车将无法操控。所以，把立必须定期检查。铝合金材质存在疲劳期，长期拉伸或屈曲会突然断裂。钢材质或钛合金材质反复承受超过一半的抗张强度会先产生裂缝，随着时间延长而逐渐撕开。把立和车把不是永久性零件，必须及时更换才能避免危险。

这意味着由任何材料制成的立管都可能突然失效，导致撞车。因此，不要将自行车上把立当作永久性配件，在其失效之前要更换它。

定期清洁把立和车把，检查是否出现锈蚀、裂缝、变形，并检查承受压力的区域。若有任何损毁征兆，立刻更换。若发生车祸，尤其是撞歪车把，最好将把立、甚至前叉一并更新。切记防患于未然。轻量级的、昂贵的把立，强烈撞击后，即使外观看不出来损伤，也必须更换。硬度高、管壁薄的材料不易弯曲，但强度可能已下降，随时会断。

有的把立制造商建议：每四年更换一次把立和车把。若骑行频率不高，此建议值可延长；若玩得"虐"且频繁，四年的期限或许太长了。请自己决定，安全第一。

12-6
拆除咬死的把立

3级 若疏于保养，把立会咬死在前叉首管之上或之中。定期给把立和前叉首管涂抹润滑脂，可确保各零件能自由移除，并隔绝汗水和雨水。若把立咬死，务必留意前叉、把立和碗组，它们都极有可能在拆除过程中损坏。尽量请专业自行车店处理，除非完全明了操作过程，并愿意冒失败的风险自己操作。这些零件可不便宜。

a. 从无螺纹前叉上拆除咬死的把立

1. 取出碗组顶盖（见图12.9），旋出锁死前叉首管的两颗螺栓。

2. 在夹紧环开沟处垫入一枚硬币阻挡螺栓孔，螺栓孔一侧有螺纹，另一侧则没有螺纹（见图12.12）。从有螺纹侧分别旋入两颗螺栓并交互锁紧，使其抵住硬币，借以撑开夹紧环，把立便能从前叉首管中取出了。

图12.12 使用硬币撑开咬死的把立

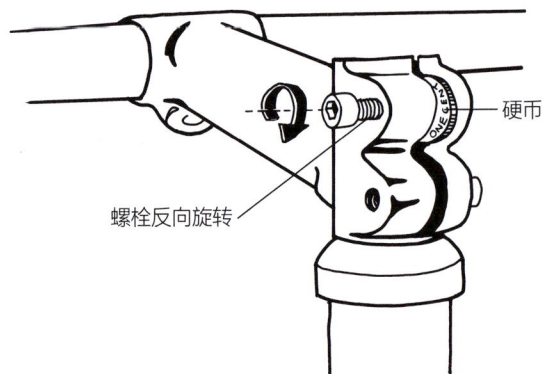

硬币

螺栓反向旋转

注意： 若把立只有一颗螺栓，且位于前叉首管前方（见图12.4），旋松此螺栓数圈，用锤子轻敲。若需要再加渗透性润滑脂（译者注：除锈剂），也许需要加热夹紧环，才能把把立从前叉首管中取出来。

若仍咬死，用老虎钳固定前叉肩盖（若是碳纤维前叉，见下一部分的"注意事项"），然后参考下面b中的步骤6拆除咬死的有螺纹把立的相关内容。若把立还是咬死，就只剩下最后一个方法了：沿着夹紧环下端锯断前叉首管，然后更换把立和前叉。

b. 从螺纹前叉上拆除咬死的把立

1. 旋松把立顶端的螺栓，约三圈或多几圈。用木槌敲击螺栓（或插入螺栓的内六角扳手，见图12.11），直到松动扩张楔，螺栓掉下来。

2. 扭转一下。双膝夹住前轮，双手握紧车把，来回扭动。不要用力太大，以免损坏前叉和前轮。

3. 若把立仍咬死，由上往下喷洒氨水或Coca-Cola，让氨水或Coca-Cola从把立流入碗组。把自行车静置数小时，每隔一小时左右再喷一次。

4. 将自行车翻转过来，将氨水喷入叉车首管的底部。你想让氨水在立管周围流下来，倒置自行车，从前叉首管底部开始，往里喷洒氨水。静置数小时，每一小时重复喷洒一次。

5. 重复第2步。若仍然卡住，重复步骤3和4，若仍不行，试试渗透油。氨水或Coca-Cola通常会溶解氧化铝，但若不起作用，渗透油可能会起作用的可能性很小。

6. 若上述步骤均无效，拆除把立扩张楔的螺栓，打开二氧化碳充气罐，喷洒到垂直杆的螺栓孔，使之冷却收缩，增加金属零件的间隙，然后再次试试第2步。

7. 若把立仍咬死，准备重型老虎钳。重型老虎钳安装牢固，对吧？我们要用到的正是这一点。

8. 拆下前轮（第2章）。在老虎钳的两侧放置木块，把前叉的肩盖卡在老虎钳的两个木块之间（见图12.13）。

图12.13 用老虎钳夹住前叉的肩盖

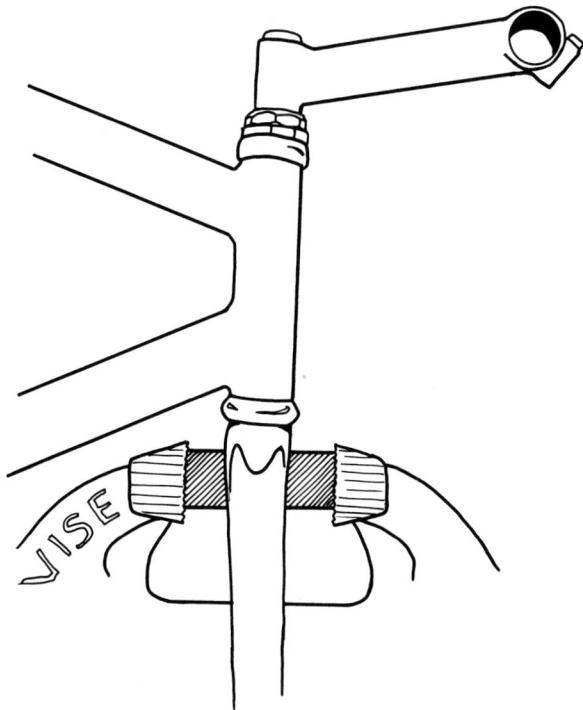

注意： 切勿用老虎钳夹碳叉，老虎钳会损坏碳叉，骑行时可能发生危险。若碳叉拆不掉，就换一个新的前叉和把立（可以截断碗组上面的把立，取出前叉）。

9. 抓住车把的两端来回扭转。再次试着用二氧化碳充气罐喷洒前叉首管内部，一般会发出很大的"呼"的响声。若仍咬死，只能沿着碗组上端锯断把立，然后请金属加工厂将残留在前叉首管内的把立铰出。这种情况下，不要直接把自行车送到工厂，而是在锯断把立之前，先把自行车送到自行车店去想办法！

车　把

1级

本书讲的是标准的公路自行车弯把（见图12.1），但相关的大部分内容也适用于计时赛和铁人三项用的"牛角"型车把（图12.16A和图12.16B）。车把相关的操作很简单，所以所有操作都定为1级。

12-7
拆卸车把

a. 拆卸把立：可拆卸把立封盖的把立

可拆卸把立封盖的把立，如图12.2和图12.4所示。

1. 完全拆除固定把立封盖的螺栓。不同型号的把立，可能有两颗（见图12.2和图12.4）、三颗或四颗螺栓。
2. 拉出把立封盖，车把和把立分离。有一个可拆卸的把立封盖，这操作很简单吧？

b. 拆卸把立：只有一颗锁紧螺栓的车把

从只有一颗锁紧螺栓的车把拆除把立，如图12.1、图12.3和图12.5~图12.9所示。

1. 至少拆除一侧的把带（见图12.14）。
2. 拆卸刹车手柄（见第9章）。
3. 用5毫米内六角扳手旋松把立和车把锁紧夹上的螺栓。
4. 拉出车把，使车把从把立间穿过。若车把穿不过把立或车把弯了，就再把把立锁紧夹打开一点。很多把立拆掉锁紧螺栓就能把把立夹打得大一点，插入一枚硬币，然后再旋紧把立锁紧螺栓，用这种方法撑大把立（这种方法见图12.12）。还有一种方法是用螺丝刀撑大锁紧夹（操作时要小心！）。

图12.14 拆除把带

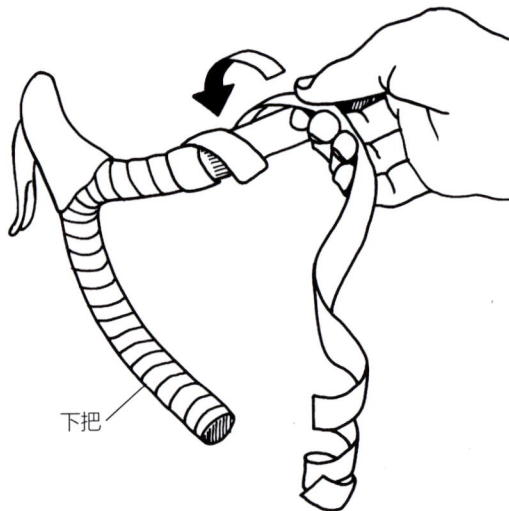

下把

12-8
安装弯把

1. 润滑零件。拆除车把、把立夹锁紧螺栓（一颗或数颗），润滑其螺纹或更换。润滑把立锁紧夹内部、车把中心要锁紧把立的区域。润滑脂可以防止零件随着时间的推移而卡住发出吱吱声。若用的是碳纤维车把，保持其干燥或在其要锁紧的区域喷涂碳纤维防滑胶或喷雾（见图14.6）。
2. 安装车把，将车把调整到自己感觉最舒适的位置。老式的车把是设置一个下垂杆，以使弯把的底部（"下把"，见图12.1）保持水平。现在的弯把往往是下把朝着后刹车或后花鼓，上面的部分是水平的。不过，车把的安装完全以适合自己为准。

3. 根据厂家的扭力值，锁紧螺栓（见附录E中的扭力表）。价格高、轻量化的把立和车把，尤其要注意扭力值。扭力过大，把立下面部分的首管会损坏。轻量化的把立螺栓小、螺纹细，超过扭力值会损坏铝合金（或镁合金）把立内部的螺纹。若要锁紧轻量的小螺栓（例如，M5或M6螺栓，分别可用4毫米和5毫米内六角扳手）却没有扭力扳手时，可用一个短把的内六角扳手，这样就不会因杠杆过长产生较大的扭力。碳纤维车把尤其要注意扭力值。

另外，确保把立和把立封盖的边缘距离一样。把立锁紧夹锁紧后若把立和车把间有空隙，需要更换把立锁紧夹和车把。

12-9
在弯把或牛角把上安装休息把

用内六角扳手拆除螺栓，将休息把固定到车把上。

注意：本部分，自行车原有的弯把或牛角把统称为"基础把"。

休息把的锁紧夹（休息把，见图12.15和图12.16A）通常安装在基础把上挨着把立的凸出的那个部分。若锁紧夹安装在了基础把直径比较细的部位，两者之间不要有把带；若有把带，请撕掉（见图12.14）。

注意：除非制造商明确说明它没有问题，否则不要将锁紧夹式的休息把安装到碳把上。大多数碳把不适合安装

图12.15 将锁夹式休息把安装到弯把上

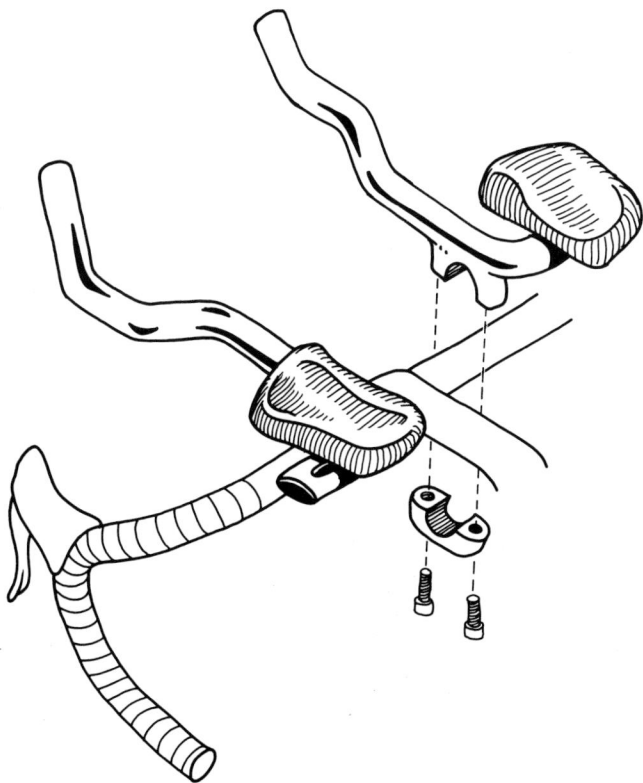

图12.16A 基础把上方的休息把

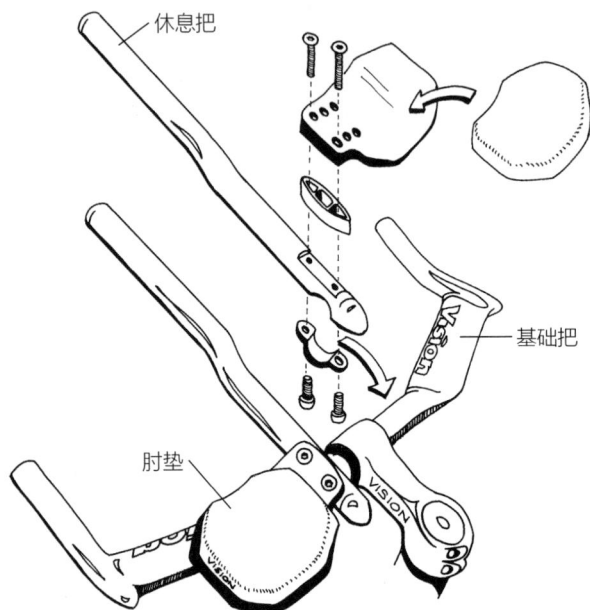

图12.16B 安装可调节式休息把

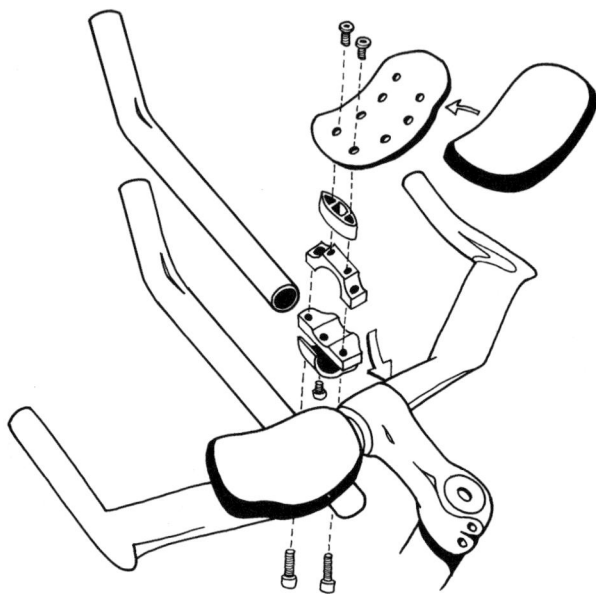

锁紧夹式休息把，会出危险。

初次使用休息把，如图12.15和图12.16A所示，把身最好调整为水平或略微向上倾斜，休息把固定在基础把上。有的锁夹式休息把架在基础把上方（见图12.15和图12.16A），后者可前后调节（见图12.16B）。

锁紧螺栓，碰撞或用力握紧时休息把才不会滑动。但若螺栓锁得过紧，会夹坏基础把，扭力值请参阅附录E。

肘垫可安装在中部。肘垫一般用魔术贴固定在肘部支撑上，肘垫下有调节螺栓（见图12.16A和图12.16B）。理想情况下，若希望肘垫位于肘部下方或略微向前，锁紧夹的长度足以让双手舒适地抓住车把时肘部位于肘垫上。

12-10
安装整合式休息把：基础把、休息把和肘垫

1. 组装零件。若是一体式立管，将休息把夹在首管上，如"12-2"和"12-16"所示调节其高度和碗组。若不是一体式把立，先将车把夹到立管上，再将把立夹到首管上，按照"12-2"或"12-4"和"12-16"或"12-17"的方法调整休息把的高度和碗组。

2. 设置角度。将基础把的角度（若是非一体式车把夹到把立上）调整到适合自己的位置，拧紧把立锁紧螺栓。

3. 安装休息把和肘垫。在许多情况下，休息把和固定肘垫要配套（见图12.16A和图12.16B）。有的车把可以在基础把下方（见图12.16B）或其上方安装休息把。若是这样，可以两个部位都试试，以确定哪个更适合自己。当然，肘垫要位于基础把上面的位置。还可以选择休息把伸长部分的形状，无论是直线型、单弯曲、双弯曲、S形弯曲、短的，还是J形弯曲的Slam车把（见图12.17A~图12.17E）。

4. 调整位置。调整把立的高度，调整肘垫的前后、倾斜度、宽度以及休息把延长把宽度，全部都适合自己后，锁紧夹紧螺栓。若休息把延长处的尾端使用把堵，把堵要在休息把插入锁紧夹之前安装，否则一旦安装，就无法将把堵安装到车把上了。

5. 裁切休息把长度。若休息把延伸部分过长，将休息把取下来裁切至合适的长度。若是碳纤维休息把，要先从一侧裁切，再从另一侧裁切，以免磨损、剥离碳层（见"专业指导：裁切碳纤维首管"）。裁切后再装回休息把。

6. 安装刹车手柄和变速杆。若非车把上安装了一体式手变，刹车手柄要安装在基础把的两端。

7. 安装变速线和线管。将变速线和线管穿过或沿着车把、车架、拨链器和刹车（见第5章和第9章）。若不安装把堵，变速线直接从休息把的尾端拉出来，进入车架

图12.17A-E 各种造型的休息把

图12.17A 直把

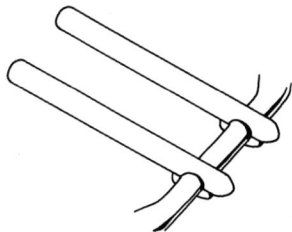

图12.17B S形

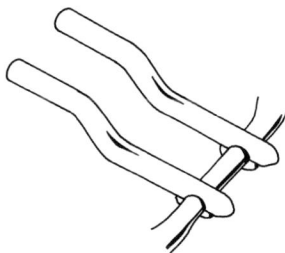

图12.17C 单弯

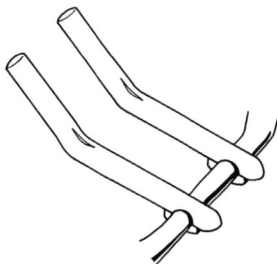

图12.17D 双弯

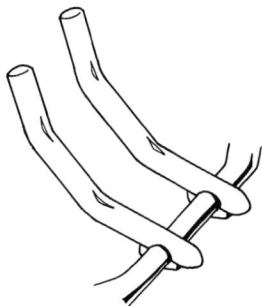

图12.17E "Slam"形（译者注：即J形）

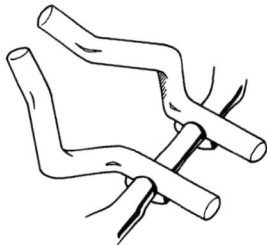

或上线栓。注意线管的弧度不要蹭膝盖。若受车架和车把的结构限制，变速线留得比较长，用扎带把变速线扎起来。

8. 缠把带（"12-12"）。

9. 确定每颗螺栓都锁紧了，就可以骑自行车了！

12-11
车把的维修和更换周期

若没有车把，自行车就会失控。所以，车把永远不能出问题。别把车把看成永不损坏的零件。长时间使用，任何车把都会损坏，及时更换才能避免危险。

保持车把清洁，检查碳把是否突然变"活"了。定期检查车把（尤其是手变的胶带下面！）是否有裂缝、碰撞变形、腐蚀，并找到受力区域。若感觉弹性增大、磨损、变形、开裂，须立即更换车把。千万不要校正弯曲的车把！换新的！虽然车把在制造时是要变形的，但这是在铝合金加工过程中、处于退火的（柔软的）状态时完成的。做完的车把经过了热处理，增加了强度的同时也变脆了。

若发生了车祸，即使车把外表看起来很好，还是建议更换新的。若车把遭受了极其严重的撞击，立即换新的，不要赌它的结实度。

一些制造商建议每四年或更短时间更换把立和车把。和把立一样，若很少骑自行车，四年一换就比较勤。若经常骑车，每四年一换可能不够。按自己的骑行情况更换，并注意安全。

12-12
缠把带

缠把带需要两只手并保证车把固定不动。将自行车固定在维修架或训练台上，双膝夹住前轮或用绳子将下管、

车圈或车把从鞍座固定到车把。缠把带之前，清洁并检查要缠把带的区域是否变形、腐蚀、磨损。若发现其中问题之一，换一根新车把。

先用电工胶布将要缠在把带里的刹车线和变速线粘在车把上（见图12.18）。（1984年以前的公路自行车，刹车线管不是缠在把带里，而是从手变的顶端穿出来。）2009年以前的Shimano STI手变，刹车线管是缠在车把里的，变速线管则在车把前方。Campagnolo Ergopower、SRAM-DoubleTap或2009年后的ShimanoDura-Ace STI，刹车线和变速线都缠在把带里。

根据自己的舒适度，确定变速线固定在哪个位置。有的弯把上有专业的沟槽安装线管，可以把线管粘到沟槽里。有的手变可以把线管装在车把的前方或后方。我个人喜欢将刹车线和变速线装到车把的前方。

把带出厂时常附送两条短的同色饰带，用于盖住手变的锁环。将手变的橡胶套向上卷起，将锁环用这两条饰带包埋在橡胶套下面。把带的末端需要用Scotch胶带（译者注：透明胶带）缠住。橡胶套卷起，把带才能缠绕手变和车把的接缝处，最后再将橡胶套拉回原位，盖住手变头。

撕掉把带背面的胶带纸，从上而下、从内向外，以压缠的方式缠绕把带。把带的末端留出约3厘米，塞入弯把末端。轻量化车把的管壁通常比较薄，内径相对来说比

图12.18 缠把带之前，先将变速线用胶带粘到车把上

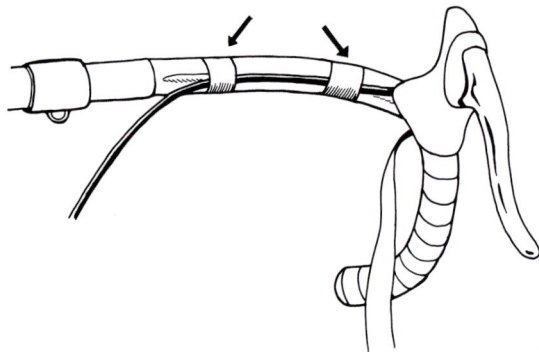

较大，若不塞入把带，把堵塞不紧。还有一种缠把带的方法：先把把堵塞好，从车把末端开始缠把带，不用压缠法。不过，第二种方法要注意先用把带缠绕把堵，把堵才不会脱落。

把带要想耐用，必须从车把末端向把立方向缠绕，新的一圈缠紧了才能压住前面一圈包住的刹车线/变速线。缠绕把带的方向很重要。从车把中心开始向车把两端缠是错误的方法，因为骑行中，把带会随着双手向外拧，将把带的每一圈的边缘都剥开、逐渐脱落，既不美观又易破损。所以要从车把的末端开始朝着把立方向缠把带。

缠把带时要拉紧把带，但同时要注意不要把把带拉变形。新一圈的把带大约包裹前一圈把带1/4到1/2宽（见图12.19）。把带交叠得越密，越不容易散开，但把带可能不够长。所以要根据把带的长度、车把的宽度、车把下弯的宽度，确定把带缠绕的密度。

缠绕到车把最粗的部位时，把带应该刚好缠完。若剩余把带过多，可以增加缠绕密度，或剪掉多余的把带。若把带缠不到车把最粗部位，只能重新缠，缠时适当减少密度。把带缠完后，前成斜角，用电工胶带缠几圈粘住。剪断电工胶带，电工胶带的切口放在车把的下方。

图12.19　缠把带

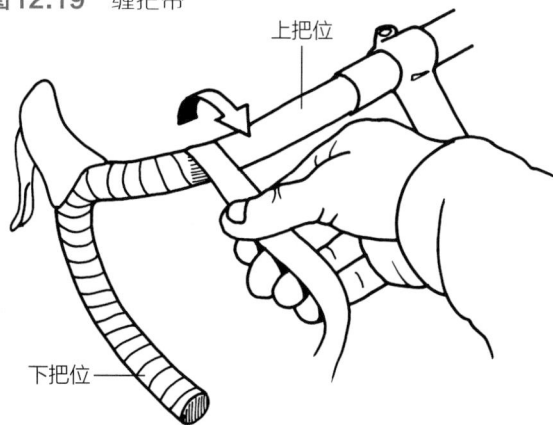

上把位

下把位

将插头推入车把的两端，用它们推入你从杆的末端伸出的额外的胶带。大多数插头现在只是圆柱形塑料插头。旧版的终端插头有一个扩展设备；你拧紧一端的螺丝，然后将一个楔子拉入内部锥形内端，将其向外推到车把壁上。

12-13
设定把立和车把的位置

车把的高度和有效距离是非常个性化的设定。需要考虑个人的体型、身体的灵活性、使用的车架、骑行的姿势以及其他一些参数。附录C全面地讲解了这个问题，在此仅提一些简单的建议：

- 过去，设定公路车弯把角度的方法是使把位弯度与地面平行，但现代的公路弯把的形状发生了变化，把位弯度的曲线变径大且长，建议下把位与地面平行，把堵向后对着后刹车夹器。
- 若习惯爬坡时站姿骑行，弯把的高度要考虑：既低至方便爬坡时手指拽拉刹把，胳膊可以充分发力，又不能太低以至于骑行时不得不过度弯腰。
- 伏低、前伸的骑行姿势符合空气动力学原理。弯把最高点比鞍座的最高点低6厘米以上，手握在下把位，脚位于脚踏最高点时，肘部至少位于膝盖前2厘米。
- 若使用休息把（夹环式），需要调节出既舒适又符合空气动力学的最佳把位。把位最低，越"破风"，身体和大腿从鞍座前伸的角度越大。设定车把有效距离有一个好方法：安肘垫，以使肩膀的前部或耳朵位于肘部之上（见图C.7）。休息把肘垫越窄，越"破风"，先考虑舒适度及效率，再考虑高低。

碗组分为两大类型：无螺纹碗组和有螺纹碗组。现在的自行车几乎都使用无螺纹碗组。无螺纹碗组主要有三种类型：标准式碗组（如外置碗组，见图12.20）、隐藏式碗组（一体的，见图12.21）和半隐藏式碗组（见图12.22）。老款自行车（现代有些自行车也喜欢复古设计）一般使用螺纹式碗组（见图12.23）。螺纹式碗组需要搭配螺纹式首管的前叉。

公路自行车碗组曾流行1英寸直径（早期是有螺纹的，后来流行无螺纹的），不过现代的公路自行车多使用$1\frac{1}{8}$英寸无螺纹碗组。不过，和曲柄组的标准一样，碗组的标准迅速转为加大轴承（$1\frac{1}{2}$英寸或$1\frac{1}{4}$英寸），与$1\frac{1}{8}$上轴承匹配（见图12.6）。

12-14
安装碗组

无螺纹碗组（见图12.20）最初称为"A碗组"，是一种轻量级系统，无须把立竖管、螺栓、扩张楔。无螺纹碗组夹紧固定到车把的设计，也更牢固。

无螺纹的上半部卡进首管（见图12.20~图12.22、图12.25、图12.26）。把立固定在首管上部，向下压着碗组盖、碗组盖下压着锁紧环。当锥形底座与珠碗或轴承锥形斜形边缘契合时，前叉首管和首管的圆心一致。

前叉的头管是金属的——铝合金、钛合金，螺母是两层的、边缘有锐利的锚爪，花芯是弹簧钢材质、钢齿从螺母伸出（见图12.20）抓住首管内壁（见图12.24）。碳纤维材质的首管，不能使用花芯，只能用扩张楔（见图12.20~图12.22和图12.27）或已经粘了花芯的金属套管，才能旋入顶盖螺栓。

图12.20 无螺纹外置碗组

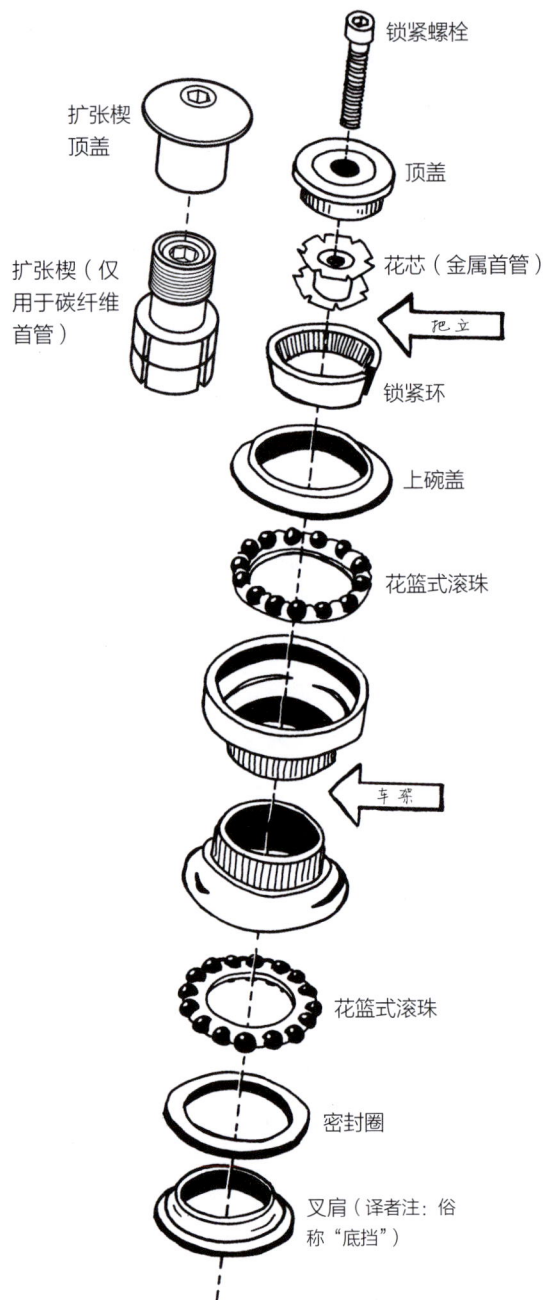

- 锁紧螺栓
- 扩张楔顶盖
- 顶盖
- 花芯（金属首管）
- 扩张楔（仅用于碳纤维首管）
- 把立
- 锁紧环
- 上碗盖
- 花篮式滚珠
- 车架
- 花篮式滚珠
- 密封圈
- 叉肩（译者注：俗称"底挡"）

图12.21 隐藏式碗组

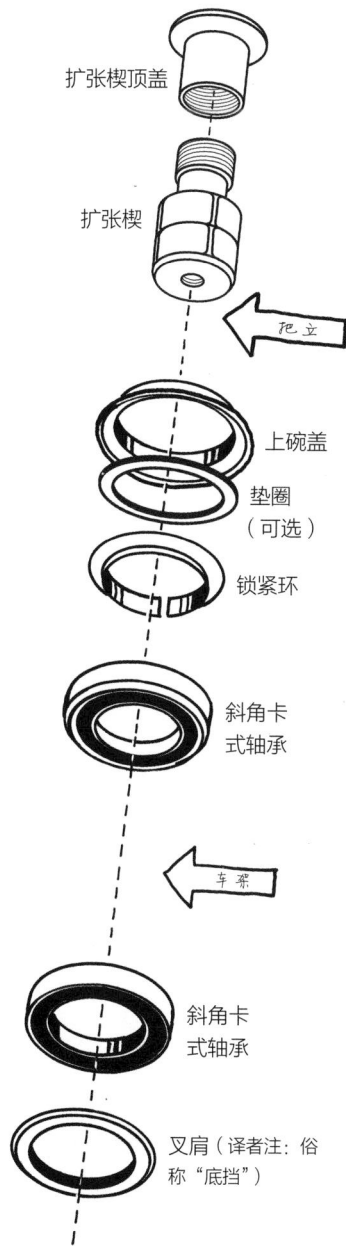

扩张楔顶盖

扩张楔

把立

上碗盖

垫圈
（可选）

锁紧环

斜角卡
式轴承

斜角卡
式轴承

车架

叉肩（译者注：俗
称"底挡"）

图12.22 半隐藏式带有唇形上碗盖

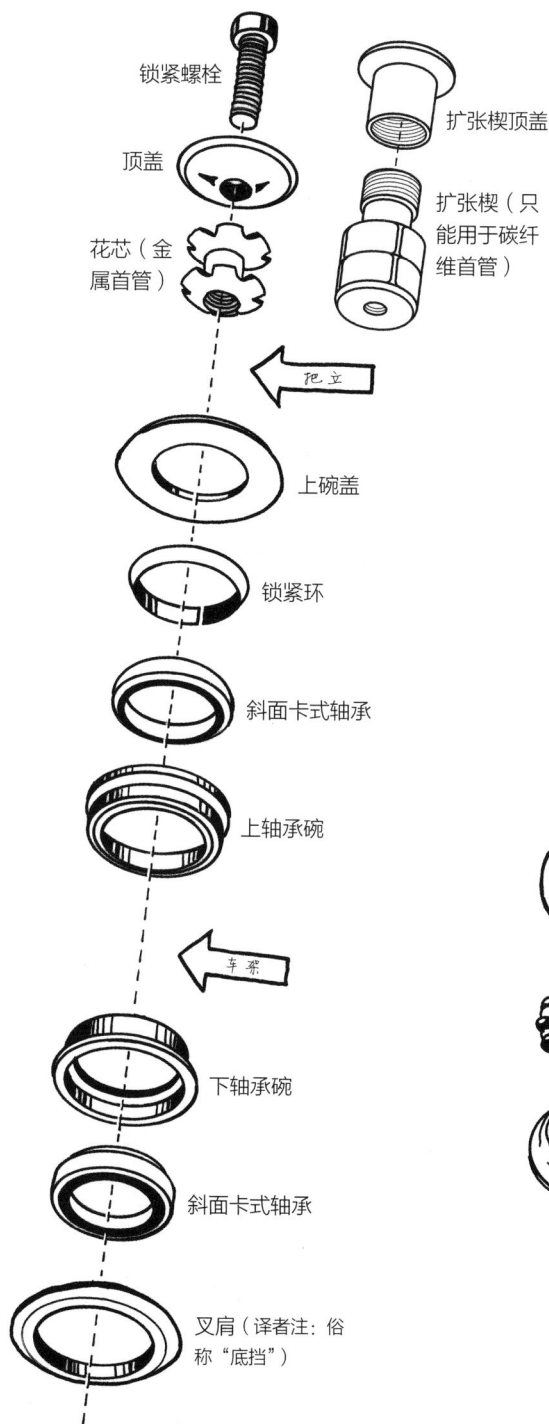

锁紧螺栓

顶盖

花芯（金
属首管）

扩张楔顶盖

扩张楔（只
能用于碳纤
维首管）

把立

上碗盖

锁紧环

斜面卡式轴承

上轴承碗

车架

下轴承碗

斜面卡式轴承

叉肩（译者注：俗
称"底挡"）

图12.23 螺纹碗组

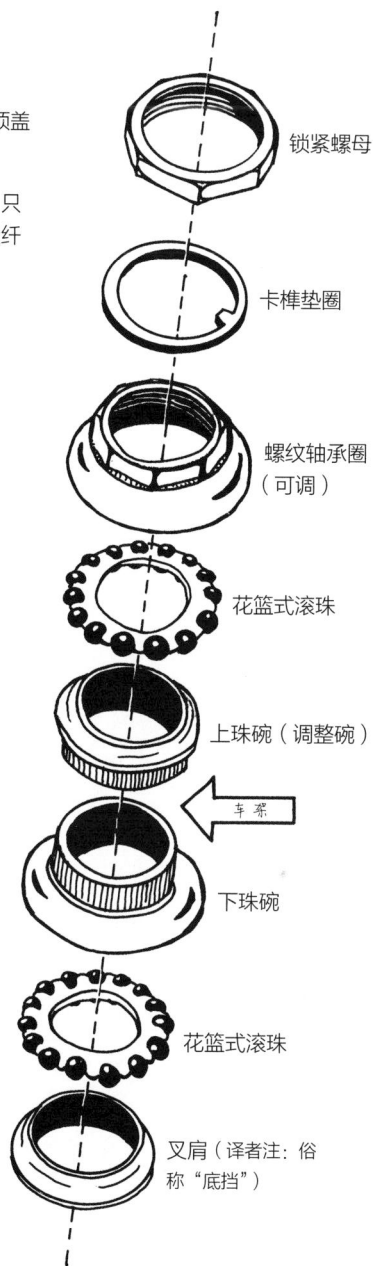

锁紧螺母

卡榫垫圈

螺纹轴承圈
（可调）

花篮式滚珠

上珠碗（调整碗）

车架

下珠碗

花篮式滚珠

叉肩（译者注：俗
称"底挡"）

第12章 | 把立、车把和碗组

图**12.24** Zero stack隐藏式碗组与压入式轴承杯

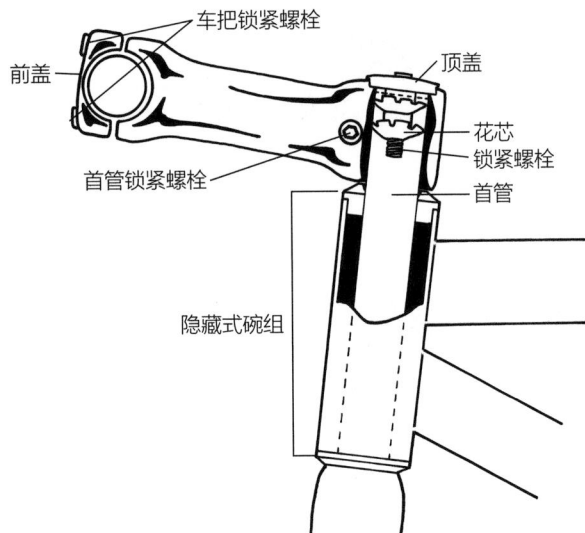

图**12.25** Campagnolo Hiddenset 整合式（非压入式）隐藏式碗组

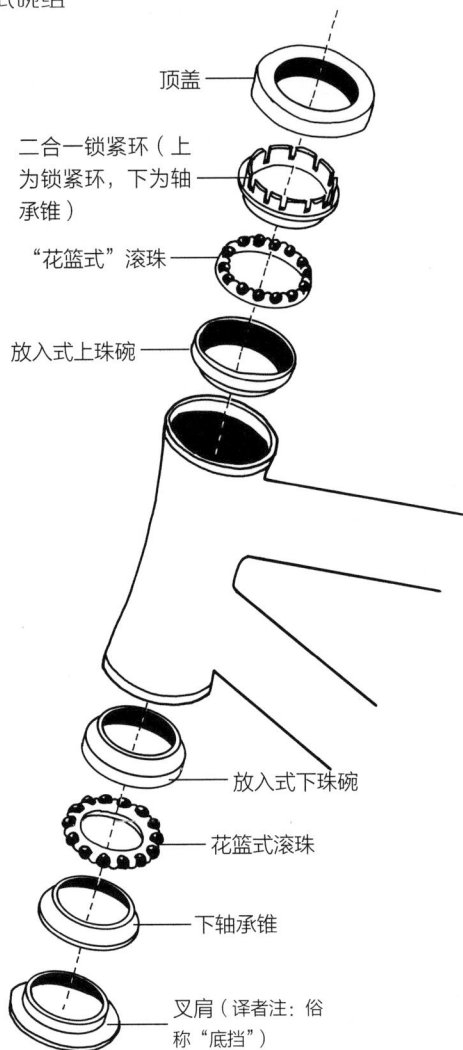

通过花芯螺栓（见图12.24）或扩张楔（见图12.27），将顶盖拉向把立锁紧夹，压着把立，消除游隙。

最新一代碗组是无螺纹的，分半隐藏式和隐藏式两种（见图12.21、图12.22和图12.24~图12.26）。标准无螺纹和带螺纹的碗组，珠碗外露在首管的上端和下端（见图12.20和图12.23），而半隐藏式和隐藏式碗组的轴承则在车架的首管内。隐藏式碗组没有压入式珠碗（见图12.25），首管的内壁根据其材质的不同，有铣削或贴模式承载面，滚珠保持器或沟槽轴承（见图12.21和图12.26）可以直接置入。碳合金前叉若是锥首管，下珠碗通常安在碗组底座（见图12.26）。

其他类型的隐藏式碗组，其他类型的内部碗组，称为"zero stack"或"插入式"，在车架首管的上缘露出一圈金属"薄唇"（见图12.22和图12.24）。半隐藏式和隐藏式碗组的调整方法和早期的无螺纹碗组并没有不同。

螺纹碗组不同：其上珠碗周围有平行的插槽，扳手可

以卡在此处。上珠碗上有卡榫垫圈。碗组盖是前叉首管的锁盖。锁盖向下压紧卡榫垫圈和上珠碗（见图12.23），上珠碗起预压作用（译者注：也称为"预压碗"）。若要加垫圈，上珠碗可放在锁盖下面。

图12.26 隐藏式碗组，锥形首管和不同尺寸的轴承

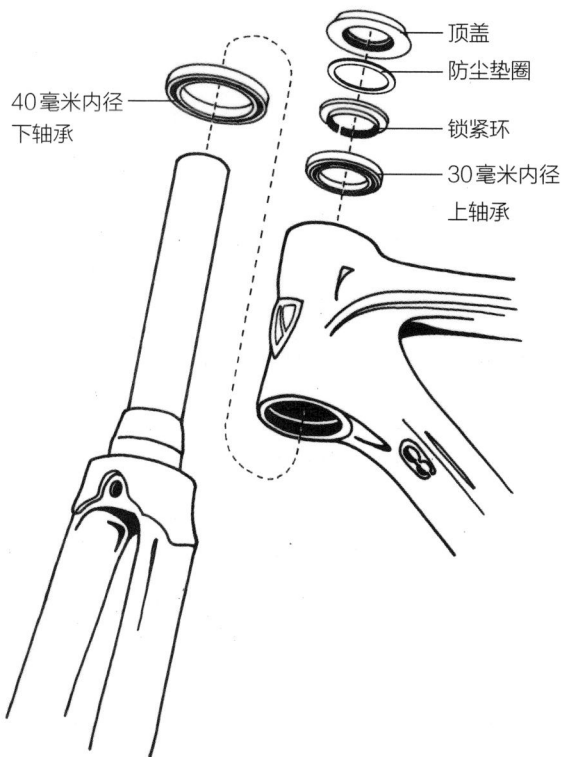

40毫米内径
下轴承

顶盖
防尘垫圈
锁紧环
30毫米内径
上轴承

图12.28 滚针轴承

图12.29 外置式碗组

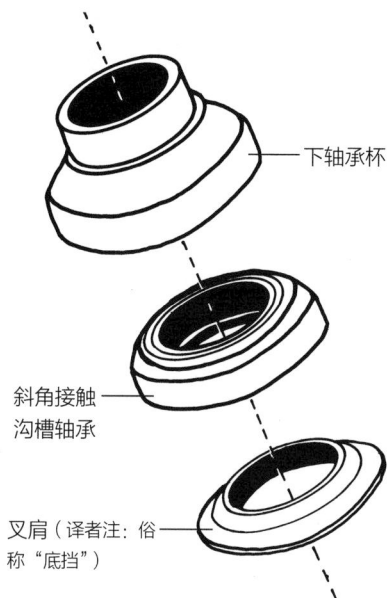

下轴承杯

斜角接触
沟槽轴承

叉肩（译者注：俗
称"底挡"）

图12.27 将扩张楔放入碳纤维前叉首管

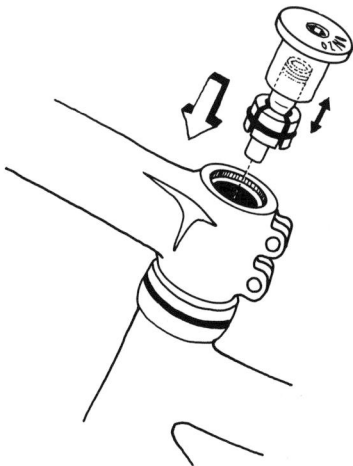

有些有螺纹、无螺纹的、使用散珠式的碗组轴承，要在钢珠周围加一圈钢或塑料保持器（见图12.20、图12.23和图12.25），以免避修车时滚珠散落满地。有的碗组采用滚针轴承（见图12.28），也有锥形的保持器和钢制的轴承锥。

卡式碗组的沟槽，常为斜角型（见图12.21~图12.22、图12.26、图12.29、图12.35），因为普通的圆柱形卡式轴承（见图8.15）底挡承受侧向力的能力差，而碗组的轴承又有此需求。每个斜角接触卡式轴承都是一个独立的、密封的、内部润滑的部件。

第12章｜把立、车把和碗组

12-15
检查碗组调整

若碗组的轴承预压太紧，转向会生涩困难。若碗组太松，前叉和车架交接处会摇晃或发异响，刹前闸时前叉可能有游隙。

1. 检查碗组是否松动。按压前刹车，前后摇晃车身，检查碗组是否过松。先将前轮摆正，再将前轮转90度测试一遍。另一只手抓住下珠碗，感觉一下有没有前后移动或游隙。若有，说明碗组太松，需要增加轴承预压，见"12-16"或"12-17"相关内容。

2. 检查碗组是否过紧。将前轮抬离地面，转动车把，若感觉发涩或有阻力，是因为碗组过紧；若特定的角度转动不畅，代表轴承出现凹痕，无法修复（俗称出沟，预压过大造成的）。这种情况，需要换新的（"12-20"）。若前轮抬离地面、车身倾斜到一侧时，碗组很容易转向另一侧、前轮容易转动（排除变速线管拉扯前叉的原因）。用手抬起鞍座，让前后轮同时离地，后轮高于前轮。把车把转到一侧，松手，再测试另一侧。前轮若无法迅速地自动回到中央，见"12-16"或"12-17"，减少轴承预压。

3. 检查螺纹碗组上的零件是否松动。用手旋转顶端的螺母（锁紧螺母）或上珠碗。这两个零件互相锁紧，二者咬合很紧，只能用工具旋松。若用手能拧动，即便通过上述测试，还是要见"12-17"并调整。

12-16
调整无螺纹碗组

1级

无螺纹碗组的调校，无论是隐藏式（见图12.21、图12.22、图12.24~图12.26）还是标准款（见图12.4和图12.20），都比有螺纹碗组容易，只需一把5毫米内六角扳手即可完成。

a. 第一步

1. 检查碗组（"12-15"），确定碗组是松还是紧。
2. 旋松把立夹紧环固定前叉首管的螺栓。
3. 转动顶盖压紧螺栓，调整碗组。小心不要过度拧紧，否则会损坏碗组。若使用的是扭矩扳手，扭力值为2.5N·m，这是一个非常低的扭力值。检查一下，若需要，重复调整。

   a. 若碗组太紧，请松开顶盖上的压紧螺栓大约1/16圈（见图12.30）。这通常需要一个5毫米或4毫米六角扳手，但在碳纤维首管的许多扩展器插件上（见图12.27），顶盖本身用一个6毫米六角扳手转动。

   b. 若碗组太松，请将顶盖上的锁紧螺栓拧紧约1/16圈（见图12.30）。

注意：并非所有无螺纹把立都要用顶盖调整松紧度。DiaTech无螺纹碗组没有顶盖，改用把立下的卡环调整确定组的松紧。先将把立安好，卡环的上下端都是向内的倒角，且向下压着锁紧环，使锁紧环的倒角向外，与卡环

图12.30 旋松、拧紧无螺纹碗组上的锁紧螺栓

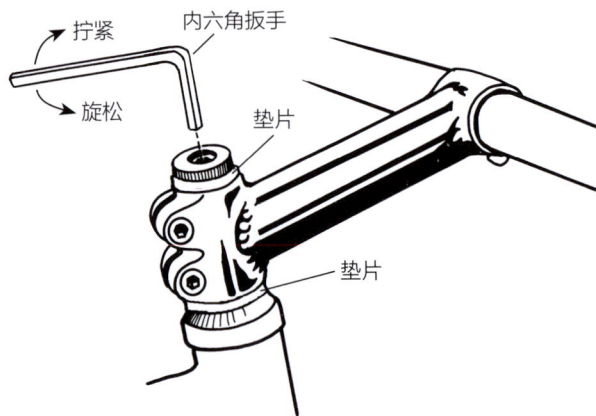

契合。只要锁紧卡环的螺栓，就会给碗组压力。若旋松把立，会同时放松碗组。

调整面临的问题

若顶盖不能将把立向下推，请重复步骤2，检查把立是否咬死首管。

若锥形紧锁环咬死首管（见图12.20~图12.22、图12.25、图12.26），无法通过顶盖螺栓进行调整。先旋出锁紧螺栓，按顺序旋出顶盖、把立、垫圈、上碗盖，即可解决此问题。

多数（即非Campagnolo）锁紧环是在一侧分开的锥形环（见图12.20~图12.22和图12.26），用木槌向下敲首管，再将前叉往上顶，锁紧环即可松开。给锁紧环和首管涂抹润滑脂，再装回首管。

Campagnolo无螺纹碗组［隐藏式（见图12.25）或标准外置式（见图12.31）］的压缩环为塑料材质，两端呈

锥形。底面的锥形向下推入轴承锥的斜孔，而顶面是塔楼状的边，和碗组盖内圈的斜面契合，斜面向碗组盖延伸。将顶盖向下压（通过锁紧螺栓将把立向下压），斜面将锁紧螺栓的塔楼状边缘朝着首管方向挤压，而不是往下推。若把立、锁紧环都没有咬死，而顶盖仍推不动把立（见图12.31），可能是首管太长，已经顶到了顶盖的内部，导致顶盖的边缘挨不到把立。若在把立下方加垫圈（见图12.32），须将顶盖翻转，将其推到位，再按顺序安回垫圈、把立、顶盖和锁紧螺栓。

图**12.32** 组装Campagnolo无螺纹碗组，步骤二

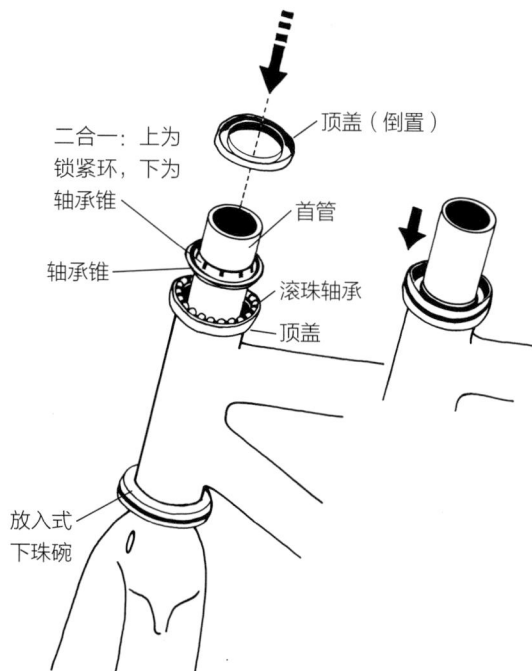

首管顶部距离把立必须有3毫米的距离（见图12.10）。最理想的情况是距离把立上方的垫圈边缘下面有3毫米距离（见"专业指导：碳纤维首管及垫片"）。若首管太长，请在首管上方或下方加垫圈，或使用平面锉刀把首管锉短。有的顶盖内部边缘比较深厚，要注意留出足够的空间，才能避免触底。

图**12.31** 组装Campagnolo无螺纹碗组，步骤一

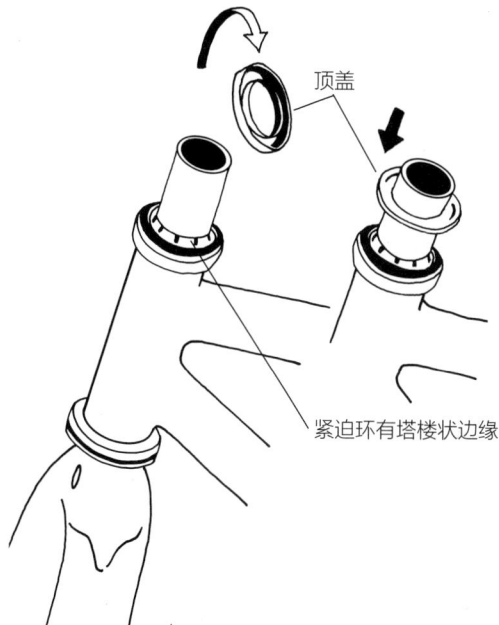

還有一種情況會影響首管調整——花芯安裝的深度不夠，頂蓋的內部挨到了花芯。花芯的最高點應該距離首管頂部下方12~15毫米。金屬材質的首管，用碗組安裝工具將花芯打得更深。或者，將螺栓穿過頂蓋、旋轉五或六圈進入花芯，然後用軟錘將花芯輕輕敲下去，頂蓋和花芯要呈直線。有的頂蓋內部邊緣比較厚，需要將花芯插得深一些，以防止觸底。

碳纖維首管要先用5毫米內六角扳手旋松鋁合金擴張器（見圖12.27），再用6毫米內六角扳手將頂蓋和鎖緊螺栓旋入擴張器1~2圈。之後，用5毫米內六角扳手用將擴張楔往下推至首管深處，直到抵住。最後，鎖緊頂蓋（標準扭力值為22inlbs，或2.5N·m），調節碗組。

上述問題解決後，再返回步驟1。

b. 最後的步驟

1. 按扭力值（見附錄E）鎖緊首管的鎖緊夾或螺栓。
2. 重新檢查碗組調整。若有問題，重複a中步驟2~4。隱藏式碗組可在上碗蓋底部加1~2個1毫米的墊圈，避免上碗蓋的邊緣摩擦車架首管的頂部，影響首管轉向。
3. 把立須和前輪對齊，檢查無誤，即可開始騎行。

12-17

調整螺紋碗組

2級

調整螺紋碗組的訣竅是：旋緊上珠碗及螺母的同時，控制首管。

注意： 調整的過程中，不要拆下把立。因為可以通過把立扶穩前叉，避免左右擺動；而且將把立鎖在前叉首管，碗組能夠調校得更精確。把立螺栓鎖太緊，會使前叉管稍微外擴變形（見圖12.8），導致前叉首管長度稍微縮短，使碗組的調整產生偏差。

1. 根據"12-15"的內容，判斷碗組過松還是過緊。

2. 準備好碗組扳手。取一對符合尺寸的碗組扳手，分別插入螺母和上珠碗（又稱調整碗）的溝槽。螺紋碗組尺寸較多，購買前請再三確認。兩支扳手一左一右插入後，形成銳角，以便施力旋開對鎖的零件（見圖12.33）。

注意： 若握力不夠，可抓住扳手的尾端以延長力臂。

3. 握住下方扳手不動，逆時針旋轉上方扳手1/4圈，旋松螺母。為確保騎車安全，這裡的緊固扭力值很大，需要用力轉動。

4. 調整碗組。若碗組太松，一只手握住把立，另一只手順時針旋轉下方扳手（即轉動調整）1/16圈。要小心，調整過多會使碗組珠碗表面劃出不規則的刻痕，俗稱"出溝"。出溝的珠碗無法順暢運轉。

若碗組太緊，一只手握住把立，另一只手逆時針旋轉下方扳手1/16圈，旋松調整碗，直到碗組能自由轉動，又不至於有游隙。

圖12.33 旋轉碗組扳手鎖緊螺母

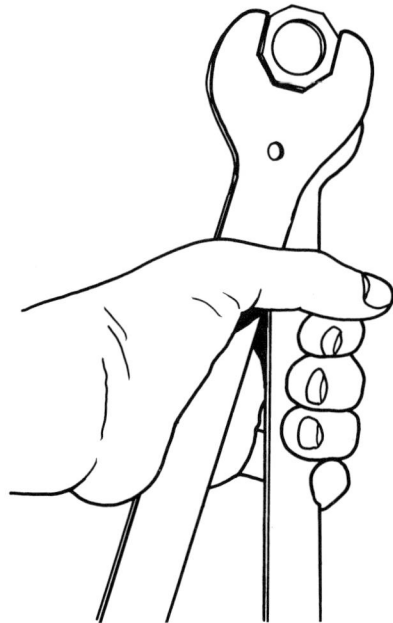

5. 锁紧防松螺母。一只手握住把立，另一只手顺时针旋转上方扳手（即旋紧螺母），留意上珠碗是否会随之转动。若会，检查有无安装内齿垫片（见图12.23）或内齿垫片磨损。内齿垫片分隔螺母和上珠碗。若磨损，需要更换：取出螺母，放回垫片。内齿对齐前叉首管的纵向沟槽，再锁回螺母。

注意：可以通过同时使用两个扳手来调整没有带锁的锁紧垫圈的碗组，但这更棘手，并且在骑行时碗组可能会松动。

6. 检查碗组并再次重复步骤4和5，调校碗组。

7. 碗组调校完毕后，将扳手分别插入螺母和上珠碗，握住下方扳手不动，顺时针旋转上方扳手，使螺母锁紧内齿垫片和上珠碗，以维持碗组预压（见图12.34）。

8. 再次检查车碗组松紧。若有问题，重复步骤2~7。碗组调整好后，确保把立对齐前轮。

注意：若确定碗组预压已经调校好，但又时常变松，可能因为前叉首管太长，导致螺母无法锁紧上珠碗。先拆

图12.34 旋转碗组扳手锁紧螺母

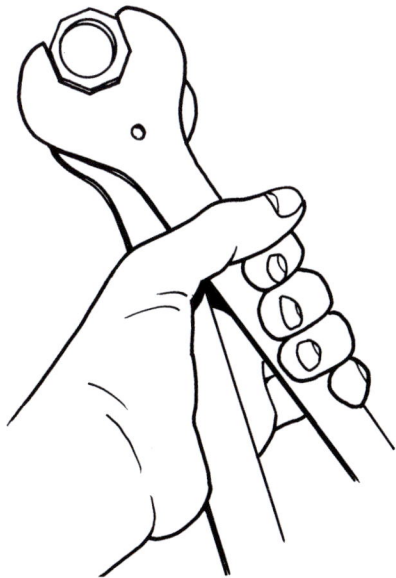

除把立，观察前叉首管内部。若前叉首管顶端抵住螺母顶端，说明前叉首管太长。拆掉螺母，加装垫圈。

若不想加垫圈，将前叉首管锉短1~2毫米。注意清理干净修整前叉首管时残留的金属屑，不要让金属屑掉到轴承或前叉首管的螺纹之间。检查无误后，锁回螺母，继续步骤5。

12-18
翻修无螺纹碗组

2级 这些说明适用于内置（即集成）无螺纹碗组（见图12.21、图12.22和图12.24~图12.26）和外置无螺纹碗组（见图12.4、图12.20）。

所有的自行车零件都需要定期维修，碗组也不例外。若经常骑行，散珠式或滚针式轴承碗组大约一年需要检查一次。卡式轴承碗组（见图12.21、图12.22、图12.26、图12.29和图12.35）不需要维修；有的斜角式轴承碗组可以拆开清洁，有的不能。不能拆开的卡式轴承碗组，损毁的话需要更换新的。压入珠碗的卡式轴承碗组（如Chris King；见图12.35）则需要更换整个珠碗（"12-20"和"12-22"）。

将自行车倒夹在维修架上，或一手抓住前叉，避免拆除把立后，前叉从下方滑出来。

1. 拆开或拆除前刹车（第9章或第10章）。若车上使用的是安装到前叉标准夹器或油碟，还要拆卸刹车夹器。电变碟刹和吊刹不必拆除刹车。

2. 拆卸顶盖锁紧螺栓（见图12.30）和立管夹器螺栓，拆除顶盖和把立。

3. 拆卸上碗组盖。从首管依次取下来垫圈、碗盖、锥形锁紧夹环（见图12.20）及首管上的垫圈。用木槌敲击首管顶端，再将前叉推回原位，碗组盖向下压。

4. 从车架取出前叉。

图12.35 Chris King 压入式轴承

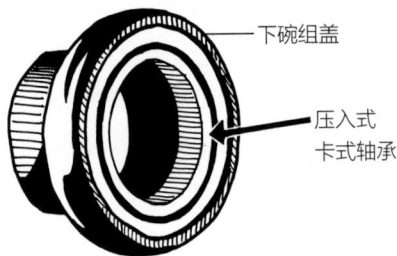

下碗组盖

压入式
卡式轴承

5. 拆除碗组周围的零件，并记住每个密封圈的位置和方向。

6. 取出轴承，不要漏掉任何一颗滚珠。若上下轴承尺寸不同，分开放。

7. 检查轴承。若是不可分离的轴承，检查其是否平稳转动。若转动不顺畅，需要换新的，跳至第8步，或者清洁后重新润滑轴承：

   a. 散珠式或滚针式碗组，找一个广口瓶或旧水壶，把滚珠或滚针（不要拆开保持器）浸泡在含有柑橘成分的溶剂里，用力摇晃。若上下轴承滚珠尺寸不同，分开处理。然后用清洁的干布擦拭。把水槽塞住，加入肥皂水，在掌心揉搓以清洗滚珠（单独清洗或放在保持器中清洗均可）。装配零件前注意洗净手。把滚珠用水彻底清洗干净，晾干。

   b. 有的卡式轴承（见图12.29）可拆开清洁。操作前，在下方放置一个容器（以便盛接散落的滚珠）。卡式轴承的倒角朝下，用力将内圈向上推。轴承会应声拆落——内圈从上方脱出，而滚珠留在外圈内。推动时可左右摇晃，扩大间隙。若推不动，先用小刀或刀片撬开塑料防尘盖，再试着推动。用干净的干布擦拭滚珠、内外圈和防尘盖。

8. 用干净的干布擦拭轴承表面。塞住清洗槽，用肥皂水在掌心搓揉滚珠。双手和滚珠同时都洗干净了，可避免组装时弄脏干净的零件。接着用清水洗去泡沫，擦拭水分，静置晾干。用空气喷枪或吹风机可以加速干燥的

速度。

9. 用清洁的干布擦拭轴承表面、头管。

10. 检查珠碗有无磨损或出沟（滚珠在珠碗内面划出不规则痕迹）。若有，更换整组碗组，跳至"12-20"。

11. 在所有轴承表面涂抹润滑脂。若使用的是卡式轴承，注意不要抹得太厚。

12. 自行车倒着固定到维修架上。

    a. 将轴承放入车架头管的底部沟槽，轴承放入上珠碗和头管底部的下珠碗之间。

    b. 需要放珠碗的Campagnolo或其他类似设计的碗组（见图12.25），将珠碗放置到首管底部。将润滑过的滚珠放入珠碗，注意保持器的方向（具体见步骤12d）。

    c. 不使用珠碗的整合式碗组（见图12.21和图12.26），将轴承放入首管底部。注意方向，见步骤12e。

    d. 有保持器的散珠式碗组，只有滚珠能接触承载面（注意图12.23和图12.20中不同的上珠碗与滚珠方向的不同）。若保持器装错方向，接触承载面，首管转动不畅。一旦骑行，会将保持器夹碎。为了安全起见，一定要再三确定保持器的安装方向正确（见图12.20）。

    注意：若没有保持器，滚珠粘在珠碗里，一次粘一颗，注意放入的数量和取出来的数量相同。

    e. 斜角式卡式轴承，倒角朝向珠碗放入（见图12.29），或直接放入铣削或模压头管（见图12.21和图12.26）。

13. 重新装回碗组拆卸下来的密封圈。

14. 将前叉放入首管中，使下部分碗组轴承放置到位（见图12.36）。

15. 仅适用于整合式碗组：Campagnolo或其他放入式珠碗的隐藏式碗组（见图12.25），将珠碗放入头管顶部。否则，请跳过此步骤。

16. 安装上轴承。将上珠碗或轴承锥（卡式轴承不需要）安

图12.36 前叉放入首管中，使下部分碗组轴承放置到位

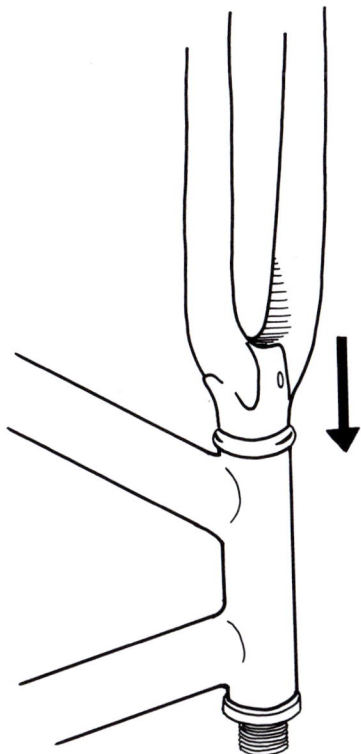

装到首管上。操作时自行车倒置，保持前叉不动，防止砂粒在轴承上方滑动时落入轴承。

17. 安装锁紧环。润滑锁紧环并将其安装到首管上，锁紧环的窄端插入珠碗内缘的斜面（见图12.20~图12.22、图12.25和图12.26）。

　　注意： Campagnolo（隐藏式或外置式）无螺纹碗组使用一个双面锥形的锥形的锁紧环，底面推入上轴承锥（见图12.25），作用类似于普通的开沟式锁紧环，使顶部的上轴承锥定位于转向轴心。锁紧环顶着塔楼状边缘和上碗盖内侧边缘的斜面契合。若要增加预压，必须将上碗盖倒置安装（见图12.31），然后向下推。标准安装方向的斜面，会使锁紧环的塔楼状边缘夹住首管，增加预压wgkq

锁紧环无法继续向下滑动，轴承锥向下深入后，将上碗盖翻过来，平坦面朝上，套回首管，盖上锁紧环和轴承锥（见图12.32）。

18. 安装顶盖。若压缩环和顶盖之间有垫圈（见图12.26），先安装垫圈，以防止顶盖刮擦顶管的边缘。

　　最近的Chris King碗组，其顶盖、锁紧环和O形橡胶圈必须在安装前组装在一起。将组件滑动到首管时，它们必须紧紧地合在一起；若它们分开，则无法将顶盖安装到位。

19. 安装把立下方的垫圈。

20. 安装把立。旋紧一个把立锁紧夹螺栓，将其固定到位。

21. 把自行车翻过来检查。把立顶端或把立上方的垫圈顶端，必须比首管高3~5毫米（见图12.10），而花芯必须比首管低12~15毫米。

22. 安装顶盖。将锁紧螺栓旋入花芯（见图12.30）。

23. 若首管太长，加垫片，把立顶端高于首管上方3~5毫米。

24. 若首管太短，拆除把立下方的垫圈。若没有可拆卸的垫片，换一个把立夹较短的新把立。

25. 调整碗组（"12-16"）。

26. 重新安装前刹车夹器（第9章或第10章）。

12-19
检修螺纹碗组

2级 与任何其他带轴承的自行车零件一样，碗组需要定期检修。若你经常使用你的自行车，你应该每年修理一次带有松动轴承的碗组。带密封卡式轴承的碗组通常不需要进行检修；若轴承发生故障，您可以更换轴承，若碗组有压入式轴承，则更换整个外圈。若是标准的卡式轴承碗组，请继续阅读这些说明。若是使用压入式轴承更换Chris King或其他碗组杯，请参考碗组拆卸和安装说明。所有的自行车零件都需要定期维修，碗组也

不例外。若经常骑行，大约一年要检查一次碗组是否松动。卡式轴承碗组不需要维修，若轴承出了故障，可以换新（如图 12.29 所示，有的倒角式轴承碗组可以拆开清洁，有的不能。不能拆开的卡式轴承碗组，损毁的话需要更换新的。压入珠碗的卡式轴承碗组（如 Chris King；见图 12.35）则需要更换整个珠碗（"12-20" 和 "12-22"）。

检修碗组时，强烈建议使用自行车支架。

1. 拆除前刹车变速线（第9章或第10章）。

2. 拆除把立。旋松把立顶端的螺栓三圈，用锤子轻敲螺栓，松动扩张楔（见图 12.11），取出把立。

3. 把自行车倒置固定到维修架上。拆除碗组盖，用碗组扳手旋松锁螺栓。两个碗组扳手，上左下右分别插入锁紧螺母和上珠碗。逆时针转动扳手，上扳手和下扳手的位置呈锐角时最容易施力。两个扳手对向施力（见图 12.33），将锁紧螺母和上珠碗从首管旋出，碗组垫片或垫片会随着上珠碗的旋出而脱落。

4. 按照 "12-18" 中的步骤 4~13 进行操作。

5. 将前叉放入首管中，下轴承安装到位（见图 12.36）。

6. 滚珠放到珠碗内，将上珠碗安装到首管。操作时自行车倒置，前叉保持在适当的位置，防止砂粒在打开外圈时落入轴承中。

7. 把自行车翻过来。卡榫垫圈（见图 12.23）对齐首管的螺纹沟槽，用手拧紧锁紧螺母。

8. 给把立垂直杆涂抹润滑脂，并插入首管（见图 12.8）。切记：垂直杆抽出高度不要超过标示的安全规定。把立、前轮和把立螺栓对齐。

9. 装回前刹车夹器（第9章或第10章）。

10. 按照 "12-17" 中的说明调整碗组。

12-20
拆卸碗组

3级

1. 根据碗组的类型，参考 "12-18" 或 "12-19" 中的步骤 1~3，打开碗组，拆除前叉和轴承。

2. 取下前叉。

3. 拆下轴承。

　a. 无珠碗，车架头管经过研磨加工的整合式碗组（见图 12.21 和图 12.26），跳至步骤 5。若是非压入式的整合碗组，从首管上下两端取出珠碗和轴承，然后跳至步骤 5。

　b. 压入头管的珠碗（见图 12.20、图 12.22 和图 12.23），若不像图 12.35 所示那样压入珠确定，则取出轴承。

4. 将珠碗拆除器（也称为"碗组火箭"，一个非常令人回味的名字）的尖端（见图 12.20 和图 12.22~图 12.24），从上或下穿入首管（见图 12.37）。随着珠碗卸除器尖

图 **12.37** 插入珠碗拆除器（"碗组火箭"）

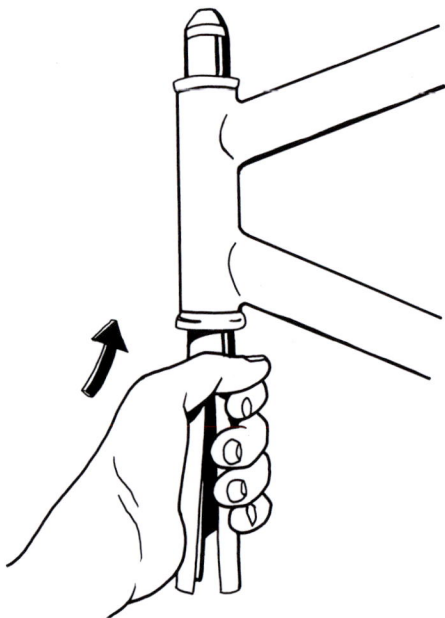

端逐渐拉出，外扩的尾端会卡入珠碗和头管的接缝。

a. 拆除第一个珠碗。用锤子用力敲击珠碗卸除器实心的尖端，退出珠碗（见图12.38）。要注意：珠碗和珠碗卸除器有可能弹飞。

b. 从头管另一端插入珠碗卸除器，重复步骤4a，拆除另一端的珠碗。

图12.38　拆除珠碗

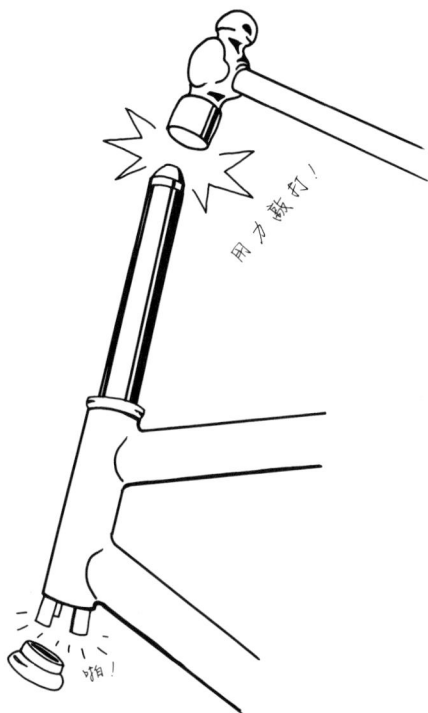

5. 从叉肩拔出碗组底座。新款的整合式碗组没有底座，在叉肩直接塑形固定轴承（见图12.26）。这种情况，只需将轴承从首管抽出来，非常简单。

老款的公路车钢材质前叉，1英寸首管的叉肩比碗组底座小，可用U型叉肩拆卸器（步骤5a，见图12.39）或用尺寸合适的老虎钳（步骤5b，见图12.40）拆除。前叉底部直径不大于碗组底座的前叉，跳到步骤5c和5d。

图12.39　用前叉底座拆卸器从前叉底座拆除碗组

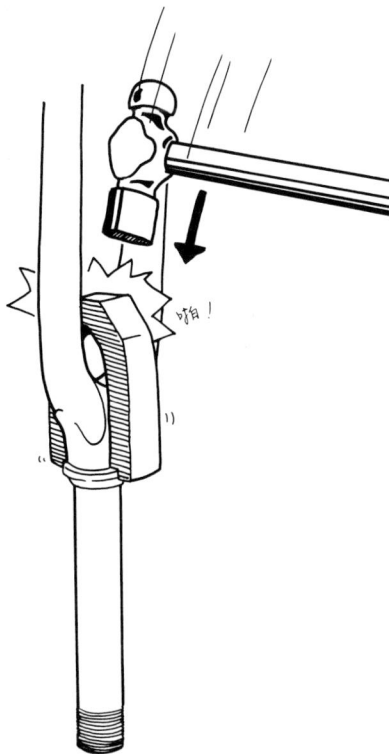

a. 使用老款的U型前叉拆卸器，先将前叉倒置，首管朝上。U型拆卸器的两端横跨叉肩，其凸缘与叉冠的前后边缘啮合。用锤子用力敲击拆卸器的顶部，将碗组底座敲下来（见图12.39）。

b. 若使用老虎钳，前叉跨过老虎钳中轴心。锁紧老虎钳，使其表面轻轻接触前叉的前部和后部，碗组的底座的底面压在上面。将一块木板垫在首管的顶部，用锤子敲击木板，将碗组底座敲下来（见图12.40）。

c. 若前叉底座的直径比碗组底座大，也没有5d提及的拆卸器，找一把残旧的、不打算再用的一字螺丝刀。将碗组底座撬出来。倒置前叉，将首管的顶端抵住工作台，或隔着V型的垫木，将首管水平夹在维修架或老虎钳上。叉肩的前后端通常有凹槽，螺丝刀

第12章｜把立、车把和碗组

图12.40 用老虎钳拆卸前叉底座

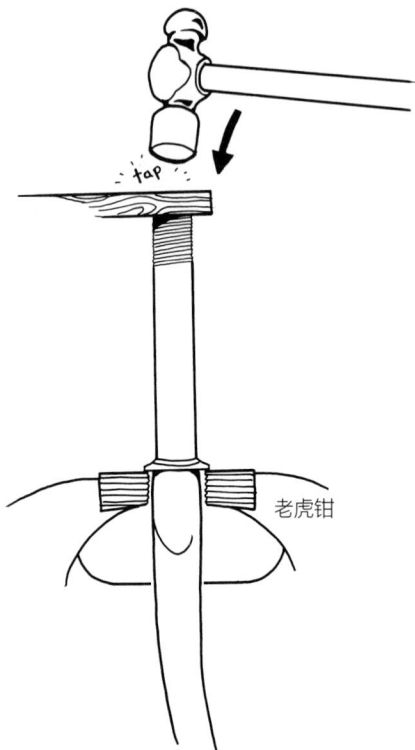

图12.41 用螺丝刀拆卸叉肩（译者注：俗称"底挡"）

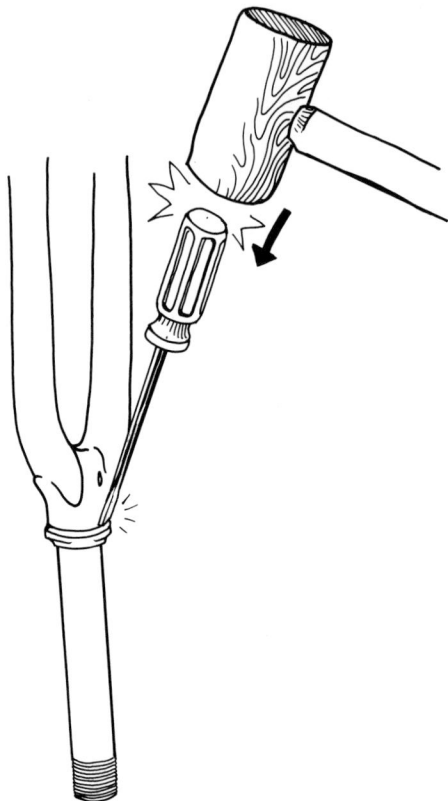

可以插入。若前叉座没有凹槽，用最薄的一字螺丝刀，从最不显眼或是最易施力的地方插入螺丝刀，将间隙撬大，用锤子轻敲螺丝刀的手柄，使碗组底座微微撬起（见图12.41）。转至对向，再轻轻敲出碗组底座，几处轮流敲击，敲出碗组底座。

d. 若你有幸拥有Park Universal Crown-Race拆卸器（见图1.4），请使用它！先旋松工具顶端的螺丝，使工具下滑过首管，直到刀刃位于碗组底座下面，再用手旋紧工具侧边的螺丝，整个刀刃插入碗组底座与和叉肩之间，最后锁紧工具顶端的旋柄，取出碗组底座。

12-21

碗组安装前的准备：车架和前叉

3级 安装车架和前叉之前，最好先做些准备。若新的车架和前叉出厂前未经处理，碗组可能旋转到某个角度时发涩，转到某个角度时又特别松。车架和前叉的前期处理需要一些专业的工具，这些工具只有专业自行车店才有。

注意：碳纤维车架的头管不能铣削，除非头管内配有铝合金碗组套管。

1. 全新的车架（或曾安装过"咬坏"碗组的车架）：若使用外置式碗组（见图12.1、图12.20和图12.23）或有珠碗的隐藏式碗组（见图12.24）的车架，头管需要铰孔和铣面。若没有专业的工具，请到专业的自行车店。铰孔可确保首管内部圆度，符合碗组的直径。铣面可确保首管轴心一致，转动润畅。图1.4所示的工具可以同时完成铰孔和铣面操作。

2. 若是像Campagnolo Hiddenset（见图12.25）这类采用无珠碗（非压入式）整合式碗组的金属车架（见图12.21），若头管内部的轴承不平行，车架会很快磨损轴承。好在很多专业自行车店都有可重新安装轴承座的工具，可以去调校。

3. 金属前叉：首管的底座需要铰至叉肩的直径。叉肩的顶部也要铣面，使首管和叉肩平行，并且垂直于首管。

注意： 使用碳纤维前叉，不要进行任何加工，否则碳纤维可能断裂、剥落。碳纤维前叉出厂时是规范的，叉肩和首管的直径都是规范的。金属材质的前叉是通过焊管或铜焊到一起的，而碳纤维前叉是纤维布一层一层胶合在一起的，避震的碳纤维前叉也是这么加工的，零件组装前已经过了加工。若叉肩过粗或不圆，专业自行车店有专门的工具可以同时裁切首管和叉肩，使二者垂直于首管。

4. 前叉首管（有螺纹或无螺纹）也必须裁切到合适的长度。记住，若头管裁切得太长了，可以再裁切，但若裁短了，则没有办法了！建议将碗组（把立、垫圈）安装完毕，确定头管的长度后再裁切头管。

无螺纹碗组

a. 避免上管裁得太短，最保险的方法是先安装碗组（"12-22"）。测量已安装了无螺纹碗组的上管长度，裁切把立最高边缘下方3毫米处（见图12.10）。见切割碳纤维首管的专业指导（"12-2"）。有螺纹碗组安装好后，如图12.42所示测量距离，然后拆除螺母，从竖管顶端算起，锯掉相等长度。裁切完上管

后，用锉把管口内外边缘锉平。

b. 若安装碗组之前裁切首管并使用有螺纹碗组，可增加碗组堆叠高度（厂家通常会提供堆叠高度或见Barnett、Sutherland手册），增加把立下面的垫圈。若总体增加2毫米，可以在把立上方加个5毫米的垫圈。这是从叉肩到首管顶部的长度。建议安装完碗组和首管之后，试下是否需要在把立下方再加垫圈，然后再裁切首管。

c. 裁切首管：按照"12-2"步骤6b~e中的说明，锯短首管，修整切口内、外边缘。

螺纹碗组

a. 要避免裁切得太短，最保险的办法是先安装碗组（"12-22"）。碗组安装好后，按图12.42所示测量距离，然后拆除锁紧垫圈，加上卡榫垫圈（见图12.23）将裁切总长再加高2毫米。也可用锉锉掉首管顶部多出的长度、修理断口内外边缘。确定已安装的无螺纹头戴式碗组的首管长度详见"12-2"。

b. 若在安装碗组之前裁切首管并使用螺纹碗组，则需要知道碗组的堆叠高度。厂家手册一般会提供堆叠高度，也可在自行车店查阅Barnett's Manual或

图12.42 测量前叉首管需要切除的长度

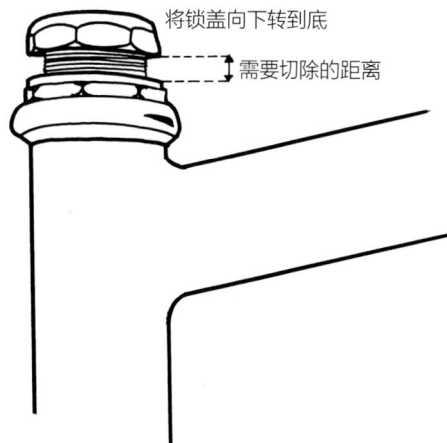

将锁盖向下转到底

需要切除的距离

Sutherland's Manual手册查一下首管要预留的长度。若要在碗组螺母之间增加垫圈或刹车线吊架，也要增加其厚度，总长度是首管必需的高度。若首管的高度已经比要求的高度少了5毫米以上，需要换一个堆叠高度较低的碗组（或减少几个垫圈）。

c. 若首管长于此总和，则可以裁切首管。测量两次并标记好切割线，因为只需裁切一次。

为了使切口笔直，先将胶带缠绕在无螺纹首管上，以便将锯子对齐。在带螺纹的首管上，将上碗组锁到首管，然后使用钢锯将首管裁切到正确的长度。用线锯沿着螺纹裁切，可确保直线。

再用锉刀打磨切口的内外刺，旋出上珠碗，利用珠碗的螺纹重建首管的螺纹。

12-22
安装碗组

3级 除了现代的碳纤维车架可以超级简单地组装，带有模压轴承座和锥形前叉首管和首管（见图12.26），都需要从碗组底座（见图12.43）使用碗组压入工具（见图12.44）。多数整合式碗组（见图12.21和图12.25），只需要使用以前的工具即可。若没有必需的工具，最好将零件带到自行车店进行安装。

a. 滚珠轴承碗组的安装，无压入式轴承或叉肩（见图12.26）

1. 清洁零件。清洁首管两端的内侧，清洁叉肩，在这些部位的表面涂上一层薄薄的润滑脂。

2. 安装下轴承。将较大的轴承向下（锥形）放到首管的底部（见图12.26）。检查轴承方向，若轴承有倒角孔，则将其朝下放在前叉上。

3. 安装前叉。将首管从底部向上插入首管。

图12.43 敲入碗组底座

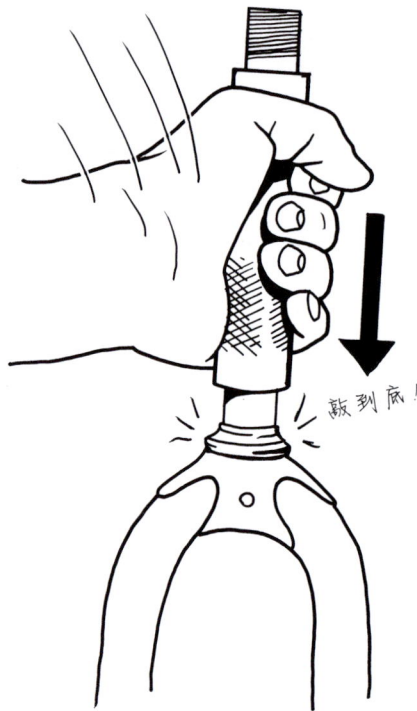

4. 安装上轴承。将尺寸较小的轴承套推进首管，放入车架上端。若轴承有倒角孔，请将其朝上。

5. 安装锁紧环。将锁紧环窄的一头朝下，沿着首管向下推入轴承圈内。

6. 安装垫圈（若有）。有的车架需要在锁紧环和上碗盖之间加1毫米垫圈，以防止前叉首管转动时上碗盖的边缘摩擦首管的顶部。若厂家提供的零件中有垫圈，安装即可。

7. 安装上碗盖。将上碗盖沿首管向下推，抵住锁紧环或垫圈。

8. 检查间隙。若轴承盖的边缘在首管的边缘上摩擦，请拉开盖子并放入1毫米的垫片。若轴承盖的边缘超过1毫米，则拆下垫片。首管顶边与轴承盖底边之间的间隙应为0.5毫米。

图12.44 用碗组压入工具压入轴承杯

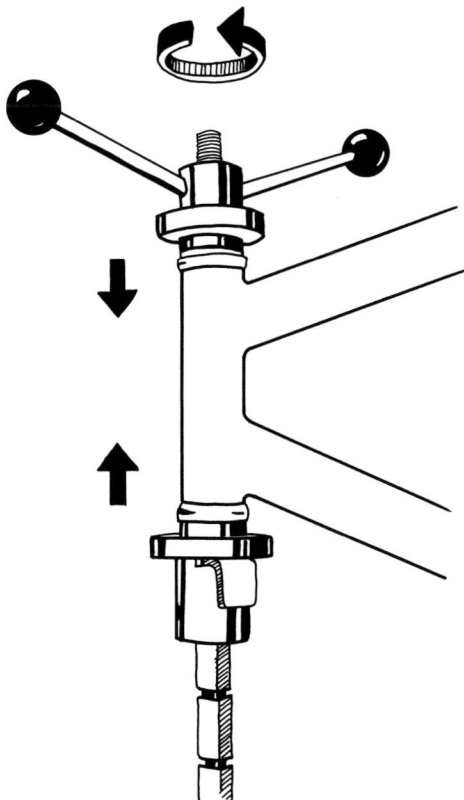

9. 碳纤维首管要使用扩张器（见图12.27）。金属首管安装花芯（见图12.20和图12.24）。

10. 按顺序安装垫圈、把立、顶盖、锁紧螺栓。

11. 调整碗组的轴承预压（"12-16"）。

12. 把立和前轮对齐。

13. 锁紧把立。

b. 安装压入式叉碗组底座，珠碗为压入式或无珠碗（整合式）

1. 润滑零件。碗组末端涂薄薄一层润滑脂，将其压入首管。碗组底座、车架头管，首管本身末端内以及首管底座都薄薄地涂抹一层润滑脂。

2. 将前叉底座套入首管，并向下推到首管加粗的底部。再将碗组底座敲进首管，用手上下推，将底座敲至平贴着底座（见图12.43）。有的敲击器比较长，顶端密封，以便用锤子敲击。最后将前叉对着光检查，看看底座和前叉之间是否有间隙。

注意： 薄的碗组底座容易敲弯或折断，Chris King、Park Tool和Shimano都有专门的转接环，垫在底座上，敲击时可分散冲击力。例如，Park出厂时带有三种转接环，对应不同直径的首管。当用锤子敲击碗组底座时，逐一试试垫圈，看看哪个最合适。

整合式碗组： 使用整合式碗组的车架，没有碗组，碗组底座压入前叉首管即可，则不必再阅读下文，按照"12-22a"中的说明继续安装，注意轴承的安装方向。因为不是每个厂家都使用倒角轴承，所以要注意一面必须向上，轴承的倒角必须和车架的倒角契合。确保将它们正面朝上安装，轴承的斜边必须位于车架的斜面座中。目测或用手转动车架、前叉，即可判断运转是否顺畅。

3. 安装碗组罩。用手将珠碗放入头管的末端，将碗组压入器的轴杆穿进头管。压入器下端的可拆卸部分有一个按钮，将下端套到离珠碗最近的凹槽中（见图12.44）。也可使用图11.28和图11.29所示的压入器，将旋柄沿着轴推进去。这类工具适用于隐藏式（见图12.22）和外置式（见图12.20和图12.23）珠碗。不过，隐藏式碗组的话，压入器只能与珠碗的外圈接触、施力，而不能接触轴承的承载面。有的压入器两端有垫圈和锥形螺母，请按照厂家的产品说明操作。无论使用哪种工具，都要注意压入器不能施力于轴承的承载面。

注意： Chris King碗组的轴承的滚珠出厂时已经压入，不可取出（见图12.35）。若压入器施力于轴承内圈，会损坏轴承。工具只能接触轴承的外圈，不能接触轴承。Chris King有适合于大多数碗组的专用工具，Park碗组压入器是一个平坦的大圆板。另外，薄的铝合金碗组，若使用这

第12章 | 把立、车把和碗组

种大圆板式的压入器，可能会损坏。操作时，珠碗和首管末端一接触，马上就要停止施压，因为珠碗很难承受高压。

4. 将珠碗安装到位。用扳手夹住压力器轴杆的下部分，以防止锁紧珠碗时轴杆随着转动。顺时针转动压入器上部分的轴杆（见图12.44），旋紧，直到珠碗接触到首管边缘，没有缝隙。

注意：若使用圆板式的压入器，珠碗一接触首管的边缘就不可再施力。

5. 在轴承表面上涂抹润滑脂。若使用的密封卡式轴承，薄涂一层润滑脂即可。

6. 组装并调校碗组。无螺纹碗组按照"12-18"和"12-16"中的说明操作，螺纹碗组按照"12-19"和"12-17"中的说明进行操作。

12-23

越野公路自行车的碗组，把立和车把

鉴于越野公路自行车用于泥地越野骑行，碗组必须密封良好。前轮持续将泥水向上甩到下珠碗，所以轴承的密封性非常重要。越野公路自行车碗组的预算必须充足。

若是吊刹，前刹车的止线栓最好设在首管。虽然还有其他方法可以在刹车线进入吊刹的线轭之前截断前刹车线管（见图9.32~图9.41），最常见的方法是使用带有刹车线吊架的把立垫圈（见图9.9）。

越野公路自行车的骑行姿势和公路自行车类似，所以选择把立的长度和角度先按最适合自己的选择，然后再调整。

车把和公路自行车上的车把类似。若说不同，建议增加车把宽度、缩小下把位的落差，使下把位的握把高度和刹把把位的握把高度尽量接近。若要安装副刹把（见图9.44），上把位应该是圆管。

12-24

排疑解难：把立、车把和碗组问题

a. 车把滑动

不要超过最大扭力值（见附录E）。若把立有可拆式前盖，须检查前盖和把立的间距是否平均。把立若已经锁紧，而车把依然滑动，无论是哪种车把，先检查车把是否变形，或车把的直径是否小于把立，以及把立前盖是否断裂或变形。更换任何有问题的零件。

碳纤维车把尤其要注意在车把和把立的契合处涂抹防滑剂（这种方法也适用于铝合金车把增加摩擦力）。无论是膏状的还是喷雾式的防滑剂，防滑剂都会膨胀，使把立锁紧夹和车把结合得更加紧密。

若防滑剂效果不佳，可以把啤酒罐或汽水罐剪成垫片，垫在把立和车把间的缝隙里。不过，纤维车把不能用这种方法。其实，若是重型车把，更换新的零件才是更安全的选择。车把滑动，总有其原因，更换新的最安全。使用超轻的把立和车把，紧固的扭力值不要超出厂家规定，否则会损坏细小的螺纹，或损坏车把和把立。

b. 骑行中，车把发出"吱吱"声

旋开固定车把的把立螺栓，在和车把接触的部位涂抹润滑脂，重新装回车把，旋紧把立螺栓。碳纤维车把，最好使用"12-24a"中推荐的防滑膏或喷雾剂。"吱嘎"声是由两个零件相对移动引起的，因此润滑脂或防滑剂填充了这些空间，可以消除异响。

把立和车把若经过阳极化表面处理增加了硬度，用砂纸轻轻打磨把立和车把的契合处，也有可能达到消除异响的目的。打磨时注意使用非常细的砂纸或砂布。

若车把不是一体成型的抽管，中间部分是套筒而不是突出的一块，若各套件之间摩擦，也可能发生异响。这种情况只能换新车把。

首管和把立间发生摩擦，也会产生异响，不过这种情况比较少见。在首管和把立契合的部位涂抹润滑脂（碳纤维零件的话，使用碳纤维防滑剂）。

c. 休息把滑动

旋紧车把的锁紧螺栓。

d. 把立不能指向正前方

旋松把立固定到前叉首管的螺栓，将首管和前轮对齐，再次旋紧把立螺栓。螺纹碗组的螺栓只有一颗位于把立顶部的单个垂直螺栓。将这颗螺栓旋松约两圈，用锤子敲击螺栓顶部，震松把立底部的扩张楔（见图12.11）。无螺纹碗组有的一个（见图12.4）或两个（见图12.5）螺栓，个别的有三个水平螺栓将把立固定到首管上，旋松这些螺栓才能校正把立。操作中不要松开把立顶部的螺栓（见图12.30），否则得重新调整碗组。

目测前轮和把立对齐，然后锁紧把立螺栓。

e. 骑行中前叉和碗组发出"嘎嘎"声或"咯咯"声

碗组松动。调整碗组（见"12-16"或"12-17"）。

f. 把立-车把-前叉组件运转不畅，在特定角度停滞

碗组有凹痕，需要更换（见"12-20"至"12-22"）。

g. 把立-车把-前叉组件运转发涩

碗组过紧。左右来回侧晃自行车，前轮应能轻松地从一侧摆动到另一侧。调整碗组（见"12-16"或"12-17"，具体方法取决于碗组类型）。

h. 把立咬死首管

见"12-6"。

i. 转动前叉，某个角度特别紧；若在某个范围内自由转动，而某几个角度却太紧

碗组上下轴承不平行，和首管的轴线也不垂直。可能是因为碗组没有完全压入底座，或珠碗没有完全放入头管。若这几个零件间找到缝隙，需要重新安装、锁紧（"12-22"）。更可能的是首管两端不平行、不同轴、和/或叉肩和首管两端不垂直。前叉和/或车架铰孔和铣面，见"12-21"。这种方法仅适用于金属车架和前叉。若碳纤维车架和前叉有这些现象，不能校正，需要将车架或前叉退回自行车店或原厂。

经验的神奇之处在于：让你不会再犯同类的错误。

——F. P. 琼斯

工具

15毫米踏板扳手
2.5毫米、3毫米、
4毫米、5毫米、
6毫米、8毫米
内六角扳手
十字螺丝刀
小平头螺丝刀
开口环夹钳
8毫米、9毫米、10
毫米、12毫米、
19毫米、20毫
米、22毫米组
合扳手
13毫米锥形扳手
脚踏轴心栓槽套筒
工具
黄油
尖嘴黄油枪
链条油

备选工具
脚踏封盖
Torx 星形扳手
8毫米套筒扳手
Speedplay 注油嘴
Crank Brothers
注油嘴
螺纹胶

脚踏

自行车脚踏的功能一是与曲柄牢牢结合，二是提供稳定的踩踏平台。为实现这两个简单的功能，脚踏的设计精彩绘呈。

公路自行车的脚踏可粗分为两类：1）普通的笼式脚踏，有的安装了定趾器（Toeclip）和束带，有的没有安装（见图13.1），构造简单，售价低廉；2）锁踏（见图13.3），用类似滑雪靴的弹簧扣，扣合专用锁鞋，多见用于中高档公路车。锁踏因为无法安装定趾器，其英文为 Clipless。

笼式脚踏常用于低档车。对新手而言，使用门槛

图13.1 标准的散珠式脚踏

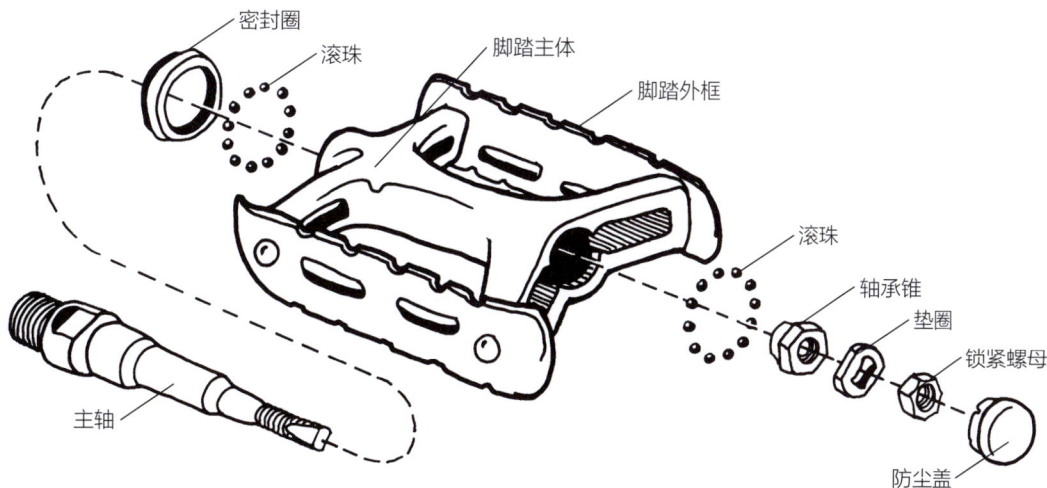

密封圈
滚珠
脚踏主体
脚踏外框
滚珠
轴承锥
垫圈
锁紧螺母
主轴
防尘盖

低，而且围绕脚踏轴心的外笼面积比卡式踏板大，踩踏起来比较平稳。对称的山地自行车的笼式踏板具有相同的顶部和底部，几乎可以穿任何类型的鞋骑行。使用定趾器但不安装束带，可防止双脚从脚踏前方滑开，又几乎能从任何角度脱离脚踏。喜爱练习自行车特技和追求下坡快感的车手，比较喜欢平式脚踏，因为平式脚踏与鞋底接触的平台比普通脚踏宽，且脚踏上有突出的细钢钉，增强了和鞋底的摩擦力。

公路自行车的脚踏是单面脚踏（见图13.2），需要有专用的定趾器。安装束带可以使脚与脚踏紧密结合，踩踏中向上提拉的时候也更用得上劲，踩踏效率更高、画圆踩踏的动作更顺畅、肌肉发展得更均衡。当然，安装了束带和定趾器后，脚踏难进难脱，穿着鞋底纹深的鞋或靴时尤其如此。定趾器对面有个小尖尾，可以用脚趾向上翻动这个小尖尾，以方便将脚插进定趾器。

除了用定趾器和束带向下固定鞋面，硬底鞋也可以使用单面脚踏，锁片是一个开沟的梯形底板，底板踩入脚踏固定鞋底的位置，爬坡和冲刺时能将脚和脚踏紧固在一起。不过，现在很少有人使用这类脚踏，几乎都使用锁踏。

图13.2 标准的笼式脚踏，安装了定趾器和束带

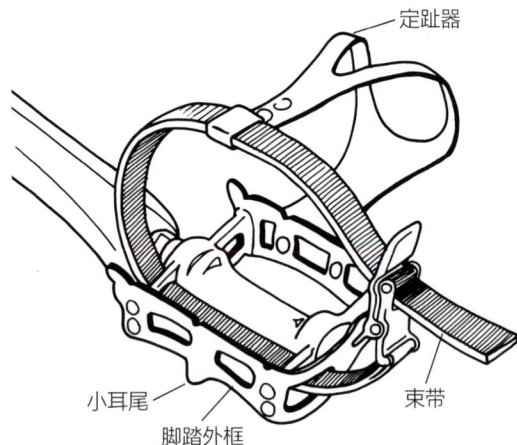

- 定趾器
- 小耳尾
- 脚踏外框
- 束带

图13.3 卡式锁踏

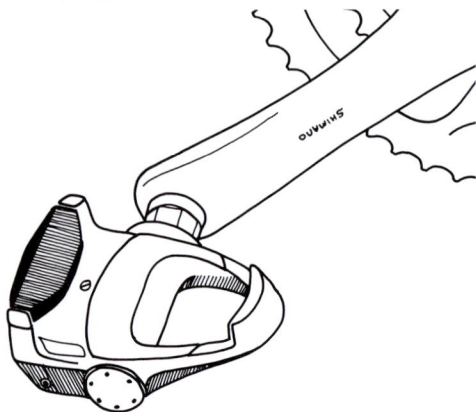

锁踏（见图13.3~图13.5）的效果比安装了定趾器和束带的脚踏好，又有易于进出脚踏的优点。这类脚踏比较贵，需要搭配专用的锁鞋且必须正确安装鞋底卡板。鞋底卡板随脚踏而异，专用锁鞋都是硬底的。普通的脚踏会因鞋底弯曲和滑动而损失能量，锁踏在鞋底卡板角度调好后，骑行中的踩踏力量能直接传导到脚踏轴心。锁踏既提高了骑行效率又降低了自重，轻型越野车（XC）基本都采用锁踏。

本章将指导你如何拆装脚踏，如何安装鞋底卡板和调整卡式踏板的弹簧扣，如何排除脚踏的疑难问题，以及如何翻修与组装几乎所有公路自行车脚踏的轴心。还有，脚踏的轴心用"axle"或"spindle"表述，因为厂家和自行车店同时使用这两个词表述脚踏的轴心。

13-1
拆卸和安装脚踏

1级

注意，右脚踏轴心是右旋螺纹，左脚踏轴心是左旋螺纹。按踩踏方向转动曲柄，可旋松脚踏。

脚踏螺纹这么做，背后有一段有趣的历史。早期的自行车多是死飞车，若脚踏轴承运转不畅，要从曲柄上卸下

来，以免撕裂骑行者的束带。

a. 拆卸

1. 将15毫米脚踏扳手放到踏板轴的扳手平面上（见图13.4）。将15毫米脚踏扳手插入脚踏轴心的平行沟槽（见图13.5）。若轴心没有沟槽，将6毫米或8毫米内六角扳手从曲柄内侧插入脚踏轴心（见图13.5）。这种设计便于在骑行中维修脚踏——因为骑行中不太可能携带大型的15毫米脚踏扳手，携带内六角扳手则非常方便。若在家里维修脚踏，脚踏的轴心又锁得非常紧，

图13.4 用15毫米扳手拆卸或安装脚踏

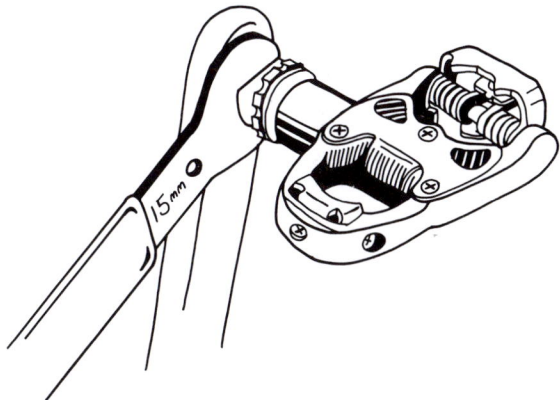

图13.5 用内六角扳手拆卸或安装脚踏

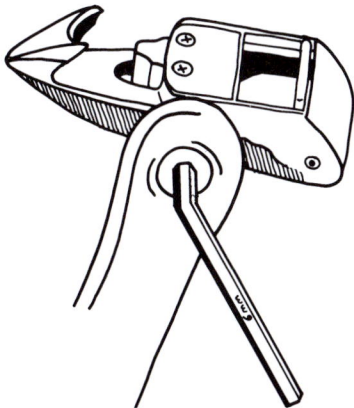

建议还是使用脚踏扳手。

2. 按正确的方向旋出脚踏。面对自行车传动侧，右脚踏逆时针旋出。左脚踏是左旋螺纹，面对自行车非传动侧，顺时针旋出。只要脚踏轴心一松，将15毫米脚踏扳手固定在脚踏轴心，抬起后轮，向前旋转曲柄，便可拆除脚踏。如上文所述，早期的自行车脚踏的拆卸方向解决了固定滚珠脚踏的问题。

b. 安装脚踏

1. 清洁螺纹。用抹布清洁脚踏轴心和曲柄安装孔的螺纹。
2. 给脚踏螺纹薄薄地涂抹一层润滑脂。
3. 安装垫圈（若厂家附送的话）。若曲柄附送了垫圈，在每个主轴上、脚踏和曲柄臂之间安装一个垫圈。曲柄制造商提供这些垫圈是有原因的，不要扔掉它们！

   若希望脚踏更宽松，还可以在脚踏和曲柄臂之间安装3毫米的垫圈（见"13-9"或附录C）。
4. 用手旋入脚踏。右脚踏顺时针，左脚踏逆时针。
5. 用15毫米脚踏扳手（见图13.4）、6毫米或8毫米内六角扳手（见图13.5）锁紧脚踏。将扳手固定在脚踏轴心，向后旋转曲柄，可以很快地安上脚踏。

安装锁踏

锁踏的设定，包括安装鞋底卡板和调整弹簧扣的张力。

公路脚踏的种类非常多且不兼容，鞋底的安装孔位必须与专用的鞋底卡板吻合。最早生产公路脚踏的厂家是Look，鞋底有三颗M5螺纹孔构成的三角形（见图13.6），鞋底卡板也是三孔（见图13.11）。早期Time脚踏是平底锁鞋，有四颗较小的螺纹孔（见图13.7），Speedplay脚踏沿用了Time的设计。Shimano Pedaling Dynamics（SPD）最初山地设计，鞋底夹较小（见图13.10），易于卡住，不容易被泥土堵塞。SPD夹板安装有两个并排的M5螺纹螺钉，间距为14毫米，锁在鞋底活动的底座，再

图13.6 三孔（Look）鞋底

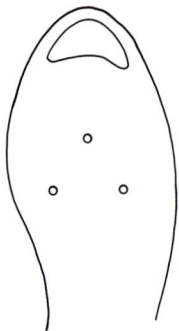

图13.7 早期的Time鞋底

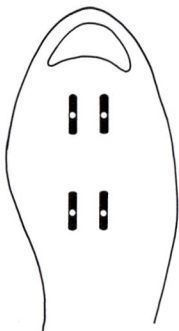

沿着鞋底的两条纵向沟槽微调前后位置（见图13.8）。和所有山地自行车锁踏一样，Crank Brothers鞋底卡板也延续了这种设计。SPD公路车锁踏是单面入卡，有的车手喜欢用单面入卡的山地车锁踏，因为SPD山地锁鞋比公路锁

图13.8 SPD鞋底

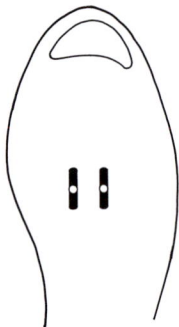

鞋走路更方便。骑越野公路车的车手，也喜欢山地锁踏夹板和山地锁鞋。

Shimano的SPD-R锁踏（已经停产）锁鞋的鞋底有一条纵向沟槽，两端各有一颗M5螺纹孔，内有活动底座（见图13.9，Diadora锁踏有自己的安装模式，但早已停产，市面上很少能见到）。

图13.9 SPD-R鞋底

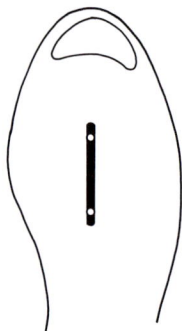

经过长期整合，Look的原创的三孔鞋底（见图13.6）在公路自行车市场上取得了最终胜利。Shimano的两孔鞋底占据了越野公路和山地车市场，如前所述，骑公路自行车的人很多仍在使用Shimano。日前，Shimano SPD-SL、Time和Speedplay都以三孔鞋底为标准，除Crank Brothers Quattro（见图13.25）和Ritchey V4例外。

13-2

鞋底卡板的安装和调整

1级 鞋底卡板的位置很重要，因为鞋底卡板的位置决定足部相对于脚踏的前后、左右以及旋转角度。双脚若踩踏脚踏的位置长期不正确，可能造成臀部、膝关节或踝关节受伤。

1. 穿上鞋子，然后在鞋子的外侧标记脚掌的位置（大脚

趾后面的大凸起）。穿上锁鞋，在锁鞋外侧标记大脚趾后外侧的球状凸起的位置（芝麻球）。这个标记有助于确定锁鞋底卡板的位置，使芝麻球位于脚踏轴心正上方或靠近脚踏主轴。脱掉锁鞋，从记号处延伸，横穿鞋底。

注意： SPD-R鞋底卡板架桥的安装标记朝向鞋跟，用螺丝固定。

2. 润滑鞋底卡板和螺丝，在螺纹上涂抹润滑脂，将鞋底卡板安装到鞋底。这通常需要4毫米内六角扳手、十字螺丝刀或一字螺丝刀。若鞋底卡板带同形状的自黏砂纸，将其粘在鞋底卡板内面，朝向鞋底。

注意鞋底卡板的方向性。有的夹板有朝向鞋尖的箭头（见图13.10）。若没有箭头符号，请参阅脚踏附带的说明书。还有的锁鞋是不对称鞋底卡板。使用SPD和SPD-R夹板的公路锁鞋，需要在鞋底和夹板之间安一片橡胶架桥（"引导架"，见图13.10）。这个架桥有助于将金属底板滑入脚踏的锁扣。山地锁鞋的左右

图13.10 将鞋底卡板固定在芝麻球延伸线的1厘米处

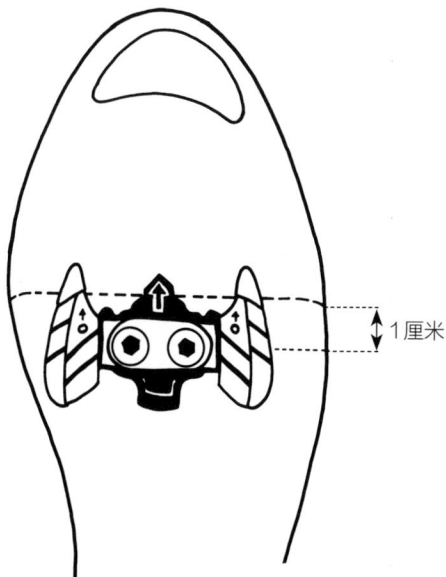

1厘米

侧有橡胶块，不需要安装架桥。

3. 安装鞋底卡板。鞋底卡板设定时，要先知道主轴相对于鞋底卡板的位置。很多鞋底边侧标记了轴心位置（见图13.11），将轴心的标记按步骤1的讲解，对齐鞋底的延伸线或向后退1厘米处画线。SPD脚踏系统的轴心标记符号是两颗并列的螺丝，将正中的圆孔心对齐步骤1所讲述的鞋底（见图13.10）。使用Speedplay鞋底卡板，将正中的圆孔对齐步骤1中讲述的鞋底延伸线。若不确定如何操作，将锁鞋鞋底夹板锁紧，卡进脚踏。当鞋底呈水平时，芝麻球部分在脚踏轴心前方0~1厘米。锁鞋若再往前推，有利于增加力量；若往后堆，有利于踏频。脚大的骑行者，喜欢鞋底向后推到底，使脚掌尽量超过脚踏。骑行者的脚是一套杠杆系统，发力点是脚踏，抗力点是鞋底夹板的锁点。因为鞋底卡板的尺寸是固定的，脚大、踩踏力量大的骑行者往往将踩踏的力量集中在砑骨下方，形成痛点。Speedplay提供了一个夹板扩展套件，可以将夹板向外偏移14毫米，比标准的黑色塑料底板更向前移动2毫米。

注意： 若使用的是老款的Time脚踏（见图13.5）鞋底卡板需要安装老款的后凸轮，否则无法向外转解锁。

4. 旋紧螺丝。防止鞋底卡板的位置因锁紧或解锁脚踏而

图13.11 带有轴心记号的鞋底卡板

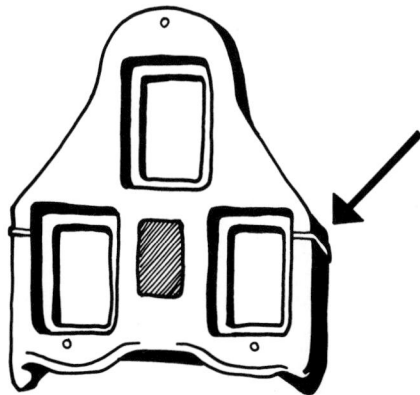

移动。不过，不要一次旋紧所有的螺丝。同样的步骤操作另一只锁鞋。检查鞋底卡板的曲线是否和锁鞋匹配。若不匹配，或是锁紧或是解锁时遇到麻烦。有的脚踏生产厂家随厂附送鞋底板片，使鞋底平整。可以去专业自行车车店寻求帮助。

5. 设置鞋底卡板的左右位置，可先穿上锁鞋，坐在自行车上，上锁。骑一段距离，同时注意脚部的位置。一般说来，若某侧脚不适，下车来脱了鞋，左右来回调整夹板，然后安回夹板，再骑车试试。

　　Speedplay Zero 鞋底卡板的前后、左右和旋转脚的每个部位都可以设置或更改，且并不会影响其他两个部分的位置。注意：早期的锁踏没有横向夹板调整。新款的 Time 锁鞋交换左右脚的鞋底卡板来改变状况。

6. 若某侧脚跟有点紧绷，可能会从鞋子的鞋跟一侧感到压力。若是这样，脱掉鞋子并轻轻旋转夹板，然后再骑车试试。

　　注意： 大多数脚踏是浮动式的鞋底卡板，解锁前脚可以先旋转几度。若脚踏是转动自如，不必精确地调节旋转夹板调节。

　　建议从浮角的最大值开始调整，再渐渐缩小。

　　有的脚踏板的弹簧扣背面有旋钮，用于调整浮量（Speedplay Zero）。有的厂家提供不同款式的鞋底卡板，以增加或减少（或消除）浮动范围。

　　SPD-R 鞋底卡板（见图 13.4、图 13.14 和图 13.18，已停产）有三种类型：宽头型为固定角，标准型为 3 度浮动角，窄头型为 5 度浮动角。提高脚踏的橡胶块，可消除垂直间隙。Dura-Ace SPD-R 锁鞋底部有一颗 3 毫米螺栓，旋入可将橡胶向上推；Ultegra SPD-R 需要拆下脚踏表面的三颗螺丝，换为厚垫片。

7. 一旦感觉鞋底夹板位置正确，用钢笔或画线器标出位置。夹板若移位，可以纠正回来。

8. 维持鞋底卡板的位置，用力向下锁紧螺栓。手指抓住

内六角扳手的转折处以缩短臂力，以避免螺纹滑丝。使用螺丝刀的滑丝风险小，但用一字（或十字）螺丝刀要注意尺寸是否吻合。锁紧前先用力向下压，以避免螺丝崩牙。

　　注意： 若有小型扭矩扳手，扭力值设为 4~5N·m，详见附录 E。

9. 检查螺钉长度。取下鞋垫，锁紧鞋底卡板的固定螺栓，确保夹板尽量嵌入鞋底。若螺丝太长，更换为较短的螺丝或截短较长的螺丝，这样骑行时才不会扎到脚掌！

10. 穿新锁鞋或用新脚踏时，随身携带调整工具，以便随时微调。

11. 前几次骑行结束后，都要重新固定锁鞋的螺丝，鞋底卡板尽可能地嵌入鞋底。山地锁鞋尤其要注意这点，因为山地锁鞋比公路锁鞋设计更繁杂、鞋底卡板的尺寸小、鞋底硬。鞋底卡板嵌合，才能确保螺丝不松落、鞋底卡板不移位的。在螺纹上涂抹防松胶也助于防止螺丝松落。只要螺丝在相同的扭力下不再推进，即可停止每天检查，但仍要定期检查。

13-3

卡式脚踏的张力调节

1级　　若觉得工厂敲定的弹簧扣张力过大或过小，大部分脚踏可以调整。但 Crank Brothers（见图 13.25 和图 13.30）、部分 Speedplay（见图 13.23）、Look Quartz 山地脚踏和一部分 Time 款式（见图 13.5 和图 13.29）不能调节。张力螺丝通常位于脚踏后方的扣具上或附近（见图 13.12 和图 13.13）。调节工具可使用小型（通常为 3 毫米）内六角扳手或小螺丝刀。

1. 找到张力调节螺钉。老款的 Looks 在脚踏正面有一颗小螺丝（一字或 2.5 毫米、3 毫米内六角头，见图 13.12）；Look Anatomics 和 Campagnolo ProFits

图**13.12**　Look脚踏的张力调节螺丝

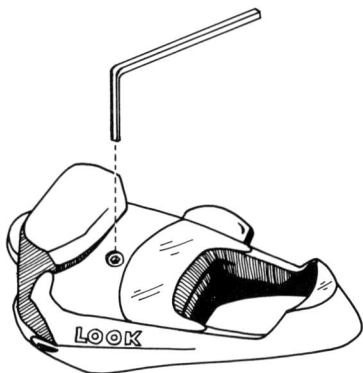

图**13.13**　Shimano SPD脚踏的张力调节螺丝

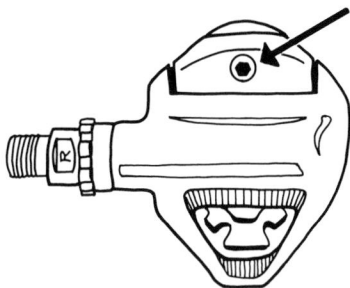

图**13.14**　拆卸Shimano脚踏轴心套件的工具

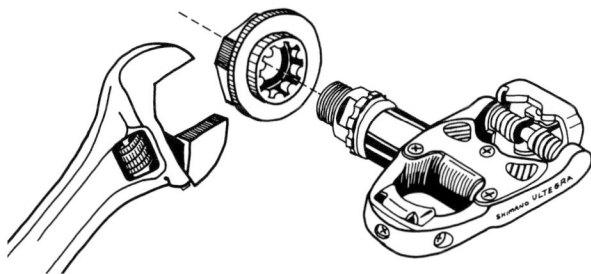

图**13.15**　拆卸Campagnolo ProFit脚踏轴心套件用22毫米扳手

旋松张力调节螺丝

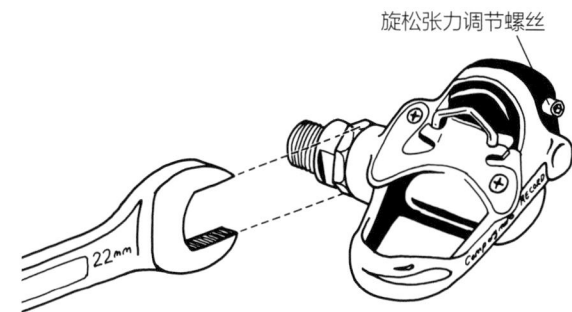

（见图13.15）在扣具外侧有一个3毫米内六角螺丝。Look Keos和Shimano SPD-SL在扣具顶端有一个3毫米内六角螺钉。Ritchey、Shimano SPD（见图13.13）、SPD-R（见图13.14）和SPD MTB/公路越野（见图13.32）脚踏在扣具后方有一颗3毫米内六角螺丝，其他类似品牌的脚踏的设计，与上述情况大同小异。

注意： 市场上有多种与SPD和Look外观相似的脚踏。这类相似的脚踏鞋底卡板的安装与弹簧调节方法，都大同小异。

2. 逆时针旋转螺丝，可以降低弹簧张力，反之增强（见图13.12和图13.13）。这是典型的左松右紧。张力螺丝每旋转1/4到1/2会发出"咔嗒"声，可以此为标准进行

调试。许多厂家随车附送指示器，显示松紧。张力螺丝不要完全旋出，听到第一声"咔嗒"时将其固定到位，这样操作螺丝不会从弹簧板掉出或骑行震动时松脱。

注意： 有的脚踏的浮动范围会随着弹簧张力的增加而减少。

翻新脚踏

和花鼓或五通主轴一样，脚踏的内部轴承和衬套也需要定期清洁、润滑。

公路自行车脚踏的设计有很大差异。本书无法一一详细介绍。一般来说，脚踏轴承大致分为两大类：散珠式（见图13.18、图13.19、图13.26~图13.28和图13.32）和卡式轴承（见图13.16、图13.17、图13.20~图13.25、图13.29、图13.31和图13.33）。此外，按轴心固定的方

图13.16–图13.22 卡式脚踏分解图，外侧为封闭式

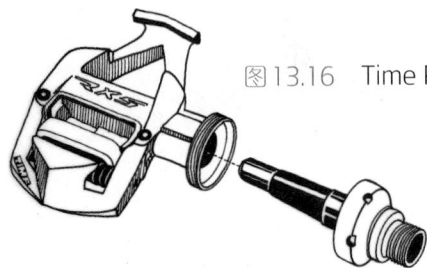

图13.16 Time RXS

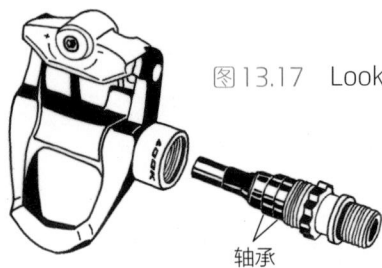

图13.17 Look Keo

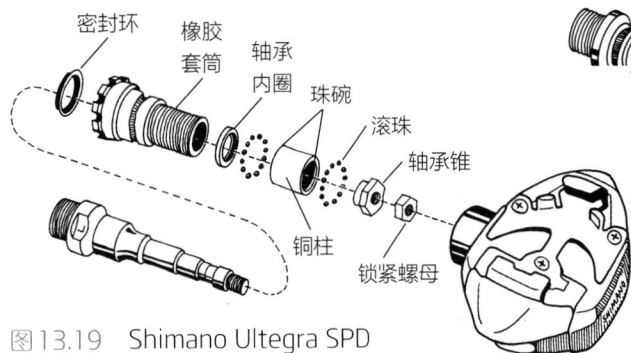

轴承

密封环 橡胶套筒 轴承内圈 珠碗 滚珠 轴承锥

铜柱 锁紧螺母

图13.18 Shimano Dura-Ace SPD-R

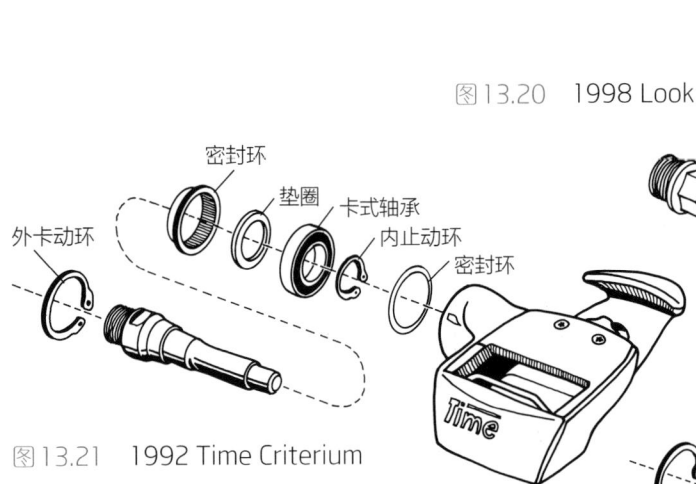

轴心

垫圈螺母

图13.19 Shimano Ultegra SPD

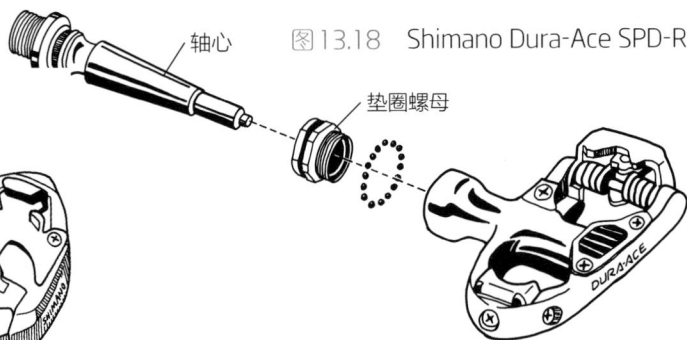

接头螺母 密封圈 卡式轴承 止动环

图13.20 1998 Look

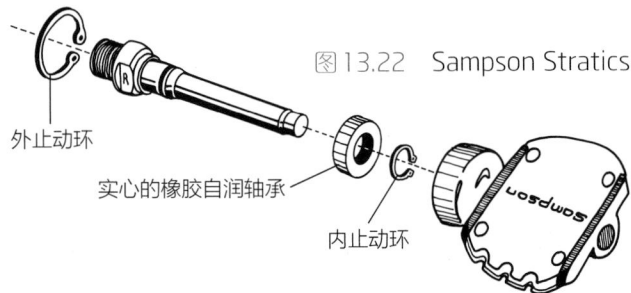

浮动量的调节螺丝

密封环 垫圈 卡式轴承 内止动环 密封环

外卡动环

图13.21 1992 Time Criterium

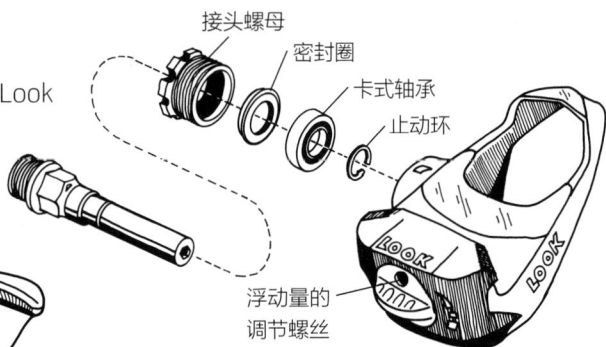

外止动环

实心的橡胶自润轴承

内止动环

图13.22 Sampson Stratics

321

图13.23–图13.25 卡式脚踏分解图，外侧可开启式

图13.23　Speedplay Zero、Light Action Ti or SS、X/1 or X/2 pedal

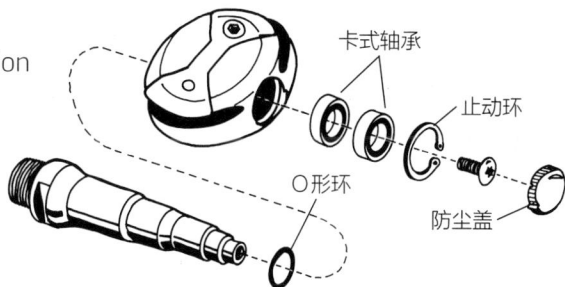

卡式轴承
止动环
O形环
防尘盖

图13.24　Ritchey SPD-style

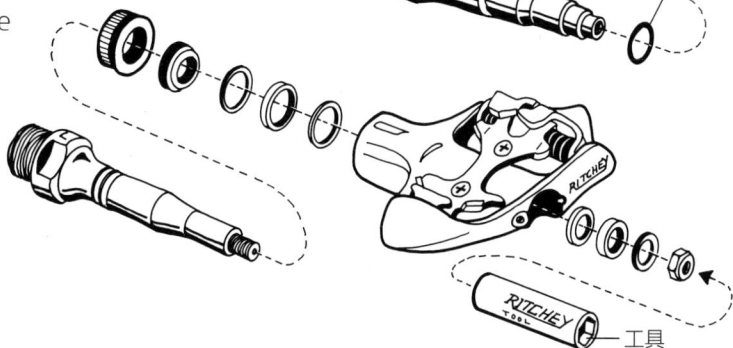

工具

图13.25　Crank Brothers Quattro

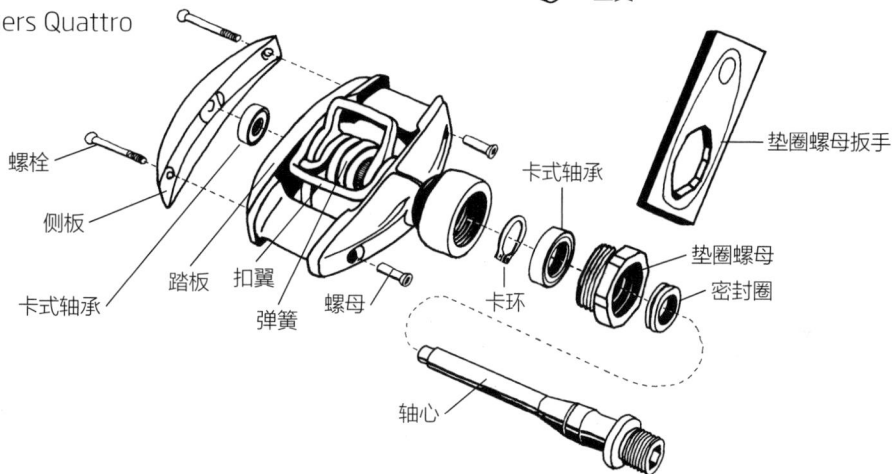

螺栓
侧板
卡式轴承
踏板
扣翼
弹簧
螺母
卡环
轴心
垫圈螺母扳手
卡式轴承
垫圈螺母
密封圈

式，脚踏可再分为两大类：外侧封闭，内侧有螺母或止动环固定轴心套件（见图13.14~图13.22、图13.29和图13.32）的脚踏；外侧有防尘盖，旋开可看到轴心末端有螺母固定组件的脚踏（见图13.23、图13.24、图13.27、图13.28、图13.30和图13.31）。以下内容根据轴心固定的方式、而非轴承的构造分类。另外，还有一个小分类脚踏，其结构类似蚌壳开合（见图13.33），本书将其归为外侧有

防尘盖类脚踏。

注意： 无论轴承还是卡式脚踏，只要更换生锈或磨损的轴承，都可以恢复至出厂时的性能。散珠或深沟轴承也可以升级为陶瓷珠或陶瓷轴承。陶瓷珠轴承比钢制轴承更硬、更不易变形、更圆、更均匀、不会生锈、滚动阻力低，但比钢制轴承更贵。

第13章 | 脚踏

翻新步骤

1. 将脚踏从自行车上拆下来（见图13.4和图13.5）。
2. 检查脚踏类型。开始维修脚踏前，若能先了解脚踏的结构，拆卸脚踏的过程会更容易一些。下文的图示和解说很有帮助。除了极少数的特例，在翻修程序步骤1完成后，才能看清楚脚踏的内部结构。

    Shimano脚踏通常使用两组散珠式轴承和一组衬套（见图13.19和图13.32），作为整体轴心（见图13.26）。从图中可以看出，轴心细的一端绕着一圈极小的滚珠。

    Shimano Dura-Ace的SPD-R（见图13.18）和SPD-SL脚踏主轴的每一端都有一组滚珠轴承，在它们之间有一组6毫米内径（ID）的滚针轴承。

    Speedplay X/3脚踏轴心内侧为10毫米内径的特氟龙衬套，外侧为一个6毫米内径的卡式轴承。Speed-play X/5、Light Action Chrome-Moly和Frog（见图13.33）脚踏类似蚌壳，轴心内侧是滚针轴承，外侧是卡式轴承。Speedplay X/1、X/2、Zero以及高级的Light Action脚踏，内侧是压入式滚针轴承，外侧是一对卡式轴承（见图13.23）。

    Campagnolo Record ProFit（见图13.15）脚踏的轴心内侧有一组卡式轴承，外侧有2组卡式轴承，外径（OD）均为17毫米。

    老款的Look、Diadora和老款的Time脚踏，内部是卡式轴承（分别为19毫米、24毫米和24毫米外径），外侧有一个或2个压入式滚针轴承（见图13.20和图13.21）。

    新款的碳纤维脚踏，如Look Keos（见图13.17）内侧是一对15毫米外径的卡式轴承，外侧是8毫米内径的滚针轴承；Time RXS脚踏（见图13.16）的内侧是外径为21毫米卡式轴承，外侧是8毫米内径的滚针轴承。

老款的山地车脚踏外侧为封闭式，轴心用止动环（见图13.29）或螺套固定。其内部深入是一组滚针轴承，内侧开口类似Time公路脚踏（见图13.16和图13.21），有一组卡式轴承。后期的山地脚踏将脚踏外侧改为防尘盖、两组卡式轴承或一组轴承加一组衬套（见图13.31）。

    Crank（见图13.25）系列是Brothers Quattros公司短暂上市的产品，现已停产。Quattros有两组卡式轴承：内侧的大型轴承和外侧的小型轴承。根据不同的型号，Crank Brothers山地脚踏，如Eggbeater（见图13.30）、Candy、Mallet和Acid可能都用这种轴心设计，或用一个滚珠轴承（外侧）加一个衬套（内侧）的设计。高端车、编号（即Eggbeater 3或11与Candy 3或11）Crank Brothers脚踏的内侧是滚针轴承而不是衬套。这些脚踏的轴清洁和润滑后摩擦小，与低端的、老款的Crank Brothers脚踏的铜衬套不同，后者若在潮湿和泥泞的条件下使用（公路越野车），且检修不够频繁时，滚针轴承会生锈、卡顿。一旦脚踏卡顿，踩踏时脚踏会松、并且会立即脱落，挂到骑行者的锁鞋上！

    Sampson Stratics（见图13.22）踏板内侧有一个外径24毫米的实心塑料充当轴承，脚踏内侧是一个塑料衬套。

    Ritchey SPD公路脚踏（见图13.24）有两组压入式滚针轴承，一组内径为10毫米，另一组内径为7毫米。

13-4
翻新外侧为封闭式的脚踏

3级 1. 检查脚踏外侧端是否有防尘盖或螺帽。若有，跳至"13-5"。Crank Brothers Quattro

（见图 13.25）除外，这款脚踏虽然有一个可拆卸的防尘盖，仍可拆卸内侧垫圈螺母进行翻修。

2. 拆卸脚踏。除非使用老款的 Time（见图 13.21）、Diadora 或 Sampson（见图 13.22）脚踏，要先旋出脚踏内侧的垫圈螺母才能取出轴心（见图 13.14 和图 13.15）。用手握住脚踏，也可用毛巾包住老虎钳夹紧脚踏，旋松垫圈螺母。垫圈螺母通常是塑料材质的，若转动方向错误，可能会破裂。用手或老虎钳固定脚踏，继续旋出轴心套件。这部分螺纹较密，需旋出数圈。

注意：和脚踏轴心的曲柄螺纹相对，脚踏的螺纹是相反的。即右轴心套件顺时针旋松，左轴心套件逆时针旋松。

a. 大部分 Shimano 脚踏需要用专用的塑料栓槽套筒工具拆卸（见图 13.14），少部分 Looks（见图 13.17 和图 13.20）和 Crank Brothers Quattros（见图 13.25）也需要用专用工具。用大型活动扳手或台钳夹住栓槽套筒工具（见图 13.14）。其他脚踏用 19 毫米、20 毫米或 22 毫米开口扳手（见图 13.15）。Time RXS（见图 13.16）或 Xpresso 上的锁紧螺母也需要使用专门的工具。若没有专门的工具，可用尖嘴钳子旋开螺母。但要用毛巾包裹住螺母，以免损坏螺母。

b. Campagnolo ProFit（见图 13.15）和许多 Look 脚踏的轴心组件用 22 毫米开口或套筒扳手旋松。拆卸 Dura-Ace SPD-R（见图 13.18）和 SPD-SL 脚踏要用 20 毫米扳手，有的 Look Keos（见图 13.17）要用 19 毫米扳手（Keos 左侧脚踏通常需要一个标准扳手，右侧脚踏要用 Look 花键套筒工具）。一些老款的 Look 轴心栓槽套筒，造型类似于 Shimano 脚踏的专用工具（见图 13.14）。注意：早期的 Shimano 公路车卡式脚踏实际上主体是 Looks，轴心套件是 Campagnolo（20 世纪 80 年代后期 Campagnolo 生产过一批失败的脚踏）。

c. 老款的 Time、Diadora 和 Sampson 脚踏在轴心曲柄侧有一个止动环（见图 13.21、图 13.22 和图 13.29）。轴用止动环要使用内张钳（见图 11.32），但 Time Impact 只需要一个薄的一字螺丝刀将止动环从脚踏内侧的嵌口撬出来。拆除止动环后，跳至步骤 3。

3. 检查轴心组件和脚踏的孔位。里面有润滑脂吗？干净吗？所有内部构件都没有生锈吗？若轴心周围有套筒（见图 13.19），是否在滚珠轴承上平滑移动而没有前后摆动？若这些问题都存在，建议彻底检修脚踏，跳至第 5 步。反之，可在脚踏孔内快速擦拭并涂抹润滑脂，继续第 4 步。

4. 快速清洁和润滑：

a. 用抹布擦拭轴心组件的外侧。不要从轴心上拆下任何螺母或拆卸其他任何螺母。

b. 清洁脚踏孔内部。将抹布的薄的一端推进孔内，扭转抹布。

c. 在脚踏孔内的涂抹润滑脂。将脚踏孔约 1/3 或一半涂抹润滑脂。

d. 将轴心组件安回去。若轴心不能完全安回去，可能是因为润滑脂太多或有气泡，擦掉一些润滑脂，再试一次。如图 13.18 和图 13.19 所示，将轴心组件推回原位润滑脂会提供足够的压力，以及通过一些卡式轴承。

e. 锁紧垫圈螺母。塑料垫圈螺母很容易拧花，多加注意。做完后，跳至第 10 步。

5. 拆卸轴心组件。轴尽末端有没有一个或两个螺母，用于将轴承或衬套固定到位。按如下方式拆卸螺母：

a. 没有螺母？ 跳到第 6 步。

b. 若轴心末端有两颗螺母（见图 13.19 和图 13.32），这两颗螺母互锁。拆卸时要先用扳手固定内侧螺母，再用另一个扳手旋松外侧螺母（见图 13.26）。Shimano 和老款的 Tiow 脚踏都是这样的设计。Shimano 的内侧螺母也兼有轴挡的作用，所以旋松时要注意别弄丢了滚珠。

  c. 若轴心末端只有一颗螺母，用15毫米脚踏扳手固定轴心大端，用9毫米或12毫米扳手（或适合的号数）拆除小螺母。因为没有防松设计，这个螺母通常锁得非常紧。

6. 按如下方式清洁所有组件：

  a. 散珠式轴承的话，用抹布擦拭滚珠、轴挡、塑料套末端的轴承环（形状类似垫片）、钢柱两端的滚珠承载面、轴心，以及塑胶套的内部（见图13.19）。彻底清洁滚珠的话，可把滚珠放进塞住的水槽，加入肥皂水，像洗手那样揉搓滚珠。洗净后，洗净双手，以避免组装时又弄脏了滚珠。擦干水。

  b. 若卡式轴承（见图13.16、图13.17、图13.20~图13.22和图13.29）脏污或磨损，清洁后仍无法正常使用就换新的。脚踏轴承通常是不锈钢盖，无法撬开。若是塑胶盖的话，可以先用刀片撬开（见图11.37），再用溶剂清洁，晾干后，重新填充润滑脂。

  c. Dura-Ace SPD-R/PD-7700和SPD-SL/PD-7800、Look、Time和Diadora上的滚针轴承（因位于脚踏内部，图中显示不出来，见图13.18、图13.20、图13.21和图13.29），可用小牙刷蘸溶剂清洁。因为尘土被隔绝在外面，除非在脏污的大雨中骑行或电动机冲洗后才需要拆卸脚踏，滚针轴承一般不需要清洁。

  d. Sampson（见图13.22）只需擦拭轴心、塑料轴承和脚踏内部。使用衬套的廉价脚踏，清洁方法一样。

7. 润滑并重新组装，这个过程很简单：除了轴承松动、生锈，过脏的脚踏不适合执行第4步！

  a. 散珠式，用抹布擦拭钢珠、轴挡塑料套末端的轴承环（形状类似垫片）、钢柱两端的滚珠承载面、轴心，以及塑料套的内部。大多数Shimano轴心（见图

13.19），需要润滑轴套内的衬套，并将轴心滑入衬套。将脚踏内部组件在钢材质轴心套圈向下滑动到轴上并抵住套筒的末端。注意凹面不要朝向塑料衬套。在轴承内圈涂抹润滑脂，再将一半滚珠（通常为12个）粘到环的外表面上。再将钢柱套上轴心，使一端的珠碗压住钢珠。检查钢珠的位置，不要夹住了轴套。

  b. 为了防止滚珠交叠陷于轴套内，先在轴挡上涂抹润滑脂，再在轴心锁上几圈。将剩下的另一半滚珠粘回轴挡，小心地旋入轴挡，注意滚珠不要脱落了。滚珠要尽量贴近，但不要接触到钢柱。一只手紧握塑料轴套，另一只手将轴心往内顶，使滚珠接触珠碗。检查第一组滚珠是否留在原位，然后用手指旋紧轴挡，注意不要旋转轴心或钢柱，最后旋入外侧的螺母，外侧螺母不必旋得太紧。

  c. 1997年以前的Look-style Campagnolo脚踏内部由Look代工，内部构造类似于Shimano，珠碗轴心切剥成型（而不是一个单独的环），有两个套筒，而不是一个。调整套筒的方向，使其轴承朝外，然后按照前面的步骤操作。

  d. 使用Dura-Ace SPD-R/PD-7700（见图13.18）或Dura-Ace SPD-SL/PD-7800脚踏，将珠碗向后推（位于固定轴的20毫米螺母的末端）进入踏板。用小螺丝刀将17个钢珠塞回原位。

8. 调整轴心组件（轴心末端没有螺母的卡式轴承脚踏，请跳过此步骤）。

  a. 轴心末端若有两颗螺母，用扳手固定轴心靠近曲柄的一端，然后用标准扳手锁紧轴心末端的螺母（见图13.26）。检查脚踏的浮量，确保没有横向间隙。必要时锁紧轴心末端的螺母重新调整。

  b. 若轴心末端只有一颗螺母的卡式轴承脚踏，例如Campagnolo Record ProFit（见图13.15），用15毫米脚踏扳手固定轴心靠近曲柄的一端，再用扳手

图13.26　大部分的Shimano脚踏用防松螺母和轴承来消除轴承间隙

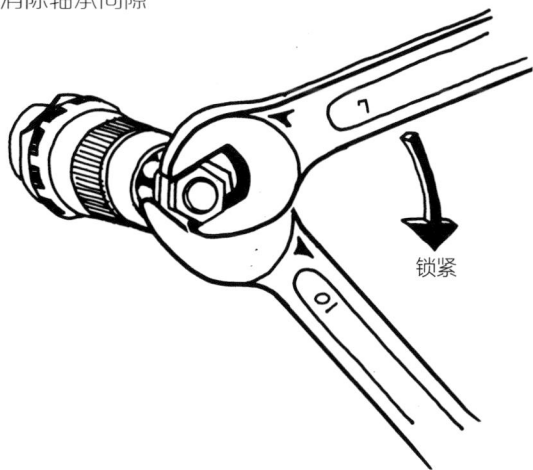

锁紧

锁紧轴心末端的螺母，使其靠近卡式轴承，轴心不能有间隙。

9. 更换脚踏的轴心组件。将轴心组件装回脚踏，在脚踏的开孔处涂抹润滑脂，以便轴心顺利插入，同时也隔绝尘土和水。用配套的工具锁紧衬套（见图13.14和图13.15）。

注意：注意螺纹的方向（见步骤2中的注意事项）！小心锁紧，切勿用力过度，导致滑丝或损坏塑料螺母。

10. 将脚踏安回曲柄。去骑车吧！

13-5
翻修外侧有防尘盖的脚踏

注意：操作之前先判断一下脚踏的价值。制作精良、年代久远、经典的抽杆式脚踏，如Campagnolo（见图13.2和图13.27）才值得费时、费神去翻修，很多廉价的笼式脚踏没有翻修的必要。

2级　1. 用合适的工具从脚踏的外侧端拆卸防尘盖。可用尖嘴钳、平头或十字螺丝刀、硬币、内六角扳手，或脚踏专用套筒工具等，取出防尘盖。有的Time ATAC需要用一种带有两个细夹头的工具，也可用开口环夹钳。SPDstyle Ritcheys（见图13.24）和Speedplay X/1、X/2、Zero和Light Action Ti和SS（见图13.23）可用锋利的工具挖出防尘盖（Ritchey脚踏的防尘盖需要先拆除一个2.5毫米六角螺钉）。

2. Speedplay轴承可以不拆卸轴心，新款的可以不拆卸防尘盖直接润滑轴心。这比拆卸脚踏要容易得多，效果也很好。现行的Zero、X/1、X/2、X/5和Light Action以及近期的X/3，拆除脚踏外侧的螺丝，插入尖嘴润滑脂枪，缓慢地旋转脚踏轴心，同时注入润滑脂，脏油会从另一侧排出。老款的X/1或X/2，按照步骤1中撬下防尘盖，塞入Speedplay的Speedy Luber油嘴，再插入尖嘴润滑脂枪，注入润滑脂，直至脏油从另一端喷出。

老款的Crank Brothers Eggbeater和Candy脚踏（不包括Quattro）具有类似的功能，要旋入专用注油环（一端取代防尘盖，另一端插入润滑脂枪）。2006年的Crank Brothers脚踏，改良了内部密封和轴承，零件的间隙非常小，润滑脂不能挤压排出，要旋出防尘盖，拆除轴心末端的螺母，拆开脚踏操作。

做到这一步，可跳至第13步。

3. 旋松锁紧螺母。用8毫米或6毫米内六角扳手或15毫米脚踏扳手固定轴心的一端，另一端用套筒扳手旋出锁紧螺母。

a. 锁紧螺母可能需要用8毫米深的薄扳手。Ritchey有一款双头的薄8毫米扳手（见图13.24），一端插入此款扳手，另一端可插入8毫米内六角扳手转动。

b. Speedplay Zero、X/1或X/2脚踏，将防尘盖内的Torx螺丝用Torx扳手旋开（见图13.23）。可先用烙铁加热螺丝，软化螺纹防松胶，以免损坏螺丝头。

c. Speedplay X/3、X/5、Frog（见图13.33）或Light Action Chrome-Moly脚踏，拆除两侧的2.5毫米螺丝后，用刀或剃刀刀片小心地将脚踏撬开。

4. 拆除下轴心。

a. 散珠式脚踏（见图13.27），在脚踏下方放块毛巾接着滚珠，再旋出轴心。轴心两端的滚珠尺寸和数量未必一致，拆卸时要计算好滚珠的数量，再装回去时才不会弄错。脚踏内部如图13.27所示。若脚踏不是散珠（见图13.23和图13.24），翻修的方法则不同。

b. 密封式滚珠轴承脚踏（见图13.24、图13.30和图13.31），拆卸锁紧螺母即可拉出轴心。

c. Speedplay Zero、X/1、X/2或高端Light Action脚踏（见图13.23），取出轴心，用内张的开口环夹钳取出脚踏外侧的止动环（见图11.32），再用开口环夹钳或内六角扳手，小心地推出卡式轴承。卡式轴承更换方便，滚针轴承是压入脚踏的，若损坏，则必须购买新的Speedplay脚踏套件。

d. Speedplay X/3、X/5、Frog（见图13.33）或Light

Action Chrome-Moly脚踏，取出轴心套件，拆卸轴心末端的9毫米锁紧螺母。将轴承和衬套（均在合金套筒中）和O形圈从轴心上拉出来（见图13.33）。

5. 清洁滚珠、衬套和轴挡。若脚踏的内侧有防尘盖，可以不拆卸直接清洁，也可用螺丝刀撬出来清洁。

a. 用抹布裹住螺丝刀清洁脚踏内部。若内部有铜衬套，必须把它们擦干净；若内部有滚针轴承，跳至步骤d。

b. 若彻底清洁滚珠，堵住水槽，像洗手那样用肥皂水清洗滚珠，滚珠和手同时洗净后，再擦干。

c. 末端带有卡式轴承的脚踏（见图13.23~图13.25、图13.30、图13.31和图13.33）轴承脏了或磨损了，若是撬开钢质轴承盖，轴承盖会损坏，需要更换新的。撬开可撬开式塑料轴承盖（见图11.37），清洁并润滑轴承。

d. Ritchey、Speedplay和一些高端的Crank Brothers脚踏内部是压入式滚针轴承。若很脏，用溶剂、抹布或薄瓶刷擦洗。除非淋了大雨或用电动器清洗后很久才打开脚踏，滚针轴承密封良好，一般

图13.27 使用散珠轴承的轴杆脚踏

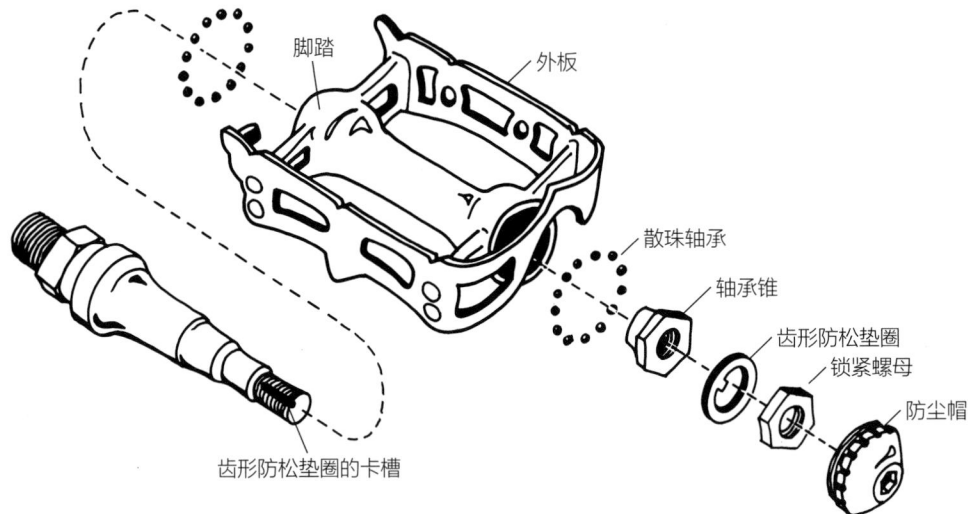

脚踏
外板
散珠轴承
轴承锥
齿形防松垫圈
锁紧螺母
防尘帽
齿形防松垫圈的卡槽

不需要清洁。拆除损坏的滚针轴承需要用专门的工具。若脚踏已经散了，更换新的。

6. 将内侧防尘盖安回脚踏（若之前将其拆下了）。

7. 润滑滚珠、衬套和轴挡。

　　a. 对于松动的轴承，在内珠碗涂抹一层薄薄的润滑脂，按原数量装回滚珠，排满后，应该还剩下半个滚珠的空间。

　　b. 润滑脚踏孔和滚针轴承。

　　c. 用手指将（润滑过的）卡式轴承安回脚踏。

8. 插回轴心，转动踏板，使外侧珠碗朝上。

　　a. 散珠涂抹润滑脂、更换滚珠（见图13.28）。

　　b. 卡式轴承，请跳至步骤10。

9. 安回轴挡，尽量靠近滚珠但不要挨上，然后将轴心向上顶，使滚珠接触轴挡。这样操作的话，当轴挡向下锁时，可防止滚珠堆积或挤出来。不要转动轴心（会撞到内侧轴承），用手指旋紧轴挡。

10. 将垫片装回轴心（若有），用手旋紧防松螺母。

　　a. 散珠在用花鼓扳手固定轴挡的同时，旋紧防松螺母（见图13.26，用13毫米或其他型号的花鼓扳手，但

图13.28　安入滚珠

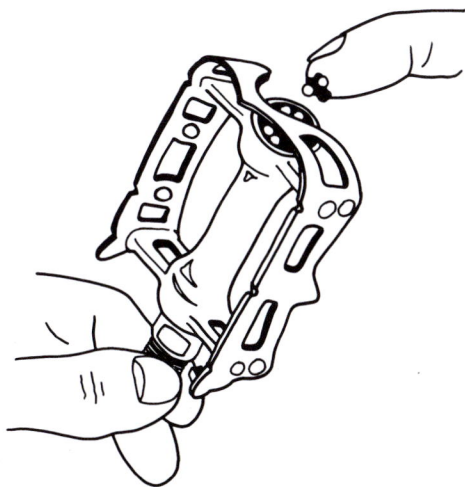

不能用图示的10毫米标准开口扳手）。

　　b. 卡式轴承（见图13.24、图13.30、图13.31和图13.33），要用套筒扳手旋紧锁紧螺母。Ritchey脚踏的话，不要过度旋紧防松螺母（见图13.24）。轴承不可有间隙，但也不要过紧。

　　c. Speedplay Zero、X/1、X/2或高端的Light Action脚踏（见图13.23），Torx螺栓上涂上螺纹防松胶后锁紧。用向内张的卡环钳安装止动环（见图11.32）。

　　d. Speedplay X/3、X/5、Frog（见图13.33）或Light Action Chrome-Moly脚踏，锁紧螺母使其靠近滚珠（4~5N·m）。重新安回脚踏时，须更换新的O形密封圈（见图13.33）。

11. 检查脚踏轴心是否自由转动，且轴承间没有游隙。若需要，重新调整轴挡，再锁紧防松螺母。Crank Brothers脚踏（见图13.30）更换防尘盖后才能进行此步骤（步骤12），防尘盖可以防止轴心组件在脚踏内部横向移动。

12. 更换防尘盖。Crank Brothers脚踏（见图13.30）要再次检查侧向游隙。

13. 将脚踏装回曲柄。

14. 骑车试试去吧！

13-6
越野公路车使用的脚踏

　　山地脚踏极具排泥性，是越野公路车赛的首选。第一对提供越野功能的脚踏是Time ATAC（见图13.29）。低端的Time（见图13.31）和早期的ATAC一样具有排泥性。

　　随着Crank Brothers和Eggbeater（译者注：俗称"打蛋器"）面市（见图13.30），四面入卡的脚踏立刻成为越野赛的新宠。越来越多的脚踏开始有排泥功能，但没有一款能超越Eggbeater。还有些脚踏采用簧圈设计，比如Crank Brothers Candy-Eggbeater，绕着簧圈增添了一

图13.29-图13.33 越野公路车脚踏分解图

图13.29 早期的 Time ATAC

图13.30 Crank Brothers Eggbeater

图13.31 Time Alium

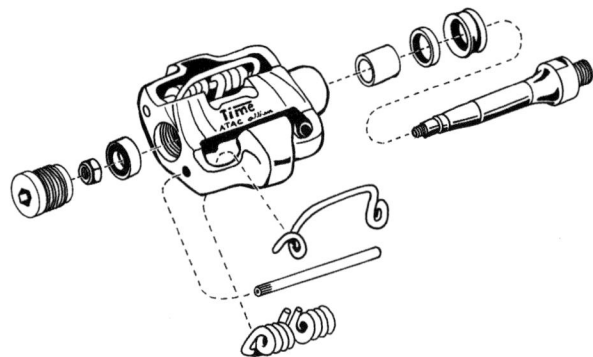

图13.32 Shimano 747/535

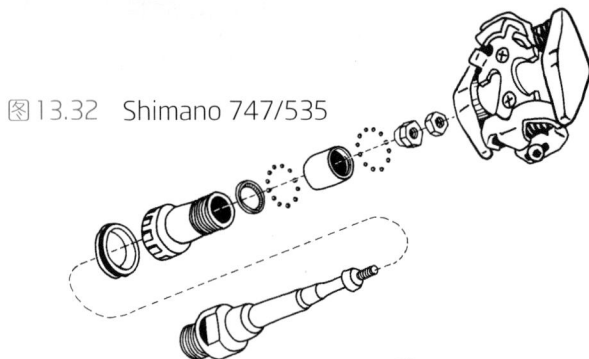

图13.33 Speedplay Frog

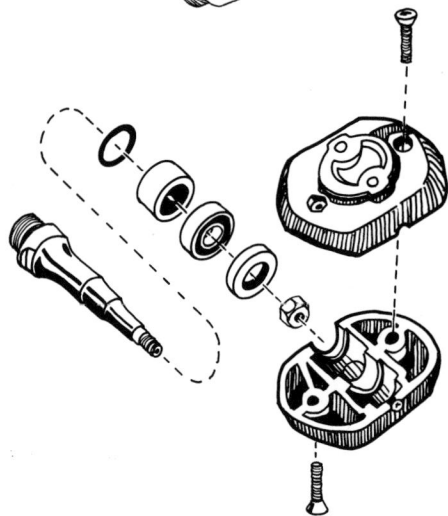

个小型踩踏平台，新款的 Time ATAC 和 Look Quartz 开放角度更大。

Shimano 脚踏使用钢板设计（见图13.32），但和类似的 Ritchey V4 的脚踏一样，排泥性更佳。最新款的 Shimano XTR 和 XT 是此系列的代表。Speedplay Frog 靠上锁的动作将泥块挤掉，也可用于越野公路赛。

碳纤维鞋底的锁鞋底夹板需要安装"锁片安装片"。这种安装片是一种薄钢板，位于防滑钉和鞋底之间，起到防止碳纤维凹陷及 Crank Brothers、Time 和 Look 等山地脚踏或越野脚踏因边缘压力而开裂的问题。

若锁鞋左右摇摆，一般是因为鞋底没有完全卡进脚踏。另一个原因是簧夹脚踏在高踩踏力时会突然下降，弹簧在锁鞋的高压下打开得更远，因为柔软的鞋底不会阻止锁更远地向脚踏下落，鞋底和簧夹分开，直到防滑钉撞到脚踏的轴心。上行时簧夹回弹，再次将锁鞋从脚踏上抬起，如此往复。

有两种方法解决这个问题：第一种方法是换深螺纹的鞋底卡板（若锁鞋有更换的鞋底卡板，换一个新的）。第二种方法是在鞋底卡板间加上垫片。骑手常在Eggbeaters锁鞋底缠上胶带或用热缩管垫高鞋底卡板。现在，Crank Brothers为Eggbeater和Candy提供螺纹垫片，抽出轴心即可安装（"13-5"）。

将脚踏和鞋底板的泥块冲干净，对上锁和解锁至关重要。鞋底板的前端加上Pedro's Extra Dry或Ice Wax这类的干性润滑剂，有助于上锁和解锁，既不沾尘土也不会在地毯上留下油渍。

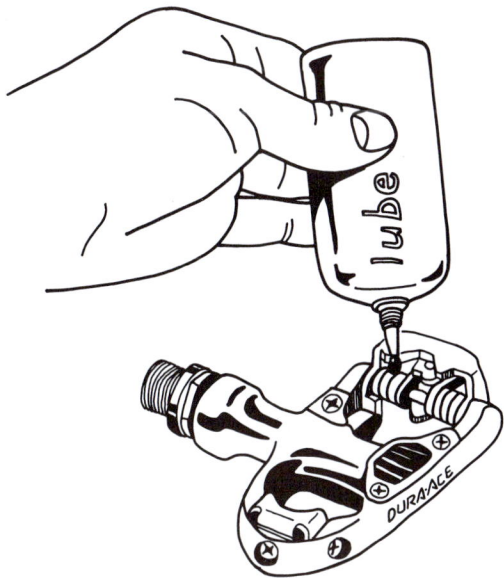

图13.34 润滑弹簧、脚踏和鞋底接触的部分

排疑解难：脚踏故障

13-7
踩踏时发出异响

1. 润滑脚踏旋入曲柄的螺纹并锁紧。在曲柄和脚踏之间加垫圈可以解决这个问题，或用管道胶带缠绕脚踏螺纹。

2. 注意鞋底的防滑钉。鞋钉顶端上涂抹润滑脂，否则易松动；若鞋钉已经磨损，更换新的（"13-2"）。

3. 脚踏轴承和螺纹需要清洁和润滑。

4. 噪音不是脚踏发出的。见第11章或附录A中的"中轴故障排除"。

13-8
卡式脚踏太松或太紧

1. 调整弹簧扣张力，见"13-3"。

2. 清洁弹簧扣并上润滑脂。清除泥土脏污，在弹簧扣的活动关节滴链条润滑脂（见图13.34），鞋底卡板接触弹簧扣的部分涂抹干性润滑剂（如Pedro的Extra Dry或Ice Wax）。

3. 清洁和润滑鞋底夹板。清除污垢和泥土，给弹簧加油，和脚踏接触的部分加Pedro的Extra Dry或Ice Wax这类的干式润滑剂。

4. 鞋底夹板磨损，更换新的（"13-2"）。

5. 鞋底夹板的弹簧扣变形，或脚踏板下面的导引片磨损、变形、破裂或丢失，需要校正或购买修补件。若无法修补，换新脚踏。Speedplays（见图13.23）的上、下的金属外壳可以单独更换。

6. 脚踏磨损严重，鞋底卡板松动，全碳脚踏都会遇到这个问题。解决的方法是：更换新脚踏。

7. 若SPD兼容脚踏很难卡入，检查脚踏中心的金属片。金属片可用十字螺丝刀固定（见图13.19、图13.24和图13.32）。若螺丝松动或丢失，金属片可能弯曲或折断。旋紧松动的螺丝、更换丢失或损坏的金属片。

8. 鞋底夹板不平整。若进、出脚踏不顺畅，而脚小、鞋底夹板大，很可能因为鞋底夹板弯曲，鞋底夹板尾端卡入脚踏之前，鞋底中心先接触到了脚踏。Look鞋底夹板的话，需要将底部的橡胶栓取出来（见图13.11）；根据实际情况，可能还需要在鞋底夹板前后方加垫片、改变角度或锉平鞋底中心高出的部分。

13-9
踩踏时膝关节和关节疼痛

1. 鞋底卡板位置不正确，骑行中导致膝关节侧边疼痛（"13-2"）。

2. 鞋底板浮动角度不够大，更换成浮动量较大的脚踏（或将固定角的鞋底夹板更换为浮式的，或调整脚踏的浮动角度，见图13.20）。换言之，膝盖需要更大的浮量。

3. 若双脚习惯于内旋（旋前足），而锁鞋和鞋底卡板只能设为外旋，则髂胫束的压力会增大。髂胫束是连接髋部到小腿的韧带组织。日积月累，膝盖外侧会疼痛。这种情况需要请教专科医生，定做矫正鞋垫，才能解决问题。

4. 脚在脚踏上没有正确倾斜，需要在鞋底夹板或鞋垫下面的锁鞋部使用楔形物使脚向上倾斜，脚与上面的膝盖对齐。

5. 踩踏的范围太窄或太宽。前者很容易解决：若希望一只脚或双脚离开自行车，膝盖就会张开。在脚踏和曲柄之间加放垫圈（最大3毫米），加长脚踏轴心。

　　让脚靠近自行车难度较大。可以把锁鞋鞋底夹板在不让锁鞋挨到曲柄的前提下，尽量靠近锁鞋外侧。然后请专业自行车店帮忙换短腿曲柄。

6. 过度疲劳或鞍座高度不合适，都会引起膝盖酸疼。膝盖前方疼痛、膝盖骨内侧疼痛，可能因为鞍座太低；膝盖后方、大小腿肌肉疼痛，可能因为坐垫过高。

注意： 任何可能导致慢性伤害的问题，都应该请教专科医生。

鞍座和座管

我的大部分工作是坐着完成的。这就是我出色的地方。
——罗伯特·本奇利

骑行几个小时，鞍座是最影响骑行的自行车零件。骑行中，鞍座和身体紧密结合。鞍座的角度不合适或设计不合理，都会让骑行的愉快程度大打折扣。

座管连接鞍座和车架，固定鞍座，使其不倾斜、不下滑、不后仰。有的座管有避震系统，可预防来自路面的冲击。

图14.1 现代的轻量化鞍座

14-1
鞍 座

大部分自行车鞍座的底板为韧性材质，表面蒙皮，中间填料，下面有一对座弓（见图14.1）。鞍座的组成简单，但变化颇多。为了使座弓上的鞍座在控制成本的基础上，长时间骑行后仍兼具柔韧性、轻量化、舒适性，鞍座的材质有尼龙、碳纤维或是厚的皮革。有的鞍座底板弯曲有弧度，有的开孔、分叉以降低臀部的压力。为了降低重量，座弓材质有钛合金、中空铝铬钢、铝合金或碳纤维。考虑到降低成本、增加或减少弹力以及适合新的需求，座弓和底板可以是尼龙的，一体成型的，或是用工字梁替代传统的两条座弓。为了增加舒适性，有的厂家使用超厚衬垫或高科技吸震胶。蒙皮材料有真皮、合成革、Kevlar纤维或各种材料的无限组合。

鞍座售价差别比较大，从20美元到200美元都有，然而价格不是判断鞍座的最佳指标，好鞍座的首要标准就是——舒适。我的建议是：舒适性是第一位的，而不要优先考虑重量、时尚和外观。昂贵的顶级吸震胶衬垫、科学设计的支撑、提升踩踏设计以及工程师在设计鞍座时考虑的各种因素，只要骑行时鞍座让使用者臀部疼痛，上述宣传点都是妄谈。人不同，鞍座不同。尽可能多尝试，以找到最适合自己的鞍座。

以防止男性不育为营销亮点的漫天"战火"（见图14.2）或许蒙蔽了消费者的理智，使得有的人担心不育而购买了并不舒适的鞍座，真是得不偿失。不要过分相信商业用途的科学报告。若骑行后臀部痛或麻，这个鞍座就不适合自己。一个人使用着很舒适的鞍座，另一个人使用起来可能会不舒适。

图14.2 降低会阴压力的设计

先挑选最舒适的外形和设计——只有决定舒适度之后——再考虑钛弓、表面涂装以及其他的次要因素。有的人即使骑短途，也要使用400克的超厚衬垫的鞍座；有的人骑行数小时，也使用不到150克轻薄鞍座。鞍座因人而异。专业的自行车店在强力推销某款鞍座前，都应让骑车者先试用一下。

英国Brooks鞍座没有塑料底板、发泡填料或高科技蒙皮，只用一个大的黄铜制铆钉把一张厚牛皮紧绷成形，固定到钢制座弓上（见图14.3）。这种设计20世纪80年代以前很流行。Brooks至今仍在生产，还有钛合金座弓

图14.3 Brooks真皮鞍座

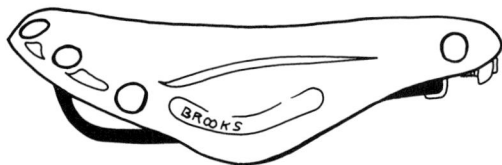

的鞍座。这类鞍座需要长时间磨合，还要定期给皮子上皮革柔软油。厂家会随鞍座赠送柔软油，鞋店也有售。和许多经典自行车零件一样，有的人对这类老式鞍座极其喜爱，有的人极其不喜欢。

使用塑料底板和发泡填料的鞍座无须保养，只需清洁鞍座外表，定期检查座弓有无变形或断裂即可（如发现问题，及时更换）。

14-2
鞍座的位置

即使鞍座本身舒适性很好，骑行中还可会痛或麻。这是因为鞍座还需要调试到最适合骑行者的位置。鞍座垫的角度不只影响骑行的舒适度，还会影响踩踏的安全。

鞍座调整有三个要点：倾斜度、前后和高低（见图14.4）。正确的鞍座高度对踩踏动力的传导有关键性的影响。对越野山地自行车来说，理想的鞍座高度是在脚踏下死点时，脚能伸直90%~95%（膝盖弯曲25度~35度，见图14.5）。但是，鞍座的这个高度对技巧和速降类来说，却

图14.4 调整鞍座

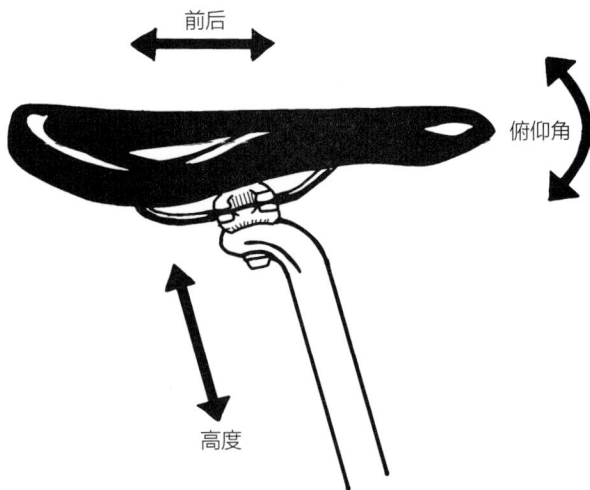

图14.5 脚踏在最低点时，膝盖的弯曲度为25°~30°

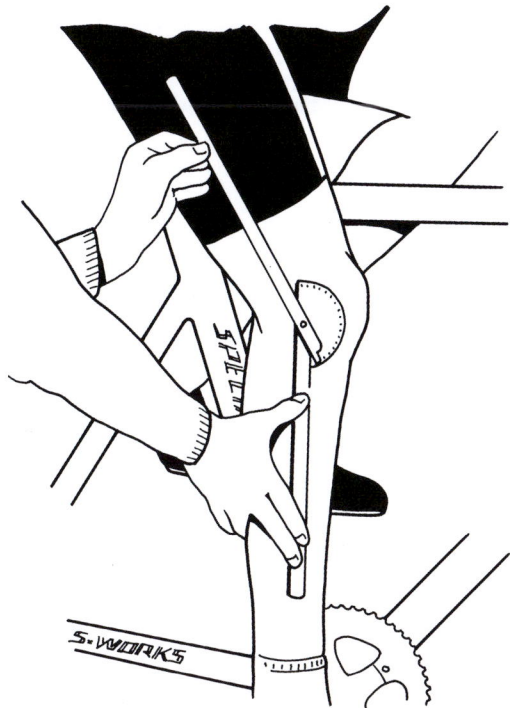

太高了。注意座管的抽出高度，必须在安全线以内。

胯下发麻或臀部酸疼（甚至胳膊疼、肩膀疼），多因鞍座的倾斜角度不合适。就一般情况而言，初次安装的话，鞍座应保持水平，座鼻略呈俯角（最多2度）。骑一段时间后，有些人喜欢将鞍座略微向上或向下倾斜。强烈建议鞍座上扬或下倾不要超过1/4英寸。仰角太大会使体重过多地放在鞍鼻。向下倾斜太多会导致骑行中身体沿着鞍座下滑，手臂、背部和肩膀因阻止身体前滑，从而承受不必要的压力。

鞍座的前后位置（见图14.4）决定臀部和鞍座的接触点，膝盖前端和脚踏轴心的相对距离以及体重转移至双手

的比例。所有的厂家设计的鞍座，都将最宽处设计为臀部接触点。若你的鞍座坐上后臀部不在最宽处，需要重新调整鞍座的位置。

坐垫前后也影响膝部回转点。理想状态下，曲柄处于水平时，膝盖前端应和脚踏轴心垂直，这样最适合发力。详情见附录C。

臀部和其他部位酸疼，其实都和车把位置有关。座舱的有效上管越短，车把越高，臀部负担的体重就越大。反之，有效上管越长，车把越低，骨盆越靠前，压力点则从坐骨向前移至会阴和外阴部。有一个基本法则：新手从适应较短的有效上管、高把位及宽大的坐垫开始。详情见附录C。

14-3
座管的保养

标准座管很少需要保养，只要每隔几个月把座管从自行车车架上抽出来，擦拭干净并上润滑脂，排清车架立管内部的水分（把自行车倒置即可），涂抹润滑脂再装回座管即可。这种方法使座管清洁、调节灵活，防止其咬死在车架里（这是非常棘手的问题），也能避免钢架车管内部生锈。

本章稍后将介绍安装新座管和拆卸咬死的座管的步骤。

若使用碳纤维座管，请务必阅读"专业指导"的相关内容。

定期检查座管是否有裂缝或弯曲，以便在其断裂之前更换。

公路自行车很少使用避震座管，本书不做介绍，详情见《Zinn山地自行车维修与保养宝典》。

若碳纤维座管上的座管夹切进了纤维里，或座管上有刻痕，座管都容易损坏。把负荷点集中到薄薄的碳纤维零件上不是一个好办法。使用碳纤维座管专用座管夹，座管可以均匀受力，就不会卡在座管槽里了（见图14.6）。有的立管有沟槽，为了固定座管要安一个垫片，再用从另两个套孔固定座管夹。可以这样理解：若降低了锁住座管夹和立管的螺栓的位置，垫片会积压在那儿，这样一来，垫片的顶部会卡进座管背面（此处负载最大）。这个位置就是碳纤维座管易断裂之处。

碳纤维座管容易下滑，因为表层纤维偏软，在座管夹的压力之下会收缩。也正是因为座管容易下滑，有的人会把座管锁得更紧，而这正是引起座管断裂的原因之一。若座管上涂了或喷上了碳纤维防滑胶（见图14.6），这种防滑胶呈塑料的小球状，增加了座管的摩擦力和受力点。若不使用碳纤维防滑胶，则不要给座管涂润滑脂。和铝合金座管、不锈钢座管不同，碳纤维座管不会生锈，所以不太需要涂润滑脂以防止座管咬死。不过，

铝合金的立管或立管套会咬死座管，所以最好所有零件都用碳纤维的。

图14.6 在碳纤维座管上喷涂CarboGrip碳纤维防滑胶

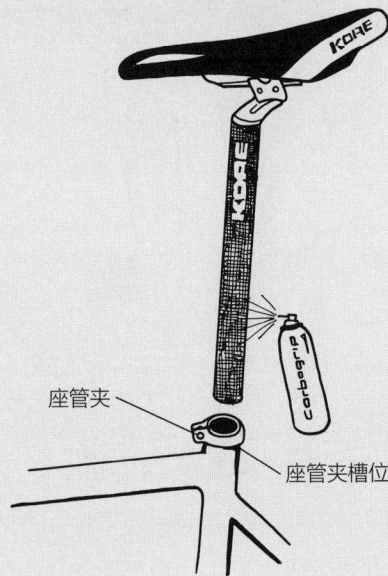

座管夹

座管夹槽位

14-4
安装鞍座

1级

记得儿童自行车上那种粗重的钢管上顶着小垫片的座管吗？这类座管顶端有一颗水平螺栓和一组带耳的隆起状垫片，螺栓穿过垫片上的耳并锁紧，以固定座弓。这种设计的座管造价低廉，负荷成人的体重时存在潜在的危险。

比较安全的（也比较轻的）是一体式座管夹。这种座管夹多用一颗或两颗螺栓固定鞍座。单螺栓系统用一颗垂直的或平行的螺栓固定鞍座。垂直的螺栓把两片蛤壳状夹片固定到一起（见图14.4和图14.7）。平行的螺栓穿过夹片的耳并锁紧以固定鞍座。双螺栓可依托下述三个中任意一个系统。第一个系统是两颗螺栓同时施力，一起将座弓向下拉，把鞍座固定到座弓（见图14.9）；第二个系统是用一颗小螺栓制衡大螺栓的力量（见图14.8）；第三个系统是用两颗横向的螺栓锁紧座管夹。无论使用哪种系统，鞍座的拆除、安装和调校都不难。

图14.7 单螺栓固定式座管

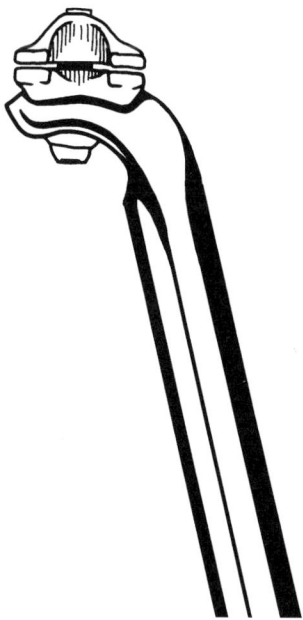

图14.8 有小调节螺栓的单螺栓座管

图14.9 双螺栓式座管

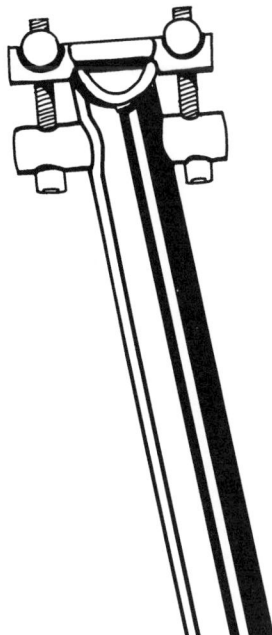

14-5

安装鞍座：单螺栓垂直锁入式

单螺栓垂直锁入式（见图14.4和图14.7）鞍座，是一颗螺栓垂直串起上下盖，锁紧座弓。大部分座管顶端是锯齿状弧面，和下盖相互咬合，控制鞍座的俯仰角。锁紧螺栓前，先检查一下有没有第二颗小螺栓（或定位螺丝）调整鞍座俯仰角。若找到了第二颗小螺栓，请跳至下一部分（"14-6"）。

1. 旋松螺栓至仅剩几圈螺纹咬住上盖。

2. 上盖旋转90度，在上盖接触座弓部分涂抹少量润滑脂，可避免金属摩擦发出异响。将座弓插入下夹片。操作时可以从鞍座后方进行，因为座弓间距较宽。若体积过大，妨碍安装，也可先拆除上夹片。拆除时注意零件的前和后，装回时不要弄错方向。

3. 将座弓装入下夹片的沟槽内，上夹片装回原位（见图14.10），调整鞍座的前后位置。

4. 调整鞍座的俯仰角，锁紧螺栓。若需要，则重新调整。

第14章 ｜ 鞍座和座管

图14.10 安装鞍座和单螺栓式座管

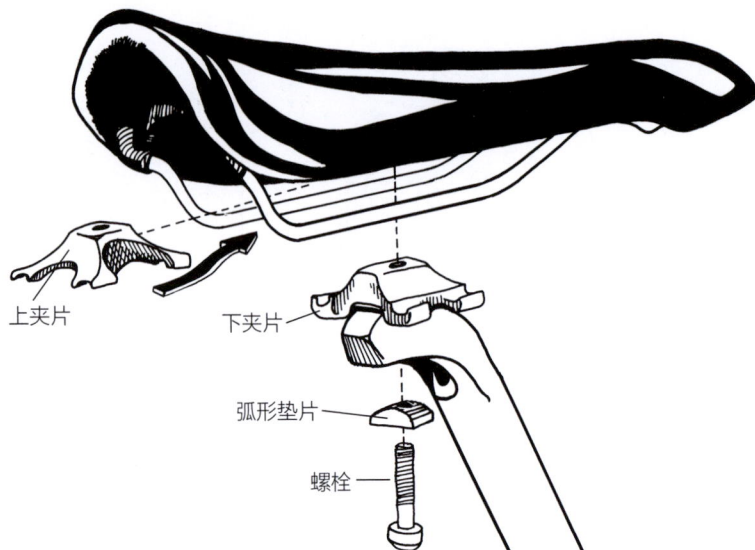

上夹片

下夹片

弧形垫片

螺栓

14-6

安装鞍座：有小的调整螺栓的单螺栓锁入式

这种类型的座管安装如图14.8所示。

1. 旋松大的紧固螺栓，取出上盖或转向，以便滑入座弓。

2. 在夹片和座弓接触部位涂抹少量润滑脂，以防止金属发出摩擦声。将座弓置入上下盖的沟槽内，调整鞍座前后位置，锁紧大螺栓，擦掉多余的润滑脂。

3. 调整鞍座的俯仰角。方法是：先旋松大螺栓，旋转定位螺丝的调整角度，再锁紧大螺栓。重复此步骤直到调整到自己感觉合适的角度。

　　注意：不要使用定位螺丝锁紧夹片，一定要先旋松大螺栓，再转动定位螺丝！

　　注意：定位螺丝可能是垂直或水平的。若是垂直的，通常挨着大螺栓，如图14.8所示。若是水平的，定位螺丝可能位于座管的顶部前端，纵向将夹片向后推。若要改变鞍座俯仰角，先旋松大螺栓并按压鞍座后部，确保下盖接触调整螺丝。

　　另一类型的座管有水平的俯仰角调节螺栓，横向穿过座管夹片的沟槽。这种设计能独立锁紧鞍座，改变仰角时仅需旋松定位螺栓，无须接触到大螺栓。旋紧定位螺栓，才能保持角度。

14-7

安装鞍座：同尺寸双螺栓锁入式

同尺寸双螺栓锁入式鞍座的安装图见图14.9。

1. 旋松或拆除一个或两个螺栓。旋松螺栓至可以打开上下盖安装鞍座即可。完全打开上下盖，使座弓卡进座管夹片的卡槽。用手指钩在一个座弓上，另一只手沿着鞍座的中心线进行移动；若不想完全打开上下盖，也可弯曲座弓，使其能卡进座卡槽。

2. 安装鞍座。把上盖或下盖装入沟槽内，再安回拆除的零件。

3. 调整鞍座的俯仰角（见图14.11），锁紧一颗或两颗上下盖的螺栓，可多次调整至合适位置。

图14.11 双螺栓鞍座的安装

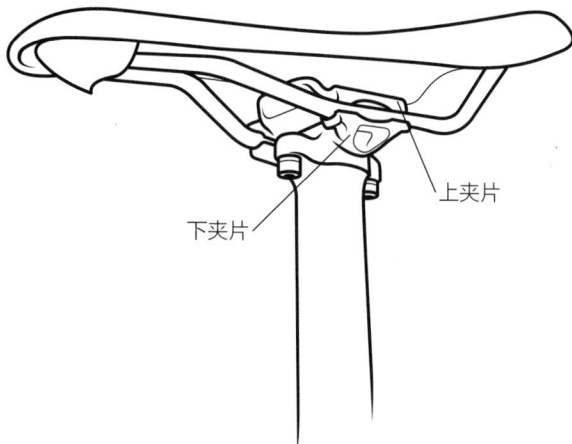

上夹片

下夹片

4. 调整鞍座的俯仰角，方法是旋松一颗螺栓，锁紧另一颗螺栓（"14-5"）。若需要，重新调整。调整好后，锁紧两个螺栓。

14-8
把座管插入车架

1级

1. 目测立管外表，然后用手指触摸立管内侧，若有粗糙面、突起物和其他瑕疵，用砂纸磨平，再清洁立管内侧（"14-11"步骤7）。若座管尺寸正确，却插不进车架，请专业车店铰大立管内孔。

2. 在座管、立管内侧和座管夹的螺栓涂抹润滑脂。碳纤维座管若因之前涂抹润滑脂而下滑（见本章"专业指导：碳纤维座管"），给座管上涂抹碳纤维防滑剂。若使用衬套转接小管径座管，衬套内外都要涂抹润滑脂。

3. 将座管插入车架（见图14.12）并锁紧座管夹螺栓。有的座管夹螺栓用一个内六角扳手锁紧，有的需要用两个扳手（通常是两个5毫米六角扳手或两个开口扳手）。若使用碳纤维座管，请确保座管周围的座管夹是为座管设计的倾斜槽型，或者将座管夹旋转180度，使其和座管槽不重叠。

4. 调整鞍座高度。有一个好方法是用油性笔或胶带在座管上标记理想高度，方便日后快速定位。

重要提示： 定期抽出座管，倒置自行车，排出立管内部的水分，以保持立管内干燥。具体的操作频率取决于骑行时的天气情况，大雨天骑行后必须要处理一遍。钢制车架可在内部喷上润滑油（喷JP Weigle Frame Saver更好）。在铝合金或镁材料的车架内部喷润滑脂，还可以防止氧化。座管和立管内涂抹润滑脂后，再重新安装。

图14.12 将座管安装到车架中

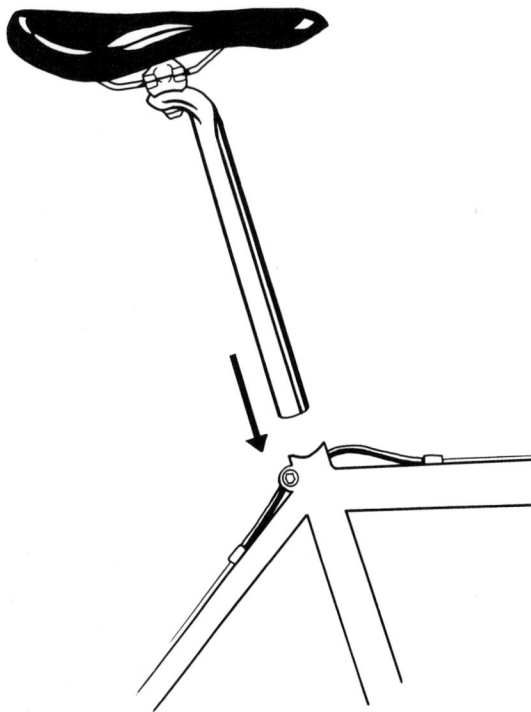

第14章 | 鞍座和座管

14-9

一体式座管

有些轻量化的碳纤维车架不使用在车架立管和上管交接处插入鞍座的设计，而是采用立管在交接处继续向上延伸，直接和车座相连（见图14.13）。这种设计可以减轻重量，增强破风效果，增加强度或刚度，改变车架某些部位的物理特性，创造独特的外观。其缺点是车架不能放进旅行箱中、车架夹在标准自行车操作台上可能会损坏，以及一旦按骑行者的身高裁切了座管，转卖时难度增大。

使用一体式座管的车架，很难固定在传统的操作台上。因为一体式座管很容易夹坏，不妨使用立式简易修车台。最佳的解决方案请参考座管剖面的设计。专业自行车只能使用专业的自行车修理架，这类支架支撑中轴，有一个快拆的长臂固定前叉末端或者尾钩（见图1.4）。也可以从车架制造商那里找一个专门的适配器夹具，以便将座管盖夹在标准自行车支架的臂上。

图14.13 Trek Madone上的一体式座管

一体式座管设计主题有许多变化，将座管夹紧到座管的方法也各不相同。有的鞍座底部有一个短的中空座管和一个中空的座管盖。还有一种设计是将一根短的座管插入延长的立管，用标准的座管夹固定。很多品牌需要消费者自己裁管。有一个显而易见的问题是：若裁切得过短或裁切得不直怎么办。高度能通过立管顶座的鞍座接头调整，但可调的量不大。而且，自行车转卖时，新接手的人的胯高不能超过车架的上限。

有的一体式的鞍座不需要裁切座管、车架，见"14-9c"。

a. 裁切座管

再三确定座管高度，一次裁切成功！

3级 1. 从五通中心量起（若曲柄长度不同，从脚踏最低处量起）测量并记录习惯的鞍座高度。

2. 立管不裁切，安装把立和鞍座，测量并记录未裁切前的鞍座高度（若曲柄长度不同，从脚踏最低处量起）。

3. 计算裁切量。用步骤2测量的数值减去步骤1测量的数值，所得的差就是立管向下裁切的长度。

4. 从座管顶部拆除座管夹。

5. 按第3步求得的差值（即从上向下测量要裁切的立管长度），在未裁切的立管上作记号。

6. 准备裁切。若有专用的裁切车架引导器，将引导器放到标记的对面。若没有引导器，在标记处绕座管缠一圈胶带。沿着切引导向器或胶带裁切座管，但不要一切到底，以免剥落另一侧的纤维布。这么操作：从立管的一个方向裁切一半，再从另一个方向对切，两个切口在立管中间重合。使用细齿锯条的标准钢锯要十分小心。建议使用Effetto Mariposa CarboCut这类锯条，它们是一种用于切割硬质材料（包括陶瓷）的无齿的、砂粒硬质合金刀片，可切割钛合金、钢以及碳纤维。这类锯条在推动和拉动时切割，不像齿形锯条那样卡顿，切边光滑的话，无须打磨。

7. 检查切面。若切口不是直的和/或光滑的，须小心地将其打磨平滑。

8. 钻高度调节孔。有的品牌需要在座管上钻一个孔，锁入螺栓，将座管夹固定在此。座管的裁切引导器有一个导向孔，能确定在正确的位置钻孔。若没有引导器，必须按用户手册中的说明仔细测量孔位。若没有用户手册，仔细地从座管处进行测量。选择厂家指定的钻头尺寸，小心钻孔。

9. 安装鞍座，将鞍座接头完全装进车架立管。

   a. 带有螺栓帽的话，将螺栓在立管上向下滑动，确保将其推到最小的插入点上，然后按扭力值锁紧螺栓。

   b. 安装在立管顶端的标准的座管夹，其实是一根很短的座管，插入时不要超过安全界限，然后按扭力值锁紧。

   c. 有些车架的座管和鞍座接触处有一个弹性体（例如，Look），要先插入该弹性体。Look鞍座接头处有一个扩张楔块，锁紧螺栓时，扩张楔块会在立管内扩张。

10. 安装鞍座，检查鞍座位置是否合适。

11. 调整鞍座高度。若鞍座太高，接头下面也没有可以撤掉的垫圈，只能把立管再裁切得短一点。裁切时还是要再三测量，尽量一次裁切成功！

b. 立管裁切得太短

对于某些车架来说，这不成问题，例如Certain Time一体式座管，可以在座管任一处裁切、开一条竖沟槽，安一个标准的座管夹，再买一个27.2毫米的座管即可。同样，Wilier Triestina的Cento 1，出厂时标配Ritchey单螺栓座管接头。如图所示，自己可以将座管完全切断，再开一个沟槽，安装座管夹、一个31.6毫米的座管。

有些车架，可以使用加长座管或座管帽，不能使用加长座管或座管帽的车架，可在立管里塞进垫圈或弹性体，只要立管顶端不超出座管和鞍座安装的安全界线即可。

c. 无须裁切座管

BH Global Concept的立管顶端有一个标准的座管夹，搭配一根很短的普通座管。安装方法和标准座管一样。

安装鞍座接头

2007年之后的Trek Madone（见图14.13）的立管顶端是封闭式。座管盖罩住立管，用两颗螺栓夹紧。座管盖有两种高度：每个盖的移量不同（向后5毫米或20毫米或向前10毫米）。鞍座接头有万向接头，水平的螺栓横向穿过两片扣耳，从外侧拉紧座弓。座弓下的压缩楔呈半球形，安进座管盖两端的凹面座，交叉穿过座管盖（见图14.13）。

1. 润滑零件。在凹面座、压缩楔的半球面和鞍座座顶涂抹润滑脂。

2. 如图14.13所示，旋紧鞍座盖的固定螺栓，使其能固定住各个零件。

3. 擦掉鞍座盖上多余的润滑脂。

4. 旋开座管盖上的锁紧螺栓，将鞍座盖罩在车架上。Trek品牌建议不要给鞍座盖内部或座管外部涂抹润滑脂。

5. 向上或向下滑动鞍座盖，选择适合自己的高度。在步骤7之前不要完全锁紧。

6. 设置鞍座的前后调节和倾斜，并锁紧座管夹螺栓。若座管夹调松，螺栓已经松动，鞍座仍拆卸不下来，须敲打半面球。旋松螺栓，直到扣耳移到一边，可以将4毫米六角扳手插入半面球的孔中。用内六角扳手推向相对的调节球，再从另一个方向重复此操作。

7. 设置鞍座高度。鞍座盖必须遮盖立管的安全线。

8. 锁紧固定螺栓。扭力值为（7N·m）。

9. 调整鞍座。若鞍座的高度或前后位置不符合自己的要求，试着使用不同的Trek座管盖。

14-10
越野公路车的鞍座和座管

越野比赛时，车手时不时地跳到鞍座上。座管的强度很重要。想象一下：当车手跳到鞍座上时，全身的重量压到鞍座时，座管破裂的后果。

跳回鞍座时，撞弯或撞断座弓，既不安全也不舒适。若在弯曲或断裂的座弓上继续骑行，面临的是鞍座完全脱落的危险。但在鞍座完全脱落之前，坐在歪斜的鞍座上骑行会损坏踩踏系统，并可能伤害到自己的背部。

因此，越野公路车的鞍座和座管，第一个考虑因素是强度。除非体重很轻，一定要选择质量好的铝合金座管，不要选择超轻座管，建议选择铬钢导轨的鞍座。当然，参加越野赛时，车手确实希望自行车尽可能地轻，因为常有扛车跨栏和扛车跑步跨越陡坡的路段。但轻量化不是要座管轻量化，有些强度大的座管和鞍座，也很轻。

避免使用尾部突出的鞍座。摆动大腿，跨过鞍座时，鞍座的尾部（或车尾包）太长，可能挡住摆动中的腿。

车手经常跳到鞍座上，所以要选择带有衬垫的鞍座。撞击坐垫时，就以大腿内侧而不是胯下做缓冲。所以，超硬鞍座并不合适。虽然加衬垫的鞍座不一定等同于更舒适的鞍座，为减缓高度冲撞的力，还是应以舒适度为标准选择鞍座。

14-11
拆卸咬死的座管

3级 若不按照"14-8"中的"重要提示"中内容保养座管，座管可能咬死。因为操作起来有

一定的危险性，所以座管锁死列为第3级。最好请专业自行车店处理，因为任何闪失都将损毁车架。若没有100%的把握确信自己能处理好，请寻求外援——至少找一家愿意赔偿损失的自行车店。

1. 拆除座管夹上的螺栓。

2. 沿着座管和车架立管接缝喷洒除锈剂，并静置过夜。为加强渗透效果，可以拆除中轴（第11章），倒置车架，从五通管向座管底部喷洒并静置过夜。

3. 第二天，将车架正放，扭动鞍座。用氨或可口可乐代替除锈剂，重复步骤2。

4. 若步骤3无效，还可采用热胀冷缩的方法。其原理是座管收缩以便从立管中拽出座管，或使立管膨胀以便将鞍座从立管中拽出来。但一定要把握好座管和立管的热膨胀系数（CTE）。铝合金的CTE（以及镁合金的CTE）约为钢的2倍，碳纤维的CTE几乎为0。

5. 若步骤4无效，就只能采取最困难也最危险的方法了。
   a. 把座管上半部分固定到工作台的台钳上，从座管上方拆除鞍座和上下盖。这样操作可能损坏座管，若座管损坏就不能再用了。
   b. 恭喜你，你刚刚毁了座管，不能再骑它了。
   c. 抓住车架的头管和尾钩，小心地用力旋转。一定要小心，因为这种方法容易扭曲或扭裂车架。听到"呯"的一声响，座管就松脱了。

6. 若步骤5不起作用，则需要切断座管。将座管从座管夹上方几英寸处锯断座管，用老虎钳夹住锯断的座管的顶部。用吹风机加热立管和座管交界处使其膨胀，接着打开二氧化碳充气瓶，喷到座管内，使其冷冻并收缩。再用工具铰断座管。

7. 若步骤5或6都不起作用，将车架拿到机械工厂，用工具铰断座管。

若仍要坚持自己安装座管，先坐下来思考一下：工厂的人会收多少钱？完全毁坏车架值当吗？

若还坚持自己操作？好，但不要说我没有提出过警告。

将锯条从锯弓上取下来，用胶带缠绕锯条的一端，以方便用手握住锯条。握住锯条上缠着胶带的一端，另一端插入座管中心。小心地（非常小心地）向外锯两条向外的60度的开口，切出一个等腰三角形。注意切口不要太深以免切坏了车架，否则将功亏一篑。

锯出切口之后，用大的螺丝刀撬出或老虎钳拽出座管。这一步操作时千万注意：力气不要过大，以免弄坏车架立管。

取出等腰三角形，用老虎钳夹住锯开的切口，分别向两边卷，可松动座管。将座管从车架中取出后，彻底清洁座管内部。在汽车零件商店（或在租赁商店租借）销售的用于修复制动缸的柔性磨刀机是一种出色的工具。将磨刀石放入电钻中，并确保在旋转时在座管内上下操作时使用大量研磨液或切削油。另一种方法是手指上缠绕砂纸，但手指无法伸进车架深处。

拆卸咬死的座管非常麻烦，若不希望重复做这项工作，金属座管插入车架前，都要涂抹润滑脂，并在此后定期检查。碳纤维座管外有一层偏软的、透明的涂层，容易陷入金属座管，故建议在碳座管表面涂抹止滑剂。换句话说，经常取出座管涂抹润滑脂，座管就不会咬死（见本章前面的建议）。

鞍座和座管故障处理

14-12

排疑解难：鞍座松动，咯吱的噪声和座管咬死

a. 鞍座摇晃

检查鞍座的紧固螺栓。若松动，调整前后位置和倾角（"14-2"），再锁紧螺栓。检查上下盖是否损毁，若损毁，或许要更换座管。若需要详细的信息，请查阅座管原厂说明书。

b. 座管咬死

座管咬死是一个很棘手的问题。处理方法请认真阅读"14-11"。操作时多加小心，避免毁坏车架。

c. 鞍座随着踩踏发出异响

鞍座随着踩踏发出异响，可能是光滑面的皮革或塑料摩擦金属零件发出的声音，或是座弓里有砂粒。

1. 若坐垫两边向下延伸，皮革也随着向下包裹，摩擦上下盖或座弓，请在摩擦处涂抹润滑脂或喷洒滑石粉。用砂纸磨粗真皮表面，也有助于消除异响。
2. 若是座弓发出异响，将链条油滴入座弓和坐垫底板的三个接点。

d. 座管发出咯吱声

座管发出咯吱声，可能是上下盖和座弓交接处，或是踩踏导致座管在立管内部前后挤压。座管过干也可能发出"咯吱"声，所以，先抽出座管，在车架立管内部和及座管外表涂抹润滑脂。碳纤维座管注意涂抹止滑剂（见本章前面的"专业指导"）。

1. 有的车架使用衬套转接特定尺寸的座管。因为车架立管下方的内径是大于衬套，所以若座管过长，有可能挤压车架立管下方。解决方法是用钢锯锯短座管。座管夹以下至少保留3英寸座管长度即可。
2. 若座管和车架立管间有框量，加垫片，车架立管内部、衬套里外面、座管表面都要涂抹润滑脂。
3. 若"咯吱"声来自于上下盖和坐垫之间，检查螺栓。螺栓的螺纹上涂抹润滑脂，可以锁得更紧。
4. 夹紧座弓的两片夹片吱吱作响。松开夹片，在导轨和座弓处涂抹润滑脂，再重新旋紧，擦掉多余的润滑脂。

5. 避震座管上下运动发出"咯吱"声，在避震器的内管、优力胶的外表涂抹润滑脂。

e. 座管向下滑

锁紧座管夹。若座管仍下滑，碳纤维座管的话，第一选择是涂抹或喷碳纤维防滑胶（见本章"专业指导"），第二选择是涂抹油脂和用砂纸打磨。检查座管直径尺寸。若立管开沟处已锁至闭合状态，座管仍下滑，可能是座管管直径有误、车架立管尺寸过大或车架立管变形。

试着将碳纤维止滑剂喷在座管上——非碳座管也可以喷（见本章上文的"专业指导"）。止滑剂会渗透到座管内部，相同的扭力值下螺栓扭锁得更紧。

若大一号的座管塞不进立管，小一号的座管又会下滑，可自己做衬套。拿一个铝质易拉罐，裁一个长宽为1×3英寸的矩形。把座管从立管里抽出来，在座管和自己做的衬套上涂层润滑脂，再将座管放回车架立管，衬套位于座管和立管之间。将衬套的上缘向外折，以避免滑入车架内部。易拉罐很便宜，可以试着裁剪出不同尺寸的衬套，尺寸合适的衬套会随座管插进车架立管，且防止座管下滑。

若必须进一步锁紧碳纤维座管周围的夹子，请确保它不会迫使座管槽的角落进入座管，造成损坏和破损。使用偏置夹具或转动座管夹，其槽不要与座管的槽对齐（见图14.6）。

使用碳纤维座管，须先清除座管上油脂，并涂抹止滑剂。座管夹的螺栓一定要注意扭力值，不要使立管的纵向沟槽深入座管，造成断裂。请选购专用的偏心式座管夹，或使座管夹的沟槽与立管的纵向沟槽错开（见图14.6）。钛合金车架或钢车架，座管夹侧耳若为一体式（焊接于立管，相对前座管夹）。因座管夹长期锁紧的压力，立管壁会拉长。若已将立管的纵向沟槽锁至闭合，座管仍下滑，上文讲的自制铝片的方法或许有效。若无效，请咨询车架生产厂家，还可以用锉刀将立管的纵向沟槽磨宽，用沾满润滑脂的抹布堵塞立管，避免金属屑落入五通，或将车架倒着夹到维修架上，使金属屑自动掉落。自己磨宽纵向沟槽不是好办法，虽然立管纵向沟槽不再闭合，螺栓却因座管夹角度改变而不能正常受力，容易断裂。操作前请先联络车架制造商，他们或许有更好的办法，也可能不建议你这么做。总之，若贸然磨宽，厂家不再保证车架的售后。所以，将车架送回原厂是上策。

若你认为你可以或者你认为你不可以，……你都是对的。

——亨利·福特

工具

螺丝刀
辐条扳手
调圈台
正心弓
润滑脂

备选工具
扁辐条固定工具
三用辐条扳手
　隐藏式辐条
偏心式辐条帽螺
　丝刀
亚麻仁油

编轮

恭喜你，学习到本章，你已进入考验自行车技师天
赋的内容了！对于自行车技师而言，最难的是构
建车架和前叉，其次就是充满创意的编轮。编轮的技艺
看似是很神秘，但其实是一件简单的事情。它只需要专
注、耐心和热爱。

自行车的整体性能，很重要的一部分取决于轮组。
而轮组的优良，主要体现在良好的编工和合适的张力。
掌握编轮技巧，可将一堆琐碎的小零件组合成一对又轻
又强的车轮，信心满满地四处骑行，并明白了编轮不是
只有"专家"才会的技能。通过练习，熟能生巧，自己
编的轮，自然不会输给机器编出来的轮。

鉴于篇幅所限，本章无法详细讲解各类型车轮的编
法。车轮是一个值得深思的艺术、奇迹、工程，整本书
都以此为主题。

本章教授传统的"三交叉"编轮法，也就是每根辐
条跨越其他3根（见图15.1）的编法。三交叉式编轮法
适用于圈刹和碟刹。"15-7"详细讲解放射式编轮法；

"15-9"讲解碟刹后轮的编法；"15-11"讲解越野车
轮的结构。开始吧。

15-1
零件与工具

需要准备：车圈、花鼓（车圈和花鼓的孔数必须相
同）、长度正确的辐条和辐条帽。

a. 辐条帽

建议你从当地的自行车店购买辐条。这样，车店技
师可以指导你选择正确长度的辐条（见图15.2）并且
可以为你提供选择辐条的厚度的建议，以及根据体重、
预算和骑行需求购买车圈。若不从当地商店购买辐条，
也可以使用网上辐条计算器找到所需的辐条长度。请记
住，计算辐条长度要选择三交叉辐条编法计算模式［除
非你正在组装径向轮（"15-7"）或其他辐条模式］。

图15.1 三交叉法编轮

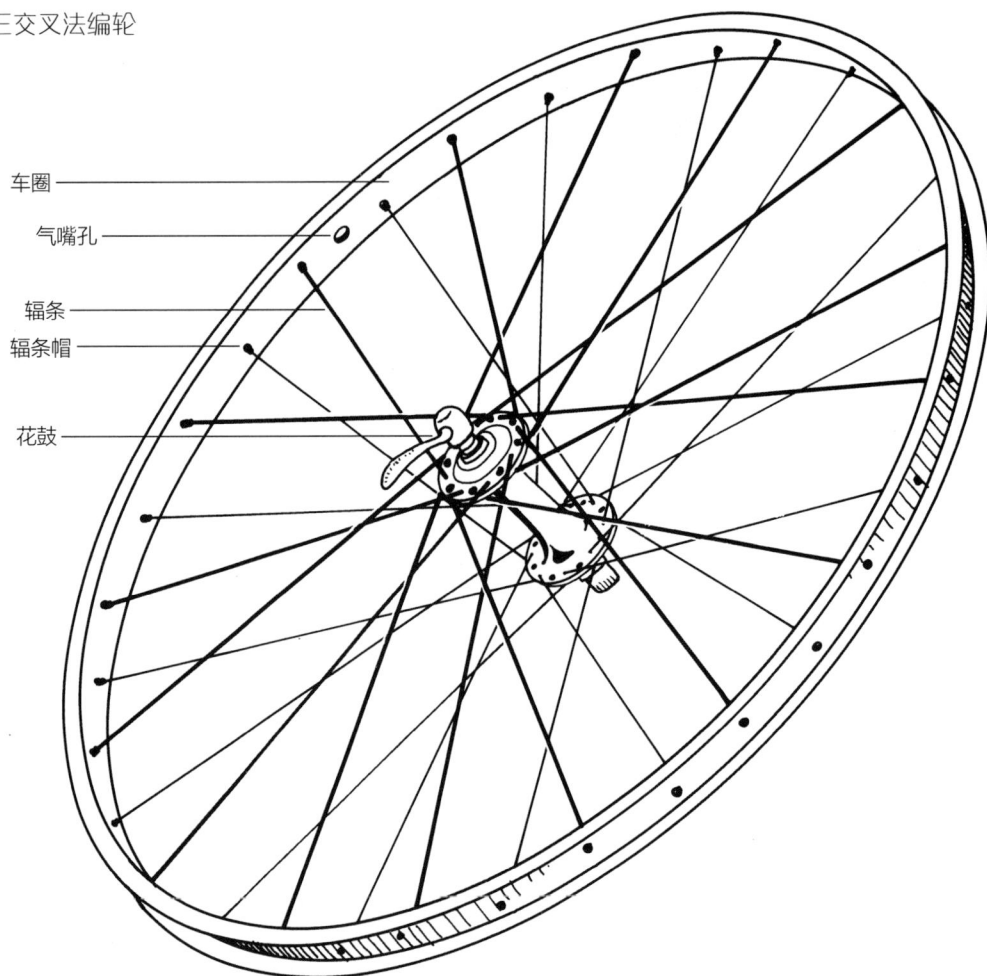

车圈
气嘴孔
辐条
辐条帽
花鼓

图15.2 辐条和辐条帽

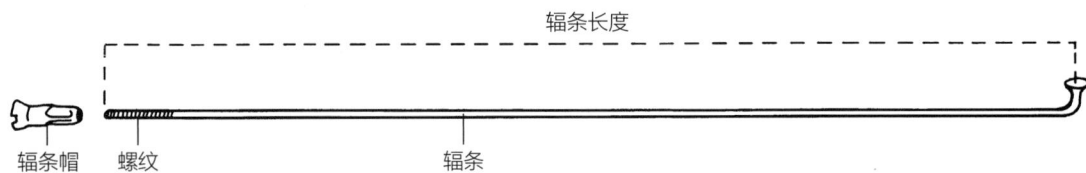

辐条长度

辐条帽　螺纹　　　　　　　辐条

关于使用旧辐条的注意事项： 旧轮组更换新车圈时，不要继续使用旧辐条。换新辐条花不了多少钱，旧辐条上磨损的辐条帽和强度下降的辐条会带来很多麻烦，日后骑行时会让人后悔没有换新的辐条。重复使用旧零件节省资金是一种错误的经济观念。一旦辐条帽变圆，编轮时辐条扳手就不能将辐条帽上到位。骑行时，辐条强度就会降低。

b. 张力工具

只需要一个辐条扳手即可。但是，若要大量编轮，使用偏心式辐条帽螺丝刀（见图15.3A）可更快速地旋紧辐条帽。

图15.3A　偏心式辐条帽螺丝刀

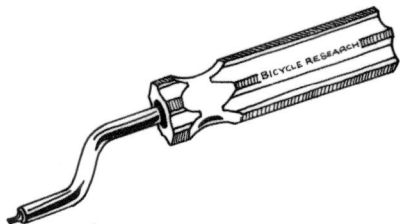

c. 扁辐条固定器

若用的是扁辐条，需要用开槽工具来夹紧辐条扁平的部分以防止其扭曲。DT Swiss有一套专业工具：开口是锥形纵向槽的辐条扳手，配有带槽的L形尖锥（见图15.3B）。使用这些工具，转动辐条时，可以将辐条方向保持在其平坦部分的末端，靠近辐条帽。而其他类的辐条扳手没有开槽，固定器必须上移，离螺纹辐条帽比较远。若辐条太薄，很容易在辐条扁平处留下永久性的扭痕。

图15.3B　DT Swiss辐条扳手和用于扁辐条的工具

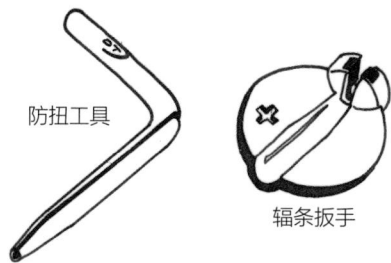

防扭工具

辐条扳手

d. 深框工具

若是深框车圈，需要专门的工具。工具的种类取决于

辐条帽是否是标准尺寸。辐条帽有两种：一种是标准的，车圈的开口大，辐条帽能伸出车圈；另一种是隐藏式的，车圈开口小，辐条帽位于车圈内部。第一类辐条帽：双层车圈内层的孔略大于外层的孔，用工具抓住辐条帽穿过内外层，注意不要将辐条帽落在两层圈中间。深框车圈的话，就需要用专门的工具，但若不常编深框轮，也可拿一根辐条和一个辐条帽自制一个工具：将辐条帽拧到辐条上，螺纹露出6毫米，然后将辐条四角头固定到辐条上。将这个"工具"插入车圈，直到它抵住压接的辐条帽。用工具穿过车圈，将螺纹接头旋进从花鼓出来的辐条螺纹。这个工具可以加快编轮，因为辐条帽固定死了螺纹，使每一个新的辐条帽旋入新车圈的圈数相等，等量旋入的圈数在编轮过程中可减少张力差异（操作到这一部分时，就能明白其重要性了）。

若深框外层只有小孔，辐条帽无法穿过，则需要一个隐藏式辐条帽专用套筒扳手。Park有专用的5毫米/5.5毫米专用辐条扳手（见图15.3C）。方形用于在边缘上倒置标准接头，5毫米和5.5毫米用于长六角螺母，包括3/16英寸螺母（等于4.7毫米，接近5毫米都能使用）。

图15.3C　隐藏式辐条帽专用三向扳手

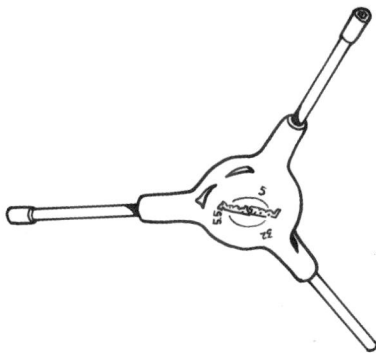

e. 辐条专用防松胶

为了简洁清晰地讲述，下文不再讲述使用辐条防松胶。

虽然不是必须使用防松胶，但它可以提升车轮性能——防松胶能使辐条帽顺利地滑进车圈，能填满辐条和辐条帽螺纹间的空隙，固化之后可以防止辐条帽松动。DT Pro Lock辐条胶比较好，两种DT胶在螺纹上下层，两种胶一接触即固化，可防止辐条帽因负重变松（辐条垂直时负重，水平时释重），这样可确保恒定的辐条张力。

防松胶要在辐条锁入辐条帽之前涂抹在螺纹上，胶不要过量，过量的话以后再调整辐条帽会非常困难，胶量只要能填满螺纹之间的细微空间即可。

使用DT Pro Lock辐条帽不用操作这一步，但需要一次锁上全部辐条。为和环氧树脂一样，DT Pro Lock辐条帽内部的两种黏合剂在接线刚接触时有黏性，因此容易黏合，但随后会慢慢固化。不是所有的黏合剂在一接触就都能黏合，仍有小幅度的调整性，但每次调整都会减弱螺纹的固定效果。

若没有防松胶，至少将辐条的螺牙蘸满润滑脂。除了固定螺纹，润滑脂能够取代防松胶的大部分功能。在接触车圈的辐条帽涂点亚麻籽油，随着张力的增加，会变得更容易转动。

15-2
排列辐条

1. 辐条分成四组，每两组分属于一侧花鼓耳，用橡皮筋将各组辐条分别绑好。若要编后轮，后轮左右侧的辐条长度不同，传动侧（或盘片侧）短，因为轴心配置或两花鼓耳直径不同。碟刹后轮或放射状前轮，跳至"15-7"。

2. 坐下来，把车圈平放在膝盖上，气嘴孔位于离身体最远的位置。注意：辐条帽安装孔以车圈中心线为基准，呈一孔朝上、一孔朝下的交互排列的形式。

注意：若后轮是偏心式，辐条帽安装孔必须在左边（非

传动侧，见图15.4）。若碟刹前轮是偏心式，则辐条帽安装孔在右侧（非碟刹侧）。这类设计旨在消除车轮正心导致的辐条张力不平衡。偏移辐条可放大后轮传动侧的辐条和车圈中心线的夹角，防止碟刹蹭车圈。辐条张力左右平衡可延长车轮的使用寿命，缩小的夹角也可以避免后拨链器绞进传动侧辐条。所以偏心式车圈（见图15.4）的辐条帽向下偏移，朝向膝盖。

3. 将花鼓放到车圈中间，右侧朝上。插图中车圈的右侧是快拆螺帽。

a. 第一组辐条

4. 辐条间隔一孔插入右花鼓耳中，扁头挂在上方（见图15.5）。注意：后轮或碟刹前轮的右侧（传动侧）辐条

图15.4　偏心式车圈的正确安装方式

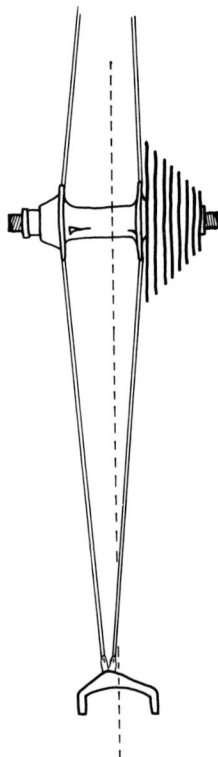

图15.5 第一组辐条

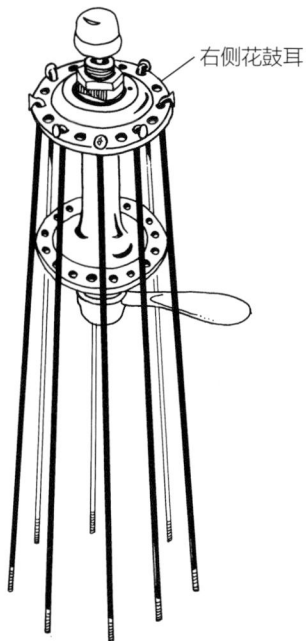

右侧花鼓耳

图15.6 第一组辐条，右侧朝上

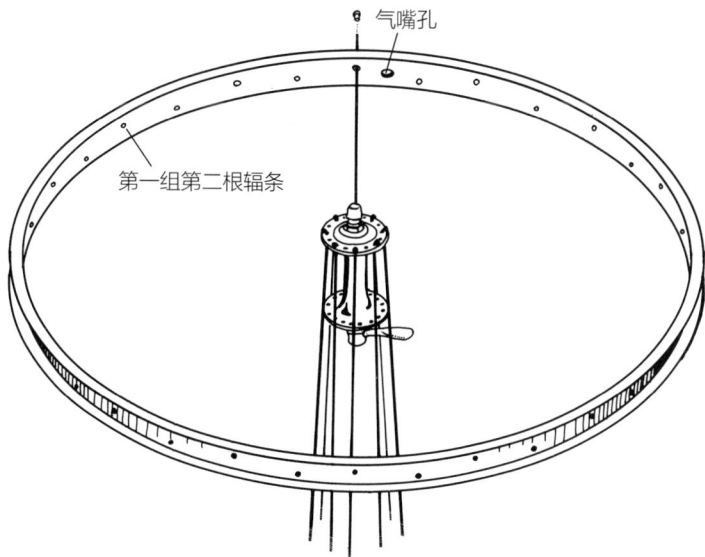

气嘴孔

第一组第二根辐条

较短。有的（老款）花鼓耳可能有半数的孔挖得比较深，为的是降低肘部的径向压力，不要使用这些比较深的孔，而是要用旁边较浅的孔。这也说明：若花鼓耳的孔全都很深，车圈左右都用对称的放射（译者注：即零交叉，"15-7"）编法。

5. 将辐条从花鼓穿入气嘴孔左方（逆时针）第一孔，并把辐条帽旋紧三圈，不要拉紧辐条（见图15.6）。注意此孔开口应朝上（OCR以车圈孔的中心线为准，而不是车圈中心）。若气嘴孔逆时针起算第一个孔的开口不是朝上，那就是厂家钻错方向了，编轮时需要位移一孔。

6. 按逆时针方向继续编轮，第二根辐条穿入车圈从第一孔起算左侧第四孔，辐条帽旋紧三圈。两根辐条应该间隔三个空孔，第二根辐条所穿过的车圈孔开口也朝上。

7. 按逆时针方向重复编轮，直到半数朝上开的孔都装好辐条和辐条帽，各辐条要间隔三个孔（见图15.7）。

8. 翻转车轮。

图15.7 第一组辐条

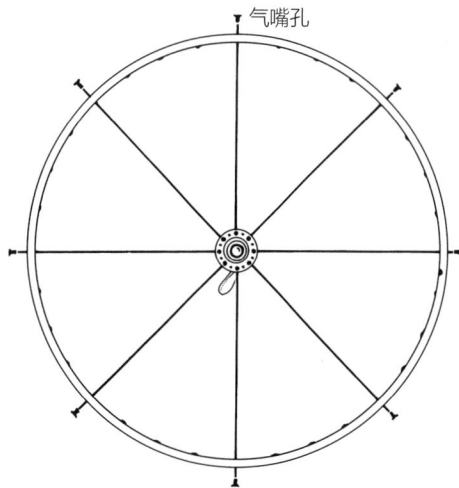

气嘴孔

348

b. 第二组辐条

9. 左右花鼓耳是错位开孔，一侧开孔对齐的是另一侧两孔之间（见图15.8）。

10. 在上方的花鼓耳找出第一组第一根辐条（这根辐条目

前在气嘴孔右方）穿过的孔位，顺时针方向错开半个孔距，将一根辐条插入这个孔。若是后轮或碟刹前轮，这根辐条要用长辐条。

11. 将这根新插入的辐条连结到气嘴孔右方的第二孔位，紧邻第一组第一根辐条（见图15.9和图15.10），这

图15.8　花鼓开孔错位

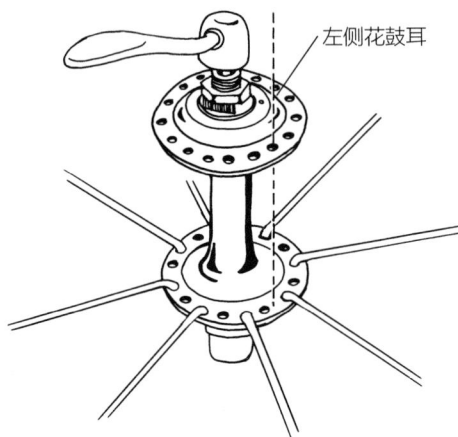

左侧花鼓耳

图15.9　编第二组辐条

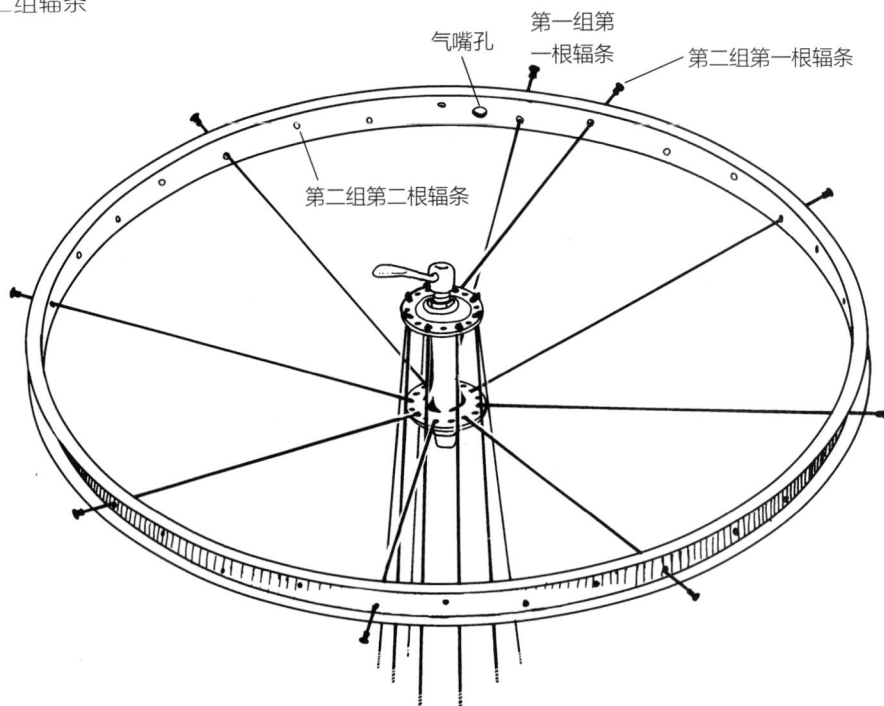

气嘴孔　第一组第一根辐条　第二组第一根辐条

第二组第二根辐条

个孔开口朝上。

12. 将辐条帽顺时针旋入辐条三圈。

13. 反复检查，这根辐条应位于左花鼓耳，和下方（右）花鼓耳第一根辐条的孔位相差半个孔距，往顺时针方向（右方）偏移。从侧面观看，第一组和第二组的第一根辐条几乎平行地向外发散（见图15.10）。

图 **15.11**　第二组辐条

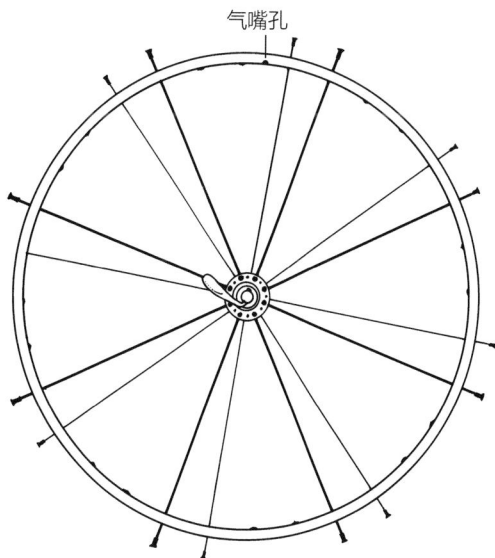

图15.10　平行发散的辐条

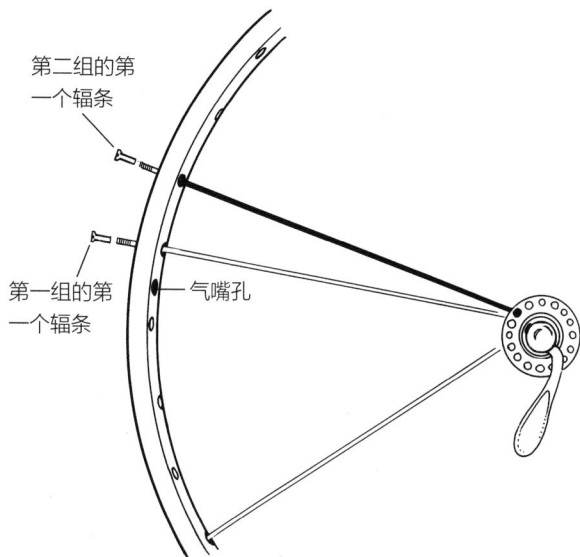

第二组的第一个辐条

第一组的第一个辐条

气嘴孔

---

14. 再拿一根辐条从顶部（左侧）车圈凸缘上的孔向下插入左花鼓耳，间隔一孔，左、右都可。继续，直到每隔一个洞都有一个垂下的辐条（见图15.9）。

15. 再拿一根辐条，逆时针，在左花鼓耳的第二根辐条穿进气嘴孔左边起第三孔，并旋入辐条帽三圈。这根辐条位于第二组第一根左方向四孔，开孔朝上。

16. 逆时针绕着车轮重复以上步骤（见图15.11）。此时应已穿完半数的朝上车圈孔，所有的车圈孔也只剩下一半。第二组辐条穿过的所有车圈孔都应开口朝上，挨着第一组辐条的右侧。

---

c. 第三组辐条

17. 从内向外将辐条插满右花鼓耳（见图15.12）。记住：后轮或碟杀前轮，此时用短辐条。

图15.12　将第三组辐条放在中心

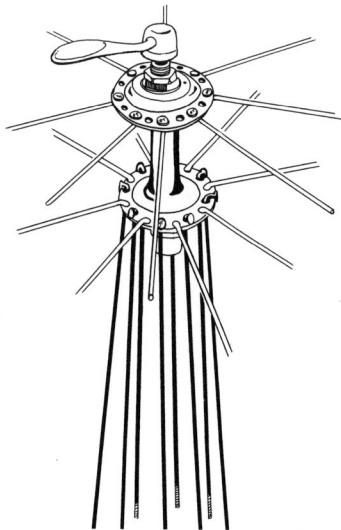

图**15.13** 逆时针转动花鼓

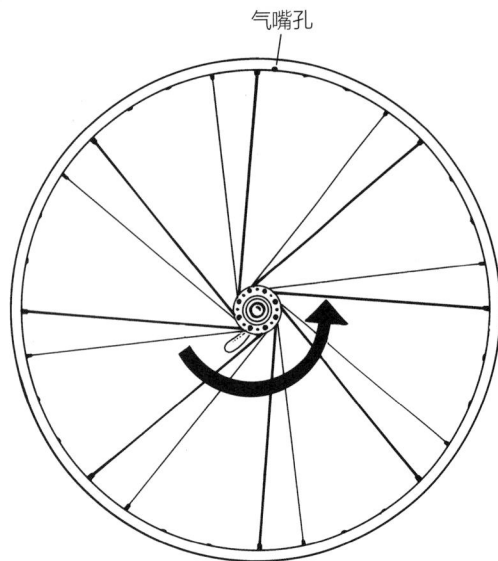

气嘴孔

18. 抓住第三组辐条，注意避免脱落，翻转车轮。

19. 将第三组辐条呈扇形展开，这时辐条已经不会从花鼓孔脱落了。

20. 抓住花鼓外壳，逆时针用力扭转（见图15.13）。

21. 任选一根已经连接花鼓和车圈的传动侧（右侧）辐条作为起算辐条，沿着花鼓耳向右数（顺时针），挑选第五孔位的辐条。

22. 将这根新辐条绕过起算辐条（第五孔位的辐条）下方，插入起算辐条向左数（逆时针）第二个车圈孔（见图15.14），辐条帽旋紧3圈。为了方便操作可以把辐条折弯。

23. 以同样的方式继续编轮（见图15.15）。若少数辐条很难插入车圈，用力按压肘部向外延伸约2.54厘米处。

图**15.14** 将第三组辐条拉到车圈

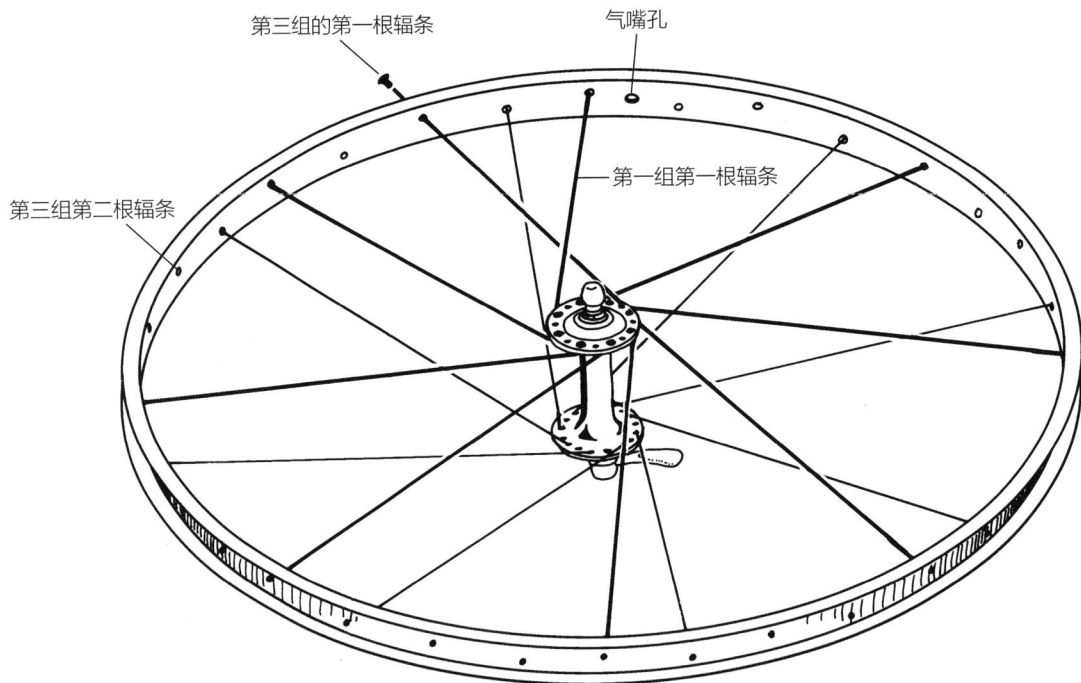

第三组的第一根辐条　气嘴孔

第一组第一根辐条

第三组第二根辐条

图15.15　编完第三组辐条

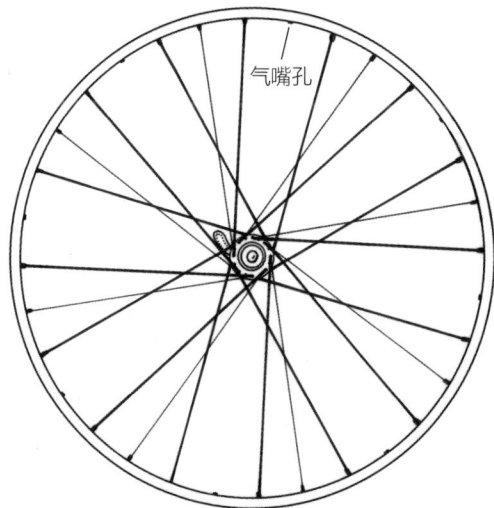

气嘴孔

扁头朝外。以步骤22安装的辐条为基准，逆时针计算，交叉的三根辐条分别来自花鼓的第一、三、五孔位（见图15.15）。这就是"三交叉"编法，因为每一根辐条都与另外三根辐条以上、上、下的形式交错。第三组辐条安装完毕，朝上开的车圈孔也都用完了。

d. 第四组辐条

25. 从内向外将辐条插满下方的花鼓耳（方法如图15.12所示，但不是同侧花鼓）。后轮或碟刹前轮，要用长辐条。

26. 抓住第四组辐条，防止辐条脱落，翻转车轮。

27. 将第四组辐条呈扇形展开。

28. 以任选一根已经连接轮圈的非传动侧辐条作为起算辐条，沿着花鼓耳逆时针找出第五孔位的辐条。

29. 将这根辐条跨过另外两根辐条，压在起算辐条下面，插入起算辐条顺时针数起的第二车圈孔（见图15.16），辐条帽锁紧3圈。

24. 确定每一根从花鼓耳外侧穿出的辐条（扁头隐藏在花鼓耳内侧）都跨越了另外两根辐条，并压在第三根辐条之下。这三根交叉而过的辐条都来自右花鼓耳内侧，

图15.16　将第四组辐条拉到位

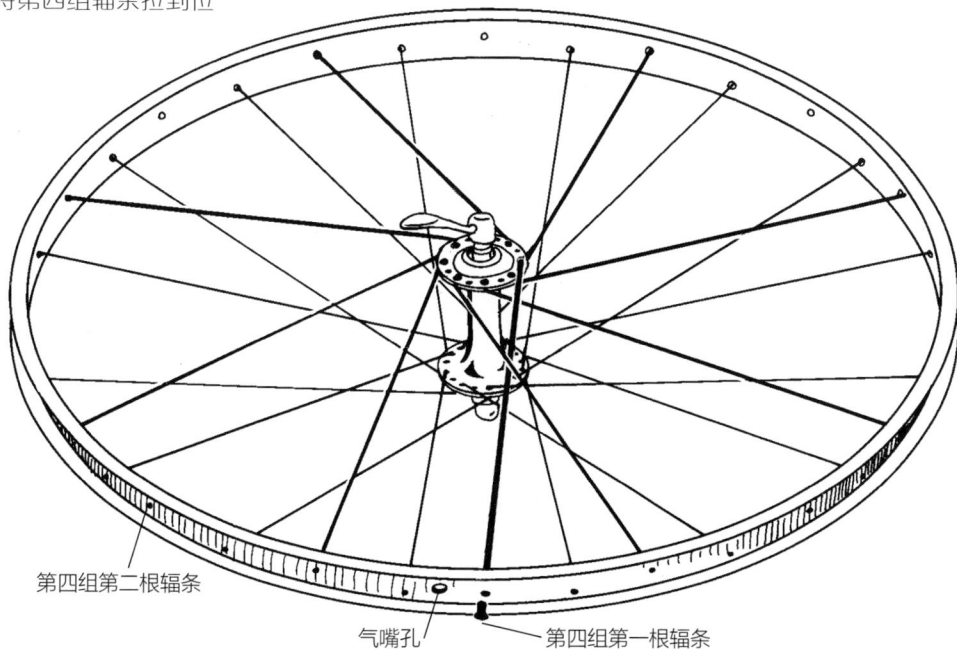

第四组第二根辐条

气嘴孔　　第四组第一根辐条

30. 继续编轮，直到如图15.1所示编完最后的辐条。若少数辐条很难插入车圈，用力按压肘部向外延伸约2.54厘米处。

31. 确认每一根从花鼓耳外侧穿出的辐条（扁头隐藏在花鼓耳内侧）都跨过另外两根辐条，并压在第三根辐条下（见图15.1）。这三根交叉的辐条都在左花鼓耳内侧，扁头在外。以左花鼓耳外侧的任一根辐条为基准，顺时针计算，交叉的三根辐条分别来自花鼓的第一、三、五孔位（见图15.1）。第四组辐条安装完毕后，车圈上不会有任何空孔。从侧面看，气嘴孔位于两根"收敛平行"的辐条之间（见图15.17），空间最大，方便塞入打气头。

注意： 若编的是后轮，后花鼓耳的外侧辐条都是逆时针发散，为的是抵消链条顺时针带动飞轮的扭力。碟刹前轮的花鼓耳外侧辐条，也是为了抵消刹车皮加到盘片的扭力。原理见"15-6"。

15-3
增加张力

1. 把车圈放到修理架上。

2. 先用螺丝刀，再用辐条扳手锁紧每颗辐条帽，直到辐条只剩下三圈螺牙外露。锁紧辐条帽的方向的方法，如图15.18所示。如图15.3A所示的偏心式辐条帽螺丝刀能提高旋紧辐条帽的速度。旋转偏心式辐条帽螺丝刀的手柄，就像曲柄一样转动，比转动螺丝刀要快得多。

从这步开始，无论是旋紧还是旋松辐条帽，转完都要倒退1/8圈，以释放辐条张力。若使用的是扁辐条，请使用如图15.3B中所示的工具防止其扭曲。

3. 用大拇指按压花鼓耳外侧的辐条，用肘部向下压使辐条能以直线进入车圈。花鼓耳内侧的辐条无须处理。

图**15.17** 收敛平行的辐条

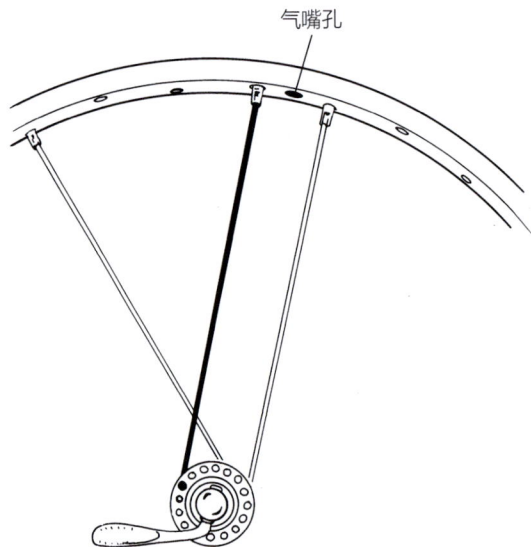

4. 每颗辐条帽锁紧1/2圈，而且一致，避免偏摆。

5. 像拨琴弦那样拨动辐条，若张力足，会发出固定的音频。或用掌心握压两根平行的辐条，并和编好的轮组对照，这时编好的车轮的张力应该明显较低。

6. 重复步骤4和5，直到全部辐条都能拨出同样的音频，但张力仍低于对照的轮组。

扁辐条的注意事项： 若使用扁辐条，用固定器夹住辐条扁平部位（"15-1"，见图15.3B），避免扭曲。

15-4
校正偏摆

a. 横向偏摆

空转车轮，最容易看出来是否左右偏拢。

1. 检查花鼓轴心是否有游隙。若有，调整花鼓（请参阅"8-6d"中的调整花鼓）消除游隙。

2. 选择性操作：在每颗辐条帽的上端滴亚麻籽油，润滑

图15.18　转动辐条帽，将车圈向右拉

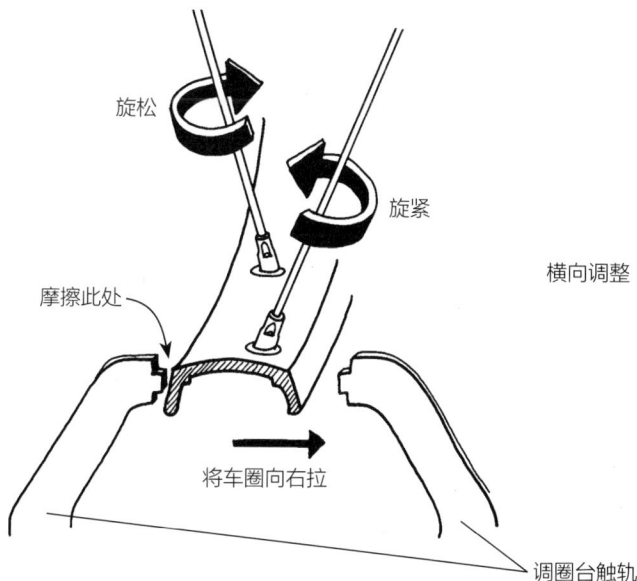

图15.19　转动辐条帽，将车圈向左拉

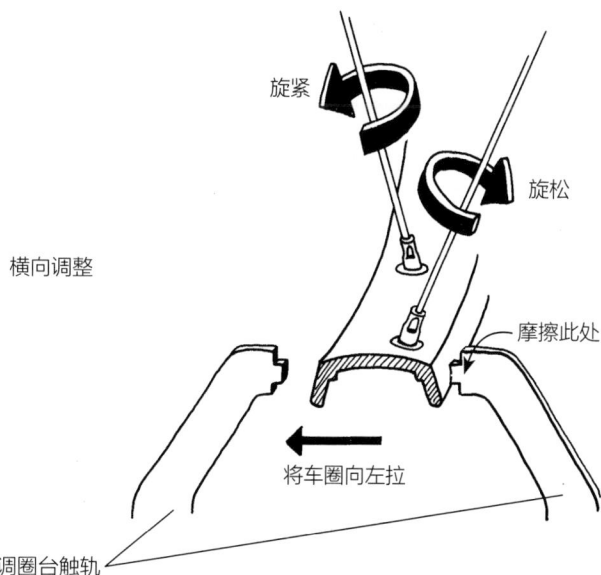

旋松

旋紧

摩擦此处

将车圈向右拉

横向调整

旋紧

旋松

摩擦此处

将车圈向左拉

调圈台触轨

辐条帽和车圈孔的接触面。

3. 把调圈台的触规调窄，摩擦车圈侧边最严重处就是偏拢处（见图15.18和图15.19）。

4. 调整触规摩擦车圈范围内的辐条。旋紧对向花鼓耳的辐条，放松同侧花鼓耳的辐条（见图15.18和图15.19）。每侧各调整两根或三根辐条。偏拢最严重处锁紧1/4圈，前后邻近的辐条相对减少扭转的幅度。逐渐将车圈拉离触规，若车圈越调越贴近触规，表示辐条帽扭转错了方向。

5. 用这种方法校正车轮，并逐渐收窄触规。

b. 径向偏摆

径向偏拢虽然不如侧向明显，但车圈失圆对整体寿命的影响更大，因为"张力平均是耐用的关键"。校正偏拢非常耗时，也很容易使人气馁。若感觉渐渐失去耐心了，先停会儿，有想校正的感觉后再重新开始。

6. 调整调圈台触规，使触规接触车圈的圆周而不是侧面。

7. 收紧触规，使触规摩擦车圈半径最大的部位（见图15.20），这些部位就是失圆最严重之处。

8. 锁紧摩擦处的辐条帽1/4圈，缩短车圈半径。调整摩擦处的前后辐条，逐渐减少扭转程度（1/8圈或更少）。

9. 用这种方法校正车轮，并逐渐收紧触规，车轮会趋近正圆。

10. 车轮半径太短，则放松辐条帽（见图15.21）。若辐条张力过大，辐条帽会很难扭动，并发出"嘎吱"声。感觉辐条很难扭动时（如：辐条帽已接近变形边缘），放松全部的辐条1/4圈再继续。和编好的、辐条粗细相同的轮组对比，张力应该还是偏低。

15-5
定位正心

1. 将正心弓以花鼓为中心，卡在花鼓上（见图15.22）。

2. 锁紧或旋松正心弓螺丝，将正心弓两个弓臂长度调整

354

图15.20 径向偏拢调整：缩短半径

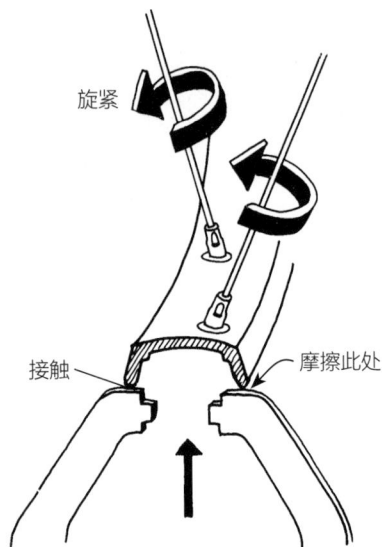

图15.21 径向偏拢调整：增加半径

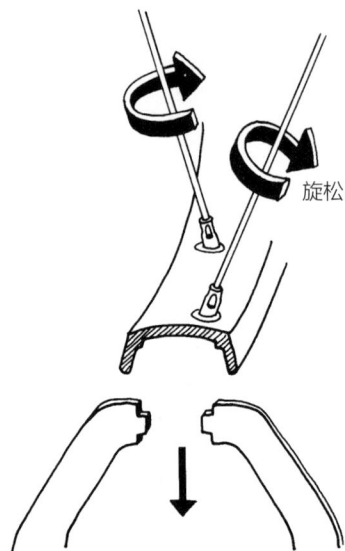

为正常车圈的半径，然后贴合车圈，锁紧固定弓臂的旋钮（见图15.22）。

3. 翻转车轮。

图15.22 使用正心弓测量车圈和花鼓末端的距离

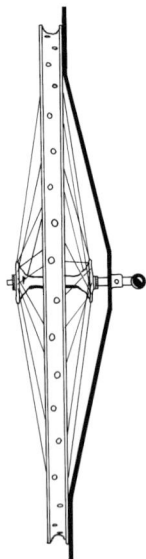

4. 用正心弓调整另一侧车圈。

5. 观察正心弓弓臂和轴心间是否有间隙（见图15.23，译者注：即检查车圈上的每个点距离轴心的距离是否相等，花鼓应水平居于辐条和车圈之间）。若有间隙，说明车圈偏离正心。若没有间隙，则以此侧为基准，归零正心弓。

图15.23 检查车圈相对于花鼓另一侧的偏移量

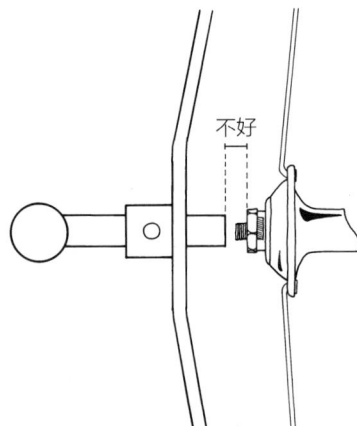

公路车宝典：Zinn的公路车维修与保养秘籍

6. 将车轮放回调圈台。

7. 将车圈拉近正心，锁紧间隙另一侧花鼓耳每根辐条 1/2 圈。若辐条帽很难扭动（发出"吱嘎"声、接近变形边缘、辐条张力高过正常轮组），放松间隙侧花鼓耳的全部辐条 1/2 圈。

有关叶片辐条的说明：如"15-1"所述，需要使用开槽工具（见图 15.3B）固定带叶片的平面，以防止它们扭曲。每次辐条帽收紧或松动后转回 1/8（"15-3"，步骤 2）可能会稍微减少扭曲，但是一个带叶片的轮辐比一个圆形轮辐具有更小的扭转刚度（扭一圈和扁平纸管比较一下，就会明白我的意思），若不防止辐条扭曲，它可能会在没有实际转入辐条帽的情况下来回扭动。

8. 重复步骤 1~5，测量偏离程度。

9. 若还是偏离正心（弓臂和轴心外缘有间隙），重复步骤 6~8，直到正心归零（无间隙）。

10. 用掌心握压每对平行的辐条（见图 15.24），释放多余的张力。辐条放松时会发出"乒乓"声。若按照"15-3"步骤 2 的建议，转完辐条帽后退回 1/8 圈，辐条压力不会积累太多，可能不需要释放张力（握压辐条，看看辐条会不会平直）。

图 15.24　释放张力

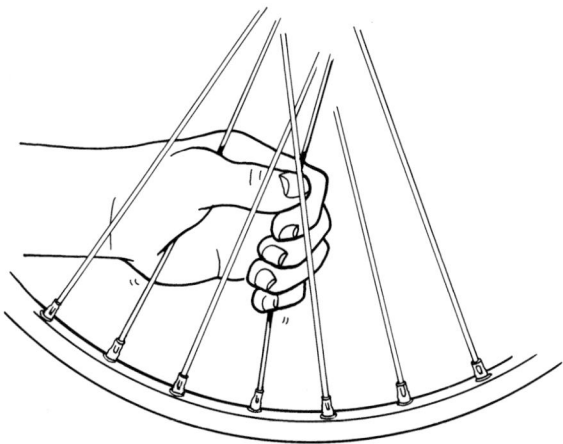

a. 利用体重按压车轮是快速释放张力的方法，但需小心操作以免损坏车轮。将车轮平放于工作台，轴心抵住桌面，双手分别放在车圈的三点钟和九点钟方位，逐渐施加力量。这种方法有效范围大约是每边各 3 根辐条，所以旋转 3 根辐条，再次施力，重复动作。压完单面，翻转车轮，压另一面。不要过度用力，因为车轮的侧向强度无法承受全身重量。

b. 张力释放完成后，车轮若前拢过大，可能是辐条太紧。所有的辐条帽旋松 1/8 圈。因为辐条逆转的缘故，略微偏拢是正常现象，可忽视并继续执行步骤 11。

11. 重复校正偏拢（"15-4"）、定位正心（"15-5"）、释放张力。按这个顺序提高精度。

12. 微量且平均地锁紧辐条帽，和状况良好的车轮做比较，将张力提升到理想程度。每调整完一轮，调整正心和偏拢。

13. 若边缘油腻，请用柑橘类生物降解溶剂擦拭。若车圈上有油脂，也用柑橘成分溶剂擦拭。

14. 至此，要恭喜自己完成了编轮，可以向朋友们展示了。

15-6

关于编轮

手工编轮（译者注：三交叉排列）有着机器编轮无法具备的特点，最明显的特点简单地说就是：踩踏时，力量通过链条传递到花鼓，辐条会产生一定形变，驱动辐条在花鼓耳外侧，可以抵抗踩踏所带来的扭力。

除了放射式编法，辐条可归为两类，一类是"驱动辐条"，也称为"动态辐条"；另一类是"静态辐条"。驱动辐条的走向是顺时针的，可以增加张力。这一点从传动侧观看车轮，就比较容易明白了。静态辐条无法承受花鼓的顺时针扭力。受到踩踏的力时，张力反而会降低。辐条从内向外穿（扁头在内侧），是两个花鼓耳之间最宽的距离，可扩大辐条进入轮圈中心线的角度，并能抵抗作用于车圈的力。若是碟刹前轮，驱动辐条在花鼓耳外侧方才能抵抗施加在盘片上的制动力。

根据自己的体重和骑行类型，选择适合自己的零件及调整辐条的张力，这样的车轮才能经久耐用。

15-7

零交叉编法（译者注：也称为"放射式编法"）

车圈的刚性比原来增强了，车圈的横断面也越来越硬，采用零交叉编法的车轮——辐条从花鼓中心放射状地连到车圈，不互相交错（见图15.25）日渐流行。这种车轮易编易学，具有相当优势。

不过，左右两侧都用零交叉编法只能用于前轮；后轮（传动侧）必须用交叉编法以抵消链条带动飞轮的扭力。而且，碟刹也不能用全放射车轮，因为辐条无法抵消施加于刹车碟的扭力。径向辐条轮比交叉辐条更垂直，径向轮横向也可以更硬，因为轮辐长度更短，增加了它们对车圈的拉动角度。

零交叉的车轮，径向刚性比交叉编法强，能量不至于因为交叠的角度而流失，直接传导至辐条。零交叉车轮的侧向刚性也比交叉编法强，因为所有的辐条都从内向外穿，增加了对车圈的牵引角。由于零交叉使用的辐条短，总重量降低；而且零交叉用的辐条少，只需偶数即可编排（其他排列方式必须是4的倍数），又进一步减轻了重量。再者，零交叉编法也可用于直拉花鼓耳和直拉辐条（直拉辐条没有肘部），减少了肘部断裂的机会。

有的品牌，例如Shimano，对零交叉编法导致的花鼓耳撕裂，不负责维修更换。零交叉因为辐条张力普遍较高，因为辐条肘部与花鼓耳的接触面积也不如交叉编法大，花鼓耳边缘无法承受过大的压力。

只有前轮才能两侧都用零交叉编法，后轮传动侧必须使用交叉编法，以抵消链条带动花鼓所产生的扭力（见图15.26）。

图15.26 放射式/三交叉混搭的后轮

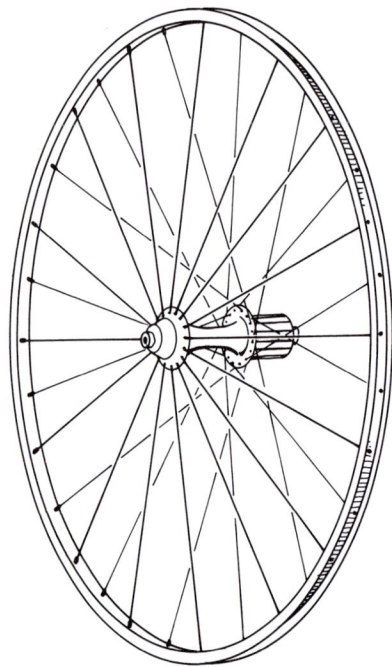

图15.25 放射式编法的前轮

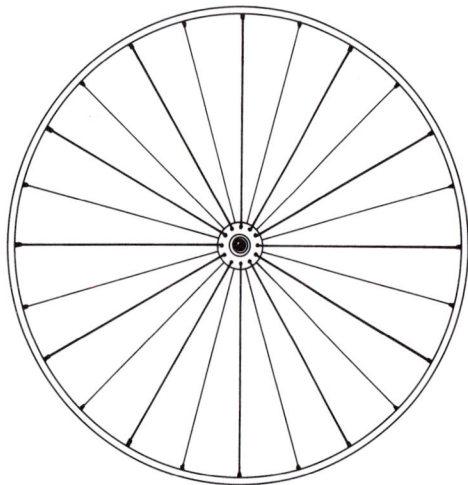

a. 如何编零交叉前轮

将全部的辐条从内向外插入花鼓耳，再将每根辐条直接连接到车圈。

b. 如何排列左侧零交叉，右侧三交叉的后轮

先按照"15-2a"步骤4~7和"15-2c"步骤17~24的方法，编好传动侧的辐条。将辐条插满左花鼓耳，由内向外将每根辐条直接连结到车圈。

提升张力和校正偏拢的过程与标准的三交叉法车轮一样，但零交叉侧的辐条张力应该较高，以避免辐条帽因震动而松脱。

c. 如何排列右侧零交叉，左侧三交叉的后轮

优势

踏踏的力量通过链条和飞轮施加到花鼓耳，若花鼓的强度够，非传动侧采用交叉排列编法，也能平衡张力，这种方法优于步骤b以及两侧的三叉和两叉排列。

与步骤b中的一样，放射排列的辐条体现了空气动力学，也稍微减轻了重量。而且，链条带出的扭力会顺时针地拉紧每一根放射排列的辐条；交叉排列的辐条拉紧的话，另一半的张力反而降低。

就辐条张力分析，这种方式还有一个优势：大部分的后轮因为传动侧有飞轮，花鼓耳到轴心末端的距离很长，导致左右张力失衡。更重要的是，由于这些辐条比非驱动侧的交叉辐条短得多，因此相对侧的辐条边缘的相对角度低于对称交叉的车轮，并且低于步骤b中的车轮。这是因为左侧的辐条需要更长的距离以横向内移动到它们在车圈上的附接点的相同距离，使得它们与车圈的角度更斜，驱动侧反之亦然。因此，若左侧辐条边缘的角度比正常情况更斜，而右侧辐条的角度比正常情况更正，那么两侧的角度更接近相同，使得辐条张力更大。这使得车轮更坚固、更耐用。

方法

首先按照"15-2b"中步骤9~16和"15-2d"步骤25~30中的说明，编完非驱动侧的车轮。再将驱动侧的辐条由内向外插满右花鼓耳，直接连接到车圈。

15-8

二交叉（译者注：也称为"双交叉"）编法

二交叉编法车轮垂直刚度更高，比三叉车轮稍轻。使用隐藏式深框车圈的车轮，只能用二交叉法编轮，因为采用三交叉法的话，辐条穿入车圈的角度太斜。双层的车圈，内外两层的孔窄且是垂直的，辐条帽套筒工具太长（见图15.3C中的工具），辐条不能以斜的角度进入车圈边缘。辐条以较正的角度穿进车圈，辐条帽才能旋进隐藏式辐条帽。

按照"15-2"中说明使用二交叉法编轮，然后从下面步骤1开始操作：

1. 从右花鼓耳到车圈传动侧的辐条，任选一根作为起始条。沿着花鼓耳向右数（顺时针）选第三根辐条。

2. 将第三根辐条绕过起始辐条，插入起始辐条沿着车圈逆时针数的第二个孔从头再来，将辐条帽旋紧3圈。

3. 继续编其他的辐条。若有一两根辐条无法插入车圈，用力按压它们，使它们向外延伸3厘米。

4. 确保每一根从花鼓耳外侧穿出的辐条（扁头隐藏在花鼓耳内侧）都跨越另一根辐条，并压在第二根辐条下面。这些交叉的辐条都是从花鼓耳内侧伸出，扁头朝外。按照"15-7"进行操作，如"15-2"所示，逆时针计算，交叉的两根辐条分别在花鼓的第一和第二个孔。这就是"二交叉"编轮法。因为每一根辐条都和另外两根辐条按上、下的方式相交。第二组辐条安装完，朝上开的车圈不会有空孔位。

5. 在非驱动侧任选一根辐条作为起始条。沿着花鼓耳逆时针数到第三根辐条。

6. 将这根辐条跨越第一根辐条，压在起始条下面，再插入从起始条沿着车圈顺时针数第二个孔位，将辐条帽旋紧三圈。

7. 继续编轮，按图15.27所示编完所有的辐条。若有一两根辐条无法插入车圈，用力按压它们，使它们向外延伸3厘米。

图15.27　二交叉车轮

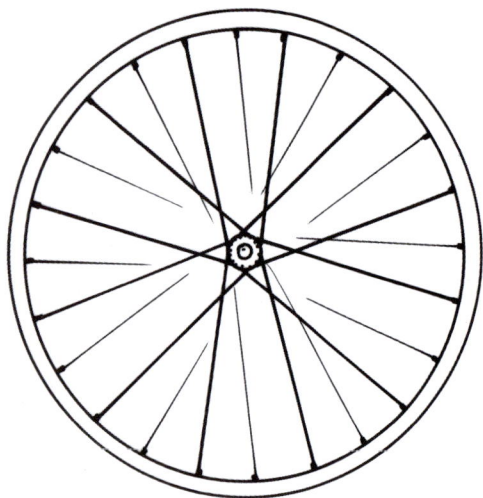

8. 确定第一根从花鼓耳外侧穿出来的辐条（扁头隐藏在花鼓耳内侧）都穿过了另外的两根辐条（见图15.27）。这两根交叉的辐条都来自左花鼓内侧，扁头朝外。以左花鼓耳为中心点，这两根辐条分别位于花鼓的顺时针第一和第三个孔位。操作到这一步，车圈所有的孔都编上了辐条。从侧面看，气嘴孔位于两个稍微呈平行状的辐条之间（第一组第一根辐条和第四组第一根辐条）。这两根辐条不会交叉但向彼此略微倾斜。换句话说，若这两根辐条无限向外延伸，它们的轨迹最终会越过车圈（见图15.17）。轮胎生产厂家称这两根辐

条为"收敛平行"辐条。这两根辐条围绕在气嘴孔两边，底部空间大，方便塞入打气头给轮胎充气。

注意： 若是后花鼓耳。两外侧的辐条逆时针状向外发出，以平衡链条和飞轮顺时针方向的扭力。这部分内容见"15-6"。

15-9
三交叉碟刹后轮

碟刹需要有交叉的辐条，以平衡刹车夹住飞轮、作用于花鼓的扭力。三交叉法适用低框，深框的车圈因为辐条要在花鼓耳处交叉，花鼓处太大了，会产生过大的压力，所以只能使用二交叉（"15-8"）。

如"15-6"中讲解的后轮的链条压力，从花鼓耳穿出的辐条要平衡刹车皮摩擦花鼓时的扭力。这种模式能充分发挥倾斜的辐条的作用，增加车轮的强度。从刹车（非传动侧）看，前轮辐条顺时针从花鼓耳两侧伸出（见图15.28），通过盘片平衡花鼓耳的扭力。

三交叉碟刹后轮要考虑：传动侧的外侧辐条要抗衡链条带动飞轮的传动力，盘片侧的外侧辐条要承受施加于盘片的制动力（见图15.30）。辐条进入车圈中心线的夹角越大，越能承受压力。还有，建议碟刹车轮用黄铜辐条帽和14/15G的双对接辐条（有关详细信息，请参阅"15-10a"和"15-10b"）。

传动侧辐条根据"15-2"中的说明排列，但盘片侧辐条恰恰和"15-2"所述的左花鼓耳相反。

a. 第一组辐条

1. 按照"15-2"中的步骤1~9进行操作。

b. 第二组辐条

2. 取一根辐条，从上而下插入第一组第一根辐条（在气

图15.28　未编完的碟刹前轮

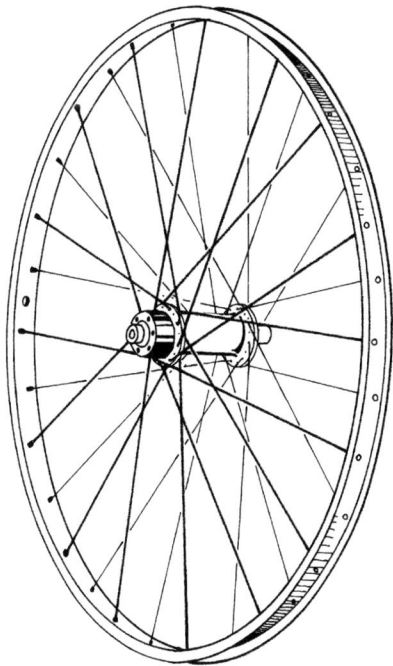

条的扁头应该全部朝上，并紧邻第一组左侧。

c. 第三组辐条

10. 按照"15-2"中的步骤17~27操作。完成后，车圈看起来应如图15.29所示的那样（垂挂于传动侧花鼓身，呈扇形展开的待编辐条图上没有画出来）。

图15.29　碟刹后轮：前两组辐条完成，第三组第一根

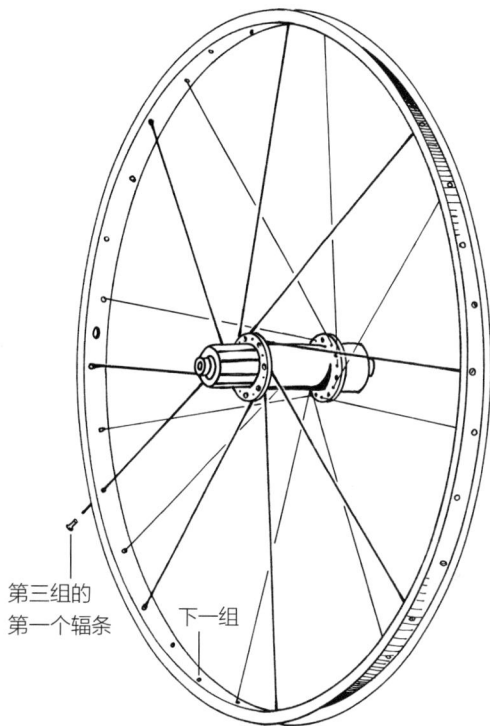

第三组的
第一个辐条　　　下一组

嘴孔右边）的顺时针紧邻孔位。

3. 按照"15-2"中的步骤11、12和13以及下面的步骤4进行操作。

4. 在第二组第一根辐条的左、右侧，从上向下各插一根辐条。跳过一孔，再插一根。按这种方法把本侧花鼓耳上插满辐条。

5. 紧握花鼓外壳，顺时针尽力扭转。

6. 从步骤2和3中安装的车圈上方的单个辐条逆时针找到五个车圈孔的辐条。

7. 将这根辐条绕过起算辐条上方，插入起算辐条向右数（顺时针）的第二轮圈孔，并锁紧辐条帽三圈。

8. 逆时针找出本侧花鼓耳的下一根辐条，将这根辐条插入步骤7安装的辐条左方（逆时针）第四轮圈孔，锁紧辐条帽三圈。

9. 逆时针完成碟盘侧花鼓耳所有辐条的编织，第二组辐

d. 第四组（也是最后一组）辐条

11. 在盘片侧花鼓耳任选一根扁头朝上且已连接车圈的辐条，作为起算辐条。沿着花鼓耳向右数（顺时针）挑选第五孔位的辐条。

12. 按照"15-2"中的步骤22~24进行操作。

13. 按照"15-3"的内容操作，车圈到此就编好了。注意确

认传动侧是外侧辐条抵消链条牵引力（见图15.30），盘片侧也是外侧辐条承受制动力。给自己点个大大的"赞"，然后参考"15-3"调整张力和校正偏拢。

图15.30　编完后的碟刹车圈

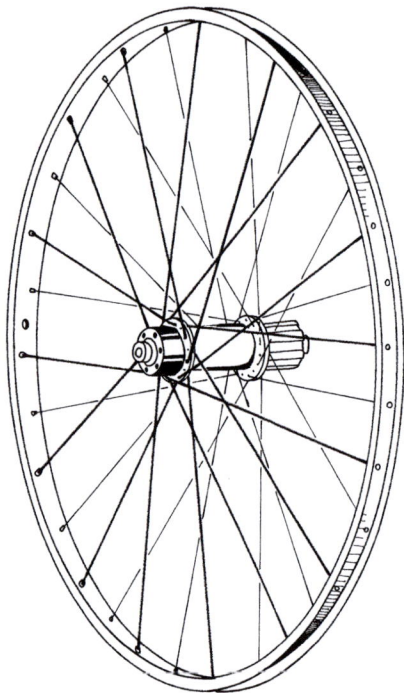

15-10
适合重量级车手的编轮法

身材魁梧的车手需要侧向刚性和径向刚性比较高的车轮。车手的体重除了会压垮车圈，还会带来另一个问题：当车轮接触地面时，辐条负重，使车圈挤成D字形，辐条张力也随之降低。若辐条张力原本就不足，或辐条帽周期性脱离车圈底面，辐条帽会松脱，最终导致车轮分解。要达到高强度的车轮，可采用以下方法。

a. 辐条数量和粗细

车手体重在190磅以上者，辐条不可少于36根，越多越好。辐条要选择有一定重量的、粗的，不容易拉伸延长，也不容易断裂的。虽然14/15G（两端为2.0毫米或14G，中段为1.8毫米或15G）的双抽辐条比14G（2.0毫米）单抽辐条结实（因为双抽辐条在肘部够粗，而断裂多发生于肘部），但双抽辐条容易拉长，导致辐条帽松脱。

b. 辐条帽

由于重量级车手给车圈带来更大的压力，黄铜辐条帽比铝合金辐帽头更合适。辐条帽涂抹螺纹胶，如DT Pro Lock辐条帽，随着时间的推移，松动的可能性要小得多。

c. 车圈横切面和孔数

车圈的横切面越深，径向强度越高。非常深的V型板框因为强度够，可适量减少辐条数。真正坚固的车轮是高强度板框搭配多辐条。但实际上，多数V型板框为了减重，框壁都很薄，强度反而降低，不适合重量级车手。

d. 辐条的排列方式

8速和9速后轮，为保持车圈正心（传动侧的盘片比较扁平），两侧辐条的张力差异很大。左侧辐条松，右侧辐条紧，用力踩脚踏时的顺时针扭力会拉紧右侧的动态辐条，导致断裂；而左侧的静态轮则因为张力降低，容易松脱。因为链条顺时针方向牵引飞轮，辐条（驱动辐条）张力增加，而静态辐条因张力减少而松脱。

偏心式轮圈，例如Ritchey OCR，可解决维持车圈正心带来的问题。车圈孔都偏向左侧（见图15.4），以增加传动侧辐条进入车圈中心线的夹角，舒缓危险的高张力，使两侧张力均衡。非传动侧辐条进入车圈中心线的夹角变小，张力同时提高，以降低传动侧的辐条张力。使用偏心式车圈之前，阅读"15-2"步骤2的"注意"部分。

非传动侧改用放射式编法（"15-7b"）可以消除张力不平均的问题。非传动侧采用零交叉编法，每根辐条都会随着踩踏而绷紧，而采用交叉编法，有一半的辐条可能会随着踩踏而松脱。

若花鼓的强度够，传动侧采用放射式编法（Mavic车轮使用这种理念），非传动侧采用交叉式编法，也能平衡张力。因为比较扁平一侧（传动侧）的辐条比非传动侧短，两侧辐条相对车圈的角度就比较一致了。不过，花鼓的强度必须足以平衡飞轮到非传动侧的扭力。

15-11
组装越野车轮胎

a. 坚硬的路面

在坚硬的地面上进行越野赛，要求赛车的车轮轻量化（因为要扛车跑步、立刻加速等）、结实（车架会经常受到磕碰）、径向要有一定的吸震性（坚实的、凹凸不平的表面，除轮胎外没有任何减震），所以选择结实的、低框的、三交叉双抽辐条（中间薄，两边厚）编轮的车圈。车圈的顶面（辐条帽孔处）要有一定的弧度（见图15.31），比如圆顶或水滴形的，有助于排泥。若使用的是碟刹，务必使用黄铜辐条帽。碟刹刹车时对车圈和轮胎的制动力大，所以给辐条和辐条帽的压力更大。

b. 松软的路面

泥泞或沙质路面，要求车轮很轻，最重要的是，车轮在泥土或沙土路面可操控性要强、转向灵活。因为松软的路面有较强的吸震力，车轮的径向刚性得以提升。

在泥泞和厚沙路面，深框（见图15.32）比低框反应更直接，也更有利于甩掉泥巴，所以不会感觉自行车变重，

图15.31 开口胎横切面（稍微圆顶）

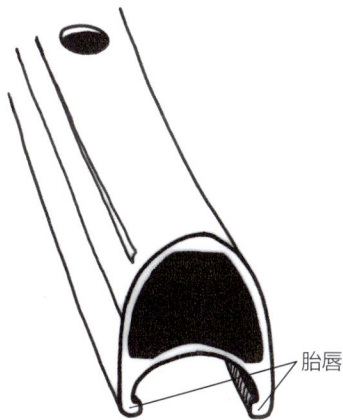

胎唇

踩踏时泥沙也不会进入夹器、前叉和后上下叉的交界处。

图15.32 开口胎横切面，深框

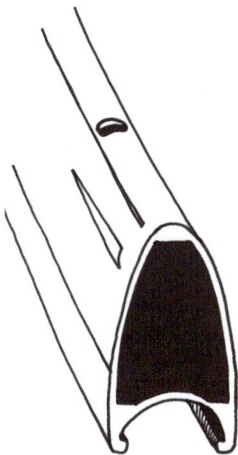

深框的铝圈很重，选择管胎碳圈比较好（见图7.24），且一定要使用碳圈专用刹车皮。

车圈选择外露式辐条帽设计。因为比赛时要经常校正车圈，隐藏式辐条帽需要扒胎，比较费时间，管胎尤其如此。若要降低轮组的重量，管胎碳圈是唯一的选择。

二交叉（"15-8"）或三交叉（"15-2"）编轮的舒适性较

强，但在松软的路面骑行，放射式编轮更合适（"15-7a"）；也可以后轮非机动侧用三交叉编轮（"15-7c"），前轮用放射式编轮法（"15-7a"）。

c. 轮胎决定车圈的类型

若使用管胎，可使用比开口圈或真空胎圈轻很多的管胎圈，因为无须固定胎唇的钩状边（见图15.31）。

d. 编多套轮组

为了在越野赛中有竞争力，需要准备多套轮组。在泥泞路段，还需要准备第二辆自行车，以便每骑一圈，交给技师在服务区清洗时，骑另一辆车继续比赛。两辆车的轮组必须一样。因为可能会爆胎，还需要带备用轮组。多备几套轻量化轮组应对不同的赛事和路段，日常训练可选择便宜的开口胎。

除非用的是碟刹，否则所备的轮组的车圈必须是同一宽度，以便换轮组时无须调整刹车夹器。

我会铭记这一刻，充满干劲。

——伊文思·戴维斯

工具

2毫米、2.5毫米、5毫米、8毫米内六角扳手
8毫米开口扳手
小螺丝刀

备选工具
尺子
调圈台
尾钩校正工具
V刹
老虎钳
螺纹胶

前叉

前叉担负着多个"角色"：上连把立和车把，下接车轮，控制首管（见图16.1），安装刹车夹器，还负责转向。前叉也将前轮轴向前推离转向轴称为"前叉偏位"（前叉，见图16.1中的R），前叉偏位、转向轴线（见图16.1中的头管角度φ）及车轮半径（见图16.1中的半径r）共同决定自行车的操控性能。

所有前叉，包括公路硬叉（见图16.2）都靠前轮上下运动以消耗一定的路面冲击力。对硬叉而言，将转向轴线向前推离铅垂线（即头管角度），再将前花鼓向前推离转向轴线（即偏位），使前轮能够稍微上下运动，吸收来自路面的垂直冲击力。避震前叉则将车轮垂直运动的行程加长。

公路自行车前叉都由图16.2所示的部件组成：首管、叉肩、叉腿（有时称为"叉刀"）和前叉末端（也称为"前叉勾爪"或"叉片"）。公路自行前叉有碳纤维、钢、铝合金或钛合金材质，碳纤维前叉是目前高端公路自行车的标准配置。

图16.1 自行车的前部分几何图

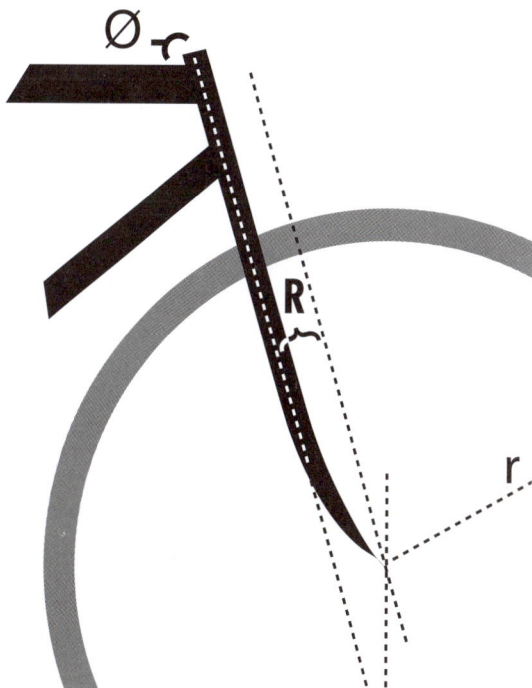

图16.2 钢材质螺纹公路前叉

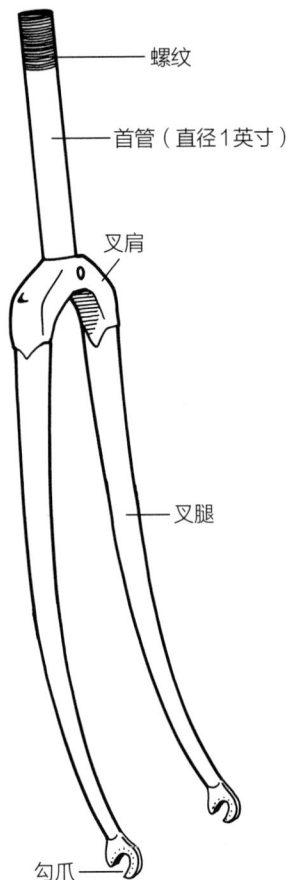

- 螺纹
- 首管（直径1英寸）
- 叉肩
- 叉腿
- 勾爪

在20世纪90年代之前，所有的前叉都是螺纹首管（见图16.2），现在已经基本没有螺纹首管了（见图16.3~图16.6）。之前，公路自行车的螺纹首管直径为1英寸，早期的无螺纹首管也是同尺寸。2010年左右，所有无螺纹首管都是固定的 1⅛ 英寸直径，1⅛ 英寸直径已经取代了之前的1英寸直径。不过，高端自行车现在多使用锥首管（第12章），即首管从其底部的较大直径逐渐变细到顶部的标准 1⅛ 英寸直径（见图16.3、图16.5和图16.6）。

轮胎上方的刹车夹器的型号（见图9.1~图9.3）决定了能容纳轮胎的大小。越野公路自行车、碎石公路自行

车专用的大开口前叉，可以容纳吊刹（见图16.4）或碟刹（见图16.5和图16.6）。新款的碟刹从山地自行车受到"启发"：不再使用快拆轴，而改用桶轴（见图16.6）。桶轴前叉勾爪左边有一个大孔，直接插入轴心，右边有一个螺纹孔，可以锁紧轴心。

16-1
检查前叉

前叉是最耐用的零件，但偶尔也会坏。断裂的前叉很危险，可能瞬间失控会使骑车人向前飞出去，重力加速度带来的伤害会非常大。

从经营车架订制开始，我见过各种让人后怕的故障：有的头管从叉肩折断，或在螺纹处断裂；有的叉肩破裂或叉腿脱落（一个或两个）；有的叉肩螺栓断裂或丢失；有的叉腿倒折；有的刹车基柱损毁；有的叉桥脱落；有的勾爪变形或断裂。还有的内管顶盖飞离，圈簧或优力胶弹出（弹到了骑车人的脸上！），或者气压前叉的密封圈弹出。这两种情况都会导致立刻触底。也有连杆式前叉的转点破裂或瓦解。坚持定期检查自行车，上述问题均可避免。

考虑到这一点，要养成定期检查前叉是否损坏的习惯。若发现前叉有问题，请阅读下一节（"16-2"）查找补救措施。

前叉明显损坏包括弯曲、裂缝和漆面皱褶。碳纤维前叉要检查叉腿和叉肩是否磨损或纤维断裂，勾爪、叉肩或首管上的螺纹处是否有间隙。若感觉前叉硬度有变化，发出异响，试用硬币敲击叉腿，听点到点的声音变化并将其与另一侧进行比较，这种方法能发现从外部看不到的下层碳层分层或裂缝。

若撞车了，仔细检查前叉每一个部分。发现有任何损坏，都要更换新前叉。新前叉肯定比急诊费、脑部手术费和电动轮椅费便宜！

图16.3 Trek Madone 碳纤维公路前叉带锥形首管

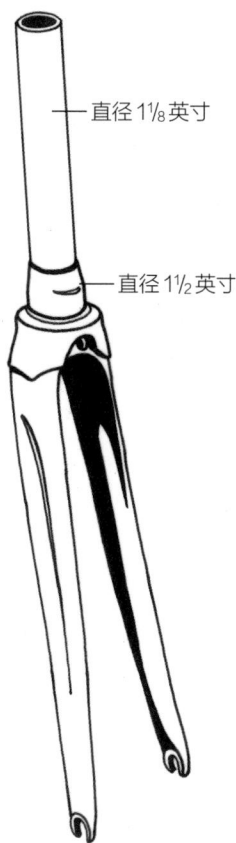

图16.4 无螺纹越野公路前叉

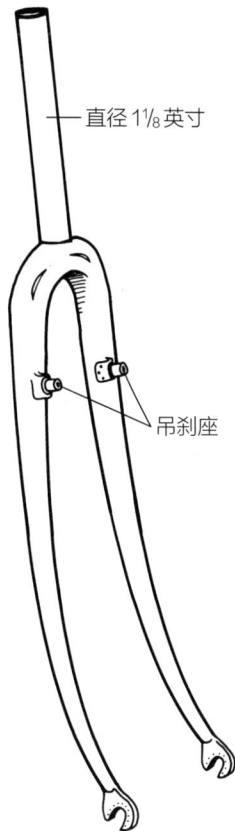

图16.5 碳纤维公路越野车前叉、碟刹、锥首管

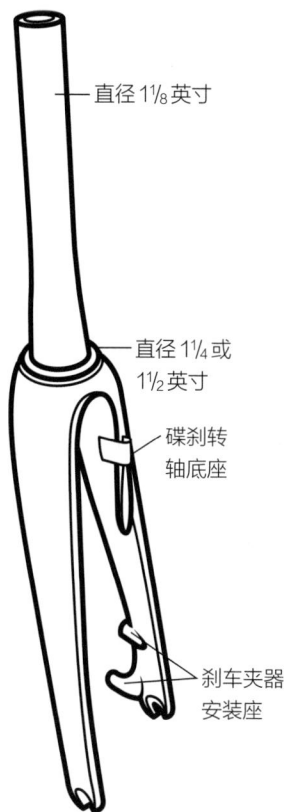

图16.6 碟刹公路桶轴越野前叉

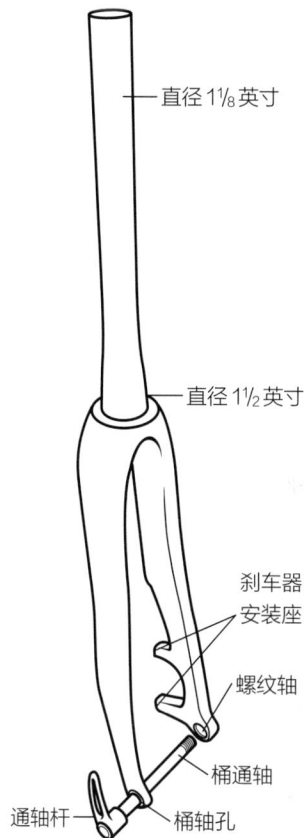

直径 1⅛ 英寸

直径 1½ 英寸

直径 1⅛ 英寸

吊刹座

直径 1⅛ 英寸

直径 1¼ 或 1½ 英寸

碟刹转轴底座

刹车夹器安装座

直径 1⅛ 英寸

直径 1½ 英寸

刹车器安装座

螺纹轴

桶通轴

通轴杆

桶轴孔

　　检查前叉时，要拆卸前轮，擦净前叉上的尘土，再检查叉肩下方和两叉腿之间。仔细检查前叉外面的每一个地方，检查漆面有无裂纹或起皱。检查前叉有没有弯曲、拉长或凹陷，漆面有没有划痕，刹车基柱和尾钩有没有变形（见图16.7）。旅行自行车要检查吊刹的转枢轴是否歪斜或断裂（见图16.4）。

　　把车轮安回前叉，把花鼓和勾爪对接安好，锁紧快拆杆螺栓。若叉腿扭曲，说明勾爪弯曲了。确认车轮正心

对齐叉肩中央，若对不齐，取下车轮，左右交换，重新安装。这样可以判断是前叉变形还是车轮不正。以前叉为基准，若车轮交换前偏向一边，交换后偏向另一边，且偏移幅度相同，说明车轮不正。若车轮固定偏向某侧，安装方向交换后还是偏向某侧，说明前叉变形。

　　建议一年至少保养一次碗组（"12-18"和"12-19"）。拆卸碗组时，仔细观察前叉首管有没有裂痕。检查前叉是否破裂、拉长、崩牙（见图16.7），螺纹把立的扩张楔是

否将首管撑得膨胀变形（老款螺纹首管），或无螺纹把立是否将首管夹扁了。碳纤维首管容易有裂缝，确定金属护套或和叉肩修整的扩张楔高度在把立夹之下；还需要确定首管与叉肩结合牢固。

螺纹前叉的话，将把立取下来，以确保当座管插至自己习惯的深度时，扩张楔低于首管的螺纹至少一英寸。若扩张楔挨到了螺纹，因为壁管内做过攻牙，厚度减少约 50%，且每圈尖锐的螺纹都是潜在的断裂面。

图16.7 前叉损坏的类型

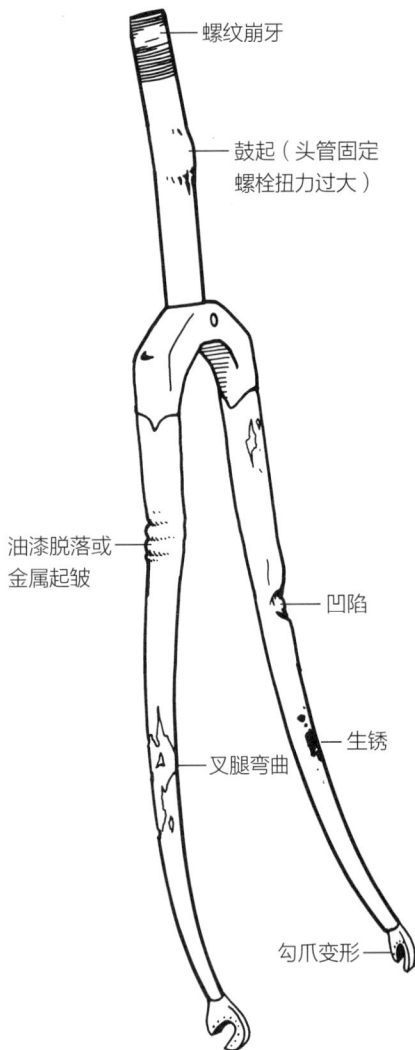

- 螺纹崩牙
- 鼓起（头管固定螺栓扭力过大）
- 油漆脱落或金属起皱
- 凹陷
- 生锈
- 叉腿弯曲
- 勾爪变形

16-2

前叉损坏

若前叉检查后未发现损毁，不需要更换新的，请参考下面的修复指南。

a. 凹陷

凹陷未必破坏前叉的整体性能。硬叉尤其是钢材质的前叉，轻微凹陷可不理会，范围过大（见图16.7）就会危及安全了。碳纤维前叉有凹陷说明下面的碳纤维层分离。用硬币敲击凹陷部位和周边区域，并与另一侧的叉腿部位比较回音，剥层的碳纤维部位会发出"咔嗒"声。

b. 失准

在范围之内，钢材质硬叉可小幅度校正（"16-3b"）。除钢材质之外的其他材质硬叉、避震前叉都无法校正，切莫尝试！

c. 螺纹崩牙

若有螺纹前叉首管外壁的螺纹受损（见图16.7），碗组无法锁紧，只能更换新的头管。有的避震前叉的头管和叉肩可单独更换。硬叉一般情况下无法拆解，只能整支更换。

钢质前叉可以找厂家更换头管，但换一个新的更经济、更安全。

d. 叉腿明显弯曲、起波纹或起皱

若前叉摸得出或看得见变形（见图16.7），操控性和安全性都会大大降低，已成安全隐患，必须更换新前叉。

e. 吊刹底座弯曲

吊刹转轴是用螺丝旋进底座的（见图16.4），所以螺纹会崩牙。若起因是固定器的螺栓过短，可用M6丝锥攻丝，新螺纹上涂抹螺纹胶。

很多旅行自行车和越野自行车前叉硬叉的刹车底座（见图16.4）一旦变形或崩牙，只能更换整个前叉。若是钢、钛合金或铝合金材质的前叉，可以请厂家用熔接法或铜焊法更换新的底座，不过，还需要烤漆。这么一套下来，费用不会少。

16-3

维修公路车和越野车前叉

3级 除了给钢叉补漆、定期检查外，若自行车的操控性变差，钢叉唯一能维修的是校正勾爪（"16-3a"）。只有钢材质前叉能做微调校正。这种校正属于第三级工作，有一定的风险。碳纤维前叉或铝合金前叉不能校正。若前叉正常，碗组预压没问题，骑行中仍会抖动，需要更换成偏位更大的前叉。

a. 检查定位

检查定位需要用直尺、无偏摆的前轮和勾爪校正工具（见图1.4）。铝合金、钛合金或碳纤维前叉，以下操作仅供参考，因为这些材质的前叉无法校正。检查勾爪定位，有可能解决前叉操控问题，或可能缓解前叉操控问题。

除了钢材质外的其他材质的前叉，若失准超过几毫米，需要换一个新的前叉。若前叉是新的，前叉失准可更换。

若钢材质前叉偏移超过8毫米，应该换一个新的前叉。若钢材质前叉凹陷、略微弯曲，可以校正。也可以将弯曲（小于8毫米）的钢材质前叉送到厂家去校正。校正前叉必须要用叉架或校准台，并且掌握"冷塑"（弯曲的

工艺术语）工艺。

1. 将前叉从自行车上拆下来（"12-18"和"12-19"）。

2. 拆卸前叉，测量两个勾爪内侧的间距（见图16.8）。成人自行车应该是100毫米的间距（一些低端儿童自行车的间距较窄，约90毫米。）注意：两个勾爪之间的距离应该是勾爪挨着花鼓轴心内面的间距（而不是前叉安装挂钩之间的距离）。这个间距宽达102毫米，窄至99毫米都是可接受的，间距小于99毫米或大于102毫米，需要换一个新的前叉。钢材质前叉可以返厂修理。

图16.8 测量勾爪间距

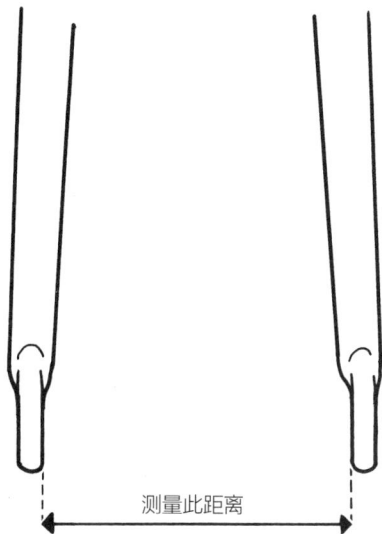

测量此距离

3. 将前叉固定到维修架或老虎钳上，老虎钳垫两个V型块。

4. 安装勾爪校正工具（见图16.9）。校正工具可以固定在前叉或车架后三角部位，所以有两种轴心直径、不同薄厚的垫片。将全部垫片移到勾爪外侧，使勾爪之间只能容纳两个测量杯，将轴心抵住勾爪顶端、锁紧工具的手柄。

5. 校正工具装好之后，两个测量杯应平行并相互对齐（见图16.10）。Campagnolo勾爪校正工具的测量杯不

图16.9 安装勾爪校正工具，校正前叉勾爪

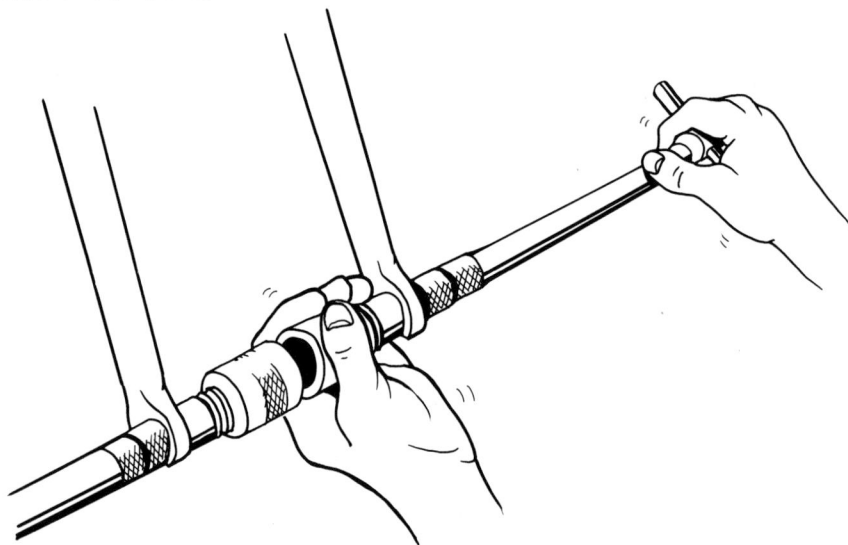

可调节，标称长度为50毫米，两个测量杯的间隙为0.1~0.5毫米。Park勾爪校正工具的测量杯（见图16.9~图16.11）的长度可调，因此无论勾爪间距如何，都可以接近两个测量杯。若两个测量杯平行且对齐，间距在99~102毫米之间，则继续阅读步骤6。若钢材质的硬前叉的勾爪不能对齐（见图16.11）。但校正宽仍是99~102毫米，跳到"16-3b"，然后返回这里，进行后续步骤。

图16.10 勾爪正确定位

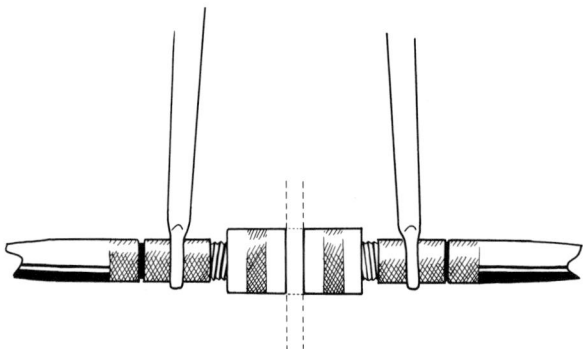

图16.11 勾爪失准（勾爪扭曲或右叉腿弯曲）

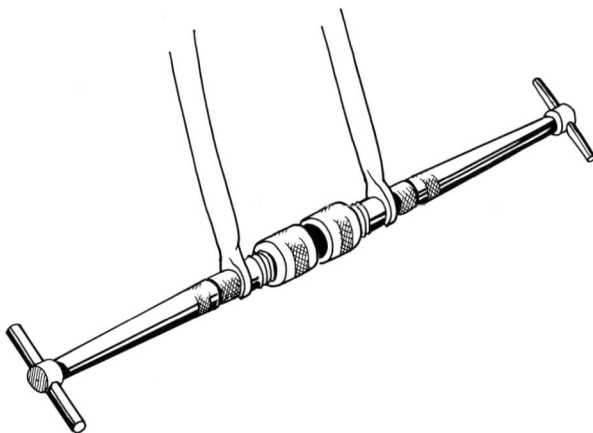

注意： 在继续步骤6之前，勾爪表面必须是平行的，否则其余操作纯属浪费时间。将花鼓锁进失准的勾爪，会导致叉腿变形。若勾爪失准，再做左右测量、前后校准都不会准确。

6. 将车轮从前轮上拆下来。确定车轮不偏拢（"15-4"和"15-5"）。

7. 将车轮安回前叉。确定轴心卡在两个勾爪的顶端，锁紧快拆。轻轻地左右拉动车圈，以确定花鼓是否有间隙。若有间隙，先调整花鼓预压（第8章）。

8. 从首管向下看，穿过气嘴，看车圈的下半部分（见图16.12）。首管应和车轮对齐（见图16.13）。

碳纤维前叉须注意： 碳纤维前叉在首管和叉肩交界处是封闭的，不能目测首管是否和车轮对齐。这样的话，观察刹车夹器两端是否与叉腿两端同样的居中距离（可翻转车轮，重新安装）。不过，这种方法只能确定前叉是否和首管对齐。

  a. 从首管看气嘴孔，车轮两侧露出的部分等距离，能看到车圈下部分的中心。

  b. 翻转车轮，重新安装，花鼓轴心右端入进左侧勾爪，花鼓轴心左端放入右侧勾爪，再从首管看车圈上的气嘴孔。

  c. 交换后，可以检查轴心是否变形、车圈是否偏拢。

图16.13　从首管向下看前叉是否对齐

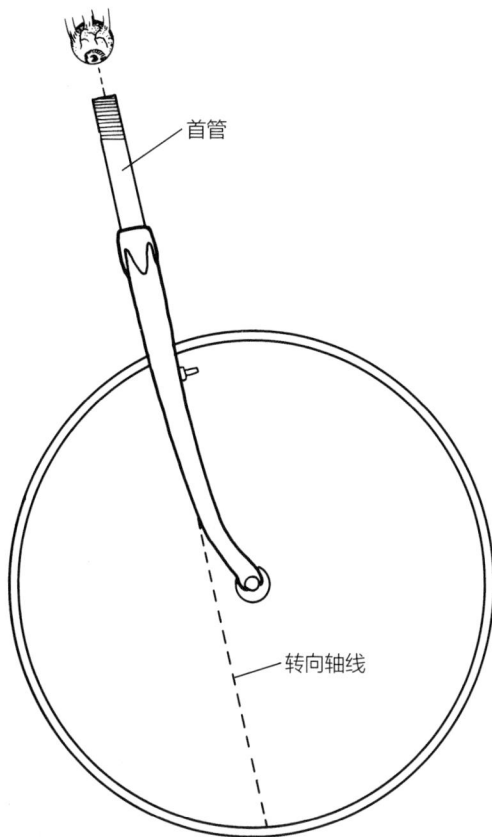

图16.12　车圈气嘴孔位于首管中心

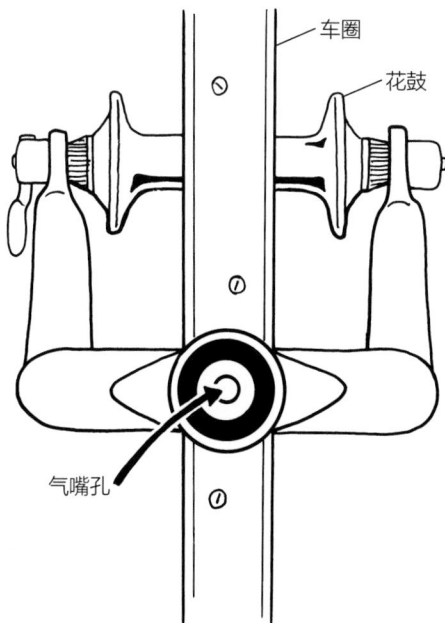

若车圈不偏拢，正心准且轴心也不变形，则车轮翻转后，车轮和前叉的相对位置不变。若交换前偏向某一侧，交换后偏向另一侧，且偏向的量相同，说明车轮偏拢，前叉没有偏移。

  d. 若前叉偏移2~3毫米，可勉强继续使用。若偏移超过3毫米，则需要更换新前叉或请专业技师校正前叉（钢叉可以校正，碳纤维前叉或铝合金前叉不可以校正）。

注意： 若从首管看向气嘴孔，看到的不是车圈的下半部分而是花鼓，说明前叉问题严重。要良好地操控自行车，前叉会向前偏移，将前花鼓从转向轴线向前推。这种偏移量通常为4厘米。若从首管通过气嘴孔看到的是花鼓，说明叉腿向后弯，需要更换新的前叉。

9. 车轮仍在前叉上固定，拿一把直尺，放在两个叉腿的前端，另一侧贴在车圈上（见图16.14），与首管垂直。

10. 握住直尺，举起前叉，朝向光源，可以看到直尺和前花鼓。直尺的边缘应与勾爪（或者花鼓两商的轴心，见图16.14）平行。这种方法可检查一个叉腿是否向后弯曲。若完全平行或非常接近平行，说明前叉没问题，可以安回自行车了。若一个叉腿明显后折，则需要更换新前叉或校正（只有钢叉可以校正）。若勾爪校正工具显示某侧勾爪后折（见图16.11），则需要校正叉腿而不是勾爪。

b. 校正钢前叉的勾爪

勾爪很容易失准。从汽车的车顶架上把自行车取下来时，若前叉举得高度不够，勾爪就可能被碰变形。前叉、勾爪也可能出厂时就变形了。只有非避震的钢叉可以校正。

若勾爪变形超过7度左右，或勾爪变形处的烤漆开裂，校正后再使用很危险，需要更换新的前叉。

1. 按照"16-3a"的步骤4和5，安装勾爪校正工具，检查勾爪是否失准。若两个测量杯不能平行对齐（见图16.11），说明：1）勾爪弯曲；2）叉腿倒折（"16-3a"步骤9和10已经有讲解）；3）勾爪和叉腿都有问题。

2. 若勾爪变形，但校正宽在99~102毫米，并且"16-3a"的步骤10表明两个叉腿是平行的，可以校正勾爪（必须再次重复"16-3a"中的所有步骤，因为车轮和叉腿的相对位置会改变）。若校正宽大于102毫米或者小于99毫米，无法单独校正勾爪，因为叉腿肯定也是变形的，需要用校正台进行校正。若没有校正台，不如更换新前叉。校正前叉须请专业技师操作。若前叉校正宽介于99毫米和102毫米之间，老虎钳垫两个木块夹住叉肩校正。

3. 一只手抓住勾爪校正工具手柄的末端，另一只手抓住测量杯（见图16.9）。扳手柄，使测量杯平等且对齐（见图16.10）。

图16.14　用直尺检查叉腿是否偏移，x应该等于y

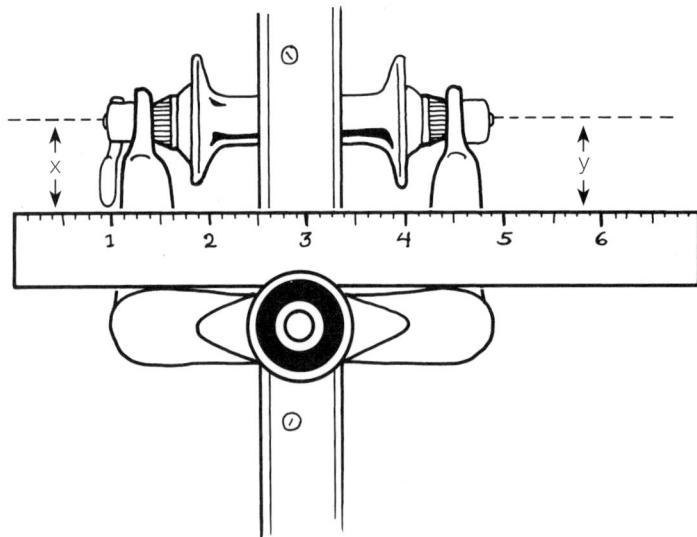

4. 取下校正工具，继续执行"16-3a"步骤6。

16-4
升级前叉

升级前叉可以大大提升骑行感受。升级前叉有很多好处：升级成碳纤维前叉，可以减重；升级成钢叉，可以加强路感；将老款自行车的螺纹前叉（见图12.1）升级为无螺纹前叉（有关螺纹之间差异，请参阅第12章碗组），可提升把立与前叉连接的刚性；碟刹要使用碟刹专用前叉（见图16.5）；为了减少空气阻力，换一个破风前叉。

更换前叉时，要确定新前叉和旧前叉首管长度方法一致。若是从螺纹前叉升级成无螺纹前叉，新前叉的头管未截短，参阅第12章碗组的安装。许多碳纤维前叉上叉冠的底座很深，需要用一颗超长的螺帽才能锁上。新前叉基本都配有长螺帽。

对于越野赛来说，重量比公路赛更需考虑。因为要扛着车跑，碳纤维越野前叉是优选。越野公路车使用吊刹，前叉要安装转向轴柱（见图16.4和图16.5），即可容纳700×33毫米的轮胎。叉腿和叉肩之间还应有足够的空间，以便车轮沾满泥水时能通过前叉。

骑公路自行车，特别是骑越野公路自行车，骑行强度较大，为了安全起见，几年要更换一次前叉；也可以升级前叉，骑车时使用更多性能的前叉，以达到最佳的骑行感受。

> 胶带犹如自然之力，它有光明的一面和黑暗的一面，
> 正是这两个方面使宇宙成为一体。
>
> ——卡尔·茨旺齐格

工具

2.5毫米、3毫
米、4毫米、
5毫米内六角
扳手
一个校正精准的
后轮
润滑脂
黄油

备选工具
吊耳校正工具
绳子
尺子
勾爪校正工具
公制攻牙器
五通螺纹攻牙器
电钻
钻头组
16毫米扳手
8毫米开口扳手

车架

车架是整车的核心部件，若在骑行中出现问题，车架是无法维修的。若车架持续发生故障，后果十分严重。

车架设计

a. 公路自行车

传统的公路自行车车架"双钻石"型设计，由"前三角"和"后三角"（见图17.1）组成。其实，前三角并不是三个边，钻石也只是一个形容。

如图17.2所示，立管的角度（"车座角度"）决定了鞍座到脚踏的前后位置以及重心的分配。立管的角度也影响了后下叉的长度，因为若立管后倾，后轮势必后移，才不会摩擦立管。

若给出了上管长度和前三角几何，在低速转弯时，立管的角度决定脚尖是否会碰到前轮（这种情况称为"定趾重叠"）。这种情况，若非管材和管型改变，否则立管角度缩小，后下叉则会增长，后三角的垂直和侧向性都会增加。

头管的水平位置（头管角）、前叉偏移或"倾斜"（见第16章开头部分）以及前轮直径，共同决定了头管的角度。头管的角度和前叉的斜度也在很大程度上决定了前叉的吸震性，头管角度越小或前叉角度越大，自行车的吸震越强。大多数公路车架的车座角度和头管角度在72度~75度。

五通到地面的高度，决定了转弯时脚踏离地面的高度。五通离地面越低，骑行者的重心越低。车架生产厂家经常在脚踏离地的高度和骑行的稳定性之间难以抉择，尤其是专业级的自行车，厂家设定骑行者有足够的经验在转弯时内侧曲柄向上至最高点。除了座管的长度和角度，五通的高度还决定了骑行者裆部到上管之间的距离。标准的公路自行车，五通高度约为265毫米。

上管的长度、把立的长度、鞍座的角度和鞍座的前后位置决定了骑行者坐在鞍座上时上半身到车把的距

图17.1 车架及其零件

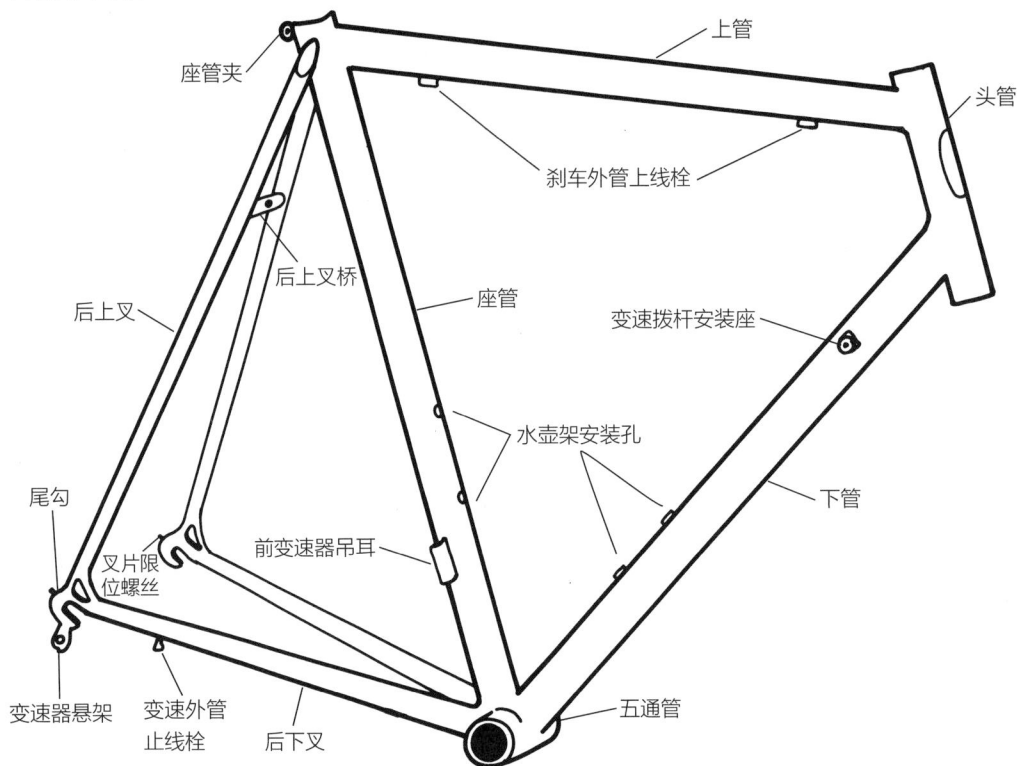

座管夹
上管
头管
刹车外管上线栓
后上叉桥
座管
变速拨杆安装座
后上叉
水壶架安装孔
下管
尾勾
前变速器吊耳
叉片限
位螺丝
变速器悬架
变速外管
止线栓
后下叉
五通管

离。立管的长度（或车架尺寸）决定了鞍座的高度及鞍座最低高度，也是决定跨高的因素之一。轴距是前后轮轴之间的距离，决定了最小的转弯半径。

现代的公路自行车车架，如图17.1所示的下管的变速拨杆安装座用螺纹变速线止线栓替代，以安装一个张力调节器，其位置也移到头管或下管，或头管和下管的交叉点。

b. 越野自行车

越野自行车车架有碟刹安装座（见图17.3）或吊刹转轴柱（见图17.4）、后上叉的止线栓。止线栓可以安装螺纹的张力调节器，用于调节后刹车线上的张力。许多越野车架位于上管的变速线止线栓是开槽设计，不仅用于后刹车线，而还可用于两根变速线，以避免在五通下走线，进

而导致在骑行中变速线沾上污泥。越野自行车若是上管走线，立管后方沿着五通向上约1英寸处有一个螺纹孔，用于安装滑轮（见图5.46）。有的越野自行车车架不设水壶架安装孔。

为了增加稳定性、减少转向的灵活性，增加了前叉行程（见图16.1）。越野自行车车架的首管角度比公路车架小，通常在71度~72.5度。越野车架五通距离地面的距离也比标准自行车高72度~74度，中轴高度通常比普通车架高10~20毫米。超过280毫米的五通高度比265毫米的五通高度能提供更好的踩踏空间，骑行者遇到土丘和其他类似地形时，能保持踩踏力度。后三角会更长，并且后上叉、下叉更靠近轮胎，管型会向外弯，以提高排泥性能。

图17.2 车架尺寸

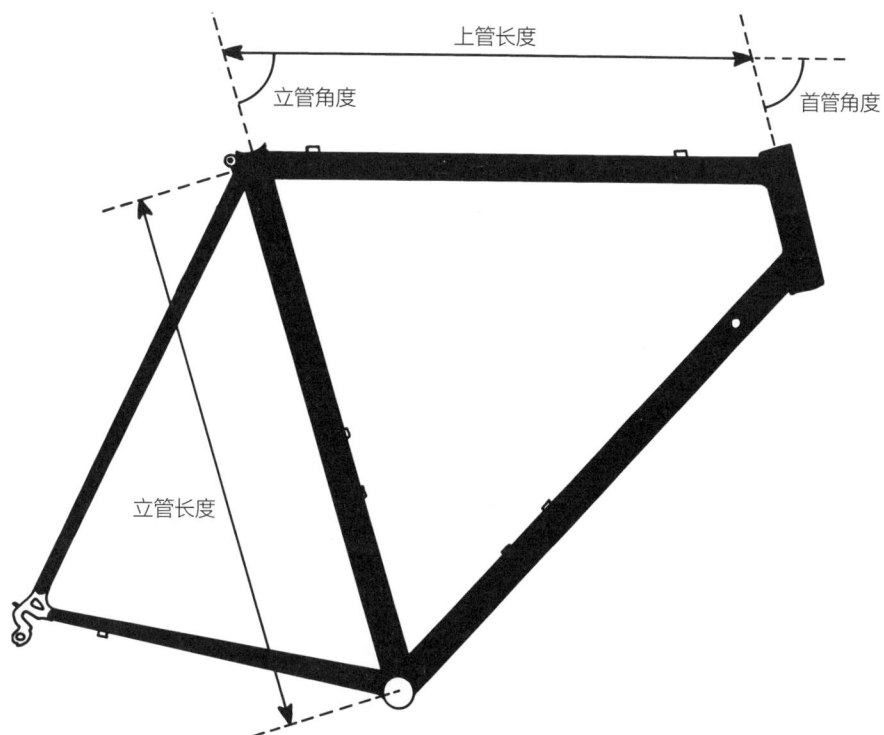

上管长度

立管角度

首管角度

立管长度

图17.3 碳纤维公路或越野自行车车架和前叉，带碟刹安装座、锥形首管

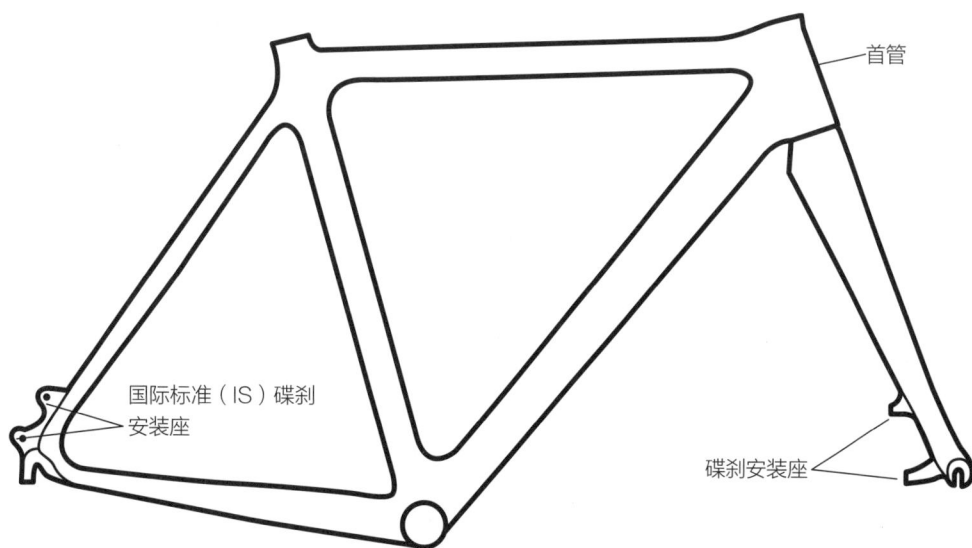

首管

国际标准（IS）碟刹
安装座

碟刹安装座

图17.4 碳纤维越野自行车车架，带吊刹安装座的前叉

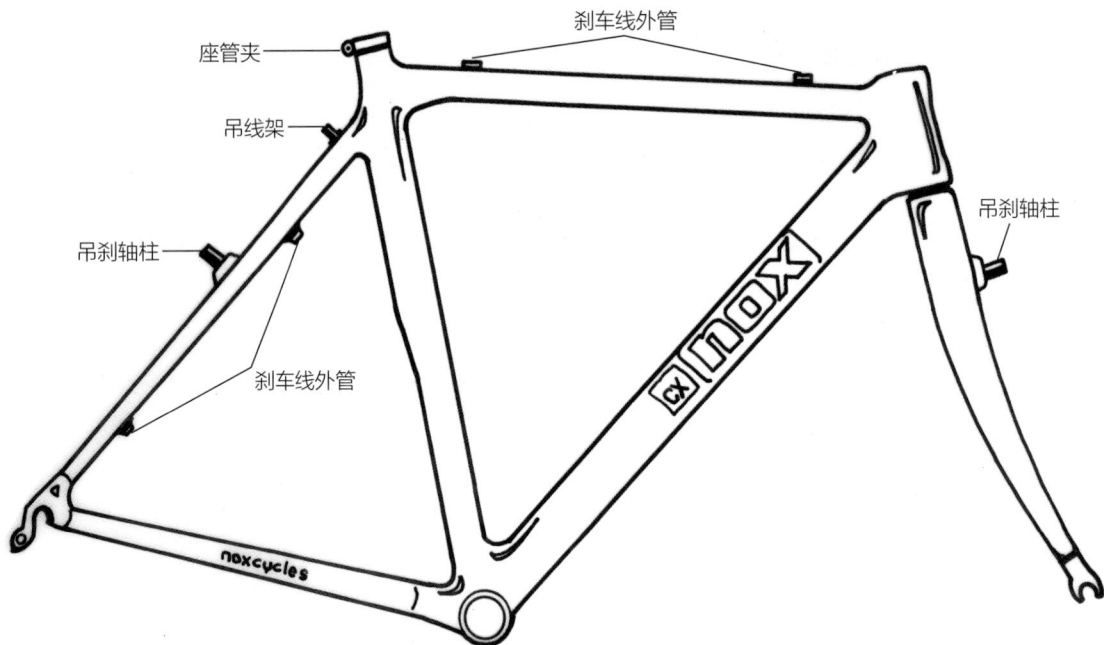

座管夹

刹车线外管

吊线架

吊刹轴柱

吊刹轴柱

刹车线外管

越野公路车和公路自行车的车架材料一样，但是选择材料的理由和使用方式不尽相同。2000年之前，车架选材考虑的因素有：轻量化、强度、耐用，因此铝合金或超薄钢车架都是必不可少的。这两种材质的问题在于：车手摔车时，车把会将上管撞击得凹陷。碳纤维、钛合金和镁合金材质为越野公路车架提供了其必需的轻、强度和韧性，也比超轻钢或铝合金车架更抗撞击。碳纤维车架和钛合金车架即使在极端条件下也不会氧化。

c. 计时赛/铁人三赛

专为计时赛和铁人三项赛设计的车架注意空气动力学的效果，以减少空气阻力（见图I.2）。这两类自行车的立管角度通常比标准公路车架车座角度更大，一般是78度。

d. 旅行自行车

旅行自行车架最显著的特点是前叉和后叉的安装座。旅行自行车的车架比较坚固，这意味着车架较重，以便负重。与公路自行车相比，旅行自行车的后三角更长，以实现更多垂直柔性，且能安装挡泥板、更宽的轮胎。因为要安装挡泥板，旅行自行车的后上叉桥和叉肩到车胎的距离较大。旅行自行车可以安装碟刹（见图17.3）、吊刹（也称为"凸台"，见图17.4）或标准的刹车。若是后者，安装孔的位置因为要安装挡泥板和更宽的轮胎而高些，必须选择长臂夹器。和越野公路车一样，旅行自行车的头管角度和立管角度偏小。

17-2
车架材质

随着时间的推移，自行车材质不断地发展。世界上第一辆自行车是木质的，随后钢、铝合金很快成为主流，甚至还出现了竹子做的车架。碳纤维、铝合金和钢是目前最常用于制造车架的材料，钛合金和镁合金渐渐占据了高端市场。

碳纤维、硼纤维以及类似的纤维编织压缩成布，再用树脂（塑料）固化的复合车架材料，量轻、强度和刚性都不错。制作车架的话，可以一体成型：将碳纤维管材插入管材接头（通常用碳纤维或铝合金制成），或将车架分成几大模具做成组件，再组成车架（单壳式结构）。

复合材料的最大优点是在需要补强的部位，精准地贴加复合材料，增加厚度。不过，如何粘贴复合材料而不脱落是一个难题。

公路自行车车架中使用的金属材质，根据成本和物理特性分为不同的等级，下文仅讨论最高等级。例如，易拉罐和窗框中使用的铝合金的强度，肯定比不上高端自行车车架用的6061和7000系列铝合金的强度。

钢的弹性系数（刚度的主要决定因素）、最高密度和抗拉强度比任何常见的金属材质车架都要强。铝合金的系数、密度和抗拉强度比钢低很多；钛合金的性能介于钢和铝合金之间。车架在设计和焊接时，需要考虑管材的特性、管径、管形和壁厚，任何材质都可以做到理想的刚度－重量或强度－重量比。

金属材料利用抽管技术，使管材的两端厚、中间薄以减轻重量。"双抽管"指的是两端比中心部分厚，而"三抽管"和"四抽管"是指两端的厚度有3~4个渐变。

用于自行车的大多数金属的抗拉强度，通过加入合金的技术、热处理的技术或两者结合的技术来提高。低碳钢（如煤气管道）柔软，易弯曲、折断。高碳钢中加入了铬、钼和其他金属，强度更高，热处理也增加了强度。铝合金也是如此，加入了钪金属，大大提高了强度。大部分的铝合金车架需要焊接后做热处理，否则车架太软、易断。

含有3%铝和2.5%钒的钛合金比商用纯（CP）钛（98%钛）强度大得多。含有6%铝和4%钒（6Al/4V）的钛合金更坚固，但因抽管难度大很少用于自行车管材，因此6/4钛自行车管材通常是轧制成型，再焊接成管，但成品的强度相对下降。钛合金和钢管一样，不需要焊后再进行热处理，但钛合金焊接必须在惰性气体环境中进行，否则会氧化并变得极脆。

宣传一种车架管材料而非另一种材料的商业广告，可能会对消费者造成误导，因为消费者可能不知道制造商是否在将其材料与竞争对手材料的高端或低端形式进行比较。

17-3
检查车架

经常检查车架，可以避免潜在的故障风险。若发现车架损坏但不确定是否有危险，请把车架带到自行车店征询技师的意见。

1. 骑行几次后车架脏了，及时清洁车架，更容易发现问题。

2. 检查车架各部位是否有裂缝、弯曲、扭曲、凹痕、表面漆起皱或开裂，焊接处等受力最大的部位要细查。碳纤维车架可用"硬币测试"来检查潜在的损坏。用硬币敲击车架的疑似损坏部位，与周围区域和车架另一侧的声音进行比较。若该部位下面的碳层分层或出现裂缝，特别是若发生在远离接缝的中心区域，能够听出差异。受损的碳纤维的回音不同，正常的声音是"啪嗒"声。若怀疑车架有问题，请教专业人士。

金属车架的管材损坏可以修复。有一些型号的碳纤维车架损坏，可以联系一些专业厂商进行修复。不过，若碳纤维车架有大的凹痕、弯折、裂缝、弯曲（有时从拉伸或断裂的涂料能够看出来）或分层，必须更换新的。

3. 检查后尾勾。检查焊缝或胶合处以及后上叉桥、后下叉桥（五通后方连接后下叉的横管，见图17.1）周围是否有裂缝；检查并确定勾爪（以及越野自行车和旅行自行车的吊刹和转轴柱、止线栓）是否变形。有些勾爪和转轴柱可单独更换，有些胶合在车架上的止线栓和转轴柱也可更换。若勾爪、止线栓、转轴柱严重变形或损坏，请联系厂家更换。

4. 每隔几个月或雨天骑行后取出座管。倒置自行车，让水从座管中流出来，保持车架干燥。检查钢架生锈的部分，观察、触摸内部的铁锈或把外部的铁锈弄掉。建议定期往车架内喷润滑脂或防锈剂（如Frame Saver）。钢架的管壁若很薄，从开始生锈到车架锈穿的时间可能很短。检查五通附近、立管背面的漆是否起泡。虽然起泡可能因为烤漆问题，但更可能是因为漆面下已经生锈，需要更换新车架。

　　另外，将座管装回钢质车架前，先在座管壁、内管壁涂抹润滑脂。打磨掉漆面的锈之后，先涂抹油漆或指甲油封住打磨后的部位（有多种很酷的颜色可供选择）。

5. 将不偏拢、正心的后轮装入车架。车圈应对齐后下叉和后上叉之间的中心位置，并与前三角的中心在同一平面上。锁紧快拆杆，后上叉和后下叉不会弯曲或扭曲。

17-4
检查和校正后拨链器吊耳

3级

1. 若有吊耳校正工具（见图1.4），将其旋入右后尾勾（见图17.5）。

2. 将不偏拢、正心的后轮装入车架。

3. 各角度旋转测量轨测量其臂与边缘之间的距离。有些工具，如图17.5所示，有探针可以调整以测量间距；若没有探针，只能用直尺或游标卡尺测量。

图17.5 检查后拨链器吊耳

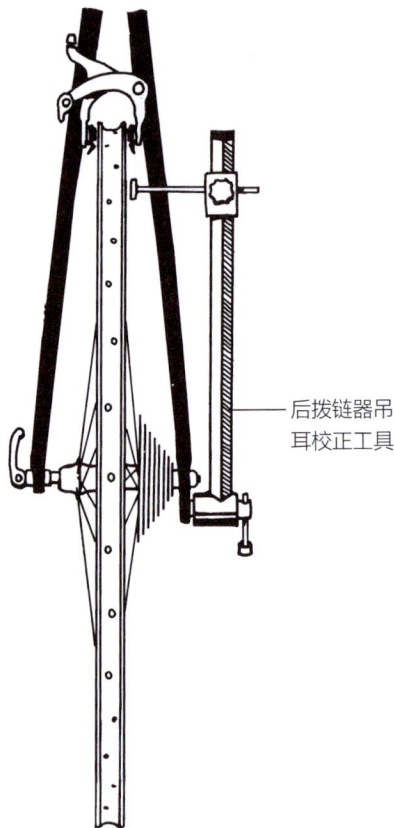

后拨链器吊耳校正工具

4. 若工具有游隙，将测量轨轻轻向内推，操作时不可放松，否则无法得到一致的数据。

5. 若探针和车圈的距离不一致（误差1~2毫米），找到探针最靠近车圈的地方，小心地向外掰弯曲的尾勾。可更换式的铝合金吊耳，以及勾爪和吊耳一体式的钢、铝合金、钛合金车架，都可以校正。校正钛合金吊耳需要比较大的力，若不确定自己是否能修复，把车架带到自行车店或厂家请专业人士操作。不要用焊灯加热吊架，加热的金属会退钢。

6. 若拨链器吊耳严重变形，硬掰可能会断；甚至因为螺孔变成椭圆形，校正工具都穿不进去。若吊耳可更换，拆下来找车轮生产厂家或经销商处更换新的。

7. 若螺孔或吊耳严重变形，且不可更换，见"17-7b"选择其他方法。

17-5
检查车架定位和校正勾爪

3级 精确地检查车架定位，必须使用校正台。这个工具家庭中不常备。所以，下述检查车架的方法虽然不够精确，但用于确定车架定位足矣。

若检查后，发现后尾勾或拨链器吊耳严重变形，不要自己校正。校正车架，只能由专业人士操作。

1. 将车架固定在维修架上，拿一根绳子，一端系在后勾爪上，绕过头管再往后拉，绑住另一个勾爪处（见图17.6），两个勾爪对称。

2. 测量立管和绳子之间的距离（见图17.6），两边的距离差应在1毫米以内。

3. 在车架中放置一个直立的、合适的碟形后轮，检查它是否与前三角叉在同一平面上排成一行。确保车轮位于鞍座和后下叉之间并居中。若使用的是老款的钢车架，勾爪有一颗尖头的旋入螺丝，从后面旋入，使车轮和立管（在后叉中间）对齐。花鼓能顺利地插入花鼓轴心，不用再用力向外掰或向内压。关上快拆杆，后上叉和后下叉不可以弯曲或扭转。

4. 拆下后轮，测量两个勾爪之间的距离（见图17.7）。8速、9速、10速或11速的后花鼓宽130毫米；5速、6速或7速后轮花鼓宽126毫米。快拆叉的碟刹花鼓宽应为135毫米。若车架的花鼓间距不在1毫米~1.5毫米误差范围内，换句话说，标配的后花鼓间距为130毫米，可接受的间距为129~131.5毫米。

5. 若有尾勾校正工具，将勾爪安装到工具上（见图17.8）。若使用的是老款的钢车架，勾爪有一颗尖头的旋入螺

图17.6 用绳子检查车架的定位

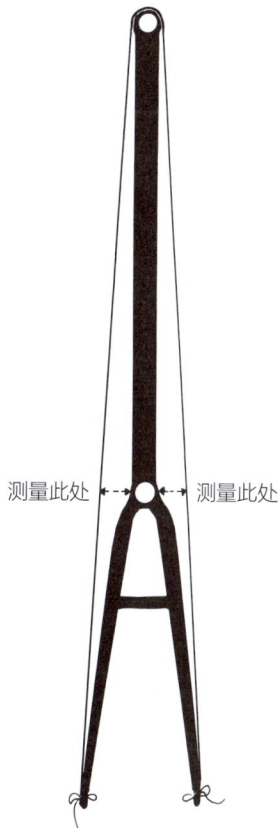

测量此处 ←→ 测量此处

图17.7 测量勾爪宽度

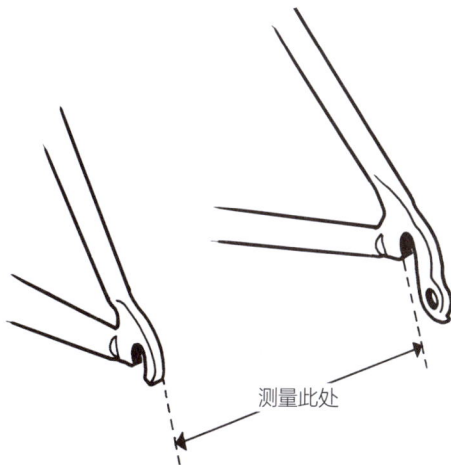

测量此处

第17章 | 车架

丝，从后面旋入，使车轮和立管（在后叉中间）对齐。若不想取出螺丝，也可以调整螺丝，使车轮和立管对齐，再取出车轮，安装好工具。

移动垫片（若测量杯是可调节式的，也移动测量杯），使两个测量杯的距离小于1毫米。锁紧两端的T型柄，两个测量杯应该是对齐、平行的。测量杯无法对齐，说明一个或两个勾爪变形。若是更换式勾爪，更换新的。若车架是复合材料（即碳纤维）或后三角胶粘接管，则无法更换勾爪。

若是钢、铝合金或钛合金后三角，可用尾勾校正工具校正勾爪。一只手握住工具测量杯，另一只手推、拉T型柄。钢质虽然硬度大但可校正；而钛合金材质弹性大；铝合金材质因为易折断，校正起来难度最大。

注意：校正时千万不要加热勾爪（或车架的任何部分），这么做会不可避免地回火，破坏零件的强度或硬度，毁损零件。

17-6
修复损毁的车架

除了本章上文讲述过的校正方法外，修复车架唯一可做的是修复损坏的螺纹、漆面和细小的凹痕。若焊接点断裂、管材变形、破裂或深度凹陷，只能更换新车架或请厂家修复。

17-7
修补损坏的螺纹

a. 重新攻牙，使用新螺栓

3级 公路自行车车架的五通管左右两端、水壶架安装孔、后拨链器吊耳等处有螺纹。五通管底还有一个小孔，变速线专管用螺栓固定在小孔内。另外，有的车架不使用可更换的座管夹，而是立管顶端有螺纹。越野公路车车架（包括一些公路旅行自行车车架）的吊刹转轴柱（见图16.5）、立管后面底部有滑轮的国际标准（IS）安装孔（见图17.3），都有螺纹。

图17.8 安装勾爪校正工具校正后尾勾

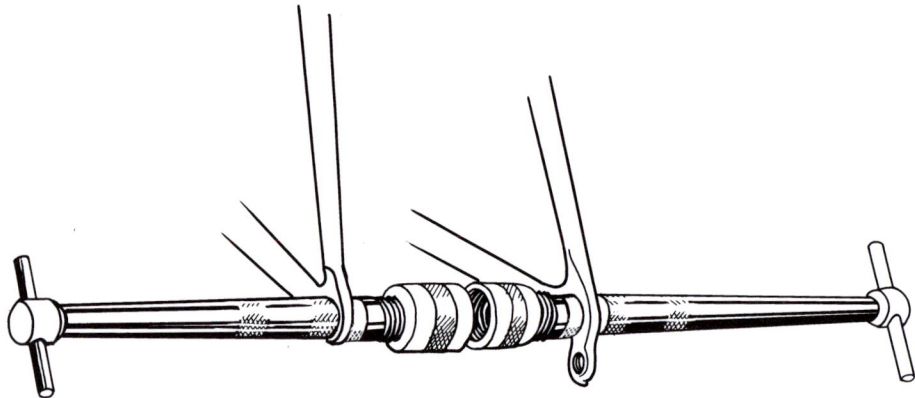

1. 若车架上的任何螺纹崩牙或错牙，或用螺纹攻重新攻牙，然后更换新螺栓或五通轴承杯。重新攻牙时，螺纹攻上要加油润滑（钛合金螺纹上使用油菜籽植物油）。以下为大多数公路自行车常见的螺纹尺寸：

水壶架安装孔、橡胶变速线张力调节器孔：	M5（5毫米×0.8）
五通底部变速线导板安装孔：	M5（5毫米×0.8）
越野公路自行车前变速线导向轮孔：	M5（5毫米×0.8）
座管夹的螺纹孔、吊刹的转轴柱螺纹孔：	M6（6毫米×1）
后拨链器吊耳：	M10（10毫米×1）
五通	1.37英寸×24tpi
英式螺纹：	（每英寸的螺纹）
五通	
意式螺纹：	36毫米×24tpi

注意： 1）驱动侧（右侧）英式五通螺纹为左旋螺纹，另一侧是右旋螺纹；2）意式螺纹的五通两侧都是右旋螺纹。

2. 向前（顺时针）转动螺丝攻，然后向后转动，再向前（向前两次，向后一次），依此类推，避免螺丝攻卡在螺纹里并可能断裂。螺丝攻用坚硬的脆钢制成，不能承受侧向的压力。若螺丝攻断在螺纹里，会非常麻烦。因为螺丝攻比车架材质硬，不可能钻出断裂的螺丝攻。若遇到这种情况，不要尝试自己解决问题，去找自行车店、加工车间或生产厂家。若螺纹攻没有弯曲变形，断在车架内的部分不难取出来——找到比丝锥更硬的金属，否则在重新修补损坏的车架螺纹时，还可能损坏这些螺纹。

重要提示： 修补五通螺纹需要专业经验。若无经验，又想自己操作，最好请一位专家指点操作。除了螺纹攻要放在正确的一侧，螺纹攻还应该直进直出。多数五通攻牙器的两个刀头之间有一根转轴，以确保削切平行（见图1.4）。两个刀头必须同时攻五通左右侧的螺纹，若攻乱了螺纹，五通就可能报废了。若有疑问，可询问专家。

b. 重新攻纹

1. 损坏的水壶架安装孔、越野公路车座管前拨链器滑轮预留孔（见图5.46）：有的自行车店有将水壶架安装到车架上的工具。先找这种工具，这种方法不会破坏车架的烤漆。但要注意，铆接的水壶架安装孔会随着时间的推移松动，水壶架螺丝若旋得过紧的话尤其如此。当然，金属车架也可以拿到厂家焊接、铆接、粘接或铜焊安装孔。

2. 后拨链器吊耳螺纹损坏：崩牙或错牙严重，无法用螺纹攻修复（"17-7a"），或吊耳严重变形、弯曲，螺孔无法使用。有的车架可以单独更换勾爪或吊耳。若不能单独更换，可联系厂家或尝试拨链器吊耳Dropout Saver（见图17.9）。Dropout Saver是一个16毫米开口螺母。将损坏的螺纹用14/32英寸钻头钻孔，再把

图17.9 Dropout Saver装入损坏的吊耳

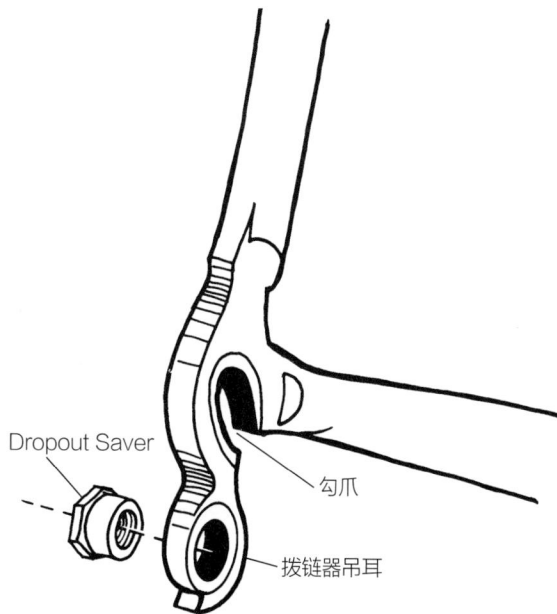

Dropout Saver
勾爪
拨链器吊耳

Dropout Saver从吊耳后面推入，前面用后拨链器锁紧螺栓锁紧。Dropout Savers有两种长度，对应不同厚度的吊耳。安装完成后，按"17-4"中的图17.5所示方法校正吊耳。

另一种方法是用钢锯锯掉损坏的吊耳，从便宜的车架上找一个吊耳替换。这两个吊耳的厚度必须相同。用花鼓轴螺母或快拆螺母固定换过来的吊耳。若是金属车架，可以请厂家熔焊或铜焊吊耳；碳纤维车架要使用专用替补件。

3. 座管夹损坏：钻出螺纹，使用快拆杆和螺栓螺母，或使用快拆式座管夹（见图17.4）。

4. 五通螺纹损坏：若使用的是老款方锥形曲柄，或使用老款Mavic或Stronglight卡式中轴（"11-12b"，见图11.26）套件，这款套件完全不用螺纹固定。不过，需要使用专用切割工具将五通两端倒角。

5. 五通管下方的变速线导板螺纹损坏：可重新钻孔、攻牙，或是把原来的孔扩大，用较粗的螺栓锁紧。螺丝不要太长，否则会影响五通主轴旋转。

6. 越野自行车（或旅行自行车）车架上的吊刹底座损坏（见图17.4）：可更换式转轴柱下面有两条平行的沟槽可以插入开口扳手（通常为8毫米），底座焊接或塑模到车架上。若不是可更换式，需要联系厂家（若是金属车架）。碳纤维车架，如Craig Calfee无法修理，就报废了。

17-8
修复漆面和细小凹痕

修复漆面须先清理漆面，再补漆。可用砂纸将漆面碎屑打磨掉，再使用补漆笔、颜色近似的模型漆或指甲油（耐久性较低）。

细小的凹痕可以使用汽车腻子填充，但若只是补漆，

填充没有意义，因为补腻子、补漆后美化一般。不如在网上找一个车架涂装专家帮忙，他们会填充凹痕，重新贴标，与原来的图案比较相匹配。

17-9
高速抖动

大尺寸车架、较重的骑手骑行时，高速或双手离把、休息时易发生高速抖动，这种情况非常危险。若遇到，立即用膝盖夹紧上管以降低抖动幅度并减速。另一种制止摆动的方法需要勇气，即将臀部往鞍座后面移（就像骑山地自行车下陡坡时一样），重心尽量后移，这个原理类似放松电话线。到家后，要修理自行车，这类的事情不能再发生！若自行车失控，真是太可怕了。

如第16章所述，换一根前叉能改变抖动。前置量较大的前叉，也能缓解抖动。当然，若车架和车轮的刚性增强，也助于改变抖动。碗组或车轮轴承松动，也能引起抖动。

17-10
旅行时拆卸车架

由于携带自行车坐飞机的费用不断上升，带有标准700C轮径的旅行公路自行车可以拆卸后放入行李箱（从而避免超大件行李费），已是司空见惯。

这些车架通常有两种类型：一类是上管和下管各有一组S和S Machine接头，内部有带齿的Hirth接头，需用专用扳手锁紧。另一类是Ritchey，立管的座管夹连接上管，座管固定车架上半部分；车架的下半部分用一个带夹紧螺栓的小环形连接器固定到中轴。

若使用的是这类车架，请经常检查连接部分，以确保它们连接紧密且周边车架管没有开裂，以免骑行前拆开时是好的，骑行中出故障。

附录A
故障排除索引

此索引旨在帮助读者查找、修复出现的问题。若已经知道问题出在哪里，请参考相关章节的内容。若不确定是自行车的哪个部分出了故障，该索引可能会有所帮助。索引按字母顺序排列，但由于人们对同一问题的描述各不相同，可能需要对照整个列表以查找症状。

该索引可以帮助读者诊断故障，并推荐操作方案。在大多数章节的末尾都可以找到其他疑难解答提示和诊断方法。

表A.1 ——— 排疑解难索引

故障	可能原因	处理方法	所在章
自行车车架异响	1.车把/把立关节点缺油	润滑把立夹	12
	2.座管松动	锁紧座管	14
	3.锁鞋钉松动	锁紧锁鞋钉	13
	4.曲柄松动	锁紧曲柄螺栓	11
	5.车架毁坏	更换车架	17
	6.座管干燥、生锈	润滑座管	14
	7.珠碗在车架内移动	更换珠碗或车架	12, 17
	8.中轴在车架内移动	螺纹上涂抹润滑脂或缠电工胶布	11
	9.轴心或快拆杆在尾勾内移动	给轴心表面涂抹润滑脂	8
踩踏时蹭或发出摩擦声	1.链条太斜（译者注：最小盘最大飞）	避免极限齿比	5
	2.蹭前拨链器	调整前拨链器	5
	3.链条蹭车架	加长五通主轴或左右移动五通主轴	11
滑行或踩踏时发出异响或摩擦声	1.车轮蹭车架	校正车轮	2, 8
	2.车轮摩擦前叉	校正车轮	2, 8
	3.刹车夹器蹭车圈或盘片	调整刹车	9, 10
	4.花鼓尘封干涩	清洁和润滑尘封	8

续表

故障	可能原因	处理方法	所在章
吱吱响	1.花鼓或五通干涩	翻修花鼓或五通	8, 11
	2.脚踏轴承干涩	翻修脚踏	13
	3.鞍座摩擦	在边缘涂抹润滑脂	14
	4.链条干涩或生锈	润滑或更换链条	4
	5.座管夹摩擦	锁紧座管夹	14
	6.座管摩擦座管夹	使用细或短的座管	14
刹车时发出尖锐的声音	1.刹车皮呈后束角	调整刹车皮	9
	2.车圈带油	清洁车圈和刹车皮	9
	3.刹车臂松脱	锁紧刹车臂转轴螺栓	9
	4.碳纤维车圈没有使用专用的刹车皮	更换成碳纤维车圈专用刹车皮	9
刹车时发出沉闷的声音	1.车圈侧壁有胶水	用溶剂清洁车圈	7
	2.车圈侧壁有沟痕	打磨或更换车圈	7, 15
	3.车圈接缝处凸起	忽视或打磨车圈	7
	4.车圈凹陷	更换车圈	15

附录 B
驱动比换算表

下表根据直径671毫米的外胎计算而来。若完全充气的后轮胎的直径不是671毫米，那么，齿轮数可能略有不同。不过，除非650C、24英寸或其他非标准尺寸的车轮，下面的数字将非常接近。

为了极精确地换算驱动比，先将胎压调整到惯用的数值。可以根据车胎直径查下页表格中的齿比公式，或将此表中的每个数字乘以轮胎直径再除以671毫米。

测量车胎直径

1. 车胎充足气，坐在自行车上。

2. 在后轮接地处作记号，对齐地上的记号。

3. 向前转动车轮一圈，当车圈上的记号接触地面上的记号时，再在地上作一个记号。

4. 测量地面上两个记号间的距离，这个距离就是车胎充满气加上骑车人的体重时的周长。

5. 将此数除以 π（π ≈ 3.14159）得到直径。

注意： 此推算程序也是测量用于校准自行车计算机的车轮尺寸的方法，但大多数计算机上的这一过程将在前轮上完成。

表B.1 — 驱动比

	牙盘的齿数													
	27	28	29	30	31	32	33	34	35	36	37	38	39	40
10	71	74	76	79	82	84	87	90	92	95	98	100	103	106
11	65	67	70	72	74	77	79	82	84	86	89	91	94	96
12	59	62	64	66	68	70	73	75	77	79	81	84	86	88
13	55	57	59	61	63	65	67	69	71	73	75	77	79	81
14	51	53	55	57	58	60	62	64	66	68	70	72	73	75
15	47	49	51	53	55	56	58	60	62	63	65	67	69	70
16	45	46	48	49	51	53	54	56	58	59	61	63	64	66
17	42	43	45	47	48	50	51	53	54	56	57	59	61	62
18	40	41	42	44	45	47	48	50	51	53	54	56	57	59
19	37	39	40	42	43	44	46	47	49	50	51	53	54	56
20	36	37	38	40	41	42	44	45	46	47	49	50	51	53
21	34	35	36	38	39	40	41	43	44	45	46	48	49	50
22	32	34	35	36	37	38	40	41	42	43	44	46	47	48
23	31	32	33	34	36	37	38	39	40	41	42	44	45	46
24	30	31	32	33	34	35	36	37	38	40	41	42	43	44
25	28	30	31	32	33	34	35	36	37	38	39	40	41	42
26	27	28	29	30	31	32	33	34	36	37	38	39	40	41
27	26	27	28	29	30	31	32	33	34	35	36	37	38	39
28	25	26	27	28	29	30	31	32	33	34	35	36	37	38
29	25	25	26	27	28	29	30	31	32	33	34	35	35	36
30	24	25	25	26	27	28	29	30	31	32	33	33	34	35
31	23	24	25	26	26	27	28	29	30	31	31	32	33	34
32	22	23	24	25	26	26	27	28	29	30	30	31	32	33
36	20	21	21	22	23	23	24	25	26	26	27	28	29	29
42	17	18	18	19	19	20	21	21	22	23	23	24	24	25

左侧列标题：后齿圈上的齿数

齿轮公式

驱动比 =（牙盘的齿数）×（车轮的直径）÷（飞轮的齿数）

已知齿比时，若想知道每一个踩踏行程（自行车前进的距离），将驱动比再乘以 π（3.14159）。

牙盘的齿数															
41	42	43	44	45	46	47	48	49	50	51	52	53	54	55	56
108	111	113	116	119	121	124	127	129	132	135	137	140	142	145	148
98	101	103	106	108	110	113	115	118	120	122	125	127	129	132	134
90	92	95	97	99	101	103	106	108	110	112	114	117	119	121	123
83	85	87	89	91	93	95	97	99	101	103	106	108	110	112	114
77	79	81	83	85	87	89	90	92	94	96	98	100	102	23	106
72	74	76	77	79	81	83	84	86	88	90	91	93	95	97	98
68	69	71	73	74	76	77	79	81	82	84	86	87	89	91	92
64	65	67	68	70	71	73	74	76	78	79	81	82	84	85	87
60	62	63	64	66	67	69	70	72	73	75	76	78	79	81	82
57	58	60	61	62	64	65	67	68	69	71	32	74	75	76	78
54	55	57	58	59	61	62	63	65	66	67	69	70	71	73	74
51	53	54	55	57	58	59	60	62	63	64	65	67	68	69	70
49	50	52	53	54	55	56	58	59	60	61	62	64	65	66	67
47	48	49	50	52	53	54	55	56	57	58	60	61	62	63	64
45	46	47	48	49	51	52	53	54	55	56	57	58	59	60	62
43	44	45	46	47	49	50	51	52	53	54	55	56	57	58	59
42	43	44	45	46	47	48	49	50	51	52	53	41	55	56	57
40	41	42	43	44	45	46	47	48	49	50	51	43	53	54	55
39	40	41	41	42	43	44	45	46	47	48	49	50	51	52	53
37	38	39	40	41	42	43	0	45	45	46	47	48	49	50	51
36	37	38	39	40	40	41	42	43	44	45	46	47	47	48	49
35	36	37	37	38	39	40	41	42	43	43	44	45	46	47	48
34	35	35	36	37	38	39	40	40	41	42	43	44	45	45	46
30	31	32	32	33	34	34	35	36	37	37	38	39	40	40	41
26	26	27	28	28	29	30	30	31	31	32	33	33	34	35	35

附录 B ｜ 驱动比换算表

附录C
公路自行车调试

购买新车，一定要适合自己的身材。选择车架，首先要考虑尺寸。自行车的重量不习惯，双脚会适应；颜色不习惯，双眼会习惯；但骑行不舒适，身体会抗议。例如车架的跨越高度（见图C.1）距离胯下太近，你自然觉得危险。再如车架的前伸距离不足，除了膝盖会撞击车把，还会造成重心分配不均，下陡坡易前翻，上陡坡压不住车把。尺寸不合适的自行车，骑起来性能不佳也不舒适。因此，我们应该学习选择车架的知识。找一辆适合自己的自行车并不困难，只需按照本附录中的内容操作即可。

本章介绍两种挑选车架大小的方法：第一种方法简单、快捷——直接在自行车店购买整车。第二种方法稍微复杂一些，因为它需要测量自己的尺寸选车。

另外：若参加铁人三项赛或计时赛，空气动力把和休息把上的有效定位非常重要，在UCI批准的计时赛中也需要遵守技术规则。有关这些内容的更多信息，请参阅以下部分。

C-1
选择组装自行车的尺寸

1. 跨越高度

站在自行车的上管上方，把自行车上提，直到上管接触胯部。车轮应离地面至少1英寸，以确保您可以安全地跳下自行车而不会碰到胯部。倾斜上管的自行车，不用考虑跨越高度。水平上管的自行车，除首管的延长管比上管高出很多，将把立抬得比较高，否则不需要超过3或4英寸的跨越高度。

注意：以同一人为基准，甲车的胯下间距为2英寸，相同尺寸的乙车未必有一样的胯下间距。厂家标定尺寸的方法不同，上管倾斜度不同，五通离地的高度也有差别（见图C.1），这些因素综合起来决定车架的跨越高度以及胯下的安全距离。

关于车架尺寸，各厂家都从五通中心点起算，但上点不同：有的量到上管的中心点（"center-to-center"，中到中），有的量到上管上缘（"center-to-top"，中到顶），还有的量到立管顶端（"center-to-top"，中到顶），而立管在连接上管之后的延伸长度更不一定。所以同一类车架，不同厂家定义为不同的尺寸。有些上管倾斜的压缩车架，尺寸可能用S、M、L表示，车架几何图列出车架尺寸和有效上管长度。上管水平而不是倾斜的车架，对应车架尺寸。显然，同一款车架，不同的厂家定义的尺寸不同。

无论车架尺寸如何标示，实际的跨越高度还是以上管的倾斜程度为准。大多数公路自行车上管逐渐向头管升高，胯下的安全距离由骑行者的站立点决定。压缩车架，请站在鞍座前方1~2英寸处，提起车身，测量胯下间距。

上管的跨越高度随着五通高度变化，但是标准公路自行车五通离地的高度，不同品牌之间没有实质性的差别。

注意：除非确定骑手的胯高和厂家提供的跨越高度相同，胯下距离还是以实际测量为准。

389

图C.1 五通跨越高度

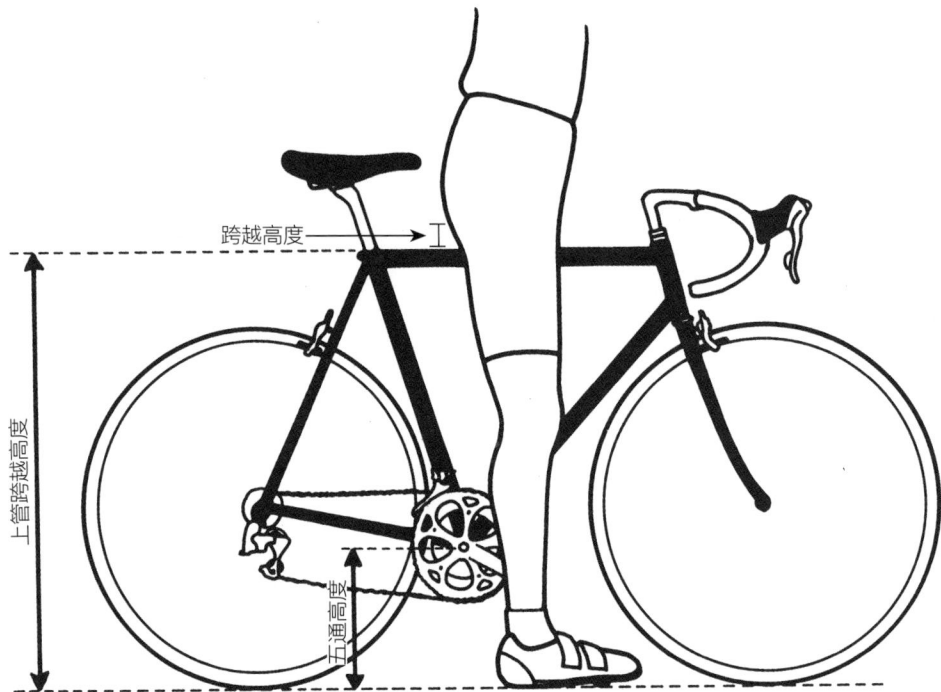

跨越高度

上管跨越高度

五通高度

另注： 若个子矮、找不胯下距离至少1英寸的车架，可以考虑选择650C（26英寸）轮径而不选择700轮径的自行车。

2. 膝盖到车把末端的距离

确保膝盖不能碰到车把（见图C.2）。分别以站姿和坐姿骑行，保证无论怎样左右摆动前轮，膝盖都不会挨到车把。若膝盖碰到车把，需要更换长把立或上管较长的车架。

3. 车把的前伸量和落差

骑行中，握住把套或副把，感受手臂和躯干的延伸是否舒适。刹车轻松自如，膝盖也不会在踩踏时撞到胳膊肘为宜（见图C.6）。上下调整把立，找出最适宜的车把高度。

注意： 把立的高度（"12-2"）影响无螺纹碗组（现行标准）的高度调整，要大幅改变高度，只能更换把立。

4. 脚踏重叠

"脚踏重叠"是自行车店的俗语，其实表述不当，因为实际上和前轮重叠的是脚尖而不是脚踏，指的是低速骑行中大幅度转把立时，脚尖碰到前胎。坐在鞍座上，曲柄呈水平状态，缓慢而大幅度地转动把立，检查脚尖是否撞到前胎（见图C.2）。低速骑行崎岖路段时，脚尖绝对不能和前轮重叠。因为在崎岖路段慢骑，前轮常可能急速来回扭动，若和脚尖重叠，容易出意外。高速骑行转弯时，基本不会有脚尖重叠的问题，因为主要依靠重心改变方向，而不会大角度摆动前轮。

图C.2 膝盖到车把末端的距离

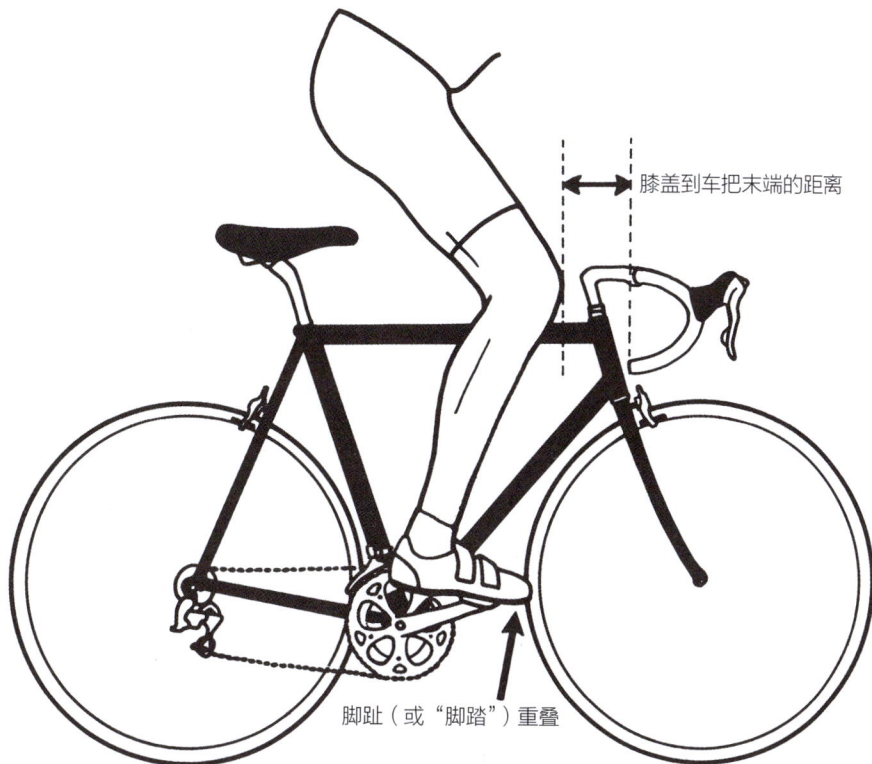

膝盖到车把末端的距离

脚趾（或"脚踏"）重叠

根据身高选择车架尺寸

如图C.3所示，需要测量三个基本数字，多数人就能找到适合自己的车架尺寸（测量身高需要有人帮助）。订制车架所需的数值远远多于这三个数字。挑选批量生产的整车，下列方法足矣。为避免自己计算的麻烦，相关网站上有计算机程序将量身数据自动换算成车架尺寸。

1. 测量跨高

双脚穿袜，站立，双脚分开2英寸，胯下顶一个木工三角尺或扫帚柄，测量地面与水平尺顶端的垂直距离（见

图C.4）。也可取一本厚书抵住墙壁保持水平，并顶住胯下。若在墙面画三角尺或书顶端的记号，则只需测量记号和地面的距离。

2. 测量跨高加躯干长度（译者注：肩高）

找出胸骨顶端的U形凹陷，水平握住一根铅笔。用铅笔在墙面上画出胸骨顶端凹陷处的记号，并测量记号到地面的距离。

3. 测量臂长

胳膊侧向伸出，肘部打直，呈45度斜角。测量肩峰关节到小手指侧腕关节的距离。

图**C.3** 测量身高等

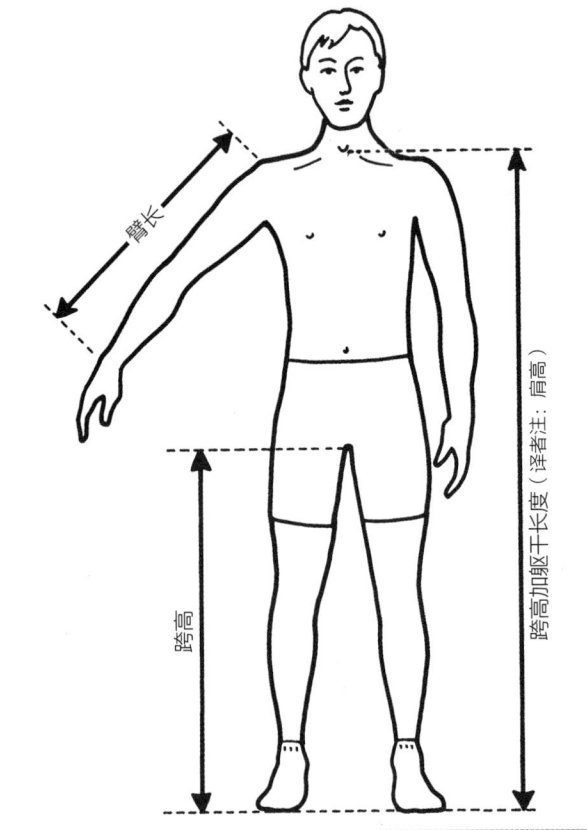

图**C.4** 使用木棍、水平尺测量跨高

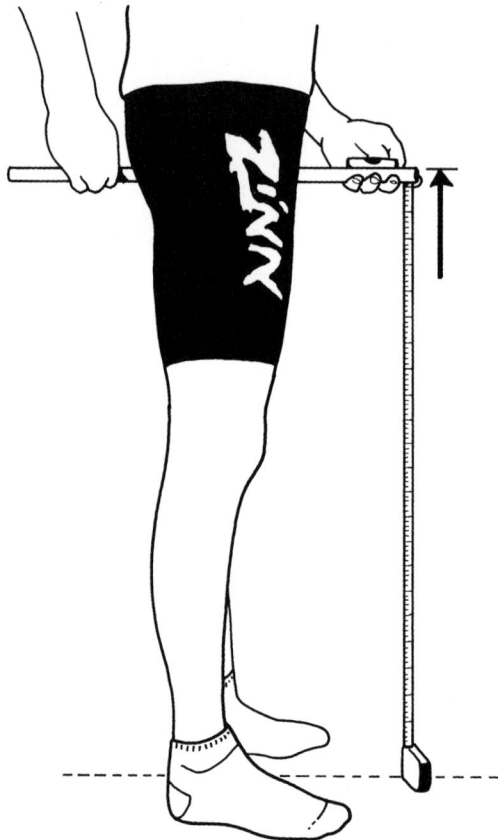

4. 确定车架尺寸

跨高减去27.5~32厘米得出的结果就是适合的车架尺寸，这个尺寸是从五通中心沿立管量到水平上管的顶端（也称为立管长度）。上管倾斜的压缩车架立管稍短，必须参考有效上管长度。从头管顶端的中心，向后延伸一条虚拟水平线到立管或座管（见图C.5），并作记号。测量五通中心到记号的距离，此致值应该较跨长少27.5~32厘米。

此外，若五通离地高度超过27厘米，立管长度再减掉多出的五通高度。

一般来说，个子较小的骑手可以用胯长减去27.5厘米，而较高的骑手减去32厘米。由于公路自行车的平均车架高度为26.5厘米，减去任何小于27.5厘米的高度可能会导致带有水平上管的自行车上的间隙小于2.5厘米。但这里有相当大的范围。上管长度比车架尺寸更重要，若肩高和臂长较短，只要车把能调校到理想高度，可以使用上管较短的小车架以取得合适的前伸距离。

小个子车手，跨高可以少2.54cm，或选择650C（26英寸）甚至是24英寸的轮径的自行车，而不要选700C的自行车。

注意： 跨越式车架（例如"女式车车架""男女通用车车架"或"淑女车车架"）的上管比较低，从头管向后下方延伸至五通附近，所以立管长度与跨越高度几乎没有关联，只要考虑车把的前伸距离和落差即可。

5. 车架上管长度

肩高（步骤2）减去胯长（步骤1）就是躯干长。躯干长加手臂长（步骤3）的和，乘以0.47~0.5就是理想的车架上管长。休闲骑行可用0.47；竞赛骑行可用0.5，介于休闲和竞赛之间的骑行，在两数字的中间值调整。有效上管长度是从座管中心到首管中心水平测量该上管长度（见图C.5）。

若计时赛车或铁人三项车配上低风阻车把，需要更长的上管。这种情况乘以0.495得出上管长度。或车架的立管角度不是很直——小于75度，上管可再增加长度。上管长是因为计时赛极的坐姿，必须将鞍座向前推到头，或将后倾式座管反装。由于鞍座向前推，所以要加长上管。上管越长，越能平均分配重量，避免把立、车把太往前伸，重心落在前轮。

若使用的是平把（类似山地车的车把），请将参数调整到0.49~0.5。

注意：压缩车架的有效上管长度，小于沿上管测量的长度。

6. 确定把立长度

将躯干长加手臂长的和，乘以0.09~0.11，就是建议把立的长度。同上文，休闲骑行可用0.09左右，竞赛骑行可用0.11。这个乘积是个大概的数值，最后确定把立长度还要坐回到自行车上，根据感觉调整（见图C.5）。

图C.5 压缩车架的尺寸

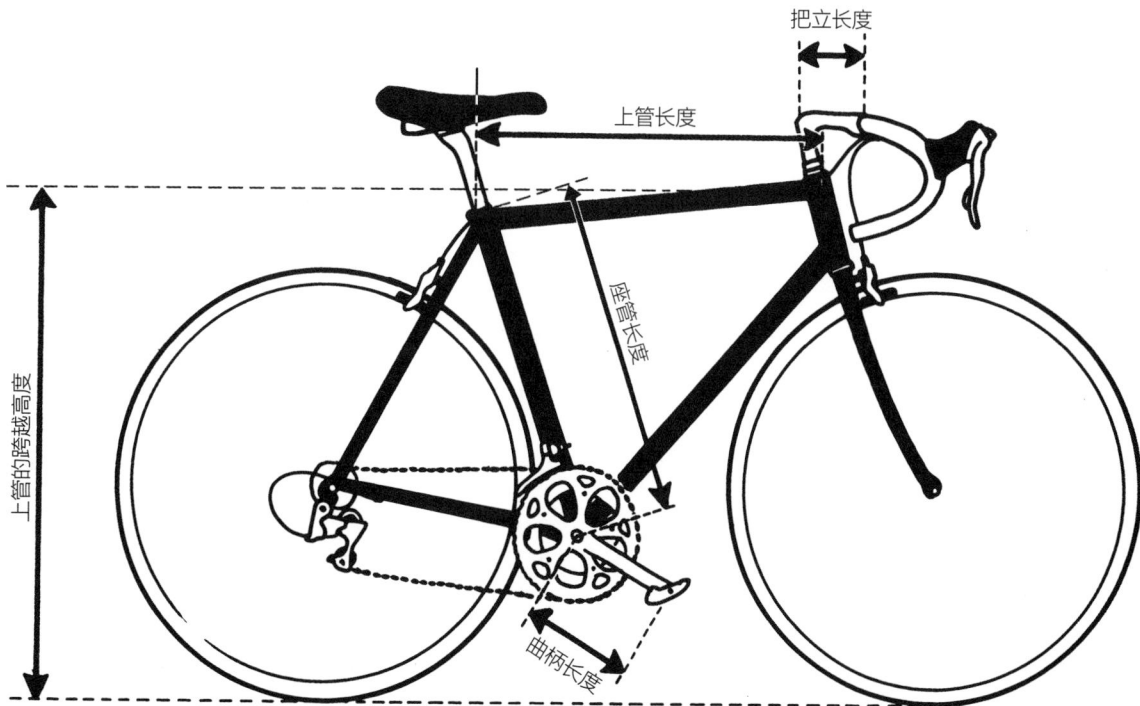

7. 确定曲柄臂长度

大部分公路自行车曲柄以2.5毫米（见图C.5）为一个单位（见图C.5），介于165毫米和180毫米之间（尽管通常很难找到167.5毫米）。只有高端曲柄有大于170毫米的。在Zinn Cycles可以找到185~220毫米和130~160毫米的曲柄。

理想曲柄长度是多少，没有普遍的共识。本书提供一些简单的选择方法。若在步骤4中确定车架尺寸小于45厘米，使用165毫米曲柄；车架尺寸在46~49厘米之间，使用167.5毫米曲柄；车架尺寸在50~53厘米，使用170毫米曲柄；车架尺寸54~57厘米，使用172.5毫米曲柄；车架尺寸58~61厘米，使用175毫米曲柄；车架尺寸61~64厘米，使用177.5毫米曲柄；车架尺寸是65厘米或更大，使用180毫米或更长的曲柄。若为了参加计时赛、铁人三项赛或爬山赛，考虑比上述长度长2.5毫米。

另一种选择曲柄的方法是根据腿或大腿的长度来换算，比如胯高乘以0.21~0.216。我认为要提高踩踏效率，这种方法的比厂家和曲柄制造商的几乎一刀切的规格更有效。但是，必须注意：腿特短和腿特长的人来说，这些公式换算出来的曲柄长度可能短得多或长得多。可能存在要使用长度超过175毫米或180毫米的曲柄的高个子骑手，或使用短于165毫米或170毫米的曲柄的矮个子骑手。

8. 确定车把宽度和落差

公路车把由肩宽决定。肩宽指的是从两根肱骨间的距离。公路车把应与肩同宽或稍宽。可以将车把的前部固定在肩膀上，看看两个侧面是否与肱骨顶部的中心相交，或者是否与手臂的外侧略微重叠。弯把稍宽，手臂直接支撑肩膀，胸部能够打开，促进呼吸。

身材娇小的骑手，弯把落差要小。身材高大的骑手，弯把落差要大。现代有较小落差的车把，伸向车把弯曲处

的距离更短。

若手很小，选择前伸量短的弯把，才能握住STI或Ergopower刹车手柄。

9. 调整脚踏宽度

若膝盖从顶部向外摆动并落在下行程，可能需要更长的脚踏主轴，以便增加脚和膝盖的距离。

C-3
鞍座和车把的位置

车架尺寸是基础，除了考虑跨越高度外，若与车架尺寸相关的其他因素——鞍座的后移量、鞍座的高度、车把的高度和车把的前伸距离等设置得不正确，即使车架尺寸合适，也毫无意义。

1. 鞍座高度

坐在训练用的自行车的鞍座上，脚放在脚踏的最低点，臀部不要摆动，膝盖保持不动。请其他人从旁边观察。脚保持平行，脚后跟略高于脚掌部分。若有测角仪（见图14.5），将测角仪底角设定为25度~35度的范围（见"14-2"）进行观测。另一种方法是测量跨高（见"根据身高选定车架尺寸"中的步骤1），将测量结果再乘以1.09，得出从脚踏轴的中心点（脚踏位于最低处）到坐骨（坐骨隆起处）挨着鞍座的最高点的距离。

将鞍座调整到自己觉得舒适的高度（见第14章）。

注意：这些调整方法得出的最佳踩踏点位置类似。不过，这些方法都要考虑到鞋底和脚踏的厚度。

2. 鞍座后移距离

把自行车固定在骑行台上，曲柄调到水平状态，膝关节呈自然发力的角度。简单的方法是请他人在膝盖骨前面

悬挂一根铅垂线（见图C.6），这根线必须对齐曲柄末端，即膝盖回转中心超过踏板回转中心，也可通过曲柄末端后方2厘米处（见图C.5）。膝盖可略向外开，方便摆放细绳。膝盖骨前缘在曲柄末端，以便高回转时踩踏，而在曲柄末端后方2厘米处，有利于爬山。也可以试着将鞍座向前移，将重心移到前轮，有助于爬陡坡。

计时赛和铁人三项赛时，大部分选手使用破风车把，鞍座后移量需要稍微调大些。这样，前伸时肩膀可以放得更低、膝盖贴近胸部以降低风的阻力，或膝盖或向外摆以避免磕碰。对于计时赛或铁人三项赛专用的车架，因为鞍座的角度比较陡（76度~78度），使前推鞍座的位置容易实现。前推鞍座，鞍座这个位置不会因到车把的前伸距离太短或太长，上身超出前轮而带来危险。设置鞍座的前推

位置，肩关节和臀部关节点位于同一个水平面时，臀部不必保持收紧。可以使用前部稍微低的鞍座，或使用ISM的U形鞍座，以提高裆部的舒适度。不过，这类鞍座会影响速度。

若参加UCI官方计时赛，自行车需要符合UCI技术标准，否则要受到UCI官方的处罚。UCI对鞍座和车把的位置都有具体规定，具体的见"C-4"。

3. 车把高度

先测量鞍座面和地面的垂直高度，再测量车把顶端和地面的垂直高度，两者相减，可求出鞍座和车把的落差（见图C.6）。鞍座比车把高多少取决于自己的舒适度、骑行风格以及身材尺寸和骑行的路面状况。

C.6 鞍座和把立的位置

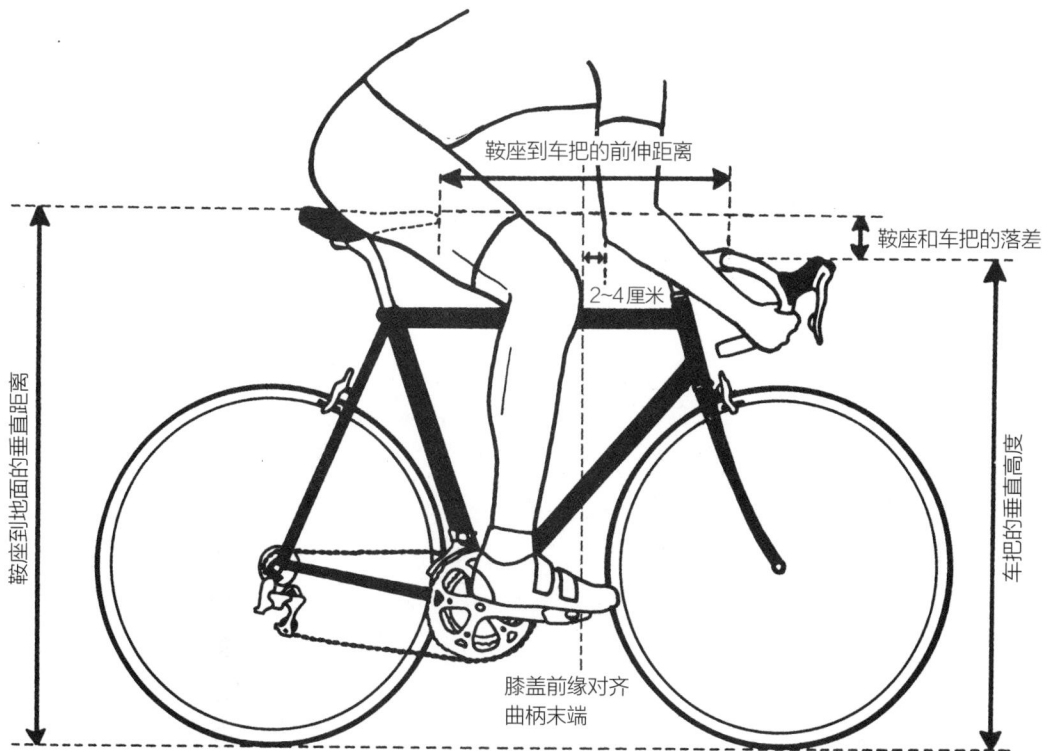

积极型或高个子的越野赛车手，偏好 10 厘米以上的落差；个子较矮或休闲骑行的人，落差会相对地缩小。一般说来，在公路上，骑行车把可略提高，而降低车把可获得更大的灵活性和舒适性。

若确定不了车把高度，先从 4 厘米落差开始。车把越高，臀部受的压力越大，上坡时前轮越容易上仰并增加风的阻力。可通过抬高或降低把立调整车把的高度（见第 12 章），调整把立角度或车把的弯曲度。另外，无螺纹式的把立可调整的高度有限，只能更换不同角度的把立。

计时赛和比赛规则严格的铁人三项赛，破风休息把要低，以便骑行中背部和地面平行（见图 C.7）。

这种骑行姿势可以大大减少风的阻力，但需要一段时间来适应。在适应的过程中，可以逐渐降低车把高度。另外，

很难在整个铁人三项赛或长距离比赛中保持这个骑行姿势。

4. 设定鞍座到车把的前伸距离

鞍座到车把的前伸距离根据个人的习惯而定。积极型车手可延展上半身，休闲骑行可相对缩短。这个设定非常主观，要求骑车人坐在车上进行观察，根据他们既舒适又有效率的姿势，确定前伸距离。

在肘部后方悬挂一根铅垂线，肘关节自然弯曲，处于最舒服的骑行姿势。膝关节在"前死点"，也就是曲柄水平指向前时，铅垂线和肘部形成的平面应在膝盖骨前方水平 2~4 厘米处（见图 C.6）。以此为出发点，找出最舒适、最有效率的骑行姿势，请留意身体的感觉。

鞍座到车把的距离控制上半身延伸程度，通过把立长

图 C.7 破风骑行

度来改变（见第12章），而不要前后移动鞍座，鞍座位置决定踩踏效率（见"C-3"，步骤2）而不是用来调整前伸距离。

破风把设置前伸量时，铅垂线是从耳朵到肘部（见图C.7）或从肩膀的前部到后肘。这个位置，抬起胳膊时角度稍微向前。另外，若参加UCI计时赛，见"C-4"。

注意： 鞍座到车把的前伸距离和高低落差没有公式。传闻中的手肘顶住鞍座，指尖是否可以触及把立或车把，完全没有参考价值。另一个常见说法是坐在自行车往前下方看，车把要刚好阻挡前花鼓的视线，这也不值得浪费时间试验，因为每个人习惯的肘关节弯曲角度、颈部的俯仰角以及车架的前三角几乎全然不同。还有个方法是从鼻尖落下铅锤，这个方法取决于车把的高度和肘部弯曲度，缺乏根据，不适合于所有骑车人。

5. 低风阻车把的其他设定问题

除非参加计时赛和比赛规则严格的铁人三项赛，肘垫的位置要考虑到舒适度。在这两类比赛中，两个肘垫的距离越近——不要超过两个膝盖的宽度，风阻越小。根据杠杆原理，肘垫越向前，在肘垫上的前臂受力越大。

两个肘部靠得越近，阻力越小。风洞原理证明两个肘部越靠拢，风阻越小，但这不是定律，有时两个膝盖打开反而更易于发力。不过，若感觉两个肘部靠拢时呼吸困难，不易发力或影响操控自行车，加宽两个肘垫的距离。

破风把的俯仰角度全凭个人喜好。风洞实验证明不同的俯仰角并不影响破风效果。一开始可把俯仰角设定为5度或10度（见图C.7）比较舒适。

C-4
UCI计时赛技术标准

图C.8以图示的直观方式讲解了UCI计时赛的比赛用

车的技术标准。

赛前要先称参赛用车的重量，检查每位车手的比赛用车的配置，测量鞍座到车把的前伸距离，UCI规定参赛用车最轻不能低于6.8千克。如图C.8所示，检查车架有专业的检查架，检查架有两块5厘米标准的垂直板，这两个垂直板的内线距离为75厘米。车架的中轴垂线和后垂直板的前面对齐。

UCI规则1.3.013明示："车座（译者注：原文件用的是"车座"而非"鞍座"）尖端与中轴垂线之间的距离不得小于5厘米"。所以，参考图C.8，若车座前端与垂直板的后面重叠，则违反了UCI规则1.3.013。若车把尖的一端（通常定义为变速拨杆的转轴中心圆）和前垂直板的后面重叠，说明五通到车把尖端的距离超过75厘米，违反了UCI规则1.3.023（见规则的附录）。若中轴垂线到前轮垂线的距离超过了65厘米（常见于大尺寸自行车），违反了UCI规则1.3.016（见规则附录）。

若鞍座的前端比中轴垂线靠前，这辆车不符合UCI标准，除非换个短点的鞍座（至少24厘米长）。不过，若鞍座的前端比中轴垂线靠后0~5厘米（见图C.8，在中轴垂线之外），通过UCI的体形测试就可参赛。

这个测试需要在裁判员面前坐到自行车上，膝盖的前部不能超过脚踏轴心。

若鞍座下调5厘米内可以达到这个标准，提前下调鞍座。注意脚后跟下降时前轮垂线后移。另外，裁判员还要检查另一个膝盖后移是否超过规定标准。

若破风把的上端（或刹车手柄轴心点，即"车把两端最大距离"，具体测量方法因地区而异、因不同的裁判员而异，但一般是以电子手柄的末端起算）距离中轴垂线水平前伸不超过80厘米，必须换短把才能参赛。不过，若这个距离在75~80厘米之间（见图C.8），通过UCI的体形测试就可参赛。这个测试需要在裁判员面前坐到自行车上，两肘弯曲不能超过120度。若已经知道自己的手柄轴

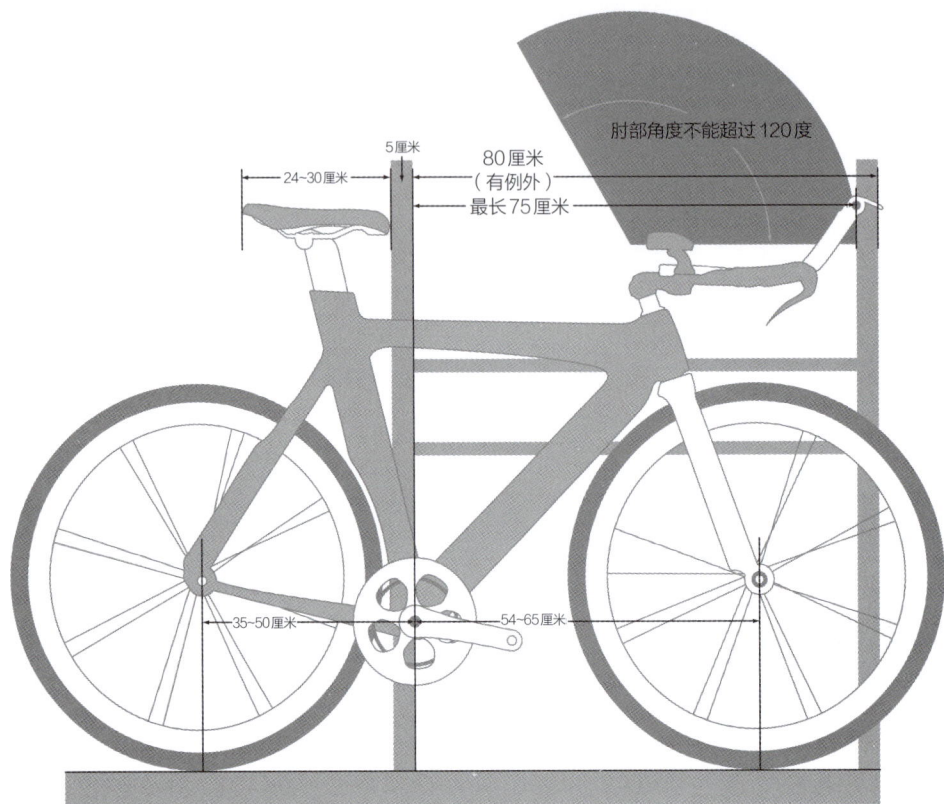

肘部角度不能超过120度

5厘米

24~30厘米

80厘米
（有例外）

最长75厘米

35~50厘米

54~65厘米

专业指导 ── UCI技术规范

下面是我选节选的UCI技术规范中容易引起争议的部分，技术规范的完本请登录UCI技术规范网站。

1.3.007 自行车及配件应为在售或可售商品，任何人都可使用。专业设计的装备（在案的和不在案的）无须授权。

1.3.013 鞍座的前部分和后垂直板的距离至少5厘米（1）。

（1）1.3.013和1.3.016脚注（1）所指的距离，可以根据身材的需要缩短。身材指的是骑手与车架相关的尺寸及四肢的长短。

参赛骑手根据这条，考虑使用比规定尺寸小的车架时，要进行如下测试：使用铅垂线，检查骑手踩踏姿势的最前方是否超过了前轮垂线（见图C.6，膝盖最前端的线必须通过中轴垂线或位于中轴垂线之后）。

1.3.014 鞍座的支持面应该是水平的。支撑面最短24厘米，最长30厘米。

1.3.016 中轴垂线到前轮垂线的水平距离最短54厘米，最长65厘米（见图C.8）。

1.3.018 参赛所用的车轮，必须在 UCI 认可的实验室通过破坏性测试。

1.3.019 b）整车重量不能低于6.8千克。

1.3.020 c）非越野比赛，公路赛的车架必须是传统车型，比如必须有一个三角区，车架管型必须是直管或渐变管型。

1.3.021 用于公路计时赛和场地赛的自行车，车架包括五通管，都必须符合1.3.020 "三角结构"的规定。

1.3.023 公路计时赛和铁人三项赛个人赛和团体赛，1公里和500米的，转向系统可以增加延伸物。中轴垂线到车把前端的水平距离不能超过75厘米（见图C.8），其他的规定见1.3.022（b, c, d）。可以使用肘部或前臂休息把［见图解 "结构（IB）"］。

公路计时赛和场地赛，固定在车把上的控制器或拨杆可以超出75厘米，但是控制器或拨杆的使用不能改变，尤其是双手的位置不能超过75厘米的标志。

在第一段中提及的计时赛和场地赛，75厘米的距离可以因身材原因增加到80厘米。"身材原因"指的是选手身高尺寸和四肢长短。选手们可依据身材原因，向裁判员出示证明并申请采用75~80厘米的标准。

裁判员可采取如下测试：在比赛姿势时，选手前臂的夹角不超过120度。

［注：任何UCI附加的 "结构IB" 图解说明车把必须低于鞍座的支撑面。］

1.3.024 任何加装的结构装置，若是为了降低空气阻力或有推进力，如防风罩、流线型导流罩都禁止使用。

流线型装置可以是车把的延伸物或具有流线外形的一部分装置，其长度和直径的比例不大于3，可以使用。

心距离在75~80厘米，这个测试要提前做。

注意： 鞍座前移或前移骨盆在鞍座上的位置并降低背部，可以缩小双肘之间距离。

若裁判员检查中轴垂线到前轴垂线的距离（很少做这个检查），且已知这个距离稍微超出了65厘米，接受检查时尝试着稍微转动前轮，这个距离即可缩短，但要注意不要让裁判员发现了。

裁判员的兴趣点在于赛事而非挑起事端，所以他们希望选手通过检测。选手了解参赛规则，使用符合参赛规则的自行车，以配合裁判员的工作。记住这些规则可以决定自行车的标准，但规则不能决定你以何种姿势坐在自行车上。所以，只要能通过检测，坐姿可以自己掌握。

附录 D
词汇表

预压环： 位于五通主轴非传动侧，控制轴承的迫紧力量，保养五通轴心和轴承时需拆卸。本词汇有时亦指碗组的上珠碗。

Aheadset： Dia-Compe 和 Cane Creek 公司的注册商标。配合无螺纹前叉使用的碗组，也称为"无螺纹碗组"。

Allen 扳手（内六角扳手）： 内六角螺栓使用的六角形扳手。

锁线栓： 固定螺栓，连接变速线和刹车夹器或变速线和拨链器。

轴： 轴承或套管中间的杆状物，通常在轴承或干式轴承（轴衬）中。

尾钩宽度： 两个尾钩内侧之间的宽度，指的是两个相对的防松螺母间的距离。

培林： 一组在轨道滚动的滚珠，通常为钢材质，使轴心能在圆柱形容器之中转动。也可指散珠。

调节器： 有螺纹的止栓，可微调变速线张力。调节器通常和后拨链器、变速把以及刹把搭配。

轴承锥： 圆锥形零件，外圈是承载滚珠的轨道，轴承锥提供预压力，将滚珠压在珠碗内。

轴承珠碗： 表面抛光的碗状物，滚珠在珠碗内的轨道滚动。滚珠夹在轴承锥"外表面"和珠碗的"内表面"之间。

轴承轨道： 滚珠所滚动的轨道或表面，位于珠碗内表面、轴承锥外表面，或卡式轴承内外圈之间。

夹紧螺栓： 链接两个零件的螺栓，例如使车架夹紧座、使副把夹紧车把、使把立夹紧车把，或使龙头夹紧无牙式前叉竖管的螺栓。

撞墙/肝醣耗尽：（1）动词，指身体能量耗尽，导致无法继续高强度运动。（2）名词，卡路里摄入不足引起低血糖，因此无法继续高强度运动的状态。

五通/中轴（BB）： 使曲柄旋转的零件。一般而言，五通组件包含轴承、轴心、固定环、预压环和锁环。

五通下降： 五通中心和前后花鼓中心连线的垂直距离。这个落差就是轮半径减去五通高度（见附录 C，图 C.1）。

五通管： 车架底部的圆柱形结构，五通轴心从中间通过。

刹车： 利用摩擦力使车轮和骑车人减速或停止运转的机械装置。

刹车基柱（也称为"刹车转轴""吊刹座"）： 固定在前叉或车架的支柱，用来安装刹车。

后上叉桥： 固定公路夹器的后上叉交叉管。

刹车卡钳： 固定在车架或前叉，利用活动件联结刹车皮，使车轮停止或减速。

刹车皮（也称为"刹车块"）： 用橡胶或类似材质制成的块状物，与车圈、碟片或其他种类的刹车面摩擦，以降低速度。

刹车转轴（见"刹车基柱"）。

刹车皮底座： 金属制的刹车皮底座，将刹车皮固定在刹车臂。

硬焊底座： 泛指附着于金属车架的组件，甚至包含熔接或胶粘。

硬焊： 一种制作钢管车架的常用工艺。铜或银焊料是车架管材和"硬焊底座"的介质，硬焊可连接刹车基柱、止栓、货架孔等。铝车架和钛车架也可以用铜焊，但比较少见。

干式轴承：金属（钢）或塑料制作的套筒，作用类似简化的轴承，用在踏板、避震前叉、后避震器以及后拨链器的导轮。

抽管：常见的金属管材成形方式，使车架管壁具有不同厚度。抽管可使管材两端稍厚，以减轻重量。

刹车线（或"变速线"）：将多根细钢线捻或编成辫状钢索，用来操作刹车器和变速器。

线帽：包住刹车线尾端的护套，避免磨损分叉。

刹车线固定螺栓：将刹车线连接到刹车夹器或拨链器的锁线栓。

吊线架：悬臂式刹车或U形刹车的外管止栓，位于把立、碗组垫片、前叉或后上叉桥，是刹车外管的终点。

外管：外管是金属补强层，变速线或刹车线从中间穿过，分变速外管和刹车外管两类。

止栓：位于车架、前叉或把立的配件，变速或刹车外管在此处终止。

导链架/水壶架安装座：前后拨链器的两片导引板，链条从中间穿过，后拨链器导链架也装有导轮。也是水壶架安装座。

夹器（见"刹车夹器"）。

Campagnolo：一家意大利自行车零件公司。

Cane Creek：美国自行车零件公司，原名Dia-Compe USA（美国大雅康培），最早生产无螺纹碗组。

悬臂式刹车：通过钢索操作的刹车装置。车架或前叉基柱装有两个相对的刹车臂，刹车臂装有刹车皮。紧握刹车杆，提高刹车线张力，刹车皮会夹紧车圈摩擦面。

碳纤维刹车皮：碳纤维车圈专用刹车皮。

卡式轴承：将滚珠密封在卡匣内的轴承，卡匣由钢制内外环、保持器组成，有的还有防水防尘的外盖。

卡式飞轮：安装在卡式飞轮上的一组飞轮。

链条：用"销"（细小圆柱）串联的金属滚子和内外链片，能量通过链条从曲柄传递到后轮。

链条准线：从大牙盘中心画到飞轮的假想线，这条线应该笔直且平行于自行车的中心切面。一般所谓的链条准线是从立管中心量到第二片牙盘中心。

链目：自行车链条的基本单位，包括两个外链片、两个内链片。

牙盘：连接右曲柄的齿轮组。

牙盘螺母扳手：锁紧牙盘螺栓时，固定牙盘螺母的工具。

后下叉：自行车的车架管，连接五通和后尾钩，也连接后轮轴。

卷链：链条通过牙盘下面的释放点后被齿尖钩住。链条可能会继续往上卷，直到夹入牙盘和后下叉之间。

飞轮扳手：扁平的钢制工具，前端有两截链条，用于拆卸卡式花鼓或锁牙花鼓的飞轮片。

chase, wild goose：Chris King American自行车零件生产商。

C型扣：C型环，卡入沟槽固定零件。

开口胎使用车圈：有高框和"钩"状表朝内面的车圈，使胎唇固定到车圈。

开口胎：胎唇可卡进车圈，内装独立的内胎。

卡式踏板：有别于定趾器和固定带，利用弹簧的力量夹住鞋底板，将锁鞋固定在脚踏上。

飞轮齿片：后花鼓传动侧的齿轮。

轴承锥：带螺纹的锥形螺母，提供预压力，将滚珠压在珠碗内，表面光滑，滚珠可在其内滚动。可用于所用杯锥形散珠轴承系统。

曲柄臂：连着中轴轴心和脚踏的曲柄部分，骑行者通过曲柄臂将踩踏的力传送到链条。

曲柄固定螺栓：连接曲柄和五通中心的螺栓。

曲柄长度：曲柄从中轴轴心到脚踏轴心的长度。

曲柄组：包括五通主轴、两个曲柄、大牙盘组，以及附属的螺帽和螺栓。

珠碗： 包围滚珠的碗状轴承座，位于五通、碗组或花鼓（见"轴承珠碗"）。

拨链器： 切换传动齿轮的装置。自行车在行进过程中，骑车人将链条从大牙盘或后飞轮的某一片移到另一片。

拨链器吊耳： 右后尾钩下方的金属延伸座，通过这个延伸座将后拨链器固定在车架上。

Di2： Shimano电子变速系统。

钻石形车架： 传统的自行车架造型。

碟刹： 位于车轮的碟片靠刹车皮磨达到减速的目的。刹车皮安在固定在车架或前叉的卡钳上。

正心： 后轮左右侧的辐条张力不一致。

正心校正： 调整车轮的辐条张力，使车圈位于车架或前叉的正中央。

正心弓： 检查车圈是否位于车轴正中央的工具。

两盘系统： 使用两片大牙盘的传动系统配置（相对于三盘系统）。

DoubleTap： SRAM一体式公路刹车夹器/刹车手柄。

下管： 连接头管和五通管的车架管。

传动系统： 包括曲柄、牙盘、五通主轴、前拨链器、链条、后拨链器和飞轮（锁牙式或卡式）。

下降/落差/速降地形：（1）五通中心和前后花鼓中心连线的垂直距离。（2）两个零件之间的高度差。（3）骑行路况中的速降地形。（4）和工具无关。

尾钩： 前叉和后三角末端的沟槽，可套入车轴。

DT（也称为DT Swiss）： 辐条及其他自行车零件和工具制造商。

直装式双轴侧拉刹车器： 刹车臂有两个转轴。

阻力胶： 氨基钾酸酯制成的弹性物质，有时用在前、后避震器，简称MCU。

EPS： Campagnolo的电子变速系统。

Ergopower： Campagnolo的一体式公路刹车夹器/刹车手柄。

eTap： SRAM的电子变速系统。

扩张器螺栓： 螺栓锁紧时，楔形物产生外扩压力，将零件固定在中空管内。扩张器螺栓用于螺纹把立或车把把尾等。

扩张楔： 固定扩张器螺栓上方的带螺纹的零件，用于将螺纹把立固定在前叉竖管上，或将车把堵等固定在车把上。扩张楔中心有螺纹，以便旋入扩张楔螺栓。扩张楔可能是一端斜切的圆柱，也可能是一端切成平面的圆锥。

线帽： 线管末端的圆套。

固定环： 无法调整的轴承座，位于五通主轴的传动侧。

花鼓耳： 花鼓直径最大处，辐条头固定在花鼓耳上。

前叉： 连接前轮和车架的零件。

叉肩： 连接叉骨和前叉竖管的零件。

前叉偏位（"偏位"）： 前轮轴心和前叉竖管虚拟的中心线的垂直距离（见"转向轴"），也称为"车轮偏位"或简称为"偏位"。

车架： 自行车的核心结构，所有零件都装配在车架上。

卡式飞轮座： 在后花鼓内的棘轮的飞轮座，可连结卡式飞轮片。

锁牙飞轮： 连接飞轮片和后轮的机械装置（飞轮片向前旋转，棘轮机构联合花鼓本体，使车轮一起旋转；滑行或向后反转时，棘轮机构则脱离花鼓本体，骑车人能够停止踩踏，而自行车继续向前滑行，见卡式飞轮座）。

阻力式变速拨杆： 装在车架或车把的传统的（无段式）变把，靠阻力垫片和螺栓维持变速线的张力。

前三角： 由自行车车架的头管、上管、下管和立管组成。

FSA： Full Speed Ahead，自行车零件生产厂家。

老奶奶挡位： 变速自行车的最小齿比，链条在最小前齿盘与最大飞轮片。

Grip Shift： SRAM公司的一款安装在车把上的转把的商标，通过来回扭动转把，使变速器换挡（见"转把"）。

车把： 曲状圆管，连结前叉和把立，骑行者握住车把转动前叉，控制行进方向。刹把和变把都安装在车把上。

头管角度：头管中心线和水平线的夹角。

车头碗组：包含许多独立圆柱形零件的轴承系统，部分装在头管，部分套入前叉竖管，连结车架和前叉，并使前叉竖管可在头管中转动。

首管：车架最前方的圆管，前叉竖管从中穿过。头管连结车架上管和下管，内有碗组。

花鼓：车轮中心的零件，辐条固定于花鼓耳，车轴从花鼓中穿过。

花鼓刹车器：在花鼓上安装碟盘、刹车鼓或倒踩式刹车，并对上述零件的摩擦面施力，让自行车减速或停止。

油压刹车：通过液体压力推动刹车皮摩擦车轮或碟片。

定位式变速器："咔"的一声就定位的变速拨杆，同时将变速器从某片牙盘移至另一片牙盘。

隐藏式碗组：将轴承座整合在车架头管内壁的一种设计无须独立的珠碗，轴承完全隐藏在头管内部。

导轮：有齿边的滑轮，安装在后拨链器上，下导轮对链条施加张力，上导轮牵引链条横向移动，使链条从一个飞轮片移到另一个飞轮片。

导线架：V刹刹车臂可转动的水平金属架，用来钩住弯管。

锁紧螺母：用于轴承松紧调整的螺母。锁紧螺母用于碗组、花鼓和脚踏。

锁盖、迫紧环：大的薄环状的锁紧螺母。中轴上的锁紧螺母，可将预压环紧锁到车架五通管。圈簧加阻尼式后避震器的锁紧螺母，可压缩圈簧，增减预载。有的气压式后避震器的锁紧螺母，可控制本体的前后位置。卡式花鼓的锁紧螺母，可固定卡式飞轮片。中央锁入式碟刹的锁紧螺母，可将碟片锁在花鼓上。

防松垫：有内齿或外齿的垫片，可将相邻的螺母和垫片固定不动。

链条魔术扣：将链条连接起来的链节，不用截链器，用手即可拆解魔术扣。

Mavic：法国自行车生产厂家。

游标卡尺：测量物体外径或空心物体内径的工具。

固定螺栓：将零件固定在车架、前叉或其他零件的螺栓。

滚针轴承：钢制的圆柱形卡匣，内部按同轴排列一圈滚针。

辐条头：（1）把辐条固定到车圈上的小孔内的小螺母。（2）油碟的油管插入油碟卡钳的油孔。

弯管：V夹刹车臂上方的弯曲导管，用来止住外管，以及把变速线导引到另一个刹车臂上方的锁线栓。

Park Tool：自行车工具生产厂家。

踩踏平台：脚踩的脚踏部位，通过施力推动自行车。

脚踏重叠：低速骑行中大幅度转把立时，脚尖碰到前胎。

Pedro's：自行车工具和润滑油公司。

销钉扳手：V形扳手，尖端各有一个小插销，可插入五通主轴的预压环，或锁紧其他锁紧环。

转轴：刹车、拨链器、后避震系统的轴承或轴衬的轴心，使零件可以围绕其转动。

转轴螺栓：将刹车夹器或拨链器固定在转轴上的螺栓。

预载（轴承）：将轴承的轴调整到加重状态下也能转动灵活、无间隙。

法式气嘴：细长形的金属气阀，锁紧挺杆螺母以防止空气从内外胎泄漏。

快拆：1）快拆式轴心杆，将车轮固定在前叉或后尾钩，取代轮轴螺母；2）快拆式座管夹，可快速开启的杠杆，使立管夹紧座杆，取代扳手操作的螺母；3）刹车夹器的变速线放松装置；4）可快速开启或关闭的迫紧零件，用于刹车变速线或车轴；5）可通过杠杆快速开启或关闭的任何固定螺栓。

把立垂直杆：搭配有螺纹式碗组，插入前叉竖管中，含有扩张楔和螺栓，将把立锁紧在前叉竖管内。

单面脚踏：脚踏是单面的，锁片是个开沟的梯形底板（图13.2），需要有专用的定趾器，底板踩入脚踏固定鞋底的位置，爬坡和冲刺时能将脚和脚踏紧固在一起。安装带可以使脚与脚踏紧密结合，踩踏中向上提拉的时候也更能得上劲，踩踏效率更高、画圆踩踏的动作更顺畅、肌肉发展得更均衡。定趾器对面有个小尖尾，可以用脚趾向上翻动这个小尖尾，以方便将脚插进定趾器。

轨道：环状轨道，供滚珠自由滚动。

后三角：自行车架的后半部，包括后上叉、后下叉和立管。

回弹阻尼：机械装置，用来减缓弹簧回复至初始长度的速度。

车圈：车轮的外环，车胎固定在车圈上。

Ritchey：美国的一家自行车零件和自行车公司。

碟片：碟刹系统安装在车轮花鼓上。

Rotor：一家自行车零件公司。

鞍座：用皮革或塑料制成的平台，骑行时坐在上面。

鞍座轨：支撑鞍座的两个金属条，鞍座夹在座轨上。

美式气嘴：内部具有弹簧泄气针的高压气阀。美式气嘴可用于自行车内胎、UST外胎、气压式避震前叉和后避震器，以及汽车轮胎。

密闭式轴承：厂家预先组装好的一套完整的轴承，抗污能力强。

立管角度：立管中心线和水平线的夹角。

座管：支撑并固定坐垫的直杆（插进车架）。

后上叉：自行车的车架管，将立管或后拨链器连接到后尾钩（后尾钩再连接到后花鼓）。

立管：车架的座管（一般情况下还有曲柄）的交汇处。

薄垫片、簧片：两零件之间的薄片，以使两个零件保持合适的距离。自行车的薄垫片常用于碟刹卡钳和车架之或前叉之间，或中轴碗座和车架五通管之间。

Shimano：日本的一家自行车零件公司，生产XTR、XT、Saint、LX和STX套件，也是Rapidfire指拨、SPD脚踏和STI变速系统的开发者。

杆：1）一根长杆。2）花鼓上的快拆杆。3）避震前叉穿过阻尼胶的避震杆。

Slime：轮胎自补液的一个品牌。Slime品牌的轮胎自补液内含大量的短纤维，补胎能力强，通过气嘴灌进内胎后流动并堵住漏气孔。

套筒：圆柱形工具，一端是四方孔，结合套筒扳手；另一端是六角形内壁，套住螺栓头或螺帽后旋转螺栓或螺帽。

套筒扳手：圆柱状扳杆，一端连在棘轮装置，上面有一个和力臂垂直的四方头，结合套筒或延长杆来旋转螺栓或螺帽。

垫圈：通常指圆柱形厚垫片，将两个零件分隔开来。垫圈可用于碗组和把立之间、无螺纹前叉的把立和顶盖之间，或螺纹前叉的上轴承碗和上螺帽之间。垫圈也可以用于调整中轴固定环、预压环和车架中轴间的距离。

扳手：主要是英式说法。

曲柄爪：星形的金属零件，连接右曲柄和牙盘。

栓槽：纵向的凹槽和凸脊，扣合两个机械零件。

辐条：连结花鼓和车圈的细金属条。

弹簧：弹性物体，压缩后可靠着弹性回复至原始形态。自行车避震系统的弹簧，可以是圆柱形阻尼胶、钢或钛制线圈或压缩空气。

弹簧预载：弹簧的初始负载，遇到冲击时可用的压缩行程。

齿片：与链条咬合的圆形多齿金属片。

SRAM：美国自行车零件生产商。旗下有Sachs、Avid、RockShox和Truvativ自行车零件公司。

胯下间距/跨越高度：骑车人跨过车架站立，上管和胯下之间的距离。

花芯：外围有尖爪状的固定锚，将其敲入车架首管，和碗组上盖的螺栓对锁，用来调整无螺纹碗组的预压力。

转向轴：前叉旋转的虚拟轴心线。

前叉首管：叉肩上端的垂直管，将前叉首管套入车架头管，通过碗组轴承转动前叉。前叉首管分为螺纹首管和无螺纹首管：螺纹碗组的上碗座旋入前叉首管的螺纹，把立用扩张楔固定在前叉首管内；无螺纹碗组的上碗座套入前叉首管，把立夹紧前叉竖首。

把立：连接前叉竖管和车把的零件。

把立长度：沿着把立上方，从前叉竖管中心量到车把中心的距离。

跨越式车架（"女式车架""男女通用车架"）：可轻松跨越的自行车架设计，上管从头管上缘往下陡降，衔接立管底端。

STI（Shimano Total Integratio）：Shimano生产的一款一体式刹车变速手柄。

线轭：连接两个刹车臂的零件。

螺纹碗组：与螺纹前叉搭配的碗组，上珠碗和螺母旋入前叉首管的螺纹。

三交叉编法：辐条的排列方式。每根辐条从花鼓向车圈发散，与另外三根辐条交汇。

指拨：大拇指操作的变速手柄，装在车把顶端。

胎唇：外胎的边缘，钩在车圈的内侧壁。胎唇所绕成的直径恒定才符合标准。胎唇用强韧、抗拉、耐磨损的材质制成，例如钢丝或Kevlar纤维。

撬胎棒：将外胎撬离车圈的工具。

碗组盖：无螺纹前叉首管使用的碗组最上方的圆形顶盖，中间开孔使螺栓通过，并旋入花芯。锁紧螺栓即对把立产生下压力，以调整碗组轴承的松紧。

上管：连接立管和头管的车架管。

扭力："力"的一种表达方式，指转动系统的力。扭力是向量单位，计算方式是旋转中心到施力点的距离乘以垂直分力。与自行车相关的扭力是：锁紧螺栓或螺母的力（可用扭力扳手控制，见附录E），以及骑车人施加在脚踏上的力，驱动后轮让自行车前进。

扭力扳手：有刻度尺或指示器的套筒扳手。锁紧螺栓时，可显示当前所施加的扭力大小。

星形螺栓：头上是六角星形的螺栓。

三盘：右侧曲柄装配三片大牙盘组。

Truvativ：自行车零件制造商，SRAM子公司。

管胎专用车圈：专门用于安装管胎的车圈。因为管胎没有胎唇，故管圈一般是双壁的，且上部有凹面，以固定管胎。

管胎：一种没有胎唇的外胎。管胎底部缝合，底部粘了一层棉布带。底部粘到车圈上，将车胎固定到车圈上（所以，管胎也称为"缝合胎"，英式说法"tub"）。

转把：线拉操作的圆形变速把手，安在车把上，紧挨着把套。来回扭动转把，使变速器换挡。

V刹（侧拉式刹车夹器）：一种线刹。两个刹车悬臂拉动车架上的转轴，或拉动前叉上用螺栓固定的平行刹车线，控制车圈起到刹车作用。刹车皮安装在刹车臂上，刹车臂上有线架、线管和锁线栓。

大力钳：一般安在工作台上，对拧用螺丝固定的夹紧物体的夹子。

Vise Grip：一个可以调节的夹紧钳品牌。

Vise Whip：本书作者设计的一款Pedro品牌工具，替代飞轮扳手，用于拆卸卡式飞轮。

焊接：熔化两种金属表面，以便将它们连接在一起的过程。

轮距：两个车轴之间的水平距离。

车轮的安装挂钩：前叉末端的凸缘，可以是铸造成形的，也可以是分开安装的，避免快拆杆或轴心螺母旋松时前轮掉落。

扳手：有各种形状的公头或套筒，扣合并转动螺栓或螺母的工具。英式说法为"spanner"。

线轭：悬臂式刹车或V形刹车上使用的连接变速线和吊线的零件。

Zinn：本书作者；请不要和Zen混淆了。

附录E
紧固扭力参考表

机械工程最大的风险之一是扣件锁紧过度或没有锁紧，轻量化零件尤其容易如此。对锁紧有种本能的敏感度是很棒的，不过，大部分人没有这种第六感，还是需要靠扭力值。很多零件，尤其是现在流行的超轻把立、车把，用正确的扭力值锁紧非常重要，这可以防止骑行中把立、车把断裂导致自行车瞬间失控。即使是有经验的技师，虽然有数年的经验，也有可能把超轻把立的螺栓锁紧过度。

虽然如此，我还是强烈推荐要培养锁紧螺栓的第六感。有些小螺栓可以用扳手或内六角扳手夹住，从而容易锁紧。（扭力＝力×半径。用扳手夹住螺栓时，即减少了施力的半径，所以同样的螺栓要用更大的扭力。）若感觉到螺栓已经锁紧，可用扭力扳手检查一下所施的力是否正确。

扣件没有锁紧非常危险。车把固定到把立上时，锁紧程度不够，车把会松脱或扭曲；再如刹车线没有锁紧，用力刹闸时会拉空。另外，没有完全锁紧的螺栓比锁紧的螺栓更容易达到疲劳上限。扭力值的标准计算方法是锁到材料抗剪强度的八成，这个方法可用于刚体接点，高预紧扭力可确保扣件维持张力适度，又不会产生金属疲劳。然而多数自行车零件多半不属于刚体，太高的预紧扭力反而会损毁零件。混用不同品牌、年代或材料的零件，这个问题尤其严重。例如把立厂家建议的扭力可能没有预期搭配碳纤维产品，锁紧铝材质的车把的扭力会压碎碳纤维车把。刚体连结无须考虑回弹，但自行车零件（例如车把）锁紧时会回弹，所以螺栓的预紧扭力要相对降低，比连结的实心钢质零件低。

转向扭力扳手的尾端多半有一个旋钮，用于控制内弹簧的张力，而弹簧张力决定扭力大小。扭力由握柄侧边的光标尺或指示器显示出来。当扭力达到预计值，弹簧也累积到一定的变形量，四方头开始滑动，扭力因而受到限制。老款的扭力扳手称为束射形扭力扳手，指针和握柄平行，可以直接显示当时的扭力值。

维修自行车需要两把扭力扳手，大的扭力扳手无法完全适合小的螺栓；小的扭力扳手手柄不够长，无法锁紧五通或曲柄螺栓。

扭力扳手不能保证完全不出错，只能降低出错概率。第一，使用扭力扳手首先要确定这颗螺栓的建议扭力值，本附录的参考表已尽量搜集各种螺栓的扭力值，但无法涵盖所有厂家生产的各种螺栓，若方便，最好查阅原厂说明书。另外，不同的设计或材质，厂家设定的扭力值也不一样。所以，即使是下表列了扭力值的螺栓，也要尽可能地经常查阅其扭力值变化。

第二，螺栓的润滑度、温度，以及其他因素都会影响扭力读数。自行车用的螺栓通常只在螺纹部分涂抹润滑剂或防松胶（未干之前起润滑作用），不在螺栓头的底面涂抹。在螺栓头底面涂抹润滑剂会降低摩擦力，要达到相同的紧固程度，需要更高的扭力。

第三，活动的螺栓与静止的螺栓是两个不同概念。前者测量紧固过程的动摩擦力（滑动的），后者是紧固完毕的静摩擦力。由于静摩擦系数大于动摩擦系数，若放松螺栓检查扭力，要克服静摩擦力的瞬间扭力偏高，不是真正的预紧值，尤其是放置一段时间、甚至生锈咬死的螺栓。

第四，扭力扳手要放在螺栓正上方，扭力的读数才能正确；四方头位置若偏移，则指示器读出的数值会比真实的预紧值低。例如，测量脚踏轴心末端（若不用6毫米或8毫米的内六角扳手）需要在扭力扳手上套一个corw'sfoot扳手——一个四方头15毫米开口扳手（译者注：状似乌鸦爪）。若corw'sfoot扳手使四方头无法重叠脚踏轴心，延长的力臂若和扭力扳手呈一条直线，扭力会放大（例如：会使扳手一半径一扭力变大），放大倍率施加在转接头上，乘以指示器的读数可求出真实的数据。然而，若corw'sfoot扳手和扭力扳手的角度是90度，扭力值会缩小，可以按扭力扳手上的数值（因为斜边和直角三角形的长边长度接近）。

最后，扭力扳手并非百分之百精确，随着使用次数增加，磨损会导致扭力读数失准。大部分的扭力扳手可校正，很多汽车零件商店和五金店就可以做扭力扳手校正，直觉和手感也是确保安全的重要因素。

重新阅读"2-19"（第2章），有助于培养锁紧螺栓的手感。无论是否有"扭力直觉"，螺栓要锁紧到设定值，扭力扳手才是靠谱的。

下表已尽量列出自行车厂家建议的扭力值，只标明单一数值而不是扭力范围的，最大扭力乘以80%~90%是所需的"最低扭力"。

下列数值以钢螺栓为主，铝螺栓和钛螺栓会另外标注。切记钛螺栓使用Finish Line的Ti-Prep或类似的防融合剂；同样地，任何材质的螺栓锁紧到钛合金零件或钛合金车架上也要使用此类防融合剂。

扭力单位转换

表E.1同时列出英寸·磅（in-lbs）、牛·米（N·m）和英尺·磅（ft·lbs）（我认为N·m比较好用，因为最多两位数）。

表E.1 扭力单位转换

- 1英寸·磅除以12是1英尺·磅。
- 1英寸·磅乘以0.113是1N·m。
- 1千克力·厘米乘以0.098是1N·m。

螺栓尺寸

- M5螺栓直径5毫米，使用3毫米或4毫米内六角扳手（拨链器除外，拨链器通常使用5毫米内六角扳手或8毫米梅花扳手）。
- M6螺纹直径6毫米，通常使用5毫米内六角扳手。
- M7螺栓直径7毫米，通常使用6毫米内六角扳手。
- M8螺栓直径8毫米，通常使用6毫米内六角扳手（曲柄螺栓使用8毫米内六角扳手）。
- M10螺栓直径10毫米，通常使用5毫米或6毫米内六角扳手（后拨链器固定螺栓）。

数字前的英文字母M代表螺栓尺寸而不是螺栓头适用的内六角扳手号数。M5螺栓直径是5毫米，以此类推，M6螺栓直径是6毫米，与工具大小无关。以自行车上使用的M5螺栓为例，可使用3毫米、4毫米、5毫米内六角扳手或8毫米内六角扳手或套筒。水壶架的M螺栓圆柱头使用标准4毫米内六角扳手，半圆头则使用3毫米内六角扳手，前拨链器固定螺栓或前后拨链器的锁线栓使用5毫米内六角扳手。碟片上的螺栓，使用的却是TORX T25星型扳手。反之，老款的用单颗大螺栓固定把立和车把的螺栓，多使用6毫米内六角扳手，螺栓却可能是M6、M7甚至M8。

1. 稍微咬合（1~3N·m）：小螺丝、轴承的预压螺栓（无碗组盖），或扣合塑料零件的螺丝。
2. 紧密咬合（3~9 N·m）：小型M5螺栓，例如鞋底板螺栓、刹车夹器和拨链器的锁线栓、拨链器固定螺栓、小的把立平头螺丝或把立锁紧夹螺丝。还有些M5和M6的座管夹螺栓需要锁紧。

3. 用力锁紧（9~27N·m）：车轴、老款把立的单颗大型螺栓（M6、M7或M8），部分M6座管夹螺栓、鞍座卡的螺栓。

4. 非常紧（31~68N·m）：曲柄、脚踏、卡式飞轮锁紧螺栓、中轴等大型零件的螺栓。因其要承受的压力大，所以若螺栓没有锁紧，会损坏或松脱。

表E.1 ── 公路自行车扭力表 *

*见"表E.1 扭力单位转换"

钢螺栓锁入铝合金零件	英寸·磅	牛·米	英尺·磅
M5螺栓	60	7	5
M6螺栓	120	14	10
M6螺栓固定碳纤维零件	100	11	8
7螺栓	180	20	15
M8螺栓	220	25	18

中轴和曲柄	英寸·磅		牛·米		英尺·磅	
	最小值	最大值	最小值	最大值	最小值	最大值
Bontrager方锥形曲柄（sport）固定螺栓，M8	320	372	36	42	27	31
Bontrager ISIS（Select，Race）曲柄固定螺栓，M15		480		55		40
Bontrager GXP（Race Lite，Race Y Lite）曲柄固定螺栓		480		55		40
Bontrager牙盘固定螺栓，钢材质	70	95	8	11	6	8
Bontrager牙盘固定螺栓，铝合金材质	50	70	6	8	4	6
Campagnolo/Fulcrum Power Torque和Ultra-Torque曲柄固定螺栓	372	531	42	60	31	44
Campagnolo/Fulcrum Power Torque和Ultra-Torque外置轴承盖		310		35		26
Campagnolo方锥形曲柄（M8钢材质）	283	336	32	38	24	28
Campagnolo方锥形卡式中轴		619		70	0	52
Campagnolo牙盘固定螺栓		71		8		6
Easton外置轴承盖	301	363	34	41	25	30
Easton左侧曲柄固定螺栓（M5）		105		12		9
Easton牙盘固定螺栓		40		4.5		3.3
FSA M8钢材质曲柄固定螺栓	304	347	34	39	25	29
FSA M12钢材质曲柄固定螺栓	434	521	49	59	36	43
FSA M14钢材质曲柄固定螺栓	434	521	49	59	36	43
FSA M14铝合金曲柄固定螺栓	391	434	44	49	33	36
FSA M15钢材质曲柄固定螺栓	434	521	49	59	36	43
FSA M15铝合金曲柄固定螺栓	434	521	49	59	36	51

中轴和曲柄	英寸·磅		牛·米		英尺·磅	
	最小值	最大值	最小值	最大值	最小值	最大值
FSA M18轴承预压螺栓，MegaExo	4	6	0.4	0.7	0.3	0.5
FSA M18轴承预压螺栓，BB90，BB86	6	13	0.7	1.5	0.5	1.1
FSA M5夹紧螺栓，用于铝合金曲柄，MegaExo	106	115	12	13	9	10
FSA M5夹紧螺栓，用于铝合金曲柄，BB90，BB86	97	133	11	15	8	11
FSA M17夹紧螺栓，用于铝合金曲柄，BB90，BB86	398	487	45	55	33	41
FSA M18夹紧螺栓，用于碳纤维曲柄，MegaExo	398	487	45	55	33	41
FSA BB30曲柄固定螺栓	345	434	39	49	29	36
FSA钢材质Allen曲柄固定螺栓	80	106	9	12	7	9
FSA铝合金Allen牙盘固定螺栓		87		10	0	7
FSA铝合金卡式中轴	347	434	39	49	29	36
FSA MegaExo中轴	345	434	39	49	29	36
Kogel中轴	305	435	35	50	25	36
Race Face X-Type曲柄 固定螺栓	363	602	41	68	30	50
Shimano方孔曲柄固定螺栓（M8钢材质）	305	391	34	44	25	33
Shimano曲柄固定螺栓（Octalink/Hollowtech）	305	435	35	50	25	36
Shimano左侧曲柄预压螺栓（Hollowtech 2）	4	6	0.5	0.7	0.3	0.5
Shimano Hollowtech 2左侧曲柄夹紧螺栓（M5）	88	132	12	14	7	11
Shimano牙盘固定螺栓，钢材质	70	95	8	11	6	8
Shimano方孔/Octalink卡式中轴	435	608	50	70	36	51
Shimano一体式中轴（Hollowtech 2）轴承盖	305	435	35	50	25	36
Shimano散珠中轴固定环	609	695	69	79	51	58
Shimano散珠中轴锁紧环	609	695	69	79	51	58
SRAM/Truvativ钢材质牙盘螺栓	106	124	12	14	9	10
SRAM/Truvativ铝合金牙盘螺栓	71	80	8	9	6	7
SRAM/Truvativ GXP左侧曲柄螺栓	416	478	47	54	35	40
SRAM/Truvativ GXP（16毫米 内六角扳手）	106	133	12	15	9	11
SRAM/Truvativ GXP外置珠碗	301	363	34	41	25	30
SRAM/Truvativ Howitzer ISIS外置轴承盖	301	363	34	41	25	30
Trek旅行车紧链器	75	100	8	11	6	8
Truvativ ISIS卡式轴承盖	301	363	34	41	25	30
Truvativ M8曲柄螺栓，方孔	336	372	38	42	28	31
Truvativ M12曲柄螺栓，ISIS	381	425	43	48	32	35
Truvativ M15曲柄螺栓，ISIS	381	425	43	48	32	35

中轴和曲柄	英寸·磅		牛·米		英尺·磅	
	最小值	最大值	最小值	最大值	最小值	最大值
Truvativ self-extractor cup，ISIS 或方孔（10毫米 内六角扳手）	106	133	12	15	9	11
Zinn Zinn一体式曲柄螺栓	400	450	45	51	33	38
Zinn Zinn-tegrated self extractor cup（10毫米 内六角扳手）	106	133	12	15	9	11
Zinn Zinn一体式外置轴承盖	301	363	34	41	25	30

刹车	英寸·磅		牛·米		英尺·磅	
	最小值	最大值	最小值	最大值	最小值	最大值
侧拉式夹器						
Trek，LeMond 或Klein 碳纤维后上叉夹器固定螺栓	55	60	6	7	5	5
Campagnolo 夹器固定螺栓（固定到车架或前叉）		88		10		7
Campagnolo 刹车线固定螺栓		44		5		4
Campagnolo 刹车皮底座固定螺栓		71		8		6
FSA 夹器固定螺栓（固定到车架或前叉）	70	86	8	10	6	7
FSA 刹车线固定螺栓	53	69	6	8	4	6
FSA 刹车皮底座固定螺栓	44	60	5	7	4	5
Shimano 刹车皮底座螺栓	1	2.5	0.1	0.3	0.1	0.2
Shimano 刹车线固定螺栓	53	69	6	8	4	6
Shimano 刹车皮底座固定螺栓	44	60	5	7	4	5
SRAM 刹车手柄固定螺栓	53	70	6	8	4	6
SRAM 固定螺母（固定到车架或前叉上）	70	86	8	10	6	7
SRAM 刹车线安装螺栓	53	69	6	8	4	6
SRAM 刹车皮底座固定螺栓	44	60	5	7	4	5
SRAM 刹车皮底座螺栓	4.5	9	0.5	1	0.4	0.7
吊刹和 V刹						
Avid 刹车皮底座固定螺栓	26	44	3	5	2.2	3.7
Avid 吊刹固定螺栓	44	61	5	7	3.7	5.1
Avid 线轨固定螺栓	26	44	3	5	2.2	3.7
Avid 双螺栓固定平把	28	36	3	4	2	3
刹车臂安装螺栓，M6	40	60	5	7	3	5
刹车线安装螺栓，M5	50	70	6	8	4	6
吊刹刹车皮固定螺栓	70	78	8	9	6	7
平把固定螺栓，M6	50	70	6	8	4	6
平把刹车固定螺栓－有沟槽的螺栓	22	26	2.5	2.9	1.8	2.2
Shimano V刹车调整螺栓	9	13	1.0	1.5	0.8	1.1

刹车	英寸·磅		牛·米		英尺·磅	
	最小值	最大值	最小值	最大值	最小值	最大值
吊刹线轭固定螺栓	35	43	4	5	3	4
Trek，Fisher，Klein刹车臂安装螺栓，M6	70	85	8	10	6	7
V刹刹车皮固定螺母	50	70	6	8	4	6
碟刹						
Shimano banjo（五线体）固定螺栓，3毫米内六角扳手	44	60	5	7	3.7	5.1
Shimano banjo（五线体）固定螺栓，4毫米内六角扳手	70	87	8	10	6	7
Shimano 油嘴	32	52	4	6	3	4
Shimano 刹车线固定螺栓	52	70	6	8	4.4	5.9
Shimano 刹车夹器固定螺栓	52	70	6	8	4.4	5.9
Shimano 碟刹调节螺栓	52	70	6	8	4.4	5.9
Shimano 套筒螺母	44	60	5	7	3.7	5.1
SRAM刹车器安装螺栓	44	62	5	7	3.7	5.1
SRAM飞轮安装螺栓		55		6.2		4.5
TRP锁线栓	44	61	5	7	3.7	5.1
TRP刹车夹器安装螺栓	53	69	6	8	4.4	5.9
TRP碟刹调节螺栓	53	69	6	8	4.4	5.9
TRP油管套筒螺栓	35	53	4	6	2.9	4.4
TRP飞轮螺栓	35	53	4	6	2.9	4.4
TRP吊轭安装螺栓	22	26	2.5	3	1.8	2.2
TRP Parabox油压活塞	53	69	6	8	4.4	5.9
TRP Parabox油缸定位销	7	8	0.8	1	0.4	0.7

拨链器和刹车手柄	英寸·磅		牛·米		英尺·磅	
	最小值	最大值	最小值	最大值	最小值	最大值
张力调节器－连接下管的安装座	13	18	1.5	2.0	1.1	1.5
Campagnolo 附座式前拨链器安装螺栓，M5		62		7		5
Campagnolo 前拨链器固定螺栓，M5		44		5		4
Campagnolo 前拨链器锁线栓，M5		44		5		4
Campagnolo 后拨链器锁线栓，M5		53		6		4
Campagnolo 后拨链器固定螺栓，M10		133		15		11
Shimano 前拨链器锁线栓，M5	44	60	5	7	4	5
Shimano 附座式前拨链器安装螺栓，M5	44	60	5	7	4	5
Shimano 后拨链器锁线栓，M5	35	52	4	6	3	4
Shimano 后拨链器固定螺栓，M10	70	86	8	10	6	7

拨链器和刹车手柄	英寸·磅		牛·米		英尺·磅	
	最小值	最大值	最小值	最大值	最小值	最大值
Shimano 后拨链器导轮螺栓，M5	27	34	3	4	2	3
SRAM 前拨链器锁线栓，M5	35	45	4	5	3	4
SRAM 附座式前拨链器安装螺栓，M5	27	35	3	4	2	3
SRAM 前拨链器固定螺栓，M5	44	62	5	7	4	5
SRAM 后拨链器锁线栓，M5	35	45	4	5	3	4
SRAM 后拨链器固定螺栓，M10	70	85	8	10	6	7
SRAM 后拨链器导轮螺栓，M5		22		3		2
Trek 专用前拨链器扣环螺栓，M5	25	35	3	4	2	3
双控制杆						
Campagnolo Ergopower 固定螺栓（安装到车把）		88		10		7
Shimano STI 固定螺栓（安装到车把）	35	43	4	5	3	4
Shimano Dura-Ace 7900 STI 固定螺栓（安装螺栓）	53	71	6	7	4	6
Shimano Dura-Ace 7900 lever nameplate screw		2		0.2		0.1
SRAM DoubleTap 固定螺栓（安装到车把）	53	70	6	8	4	6

碗组	英寸·磅		牛·米		英尺·磅	
	最小值	最大值	最小值	最大值	最小值	最大值
碗组轴承预压螺栓，M6		22		2		2
FSA 轴承预压螺栓，上盖		43		5		4
FSA 碳纤维首管扩张楔	53	80	6	9	4	6.5
Trek 轴承预压螺栓，上盖		35		44		3
Trek 碳纤维首管扩张楔	78	85	9	10	6.5	7

花鼓，卡式飞轮，快拆杆	英寸·磅		牛·米		英尺·磅	
	最小值	最大值	最小值	最大值	最小值	最大值
钢材质快拆杆		65		7		5
钛合金快拆杆		85		10		7
Campagnolo 卡式飞轮锁紧环，钢		442		50		37
Campagnolo 卡式飞轮锁紧环，铝合金，11速飞轮		354		40		29
快拆杆锁紧螺母	87	217	10	25	7	18
Mavic 卡式飞轮锁紧环		354		40		30
前花鼓螺母		180		20		15
后花鼓螺母		300		34		25
Shimano 卡式飞轮锁紧螺栓	305	434	35	50	25	36
Shimano 卡式飞轮锁紧帽	261	434	30	50	22	36

花鼓，卡式飞轮，快拆杆	英寸·磅		牛·米		英尺·磅	
	最小值	最大值	最小值	最大值	最小值	最大值
Shimano 飞轮快拆杆手柄	79	104	8.8	11.8	7	9
Shimano 死飞锁紧环	250	300	28	34	21	25
Shimano 单速飞轮	250	300	28	34	21	25
Trek 专用前轴螺母（花鼓螺栓）	180	240	20	27	15	20
Trek 专用后轴螺母（花鼓螺栓）	240	300	27	34	20	25
其他	英寸·磅		牛·米		英尺·磅	
	最小值	最大值	最小值	最大值	最小值	最大值
挡泥板固定到车架上的螺栓，M5	50	60	6	7	4	5
Trek 专用前后挡泥板固定到车架或前叉螺栓	20	25	2	3	2	2
Trek 专用后拨链器固定螺栓	50	70	6	8	4	6
Trek 专用水壶架螺栓，M5	20	25	2	3	2	2
水壶架螺栓，M5	25	35	3	4	2	3
Campagnolo EPS V2 电池固定螺栓		25		2		2
Campagnolo EPS V2 电池盒固定螺栓		15		1.2		1
脚踏和锁鞋	英寸·磅		牛·米		英尺·磅	
	最小值	最大值	最小值	最大值	最小值	最大值
Campagnolo 脚踏轴心，连接曲柄		354		40		29
Crank Bros 脚踏轴心，连接曲柄	301	363	34	41	25	30
Crak Bros 鞋底板固定螺栓，M5	35	44	4	5	3	4
脚踏轴心，FSA 碳纤维曲柄	257	301	29	34	21	25
脚踏轴心，Truvativ ISIS 或方孔曲柄	186	301	21	34	15	25
脚踏轴心，Truvativ GXP 曲柄	416	478	47	54	35	40
Shimano 脚踏轴心，连接曲柄	307		35		26	
Shimano 鞋底板固定螺栓，M5	44	51	5	6	4	4
Shimano 锁鞋鞋钉，M5		34		4		3
Speedplay Frog 轴心螺母	35	40	4	5	3	3
Time 脚踏轴心，连接曲柄		310		35		26
脚踏定趾器，M5	25	45	3	5	2	4
Trek 专用脚踏轴心，连接曲柄	350	380	40	43	29	32
座管和座管夹	英寸·磅		牛·米		英尺·磅	
	最小值	最大值	最小值	最大值	最小值	最大值
Bontrager 座管头部位的横向螺栓	120	130	14	15	10	11
Bontrager Select 鞍座，M6 螺栓		120		14		10

座管和座管夹	英寸·磅		牛·米		英尺·磅	
	最小值	最大值	最小值	最大值	最小值	最大值
Bontrager Race、Race Lite、Race X Lite、Race XXX Lite、M6螺栓		150		17		13
Campagnolo鞍座座弓单颗螺栓	159	195	18	22	13	16
Campagnolo座管夹螺栓，碳纤维座管		88		10		7
Deda鞍座座弓螺栓		195		22		16
Easton EC90、EC70、EA70鞍座座弓螺栓		100		11		8
Easton EC90 Zero、EC70 Zero鞍座座弓螺栓		55		6		5
FSA M5鞍座座弓螺栓（钢）		78		9		6
FSA M6鞍座座弓螺栓（钢）		106		12		9
FSA M7鞍座座弓螺栓（钢）		146		17		12
ITM K-Sword M6（GWS）	88	97	10	11	7	8
ITM K-Sword Special Bolts（鞍座螺栓）	88	97	10	11	7	8
ITM Forged Lite All系列（铝合金、铝碳、碳纤维），M7	62	71	7	8	5	6
Oval Concepts M6鞍座座弓螺栓		133		15		11
Ritchey鞍座座弓螺栓：WCS、New Pro，M6		165		19		14
座管夹，M5	40	60	5	7	3	5
座管夹，M6	60	80	7	9	5	7
鞍座座弓螺栓，M8	175	345	20	39	15	29
座管夹螺栓，M6	105	140	12	16	9	12
Selcof鞍座座弓螺栓，M6		71		8		6
Selcof鞍座座弓螺栓，M8		177		20		15
Thomson鞍座座弓螺栓，M6		60		7		5
Trek Madone鞍座接头螺栓	44	62	5	7	4	5
Trek Madone鞍座接头盖螺栓	124	142	14	16	10	12
Trek专用单螺栓，使用6毫米内六角扳手	150	250	17	28	13	21
Trek专用单螺栓，使用5毫米内六角扳手	80	125	10	14	7	10
Trek专用双螺栓，使用4毫米内六角扳手	45	60	5	7	4	5
Trek专用座管火螺栓，铝合金座管	85	125	10	14	7	10
Trek专用座管夹螺栓，碳纤维座管	65	80	7	9	5	7
Truvativ M6双螺栓	53	62	6	7	4	5
Truvativ M8单螺栓	195	212	22	24	16	18
鞍座座弓锁紧夹	175	345	20	39	15	29
两片式座管夹，M6	35	60	4	7	3	5

把立	英寸·磅		牛·米		英尺·磅	
	最小值	最大值	最小值	最大值	最小值	最大值
3T M5螺栓（连接车把、前叉）		44		5		4
3T M6螺栓（连接前叉，单螺栓）		130		15		11
3T M6螺栓（双螺栓，固定前盖）		130		15		11
3T M8螺栓（单螺栓，连接车把）		220		25		18
注：2006年之前，3T规格适用于Cinelli把立						
平把把堵M6螺栓	120	140	14	16	10	12
Bontrager M8把立螺栓，连接前叉		200		23		17
Bontrager M7把立螺栓（6毫米内六角扳手）		150		17		13
Bontrager M6把立螺栓（5毫米内六角扳手）		120		14		10
Bontrager M5把立螺栓（4毫米内六角扳手）	46	60	5	7	4	5
Cinelli M5钢螺栓（4毫米内六角扳手）		62		7		5
Cinelli M6钢螺栓（5毫米内六角扳手）		80		9		7
Deda M5钢螺栓（连接车把和前叉）		71		8		6
Deda M5钛合金螺栓（连接车把和前叉）		70		8		6
Deda M6螺栓（连接车把和前叉）		85		10		7
Deda M6老款隐藏式螺栓，连接前叉		130		15		11
Deda M8螺栓（扩张楔）		85		10		7
Dimension双螺栓，连接前叉，M6	80	90	9	10	7	8
Dimension单螺栓，连接车把，M8螺栓	205	240	23	27	17	20
Easton M5连接车把和前叉的螺栓	44	70	5	8	4	6
FSA M5钛合金螺栓（钛合金专用!）		68		8		6
FSA M5连接钢前叉螺栓（4毫米内六角扳手）		53		6		4
FSA M6钢螺栓		104		12		9
FSA M8钢螺栓		156		18		13
ITM M8螺栓（单螺栓或扩张楔）	150	160	17	18	13	13
ITM M7螺栓	106	120	12	14	9	10
ITM M6螺栓（连接车把或前叉）	88	105	10	12	7	9
ITM M5螺栓（连接车把或前叉）2颗螺栓	62	70	7	8	5	6
ITM M5螺栓（连接车把）4颗螺栓	35	44	4	5	3	4
ITM铝合金M6螺栓，用于镁合金把立	44	53	5	6	4	4
LOOK把立，所有螺栓		44		5		4
Modolo M5连接车把螺栓（4毫米内六角扳手）		62		7		5
Modolo M5连接前叉螺栓（4毫米内六角扳手）		71		8		6

続表

把立	英寸·磅		牛·米		英尺·磅	
	最小值	最大值	最小值	最大值	最小值	最大值
Oval Concepts 钛合金 M5，合金车把平头螺栓		84		10		7
Oval Concepts 钛合金 M5，碳纤维车把平头螺栓		49		6		4
Oval Concepts M6 碳纤维车把螺栓		53		6		4
Oval Concepts 钛合金 M6 螺栓，连接合金前叉		84		10		7
Oval Concepts 钛合金 M6 把立螺栓，连接碳纤维前叉		53		6		4
Oval Concepts M6 把立螺栓，用于合金前叉		93		11		8
Oval Concepts M6 把立螺栓，连接碳纤维前叉		58		7		5
PRO M5 螺栓，连接车把（4 毫米内六角扳手）		35		4		3
PRO M5 螺栓，连接前叉（4 毫米内六角扳手）		44		5		4
Profile M6 钢螺栓（5 毫米内六角扳手）		80		9		7
RaceFace M5 钢螺栓（4 毫米内六角扳手）	61	79	7	9	5	7
Ritchey WCS M5 平头螺栓，连接合金车把	26	44	3	5	2	4
Ritchey WCS M5 平头螺栓，连接碳纤维车把		35		4		3
Ritchey M5 螺栓，连接前叉（4 毫米内六角扳手）		44		5		4
Ritchey WCS M6 螺栓，连接合金前叉	52	86	6	10	4	7
Ritchey WCS M6 螺栓，连接碳纤维前叉		78		9		7
Salsa SUL 双平头螺栓，连接车把，M6	120	130	14	15	10	11
Salsa 单螺栓，连接车把，M6		140		16		12
Salsa 单螺栓，连接前叉，M6	100	110	11	12	8	9
把立单螺栓，连接车把，M8	145	220	16	25	12	18
Syntace M5 钢螺栓（4 毫米内六角扳手）		53		6		4
Thomson Elite、X2、X4 螺栓，连接前叉，M5		48		5		4
Thomson X4 螺栓，连接车把，M5		35		4		3
Trek 一体把立专用螺栓，连接车把	150	180	17	20	13	15
Trek 焊接把立专用螺栓，连接车把	100	120	11	14	8	10
Trek 碳纤维把立专用螺栓，连接车把		100		11		8
Trek 专用把立角度调节螺栓	150	170	17	20	13	14
Trek 专用把立扩张楔螺栓	175	260	20	29	15	22
Trek 专用把立螺栓，连接前叉	100	120	11	14	8	10
Trek 双人自行车专用把立延长器调节螺栓	120	140	14	16	10	12
Trek 双人自行车把立夹专用	100	120	11	14	8	10
Truvativ M5 螺栓 – 车把	40	50	5	6	3	4
Truvativ M6 螺栓 – 车把	50	60	6	7	4	5

附录 E ｜ 紧固扭力参考表

把立	英寸·磅		牛·米		英尺·磅	
	最小值	最大值	最小值	最大值	最小值	最大值
Truvativ M6螺栓-前叉	70	80	8	9	6	7
Truvativ M7螺栓-前叉	110	120	12	14	9	10
扩张楔，M8	140	175	16	20	12	15
车把						
Bontrager铝合金车把，M7把立前盖螺栓		150		17		13
Bontrager铝合金车把，M6把立前盖螺栓		120		14		10
Bontrager铝合金或碳纤维车把，M5把立前盖螺栓		60		7		5
Bontrager碳纤维车把，M6把立前盖螺栓		100		11		8
3T Blo Arms车把、肘垫螺栓，M8		177		20		15
3T休息把，全系列，M6		133		15		11
3T New Ahero偏心式肘垫螺栓，M5		80		9		7
3T New Ahero肘垫螺栓，M6		106		12		9
3T Sub-8和Mini Sub-8肘垫螺栓，使用升高器，M5		71		8		6
3T Sub-8和Mini Sub-8肘垫螺栓，不使用升高器，M5		44		5		4
Oval Concepts A900休息把螺栓，M5		51		6		4
Oval Concepts A900底把螺栓，M5		51		6		4
Oval Concepts A700休息把螺栓，M6		84		10		7
Oval Concepts SLAM休息把螺栓，M5		71		8		6
Oval Concepts SLAM车把螺栓，M5		71		8		6
Oval Concepts肘垫，碳纤维车把，M5		62		7		5
Oval Concepts肘垫，铝合金车把，M5		88		10		7
VisionTech肘垫螺栓，M5		70		8		6
VisionTech休息把螺栓，M6		88		10		7
Trek专用肘垫螺栓，M5		45		5		4
Trek专用休息把螺栓，M6		60		7		5

关于本书作者

辛蓝纳（Lennard Zinn），自行车运动员、自行车制造者及技术类专栏撰稿人。自幼喜欢骑自行车、滑雪、漂流，他还有在美国新墨西哥州洛斯阿拉莫斯维修机械的经验，后来他进入科罗拉多学院学习，获得物理学学位后，进入美国奥林匹克自行车代表队（U. S. Olympic Development Cycling Team）。其后进入Tom Ritchey自行车设计公司。自1982年起，创办Zinn Cycles，为客户定制山地自行车、公路自行车和铁人三项自行车的车架、曲柄和把立。1989年起，辛蓝纳担任VeloNews杂志技术专栏作家。

关于插画师

托德·特兰德（Todd Telander）曾经是自行车运动员，也担任过自行车技师，热衷于艺术工作。他曾就读于加州大学圣克鲁斯分校，获得环境学和生物学学位，同时他还学习了科技插画研究生课程。除了画自行车零件的插画外，托德还为各大出版社、博物馆、设计公司和个人画野生动物。

麦克·赖泽尔（Mike Reisel）是一位平面设计师。他一生中大部分时间都致力于杂志的艺术指导以及他钟爱的自行车事业。